令和5年版

図解 国税徴収法

西本博史 編著

一般財団法人 大蔵財務協会

は し が き

国税徴収法は、「国税の滞納処分その他の徴収に関する手続の執行について必要な事項を定め、私法秩序との調整を図りつつ、国民の納税義務の適正な実現を通じて国税収入を確保すること」を目的として制定されたものです。

このため、国税徴収法は、国税収入確保の観点から、納税者の総財産について、すべての公課その他の債権に先立って徴収するという国税の一般的優先権を規定するほか、徴収職員の自力執行権の下、財産の差押えから換価・配当までの一連の滞納処分の手続や、滞納者の財産だけでは滞納国税を徴収できないと認められる場合などに一定の範囲の者に対して二次的に納税義務を負わせる手続などを規定しています。

一方で、私法秩序との調整を図る観点から、国税の優先権に一定の制限が加えられており、納税者の財産上に設定された質権、抵当権等によって担保される私債権との優劣関係を調整する規定が設けられています。また、納税者の生活や事業活動を行っていくために必要な保護を図るため、納税の緩和制度、超過差押えの禁止及び無益な差押えの禁止、差押禁止財産などの規定が設けられています。

これら滞納処分に関する規定は、地方税や社会保険料等の各種公課の強制徴収手続について、国税滞納処分の例によることとされるなど、直接又は間接に準用されており、国税徴収法は、各種公租公課の徴収の基本法と位置づけられています。

このように、国税徴収法は、国税債権という特殊な債権の内容及びその強制的実現の手続について規定しているため、私債権に関する民・商法や民事執行法、破産法をはじめとする倒産処理法制等の民事法分野と密接な関係を有しており、国税徴収法を理解するためには、これら関係法令に関する知識も必要となります。

そこで、本書の執筆に当たりましては、国税徴収法の内容を体系的に理解していただけるよう、最近の法令改正等にも触れながら、できるだけ分かりやすい図表や事例を用いて記述することを心掛けました。本書が、公租公課の滞納整理に従事する方々はもちろん、広く国税徴収に関心のある皆さまのお役に立てることを願っています。

なお、令和４年度税制改正では、公売における入札手続の電子化について整備がされ、また、令和５年度税制改正では、滞納処分に関する調査に係る質問検査権等について見直しがされたほか、滞納処分免脱罪の適用対象の整備がされました。これらの改正を施行前の部分も含めて本書に盛り込ませていただきましたのでご活用ください。

最後に、国税徴収法では、徴収職員に対して、捜索や差押え、財産の換価などの強い権限が与えられており、滞納処分の執行は、納税者の権利・利益に大変強い影響を及ぼすことになります。このため、公租公課の滞納整理に従事する方々は、法令の規定を理解した上で、滞納整理を行う際には、納税者個々の実情を踏まえつつ、法令等に基づき適切に対応することが必要であると考えています。

本書は、内山俊彦君、久木崎崇君、森口祥司君とともに、休日等を利用して執筆したものですが、文中意見にわたる部分につきましては、執筆者の個人的見解であることをお断りするとともに、令和５年版刊行の機会を与えてくださいました一般財団法人大蔵財務協会の木村幸俊理事長をはじめ、編集局の諸氏に心から謝意を表します。

令和５年６月

著者を代表して　西本　博史

〔凡　　例〕

1　本文中に引用している法令等については、次の略称を使用しています。

徴収法……………国税徴収法
徴収法施行令……国税徴収法施行令
通則法……………国税通則法
通則法施行令……国税通則法施行令
滞調法……………滞納処分と強制執行等との手続の調整に関する法律

2　かっこ内の法令等については、次の略称を使用しています。

徴…………………国税徴収法
徴令………………国税徴収法施行令
徴規………………国税徴収法施行規則
通…………………国税通則法
通令………………国税通則法施行令
通規………………国税通則法施行規則
滞調………………滞納処分と強制執行等との手続の調整に関する法律
滞調令……………滞納処分と強制執行等との手続の調整に関する政令
滞調規……………滞納処分と強制執行等との手続の調整に関する規則
所…………………所得税法
法…………………法人税法
相…………………相続税法
消…………………消費税法
地価………………地価税法
酒…………………酒税法
た…………………たばこ税法
石…………………石油ガス税法
揮…………………揮発油税法
地揮………………地方揮発油税法
油…………………石油石炭税法
登…………………登録免許税法
措…………………租税特別措置法
災…………………災害被害者に対する租税の減免、徴収猶予等に関する法律
実特………………租税条約等の実施に伴う所得税法、法人税法及び地方税法の特例等に関する法律
地…………………地方税法
民…………………民法
一般法人法………一般社団法人及び一般財団法人に関する法律
不登………………不動産登記法
特例………………動産及び債権の譲渡の対抗要件に関する民法の特例等に関する法律
企担………………企業担保法
仮登………………仮登記担保契約に関する法律
供…………………供託法
供規………………供託規則
信…………………信託法
商…………………商法
会…………………会社法
会規………………会社法施行規則
商登………………商業登記法

手…………………手形法
小…………………小切手法
社振………………社債、株式等の振替に関する法律
電債………………電子記録債権法
保…………………保険法
民訴………………民事訴訟法
民訴規……………民事訴訟規則
行訴………………行政事件訴訟法
民執………………民事執行法
民執規……………民事執行規則
民保………………民事保全法
民保規……………民事保全規則
破…………………破産法
破規………………破産規則
再…………………民事再生法
更…………………会社更生法
更規………………会社更生規則
外国倒産…………外国倒産処理手続の承認援助に関する法律
健保………………健康保険法
国健………………国民健康保険法
国債………………国債ニ関スル法律
鉱…………………鉱業法
採…………………採石法
漁…………………漁業法
農…………………農地法
警…………………警察法
地自………………地方自治法
特…………………特許法
標…………………商標法
航…………………航空法
刑…………………刑法
予決令……………予算決算及び会計令
税…………………税理士法
公認………………公認会計士法
休眠………………民間公益活動を促進するための休眠預金等に係る資金の活用に関する法律
休眠規……………休眠預金等活用法施行規則
暴…………………暴力団員による不当な行為の防止等に関する法律
新型コロナ税特法…新型コロナウイルス感染症等の影響に対応するための国税関係法律の臨時特例に関する法律

3　通達の略語
徴基通＝国税徴収法基本通達
通基通＝国税通則法基本通達
滞調逐通＝滞納処分と強制執行等との手続の調整に関する法律の逐条通達

（注１）　引用法令・通達の表記例
徴47①一…………国税徴収法第47条第１項第１号
徴基通32－１……国税徴収法基本通達第32条関係１
（注２）　本書は、令和５年６月１日現在の法令・通達によっています。

〔目　　次〕

第1章　総　　説

第2章　国税の優先権と他の債権との調整

第３章　第二次納税義務

第４章　滞納処分 — 総　説 —

第5章　滞納処分 — 財産差押え —

第6章　滞納処分 — 交付要求・参加差押え —

第７章　滞納処分 ― 財産の換価 ―

第8章　滞納処分 — 換価代金等の配当 —

第9章　滞納処分 — 他の強制換価手続との関係 —

第10章　滞納処分 ― 倒産処理手続との関係 ―

第11章　滞納処分に関する猶予及び停止

第12章　保全担保及び保全差押え

第13章　不服審査及び訴訟の特例

第14章　罰　　　則

第1章　総　　　説

第1節　国税徴収法の目的、内容、特色、地位

1　国税徴収法の目的

徴収法は、主に滞納となった国税の徴収に関する手続について規定する法律です。同法の制定目的は、第1条で次のように規定されています。

> この法律は、国税の滞納処分その他の徴収に関する手続の執行について必要な事項を定め、私法秩序との調整①を図りつつ、国民の納税義務の適正な実現②を通じて国税収入を確保③することを目的とする。

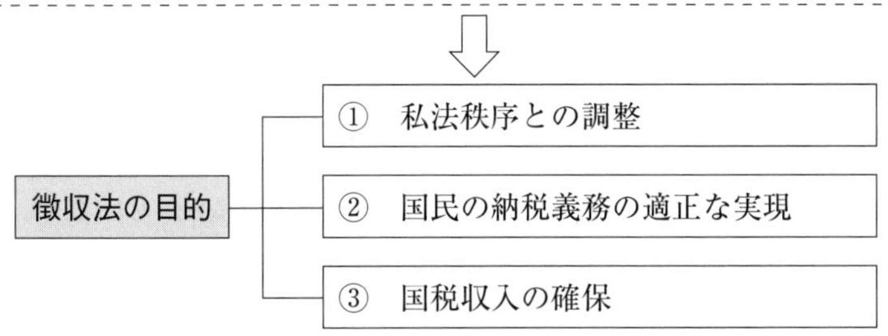

2　国税徴収法の内容

徴収法は、主に3つの内容から構成されています。

区	分	内　　容
国税と他の債権との調整	8条～26条 （第2章）	国税と地方税及び私債権との間の優先劣後に関する規定
第二次納税義務関係	32条～41条 （第3章）	納税者と特定の関係にある第三者に対して補充的な納税義務を負わせる第二次納税義務に関する規定
滞納処分関係	47条～147条 （第5章）	財産の差押え、交付要求、財産の換価、換価代金等の配当、滞納処分費、滞納処分の効力及び財産の調査に関する規定
	151条～159条 （第6章）	滞納処分に関する猶予及び停止並びに保全担保及び保全差押えに関する規定

3　国税徴収法の特色

徴収法の特色としては、次の3つを挙げることができます。

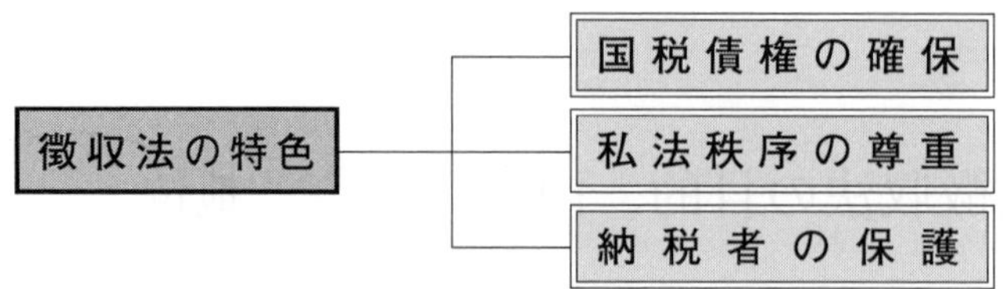

(1)　国税債権の確保

国税の適正な徴収は、国の財源の確保という本来の目的のみならず、国税の公平な負担の観点からも極めて重要です。そのため、徴収法では、国税債権を確保するための措置として、国に対し、実体的な面で「国税の優先権」を、手続的な面で「自力執行権」を認めています。

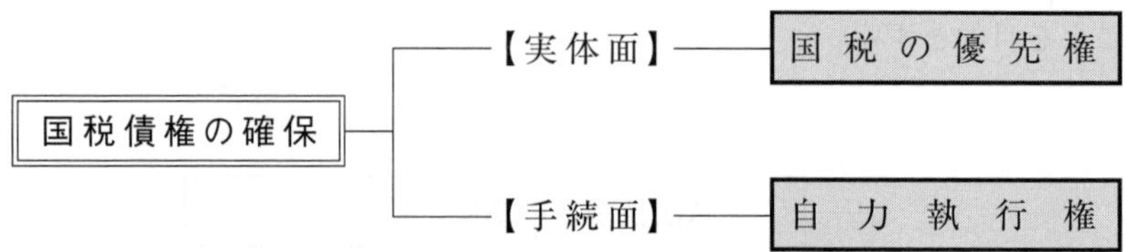

(注)　このほか国税債権の確保のために、納税義務の拡張（徴22、24、32以下など）、徴収強化の措置（徴158、159）の規定も設けられています。

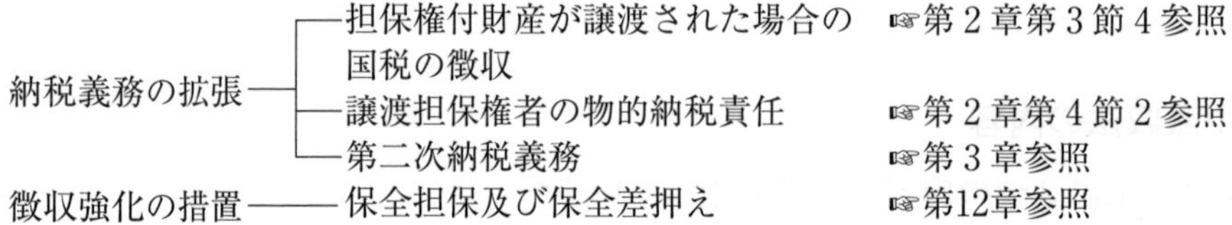

イ　国税の優先権

国税は、納税者の総財産について、原則として全ての公課及び私債権に優先して徴収することとされています（徴8）。

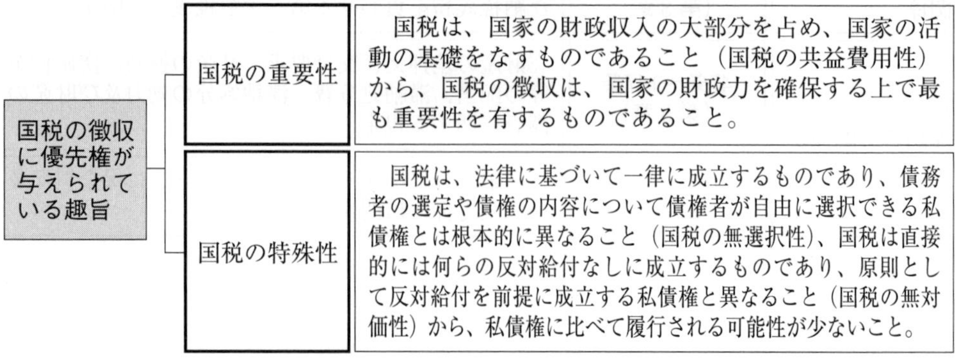

ロ　自力執行権

自力執行権とは、自己の債権が履行されなかった場合に、その債権者自らが、強制手段によって履行があったのと同一の結果を実現させる権限をいいます。

国税が滞納となった場合には、税務官庁の徴収職員が執行する滞納処分によって、国税債権の内容を強制的に実現することができます。

このように、徴収職員（徴２十一）に自力執行権が付与されるのは、国税債権には、国税の重要性及び特殊性に加えて、国税の徴収が大量性、反復性を有していることから、その徴収のために煩雑な手続を要求することが困難であるためです。

一方、一般の私債権については、それが任意に履行されなかった場合に、債権者自身が権利の実現を行うことを認めると、権利の濫用を招くおそれがあるなどの弊害があるため、国家機関（司法機関）が権利の実現を行います。

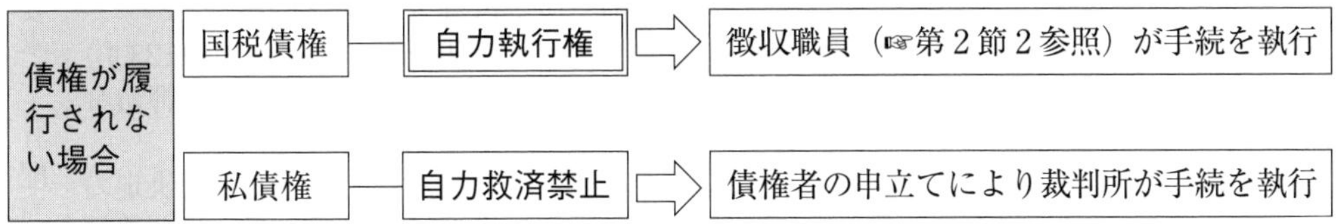

○　国税債権と私債権の徴収（回収）手続（滞納処分と民事執行との対比）

【国税債権の徴収手続】☞徴収職員が全ての手続を執行

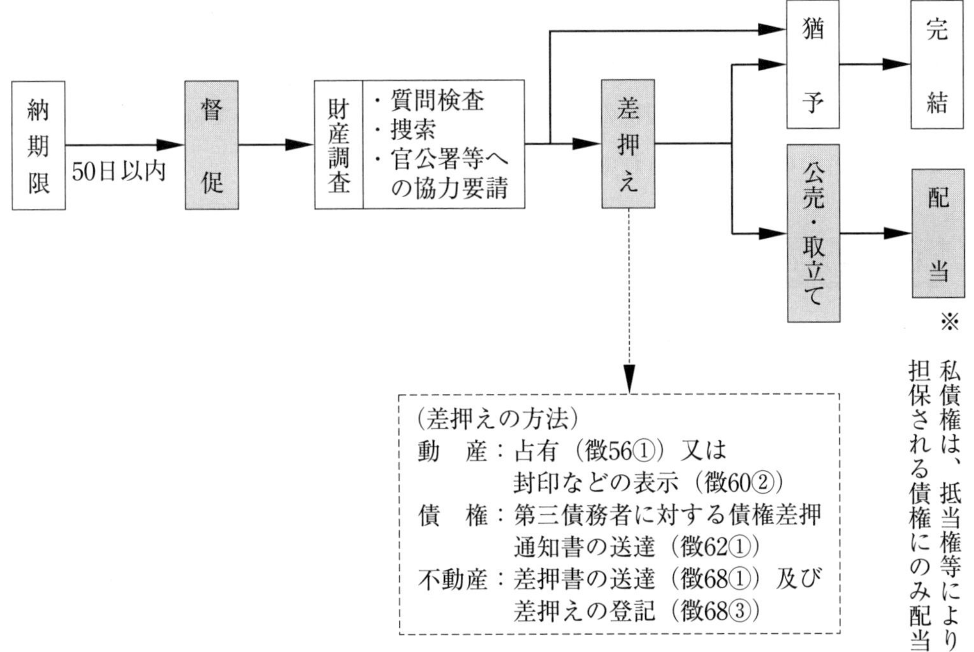

【私債権の回収手続】☞債権者の申立てにより裁判所が手続を執行

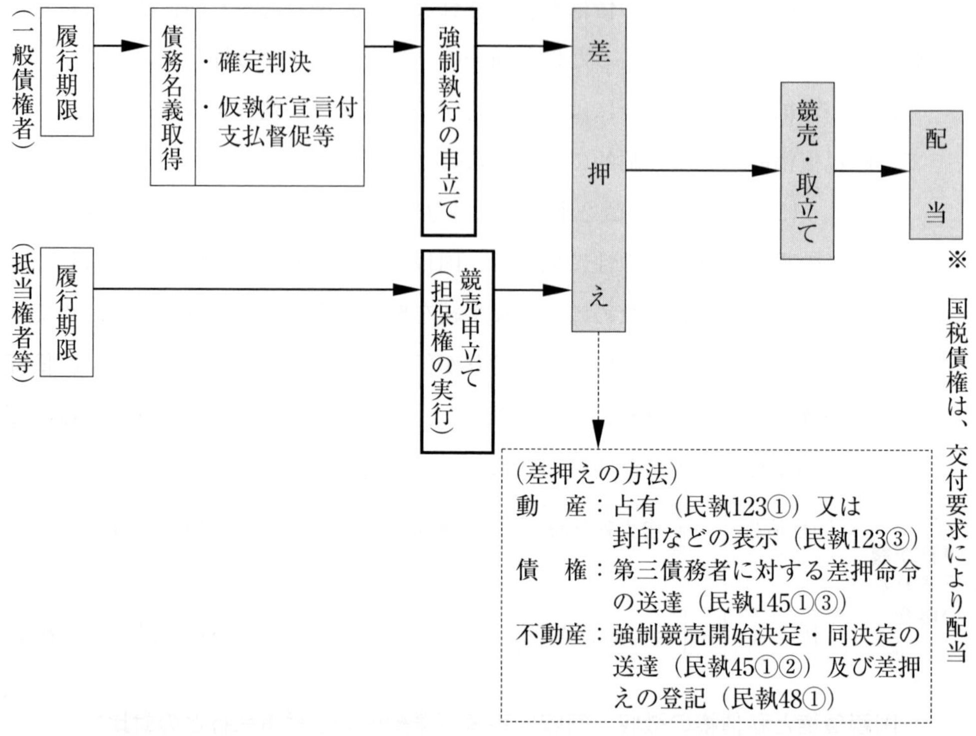

⑵　私法秩序の尊重

国税に与えられた優先権や自力執行権を無制限に認めると、一般の経済取引に支障が生じるおそれがあります。そこで、国税債権の確保と私法秩序の尊重との調整を図るため、実体面においては国税の優先権を制限し、手続面においては滞納処分に当たっての第三者の権利が保護されています。

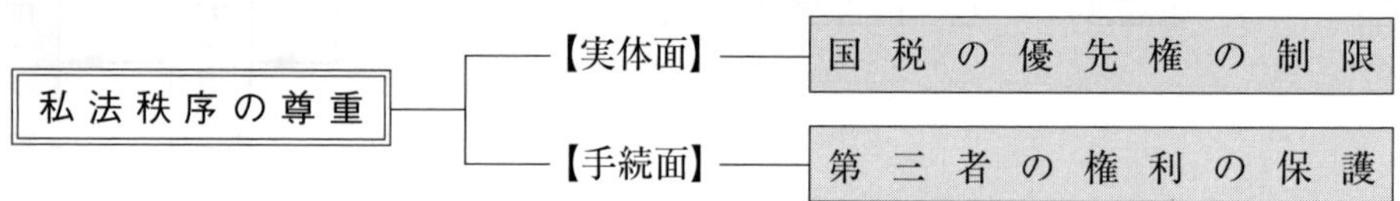

イ　国税の優先権の制限

国税の優先権については、次のような制限が設けられ、私法秩序との調整が図られています。

国税の優先権の制限	強制換価手続（滞納処分、強制執行、担保権の実行としての競売、企業担保権の実行手続及び破産手続をいいます（徴２十二)。）の費用、直接の滞納処分費、強制換価の場合の消費税等並びに不動産保存などの先取特権及び留置権により担保される債権は、常に国税に優先します（徴９、10、11、19、21)。
	質権、抵当権、不動産賃貸などの先取特権及び担保のための仮登記により担保される債権は、その担保権が法定納期限等以前又は滞納者がその財産を譲り受ける前に設定されたものである場合には、国税に優先します（徴15、16、17、20、23)。

国税の優先権と他の債権との調整☞第２章参照

㈱　特別の前払借賃債権は、徴収法59条３項及び４項並びにこれらを準用する71条４項で国税に優先して配当することとされていますが、この規定は実体的な優先権を与えたものではなく、単に配当の順位を定めたものです。

ロ　第三者の権利の保護

第三者の権利の保護を図るため、次のような規定が設けられています。

第三者の権利保護のための措置	差押財産の選択に当たっての第三者の権利の尊重（徴49）
	第三者の権利の目的となっている財産の差押換え（第三者の差押換請求権及び換価申立権）（徴50）
	利害関係人に対する差押え、交付要求、参加差押え及び公売などの通知（徴55、81、82③、84③、86④、88①、96、106②、109④等）
	第三者が占有する動産等の差押手続（差押えの制限と引渡命令の制度）及び引渡命令を受けた第三者の権利の保護（契約解除権又は使用収益権）（徴58、59、71④）
	差押財産につき使用又は収益をする権利を有する第三者の保護（徴61②、69②等）
	交付要求及び参加差押えの制限と解除の請求（債権者の解除請求権）（徴83、85、88①）
	担保権の引受けの方法による換価の申出（徴124②）
	引渡命令に対する不服申立てに伴う差押動産等の搬出の制限（徴172）

⑶　納税者の保護

国税がその納期限までに完納されない場合は、強制的な徴収手続である滞納処分を行うこととなりますが、この場合においても、債務者である納税者について、最低限の生活や事業活動を行っていくために必要な保護を図るため、納税の緩和制度、超過差押え及び無益な差押えの禁止、差押禁止財産などの規定が設けられています。

- 納税者の保護
  - 納税の緩和制度
  - 超過差押え及び無益な差押えの禁止
  - 差押禁止財産など

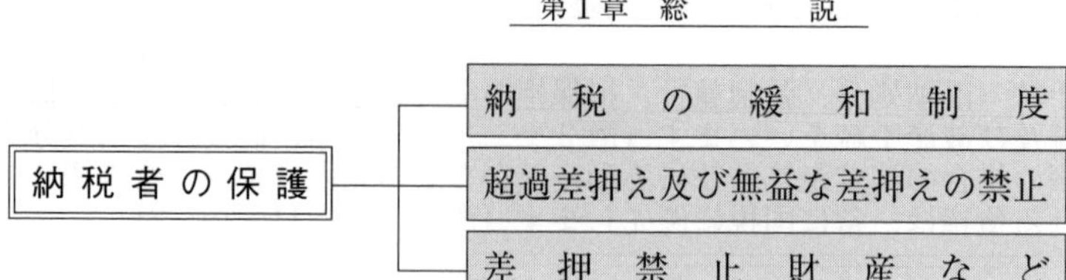

イ　納税の緩和制度

国税がその納期限までに完納されない場合には、督促状の送付後に滞納処分を行うことになりますが、納税者の個別事情などにより、強制的な手続で徴収することが適当でない場合に、一定の要件に基づき、国税の納付又は徴収を緩和して納税者の保護を図る納税の緩和制度が設けられています。

- 納税の緩和制度
  - 徴収法
    - 換価の猶予　（徴151、151の2）　☞　第11章第1節参照
    - 滞納処分の停止　（徴153）　☞　第11章第2節参照
  - 徴収法以外の納税の緩和制度
    - 納期限等の延長
      - ・災害等による納期限等の延長（通11）
      - ・消費税等についての納期限の延長（酒30の6、消51、揮13、地揮7①、石18、油20、た22）
      - ・所得税についての納期限の延長（措41の6）
      - ・法人税の確定申告期限延長に伴う納期限の延長（法75、75の2、81の23、81の24）
    - 延納
      - ・所得税の延納（所131、132）
      - ・相続税又は贈与税の延納（相38①③）
    - 納税の猶予
      - ・災害により相当な損失を受けた場合の猶予（通46①）
      - ・災害、病気、事業の廃止等の場合の猶予（通46②）
      - ・納付すべき税額の確定が遅延した場合の猶予（通46③）
      - ・移転価格に関する相互協議に係る納税の猶予（措66の4の2、68の88の2など）
    - 納税猶予
      - ・農地等についての相続税又は贈与税の納税猶予（措70の4、70の6など）
      - ・事業承継に係る非上場株式等についての相続税又は贈与税の納税猶予（措70の7、70の7の2、70の7の4など）
    - 徴収の猶予
      - ・減額更正などの行政処分を求める場合の徴収の猶予（通23⑤ただし書、所118、133⑤、相40①、42㉙）
      - ・不服申立ての場合の徴収の猶予（通105②）
    - その他の緩和制度
      - ・源泉徴収の猶予（災3②等）
      - ・滞納処分の続行の停止又は中止（通105②、行訴25②等）

ロ　その他の納税者の権利保護

滞納処分との関係において、納税者の権利保護のために次のような規定が設けられています。

	規定	参照
納税者の権利保護	超過差押え及び無益な差押えの禁止（徴48）	☞第５章第１節５(2)、(3)参照
	相続があった場合の差押え（相続人の権利の尊重と差押換請求権）（徴51）	☞第５章第１節５(6)参照
	差押禁止財産（徴75～78）	☞第４章第４節４参照
	差押財産の使用又は収益（徴61①、69①、70⑤、71⑥）	☞第５章第２節３(2)参照
	財産の差押えを受けた場合において、他に差押えに適当な財産を提供した場合の差押解除（実質的な意味での差押換えの請求）（徴79②二）	☞第５章第１節10参照
	担保を提供した場合の差押えの制限（徴159④等）	☞第12章第２節２参照
	換価の制限（徴32④、90等）	☞第７章第１節３参照

（参考）　国税徴収法の基本体系（概要）

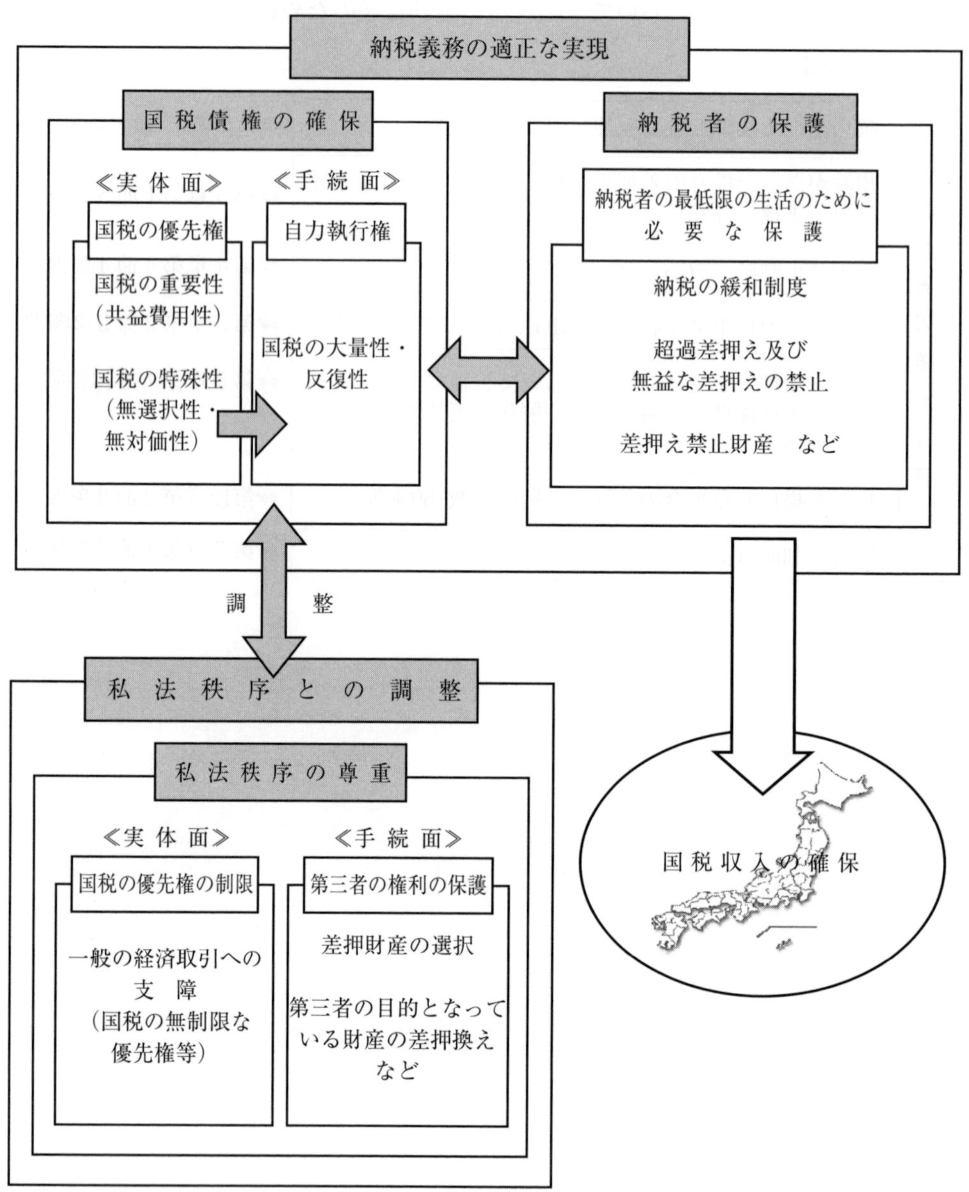

4　国税徴収法の地位

⑴　国税通則法及びその他の各税法との関係

徴収法と通則法及びその他の税法の規定の内容は、次のとおりです。

法	規定されている内容
徴収法	各税法の規定により課された国税が納期限までに完納されない場合における国税債権の強制的実現の手続が定められています。
通則法	各国税を通じて一般的に適用される基本的・共通的な事項が規定されています。そのうち、国税の滞納処分及び徴収手続についての基本的事項として、督促等の納税の請求、滞納処分、徴収の所轄庁等が定められています。また、課税と徴収の手続における共通的な事項として、納税義務の承継又は連帯納付義務、期間及び期限、書類の送達、不服審査及び訴訟等が定められています。
各税法	税目ごとに国税の納税義務者、課税客体及び課税の要件、課税標準、税率及び税額の計算並びに国税の確定のための手続、納付の手続等のほか、通則法に定める事項について、各税固有の事情に基づく特別の規定が設けられています。

○　通則法と徴収法との関係（徴基通１－１）

国税についての基本的な事項及び共通的な事項を定める通則法の規定は、原則として、国税の徴収に関しても適用されますが、徴収法に特別の定めがある場合には、その規定が適用されることになります。

内容	徴収法の地位	通則法の地位
国税の滞納処分及び国税の徴収	通則法に対する特別法の地位	徴収法に対する一般法の地位

㈲　徴収法における特別の定めの例としては、滞納処分に関する不服申立て等の期限の特例（徴171）などがあります。

○　各税法と徴収法との関係（徴基通１－２）

各税法の規定により課された国税が滞納となった場合の滞納処分及び国税の徴収に関しては、徴収法の規定が適用されますが、各税法に特別の定めがあるときは、その規定が適用されることになります。

内容	徴収法の地位	各税法の地位
各税法の規定により課された国税の滞納処分及び国税の徴収	各税法に対する一般法の地位	徴収法に対する特別法の地位

㈲　各税法における特別の定めの例としては、予定納税額の滞納処分の特例（所117）な

どがあります。

⑵　地方税及び公課の徴収の基本的地位

徴収法の滞納処分に関する規定は、地方税及び公課（社会保険制度に基づく保険料など）に関する滞納処分について、それぞれの法令における「国税徴収の例による」、「国税徴収法に規定する滞納処分の例による」、「国税滞納処分の例による」といった規定により包括的に準用されています。

また、公課に関する法令の中には、「地方税の滞納処分の例による」、「行政代執行法第6条の規定を準用する」といった規定もありますが、地方税や行政代執行に要した費用を徴収するための滞納処分は国税の滞納処分の例によることとされていることから、徴収法が間接的に準用されていることとなります。

このように、徴収法は、地方税及び公課に関する滞納処分の基本法たる地位にあります。

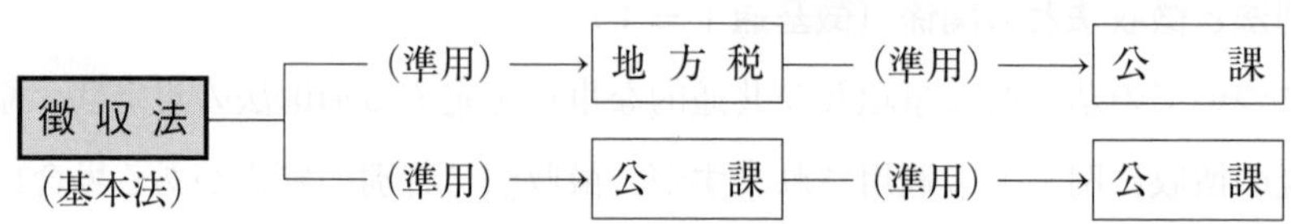

（参考）

準　用　方　法	意　　　義
「例による」	ある事項に関して、他の法令の制度又は他の法令の規定を包括的に当てはめて用いること
「国税徴収の例による」	その公租公課の性質に反するものを除き、徴収法（同法施行令、同法施行規則）、通則法などに定められた国税徴収に関する諸規定を包括的に準用すること
「国税滞納処分の例による」	その公租公課の性質に反するものを除き、徴収法（同法施行令、同法施行規則）などに定められた国税滞納処分に関する諸規定を包括的に準用すること

（参考）　国税徴収手続の一般的な流れ

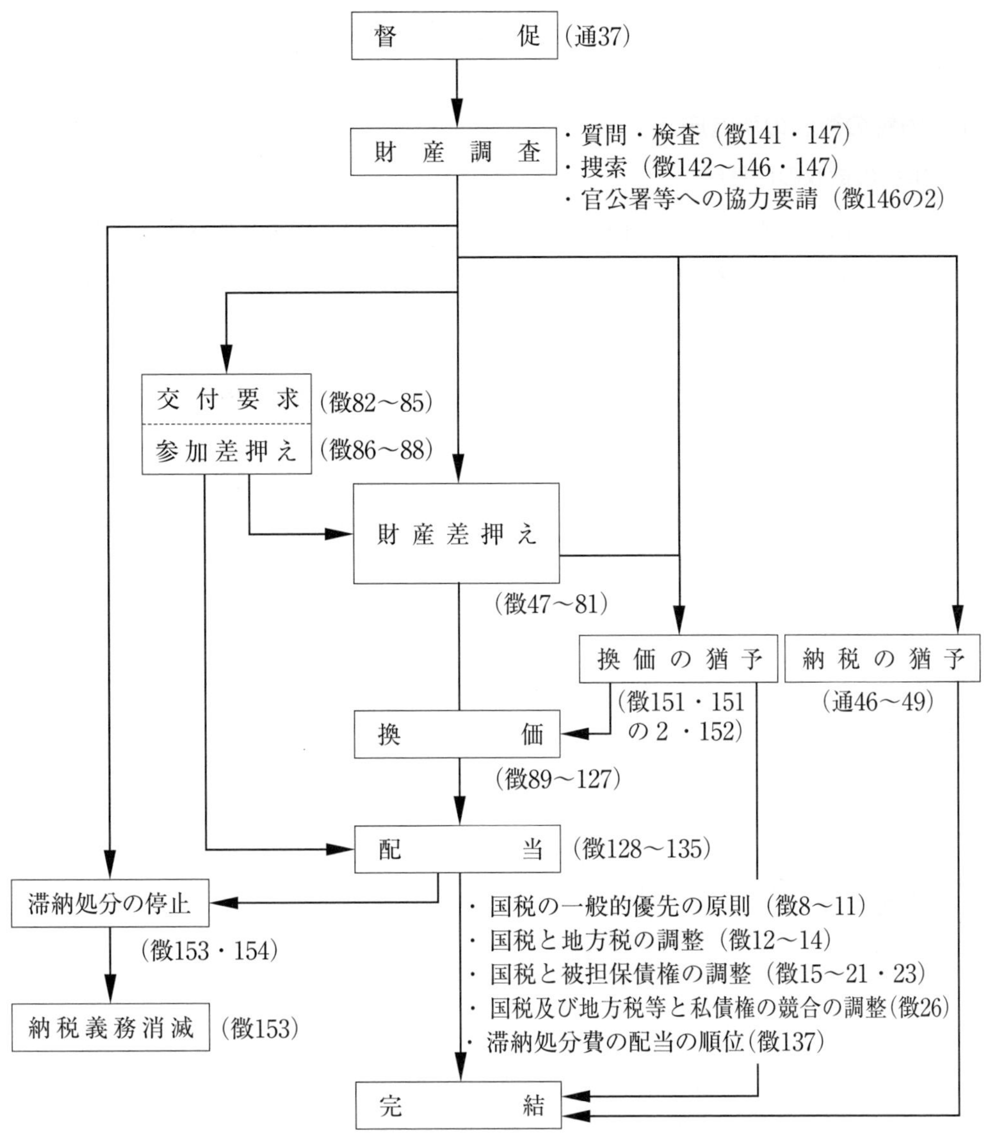

○　上記以外の規定

納税義務の拡張	・担保権付財産が譲渡された場合の国税の徴収（徴22） ・譲渡担保権者の物的納税責任（徴24・25） ・第二次納税義務（徴32～41）
徴収強化の措置	・保全担保（徴158） ・保全差押え（徴159）
罰　則	・滞納処分免脱、質問検査権拒否などの罰則（徴187～190）
そ　の　他	・不服審査及び訴訟の特例（徴171～173） ・滞納処分の引継ぎなど（徴182～185）

第2節　国税徴収の執行機関

1　国税の徴収の所轄庁

(1)　国税の徴収の所轄庁

国税の徴収の所轄庁は、国税通則法で定められている国税を徴収する機関の管轄であり、原則として徴収処分の際におけるその国税の納税地を所轄する税務署長とされています（通43①）。

区　　分	国税の徴収の所轄庁
原則（通43①）	その徴収に係る処分の際における国税の納税地を所轄する税務署長
保税地域からの引取りに係る消費税等その他税関長が課する消費税等の徴収（通43①ただし書き）	当該消費税等の納税地を所轄する税関長
その管轄区域内の地域を所轄する税務署長から徴収の引継ぎを受けたとき（通43③）	徴収の引継ぎを受けた国税局長
他の税務署長又は税関長から徴収の引継ぎを受けたとき（通43④）	徴収の引継ぎを受けた税務署長又は税関長

○　**納税地**

各税目の納税地は次のとおりです。

税　　目	納　　税　　地
申告所得税	納税者の住所又は居所（所15）
源泉所得税	給与等の支払の日における支払者の事務所の所在地（その後、事務所が移転した場合は、移転後の所在地）（所17）
法人税	法人の本店又は主たる事務所の所在地（法16）
相続税	納税者（相続人等）の住所又は居所（相62） ただし、当分の間は、被相続人の死亡時の住所（相附３）
贈与税	納税者（受贈者）の住所又は居所（相62）
消費税	個人……住所、居所又は事務所等の所在地（消20） 法人……本店又は主たる事務所等の所在地（消22）

○　徴収の所轄庁の例

［申告所得税］

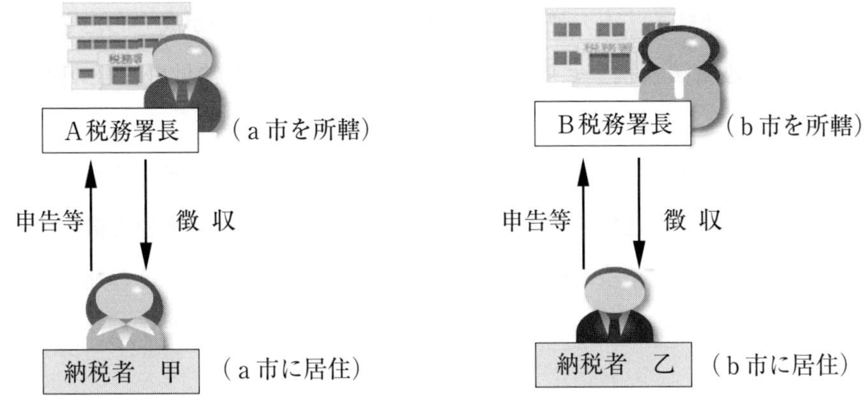

［法人税・源泉所得税］

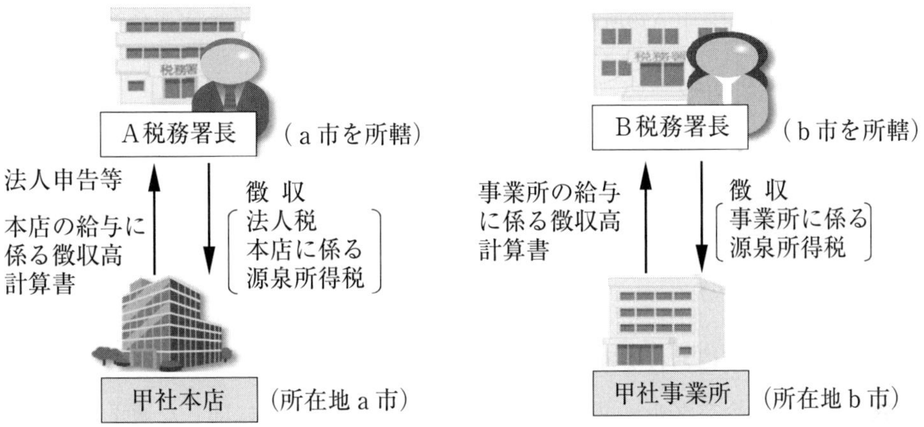

［相続税］

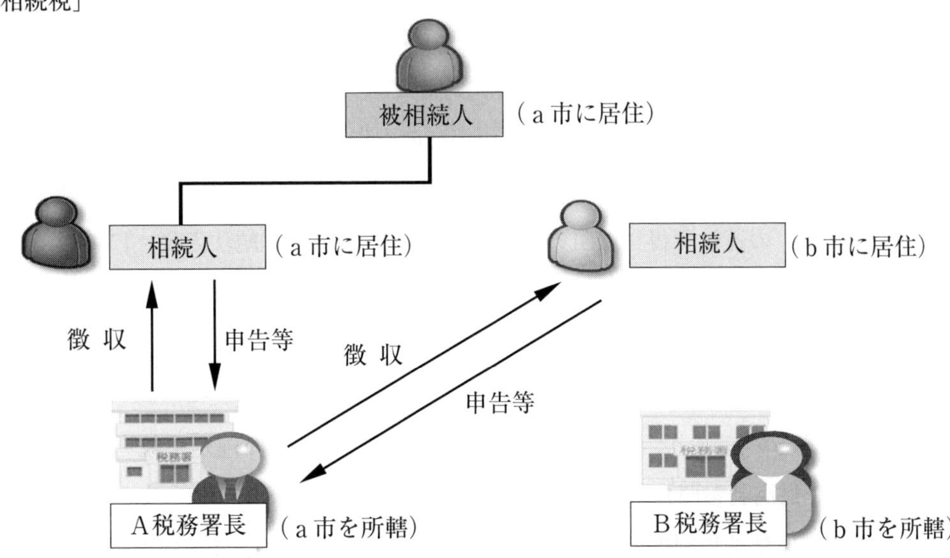

○　**連結納税制度における徴収の所轄庁の特例**

連結納税制度では、連結子法人は連結親法人の各連結事業年度の連結所得に対する法人税（その連結子法人の連結事業年度の期間に納税義務が成立したものに限ります。以下「連結法人税」といいます。）について、連帯納付の責任があります（法81の28①）。

この場合の連結法人税の徴収の所轄庁は、連結法人税の納税地を所轄する税務署長（通43①）ですが、連結子法人の連帯納付責任に係る連結法人税を徴収する場合の徴収の所轄庁は、連結法人税の納税地を所轄する税務署長又はその連結子法人の本店若しくは主たる事務所の所在地を所轄する税務署長になります（法81の28②）。

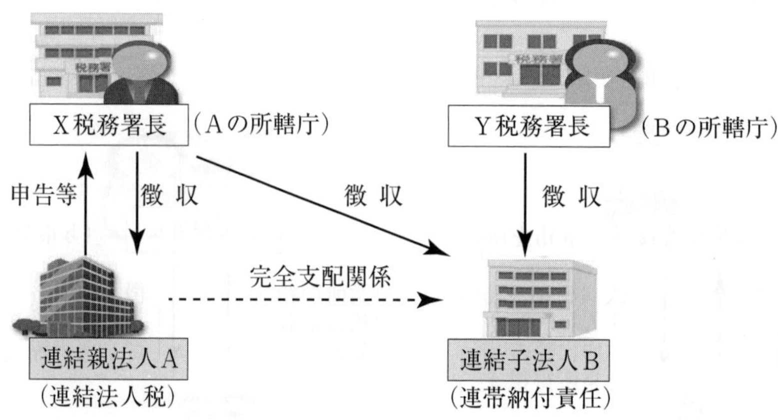

（参考）　連結納税制度における連帯納付責任

連結納税制度は、企業グループの一体性に着目し、その実態に即した適正な課税を行う観点から、親法人とその親法人による完全支配（発行済株式又は出資の全部を直接又は間接に保有する関係）がある他の子法人の全てをあたかも一つの法人であるかのように捉え、その企業グループの所得に対して法人税を課税する制度であり、その親法人が納税義務者としてその法人税についての申告・納税を行うこととされています。

連結子法人（法２十二の六の七）は、連結親法人（法12十二の七）の各連結事業年度（法15の２）の連結所得（法81の２）に対する法人税（連結法人税）について、限度額のない連帯納付責任を負います（法81の28①）。この場合の連結子法人は、通則法２条５号及び徴収法２条６号に規定する「納税者」に含まれます。

この連帯納付責任は、連結法人税の納税義務の確定という事実に照応して、法律上当然に生ずるものであり、その連帯納付責任について格別の確定手続を要しません（昭和55.7.1最高判参照）。

なお、この連結納税制度は令和２年度税制改正により見直され、令和４年４月１日以後に開始する事業年度からは、グループ通算制度へ移行することとされています。

※　グループ通算制度…完全支配関係にある企業グループ内の各法人を納税単位として、各法人が個別に法人税額の計算及び申告を行い、その中で、損益通算等の調整を行う制度。併せて、後発的に修更正事由が生じた場合には、原則として他の法人の税額計算に反映させない（遮断する）仕組みとされており、グループ通算制度の開始・加入時の時価評価課税及び欠損金の持込み等について組織再編税制と整合性の取れた制度とされています。

このため、グループ通算制度における申告・納付については、その適用を受ける通算グループ内の各通算法人を納税単位として、その各通算法人が個別に法人税額の計算及び申告を行い（法74）、通算法人は、他の通算法人の各事業年度の法人税（その通算法人との間に通算完全支配関係がある期間内に納税義務が成立したものに限ります。）について、連帯納付の責任を負います（法152①）。

⑵　納税地の異動と国税の徴収の所轄庁

申告所得税、源泉所得税、法人税、贈与税又は消費税については、納税地が住所又は本店などの所在地等となっていることから、これらの国税につき納付すべき税額が確定した後に転居又は移転などにより納税地が異動した場合には、その国税の現在の納税地を所轄する税務署長が徴収の所轄庁となります。

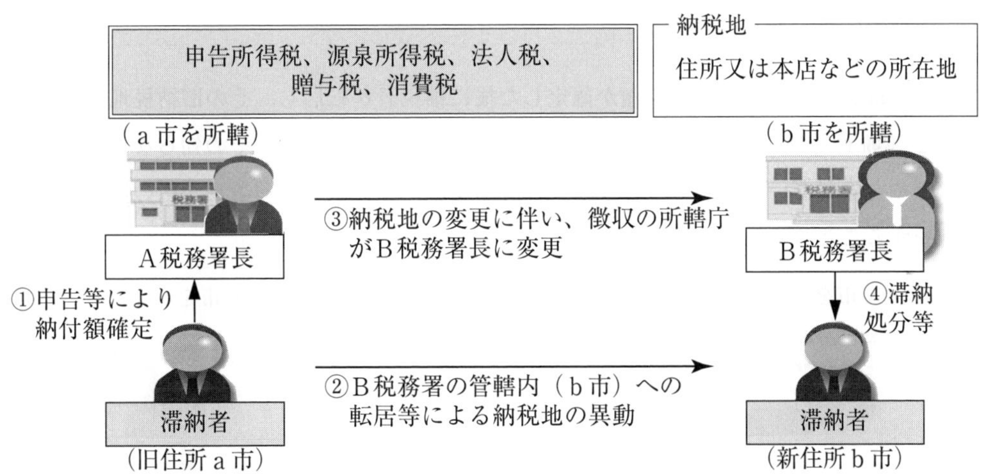

㈱　相続税については、被相続人の死亡時における住所が納税地となりますので、納税地が異動することはありません。

ただし、納税地を所轄する税務署長は、必要があると認めるときは、他の税務署長に徴収の引継ぎをすることができる（通43④）ので、相続税などについても、徴収の引継ぎ（⑶参照）がされた場合は、徴収の引継ぎを受けた税務署長が徴収の所轄庁となります。

○　納税地異動の場合の所轄庁の特例

《特例１》

旧納税地を所轄するＸ税務署長が、納税者の異動したことを知らずに、更正、決定又は賦課決定を行った場合において、これらの処分をした後においても納税者の異動したことを知らず、その知らないことにつきやむを得ない事情が継続するときは、更正、決定又は賦課決定の処分をしたＸ税務署長がその処分に係る国税の徴収をすることができます（通43②一）。

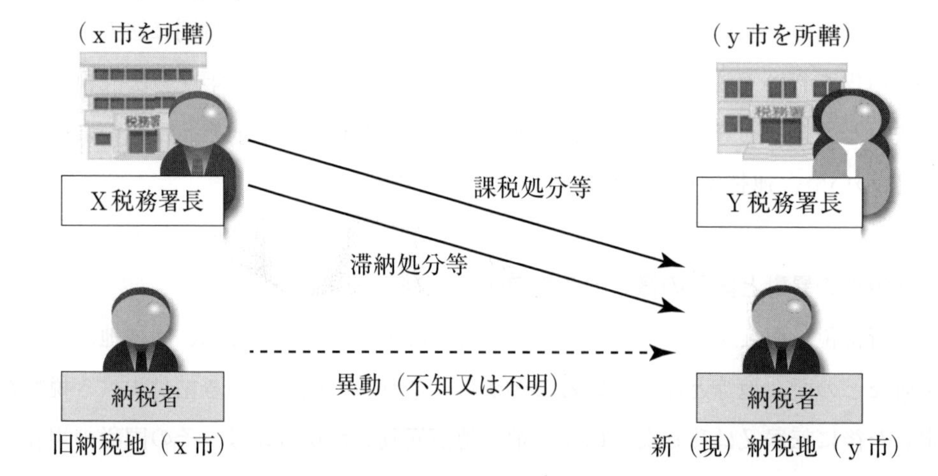

《特例２》

申告等により納付すべき税額が確定した後に納税者が転居し、その旧納税地を所轄するＸ税務署長が納税者の異動の事実を知らない場合において、その知らないことにつきやむを得ない事情があるときは、旧納税地を所轄するＸ税務署長がその国税の徴収をすることができます（通43②二）。

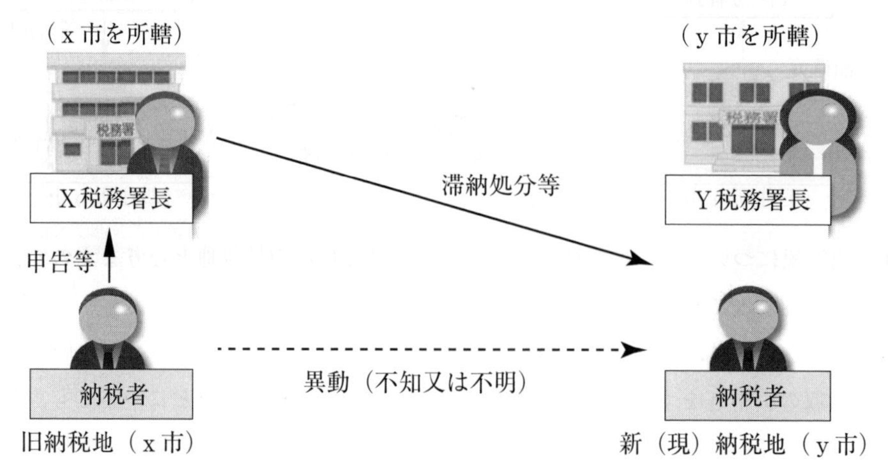

⑶　徴収の引継ぎ

徴収の引継ぎとは、税務署長から国税局長又は他の税務署長に対して、督促、差押え及び換価等の滞納処分などその国税の徴収に関する一切の権限を税務署長から国税局長又は他の税務署長に引き継ぐことをいいます。

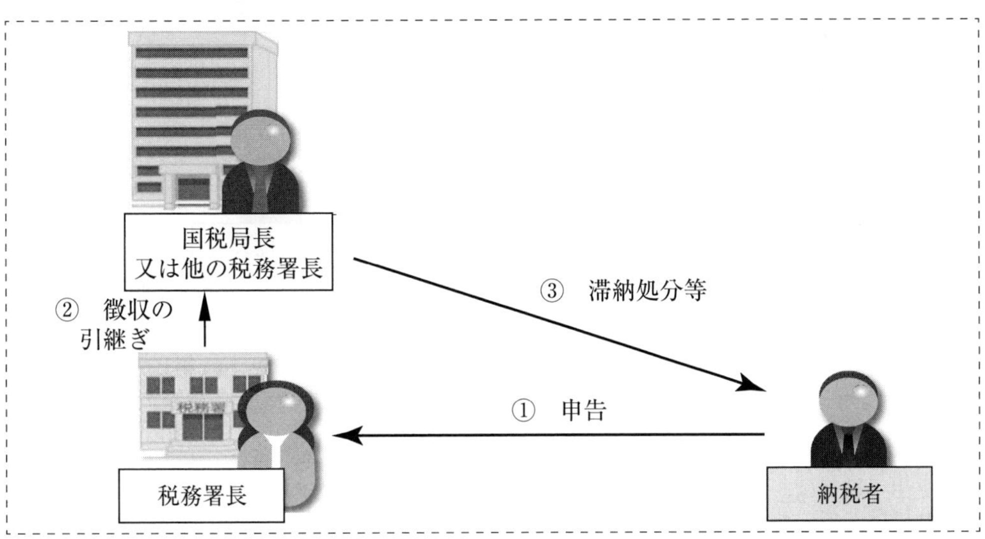

○　徴収の引継ぎの態様

区　　分	態　　　　様
国税局長への徴収の引継ぎ	国税局長は、必要があると認めるときは、その管轄区域内の地域を所轄する税務署長から徴収の引継ぎを受けることができる（通43③）。
他の税務署長への徴収の引継ぎ	税務署長は、必要があると認めるときは、他の税務署長に徴収の引継ぎをすることができる（通43④）。

㈱　滞納処分の引継ぎは、滞納処分（財産の差押え、交付要求、公売、換価代金の配当等）をすることができる権限の全部又は一部の引継ぎであり、徴収の引継ぎとは異なります（☞第４章第３節参照）。

⑷　更生手続等が開始された場合の徴収の所轄庁の特例

株式会社、協同組織金融機関又は相互会社について更生手続又は企業担保権の実行手続の開始（以下「更生手続等」といいます。）があった場合には、その会社等の国税を徴収することができる国税局長、税務署長又は税関長は、更生手続等が係属する地方裁判所の所在地を所轄する国税局長、税務署長又は税関長に対し、その徴収することができる国税の徴収の引継ぎをすることができます（通44①）。

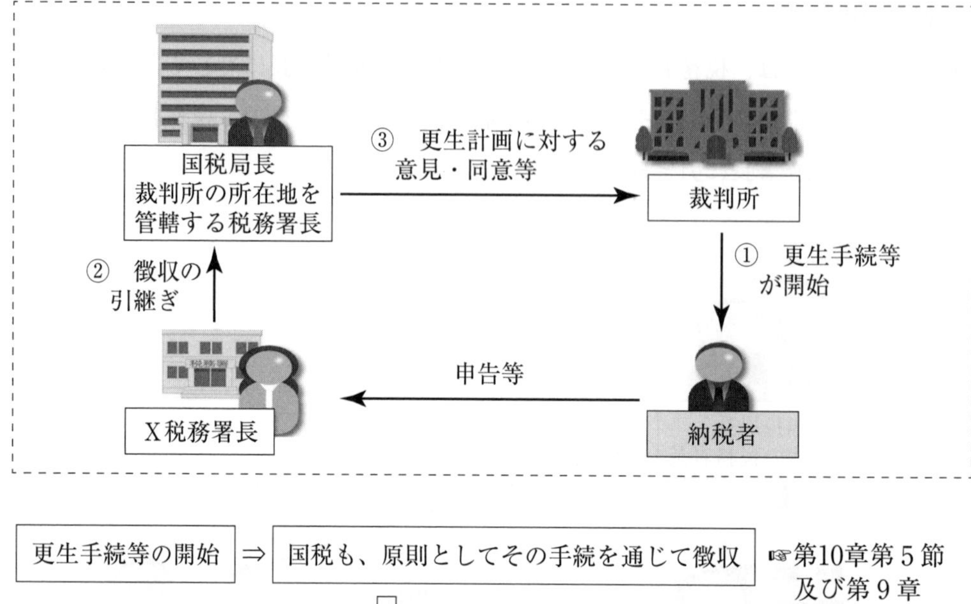

更生手続等の開始 ⇒ 国税も、原則としてその手続を通じて徴収 ☞第10章第5節及び第9章第2節参照

⇩

更生手続等は、一つの裁判所において集中的に行われるため、国税の徴収の所轄庁もそれに応じて一か所に集中することにより、徴収に関する権限の統一的な行使ができるようになります。

2　滞納処分の執行機関

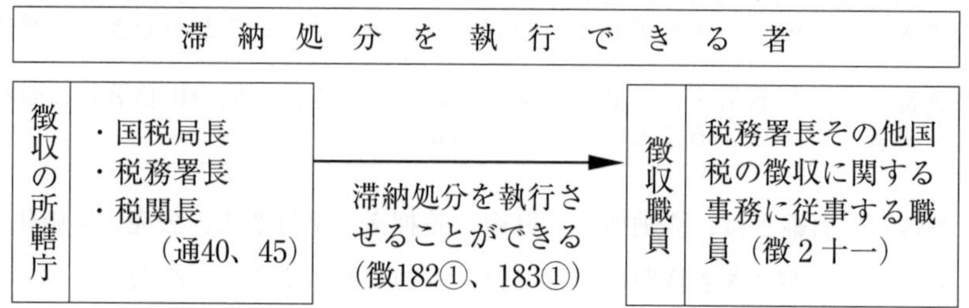

滞納処分を執行できる者				
徴収の所轄庁	・国税局長 ・税務署長 ・税関長 （通40、45）	→ 滞納処分を執行させることができる（徴182①、183①）	徴収職員	税務署長その他国税の徴収に関する事務に従事する職員（徴2十一）

㈡　税務署、国税局又は税関に所属する徴収職員は、滞納処分の執行上は税務署長、国税局長又は税関長の補助機関ではなく、独立した執行機関とされています。

第3節　納　　税　　者

1　納 税 者

徴収法に規定されている納税者とは、国税に関する法律の規定により国税を納める義務がある者及び源泉徴収による国税を徴収して国に納付しなければならない者をいい、給与所得者などの源泉徴収を受ける者は、国へ直接納付する義務がないので、除かれています（徴２六）。

なお、この納税者には、本来の納税義務者がその義務を履行しないがために補充的に納税義務を負う第二次納税義務者及び保証人も含まれています。

徴収法上の納税者は、次のように分けることができます。

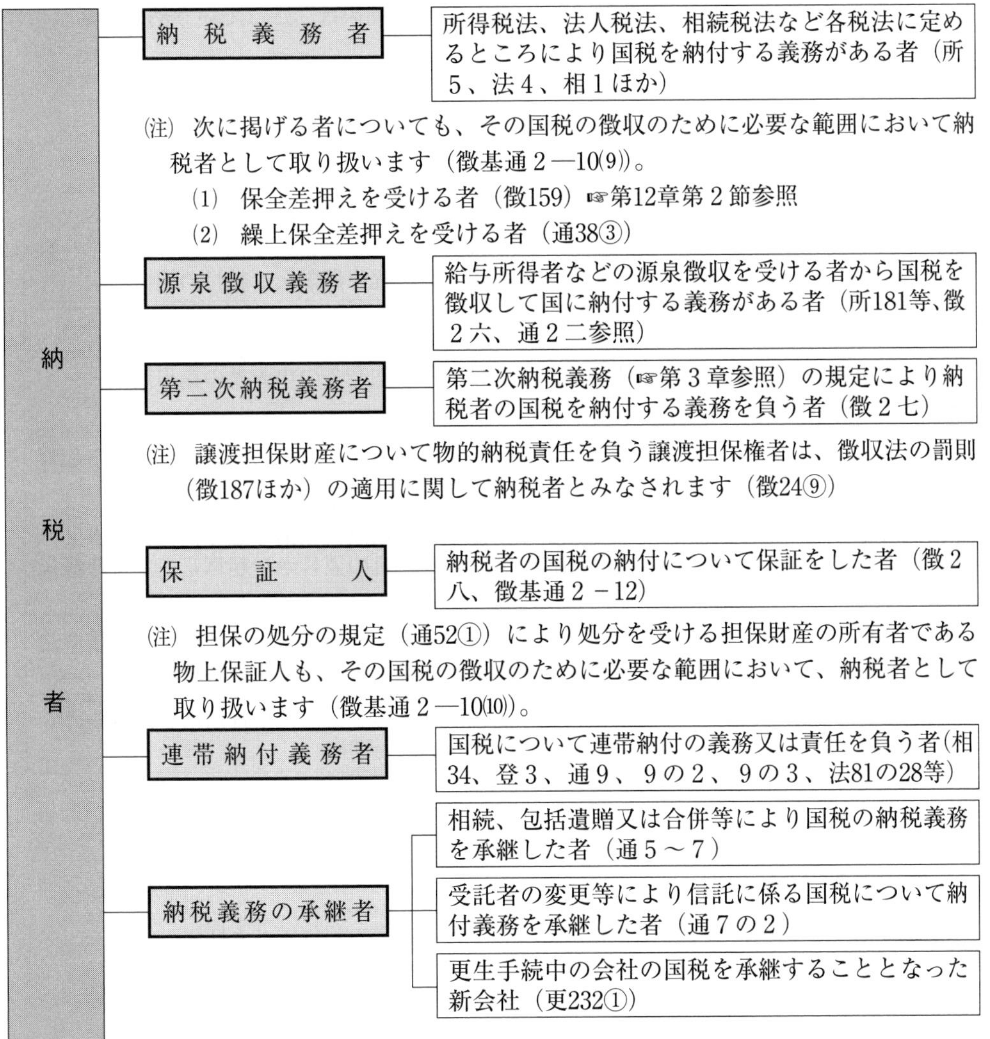

2　滞　納　者

滞納者とは、納税者でその納付すべき国税をその納付の期限までに納付しない者をいいます（徴2九）。

したがって、この滞納者には、第二次納税義務者及び保証人で納付通知に係る期限までにその国税を完納しない者が含まれる（徴32、47③参照）ほか、第二次納税義務者とみなされて滞納処分の執行を受ける譲渡担保権者（徴24③）も、滞納処分に関する規定の適用上は滞納者とされます（徴49かっこ書参照）。

なお、この場合の納付の期限とは、納付すべき税額が確定した場合（通15①、③参照）における国税を納付すべき期限をいい、期限内申告、更正、決定、期限後申告、修正申告、納税の告知又は延納に係る納期限等の具体的な納期限がこれに当たります。

㈲　納税の猶予又は徴収若しくは滞納処分に関する猶予（通46、23⑤、105②⑥、徴151、151の2、所118、相40①、42㉙、更169等）に係る期限は、ここでいう納付の期限には含まれません。

○　国税の納付の期限

国　　　税	納　付　の　期　限
申告により納付する国税	各税法に定める申告書の提出期限又は納付の期限
予定納税に係る所得税	7月31日及び11月30日
みなす中間申告に係る法人税及び消費税	法人税法71条又は消費税法42条の申告書の提出期限
更正又は決定に係る国税	更正通知書又は決定通知書が発せられた日の翌日から起算して1月を経過する日
納税告知書又は納付通知書により納付する国税	これらにより指定された期限（原則として納税告知書又は納付通知書が発せられた日の翌日から起算して1月を経過する日）
延納に係る所得税、相続税及び贈与税	所得税法131条・132条、相続税法38条又は租税特別措置法70条の4・70条の6の規定により延期された期限
納期限の延長がされた国税	通則法11条、酒税法30条の6又は租税特別措置法41条の6等の規定により延長された期限

○　法定納期限と納期限

法定納期限　国税に関する法律に定められている本来の納付すべき期限

納期限　納付すべき税額の確定した国税を納付すべき具体的期限

申告等の態様	法定納期限と納期限との関係	備　考
期限内申告	法定納期限＝納期限	後記設例1では、3月15日
期限後申告、修正申告、更正、決定	法定納期限≠納期限	後記設例2では、法定納期限が3月15日、納期限が7月31日

㈱ 国税債権と担保権との優先関係の調整に当たって基準となる日である「法定納期限等」については☞第2章第3節1参照

(参考) 国税の滞納と延滞税

国税を法定納期限までに完納しなかった納税者は、本税のほかに延滞税を併せて納付しなければなりません（通60）。

延滞税は、次のように計算します。

⑴ 延滞税は、原則として法定納期限の翌日から、その国税を完納する日までの期間の日数に応じ、未納税額に年14.6%の割合を乗じて計算します。ただし、納期限までの期間又は納期限の翌日から起算して2月を経過する日までの期間については、未納税額に年7.3%の割合を乗じて計算します（通60②）。

$$延滞税 = \frac{納付すべき本税の額 \times 14.6\%\ (7.3\%)\ \times 期間（日数）}{365日}$$

（注1） 遡って過去の年分の修正申告をし、又は更正・決定を受けた場合には、延滞税は法定納期限の翌日から計算されますので、その修正申告などをした日に本税を全額納付しても、延滞税を納付しなければならない場合があります（図1参照）。

（注2） 延滞税は、本税についてのみ計算されますので、加算税に対して延滞税が計算されることはありません（通60②、62）。

（注3） 各年における特例基準割合が年7.3%の割合に満たない場合には、その年中の延滞税の割合は、次の割合により計算します（措94①）。

【令和3年1月1日以後】

原　則	特　例
年14.6%の延滞税	延滞税特例基準割合＋7.3%
年7.3%の延滞税	延滞税特例基準割合＋1.0%

この場合の延滞税特例基準割合とは、平均貸付割合（各年の前々年の9月から前年の8月までの各月における国内銀行の貸出約定平均金利（新規・短期）の合

計を12で除して計算した割合として各年の前年の11月30日までに財務大臣が告示する割合）（措93②）に、年１％の割合を加算した割合をいいます（措94①）。

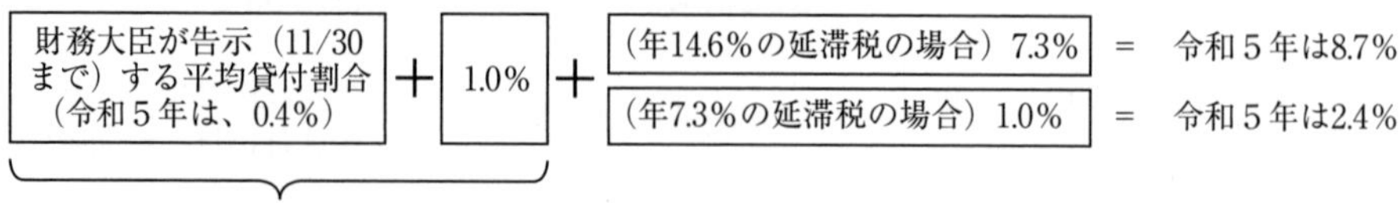

なお、上記の割合の特例は、令和３年１月１日以後の延滞税の計算について適用されるものであり、平成12年１月１日から平成25年12月31日までの期間については、年7.3％の延滞税についてのみ、特例基準割合（前年の11月30日において、日本銀行が定める基準割引率＋４％）が適用されるほか、平成26年１月１日から令和２年12月31日までは、以下の割合で計算します。

【平成26年１月１日から令和２年12月31日まで】

原　　則	特　　例
年14.6％の延滞税	特例基準割合＋7.3％
年7.3％の延滞税	特例基準割合＋1.0％

この場合の特例基準割合とは、国内銀行の貸出約定平均金利に１％を加算した割合をいいます。国内銀行の貸出約定平均金利は、各年の前々年の10月から前年の９月までの各月における国内銀行の貸出約定平均金利（新規・短期）の合計を12で除して計算した割合であって、各年の前年の12月15日までに財務大臣が告示することとされていました（旧措置法93②）。

（参考）各年の延滞税の割合の特例

<table>
<tr><th rowspan="2">年</th><th colspan="2">割合の特例</th></tr>
<tr><th>年7.3％の延滞税</th><th>年14.6％の延滞税</th></tr>
<tr><td>H12、13</td><td>4.5％</td><td rowspan="6">（14.6％）</td></tr>
<tr><td>H14～18</td><td>4.1％</td></tr>
<tr><td>H19</td><td>4.4％</td></tr>
<tr><td>H20</td><td>4.7％</td></tr>
<tr><td>H21</td><td>4.5％</td></tr>
<tr><td>H22～25</td><td>4.3％</td></tr>
<tr><td>H26</td><td>2.9％</td><td>9.2％</td></tr>
<tr><td>H27、28</td><td>2.8％</td><td>9.1％</td></tr>
<tr><td>H29</td><td>2.7％</td><td>9.0％</td></tr>
<tr><td>H30～R２</td><td>2.6％</td><td>8.9％</td></tr>
<tr><td>R３</td><td>2.5％</td><td>8.8％</td></tr>
<tr><td>R４、５</td><td>2.4％</td><td>8.7％</td></tr>
</table>

〔例〕 平均貸付割合が0.4％のときの申告所得税（確定申告分）の延滞税計算

2.4％の割合で
延滞税を計算
（3/16～5/15）
8.7％の割合で
延滞税を計算
（5/16～）
～12/15
財務大臣の
告示
1/1
3/15
確定申告
3/16
5/15
2か月
○/○
（国税を完納する日）

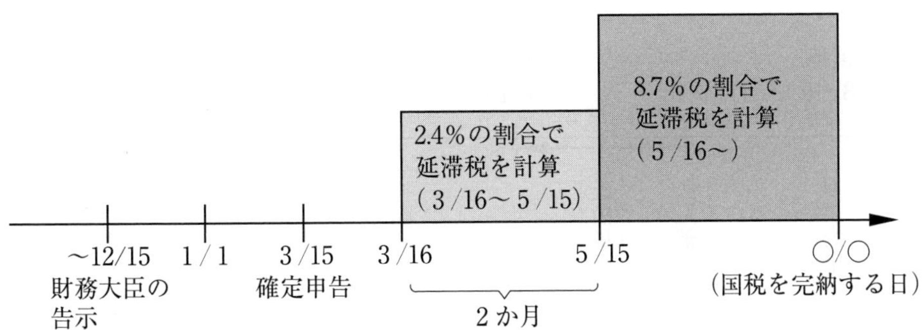

(2) 期限内申告書を提出し、その法定申告期限から1年以上経過してから修正申告をしたような場合などには、延滞税の計算期間から除かれる期間がある場合があります（通61）（図2参照）。

図1　延滞税の割合（延滞税の控除期間を除きます。図2参照）

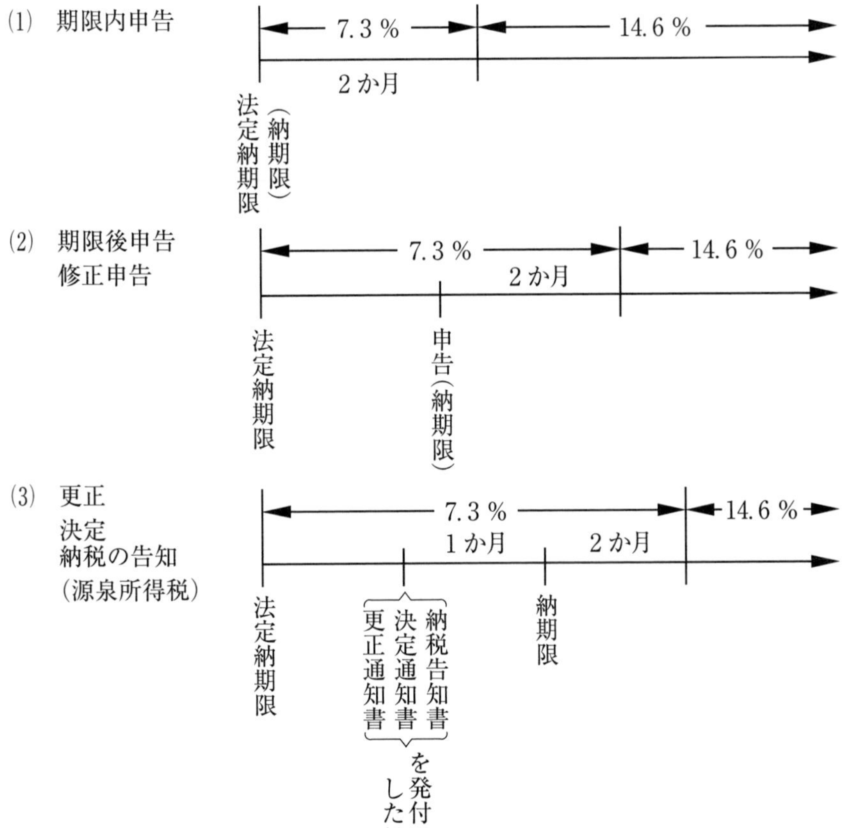

(1) 期限内申告
7.3％
14.6％
2か月
法定納期限
（納期限）
(2) 期限後申告
修正申告
7.3％
14.6％
2か月
法定納期限
申告（納期限）
(3) 更正
決定
納税の告知
（源泉所得税）
7.3％
14.6％
1か月
2か月
法定納期限
更正通知書
決定通知書
納税告知書
を発付した日
納期限

※　令和5年においては、7.3％と14.6％が適用される期間の延滞税の割合は、それぞれ2.4％と8.7％になります。

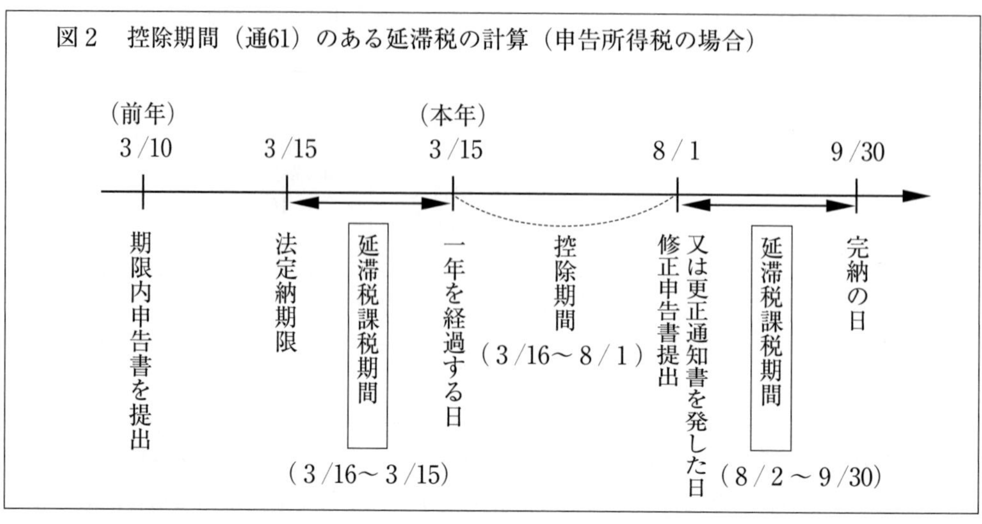

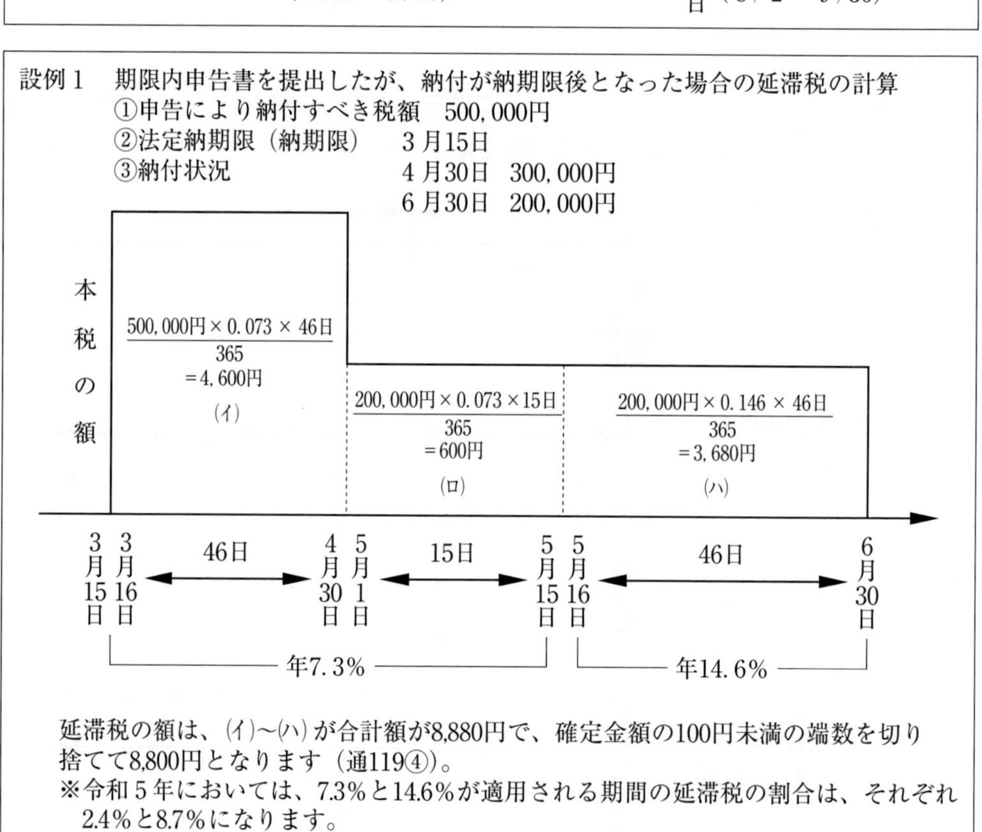

延滞税の額は、(イ)～(ハ)が合計額が8,880円で、確定金額の100円未満の端数を切り捨てて8,800円となります（通119④）。

※令和5年においては、7.3%と14.6%が適用される期間の延滞税の割合は、それぞれ2.4%と8.7%になります。

設例2　更正により納付すべき税額が確定した場合の延滞税の計算

①更正により納付すべき税額　257,500円
②法定納期限　3月15日
③納期限　7月31日
④納付状況　7月31日　107,500円
　　　　　　9月20日　50,000円
　　　　　　10月20日　100,000円

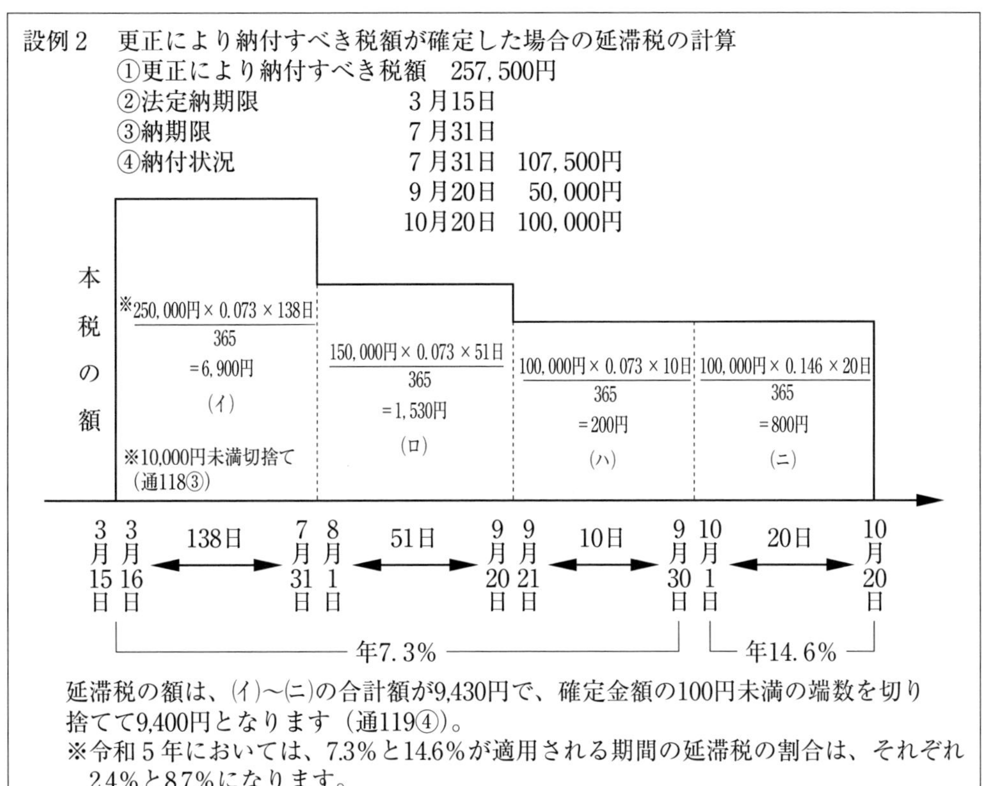

延滞税の額は、(イ)～(ニ)の合計額が9,430円で、確定金額の100円未満の端数を切り捨てて9,400円となります（通119④）。

※令和5年においては、7.3%と14.6%が適用される期間の延滞税の割合は、それぞれ2.4%と8.7%になります。

第２章　国税の優先権と他の債権との調整

第１節　一般的優先の原則

１　国税優先の原則

国税は、納税者の総財産について、徴収法第２章（国税と他の債権との調整）に別段の定めがある場合を除き、すべての公課及びその他の債権（私債権）に先だって徴収します（徴８）。

この「先だって徴収する」とは、納税者の財産が「強制換価手続」によって換価された場合において、国税が公課その他の債権と競合したときは、その換価代金から、公課その他の債権に優先して国税を徴収すること（換価代金の配当において、国税が公課その他の債権よりも優先して配当を受けること）をいいます（徴基通８－４）。

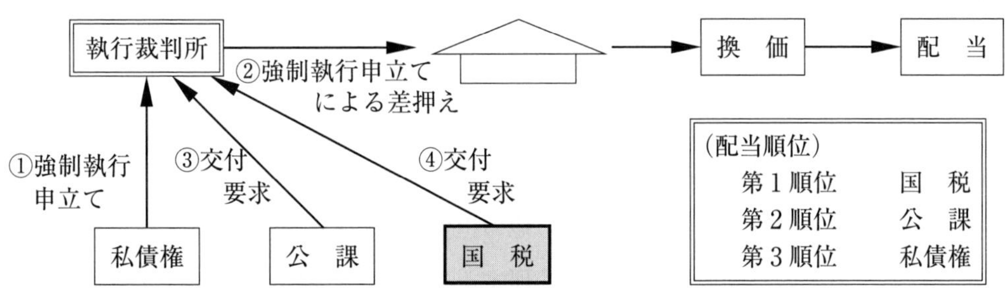

(注)　公課と私債権との間の優劣については、公課の徴収について定めた法律において、「国税及び地方税に次ぐ」とされ（国健80④など）、公課の優先権が認めれられています。

○　徴収法第２章にある別段の定め

別段の定め	
	強制換価手続の費用等の優先（徴９～11）
	法定納期限等以前に設定された質権の優先等（徴15～21）
	法定納期限等以前にされた仮登記により担保される債権の優先等（徴23）
	国税及び地方税等と私債権との競合の調整（徴26）

2　強制換価手続の費用の優先

納税者の財産について強制換価手続が行われた場合において、税務署長がその執行機関に対して国税の交付要求をしたときは、その国税は、その手続により配当すべき金銭について、強制換価手続に係る費用に次いで徴収します（徴９）。

○　**強制換価手続**（徴２十二）

強制換価手続	滞納処分（その例による処分を含む。）
	強制執行
	担保権の実行としての競売
	企業担保権の実行手続
	破産手続

㈱「担保権の実行としての競売」には、不動産を目的とする担保権の実行にあっては、担保不動産競売（競売による不動産担保権の実行をいいます。）の方法と、担保不動産収益執行（不動産から生ずる収益を被担保債権の弁済に充てる方法による不動産担保権の実行をいいます。）の方法があります（民執180）。

（参考）　担保不動産収益執行

担保不動産収益執行は、抵当権者その他の担保権者が担保不動産の収益から優先弁済を受けるためその不動産を強制的に管理する手続で、一般債権者が行う強制管理に類似する制度です（民371、民執180等）。

担保不動産収益執行は、担保不動産の競売手続とは別個独立の手続とされており、その手続について強制管理の規定が準用されています（民執188）。

不動産執行	強制執行	強制競売
		強制管理
	担保権の実行	担保不動産競売
		担保不動産収益執行

○　**強制換価手続に係る費用**（徴基通９－３）

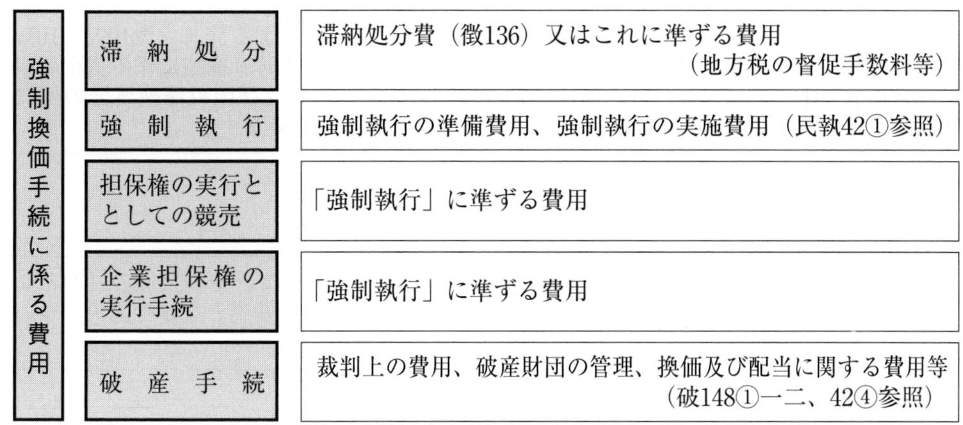

強制換価手続に係る費用		
	滞納処分	滞納処分費（徴136）又はこれに準ずる費用（地方税の督促手数料等）
	強制執行	強制執行の準備費用、強制執行の実施費用（民執42①参照）
	担保権の実行としての競売	「強制執行」に準ずる費用
	企業担保権の実行手続	「強制執行」に準ずる費用
	破産手続	裁判上の費用、破産財団の管理、換価及び配当に関する費用等（破148①一二、42④参照）

3　直接の滞納処分費の優先

納税者の財産を滞納処分により換価したときは、その滞納処分に係る滞納処分費は、その換価代金につき、他の国税、地方税及びその他の債権に優先して徴収します（徴10）。

○　**滞納処分費の範囲**（徴136）

滞納処分費	国税の滞納処分による財産の差押え、交付要求、差押財産等の保管、運搬、換価（公売公告の新聞掲載料、公売財産の鑑定料（徴98）など）、差押財産の修理等の処分（徴93）、差し押さえた有価証券、債権及び無体財産権等の取立て並びに配当に関する費用（書類の発送費、滞納処分に従事する徴収職員の俸給、旅費等を除きます）。

滞納処分費☞第４章第６節参照

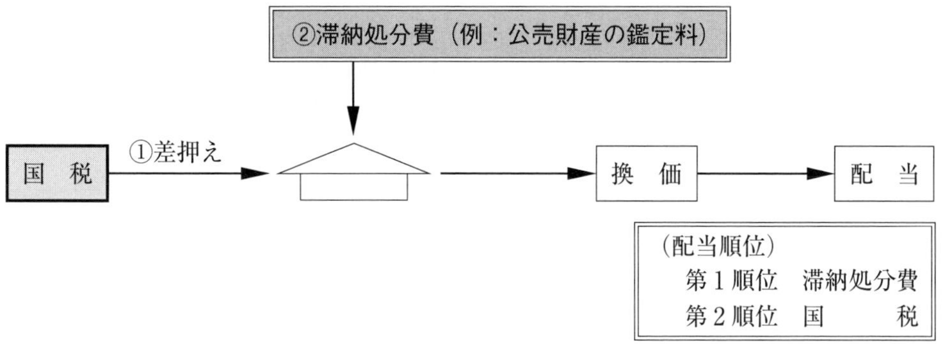

○　滞納処分による換価（徴基通10－１）

滞納処分による換価	換価とは、公売（徴94、107）、随意契約による売却（徴109、110）、差押債権又は差押有価証券若しくは差押無体財産権等に係る債権の取立て（徴67①、57①、73⑤、73の２④、74）及び国税滞納処分の例による処分（通52①、53等）としての換価をいいます。

○　その滞納処分に係る滞納処分費（徴基通10－２）

納税者の財産につき滞納処分による換価をした場合において、その換価の目的となった財産についての滞納処分費（徴136）で、その換価処分の基礎となった国税についての滞納処分費をいいます。

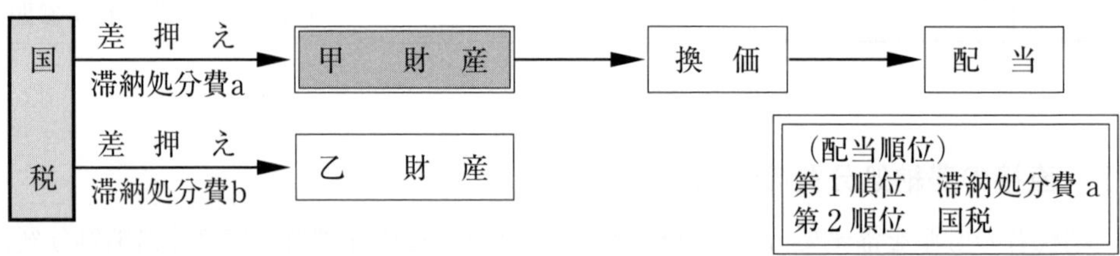

（滞納国税を徴収するために、滞納者の甲、乙財産を差し押さえ、甲財産のみを換価した場合には、優先的に徴収される滞納処分費は、甲財産に係るａだけであり、ｂは優先的に配当を受けることができる直接の滞納処分費に該当しません。）

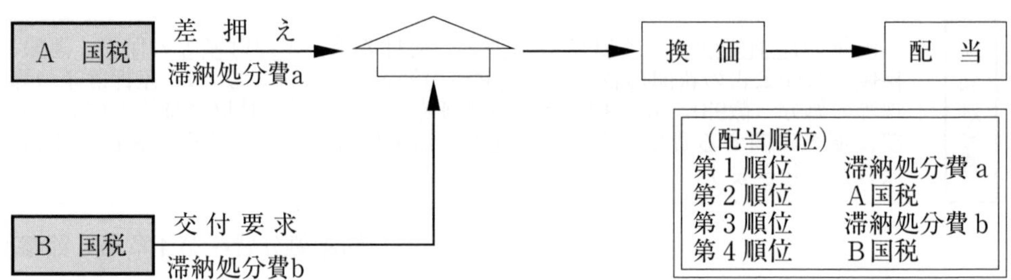

（Ａ国税を徴収するために財産を差し押さえ、Ｂ国税を徴収するために当該差押えに対して交付要求をした場合には、優先的に徴収される滞納処分費はａだけであり、ｂは直接の滞納処分費には該当しません（ただし、滞納処分費ｂは、Ｂ国税に先だって徴収されます（徴137）。）。）

4　強制換価の場合の消費税等の優先

消費税等（課税資産の譲渡等に係る消費税を除きます。）が課せられる物品が強制換価された場合には、これを課税原因とする消費税等が発生します。これらの消費税等は、換価代金（売買価格）の一部を構成しているため、他の国税、地方税及びその他の債権に優先して徴収すべきであるとして、その消費税等の発生の基因となった移出（強制換価されたときに移出とみなされる場合の移出）、又は公売若しくは売却に係る物品の換価代金について、他の国税、地方税及びその他の債権に優先して徴収することとされています（徴11）。

㈳　強制換価の場合の消費税等とは、消費税を除く、酒税、揮発油税、石油ガス税等の間接税のことをいいます（通39①、２三参照）。

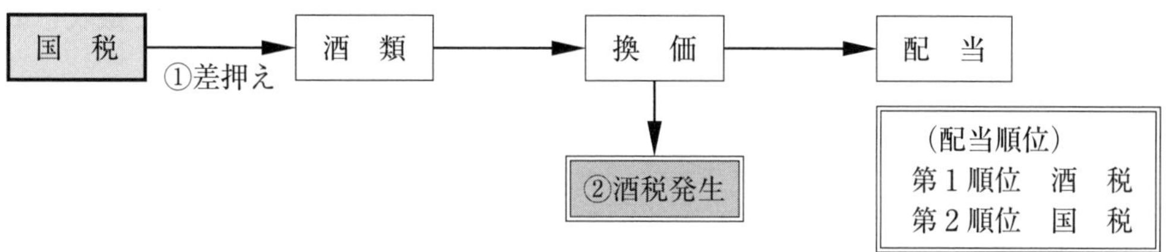

○　移出

徴収法11条の「移出」とは、次に掲げる場合の移出をいいます（徴基通11－２）。

①　酒税法６条の３第１項４号の規定に該当する場合
②　たばこ税法６条３項の規定に該当する場合
③　揮発油税法５条３項の規定に該当する場合
④　地方揮発油税法７条１項の規定により揮発油税に併せて徴収する地方揮発油税については、その揮発油につき揮発油税法５条３項の規定に該当する場合
⑤　石油ガス税法５条３項の規定に該当する場合
⑥　石油石炭税法５条３項の規定に該当する場合

第２節　国税と地方税との調整

国税と地方税の優先関係は、原則的には同順位であり、国税と地方税とが競合した場合の優先順位は、滞納処分による差押え又は交付要求（参加差押を含みます。）の着手の時期が基準となります。

1　差押先着手による国税の優先

納税者の財産について国税の滞納処分による差押えをした場合において、他の国税又は地方税の交付要求がされたときは、その差押えに係る国税は、その差し押さえた財産の換価代金につき、その交付要求に係る他の国税又は地方税に優先して徴収します（徴12①）。

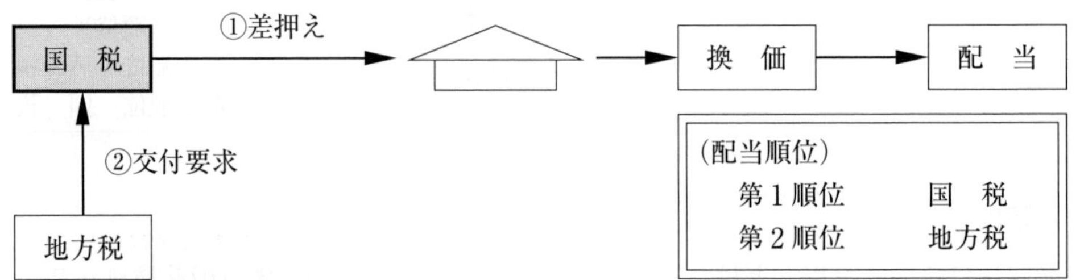

㈱　徴収法12条２項の規定は、同条１項と同様の趣旨を表裏の両面から規定したものです。

2　交付要求先着手による国税の優先

納税者の財産について強制換価手続（破産手続を除きます。）が行われた場合において、国税及び地方税の交付要求があったときは、その換価代金につき、先にされた交付要求に係る国税は、後にされた交付要求に係る国税又は地方税に優先して徴収します（徴13）。

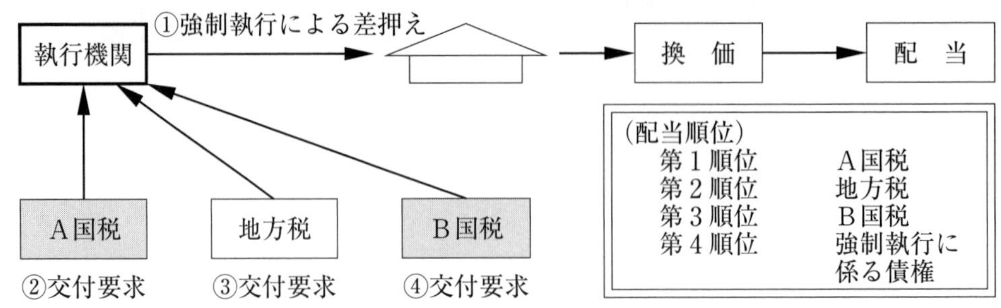

（注1）　交付要求の先後は、交付要求のされた時の順位によります。「交付要求のされた時」とは、滞納処分にあっては、その行政機関等に交付要求書又は参加差押書が送達された時をいい、送達時が同時である場合には、これらの交付要求に係る国税及び地方税は同順位になります。

同順位の場合における国税及び地方税に配当する金額は、債権現在額申立書に記載されている税額によりあん分計算します（徴基通13－2）。

（注2）　破産手続においては、破産法の規定に従って配当、弁済がされます（破148①三、151、152①、98①等）。

3　担保を徴した国税の優先

国税について徴した担保財産があるときは、差押先着手による国税の優先の規定（徴12）及び交付要求先着手による国税の優先の規定（徴13）にかかわらず、その国税は、その担保財産の換価代金につき他の国税及び地方税に優先して徴収します（徴14）。

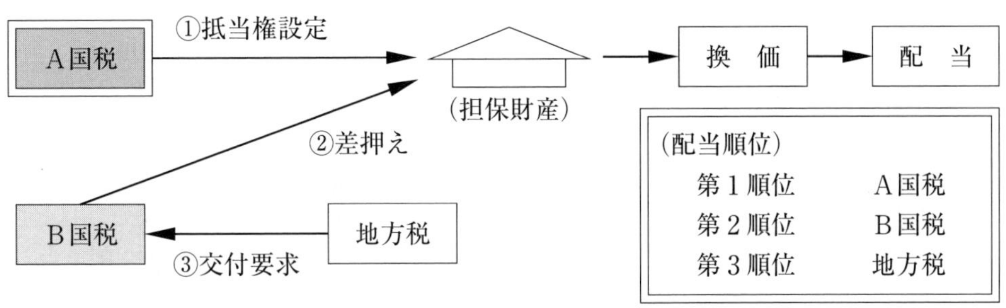

○　**担保財産**（通50、徴基通14－2）

担保財産	国債及び地方債
	社債その他の有価証券で税務署長等が確実と認めるもの
	土地
	建物、立木及び登記される船舶並びに登録を受けた飛行機、回転翼航空機及び自動車並びに登記を受けた建設機械で、保険に附したもの
	鉄道財団、工場財団、鉱業財団、軌道財団、運河財団、漁業財団、港湾運送事業財団、道路交通事業財団及び観光施設財団
	保全担保（徴158④）の規定により抵当権を設定したものとみなされた財産

㈱　国税の担保には、物的担保と人的担保（保証人）があります（通50参照）が、徴収法14条の規定は、物的担保を徴していた場合にのみ適用されます。

○　先順位の担保権との関係

区分	状況		優先劣後の判定		結果
担保財産が納税者に帰属する場合	国税につき徴している納税者の担保財産に、先順位の質権、抵当権又は担保のための仮登記が設定されているとき	⇨	国税の法定納期限等と質権等の設定又は登記の時期のいずれか早い方が優先	⇨	質権等の被担保債権は、国税の法定納期限等後に設定又は登記されたものに限り、国税に劣後（徴基通14－８） ※下記㊟参照
担保財産が第三者に帰属する場合	国税につき徴している第三者の担保財産に、先順位の質権、抵当権又は担保のための仮登記が設定されているとき	⇨	国税についての担保権の設定等の時期と質権等の設定等の時期のいずれか早い方が優先	⇨	先順位の質権等の被担保債権は、国税に優先（徴基通14－９）

㊟　担保財産が納税者に帰属する場合において、担保を徴した国税と担保権付の私債権とが競合したときは、その国税は、担保権の優先権のほか、国税の優先権も主張することができますので、質権等の被担保債権は、その質権等の設定等の時期が国税についての担保権の設定の時期より早くても、国税の法定納期限等後である場合は、その国税に劣後することになります（下図参照）。

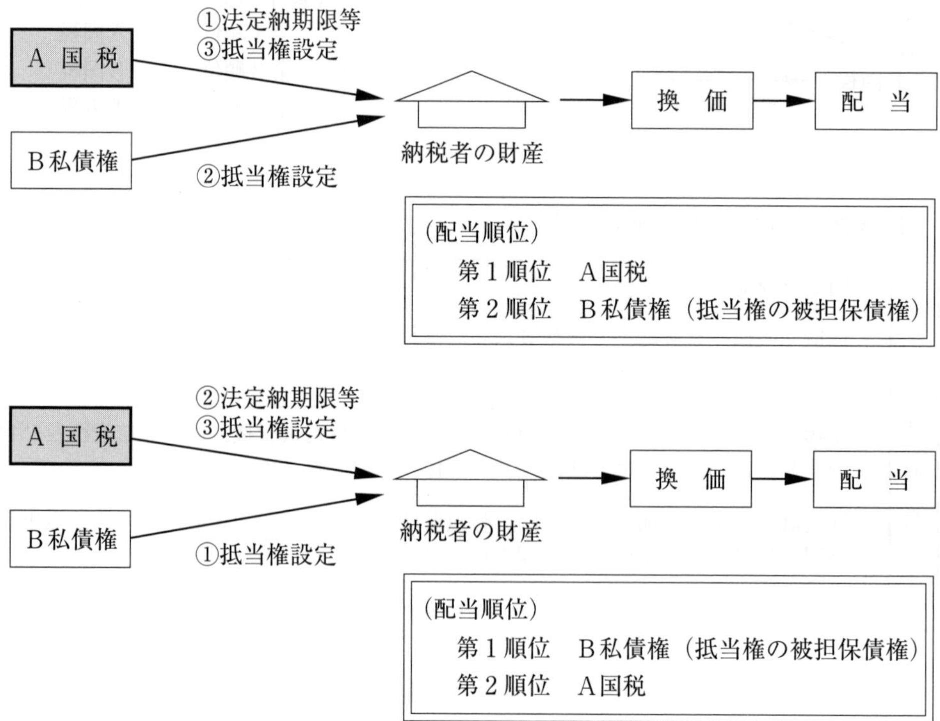

第３節　国税と被担保債権との調整

担保権によって担保される債権（被担保債権）と国税との優先関係は、私法上の物権公示の原則を尊重する考え方に基づいて調整が行われています。

公示の原則との調整については、租税徴収制度調査会答申において、次のように説明されています。

> 担保物権制度、殊に抵当権制度は、その制度の基礎を公示の原則に置き、その安定が図られているのであるから、租税の徴収に当たっても、さらにこの制度との調和を図ることが適当である。しかし、他方、租税は法律に基づき、又は公法上の行為により成立するものであるから、担保物権における公示の原則をそのまま適用することは適当ではない。
>
> したがって、この調整を図るため納税者の財産に担保物権を設定する第三者に対し租税の存在が明らかとなる租税の法定納期限前に設定された担保物権により担保される債権に限り、租税を優先して徴収しないこととすべきである。

㈲　納税証明の制度（通123）は、担保権者が、こうした国税の優先権により担保権に優先する国税の存在を、知るための手段として設けられています。

１　法定納期限等以前に設定された質権又は抵当権の優先

納税者がその財産上に質権又は抵当権を設定している場合において、その質権又は抵当権が国税の法定納期限等以前に設定されているときは、その国税は、換価代金につき、その質権又は抵当権により担保される債権に次いで徴収します（徴15①、16）。

なお、登記・登録のできない質権（例えば、動産質等）については、その質権者が強制換価手続において、その執行機関に対して質権設定の事実を証明した場合に限り、その質権が国税に優先します（徴15②）。

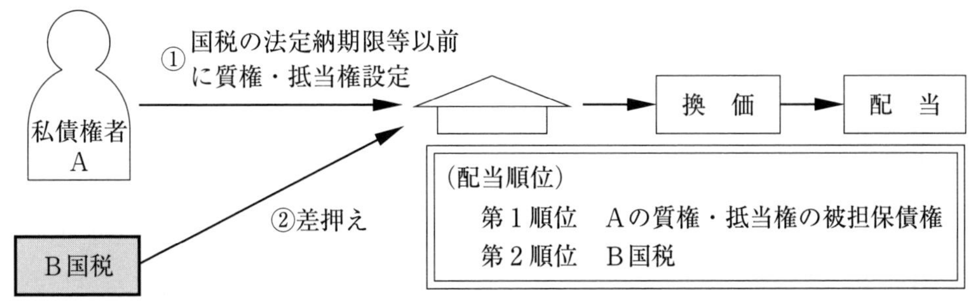

○　**法定納期限等**

法定納期限等とは、租税徴収制度調査会答申のいう「租税の存在が明らかとなる租税の法定納期限」のことで、国税と質権等の被担保債権との調整において、その優先順位を定める基準となる時のことをいいます。

原則として、徴収法２条10号に規定された「法定納期限」が法定納期限等になりますが、次に掲げる国税については、それぞれに掲げる日が法定納期限等となります（徴15①）。

なお、附帯税及び滞納処分費と質権等の被担保債権との優先関係は、その徴収の基因となった国税の法定納期限等によって定まります（徴基通15－10）。

	号	国税の種類	法定納期限等
徴収法第15条第1項	1号	・法定納期限後にその納付すべき額が確定した国税	・更正通知書若しくは決定通知書又は納税告知書を発した日 ・申告納税方式による国税で申告により確定したものについては、その申告があった日
	2号	・法定納期限前に繰上請求がされた国税（通38①）	・繰上請求に係る期限
	3号	・第２期分の所得税（所104①）	・第１期において納付すべき所得税の納期限
	4号	・申告書の提出期限前の更正又は決定により納付すべき税額が確定した相続税又は贈与税（相35②）	・更正通知書又は決定通知書を発した日
	4号の2	・地価税（法定申告期限までに納付するもの及び第１号に掲げるものを除きます。）	・更正通知書又は決定通知書を発した日 ・申告により確定したものについては、その申告があった日（その日が法定申告期限前である場合には、その法定申告期限）
	5号	・確定した税額を２以上の納期において納付するもののうち最初の納期後の納期において納付する再評価税	・再評価税の最初の納期限
	5号の2	・源泉徴収による国税、自動車重量税、登録免許税	・納税告知書を発した日（納税の告知を受けることなく法定納期限後に納付された国税については、その納付があった日）
	6号	・譲渡担保権者の物的納税責任に係る国税 ・保全差押えに係る国税 ・繰上保全差押えに係る国税	・告知書又は通知書を発した日

徴収法第15条第1項	号	国税	法定納期限等
	7号	・相続人の固有の財産から徴収する被相続人の国税 ・相続財産から徴収する相続人の固有の国税 (注)　いずれも相続があった日前にその納付すべき税額が確定した国税に限ります。	・相続のあった日
	8号	・合併により消滅した法人に属していた財産から徴収する合併後に存続する法人又は当該合併に係る他の被合併法人の固有の国税 ・合併後に存続する法人の固有の財産から徴収する被合併法人の国税 (注)　いずれも合併のあった日前にその納付すべき税額が確定した国税に限ります。	・合併のあった日
	9号	・分割無効判決の確定により分割をした法人（分割法人）に属することとなった財産から徴収する分割法人の固有の国税 ・分割法人の固有の財産から徴収する分割法人の通則法9条の2に規定する連帯納付義務に係る国税 (注)　いずれも判決確定日前に納付すべき税額が確定した国税に限ります。	・判決が確定した日
	10号	・会社分割により営業を承継した法人（分割承継法人）の当該分割をした法人から承継した財産（承継財産）から徴収する分割承継法人の固有の国税 ・分割承継法人の固有の財産から徴収する分割承継法人の通則法9条の3に規定する連帯納付責任に係る国税 ・分割承継法人の承継財産から徴収する分割承継法人の連帯納付責任に係る当該分割に係る他の分割をした法人の国税 (注)　いずれも分割のあった日前に納付すべき税額が確定した国税に限ります。	・分割のあった日
	11号	・第二次納税義務者として納付すべき国税 ・保証人として納付すべき国税	・納付通知書を発した日

○　**質　　権**（徴基通15－15）

質権	民法342条に規定する質権（根質権を含みます。）をいい、動産質、不動産質及び権利質があります。

（参考）会社分割に関する法定納期限等と質権又は抵当権との優劣（徴収法15①十）

○　分割会社からの承継財産から分割承継法人の固有の国税を徴収する場合

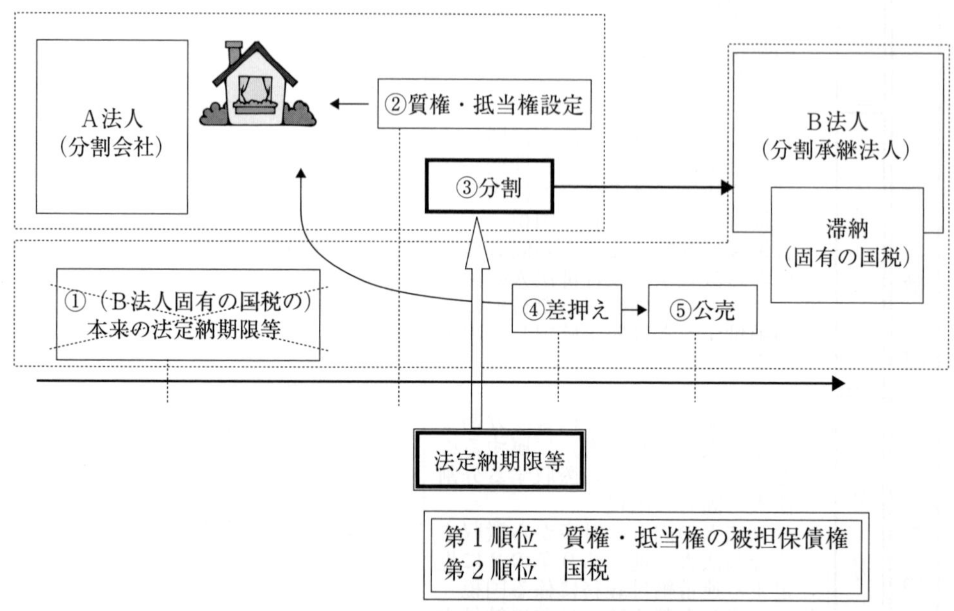

○　通則法９条の３（法人の分割に係る連帯納付責任）の規定により、分割承継法人の固有の財産から分割会社の国税を徴収する場合

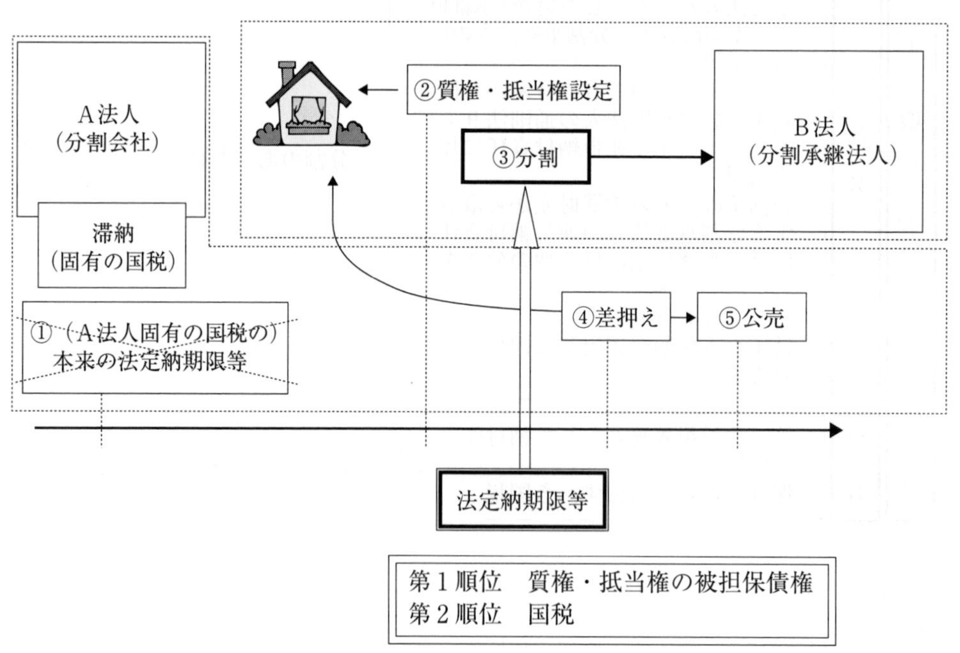

○　**通則法９条の３（法人の分割に係る連帯納付責任）の規定により、共同分割の場合における分割承継法人の承継財産（例：Ａ分割会社からの承継財産）から他の分割会社（例：Ｂ分割会社）の国税を徴収する場合**

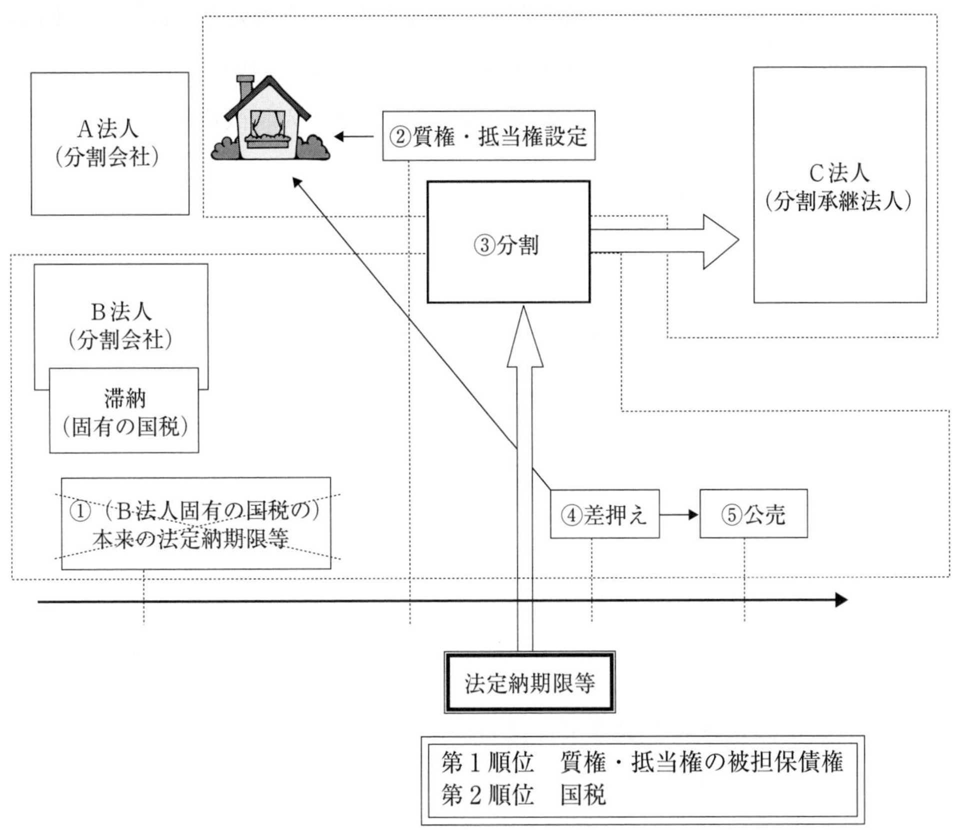

第１順位	質権・抵当権の被担保債権
第２順位	国税

○　**登記・登録のできない質権の証明方法**（徴15②）

証明	・　公正証書 ・　登記所又は公証人役場において日付のある印章が押されている私署証書 ・　内容証明を受けた証書（郵便法48①） ・　電磁的方式による確定日付が付与された電磁的記録の内容を証する書面

（注１）　有価証券を目的とする質権については、その設定の事実を証明すれば足り、公正証書等の特定の書類による証明は要しません（徴15②、徴令４①）。

（注２）「電磁的方式による確定日付が付与された電磁的記録」とは、指定公証人（公証人法７条の２第１項）が、公証人役場において日付情報を電磁的方式により付与した電磁的記録をいい（民法施行法５②）、この日付情報の日付が確定日付となります（民法施行法５②、③）。

○　証明をしない質権の優先権の否認

国税に優先する質権者（登記をすることができる質権以外の質権を有する者に限ります。）が２人以上ある場合において、先順位の質権者が徴収法15条２項の質権設定の証明をしなかったためにその質権が国税に劣後することとなるときは、私法上の質権の優先順位にかかわらず、その劣後することとなる金額については、国税に優先する後順位質権者に対して優先権を行使することができません（徴15④）。

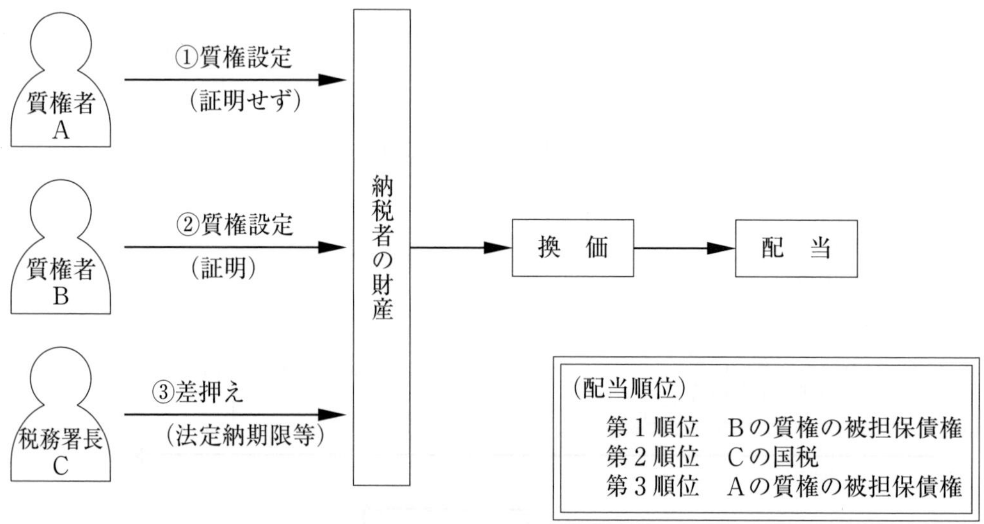

2　譲受け前に設定された質権又は抵当権の優先

納税者が、質権又は抵当権の設定（納税者の国税の法定納期限等以前の設定である必要はありません。）がされている財産を譲り受けたときは、国税は、その換価代金につき、その質権又は抵当権により担保される債権に次いで徴収します（徴17①）。

なお、登記することができる質権以外の質権については、その質権者が強制換価手続において、その執行機関に対して納税者の譲受け前にその質権が設定されている事実を証明した場合に限り質権の優先が認められます（徴17②）。この場合の証明については、徴収法15条２項の登記・登録のできない質権の証明方法と同じです。

㈱「財産を譲り受けたとき」とは、納税者が質権又は抵当権の設定されている財産を売買、贈与、交換、現物出資、代物弁済等により第三者から取得したときをいい、相続又は法人の合併若しくは分割による承継の場合を除きます（徴基通17－１）。

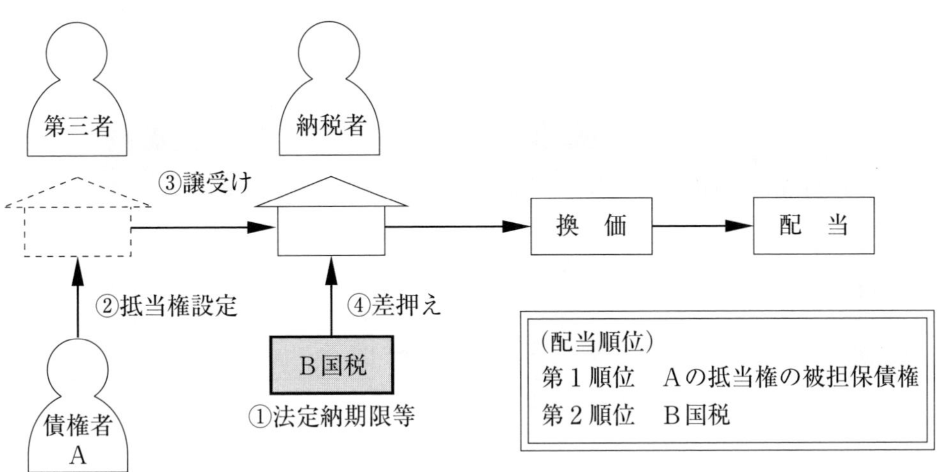

3　質権及び抵当権の優先額の限度等

徴収法15条から17条までの規定に基づき国税に先立つ質権又は抵当権により担保される債権の元本の額は、その質権者又は抵当権者がその国税に係る差押え又は交付要求の通知を受けた時における債権額が限度になります（徴18①）。したがって、根抵当権により担保される債権の額が確定する前であっても、その根抵当権の被担保債権は、国税との関係では、差押え等の通知を受けた時の額について優先するにすぎず、その元本が確定するまでの間に増額した分は、国税に劣後することになります。これは、差押え等の通知を受ける（徴55、82③、86④参照）ことにより、根抵当権者等は、国税の滞納を知ることができるからです。

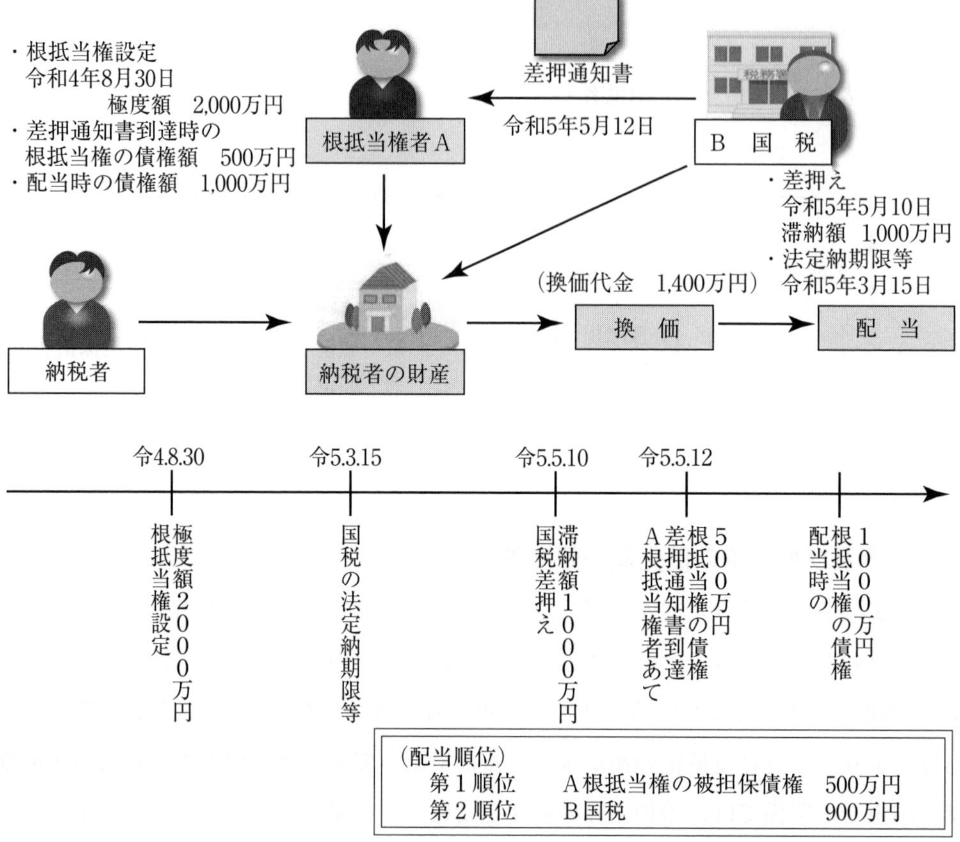

（配当順位）

第１順位	Ａ根抵当権の被担保債権	500万円
第２順位	Ｂ国税	900万円

(注)　換価代金が1,600万円の場合は、第１順位として根抵当権の被担保債権に500万円、第２順位として国税に1,000万円、第３順位として根抵当権の被担保債権に100万円を配当します。

また、設定された根抵当権について、差押え等の通知の時にあった債権が弁済され、その後、新たに被担保債権が発生した場合における国税に優先する被担保債権の額は、差押え等の通知の時の額が限度になります。これは、徴収法18条の規定は、優先弁済を受け得る限度額を定めているものであって、差押え等の通知の時に存在する債権のみが優先するとするものではないからです。

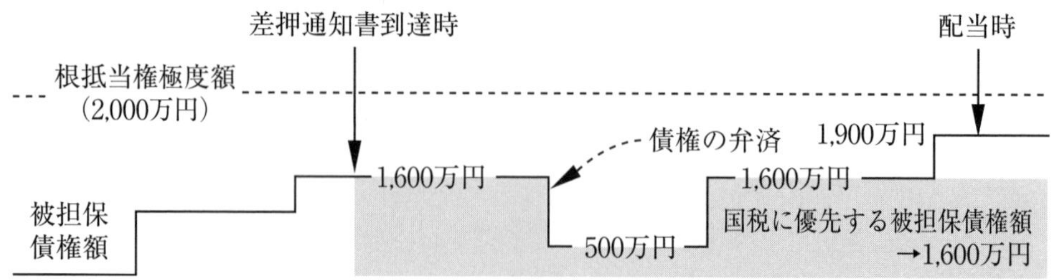

○　国税に優先する他の債権を有する者の権利を害することとなるとき

質権及び抵当権の優先額の限度等を適用すると、その国税に優先する他の債権を有する者の権利を害することとなるときは、徴収法18条１項本書は適用されません（徴18①ただし書）。

（事例）

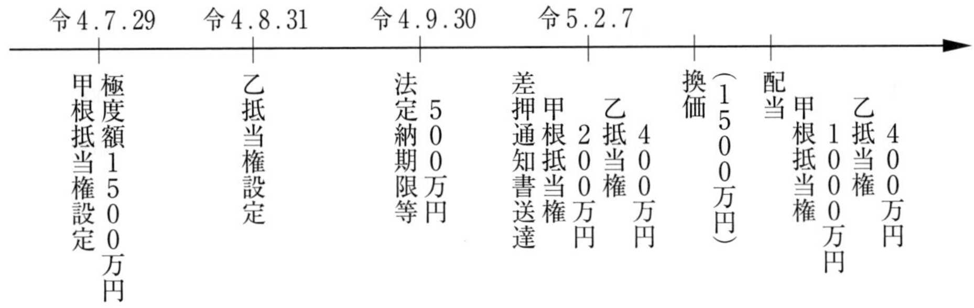

【第一段階】

国税に先だつ質権又は抵当権により担保される債権の元本の金額は、その質権者又は抵当権者がその国税に係る差押え又は交付要求の通知を受けた時における債権額が限度となります（徴18①）。

第１順位	差押通知書到達日の甲根抵当権の被担保債権（元本）	200万円
第２順位	乙抵当権の被担保債権	400万円
第３順位	差押国税	500万円
第４順位	甲根抵当権の被担保債権 （換価代金1,500万円－甲根抵当権200万円－乙抵当権400万円－差押国税500万円）	400万円

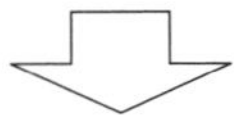

【第二段階】

第一段階の私債権に対する配当金額（合計1,000万円）について、民法373条の規定により私債権間の配当をやり直すと、甲根抵当権は乙抵当権に優先するため、第一段階で乙抵当権に配当された400万円が甲根抵当権に吸い上げられ、乙抵当権の配当額はなくなります。

第１順位	甲根抵当権の被担保債権（元本） （第１順位200万円＋第２順位400万円＋第４順位400万円）	1,000万円
第２順位	乙抵当権の被担保債権	０万円
第３順位	差押国税	500万円

（参考）　民法373条の規定
「同一の不動産について数個の抵当権が設定されたときは、その抵当権の順位は、登記の前後による。」

【最終配当】

以上によると、乙抵当権は、徴収法18条１項本文「抵当権者がその国税に係る差押えの通知を受けた時における債権額を限度とする」の規定がなければ、受けたであろう400万円が、この規定により受けられなくなり、権利を害されることとなります。

このような場合には、徴収法18条１項本書は適用されず、徴収法16条の規定に従って配当計算し、最終的には次のような配当になります（徴18①ただし書）。

第１順位	甲根抵当権の被担保債権	1,000万円
第２順位	乙抵当権の被担保債権 （徴収法16条の法定納期限等以前に設定された抵当権の優先）	400万円
第３順位	差押国税	100万円

○　増額登記をした抵当権等の優先額

質権又は抵当権等により担保される債権額又は極度額を増額する付記登記がされた場合は、付記登記の順位は主登記の順位によるため（不登４②）、主登記が法定納期限等以前にされていれば、法定納期限等の後にされた増額の付記登記についても、その増額分は国税に優先することとなってしまいます。

しかしながら、この結果は不合理であることから、被担保債権額を増額する付記登記がされた場合には、その増額の登記がされた時において、その増加した債権額又は極度額について新たに質権又は抵当権が設定されたものとみなして、その増額の登記と法定納期限等の先後により優先劣後が決定されます（徴18②）。

①　A根抵当権設定登記
令和６年５月30日
極度額　2,000万円

②　B差押国税　800万円
法定納期限等
令和６年６月30日

（差押通知書送達
A根抵当権2,000万円）

③　A根抵当権極度額変更登記
令和６年８月31日
極度額　3,500万円

換価代金が4,000万円の場合の配当

第一順位　A根抵当権の被担保債権：2,000万円
第二順位　B差押国税：800万円
第三順位　A根抵当権の被担保債権：1,200万円

A根抵当権の極度額変更による増額分1,500万円（令和６年８月31日登記）は、B差押国税（法定納期限等令和６年６月30日）に劣後します。

4　質権又は抵当権付財産が譲渡された場合の国税の徴収

納税者が、国税の法定納期限等後に登記した質権又は抵当権を設定した財産を譲渡した場合、その納税者の国税は、その担保権に優先していたにも関わらず、財産の所有権が譲受人に移転したことにより、その財産から徴収することができなくなります。一方、抵当権者などの担保権者は、本来、譲渡がなければ、国税に劣後して配当が受けられなかった金額についても、その財産から配当を受けることができる場合があります。

このような担保権者が受けた“追加的利益”を認めることは妥当ではないため、その者がその国税の法定納期限等の後に登記した質権又は抵当権を設定した財産を譲渡したときは、納税者の財産につき滞納処分を執行してもなおその国税に不足すると認められるときに限り、その国税は、その質権者又は抵当権者がその財産の強制換価手続において、配当を受けるべき金額のうちから徴収することができるとされています（徴22①）。

㊟「財産を譲渡したとき」は、納税者が質権又は抵当権の設定されている財産を売買、贈与、交換、現物出資、代物弁済等により第三者に移転させたときのほか、法人の分割（分社型分割に限ります。）による財産の移転が含まれ、相続又は法人の合併若しくは分割による承継の場合を除きます（徴基通22－３）。

○　抵当権付財産が譲渡された場合の事例

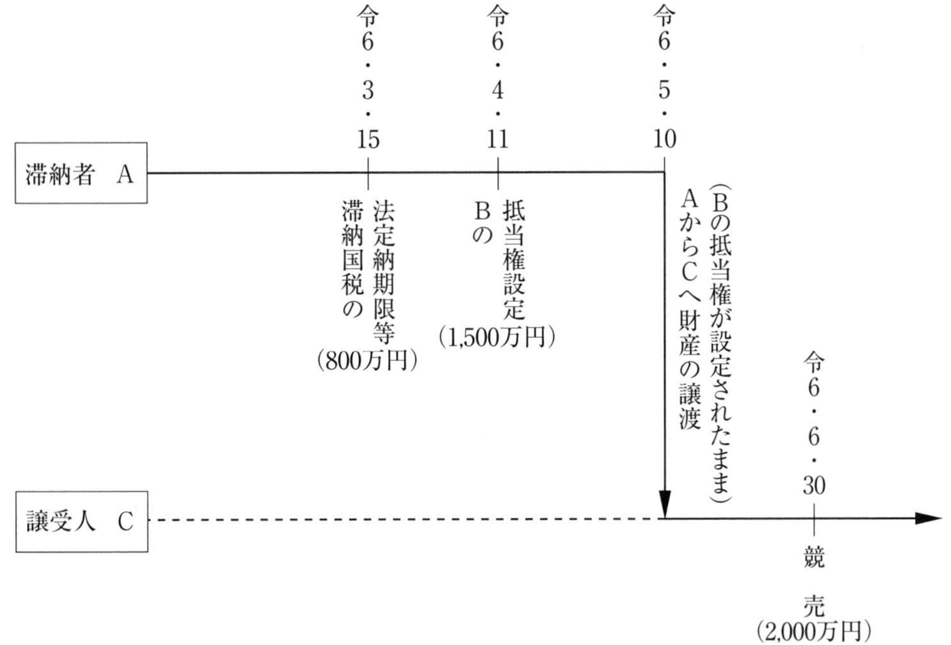

【第一段階】

徴収法22条の規定がなければ、抵当権付財産は、ＡからＣに譲渡されると、譲渡人Ａの財産として滞納処分を執行することができませんので、その財産から滞納国税が配当を受けることもできないことになります。第一段階では、その場合に抵当権者がその被担保債権について配当を受けることができる金額を求めます。

順　位	区　　　　分	法定納期限等又は抵当権設定日	配当金額
第１順位	Ｂの抵当権の被担保債権	令和６年４月11日	※１　1,500万円
第２順位	滞納国税	令和６年３月15日	（配当対象外）

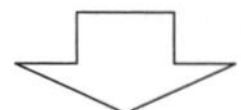

【第二段階】

第二段階では、抵当権付財産の譲渡がなかったとした場合に、滞納国税について交付要求があったものとしたときの配当金額を計算します。

抵当権付財産は、Ａの差押対象財産であり、滞納国税の法定納期限等がＢの抵当権の設定年月日より先ですので、滞納国税800万円が優先し、残額の1,200万円をＢに配当することになります。

順　位	区　　　　分	法定納期限等又は抵当権設定日	配当金額
第１順位	滞納国税	令和６年３月15日	800万円
第２順位	Ｂの抵当権の被担保債権	令和６年４月11日	※２　1,200万円

Ｂの抵当権の被担保債権への配当金額をみてみると、第一段階（※１）は第二段階（※２）より300万円多くなっています。徴収法22条は、この抵当権者Ｂの“追加的利益”300万円を譲渡人Ａの滞納国税に充てようとするものです。

⑴　徴収できる金額

滞納国税について徴収できる金額は、次の①に掲げる金額から②に掲げる金額を控除した額と、滞納国税の金額のうち、いずれか少ない金額となります（徴22②、徴基通22－８）。

①　譲渡財産の換価代金から質権者又は抵当権者が、その被担保債権について配当を受けることができる金額　　　　（第一段階　※１の1,500万円）

② 譲渡財産を納税者の財産とみなし、その財産の換価代金につき譲渡人の国税の交付要求があったものとした場合に、質権者又は抵当権者がその被担保債権について配当を受けることができる金額　（第二段階　※２の1,200万円）

徴収できる金額＝300万円　（①1,500万円－②1,200万円）＜Ａ国税800万円

以上から、事例における配当は、次のとおりとなります。

滞納国税	300万円
Ｂ抵当権の被担保債権	1,200万円
Ｃへ交付（残余金）	500万円

⑵ 徴収できる場合の要件

徴収法22条を適用して、質権又は抵当権が配当を受けるべき金額から徴収できるのは、次の要件に全て該当した場合に限られます。

要　件	具体的内容
滞納国税の法定納期限等後に担保権を設定	譲渡人（納税者）の財産であった当時において、譲渡人の滞納国税の法定納期限等後に登記した質権又は抵当権が設定されていること。
担保権付財産の譲渡	納税者が質権又は抵当権付財産を譲渡したこと
徴収不足	質権者又は抵当権者に対する徴収通知書（徴22④）を発する時において、譲渡人の財産について滞納処分を執行しても、なおその滞納国税に不足すると客観的に認められること（平27.11.6最高判） （徴収通知時の徴収不足）
強制換価手続からの徴収	強制換価手続において、質権又は抵当権の被担保債権について配当を受けるべき金額があること。

㈜ 質権者又は抵当権者は、その国税についての納付義務を負うものでありませんので、通則法41条１項の第三者納付の場合以外は、それらの者から直接徴収することはできません（徴基通22－５）。

⑶ 徴収手続

イ　質権者又は抵当権者に対する通知

税務署長は、譲渡された質権又は抵当権付財産から、譲渡人の国税を徴収しようとするときは、その旨を質権者又は抵当権者に通知しなければなりません（徴22④）。

ロ　質権又は抵当権の代位実行

税務署長は、譲渡された質権又は抵当権付財産から譲渡人の国税を徴収するため、質権者又は抵当権者に代位して、その質権又は抵当権を実行することができます（徴22③）。

なお、質権又は抵当権の代位実行をするには、その被担保債権の弁済期の到来等、質権又は抵当権を実行をすることができる要件を備えていなければなりません（徴基通22－12、13、14）。

㊟　譲渡人の弁済等により担保権の被担保債権が消滅した場合は、徴収法22条の規定による徴収はできません（徴基通22－７）。

ハ　交付要求による徴収

譲渡された担保権付財産について強制換価手続が行われた場合には、税務署長は、その執行機関に対し交付要求をすることができます（徴22⑤）。

規定の趣旨

強制換価手続から配当を受けるためには、その執行機関に対して交付要求をしなければなりませんが、本来交付要求は、執行手続における債務者を同一とする場合に限って認められるものです。しかし、徴収法22条による場合には、執行手続における債務者（所有者）は譲受人であり、交付要求における債務者は質権者又は抵当権者であるため、特にこの規定が置かれたものです。

これにより、執行手続における債務者を異にしても質権者又は抵当権者が配当を受けるべき金額のうちから設定者（滞納者）の国税を徴収することができることになります。

担保権付財産に対する強制換価手続が不動産競売手続である場合には、この交付要求は、裁判所書記官が定めた配当要求の終期（民執49①）までにしなければならず、その配当要求の終期後にされた場合には、国は、当該不動産の売却代金から配当を受けることができません（徴基通22－22、平２.６.28最高判）。

（注１）　配当要求の終期後に交付要求を行った場合においても、配当要求の終期の延長（民執49③）又は配当要求の終期の変更（民執52）により有効な交付要求となることがあります。

（注２）　徴収法22条３項の規定により質権者又は抵当権者に代位して、その質権又は抵当権を実行する場合には、その滞納国税を徴収するため、徴収法22条５項の規定による交付要求をする必要はありません（徴基通22－25）。

5　不動産保存の先取特権等の優先　――常に国税に優先する先取特権――

納税者の財産上に次に掲げる先取特権があるときは、国税は、その換価代金につき、その先取特権により担保される債権に次いで徴収することになります（徴19①）。

これらの先取特権は、特定の行為によりその財産の価値を保存した場合等に成立するものであり、その特定の行為により国税も利益を受けること及びこれらの先取特権は質権又は抵当権よりも優先することから、その成立時期が国税の法定納期限等後であっても、また、差押え後であっても国税に優先するとされています（徴基通19－1）。

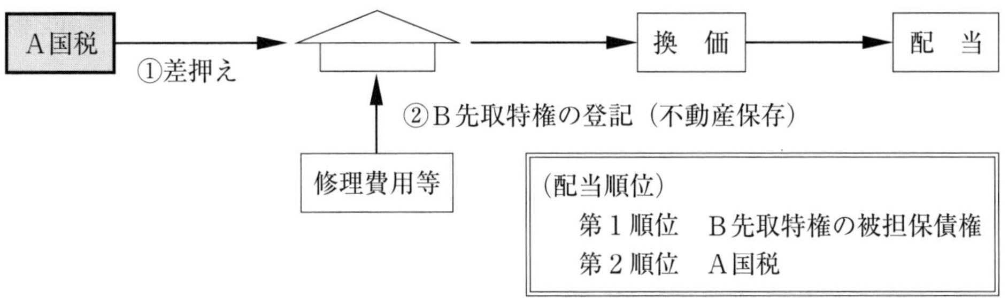

○　不動産保存の先取特権等（徴19①）

	号	先取特権の種類	先取特権が認められる場合
徴収法第19条第1項	1号	・不動産保存の先取特権	不動産の滅失又はき損を防ぐために行った修理費用等不動産の現状を維持するために要した費用等で、保存行為の完了後直ちにその債権額を登記した場合に不動産保存の先取特権が認められます（民326、337、不登83①参照）。
	2号	・不動産工事の先取特権 ㈱　都市再開発法107条及び118条並びにマンションの建替えの円滑化等に関する法律88条に規定されるみなし不動産工事の先取特権も、同様に取り扱われます。	工事の設計、施工又は監理する者が債務者の不動産に関してした工事費用について、その工事による不動産の価格の増加が現存する場合に、その増加額について、工事を始める前に費用の予算額を登記したときに限り、不動産工事の先取特権が認められます（民327、338①、不登85参照）。
	3号	・立木の先取特権に関する法律の先取特権	土地所有者とその土地上に立木を所有する者との間で、伐採時期において樹木の価格に応じた地代を支払う旨の契約がある場合、土地の所有者は、地代について、その立木の上に有する先取特権が認められています。
	4号	・商法802条の海難救助者の先取特権等	船舶や積荷が海難にあった場合、義務なくしてこれを救助したときは、救助者に、その積荷の上に救助料債権の先取特権が認められています。

	号	先取特権の種類		先取特権が認められる場合
	5号	・国税に優先する債権のため又は国税のために動産を保存した者の先取特権	⇒	動産の滅失又はき損を防ぐために行った修理等の費用について有する先取特権（民320）

（注１）　３号（登記したものを除きます。）から５号までの先取特権は、その先取特権者が強制換価手続において、その執行機関に対して先取特権がある事実を証明した場合に限り適用されます（徴19②）。

（注２）　強制換価手続が滞納処分である場合の証明については、売却決定の日の前日までにその事実を証する書面又はその事実を証するに足りる事項を記載した書面を税務署長に提出する必要があります（徴令４①③）。

6　法定納期限等以前又は譲渡前に成立した不動産賃貸の先取特権等の優先

納税者の財産上に国税の法定納期限等以前から次に掲げる先取特権があるときや納税者がその先取特権がある財産を譲り受けたときは、その国税は、その換価代金につき、その先取特権により担保される債権に次いで徴収することになります（徴20）。

○　不動産賃貸の先取特権等（徴20①）

	号	先取特権の種類		先取特権が認められる場合
徴収法第20条第1項	1号	・不動産賃貸等の先取特権（徴収法19条１項３号から５号までに掲げる先取特権を除きます。）	⇒	不動産の賃貸借関係から生じる賃貸人の債権は、賃借人の動産の上に先取特権が認められています（民312～316、330、341等）。
	2号	・不動産売買の先取特権	⇒	不動産売買から生じた代価や利息の債権で、売買契約と同時に登記されたものに限って、その不動産の上に先取特権が認められています（民328、340）。
	3号	・借地借家法12条等に規定する先取特権等	⇒	借地権設定者や賃貸人が、法律の規定に関して有することとなった債権について、登記した場合に限り、借地権者がその土地において所有する建物等の上に先取特権が認められています。
	4号	・登記をした一般の先取特権	⇒	共益費用、給料、葬式費用等の債権で、債務者の総財産について、先取特権が認められています（民306～310、341）。

㊟　１号の先取特権は、その先取特権者が強制換価手続において、売却決定の日の前日までにその執行機関に対して先取特権がある事実を証明した場合に限り適用されます

（徴20②、徴令４①③）。

（参考）　常に国税に劣後する先取特権

「不動産保存の先取特権等」及び「法定納期限等以前又は譲渡前に成立した不動産賃貸の先取特権等」のいずれにも該当しない先取特権は、特別の規定がある場合を除き、特別法上のものを含めて、その被担保債権は常に国税に劣後します。

7　留置権の優先

納税者の財産上に留置権がある場合において、その財産を滞納処分により換価したときは、その国税は、その換価代金につき、留置権により担保されていた債権に次いで徴収することとなります（徴21①）。

また、この場合において、その債権は、質権、抵当権、先取特権又は法定納期限等以前に設定された仮登記により担保される債権に先だって配当されます（徴21①）。

なお、留置権の優先は、その留置権者が滞納処分の手続において、その行政機関に対してその留置権がある事実を証明した場合に限り適用されます（徴21②）。

（注１）　留置権の優先権については、納税者の財産が滞納処分によって換価される場合においてのみ適用があり、滞納処分以外の強制換価手続による処分の場合には適用がありません（徴基通21－６）。

（注２）　証明手続は、売却決定の日の前日までに留置権のある事実を証明する書面又はその事実を証明するに足りる事項を記載した書面を税務署長に提出することにより行います（徴令４①③）。

○　留置権

留置権には、次のようなものがあります。

留置権の種類	内　　容
民事留置権（民295①）	他人の物の占有者が、その物に関して生じた債権を有する場合において、その債権の弁済を受けるまで、その物を留置することができる権利をいいます。
代理商の留置権（商31、会20）	当事者が別段の意思表示をしていない限り、代理商が、取引の代理又は媒介をしたことによって生じた債権が弁済期にあるときは、その弁済を受けるまで、商人のために占有する物又は有価証券を留置できる権利をいいます。
商人間の留置権（商521）	当事者が別段の意思表示をしていない限り、商人間においてその双方のために商行為である行為によって生じた債権が弁済期にあるときに、債権者が、その債権の弁済を受けるまで、債務者との間の商行為によって自己の占有に属した債務者の所有する物又は有価証券を留置することができる権利をいいます。
問屋の留置権（商557、31）	当事者が別段の意思表示をしていない限り、問屋が自己の名をもって委託者のために物品の販売又は買入れをしたことによって生じた債権が弁済期にあるときに、その債権の弁済を受けるまで、債権者である問屋が債務者であるその委託者のために適法に占有している物又は有価証券を留置することができる権利をいいます。
運送取扱人の留置権（商562）	運送取扱人が、運送品に関して受け取るべき報酬・運送賃その他委託者のためにした立替え又は前貸しについて、その債権の弁済を受けるまで、その運送品を留置することができる権利をいいます。
運送人の留置権（商574）	運送人が、運送品に関して受け取るべき運送賃、付随の費用及び立替金について、その債権の弁済を受けるまで、その運送品を留置することができる権利をいいます。
海上物品運送に関する特則（商741②、756）	荷受人が運送契約又は船荷証券に定められた約定等による運送賃、付随の費用、立替金及び運送品の価格に応じ共同海損又は救助のために負担すべき金額の支払がないときに、運送人は、これらの支払があるまで、その運送品を留置することができる権利をいいます。

（参考）　〔配当順位の一覧表〕

債権のグループ	債権の内容
第一グループ（最優先）	1　直接の滞納処分費（徴10）（☞第１節３参照） 2　強制換価の場合の消費税等（徴11）（☞第１節４参照） 3　留置権（徴21①）（☞第３節７参照） 4　特別の場合の前払借賃（徴59③、71④） 5　不動産保存の先取特権等（徴19①）（☞第３節５参照） 6　質権、抵当権、不動産賃貸の先取特権等又は担保のための仮登記で財産の譲受前にあったもの（徴17、20①、23③）（☞第３節２・６、第４節１参照）
第二グループ（優　先）	1　質権、抵当権、不動産賃貸の先取特権等又は担保のための仮登記で、国税の法定納期限等以前にあったもの（徴15①、16、20①、23①）（☞第３節１・６、第４節１参照） 2　担保権付の国税、地方税（徴14）（☞第２節３参照）
第三グループ	差押国税（徴12①）
第四グループ（劣　後）	1　質権、抵当権、不動産賃貸の先取特権等又は担保のための仮登記で国税の法定納期限等後にあったもの（徴15①、16、20①、23①）（☞第３節１・６、第４節１参照） 2　交付要求の国税、地方税（徴12②）（☞第２節２参照） 3　交付要求の公課（健保182、国健80④等）
第五グループ（残余金）	1　特別の場合の損害賠償請求権（徴59①④、71④） 2　滞納者（特定の譲渡担保権者を含む。）、滞調法の適用がある場合の執行官又は執行裁判所（徴129③、滞調６①他）

(注)　グループ分けは、便宜上行ったものです。

第一グループ……差押えに係る国税に常に優先する債権等

第二グループ……国税の法定納期限等以前に設定又は成立した担保権により担保される債権等

第三グループ……差押国税

第四グループ……国税の法定納期限等後に設定又は成立した担保権により担保される債権等

第五グループ……特別の場合の損害賠償請求権等残余金から配当を受けるもの

配当☞第８章第２節参照

第４節　国税と仮登記又は譲渡担保に係る債権との調整

1　担保のための仮登記と国税

滞納者の財産に所有権移転に関する仮登記がされていても、本登記がされていなければ、滞納者の財産として差し押さえることができます。

しかし、仮登記に基づく本登記がされた場合は、その本登記の順位は仮登記がされた時点に遡る（仮登記の順位保全の効力：不登106）ため、仮登記後にされた差押えはその効力を失います。

このような仮登記の順位保全の効力に着目して、仮登記を債権担保のために利用する例がみられます。例えば、債権担保のための抵当権設定に代えて、代物弁済の予約等に基づき所有権移転請求権保全の仮登記をしておけば、その後に財産の譲渡、差押え等の処分がされても、本登記をすることによってそれを排除して代物弁済等の目的を達することができます。

一方、国税については、原則として全ての債権に先立つ優先権が与えられており、抵当権等の担保権とも調整が図られていることから、仮登記の担保的機能についても、担保権と同様に国税の優先権と調整をすることとされています。

具体的には、担保のための仮登記が滞納処分と競合した場合は、担保のための仮登記を抵当権に準じて取り扱うこととし、国税の法定納期限等と仮登記の時との先後により、優先劣後を判定することになります（徴23）。

⑴　法定納期限等以前にされた担保のための仮登記によって担保される債権の優先

国税の法定納期限等以前に納税者の財産について担保のための仮登記がされているときは、その国税は、その換価代金につき、その担保のための仮登記により担保される債権に次いで徴収されます（徴23①）。

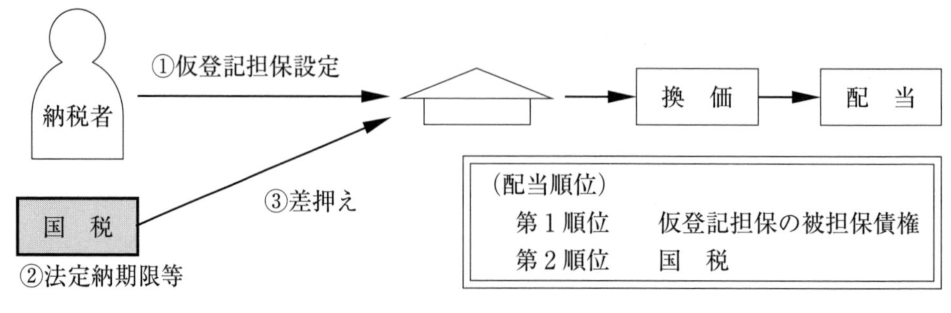

○　**仮登記**（不登105）

仮登記とは、本登記をすべき形式的・実質的要件を備えていない場合に、将来なされるべき本登記の順位を保全するためにされる登記をいいます。

1号仮登記 （物件保全の仮登記）	登記の申請に必要な手続上の条件が具備しない場合
2号仮登記 （請求権保全の仮登記）	所有権等の権利の設定、移転、変更又は消滅の請求権（始期付き又は停止条件付きのものや将来確定することが見込まれるものを含む。）を保全する場合

㈱　仮登記担保とは、将来の権利移転によって債権回収を確実にしようとするものであり、所有権移転請求権保全のための仮登記、つまり「２号仮登記」を利用するものです。

○　**仮登記担保契約**（仮担１、徴基通23－１）

仮登記担保契約とは、金銭債務を担保するため、債務の不履行時に債権者に債務者又は第三者の所有権などの権利を移転することを目的とする代物弁済の予約や停止条件付代物弁済契約などの契約で、その契約による権利について仮登記又は仮登録ができるものをいいます。

仮登記担保契約の要件	①　金銭債務の担保を目的とするものであること。
	②　債務者の債務不履行時に、所有権等の権利（地上権、賃借権など）を債権者に移転することを内容とする契約であること。
	③　契約による権利が仮登記又は仮登録することができるものであること。

㈱　これらの要件を欠く仮登記担保契約も有効ですが、仮登記担保法の適用はありません。

⑵　仮登記担保権の私的実行の手順の概要

仮登記担保権者は、次のような手順により、強制換価手続によることなく、目的物の所有権を取得することによって、債権の満足を受けることができます。

㈱　仮登記担保権の実行方法としては、この「私的実行」のほかに、他の債権者の競売手続において、自己（仮登記担保権者）の債権の範囲内において優先弁済を受けるという方法があります。

仮登記担保権の私的実行の手順（代物弁済予約の場合）

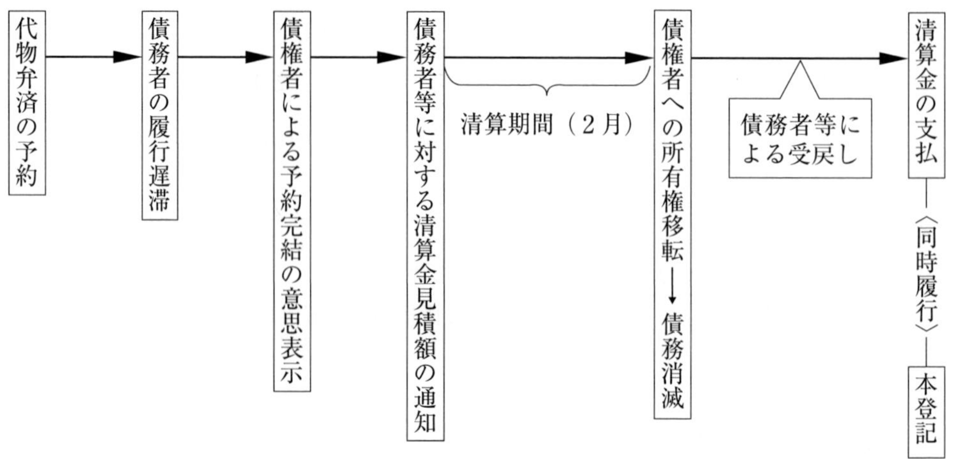

①　私的実行の開始

► 私的実行は、次により開始します。

イ　債務者の履行遅滞
ロ　仮登記担保契約における所有権の移転を生ずるものとされる日の到来 ・代物弁済の予約　⇒　債権者による予約完結権行使の日 ・停止条件付代物弁済契約　⇒　条件成就の日

②　所有権の移転

► 仮登記担保権者からその契約の相手方である債務者又は設定者（以下、「債務者等」といいます。）に対して、清算金の見積額（清算金がないと認められるときは、その旨）を通知します。

► 上記の通知書が到達した日から２か月（清算期間）が経過すると、所有権は仮登記担保権者に移転します（仮登２①）。清算期間が経過しない間は、所有権は移転しません。

③　受戻権

► 所有権の移転によって、被担保債権は目的物の価額の限度において消滅します（仮登９）。

► しかし、所有権が仮登記担保権者に移転した後であっても、債務者等は、清算金の支払を受けるまでは、債務が消滅しなかったならば支払うべきであった金額を仮登記担保権者に提供して、所有権の受戻しを請求することができます（仮登11）。

► ただし、清算期間が経過した時から５年が経過したとき、又は第三者が所有権を取得したときは請求することができません（仮登11）。

④　清算金の支払等

- 仮登記担保権者は、清算期間が経過した時における目的物の価額が被担保債権額を超えるときは、その差額（清算金）を債務者等に支払わなければなりません（仮登３①）。
- また、仮登記担保権者は、所有権を取得すると、債務者等に対して、本登記及びその引渡しを請求することができますが、債務者等は、清算金が支払われるまでは、仮登記担保権者の本登記請求及び目的物の引渡請求を拒むことができます（仮登３②）。

⑶　担保のための仮登記がされた財産に対する滞納処分

徴収職員は、仮登記担保の目的となっている財産自体を差し押さえることができますが、これに代えて、仮登記担保権の実行手続による清算金の支払請求権を差し押さえることができます。

○　抵当権者が物上代位権を行使した場合の調整例

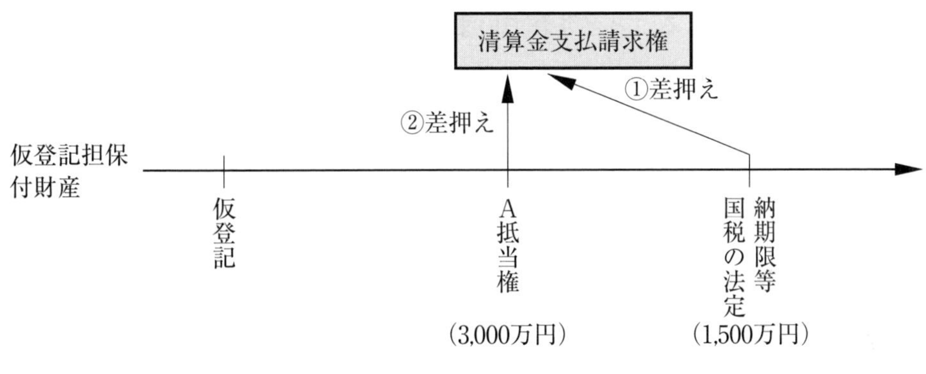

仮登記担保権者が支払う清算金が3,500万円のとき	第１順位：A抵当権の被担保債権→3,000万円
	第２順位：国税　→ 500万円

⑷　根担保目的の仮登記の効力

仮登記担保法１条に規定する仮登記担保契約で、消滅すべき金銭債務がその契約の時に特定されていないものに基づく仮登記及び仮登録は、国税の滞納処分においては、その効力を有しません（徴23④）。

これは、仮登記担保法14条の「（根仮登記担保は、）強制競売等においては、その効力を有しない。」とする規定に対応するものです。抵当権と違って、仮登記担保の場合は、被担保債権の範囲や債権極度額を公示する方法がなく、極度額によって優先弁済の範囲を画することができません。目的物の全価値が、根仮登記担保権によって支配されてしまうことになり、設定者の余剰価値の利用が阻害されることにもなります。

このような理由から、根仮登記担保の効力は否定されています。

2　譲渡担保権者の物的納税責任

納税者が国税を滞納した場合において、その者が譲渡した財産でその譲渡により担保の目的となっているもの（以下「譲渡担保財産」といいます。）があるときは、その者の財産につき滞納処分を執行してもなお徴収すべき国税に不足すると認められるときに限り、譲渡担保財産から納税者の国税を徴収することができます（徴24①）。

譲渡担保財産は、法形式上、その所有権が譲渡担保権者に移転していますので、譲渡担保権者の財産として執行対象となるため、譲渡担保設定者の財産としては執行できないのが原則です。

しかし、譲渡担保の実質が担保であることから、質権、抵当権等の担保権と租税との関係に準じた調整を図り、法形式上は譲渡担保権者の財産でありながら、譲渡担保設定者の国税を徴収できることとされています。

⑴　譲渡担保の概要

○　意義

譲渡担保は、担保の目的である財産権（動産・不動産・債権・その他の財産権）を債務者又は物上保証人（以下これらを「譲渡担保設定者」といいます。）が債権者（以下「譲渡担保権者」といいます。）に譲渡し、債務が弁済されれば目的物は譲渡担保設定者に復帰しますが、債務不履行が生ずるとその権利は確定的に譲渡担保権者に帰属するという形式の担保です。

○　設定

譲渡担保は、譲渡担保権者と譲渡担保設定者との間の契約（諾成・不要式の譲渡担保契約）によって設定されます。

○　対抗要件

譲渡担保契約の対抗要件は次のとおりです。

不動産	所有権の移転登記によります（民177）。 登記原因は、「譲渡担保」とすることも認められていますが、「売買」としています。「売買」としている場合には、譲渡担保のためにする所有権移転であることが登記面からは明らかになりませんので注意する必要があります。
動　産	引渡しによります（民178）。しかし、現実には譲渡担保権者に目的物は引き渡されず占有改定（民183）の方法により、譲渡担保設定者の手元に占有が残る場合が多いようです。 また、法人が動産を譲渡した場合において、その動産の譲渡について動産譲渡登記ファイルに譲渡の登記がされたときは、その動産について、民法178条の引渡しがあったものとみなされます（特例３①）。
債　権	指名債権の場合は、指名債権譲渡の対抗要件（民467、特例４①）によります。

(注)　将来発生すべき債権を目的として、債権譲渡の効果の発生を留保する特段の付款のない譲渡担保契約が締結され、その債権譲渡につき対抗要件が具備されている場合には、その債権はその対抗要件が具備された時に譲渡担保財産となります（徴基通24－34、平19．２．15最高判参照）。

○　譲渡担保権の私的実行の手順の概要

譲渡担保権の私的実行の手順は次のとおりです。

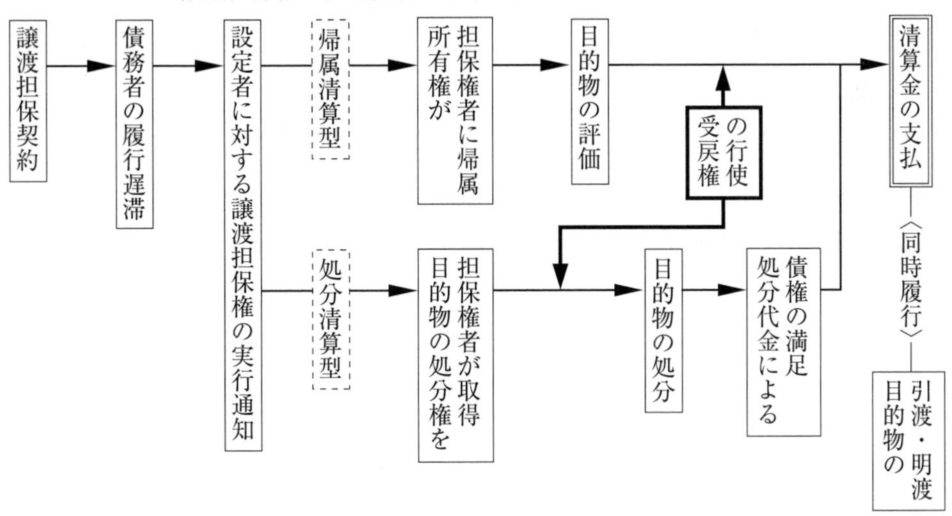

①　譲渡担保権者の清算義務

譲渡担保権者は、譲渡担保契約によって譲渡担保の目的物の所有権を取得しますが、それはあくまでも債権の担保の目的として取得しているものであり、所有権を完全に取得するためには、一定の手続が必要となります。

例えば、譲渡担保設定者の譲渡担保に係る債務が400万円である場合に、1,000万円の価値がある財産が譲渡担保の目的物とされている場合は、譲渡担保権者は、差額の600万円を清算金として譲渡担保設定者に支払わなければなりません。判例は、こうした清算義務を認め、譲渡担保の目的物の引渡請求は、清算金の支払との引換給付の関係にあるとしています（昭46.３.25最高判参照）。

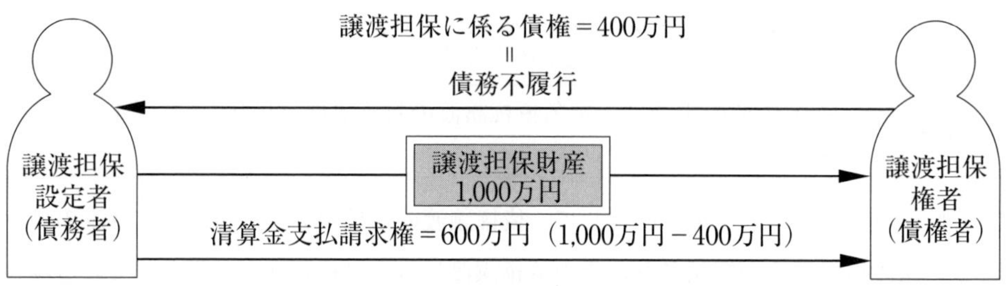

②　清算の方法

清算の方法には、「帰属清算型」と「処分清算型」があります。

清算の方法		
	帰属清算型	債権者が自らその目的物の帰属主体となり、その価額を適正に評価して差額を債務者に支払う方法
	処分清算型	債権者が目的物を第三者に処分して、その換価代金から元利金を差し引いた残額を債務者に支払う方法

③　受戻権

受戻権とは、譲渡担保の目的物の所有権を取り戻す権利をいい、判例では、弁済期の経過後であっても、債務者は、「担保権の実行を完了するまでの間」は、譲渡担保に係る債務の全額を弁済して譲渡担保の目的物の所有権を取り戻すことができるとしています（昭62.２.12最高判参照）。

担保権の実行を完了するまでの間		
	帰属清算型	譲渡担保権者が清算金の支払又は提供をするまでの間（清算金がない場合は、その旨の通知をするまでの間）（昭47.11.24最高判参照）
	処分清算型	その処分の時（譲渡担保権者が第三者と処分の契約を締結した時）までの間（昭43.３.７最高判参照）

⑵　譲渡担保財産から納税者の国税を徴収できる場合

次に掲げる全ての要件に該当するときは、譲渡担保財産から納税者の国税を徴収することができます（徴24①）。

<table>
<tr><td rowspan="3">要
件</td><td>①　納税者が担保の目的で譲渡した財産があること。</td></tr>
<tr><td>②　譲渡担保の設定が、納税者が納付すべき国税の法定納期限等後にされたものであること。</td></tr>
<tr><td>③　納税者の財産につき滞納処分を執行しても、なお徴収すべき国税に不足すると認められること。</td></tr>
</table>

○　**譲渡担保の設定と国税の法定納期限等の先後の判定基準**

登記ができる財産	譲渡担保による権利移転の登記の日付
登記ができない財産	譲渡担保権者による国税の法定納期限等以前に譲渡担保財産となっている事実の証明 ※　この証明は、財産の売却決定（又は取立て）の日の前日までにする必要があります（徴24⑧、徴令８④）。

㈱　手形が譲渡担保財産である場合には、譲渡担保権者の物的納税責任を追及することはできません（徴附則５④）。

手形の譲渡担保は、契約上、譲渡担保と称されているものの、必ずしも譲渡担保とはいえない実体をもっているものがあり、また、物的納税責任を負わせることが、中小企業の金融を圧迫するなど実情にそぐわないと認められるものがあることから、この制度を適用することについてなお検討が必要であるため、当分の間、適用除外とすることとされています。

⑶　譲渡担保権者に対する告知等

税務署長は、譲渡担保財産から納税者の国税を徴収しようとするときは、次のとおり書面により告知及び通知をしなければなりません。

相手方	書　面	書面に記載する内容
譲渡担保権者	告知書	徴収しようとする金額 その他必要な事項（徴24②前段）
納税者	通知書	譲渡担保権者に対して 物的納税責任の告知をした旨（徴24②後段、徴令８②）
譲渡担保権者の 所轄税務署長	通知書	同上

㈱　告知書に記載する「徴収しようとする金額」は、徴収法24条１項の規定の適用がある国税の全額であって、徴収不足の判定による不足額に限られません。

⑷　譲渡担保財産に対する滞納処分（徴24③）

譲渡担保権者に対して告知書を発した日から10日を経過した日までに、その徴収しようとする金額が完納されていないときは、徴収職員は、譲渡担保権者を第二次納税義務者とみなして、その譲渡担保財産に対して差押え等の滞納処分を行うことができます。

㈱　譲渡担保権者は、譲渡担保財産について、納税者の国税のため滞納処分が行われることを受忍する義務（物的納税責任）を負うにとどまり、譲渡担保権者に対する物的納税責任の告知は、第二次納税義務者に対する納付通知書による告知（法32①）のように、納税者の国税についての納付義務を負わせるものではありません。この点において、徴収法24条の物的納税責任は、第二次納税義務の物的納税責任と異なります（徴基通24－９）。

なお、譲渡担保権者は、納付義務を負わないので、規定上も滞納処分を執行されるのは「完納しないとき」ではなく「完納されていないとき」とされています（徴24③）。

○　譲渡担保財産からの国税の徴収

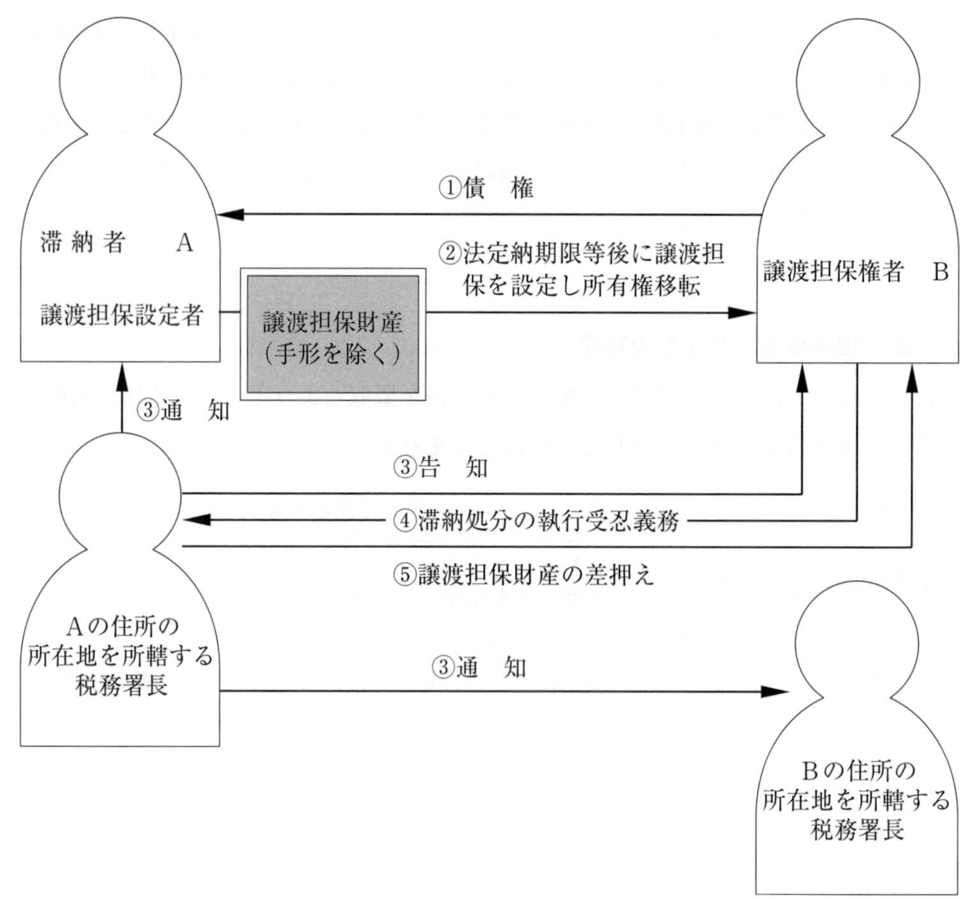

○　譲渡担保財産に対する滞納処分における留意事項

①　滞納処分（徴24③、徴基通24－10）

徴収法24条２項の告知書を発した日から10日を経過した日までに、告知書により告知した徴収しようとする金額が完納されていないときは、譲渡担保権者を第二次納税義務者とみなして督促状（納付催告書による督促を含みます。）による督促をすることなく、直ちに滞納処分をすることができます。

㈱「告知書を発した日から10日を経過した日」は、告知書を発した日を第１日目とすると12日目であり（徴基通24－６）、その翌日（13日目）から滞納処分をすることができます。

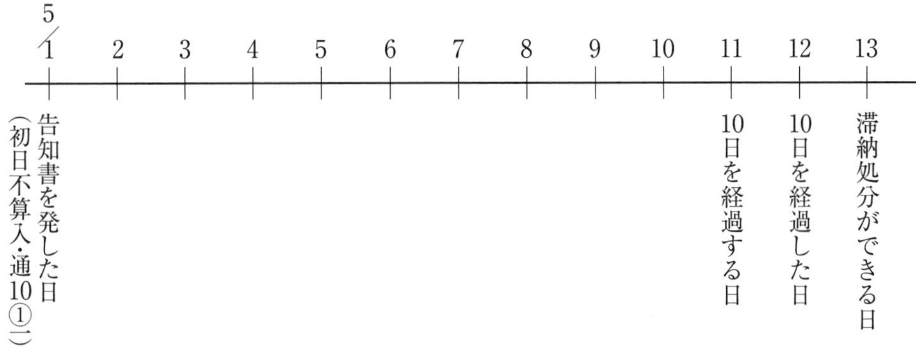

②　繰上差押え（徴24③後段、32③）

譲渡担保権者に対して告知書を発した日から10日を経過した日までの間に、譲渡担保権者に繰上請求事由（通38①）に該当する事実があり、かつ、その徴収すべき金額の全額をその告知に係る期限までに徴収することができないと認められるときは、直ちに差押えを行うことができます。

③　譲渡担保財産の換価制限（徴24③後段、32④、90③）

譲渡担保財産の換価は、原則として納税者の財産を換価に付した後でなければ行うことはできません。

また、譲渡担保権者に対する告知又はその告知に基づいて行った滞納処分について、譲渡担保権者から訴えの提起があったときは、その訴訟の係属する間は、その財産を換価することができません（不服申立てにつき、通則法105条参照）。

④　譲渡担保権者の求償権（徴24③後段、32⑤）

譲渡担保財産から納税者の国税が徴収された場合において、譲渡担保権者が納税者に対し求償権を取得するときは、その行使ができます。

⑸　譲渡担保財産を納税者の財産として行った滞納処分との関係

譲渡担保財産を徴収法24条１項の納税者（譲渡担保設定者）の財産として行った差押えは、譲渡担保財産からの徴収の要件に該当する場合（徴基通24－16参照）に限り、その差押えを譲渡担保権者の財産として行われた差押えとして滞納処分を続行することができます（徴24④前段）。

この場合は、税務署長は、遅滞なく、譲渡担保権者及び納税者等に⑶の告知及び通知をしなければなりません（徴24④後段）。

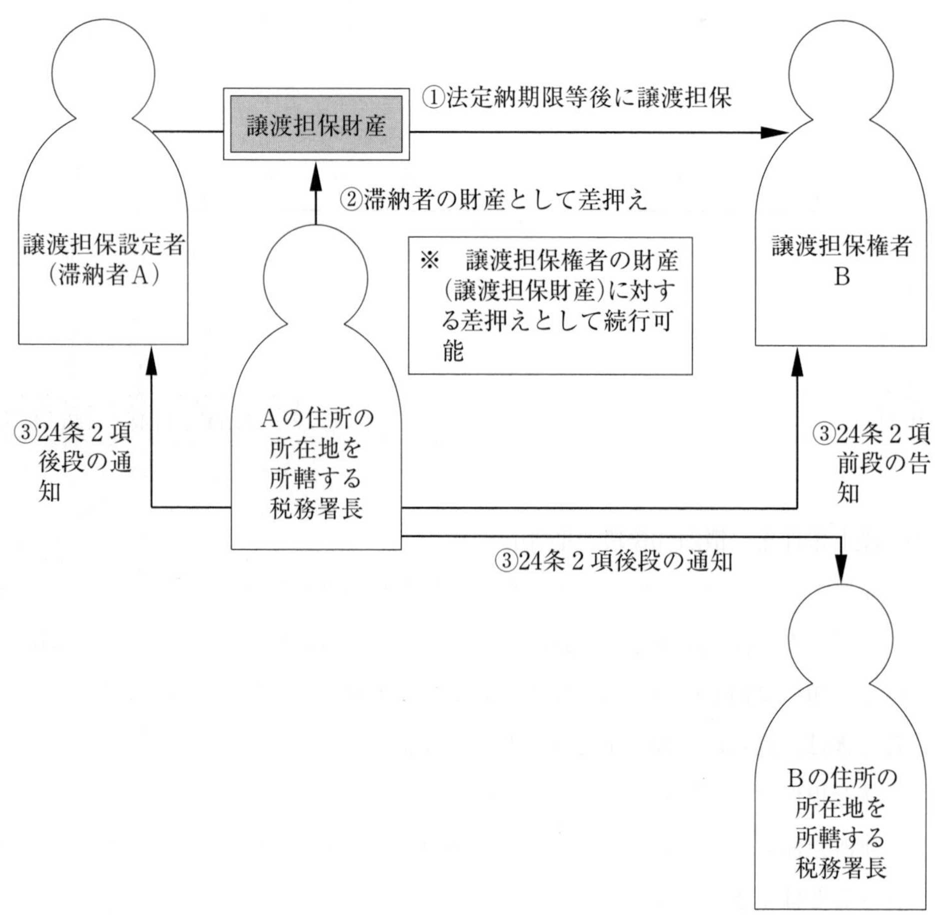

㈲　①譲渡担保財産である動産を滞納者が占有していたときや、②譲渡担保財産が債権である場合において、債権譲渡の有効性に疑義があるときなど、滞納者の財産として差押えを行った場合は、本来ならばいったん差押えを解除した上で譲渡担保権者の財産として再度差押えを行うべきですが、結果的には同じく差押えを行うことから、こうした手続を省略し、また、この間にその財産が処分されてしまうことを避けるため、

譲渡担保権者の財産として行われた差押えとして滞納処分を続行することが認められています。

○　第三債務者等に対する通知

税務署長は、譲渡担保財産を納税者（譲渡担保設定者）の財産として行った差押えを譲渡担保権者の財産として行われた差押えとして滞納処分を続行する場合は、次に掲げる者に対して、譲渡担保財産に対する差押えとして滞納処分を続行する旨を書面で通知しなければなりません（徴24⑤、徴令８③）。

例えば、譲渡担保財産が債権である場合において、滞納者の財産として差押えを行っているときは、第三債務者には債権差押通知書が送達されていますが、第三債務者は、その債権差押通知書の記載からは、譲渡担保権者への弁済が禁止されていることが分からないため、この差押えを譲渡担保財産に対する差押えとして滞納処分を続行した場合、譲渡担保権者に弁済してしまうおそれがあります。そこで、こうした二重弁済を防止するため、この通知制度が設けられました。

なお、譲渡担保財産が抵当権などの第三者の権利の目的となっているときは、それらの利害関係人のうち知れている者に対しても、譲渡担保財産に対する差押えとして滞納処分を続行する旨を書面で通知しなければなりません（徴24⑥、徴令８③）。

財産の種類	通知先
第三者が占有する動産（船舶、航空機、自動車、建設機械、小型船舶及び無記名債権を除きます。）又は有価証券	その第三者
債権（電話加入権、賃借権その他取り立てることができないもの、電子記録債権及び権利の移転につき登記を要するものを除きます。）	第三債務者
第三債務者又はこれに準ずる者のある無体財産権（権利の移転につき登記・登録を要するものを除きます。）	第三債務者又はこれに準ずる者

（注）　第三債務者又はこれに準ずる者のある無体財産権には、振替社債等（徴基通73条の２関係１参照）は含まれません。

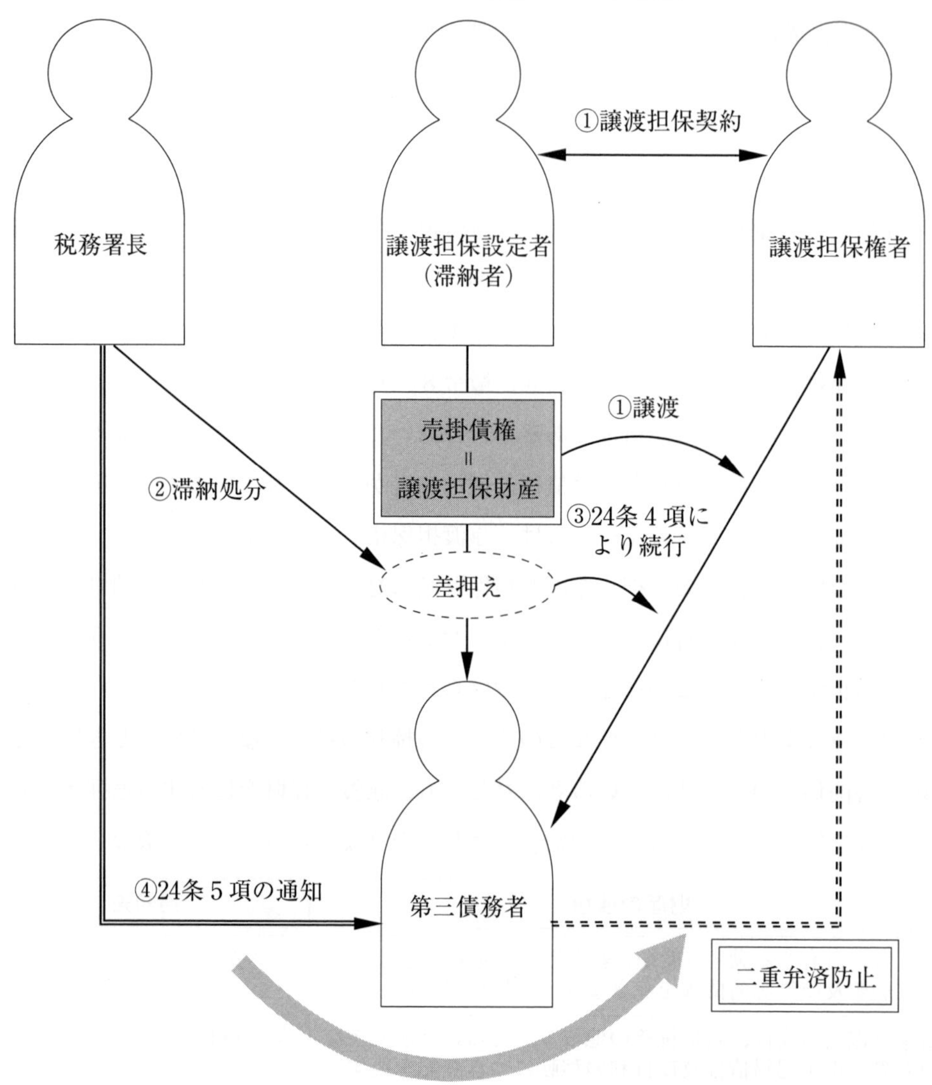

⑹　譲渡担保財産が確定的に譲渡担保権者に移転した場合の滞納処分の効力

譲渡担保権者に対する告知又は譲渡担保財産を納税者の財産としてした差押えをした後においては、その譲渡担保財産により担保される債権が、債務不履行その他弁済以外の理由により消滅した場合であっても（つまり、債務者が債務の履行をしない結果、譲渡担保権者が譲渡担保権の実行通知を行ったことなどにより譲渡担保財産に対する滞納者の権利が完全になくなった場合であっても）、なお譲渡担保財産として存続するものとして、その告知又は差押えに係る滞納処分を続行することができます（徴24⑦）。

○　**その他弁済以外の理由**

・「その他弁済以外の理由」とは、譲渡担保財産が納税者に復帰しないこととなる理由をいいます。したがって、相殺（民505）、免除（民519）、混同（民520）、消滅時効の完成（民166以下）等は、これに該当しません（徴基通24－24）。

・　譲渡担保財産につき買戻し、再売買の予約等の契約を締結している場合において、期限の経過（徴基通24－25）その他その契約の履行以外の理由（徴基通24－26）により、その契約が効力を失ったときを含みます（徴24⑦かっこ書）。

○　**徴収法24条７項の適用がない場合**

譲渡担保権者に対する告知をした場合において、徴収法24条７項の規定により譲渡担保財産について滞納処分を行うことができるときであっても、徴収法24条３項の差押え前に、譲渡担保財産が譲渡担保権者から更に譲渡されたときは、その譲渡担保財産について滞納処分を行うことはできません（徴基通24－27、24－15）。

徴収法24条７項の適用がない場合の例

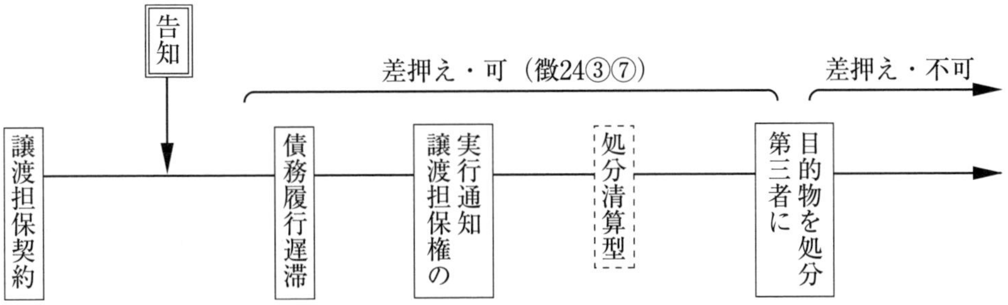

(7)　譲渡担保財産が納税者に復帰した場合の滞納処分の効力

譲渡担保財産につき、徴収法24条３項の差押えをした後、その譲渡担保財産が被担保債権の弁済により納税者に復帰した場合であっても、その差押えの処分禁止の効力により譲渡担保財産として行った差押えについて、滞納処分を続行することができます（徴基通24－28）。

(8) 譲渡担保財産の換価の特例

譲渡担保財産上に、納税者の有する買戻権、再売買の予約の請求権の保全のための仮登記（以下「買戻権の登記等」といいます。）があるときは、その権利及び譲渡担保財産を一括して換価することができます（徴25①）。

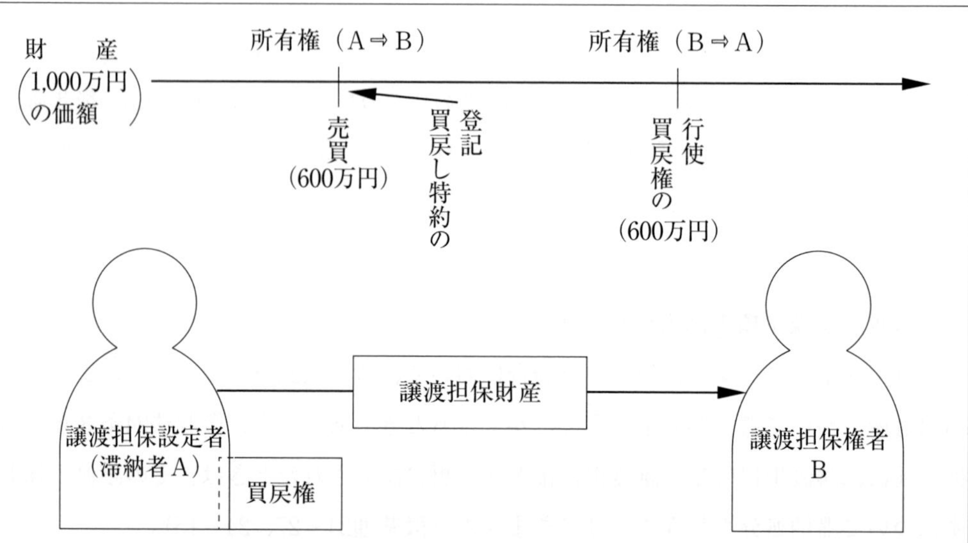

Ｂは、1,000万円の不動産を有するが、Ａの買戻権が行使されると、その不動産を600万円でＡに売り渡さなければなりません。

一方、Ａは、買戻権を行使すれば、600万円を支払うことにより、1,000万円の不動産を買い戻すことが可能です。

いいかえれば、Ａの買戻権の価額は、400万円（1,000万円－600万円）になります。

不動産の価額（1,000万円）	Ｂ　の　権　利（600万円）	Ａの買戻権（400万円）

(注)　この買戻権はＡの財産ですから、Ａが滞納者である場合、譲渡担保財産を差し押さえる前にこの権利を差し押さえ、この権利及びその他のＡの財産で滞納国税の全額が徴収できないときに徴収法24条の規定により譲渡担保財産の差押えを行うことになります（徴基通24－２参照）。

買戻権の対象となっている財産のみを売却することは困難と考えられるため、徴収法25条１項により、買戻権の対象となる財産と買戻権を一括して公売ができることとしています。

(9)　譲渡担保権者の国税等に対する譲渡担保設定者の国税の優先徴収の特例

譲渡担保財産について、譲渡担保権者の国税と譲渡担保設定者の国税とが競合した場合は、譲渡担保設定者の国税が譲渡担保権者の国税に優先する結果となるように、差押先着手及び交付要求先着手による優先規定の特例が設けられています（徴令９）。

イ　差押先着手の特例

徴収法24条により譲渡担保財産から徴収する譲渡担保設定者の国税が、譲渡担保権者の固有の国税等と競合する場合において、その財産が譲渡担保権者の国税等につき差し押さえられているときは、差押先着手による国税の優先の規定の適用については、その差押えがなかったものとみなし、譲渡担保設定者の国税につきその財産が差し押さえられたものとみなされます。この場合においては、譲渡担保権者の国税等につき交付要求があったものとみなされます（徴25②、徴令９①）。

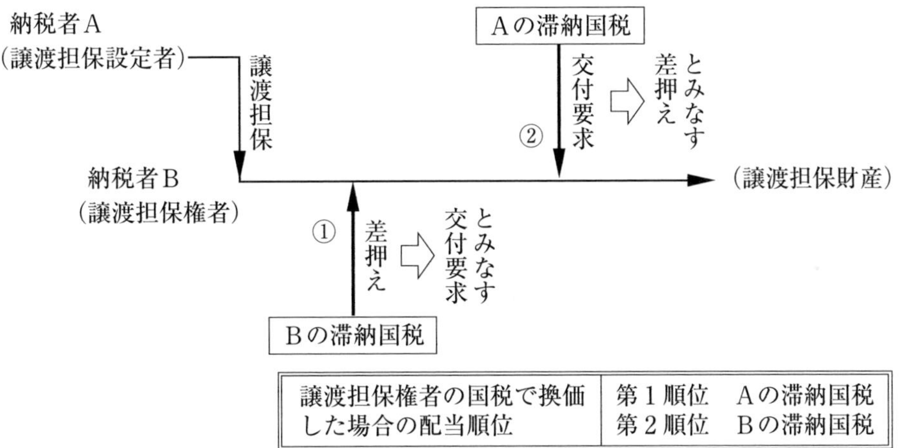

譲渡担保権者の国税で換価した場合の配当順位	第１順位　Ａの滞納国税 第２順位　Ｂの滞納国税

ロ　交付要求先着手の特例

譲渡担保権者の国税等の交付要求の後にされた譲渡担保設定者の国税の交付要求があるときは、交付要求先着手の規定の適用については、その譲渡担保設定者の国税の交付要求は、譲渡担保権者の国税等の交付要求よりも先にされたものとみなされます。

この場合において、譲渡担保設定者の国税の交付要求が２以上あるときは、これらの交付要求の順位の先後に変更がないものとされます（徴25②、徴令９②）。

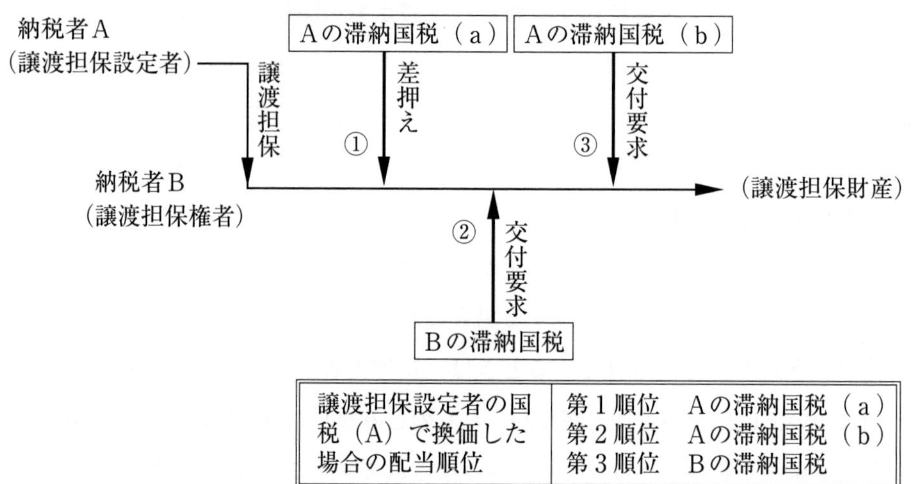

譲渡担保設定者の国税（A）で換価した場合の配当順位	第１順位　Ａの滞納国税（ａ） 第２順位　Ａの滞納国税（ｂ） 第３順位　Ｂの滞納国税

第５節　国税及び地方税等と私債権との競合の調整

強制換価手続における配当の優先順位については、国税と地方税相互間は差押え、交付要求の先着手で決められ、一方、租税と私債権との間は法定納期限等と質権・抵当権等の担保権設定時期との先後によって優劣が決まります。

そのため、次のとおり、国税、地方税、私債権の間の優先関係が三つどもえとなる場合があります。

①　国税は地方税等に優先する ②　地方税等は抵当権等により担保される債権に優先する ③　抵当権等により担保される債権は国税に優先する

このように租税間、租税と私債権間の競合、いわゆる「ぐるぐる回り」が生じた場合の調整については、次のとおり行います（徴26）。

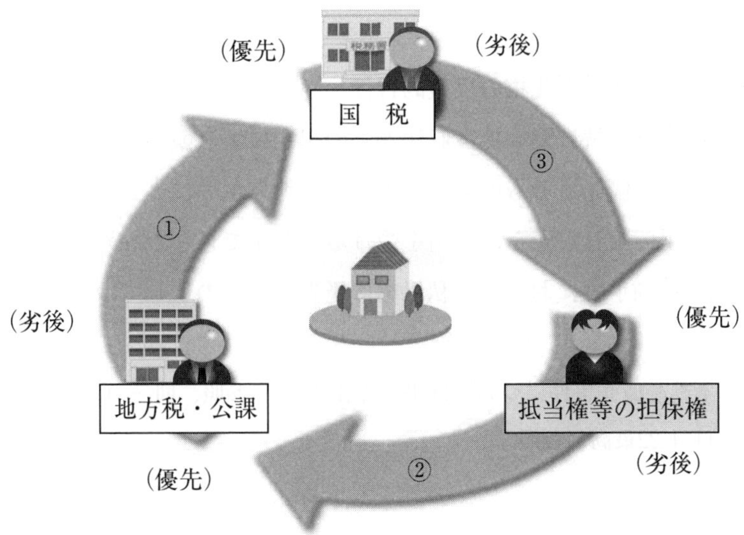

調整の段階	配当の調整内容
第一段階	次に掲げる債権（これらは、国税、地方税等及び私債権に対して常に優先するもの）について、その掲げる順序に従って、それぞれの配当金額を定めます(徴26一)。 ①　強制換価手続の費用又は直接の滞納処分費（徴９、10） ②　強制換価の場合の消費税等（徴11） ③　留置権の被担保債権（徴21） ④　特別の場合の前払借賃（徴59③④、71④） ⑤　不動産保存の先取特権等の被担保債権（徴19）
第二段階	租税公課グループと私債権グループごとにそれぞれの配当金額の総額を定めます（徴26二）。 ①　国税、地方税等の法定納期限等の日及び私債権の担保権設定時期を古い順に並べます。 ②　①の順位に従って、換価代金から第一段階の優先債権額を控除した残りの額に満つるまで、仮の配当額を定めます。 ③　②で定めた仮の配当額を租税公課グループと私債権グループに分けて合計し、グループごとの配当額を定めます。
第三段階	租税公課グループの配当額を、国税、地方税及び公課との調整により配当順位を定め、順次国税及び地方税等に充てます（徴26三）。
第四段階	私債権グループの配当額を、民法等の規定により配当順位を定め、順次私債権に充てます（徴26四）。

○　国税及び地方税等の優先権の反復的行使

先行する強制換価手続において徴収法26条の規定による競合の調整が行われた場合において、私債権に優先するものとして国税及び地方税等に充てるべき金額の総額を決定するために用いられながら、配当を受けることができなかった国税及び地方税等は、後行の強制換価手続においても私債権に優先するものとして取り扱われます（徴基通26－８）。

㊟　異なる不動産競売事件については平４.７.14最高判参照、同一の不動産競売事件については平11.４.22最高判参照。

【設　例】
換価代金 ……………………………………………………………………6,810万円
債権者Ａの抵当権（令和４年12月13日設定登記）の被担保債権 ………………1,800万円
債権者Ｂの抵当権（令和４年12月20日設定登記）の被担保債権 ………………1,000万円
差押国税（法定納期限等の日　令和５年３月15日）………………………………1,200万円
　　　　　令和５年５月12日　　差押え
Ｃ県の交付要求（法定納期限等の日　令和４年９月30日） ……………………3,200万円
　　　　　令和５年６月６日　　交付要求
Ｄ町の交付要求（法定納期限等の日　令和５年４月20日） ……………………1,600万円
　　　　　令和５年５月25日　　交付要求
直接の滞納処分費 ……………………………………………………………………10万円

4.9.30　Ｃ県法定納期限等
4.12.13　Ａ抵当権設定
4.12.20　Ｂ抵当権設定
5.3.15　国税法定納期限等
5.4.20　Ｄ町法定納期限等
5.5.12　国税差押え
5.5.25　Ｄ町交付要求
5.6.6　Ｃ県交付要求

次のように計算して配当を行います。

1　換価代金6,810万円を、まず、直接の滞納処分費に配当します（徴26一）。

直接の滞納処分費………………10万円

2　１の金額を控除した換価代金6,800万円について、法定納期限等の日と担保権の設定登記をした日の古い順に分配し、その分配された額を租税公課グループと私債権グループに分けて、グループごとの配当額を計算します（徴26二）。

租税公課グループ		私債権グループ	
①　Ｃ　　県（４.９.30）	3,200万円	②　Ａの抵当権の被担保債権（4.12.13）	1,800万円
④　差押国税（５.３.16） （6,800－①3,200－②1,800－③1,000）	800万円	③　Ｂの抵当権の被担保債権（4.12.20）	1,000万円
合　　計	4,000万円	合　　計	2,800万円

3　次に、租税公課グループの配当総額4,000万円をグループ内の優先順位（徴８、12～14）に従って配当します（徴26三）。

①　差押国税（５.５.12　差押え）………………………1,200万円

②　Ｄ　　町（５.５.25　交付要求）……………………1,600万円

③　C　　県（５.６.６　交付要求）……………………1,200万円

(4,000－①1,200－②1,600)

合　　計　　4,000万円

4　同様に、私債権グループの配当総額2,800万円をグループ内の優先順位（民373）に従って配当します（徴26四)。

①　Aの抵当権の被担保債権（４.12.13　設定）………1,800万円

②　Bの抵当権の被担保債権（４.12.20　設定）………1,000万円

合　　計　　2,800万円

〔ぐるぐる回りの場合の配当計算の手順〕

換　価　代　金　6,810万円

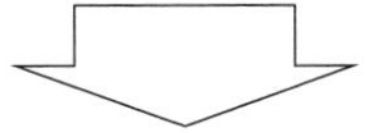

【第一段階】

直接の滞納処分費 10万円	換　価　代　金　の　残　6,800万円

【第二段階】

① C県の交付要求 （令４．９．30） 3,200万円	② A抵当権の被担保債権 （令４．12．13） 1,800万円	③ B抵当権の被担保債権 （令４．12．20） 1,000万円	④ 差押国税 （令５．３．15） 800万円

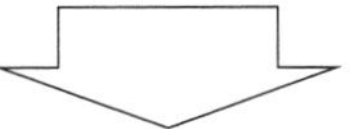

【第三段階】

租　税　グ　ル　ー　プ	
①C県の交付要求	3,200万円
④差押国税	800万円
計	4,000万円

私　債　権　グ　ル　ー　プ	
②A抵当権の被担保債権	1,800万円
③B抵当権の被担保債権	1,000万円
計	2,800万円

【第四段階】

租　税　グ　ル　ー　プ	
①差押国税	1,200万円
②D町の交付要求	1,600万円
③C県の交付要求	1,200万円
計	4,000万円

私　債　権　グ　ル　ー　プ	
①A抵当権の被担保債権	1,800万円
②B抵当権の被担保債権	1,000万円
計	2,800万円

第３章　第二次納税義務

第１節　第二次納税義務の態様

第二次納税義務は、徴収法にその態様ごとに規定が設けられており、制度の全体を通ずる基本的な性格については、昭和32年の租税徴収制度調査会の答申に、次のように述べられています。

> 第二次納税義務の制度は、形式的に第三者に財産が帰属している場合であっても、実質的には納税者にその財産が帰属していると認めても、公平を失しないときにおいて、形式的な権利の帰属を否認して、私法秩序を乱すことを避けつつ、その形式的に権利が帰属している者に対して補充的に納税義務を負担させることにより、徴税手続の合理化を図るために認められている制度である。

第二次納税義務は、態様ごとの個別の要件に該当する場合において、納税者の財産につき滞納処分を執行してもなお徴収すべき額に不足すると認められるときに、一定の者に対して二次的にその納税義務を負わせる制度で、主たる納税者との関係において、付従的、補充的に納税義務を負います。

主たる納税義務との関係等 ☞ 本章第３節参照

個別の要件		共通の要件
徴収法33条～39、41条に規定	＋	主たる納税者の財産につき滞納処分を執行しても、なお徴収すべき国税の額に不足すると認められること

（参考）　第二次納税義務とこれに類似する制度

	譲渡担保権者の物的納税責任	第二次納税義務	保証人の納税義務
趣旨	納税者が設定した譲渡担保財産から国税を徴収する制度	一定の要件に該当する第三者に納税義務を負わせる制度	国税の担保として納税を保証した者から徴収する制度
徴収の要件	主たる納税者の国税が徴収不足（徴24、33～39、41）		担保の提供されている国税が納期限までに完納されないこと（通52①）
換価制限	納税者の財産を先に換価に付さなければなりません（徴24③、32④、通52⑤）。		

態様ごとの第二次納税義務の内容は、本節１から11に掲げるとおりです。

（参考１）第二次納税義務の態様

徴収法33	合名会社等の第二次納税義務	本章第１節１
徴収法34①	清算人等の第二次納税義務	本章第１節２
徴収法34②	清算受託者等の第二次納税義務	本章第１節３
徴収法35	同族会社の第二次納税義務	本章第１節４
徴収法36一	実質課税額等の第二次納税義務	本章第１節５
徴収法36二	資産の譲渡等を行った者の実質判定による第二次納税義務	本章第１節６
徴収法36三	同族会社等の行為・計算の否認による第二次納税義務	本章第１節７
徴収法37	共同的な事業者の第二次納税義務	本章第１節８
徴収法38	事業を譲り受けた特殊関係者の第二次納税義務	本章第１節９
徴収法39	無償又は著しい低額の譲受人等の第二次納税義務	本章第１節10
徴収法41	人格のない社団等に係る第二次納税義務	本章第１節11

第二次納税義務の徴収手続 ☞ 本章第２節参照

１　合名会社等の社員の第二次納税義務（徴33）

徴収法33条（合名会社等の社員の第二次納税義務）は、会社法や税理士法などの規定を前提として、合名会社、合資会社又は税理士法人等の士業法人の租税債務について、その法人の無限責任社員に第二次納税義務を負わせるものです。

この規定は、会社法580条１項に規定する無限責任社員の会社債権者に対する無限・人的・直接・連帯かつ従属的な責任と同旨のものです。

㈲　従属的な責任とは、社員が、会社に属する抗弁をもって会社債権者に対抗することができることをいいます（会581等）。

無限責任社員	合名会社、合資会社又は士業法人の債務につき、一定の条件の下に、それらの債権者に対し直接に連帯無限の責任を負う社員	会社法580①、税理士法48の21①等
有限責任社員	出資の価額を限度として持分会社の債務を弁済する責任を負う社員	会社法580②、公認会計士法34の10の６⑦

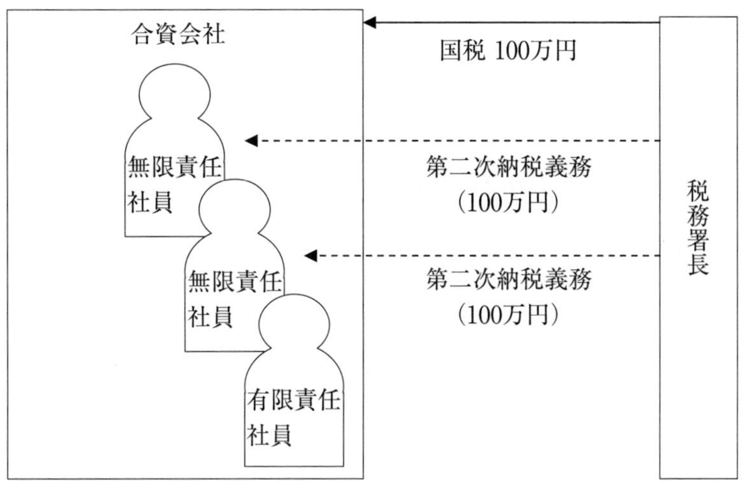

徴収法33条の第二次納税義務の対象となる合名会社、合資会社及び士業法人は以下のとおりです。

会社態様		概　要	関連条文
合名会社		社員の全部が無限責任社員からなる会社	会社法576②、580①
合資会社		社員が有限責任社員と無限責任社員からなる会社	会社法576③、580①②
士業法人	税理士法人	税理士が税理士法により設立した法人	税理士法48の２、48の21①
	弁護士法人	弁護士が弁護士法により設立した法人	弁護士法30の２、30の15①
	外国法事務弁護士法人	外国法事務弁護士が、外国弁護士による法律事務の取扱い等に関する法律により設立した法人	外国弁護士による法律事務の取扱い等に関する法律56、67②
	弁護士・外国法事務弁護士共同法人	弁護士及び外国法事務弁護士が共同して、外国弁護士による法律事務の取扱い等に関する法律により設立した法人	外国弁護士による法律事務の取扱い等に関する法律68、80①
	監査法人	公認会計士等が公認会計士法により設立した法人 ㊟　監査法人には、①無限責任監査法人（社員の全部が無限責任社員）と②有限責任監査法人（社員の全部が有限責任社員）があるが、徴収法33条の第二次納税義務は①の社員に限られる。	公認会計士法１の３④⑤、34の２の２、34の７④⑤、34の10の６①⑦
	弁理士法人	弁理士が弁理士法により設立した法人	弁理士法37、47の４①
	司法書士法人	司法書士が司法書士法により設立した法人	司法書士法26、38①
	行政書士法人	行政書士が行政書士法により設立した法人	行政書士法13の３、13の21①
	社会保険労務士法人	社会保険労務士が社会保険労務士法により設立した法人	社会保険労務士法25の６、25の15の３①
	土地家屋調査士法人	土地家屋調査士が土地家屋調査士法により設立した法人	土地家屋調査士法26、35の３①

⑴　成立要件

次に掲げる要件のいずれにも該当する場合には、無限責任社員に対して第二次納税義務を課することができます（徴33）。

成立要件	
	①　合名会社、合資会社又は士業法人が国税を滞納したこと
	②　会社の財産に対して滞納処分を執行しても、なお徴収すべき額に不足すると認められること

㈱「滞納処分を執行しても、なお国税に不足すると認められる」とは、納税者に帰属する財産（国税につき徴している担保財産で第三者に帰属しているもの及び保証人の保証を含みます。）で滞納処分（交付要求及び参加差押えを含みます。）により徴収できるものの価額が、納税者の国税の総額に満たないと認められることをいい、現実に滞納処分を執行した結果に基づいて判定する必要はありません。また、その判定は、納付通知書を発する時の現況によります（平27.11.6最高判、徴基通33－1）。

⑵　第二次納税義務を負う者

合名会社、合資会社又は士業法人の国税について第二次納税義務を負う無限責任社員は、次のとおりです（徴基通33－４・５）。

	責任を負う無限責任社員	責任の範囲
第二次納税義務を負う無限責任社員	国税が成立する前から引き続き無限責任社員である者	滞納国税の全額について、第二次納税義務を負います。
	新入社員等（国税の成立後に無限責任社員となった者） （例）①　新たに無限責任社員として加入した者 ②　合資会社又は監査法人の有限責任社員でその責任を変更して無限責任社員となった者 ③　無限責任社員の持分を譲り受けた者 ④　定款の定めるところに従い被相続人に代わって無限責任社員となった相続人等	滞納国税の全額（無限責任社員となる前に納税義務が成立した会社の国税を含みます。）について、第二次納税義務を負います（会583①、605、608①、税48の21①、公認34の22①、34の23③等）。
	退社した社員等 （例）①　退社した無限責任社員 ②　持分の全部を譲渡した無限責任社員 ③　合資会社又は監査法人の無限責任社員から有限責任社員となった者	本店の所在地において退社の登記又は責任変更の登記をする前に納税義務が成立した会社の国税について、第二次納税義務を負います（会612①、586①、583③、税48の21①、公認34の10の６⑪、34の22①、34の23③等）

⑶　第二次納税義務の範囲

無限責任社員から徴収することができる金額は、合名会社、合資会社又は士業法人の滞納国税の全額であり、会社財産によって徴収すべき国税の額に不足すると認められる額に限られません（徴基通33－8）。ただし、退社した社員等（⑵の表参照）はこの限りではありません。

⑷　無限責任社員相互間における第二次納税義務の連帯

無限責任社員は、連帯して第二次納税義務を負います（徴33後段、会580①）。

この場合の無限責任社員の相互間における「連帯」については、通則法８条（国税の連帯納付義務についての民法の準用）の規定が適用されます（徴基通33－9）。

⑸　除斥期間の経過による第二次納税義務の消滅

無限責任社員の第二次納税義務の消滅原因

① 他の第二次納税義務と共通の消滅原因（納付、充当、時効の完成等）

② 退社した社員等の責任の除斥期間の経過
退社した社員等（⑵参照）の第二次納税義務は、会社が退社の登記又は責任変更の登記をした後、２年以内に納付通知書による告知又はその予告をしなかった場合には、登記後２年を経過した時に消滅します（会612②、586②、583③④、税48の21①、徴基通33－5）。
㈱　予告についての留意事項
⑴　会社の国税の納税義務が成立した後であれば、税額の確定前においても予告をすることができます。
⑵　予告は、将来納付通知書による告知をすることがある旨を記載した書面により行います。

③ 会社解散後の社員の責任の除斥期間の経過
解散した会社の無限責任社員の第二次納税義務は、会社が解散の登記をした後、５年以内に納付通知書による告知又はその予告をしなかった場合には、その解散登記後５年を経過した時に消滅します（会673①、税48の21②、徴基通33－6）。

㈱　②又は③に該当する社員の第二次納税義務消滅の効果は、会社の主たる納税義務及び他の社員の第二次納税義務には影響を及ぼしません。

⑹　相続による第二次納税義務の承継（昭10．３．９大判、徴基通33－７）

無限責任社員の死亡前に納税義務が成立した会社の国税	死亡後退社登記前に納税義務が成立した会社の国税
⇩	⇩
死亡した無限責任社員の責任は、相続人に承継されます。 ㈵　相続人が承継する責任の存続期間は、被相続人の責任の存続期間の残存期間です。例えば、死亡による退社又は生前退社の場合は、退社の登記の日から２年間であり、解散登記後に死亡したときは解散登記の日から５年間です。	死亡した無限責任社員の責任は、相続人に承継されません。

２　清算人等の第二次納税義務（徴34①）

徴収法34条１項（清算人等の第二次納税義務）は、法人が解散し、清算人がその法人の租税債務を納付しないで残余財産を分配又は引渡し（以下「分配等」といいます。）をした場合に、その清算人及びその財産の分配等を受けた者に対し、第二次納税義務を負わせるものです。

この規定は、清算人は、法人の債務を弁済せずに当該法人の財産を分配した場合には、任務懈怠により法人に対する損害賠償責任を負うとともに、悪意又は重大な過失があったときは、第三者に対しても損害賠償責任を負うとする会社法の規定（会486①、487①、652、653等）と同様の考え方から設けられているものです。

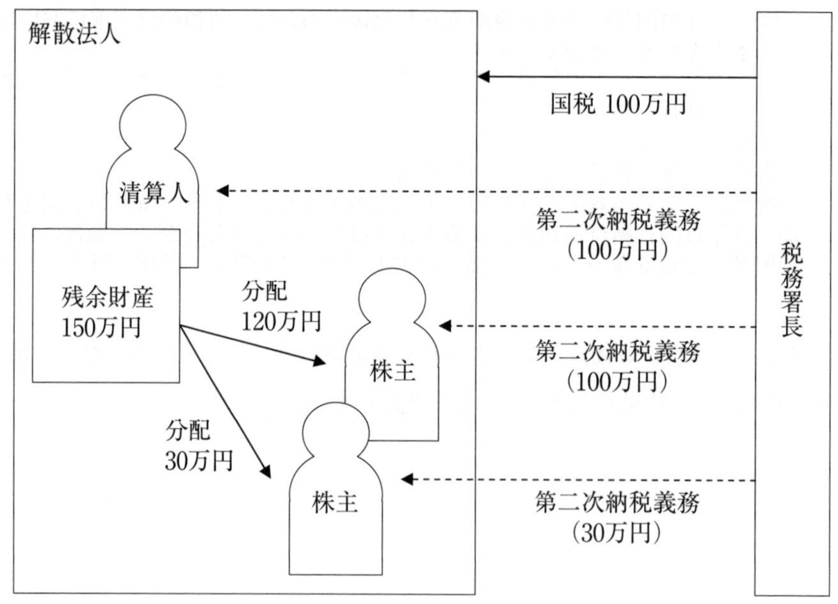

⑴　成立要件

次に掲げる要件のいずれにも該当する場合には、その解散した法人の清算人及び残余財産の分配等を受けた者に対して第二次納税義務を課することができます(徴34①)。

成立要件	
	①　法人が解散した場合において、その法人に課されるべき又はその法人が納付すべき国税を納付しないで、清算人が残余財産の分配等をしたこと
	②　法人に対して滞納処分を執行しても、なお徴収すべき額に不足すると認められること

イ　法人が解散した場合

法人が解散した場合とは、次の場合等をいいます（一般法人法148、会471、472、641、824、833、中小企業等協同組合法62、82の13、106④、宗教法人法43①②、81①、更178、218等参照)。

解　散　事　由	解　散　の　時　期
株主総会その他これに準ずる総会等の決議等による解散	解散の日を定めたときは、その日が経過したとき
	解散の日を定めなかったときは、解散決議をしたとき
定款で定めた存続期間の満了	その存続期間が満了したとき
定款で定めた解散の事由の発生	その事由が発生したとき
裁判所の命令又は裁判による解散	その命令又は裁判が確定したとき
主務大臣の命令による解散	その命令が効力を生じたとき
休眠会社のみなし解散	みなし解散となったとき

○　**解散についての留意事項**（徴基通34－１）

留意事項	
	①　会社法921条・922条（合併の登記)、919条・920条（組織変更等の登記）等の規定による解散の登記をしたときは、清算手続が行われませんので、徴収法上の「法人が解散した場合」には含まれません。
	②　解散は、その登記の有無を問いません。
	③　法人が解散しないで事実上解散状態にある場合には、財産の分配等がされているときでも、徴収法34条１項（清算人等の第二次納税義務）の規定を適用することはできませんが、徴収法39条（無償又は著しい低額の譲受人等の第二次納税義務)、通則法42条（債権者の代位及び詐害行為の取消し）等の規定を適用できる場合があります。
	④　１人の株主が発行済株式の全部を所有する一人会社の場合は、その株主の意思決定により解散決議をすることができますので（昭44.3.18大阪地判、昭46.6.24最高判参照)、例えば、事業譲渡をした後に廃業しているような場合で、解散決議をしたものと認定できる場合には、徴収法34条１項の「解散した場合」に該当します。

ロ　法人に課されるべき又はその法人が納付すべき国税

「法人に課されるべき又はその法人が納付すべき国税」とは、法人が結果的に納付しなければならないこととなる全ての国税をいい、解散の時又は残余財産の分配等の時において成立していた国税に限られません（徴基通34－2）。

解散又は残余財産の分配等の後に成立する国税としては、その後に給料等を支給した場合の源泉所得税や清算期間中の資産の処分等による譲渡所得に係る法人税等があります。

ハ　残余財産の分配又は引渡し

残余財産

「残余財産」とは、一般には法人解散の場合の現務の結了、債権の取立て及び債務の弁済をした後に残った積極財産をいいます（会481、502、649、664等）が、徴収法34条１項の「残余財産」は、その国税を完納しないで、その有する財産の分配等をしたときのその積極財産をいいます（昭47.7.18広島高判、昭47.9.18東京地判）。

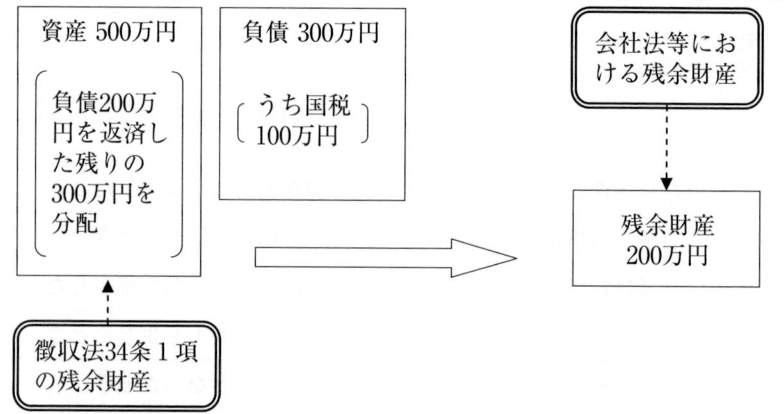

分配

「分配」とは、法人が清算する場合において、残余財産を株主等（株主、社員、組合員、会員等）に、原則としてその出資額に応じて分配することをいいます（会504、505、666等）。

引渡し

「引渡し」とは、法人が清算する場合において、残余財産を一般社団法人及び一般財団法人に関する法律239条（残余財産の帰属）等の規定により処分することをいいます（宗教法人法50、医療法56等）。

㈲　徴収法34条の「分配」又は「引渡し」は、法人が解散した後に行ったものに限らず、解散を前提にそれ以前に行った分配又は引渡しも含まれます（徴基通34－3）。

【昭47.9.18東京地判要旨】

組合が総会の決議に基づき解散を予定しながら、その解散前に国税を完納することなく、唯一の財産である土地を売却し、その代金を組合員に分配し、その後の総会において解散の決議をしたという事情の下においては、その代金の分配は解散の決議前にされたものであるけれども、「残余財産の分配」の性質を有するものといえる。

㈲　清算中の法人の財産を株主等に交付した場合においても、それがその株主等に対する正当な債務の弁済であるときは、その交付は残余財産の分配等になりませんが、金銭その他の財産の交付がなくても、例えば、株主等に対して債務の免除をした場合は、その債務免除が残余財産の分配等に準ずるものとして徴収法34条に該当することがあります。

二　徴収すべき額に不足すると認められること

「滞納処分を執行しても、なお徴収すべき額に不足すると認められること」については、１(1)の㈱参照。

○　会社法との関係

関係条項等	内容
会社法863条等との関係（徴基通34－11）	任意清算中の合名会社又は合資会社が、会社法670条（債権者の異議）に違反して財産を処分した場合において、 ①　その処分が残余財産の分配等に当たるときは、徴収法34条１項が適用されます。 ②　その処分が残余財産の分配等に該当しない処分（例えば、無償譲渡等会社債権者を害する行為）であるときは、徴収法34条１項は適用されませんが、会社法863条（清算持分会社の財産処分の取消しの訴え）により、その処分の取消しを裁判所に請求することができます。
会社法499条等との関係（徴基通34－12）	会社法499条及び660条（債権者に対する公告等）の規定は、国税については適用されません（明38.10.11行判）。 【明38.10.11行判要旨】 原告会社は、民法の規定を援用して、清算人が行った催告期間内に納税告知書を送達しなかったことは不当であり、また、原告会社の解散後に納税告知書を発したことは違法であると主張するが、公法に基づく徴税権は民法の規定に拘束されるものではない。 また、国税徴収法の規定に徴するに、会社の解散後といえども、納税義務の確定した国税はこれを徴収することができる。
清算結了登記との関係（徴基通34－13）	株式会社等が課されるべき国税又は納付すべき国税を完納しないで清算結了の登記をしても、その登記は適法な清算結了に基づくものではありませんから、株式会社等の清算のために必要な範囲内においてなお存続し、課されるべき国税又は納付すべき国税は消滅しません（大6.7.24行判、昭6.11.4行判）。したがって、清算結了の登記がされている場合であっても、徴収法34条１項を適用することができます。 【昭6.11.4行判要旨】 ①　会社の清算結了の登記公告があっても、未だ現務の結了しない事実のある会社に対する第１種所得税通知書、納税告知書及び督促状を同会社の清算人である原告に送達したのは違法ではない。 ②　合資会社の清算が結了しない以上、その無限責任社員の資格はなお存続している。
会社法473条等との関係（徴基通34－14）	株式会社等が解散し、残余財産を分配した後において、会社法473条（株式会社の継続）等の規定により株式会社等を継続した場合には、継続の特別決議によって残余財産の分配の効果は将来に向かって消滅します。したがって、この継続の特別決議後は、残余財産はなかったことになりますから、徴収法34条１項の第二次納税義務を負わせることはできません。

⑵ 第二次納税義務を負う者

徴収法34条１項の第二次納税義務を負う者は、次のとおりです。

徴収法34条１項の第二次納税義務を負う者
- 残余財産の分配又は引渡しをした清算人
- 残余財産の分配又は引渡しを受けた者

㈲ 合名会社、合資会社又は士業法人が解散した場合において、清算人及び残余財産の分配等を受けた者が無限責任社員に該当し、合名会社等の社員の第二次納税義務（徴33）を負う場合は、徴34①は適用されません。

イ 残余財産の分配等をした清算人（徴基通34－5）

分配等をした清算人

① 「分配等をした清算人」とは、解散法人（合併により解散した法人及び破産手続が終了していない法人を除きます。）の清算事務を執行する者で、残余財産の分配等をした者をいい、納付通知書を発する時において清算人でない者も含まれます。

② 清算人に就任することを承諾した上、清算事務を第三者に一任している者は、直接に清算事務に関与していない場合であっても、徴収法34条の清算人に該当します（昭52.2.14最判）。

（注１） 法人が解散した場合には、次に掲げる者が清算人となります。

法人の種類	原則	例外	清算人となるべき者がないとき等
株式会社（会478）	取締役	・定款で定める者 ・株主総会の決議によって選任された者	裁判所が利害関係人若しくは法務大臣の申立て又は職権で選任した者
持分会社（会647）	業務を執行する社員	・定款で定める者 ・社員の過半数の同意によって定める者	裁判所が利害関係人若しくは法務大臣の申立て又は職権で選任した者
一般社団法人・一般財団法人（一般法人法209）	理事	・定款で定める者 ・社員総会・評議員会の決議によって選任された者	裁判所が利害関係人の申立て又は職権で選任した者

（注２） 代表権のない有限会社の清算人が事実上職務執行をしなかった場合において、徴収法34条の第二次納税義務を負うことを認めた裁判例があります（昭47.7.18広島高判）。

【昭47.7.18広島高判要旨】

国税徴収法第34条は、文言上第二次納税義務を負う清算人の範囲を限定していないのであり、有限会社においては、清算人は代表権の有無を問わず会社のため忠実に清算人としての職務を遂行する義務を負っているのであるから、代表権を有さず、清算事務も事実上執行していなかったからといって、第二次納税義務を免れることはできない。

ロ　残余財産の分配等を受けた者（徴基通34－3）

分配等を受けた者	①「残余財産の分配を受けた者」とは、法人が清算する場合において、残余財産の分配を受けた株主等をいいます。
	②「残余財産の引渡しを受けた者」とは、法人が清算する場合において、残余財産を一般社団法人及び一般財団法人に関する法律239条（残余財産の帰属）等の規定により処分した場合のその処分の相手方となった者をいいます。

(3)　第二次納税義務の範囲

清算人は分配等をした財産の価額を限度として、残余財産の分配等を受けた者はその受けた財産の価額を限度として、主たる納税者の滞納国税の全額について第二次納税義務を負います（徴34①ただし書）。

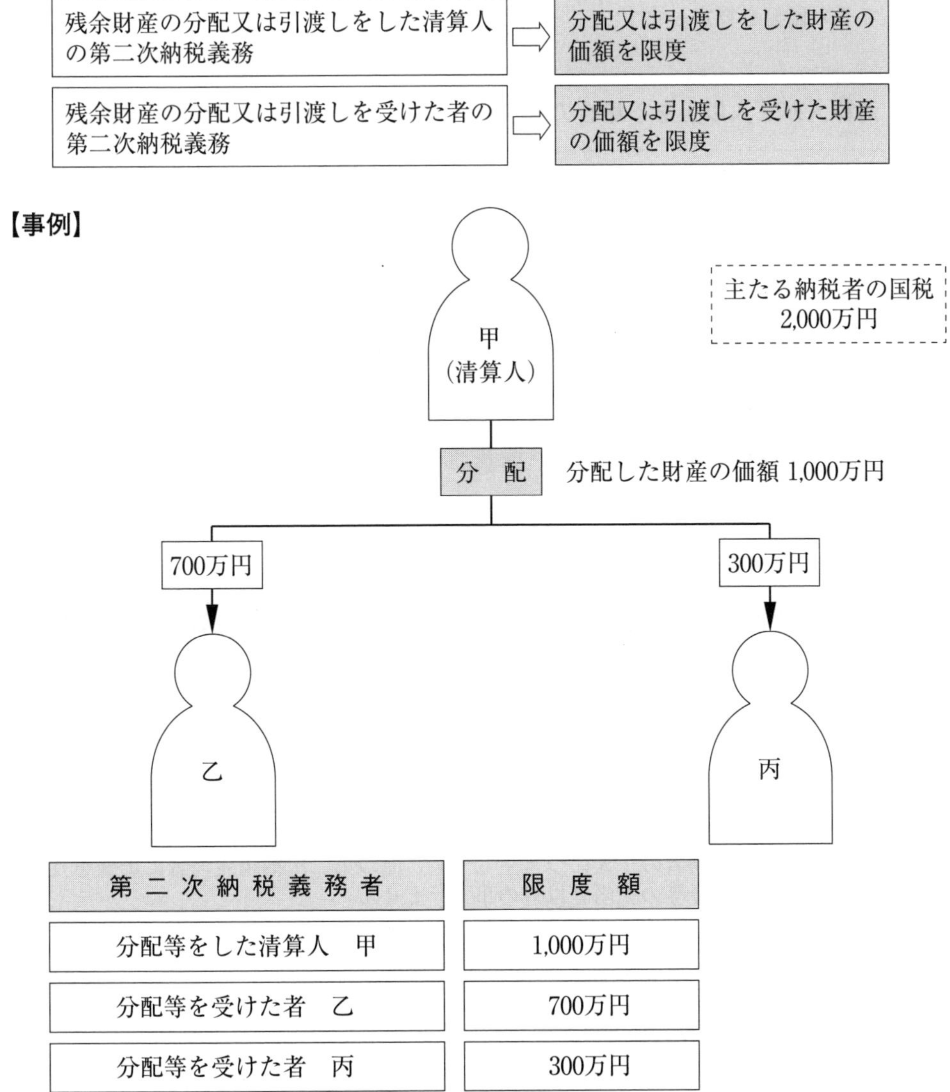

第二次納税義務者	限度額
分配等をした清算人　甲	1,000万円
分配等を受けた者　乙	700万円
分配等を受けた者　丙	300万円

イ　財産の価額

「財産の価額」とは、分配等がされた時におけるその財産の価額をいいます（徴基通34－8）。

区　分	財産の価額
分配等が金銭でされている場合	その金額
分配等が金銭以外の財産でされている場合	その財産の時価

(注)　分配等をした金銭以外の財産がその後の譲渡、滅失等により現存しない場合には、分配等をした時又は最近時における財務関係諸帳簿、固定資産課税台帳等によりその性状、規格、価格等の調査を行うとともに、関係者や精通者の意見等を参考としてその価額を算定します。

ロ　清算人が２人以上ある場合の各清算人の第二次納税義務の範囲（徴基通34－9）

清算人の分配等	各清算人の第二次納税義務の範囲
各清算人がそれぞれ別個に分配等をした場合	その分配等をした財産の価額を、それぞれの限度とします。
清算人が共同行為により分配等をした場合	その分配等をした財産の価額の全額を、それぞれの限度とします。

ハ　第二次納税義務者相互の関係（徴基通34－10）

同一の分配等に基づく第二次納税義務者が複数ある場合の関係は、次のとおりです。

第二次納税義務者の１人に生じた事由	他の第二次納税義務者への影響
①　第二次納税義務者の１人が第二次納税義務額を納付し、又は過誤納金等の充当等があった場合	その納付、過誤納金等の充当等による第二次納税義務の消滅が他の第二次納税義務者の第二次納税義務の範囲に含まれている限り、その限度で他の第二次納税義務者の第二次納税義務も消滅します。
②　第二次納税義務者の１人につき生じた納付、過誤納金等の充当等以外の事由	他の第二次納税義務者に影響を及ぼしません。

（注１）「他の第二次納税義務者の第二次納税義務の範囲に含まれている」かどうかの判定は、分配等に係る財産の価額を基準として行います。

具体的には、「分配等に係る財産の価額から第二次納税義務者の限度額を控除した額」を超える額につき、他の第二次納税義務者の納付、過誤納金等の充当等があったときは、その超える額が上記の「範囲内に含まれている」ことになります。

【事例】

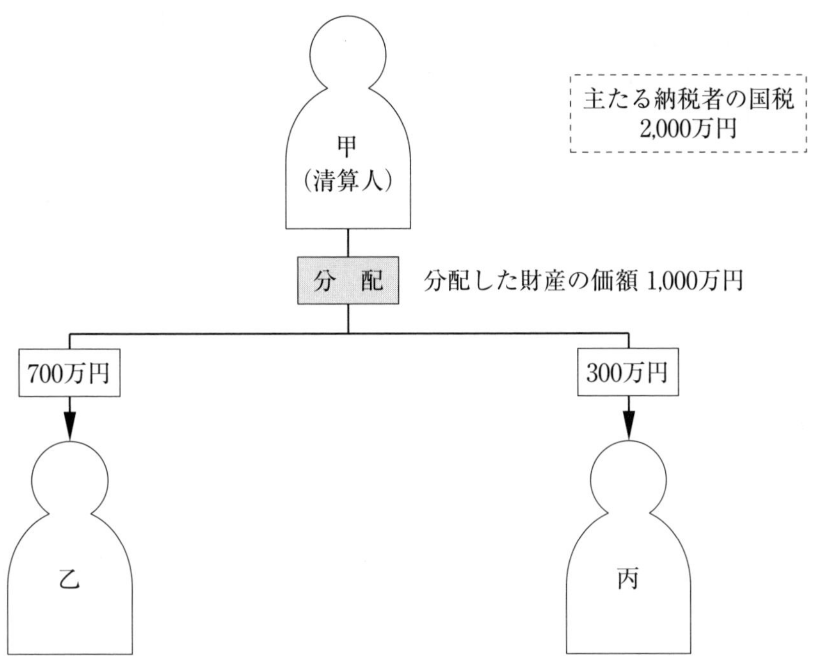

▷甲が500万円納付したとき

・甲の責任額＝最高限度額

・500万円の納付による甲の責任額＝500万円（甲の限度額1,000万円－納付額500万円）

・甲の納付によって消滅する乙の責任額は、甲の納付額が、「分配等に係る財産の価額（当初の最高限度額）」から「乙の限度額」を控除した額（次図のＡの部分）を超える場合のその超える額となります。

　したがって、

　　A=300万円（最高限度額1,000万円－乙の限度額700万円）

　　乙の責任の消滅額 =200万円（甲の納付額500万円－ Ａの額300万円）

　　乙の責任額＝500万円（乙の限度額700万円－乙の責任の消滅額200万円）

・丙については、「分配等に係る財産の価額（当初の最高限度額）」から「丙の限度額」を控除した額（次図のＢの部分）が700万円で、甲の納付額（500万円）より大きいため、甲の納付によって消滅する責任額はありません。

　丙の責任額＝300万円

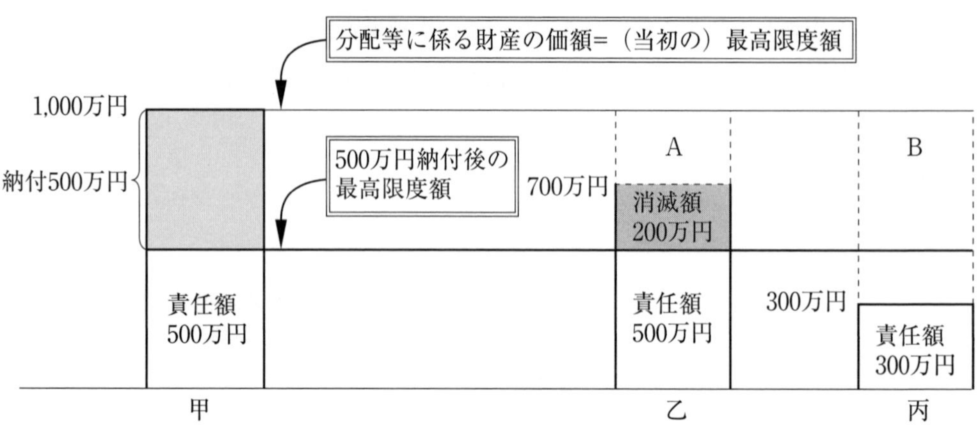

▷**甲が更に300万円を納付したとき**

・甲の責任額＝最高限度額（500万円）

・更に300万円納付後の甲の責任額＝200万円（甲の限度額500万円－納付額300万円）

・乙の責任額＝200万円（乙の限度額500万円－納付額300万円）

・丙については、「最高限度額（500万円）」から、「丙の限度額（300万円）」を控除した額（次図のＣの部分）が200万円であり、甲の納付額（300万円）の方が大きいため、その超える額が丙の責任額から消滅します。

丙の責任額＝200万円（丙の限度額300万円－丙の責任の消滅額100万円）

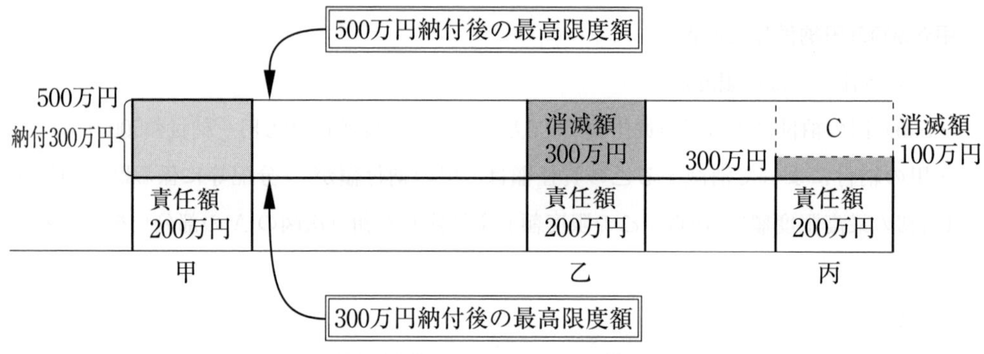

（注２）　２回以上の分配等が行われ、それぞれの分配等ごとに徴収法34条１項の第二次納税義務者がある場合でも、一の第二次納税義務者の納税義務の履行等は異なる回の分配等に基づく第二次納税義務者には影響を及ぼしませんが、その納税義務の履行等により主たる納税者の国税が他の第二次納税義務者の納税義務の額より少なくなった場合は、その分の納税義務の額が消滅します（徴基通32－20参照）。

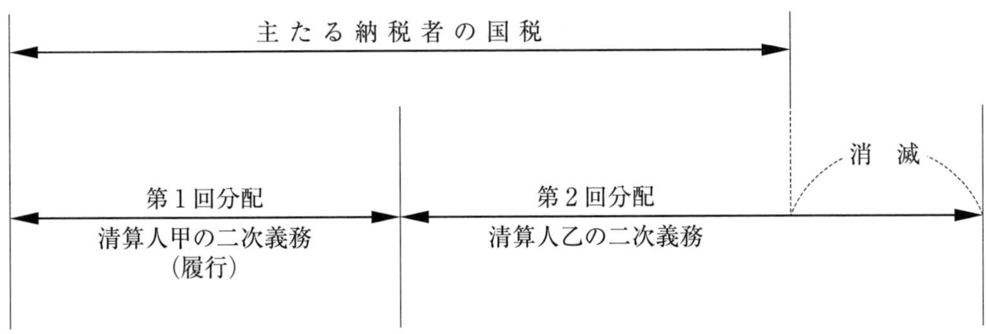

⇨ 甲の二次義務の履行により、乙の二次義務の額が減少（消滅）します。

3　清算受託者等の第二次納税義務（徴34②）

徴収法34条２項（清算受託者等の第二次納税義務）は、清算受託者が信託財産責任負担債務となる国税（徴基通34－17参照）を納付しないで残余財産の給付をした場合にその清算受託者及び残余財産受益者等に対して第二次納税義務を負わせるものです。

この規定は、財産の管理・処分を委託する「信託」が終了した場合の清算受託者は、原則として、信託に係る債務を弁済した後でなければ、残余財産の給付をすることができないとする信託法第181条の規定から、清算人等の第二次納税義務（徴34①）と同様の考え方により設けられているものです。

清算受託者　信託終了時における残余財産の帰属が指定されていない等の場合に、信託終了時の信託財産の清算を行う者（信182③）

㈲　徴収法34条２項の規定による第二次納税義務を負う清算受託者は、「特定清算受託者」（⑵イ参照）に限られます。

信託財産責任負担債務　信託の受託者が信託財産をもって履行する責任を負う債務（信２⑨）

信託財産責任負担債務となるものの例☞⑴ロ参照

信託と滞納処分の関係☞第５章第１節７参照

○　限定責任信託等における特定清算受託者等に対する第二次納税義務

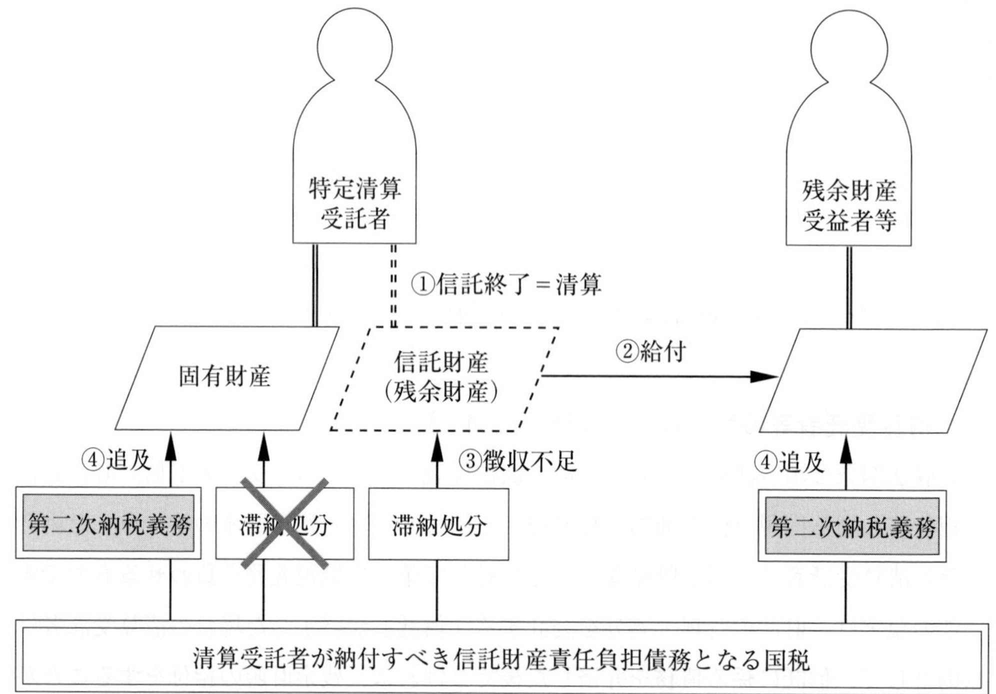

㈲　一般の信託の場合には、上記の例とは異なり、清算受託者は、信託財産に属する財産のほか固有財産についても追及を受けますので、徴収法34条２項の第二次納税義務による追及を受けるまでもありません。この場合には、残余財産受益者等だけが第二次納税義務による追及の対象となります。

⑴　成立要件

次に掲げる要件のいずれにも該当する場合には、清算受託者及び残余財産受益者等に対し、信託財産責任負担債務となる国税につき第二次納税義務を課することができます（徴34②）。

成立要件

①　信託法175条に規定する信託が終了した場合において、その清算受託者に課されるべき又はその清算受託者が納付すべき国税を納付しないで、信託財産に属する財産を残余財産受益者等に給付をしたこと。

②　清算受託者に対して滞納処分を執行してもなおその徴収すべき額に不足すると認められること。

（注１）「給付」とは、信託が終了した時以後に、残余財産を残余財産受益者等に、原則として信託行為に定めるところにより給付することをいいます（信177四、181、徴基通34－18）。

（注２）「滞納処分を執行しても、なお徴収すべき額に不足すると認められること」につ

いては、１(1)の㈱参照。具体的には、次のような状態が客観的に認められるときをいいます（徴基通34－19）。

信託財産に属する財産で滞納処分により徴収できるものの価額		清算受託者（特定清算受託者以外の清算受託者に限ります。）に帰属する固有財産で滞納処分により徴収できるものの価額		清算受託者に課されるべき又は清算受託者が納付すべき国税の総額

イ　信託法175条に規定する信託が終了した場合

信託法175条に規定する信託が終了した場合とは、次の事由によって信託が終了し、清算をしなければならない場合をいいます（徴基通34－15）。

信託が終了し、清算をしなければならない場合

- ①　信託の目的を達成したとき（信163一）
- ②　信託の目的を達成することができなくなったとき（信163一）
- ③　受託者が受益権の全部を固有財産で有する状態が一年間継続したとき（信163二）
- ④　受託者が欠けた場合（受託者が二人以上ある信託については、すべての受託者が欠けた場合）であって、新たな受託者が就任しない状態が一年間継続したとき（信163三、87）
- ⑤　受託者が二人以上ある信託の受託者の一部が欠けた場合において、信託行為の定めによりその欠けた受託者の任務が他の受託者によって行われず、かつ、新たな受託者が就任しない状態が一年間継続したとき（信163三、87②）
- ⑥　受託者が信託事務を処理するのに必要と認められるために支出した費用等の償還等を受けるのに信託財産が不足している場合等において一定の手続を行っても費用の償還等を受けられなかったこと又は委託者及び受託者が現に存しないことにより、受託者が信託を終了させたとき（信163四、52、53②、54④）
- ⑦　信託の終了を命ずる裁判があったとき（信163六、165、166）
- ⑧　信託財産についての破産手続開始の決定があった場合において、当該破産手続が終了したとき（信163七、175）
- ⑨　委託者が破産手続開始の決定、再生手続開始の決定又は更生手続開始の決定を受けた場合において、破産管財人等により共にまだ履行が完了していない信託契約の解除がされたとき（信163八、破53①、再49①、更61①、金融機関等の更生手続の特例等に関する法律41①、206①）
- ⑩　信託行為において定めた事由が生じたとき（信163九）
- ⑪　委託者又は受益者が合意により信託を終了させたとき（信164①）
- ⑫　遺言によってされた受益者の定めのない信託において、信託管理人が欠けた場合であって、信託管理人が就任しない状態が一年間継続したとき（信258⑧、３②）

㈱　信託が終了した場合であっても、信託の併合により終了したとき、又は信託財産についての破産手続開始が決定した場合であってその破産手続が終了していないときは、信託の清算が行われないため、これらの場合は信託法175条に規定する信託が終了した場合に該当しません。

ロ　清算受託者に課されるべき又は清算受託者が納付すべき国税

「清算受託者に課されるべき又は清算受託者が納付すべき国税」とは、その納める義務が信託財産責任負担債務となるものに限られますが（信21①参照）、信託が終了した時又は残余財産の給付の時において成立していた国税に限られません（徴基通34－17）。

納付義務が信託財産責任負担債務となるものの例	法人課税信託（集団投資信託、退職年金等信託、特定公益信託等を除いた信託のうち法人が委託者となる信託であって、一定の要件を備えたもの等をいいます。法２二十九の二。）に係る法人税（法４の２①）、消費税（消15①）及び所得税（所６の２①）
	受益者等（相９の２）が存しない信託等において課される贈与税及び相続税（相９の４）
	信託事務を処理するに当たり支払った報酬等に対する源泉徴収に係る所得税

㈱　清算受託者（受託者）の固有の国税については、徴収法34条２項の第二次納税義務の対象となりません。

⑵　第二次納税義務を負う者

イ　特定清算受託者

「特定清算受託者」とは、信託財産責任負担債務となる国税について信託財産に属する財産のみをもって納付する義務を負う次に掲げる清算受託者をいいます（徴基通34－21）。

特定清算受託者	限定責任信託（信２⑫）の受託者である場合の清算受託者
	国税の納付義務の成立後に就任した新たな清算受託者（信76②）

ロ　残余財産受益者等

残余財産受益者等とは、次に掲げる者をいいます（徴基通34－20）。

残余財産受益者等	残余財産受益者（残余財産の給付を内容とする受益債権に係る受益者）
	帰属権利者（残余財産の帰属すべき者）

(注)　第二次納税義務を負う残余財産受益者等には、信託行為において残余財産受益者又は帰属権利者となるべき者として指定された者等が含まれます（信182①②）。

(3)　第二次納税義務の範囲

特定清算受託者は給付をした財産の価額を限度として、また、残余財産受益者等は給付を受けた財産の価額を限度として、主たる納税者（清算受託者）の信託財産責任負担債務である滞納国税の全額について第二次納税義務を負います(徴34②ただし書)。

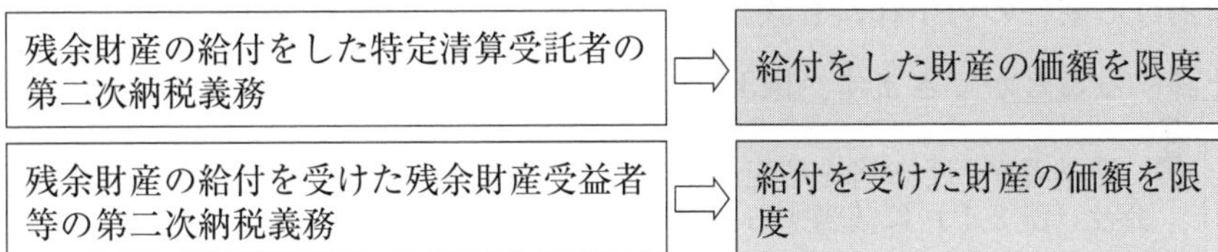

(注)　財産の価額、清算受託者が２人以上ある場合の各清算受託者の第二次納税義務の範囲及び第二次納税義務者相互の関係については、前記２(3)イ～ハと同様です（徴基通34－23、24、25)。

4　同族会社の第二次納税義務（徴35）

徴収法35条（同族会社の第二次納税義務）は、滞納者が有する同族会社の株式又は出資に市場性がない等のため徴収不足を生ずると認められる場合に、その同族会社に第二次納税義務を負わせるものです。

この規定は、少数の株主又は社員の出資によって設立される同族会社の株式又は出資は、一般的に市場性が乏しく、換価が困難であることから設けられているものです。

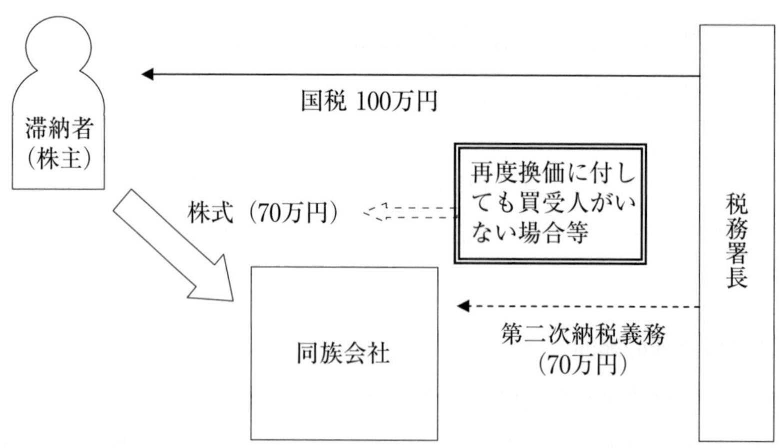

⑴　成立要件

次に掲げる要件のいずれにも該当する場合には、その同族会社に対して第二次納税義務を課することができます（徴35①）。

成立要件	
成立要件	①　滞納者が、その者を判定の基礎となる株主又は社員として選定した場合に同族会社（法２十）に該当する会社の株式又は出資を有すること
	②　滞納者が有するその株式又は出資につき次に掲げる理由があること ・その株式又は出資を再度換価に付してもなお買受人がないこと ・その株式若しくは出資の譲渡につき法律若しくは定款に制限がある、又は株券の発行がないため、これらを譲渡することにつき支障があること
	③　滞納者の有するその同族会社の株式又は出資以外の財産につき、滞納処分を執行してもなお徴収すべき国税に不足すると認められること

（注１）　徴収法35条に規定する出資とは、持分会社（合名会社、合資会社又は合同会社）の持分をいいます（徴基通35－3）。

（注２）「滞納処分を執行しても、なお徴収すべき額に不足すると認められること」については、１⑴の㈱参照。ただし、判定の対象となる滞納者の財産には、その同族会社の株式又は出資を含めません。

（注３）　滞納者は個人に限られるものではありません。

イ　買受人がない場合

成立要件の②の「買受人がない」とは、滞納処分による再度の換価をした場合において、売却決定を受けた者がないとき及び売却決定が取り消されたときをいいます（徴基通35－5）。

ロ　株式又は出資の譲渡の制限

「株式又は出資の譲渡の制限」については、次に留意する必要があります。

区　分	留　　　意　　　事　　　項
持分会社の持分の譲渡制限	持分会社の持分は、他の社員の全員（業務を執行しない有限責任社員については業務を執行する社員の全員）の承諾がなければ譲渡することはできません（会585①②）。 したがって、例えば、換価前に社員のうちの１人でも換価による持分の譲渡に反対の意思表示をした場合には、成立要件②の「譲渡することにつき支障がある」場合に該当します（徴基通35－６）。
株式譲渡制限	定款で譲渡が制限されていても、譲渡は可能ですから、「譲渡することに支障がある場合」に該当しません。 （理由）　株式会社は、定款で譲渡による株式の取得についてその株式会社の承認を要することを定めることができますが、その株式を取得した者は、株式会社に対し、その株式を取得したことについて承認をするか、承認しないときには、自ら又は指定買取人による買取りを請求することができます（会107、137、138）。これは、定款で譲渡を制限されている株式であっても譲渡することができることを前提とした規定であるからです。

ハ　株券が発行されていない場合

成立要件の②の「株券の発行がないため、これらを譲渡することにつき支障があること」とは、株券を発行する旨の定款の定めがある株式会社について、株券の作成及び株主への交付がされていないために、株式を差し押さえて換価することにつき支障があることをいいます（徴基通35－7）。

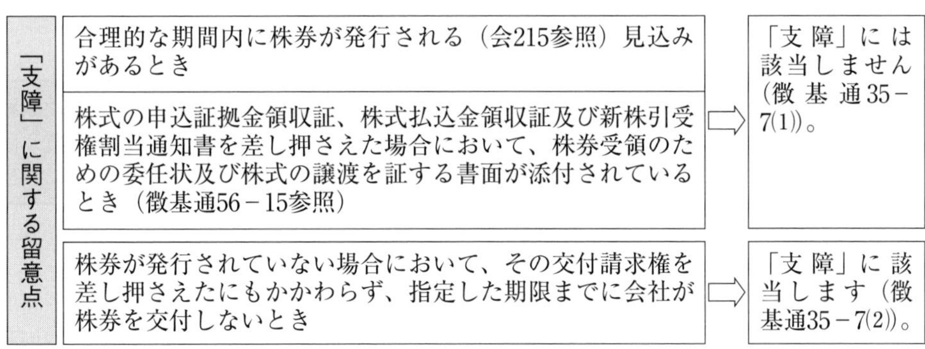

(2)　第二次納税義務を負う者

第二次納税義務を負う者は、滞納者を「判定の基礎となる株主又は社員」とした場合に、法人税法２条10号（同族会社の定義）の同族会社に該当する会社です。

法人税法２条10号に定める同族会社（法人税法施行令４⑤参照）	「株主等の３人以下」並びに「これらと政令で定める特殊の関係のある個人及び法人（以下「同族関係者」といいます。）」が、 ①　その会社の発行済株式の総数又は出資の総額の100分の50を超える株式又は出資を有する場合 ②　議決権の総数の100分の50を超える数を有する場合 ③　持分会社の社員（業務を執行する社員を定めた場合は、業務を執行する社員に限られます。）の総数の半数を超える数を占める場合 の会社をいいます。

(参考)

「議決権」とは次に掲げるいずれかをいいます（法人税法施行令４③二）。

議決権	○　事業の全部若しくは重要な部分の譲渡、解散、継続、合併、分割、株式交換、株式移転又は現物出資に関する決議に係る議決権
	○　役員の選任及び解任に関する決議に係る議決権
	○　役員の報酬、賞与その他の職務執行の対価として会社が供与する財産上の利益に関する事項についての決議に係る議決権
	○　剰余金の配当又は利益の配当に関する決議に係る議決権

イ　同族会社の判定方法

法人税法２条10号の同族会社に該当するかどうかの判定は、「①滞納者と、②他の株主又は社員」の３人以下及び「これらの同族関係者」を判定の基礎として行います。

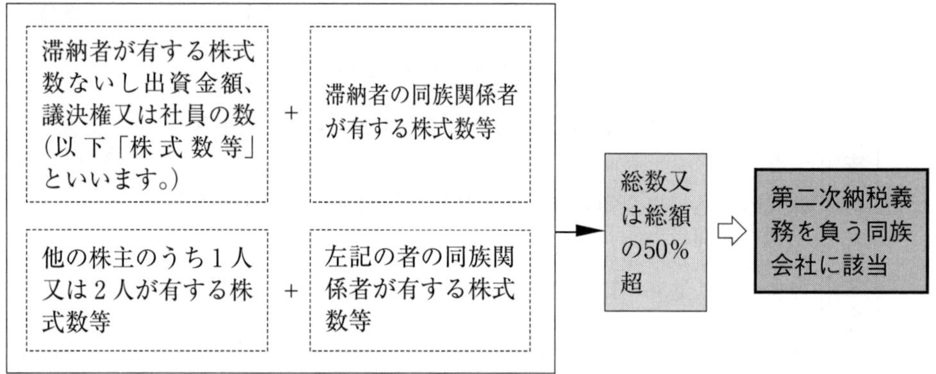

（注１）　この同族会社の判定方法は、滞納者を常に判定の基礎とする株主又は社員に入れて判定しますので、法人税法の判定方法とは必ずしも一致しません。

（注２）　徴収法35条の「株主又は社員」は、株主名簿、社員名簿、端株原簿の記載等にかかわらず、実質上の株主又は社員をいいます（徴基通35－2）。

（注３）　同族会社の判定をする場合の滞納者の持株数又は出資の口数は、判定時に滞納者が有する株式又は出資の全部であり、その取得の時がいつであるかを問いません。

ロ　同族関係者の範囲

同族会社であるかを判定する際の同族関係者は次のとおりです。

a　株主又は社員と特殊の関係にある個人（法人税法施行令４①）

> ①　株主又は社員の親族（民725〜729）
> ②　株主又は社員と婚姻の届出をしていないが、事実上婚姻関係と同様の事情にある者
> ③　個人である株主又は社員の使用人
> ④　上記①から③に掲げる者以外の者で、個人である株主又は社員から受ける金銭その他の資産によって生計を維持している者
> ⑤　上記②から④に掲げる者と生計を一にするこれらの者の親族

b　株主又は社員と特殊の関係にある会社（法人税法施行令４②③④）

> ①「株主又は社員の１人（個人であるときは、その１人及びその者とａの各号の特殊の関係のある個人）」（Ｘ）が支配している会社
> ②　Ｘと①に規定する会社が支配している会社
> ③　Ｘと①、②に規定する会社が支配している他の会社
> ④　同一の個人又は法人（人格のない社団等を含む。）と①から③に規定する特殊の関係のある２以上の会社相互間において、株主又は社員である会社以外の会社

（注１）　他の会社を「支配している」とは、次のいずれかに該当する場合をいいます（法人税法施行令４③）。

イ　他の会社の発行済株式又は出資の総数又は総額の50％超を有する場合

ロ　他の会社の議決権のいずれかにつき、その総数の50％超を有する場合

ハ　持分会社の社員（業務を執行する社員を定めた場合は、業務を執行する社員に限る。）の総数の半数を超える数を占める場合

（注２）　個人又は法人との間でその意思と同一の内容の議決権を行使することに同意している者がある場合は、その者の議決権はその個人又は法人が有するものとみなされ、かつ、当該個人又は法人は、当該議決権に係る会社の株主等であるものとみなされます（法人税法施行令４⑥）。

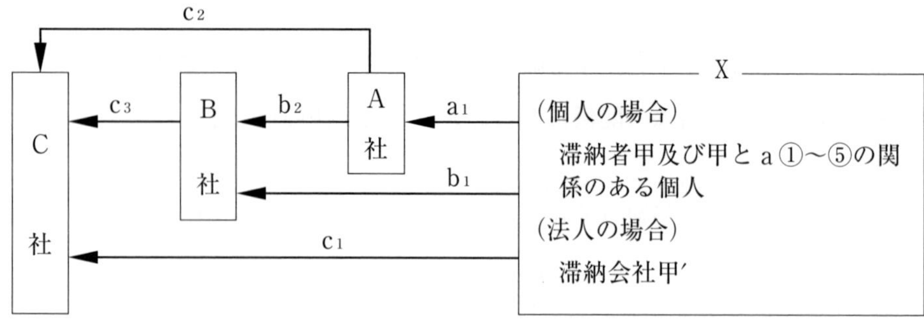

（イ）a_1＞50％のとき、Ａ社は甲（又は甲′）の同族会社となります。

（ロ）(イ)かつ $b_1 + b_2$＞50％のとき、Ｂ社は甲（又は甲′）の同族会社となります。

（ハ）(イ)、(ロ)かつ $c_1 + c_2 + c_3$＞50％のとき、Ｃ社は甲（又は甲′）の同族会社となります。

（例１）　Ｘが、Ｂ社の発行済株式の総数の50％超（60％）を有しているため、Ｂ社はＸの特殊関係者（同族関係者）になります（ｂ①）。
　Ｘと Ｘの同族関係者のＢ社が、Ａ社の発行済株式の総数の50％超（40％＋30％）を有しているため、Ａ社は徴収法35条１項の同族会社に該当します。

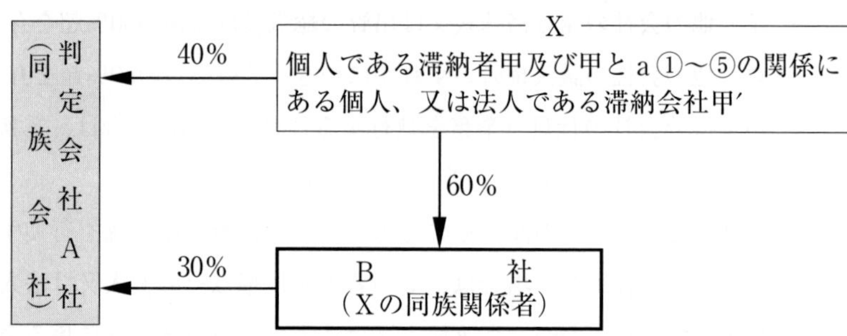

（例２）　ＸがＣ社の発行済株式の総数の50％超（60％）を有しているため、Ｃ社はＸの同族関係者になります（ｂ①）。
　ＸとＣ社とでＢ社の発行済株式の総数の50％超（40％＋20％）を有しているため、Ｂ社はＸの同族関係者になります（ｂ②）。
　ＸとＸの同族関係者のＢ社が、Ａ社の発行済株式の総数の50％超（40％＋30％）を有しているため、Ａ社は徴収法35条１項の同族会社に該当します。

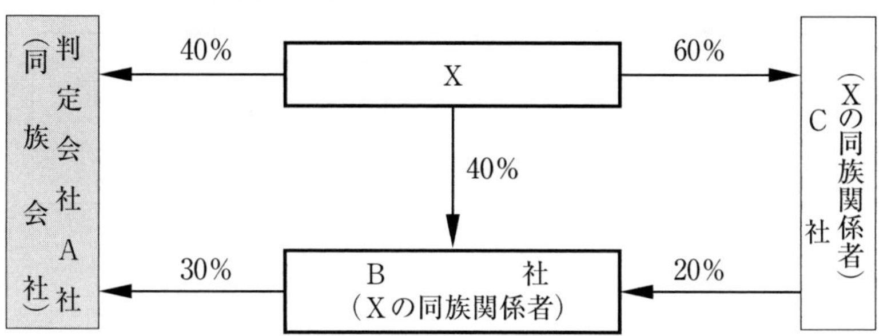

（例３）　ＸがＣ社の発行済株式の総数の50％超（60％）を有しているため、Ｃ社はＸの同族関係者になります（ｂ①）。
　ＸとＣ社によりＤ社の発行済株式の総数の50％超（40％＋20％）を有しているため、Ｄ社はＸの同族関係者になります（ｂ②）。
　Ｘの同族関係者のＤ社が、Ｂ社の発行済株式の総数の50％超（60％）を有しているため、Ｂ社はＸの同族関係者になります（ｂ③）。
　ＸとＸの同族関係者Ｂ社が、Ａ社の発行済株式の総数の50％超（40％＋30％）を有しているため、Ａ社は徴収法35条１項の同族会社に該当します。

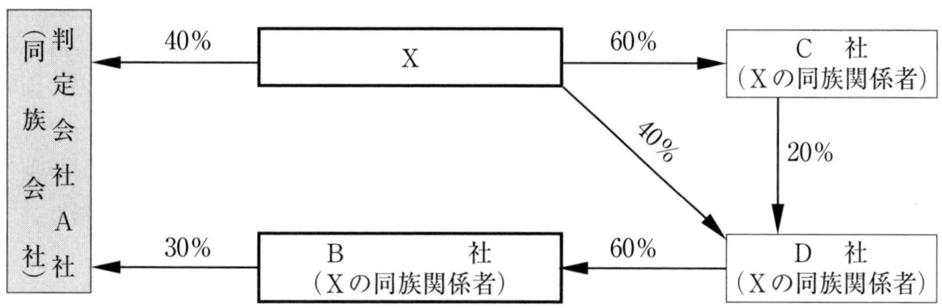

（例４）　滞納会社甲′1と滞納会社甲′2は、同じ乙に支配されている会社であるため、相互に同族関係者となります（b④）。
同族関係にある滞納会社甲′1と滞納会社甲′2により、Ａ社の発行済株式の総数の50%超（40%＋30%）を有しているため、Ａ社は徴収法35条１項の同族会社に該当します。

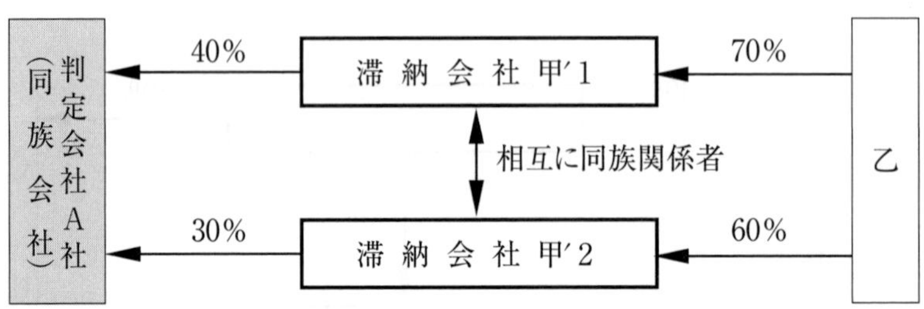

ハ　同族会社に該当するかどうかの判定の時期

徴収法35条１項の同族会社であるかどうかの判定は、納付通知書を発する時の現況により行います（徴35③）。

⑶　第二次納税義務の範囲

同族会社は、滞納者の有するその同族会社の株式又は出資のうち、滞納に係る国税の法定納期限の１年以上前までに取得したものを除いたものの価額を限度として、第二次納税義務を負います（徴35①）。

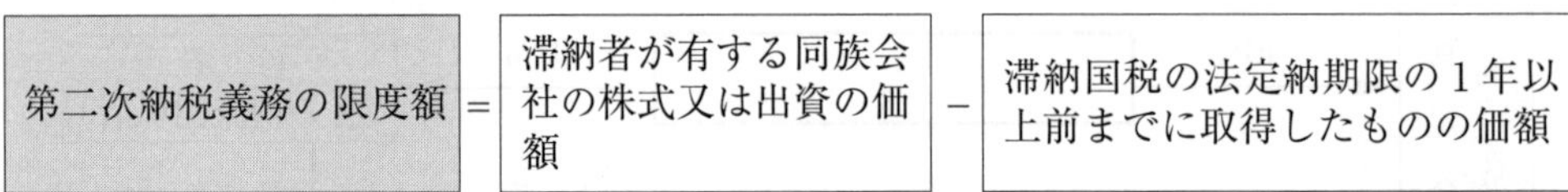

（注１）「１年以上前までに取得したもの」とは、法定納期限の１年前の応答日以前に取得したものをいいます（応答日の当日に取得したものを含みます。）（徴基通35－10）。

（注２）　事業承継に係る納税の猶予の適用を受けた贈与税については、「法定納期限の１年以上前」ではなく、その贈与の前に取得した株式又は出資が第二次納税義務の対象から除かれます（措70の７⑬七、70の７の５⑩）。

イ　法定納期限

国税の種類	法定納期限となる日
・還付金の額を減少させる修正申告又は更正により納付すべき国税 ・上記国税に係る附帯税及び滞納処分費	その還付の基因となった申告、更正又は決定があった日
・過怠税	その納税義務の成立の日 (課税文書の作成の日(通15②十一))
・上記以外の国税	本来の法定納期限

(注)「還付金の額を減少させる修正申告又は更正により納付すべき国税」の法定納期限は、本来の法定納期限（徴２十イ。所得税についていえば３月15日）ではなく、当初の還付申告等の日です。なお、修正申告又は更正により納付すべき国税が、還付金の額を超えることとなった場合には、その超えることとなった国税の額に相当する部分の国税の法定納期限は、当該国税の本来の法定納期限となります（徴基通35－9）。

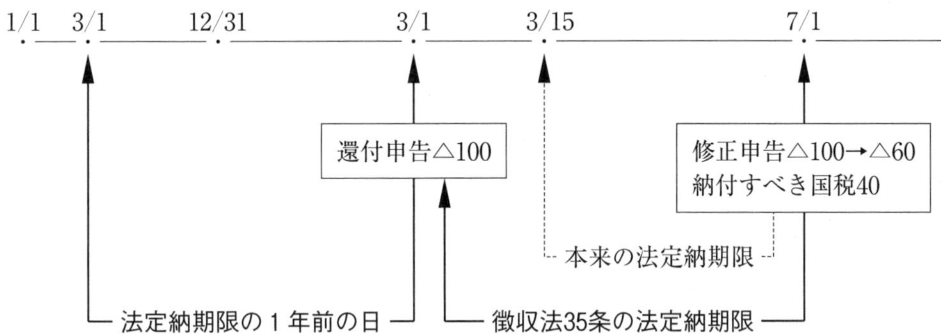

ロ　株式又は出資の価額の計算

株式又は出資の価額は、同族会社に対し納付通知書を発する時におけるその会社の資産の総額から負債の総額を控除した額をその会社の発行済総株数又は出資の総数で除した額を基礎として計算します（徴35②）。

$$\text{同族会社の第二次納税義務の限度額} = \frac{\text{資産の総額}-\text{負債の総額}}{\text{総株数又は出資総数}} \times \text{法定納期限の１年前の日後に取得した株式又は出資の数}$$

ハ　同族会社の資産及び負債の計算

同族会社の資産及び負債の総額の算定に当たっては、納付通知書を発する日における貸借対照表又は財産目録を参考とし、債権の回収可能性や債務の発生の確実性等を考慮して、その日における会社の資産及び負債の客観的な価額を算定します（徴基通35－13）。

【昭31．8．16高松高判要旨】

「資産の総額から負債の総額を控除した額」、すなわち同族会社の純資産額とは、客観的に正当な時価を標準として計算されたそれを指す。

5　実質課税額等の第二次納税義務（徴36一）

徴収法36条１号（実質課税額等の第二次納税義務）は、賦課と徴収との調整を図るため、実質所得者課税の原則（所12、法11）又は事業所の所得の帰属の推定（所158）の規定により課された国税につき、その国税の賦課の基因となった収益が法律上帰属すると認められる者に対し、その収益が生じた財産を限度として第二次納税義務を負わせるものです。

この規定は、所得税及び法人税の課税が、登記、登録等による私法上の権利関係の如何にかかわらず、所得が実質的に帰属する者に対して行われる実質課税の原則を採用しているのに対し、徴収の場面においては、私法上の権利関係を前提として手続を進めなければならないことから、実質課税の基因となった財産の権利者又は行為若しくは計算により利益を受けた者に第二次納税義務を負わせて徴収の適正を期するために設けられているものです。

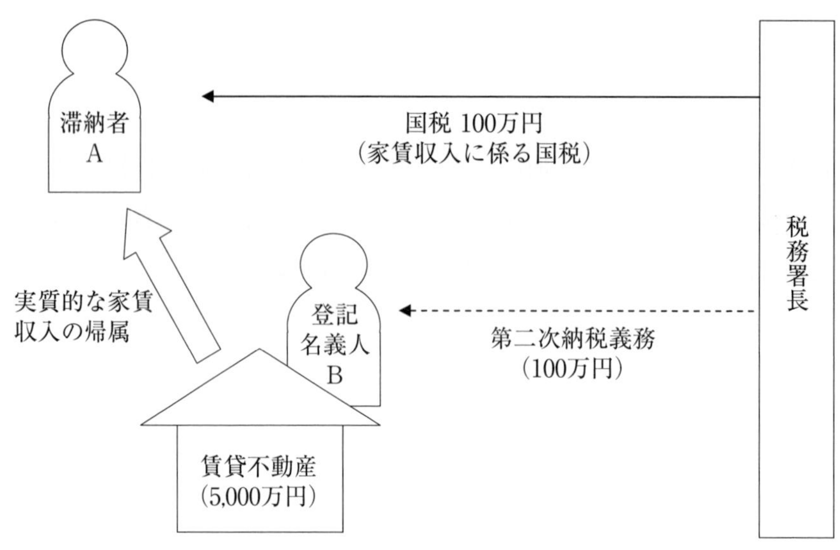

⑴　成立要件

次に掲げる要件のいずれにも該当する場合には、国税の賦課の基因となった収益が法律上帰属すると認められる者に対して第二次納税義務を課することができます（徴36一）。

成立要件	①　納税者が、実質所得者課税の原則等の規定（所12、158、法11）により課された国税を滞納したこと
	②　①の国税につき、滞納者の財産に対して滞納処分を執行しても、なおその徴収すべき額に不足すると認められること

（注１）　所得税法12条、法人税法11条の規定により課された国税は、申告、更正又は決定のいずれにより課されたかを問いません（徴基通36－4）。

（注２）　所得税法158条の規定により課された国税は、同条の規定により課された更正又は決定に係る所得税に限ります（徴基通36－5）。

（注３）「滞納処分を執行しても、なお徴収すべき額に不足すると認められること」については、１⑴の㈱参照。

○　実質課税に係る国税が滞納者の一つの国税の一部である場合

実質課税に係る国税が滞納者の一つの国税（一つの申告、更正又は決定の通知により国税の額が確定したものをいいます。）の一部である場合には、その国税の全額ではなく、実質課税に係る部分の国税だけが、徴収法36条１号の第二次納税義務の対象となります。

【実質課税に係る国税が一つの国税の一部である場合の計算等】

実質課税に係る部分の国税の額は、次の計算式により算出します（徴令12①）。

$$\text{国税の額} \times \frac{\text{国税の課税標準額} - \text{実質課税部分を除いた国税の課税標準額}}{\text{国税の課税標準額}}$$

留意事項（徴基通36－2）	①　課税標準額とは、一つの国税の額に対応する課税標準額をいいます。
	②　加算税について上記の計算をする場合には、上記の課税標準額とは、加算税の計算の基礎となった国税の課税標準額をいいます。
	③　国税の一部につき納付又は充当があった場合には、その納付又は充当は、まず、その国税のうち実質課税に係る部分以外の金額についてされたものとします（徴令12②）。
	④　国税の一部につき免除があった場合には、その免除は、まず、その国税のうち実質課税に係る部分以外の金額についてされたものとします（徴令12②）。 ただし、その免除が実質課税に係る部分の国税についてされたことが明らかであるときは、実質課税に係る国税について免除されたものとします。
	⑤　国税の一部につき更正の取消し、軽減等があり、税額が減少した場合における実質課税に係る部分の国税の額の計算は、④に準じて行います。

⑵　第二次納税義務を負う者

第二次納税義務を負う者は、実質所得者課税の原則等の規定による国税の賦課の基因となった収益が法律上帰属するとみられる者です。

「収益が法律上帰属するとみられる者」とは、次の者をいいます（徴基通36－８）。

区　分	収益が法律上帰属するとみられる者
実質課税（所12、法11）の場合	所有権その他の財産権の名義人又は事業の名義人等、通常であれば、その者がその財産又は事業から生ずる収益を享受する者であるとみられる者
事業所の所得の帰属の推定による課税（所158）の場合	その事業所の属する法人

⑶　第二次納税義務の範囲

徴収法36条１号の第二次納税義務者から徴収できる金額は、「収益が生じた財産」（その財産の異動により取得した財産及びこれらの財産に基因して取得した財産（取得財産）を含みます。）を限度として、実質課税に基づく主たる納税者の滞納国税の全額です。

㊟　徴収法36号１号の第二次納税義務は、物的第二次納税義務です。

物的第二次納税義務の徴収手続☞第２節４⑸参照

イ　収益が生じた財産

「収益が生じた財産」とは、次の資産をいいます（徴基通36－11）。

区　分	収益が生じた財産
資産から生じた収益に関する実質課税の場合	その資産
事業から生じた収益に関する実質課税の場合	その事業に属する資産
事業所の所得の帰属の推定による課税の場合	その事業所の事業に属する資産

留意事項（徴基通36－11）	
	①　収益が生じた資産又は収益が生じた事業（事業所の事業を含みます。以下同じ。）に属する財産が、譲渡等により、滞納処分の時において、既に第二次納税義務者に法律上帰属するとみられない場合には、その資産又は事業に属する資産に対しては、第二次納税義務を追及できません。
	②　事業に属する資産は、滞納処分の時において、その事業に属するものです（資産がその事業に属することとなった時期が課税時又は納付通知等の前であるか後であるかを問いません。）。
	③　事業に属する資産であっても、その事業の名義人である第二次納税義務者に法律上帰属するとみられない資産（例えば、第三者から賃借している資産）に対しては、第二次納税義務を追及できません。

ロ　異動によって取得した財産

「その財産の異動により取得した財産」とは、次の財産をいいます（徴基通36－12）。

異動によって取得した財産	イの収益が生じた財産（資産又は事業に属する財産）の ①　交換によって取得した財産 ②　売却によって取得した代金 ③　滅失によって取得した保険金等

留意事項	
	①　２回以上の異動により取得した財産も、その異動の経過が明らかなものは、異動により取得した財産とします。 【例】収益が生じた財産の売却代金により購入した財産
	②　事業に属する資産の異動によって取得した財産 ・　当該財産が事業に属する場合⇨収益が生じた財産に該当します。 ・　当該財産が事業に属さない場合⇨収益が生じた財産の異動により取得した財産に含まれます。
	③　収益が生じた財産の異動により取得した財産が、第二次納税義務者に法律上帰属するとみられない場合には、その財産に対しては、第二次納税義務を追及できません。

ハ　これらの財産に基因して取得した財産

「これらの財産に基因して取得した財産」とは、次の財産をいいます（徴基通36－13）。

これらの財産に基因して取得した財産	イの収益が生じた財産及び異動により取得した財産に係る ①　天然果実 ②　法定果実 ③　権利の使用料

6　資産の譲渡等を行った者の実質判定による第二次納税義務（徴36二）

徴収法36条２号は、消費税法13条（資産の譲渡等又は特定仕入れを行った者の実質判定）の規定により課された国税につき、その国税の賦課の基因となった当該貸付を法律上行ったとみられる者に対し、貸付に係る財産を限度として第二次納税義務を負わせるものです。

なお、第二次納税義務の対象となるのは、資産の貸付（消２①八）に係る消費税に限ります。

㈳　資産の貸付以外に係る消費税について第二次納税義務の規定がない理由

資産の貸付以外（例えば譲渡）の場合には、その資産は譲受人の所有となり、他方その対価は実質判定された者が享受しますから、譲渡等を行ったとみられる名義人の手元には何も残りません。そこで、資産の貸付の場合、すなわち、実質判定の基因となった貸付財産が名義人のもとにある場合に限り、第二次納税義務の適用があることとされているのです。

⑴　成立要件

次に掲げる要件のいずれにも該当する場合には、国税の賦課の基因となった貸付を法律上行ったとみられる者に対して、第二次納税義務を課することができます（徴36二）。

成立要件	
	①　納税者が、資産の譲渡等を行った者の実質判定の規定（消13）により課された国税（貸付に係る部分に限ります（消２①八)。）を滞納したこと
	②　①の国税につき、滞納者の財産に対して滞納処分を執行しても、なおその徴収すべき額に不足すると認められること

（注１）　当該国税は、申告、更正又は決定のいずれにより課されたかを問いません（徴基通36－４）。

（注２）「滞納処分を執行しても、なお徴収すべき額に不足すると認められること」については、１⑴の㈳参照。

○　消費税法13条の規定により課された国税が滞納者の一つの国税の一部である場合

消費税法13条の規定により課された国税が一つの国税（一つの申告、更正又は決定の通知により消費税の額が確定したものをいいます。）の一部である場合には、その国税の全額ではなく、消費税法13条の規定により課された部分の国税だけが、徴収法36条２号の第二次納税義務の対象となります。

【消費税法13条により課された国税が一つの国税の一部である場合の計算等】

資産の譲渡等を行った者の実質判定による課税額は、次の計算式により算出します（徴令12①)。

$$\boxed{\text{確定した消費税額}} \times \boxed{\dfrac{\text{納付すべき消費税の額}-\text{実質課税部分を除いた納付すべき消費税の額}}{\text{納付すべき消費税の額}}}$$

留意事項（徴基通36－2）	
	①　納付すべき消費税の額とは、課税資産の譲渡等についての確定申告書に記載すべき消費税の額をいいます。
	②　加算税について上記の計算をする場合は､「納付すべき消費税の額」は、加算税の計算の基礎となった納付すべき消費税の額をいいます。
	③　国税の一部につき納付又は充当があった場合には、その納付又は充当は、まず、その国税のうち実質課税に係る部分以外の金額についてされたものとします（徴令12②）。
	④　国税の一部につき免除があった場合には、その免除は、まず、その国税のうち実質課税に係る部分以外の金額についてされたものとします（徴令12②）。 ただし、その免除が実質課税に係る部分の国税についてされたことが明らかであるときは、実質課税に係る国税について免除されたものとします。
	⑤　国税の一部につき更正の取消し、軽減等があり、税額が減少した場合における実質課税に係る部分の国税の額の計算は､④に準じて行います。

(2)　第二次納税義務を負う者

第二次納税義務を負う者は、資産の譲渡等を行った者の実質判定の規定（消13）による国税の賦課の基因となった当該貸付を法律上行ったとみられる者です。

貸付を法律上行ったとみられる者	資産の貸付を行ったとみられる名義人で、通常であれば、その者が貸付から生ずる収益を享受する者であるとみられるが実際にはその対価を享受しない者（徴基通36－9）

（注１）「資産の貸付」とは、賃貸借や消費貸借などの契約により、資産を他の者に貸し付けたり、使用させる一切の行為をいいます（ただし、インターネットを介した電子書籍の配信といった電気通信利用役務の提供は除きます（徴基通36－14））。不動産、無体財産権その他の資産に利用権、実施権等の権利を設定する行為も資産の貸付に含まれます。

「資産を他の者に使用させる」とは、動産、不動産、無体財産権その他の資産を他の者に使用させることをいいます。

【例】　自動車のレンタルや事務用機械等のリース、貸倉庫や貸金庫の賃貸

（注２）「資産」とは、棚卸資産、機械装置、建物などの有形資産に限らず、商標権、特許権などの無形資産など、およそ取引（譲渡又は貸付）の対象となるものは全て含まれます。

(3)　第二次納税義務の範囲

徴収法36条２号の第二次納税義務者から徴収できる金額は、貸付に係る財産（取得財産を含みます。）を限度として、消費税法13条に基づく主たる納税者の滞納国税の

全額です。

㈱　徴収法36号２号の第二次納税義務は、物的第二次納税義務です。

物的第二次納税義務の徴収手続☞第２節４⑸参照

７　同族会社等の行為・計算の否認による第二次納税義務（徴36三）

徴収法36条３号の第二次納税義務は、賦課と徴収との調整を図るため、同族会社の行為又は計算の否認等の規定又は非居住者・外国法人の恒久的施設帰属所得に関する行為又は計算の否認等の規定（所157、所168の２、法132、法147の２、相64等）により課された国税につき、その否認された納税者の行為（否認された計算の基礎となった行為を含みます。以下同じ。）により利益を受けた者に対し、その受けた利益の額を限度として第二次納税義務を負わせるものです。

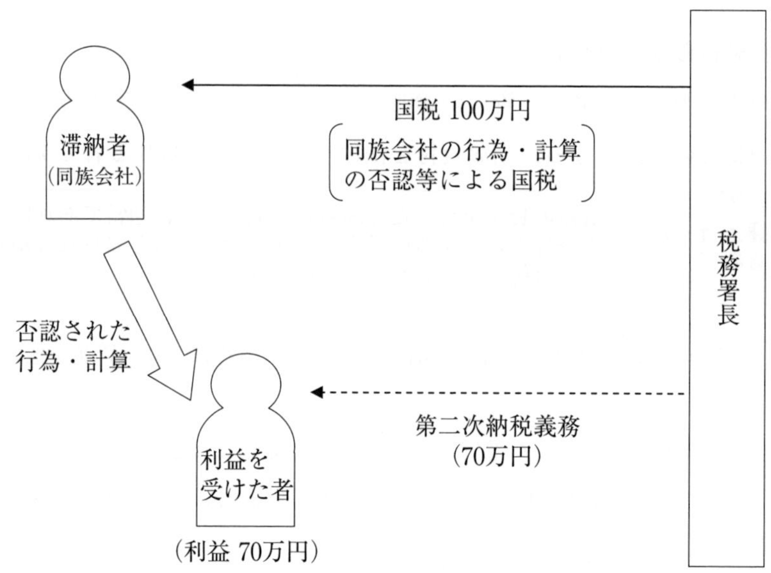

⑴　成立要件

次に掲げる要件のいずれにも該当する場合には、否認された納税者の行為により利益を受けた者に対して第二次納税義務を課することができます（徴36三）。

成立要件	
	①　納税者が同族会社の行為又は計算の否認等の規定（所157、法132、132の２、132の３、相64、地価32）若しくは、非居住者の恒久的施設帰属所得に関する行為又は計算の否認等の規定（所168の２、法147の２）により課された国税を滞納したこと
	②　①の国税につき、滞納者の財産に対して滞納処分を執行しても、なおその徴収すべき額に不足すると認められること

（注１）　これらの国税は、更正又は決定に係るものに限られます（徴基通36－7）。

一つの国税（一つの申告、更正又は決定の通知によって国税の額が確定したものをいいます。）の一部が同族会社の行為又は計算の否認等の規定による国税である場合については、本節５（実質課税額等の第二次納税義務）と同様です。

（注２）「滞納処分を執行しても、なお徴収すべき額に不足すると認められること」については、１(1)の(注)参照。

(2) 第二次納税義務を負う者

第二次納税義務を負う者は、同族会社の行為又は計算の否認等の規定により否認された納税者の行為（否認された計算の基礎となった行為を含みます。）につき利益を受けたとされる者です。

<table>
<tr><td rowspan="4">留意事項（徴基通36－10）</td><td>①「納税者」とは、同族会社の行為計算否認等による課税により国税の納税義務を負う者をいいます。</td></tr>
<tr><td>② 納税者の「行為」とは、納税者が当事者となっている行為をいいます。</td></tr>
<tr><td>③「否認された計算の基礎となった行為」とは、同族会社等の行為（例えば、譲渡行為）自体は否認しないが、その行為に係る計算（例えば、譲渡価額の計算）を否認した場合におけるその計算の基となった行為（例えば、上記の譲渡行為）をいいます。</td></tr>
<tr><td>④「利益を受けたものとされる者」とは、納税者の行為について、行為又は計算の否認等の理由との関係からみて不当な経済的利益を受けたと認められる者をいいます。
【例】 次の裁判例における役員Ａは、土地の時価4600万円の土地を215万円で取得したこととなり、その差額について不当な経済的利益を受けています。
（昭54.9.26東京地判、昭56.6.10東京高判）
・　滞納会社は、役員Ａの父（その後死亡し、Ａが相続）が所有する土地を215万円で取得した。
・　その９年後、滞納会社は当該土地が第三者の手に渡ることを阻止するため滞納会社の役員Ａの所有に移そうとした。
・　しかし、土地の時価が著しく高騰していたため、通常の時価（4600万円）による売買を避けて、９年前の売買契約を解除する方式をとることとし、役員Ａから９年前に支払った譲渡代金215万円の返還を受けるのと引き換えに、本件土地の所有権をＡに移転した。
・　このため、この行為計算は経済的、実質的見地からみて経済人の行動としては不合理・不自然であり、この行為計算を認容すると、時価による譲渡が行われた場合に比して法人税の負担を不当に減少することになるとして、行為計算を否認して土地売却収入4600万円を認定し、課税処分が行われた。</td></tr>
</table>

(3) 第二次納税義務の範囲

第二次納税義務者から徴収できる金額は、「受けた利益の額」を限度として主たる納税者の滞納国税の全額で、受けた利益が現存しているかどうかを問いません（価額責任）。

8　共同的な事業者の第二次納税義務（徴37）

徴収法37条（共同的な事業者の二次義務）は、納税者と生計を一にする配偶者など、納税者と特殊な関係にある者が、その納税者の事業の遂行に欠くことのできない重要な財産を有し、納税者と共同的にその事業を遂行している場合に、その特殊な関係にある者に対し、その財産を限度として第二次納税義務を負わせるものです。

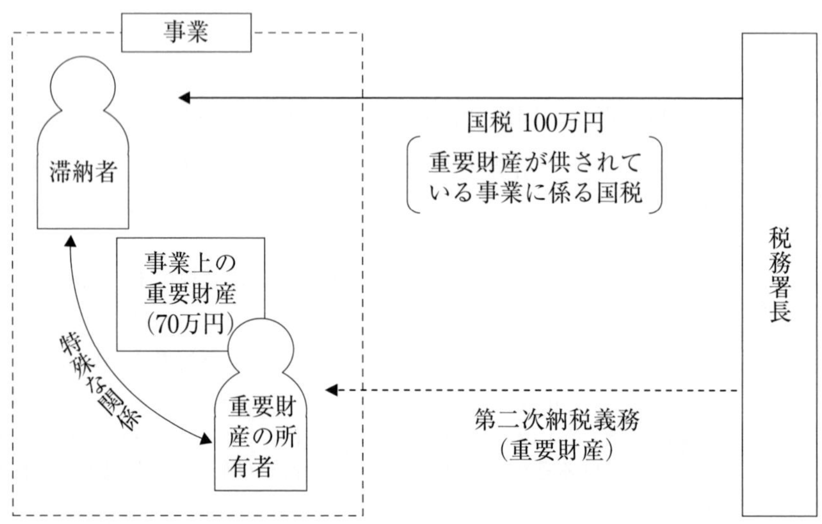

⑴　成立要件

次に掲げる要件のいずれにも該当する場合には、納税者のその事業に係る国税につき、納税者と生計を一にする配偶者その他の親族又は同族会社の株主若しくは社員（特殊関係者）に対して第二次納税義務を課すことができます（徴37）。

成立要件	
	①　納税者の事業の遂行に欠くことのできない重要な財産（重要財産）が特殊関係者の所有に属していること
	②　①の重要財産に関して生ずる所得が納税者の所得となっていること
	③　納税者が①の重要財産が供されている事業に係る国税を滞納していること
	④　③の事業に係る滞納国税につき、滞納処分を執行してもなお徴収すべき額に不足すると認められること

㈱「滞納処分を執行しても、なお徴収すべき額に不足すると認められること」については、1⑴の㈱参照。

イ　重要財産

「重要財産」であるかどうかは、納税者の事業の種類、規模等に応じて判断すべきですが、一般には、その財産がなければ事業を遂行することができない（又はできなくなるおそれがある）と認められるほど、その事業との関係が深い財産をいいます（平25.４.24東京高判、徴基通37－１）。

㈵「重要財産」が、滞納処分ができる財産と滞納処分ができない財産とで構成されている場合には、原則として滞納処分ができる財産を限度として第二次納税義務を負うことになります。

ロ　重要財産に関して生ずる所得が納税者の所得となっている場合

「重要財産に関して生ずる所得が納税者の所得となっている」とは、次の場合をいいます（徴基通37－2）。

重要財産に関して生ずる所得が納税者の所得となっている場合	重要財産から直接又は間接に生ずる所得が ①　納税者の所得となっている場合 ②　所得税法その他の法律の規定又はその規定に基づく処分により納税者の所得とされる場合（平25.４.24東京高判）

具体例	
具体例	①　所得税法56条（事業から対価を受ける親族がある場合の必要経費の特例）の規定により、納税者と生計を一にする配偶者その他の親族がその納税者の経営する事業で不動産所得、事業所得又は山林所得を生ずべきものから対価の支払を受ける場合で、その対価に相当する金額が納税者の所得とされる場合
	②　法人税法132条（同族会社等の行為又は計算の否認）の規定により、同族会社の判定の基礎となった株主又は社員の所得が同族会社の所得とされる場合
	③　同族会社の判定の基礎となった株主又は社員の所有する財産をその同族会社が時価より低額で賃借しているため、その時価に相当する借賃の金額とその低額な借賃の金額との差額に相当するものが同族会社の実質的な所得となっている場合（昭48.10.15広島高裁岡山支部判）
	④　納税者と生計を一にする配偶者その他の親族が所有する公債、社債又は無記名の貸付信託若しくは証券投資信託の受益証券について、納税者が利子、配当、利益又は収益の支払を受けている場合
	⑤　納税者の事業の収支計算では損失が生じているが、重要財産から直接又は間接に生ずる収入が納税者の収益に帰属している場合

㈵「重要財産に関して生ずる所得が納税者の所得となっている」かどうかは、収支計算の結果納税者に課税所得が生じているかどうかにかかわらず、収入ベースで捉えます（重要財産から生ずる収入が納税者の収益に計上されていれば、納税者の所得と判断します）。

ハ　重要財産が供されている事業に係る国税

<table>
<tr><td rowspan="2">留意事項（徴基通37－3）</td><td>①「重要財産が供されている事業に係る国税」が一つの国税（一つの申告、更正又は決定の通知によって国税の額が確定したものをいいます。）の一部である場合については、本節５（実質課税額等の第二次納税義務）参照（徴令12③）。</td></tr>
<tr><td>②「重要財産が供されている事業に係る国税」は、納税者の事業に係る国税のうち、その重要財産が供されていた期間に対応する部分の国税の額に限ります（平25.4.24東京高判）。</td></tr>
</table>

ニ　事業に係る国税

「事業に係る国税」とは、次に掲げる国税をいいます（徴基通37－4）。

<table>
<tr><td>納税者が同族会社であるとき</td><td>全ての国税</td></tr>
<tr><td rowspan="5">納税者が個人であるとき</td><td>①　所得税のうち所得税法27条（事業所得）の事業所得に係るもの</td></tr>
<tr><td>②　所得税（源泉所得税を含みます。）のうち、①の事業所得に係る所得税以外の所得に係る所得税については、これらの事業に係るもの
【例】　納税者が小売業を経営している場合において、その事業に係る所得と譲渡所得とがあるときは、事業所得に係る所得税
小売業の従業員に係る源泉所得税と家事使用人に係る源泉所得税とがある場合には、その小売業の従業員に係るもの</td></tr>
<tr><td>③　消費税等（消費税を除きます。）については、重要財産が供されている事業に属する物品に係るもの
・　消費税等（消費税を除きます。）とは、酒税、たばこ税、揮発油税、地方道路税、石油ガス税及び石油石炭税をいいます（徴基通２－５）。
・　重要財産が供されている事業に属する物品に係るものとは、例えば、特殊関係者が所有する酒造工場において滞納者が酒造をした場合における酒税をいいます。</td></tr>
<tr><td>④　消費税</td></tr>
<tr><td>⑤　登録免許税、再評価税、地価税及び印紙税は、事業に係るこれらの国税</td></tr>
</table>

⑵　第二次納税義務を負う者

第二次納税義務を負う者は、納税者の事業の遂行に欠くことのできない重要財産を有している特殊関係者です。

区　　分	第 二 次 納 税 義 務 を 負 う 者
納税者が個人である場合	納税者と生計を一にする配偶者その他の親族で、その納税者の経営する事業から所得を受けている者が、第二次納税義務者です（徴37一）。 ①「生計を一にする」とは、有無相助けて日常生活の資を共通にしていることをいい、起居を共にしていない場合でも、常に生活費、学資金又は療養費等を送金して扶養しているような場合を含みます。 親族が同一の家屋に起居している場合には、明らかに互いに独立した生活を営んでいると認められる場合を除き、これらの親族は生計を一にするものに該当します（徴基通37－6）。 ②「納税者の経営する事業」とは、重要財産が供されているかどうかにかかわらず、納税者が経営する事業の全てをいいます（徴基通37－8）。 ③「所得を受けている」とは、給料、賃貸料、配当、利息又は収益の分配等その名称のいかんを問わず、納税者から実質的に対価の支払を受けていることをいいます（徴基通37－9）。 ④　重要財産を有している者が第二次納税義務者に該当するかどうかは、その財産に関して生ずる所得が納税者の所得となっている時の現況において判定します（徴基通37－10）。
納税者がその事実のあった時の現況において同族会社である場合	同族会社の判定の基礎となった株主又は社員が、第二次納税義務者です（徴37二）。ただし、この基礎となった株主又は社員の１人又は２人の株式又は出資が、発行済株式又は出資の総数の50％超の場合は、この１人又は２人の株主又は社員のみが、第二次納税義務者となります（徴基通37－9－2）。 ①「その事実のあった時」とは、同族会社の判定の基礎となった株主又は社員が重要財産を有し、かつ、その財産に関して生ずる所得が納税者の所得となっている事実があった時をいいます（徴基通37－11、昭37.12.25東京地判）。 ②「同族会社」とは、法人税法２条10号に規定する会社をいいます。

【昭37.12.25東京地判要旨】

徴収法37条が同条１号及び２号所定の者に同条の要件の下に第二次納税義務を負わせたのは、これらの者が納税者と実質上共同事業者と目すべき特殊関係を有することを根拠に、かかる関係において生じた所得に対する納税者の滞納国税について、補充的に納税義務を負わせる趣旨から出たものと解するのが相当である。したがって、同条の要件事実の存否は、滞納国税の基礎となった所得発生の時を基準として判断すべきであり、それ以後告知処分の時までにその事実がなくなったとしても、第二次納税義務に何らの消長を来すものではない。

⑶　第二次納税義務の範囲

徴収法37条の第二次納税義務者から徴収できる金額は、その重要財産（取得財産を含みます。）を限度として、主たる納税者の滞納国税の全額です。

㈱　徴収法37条の第二次納税義務は、物的第二次納税義務です。

物的第二次納税義務の徴収手続☞第２節４⑸参照

9　事業を譲り受けた特殊関係者の第二次納税義務（徴38）

徴収法38条（事業を譲り受けた特殊関係者の第二次納税義務）は、納税者が第三者に事業を譲り渡した場合に、その事業の譲受人に対して第二次納税義務を負わせるものです。

この規定は、事業の譲渡が行われる場合には、その事業用の財産の権利とともに、通常、その事業に係る債権債務も譲受人に移転しますが（会22①参照）、租税については、たとえ当事者間において譲受人が納付する旨の契約をしていたとしても、その租税を譲受人から強制的に徴収することはできないことから設けられているものです。

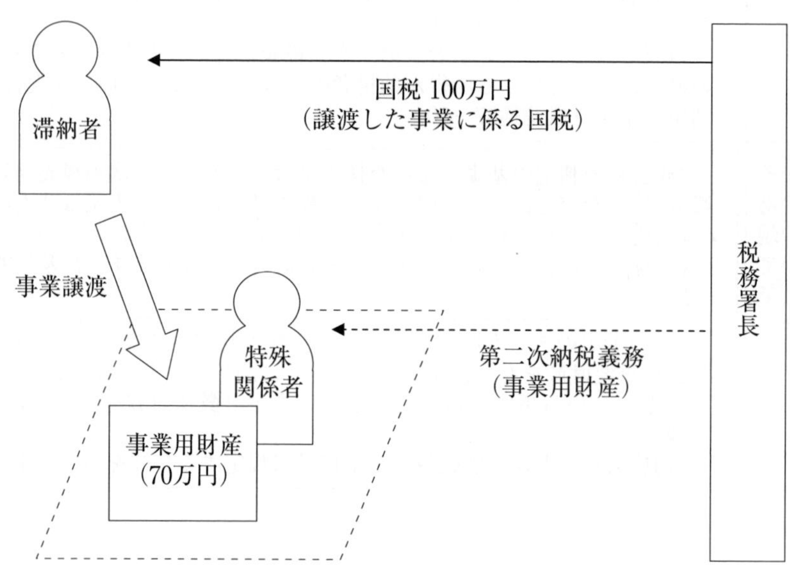

⑴　成立要件

次に掲げる要件のいずれにも該当する場合には、納税者の事業を譲り受けたその生計を一にする親族その他の特殊関係者に対して第二次納税義務を課することができます（徴38）。

成立要件	
成立要件	①　国税の法定納期限の１年前の日後に、納税者が生計を一にする親族その他の特殊関係者（被支配会社を含む。）に事業を譲渡したこと ㈱　法定納期限の１年前の応答日は含まれません（徴基通38－15）。
成立要件	②　譲受人が、納税者と同一又は類似の事業を営んでいること
成立要件	③　納税者が譲渡した事業に係る国税を滞納していること
成立要件	④　③の滞納国税につき滞納処分を執行しても、なお徴収すべき額に不足すると認められること

㈱「滞納処分を執行しても、なお徴収すべき額に不足すると認められること」については、１⑴の㈱参照。

○　**事業の譲渡**

徴収法38条の「事業の譲渡」とは、納税者が一個の債権契約で、一定の事業目的のため組織化され、有機的一体として機能する財産の全部又は重要な一部を、生計を一にする納税者の親族その他の特殊関係者など徴令13①に規定する者に譲渡することをいいますが、一個の債権契約によらないものであっても、社会通念上同様と認められるものは「事業の譲渡」に該当します（昭40.９.22最高判、昭41.２.23最高判参照)。したがって、得意先、事業上の秘けつ又はのれん等を除外して、工場、店舗、機械、商品等の事業用財産だけを譲渡する場合は、「事業の譲渡」には該当しません（徴基通38－９)。

（注１）　法人の分割によって事業の譲渡が行われた場合（会757、762参照）についても、「事業の譲渡」に該当します。

（注２）　株式会社が事業を譲渡する場合は、株主総会の特別決議による承認を受けなければなりません（会467①、468、309②十一)。

○　**類似の事業**

「類似の事業を営んでいる」とは、譲り受けた事業につき重要な変更を加えることなく事業を営んでいることをいいます（徴基通38－11)。

㈱　この判定は納付通知書を発する時の現況によります（徴基通38－12)。

⑵　第二次納税義務を負う者（徴令13）

納税者の親族	①　配偶者（事実上婚姻関係にある者を含みます。）、直系血族、兄弟姉妹を含む納税者の六親等内の血族及び三親等内の姻族で、納税者と生計を一にし、又は納税者から受ける金銭その他の財産により生計を維持している者（徴基通38－３） ㈱「生計を一にする」については、８⑵の表を参照（徴基通37－６）
特殊関係者	②　①を除いた納税者の使用人その他の個人で、納税者から受ける特別の（対価性のない）金銭その他の財産により生計を維持している者（徴基通38－5、6）
	③　①を除いた納税者に特別の（対価性のない）金銭その他の財産を提供してその生計を維持させている個人（徴基通38－6、7）
	④　納税者が被支配会社である場合において、その判定の基礎となった株主又は社員である個人及びその者と①～③のいずれかの関係がある個人
	⑤　納税者を判定の基礎として被支配会社に該当する会社
	⑥　納税者が被支配会社である場合において、その判定の基礎となった株主又は社員（これらの者（下図のＡ）と①～③のいずれかの関係がある個人（下図のＢ～Ｄ）及びこれらの者（下図のＡ～Ｄ）を判定の基礎として被支配会社に該当する他の会社（下図のＡ１～Ｄ１）を含みます。）の全部又は一部を判定の基礎として被支配会社に該当する他の会社

○　徴収法38条の特殊関係者

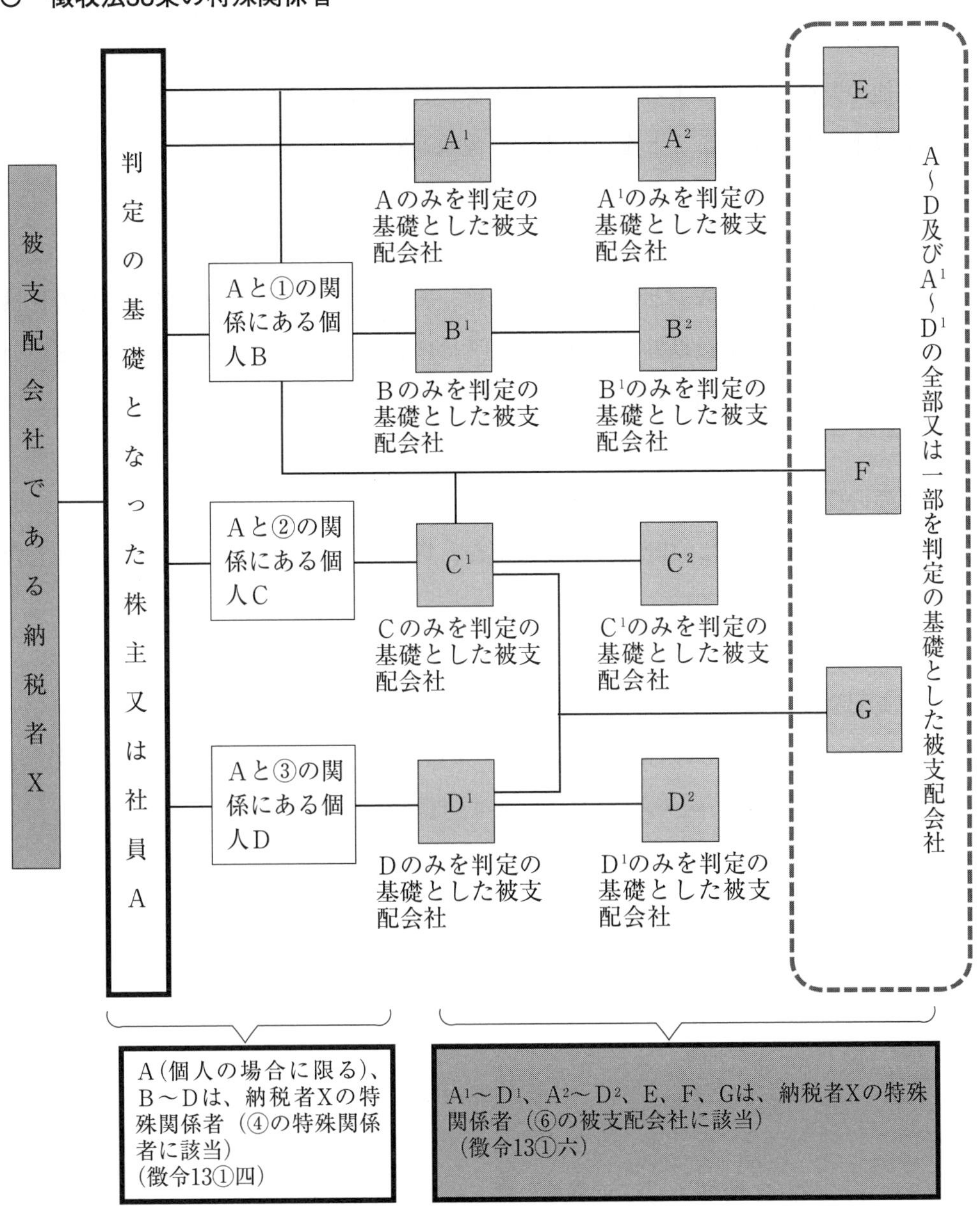

○　**生計を維持**

①～③の「生計を維持している」とは、給付を受けた金銭その他の財産及びその金銭その他の財産の運用によって生ずる収入を、日常生活の資の主要部分（おおむね２分の１以上）としていることをいいます（徴基通38－５）。

○　**特別の金銭等**

②、③の「特別の金銭」とは、給料、俸給、報酬、売却代金等の役務又は物の提供の対価として受ける金銭以外で、対価なく又はゆえなく対価以上に受ける金銭をいいます（「その他の財産」もおおむね同様、徴基通38－６）。

○　**財産の提供**

③の「財産を提供」は、財産の譲渡のほか、賃貸等により利用させている場合も含まれます（徴基通38－７）。

○　**被支配会社**

株主等の一人（及びその特殊関係者）がその会社の発行済株式又は出資の総数又は総額の50％超の場合の、その会社をいいます（徴令13①四、法67②）。

(3)　第二次納税義務の範囲

徴収法38条の第二次納税義務者から徴収できる金額は、譲受財産の価額を限度として、主たる納税者の滞納国税の全額です。

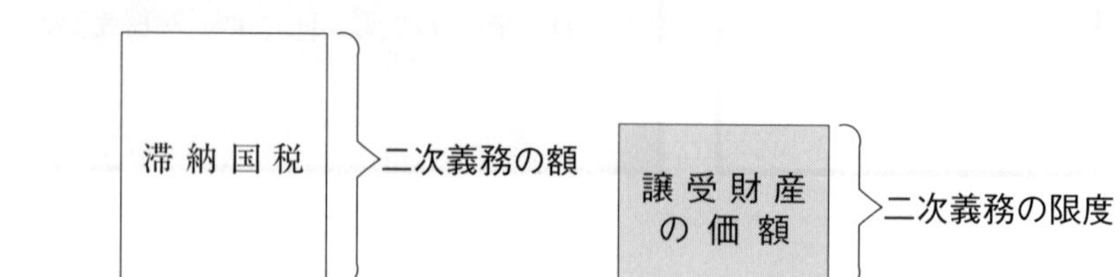

譲受財産　「譲受財産」とは、譲り受けた事業に属する積極財産をいい、事業の譲受け後に取得した財産は含まれません（徴基通38－16、17、平23.2.22東京高判参照）。

譲受財産の価額　事業譲渡を受けた時における譲り受けた事業に属する積極財産の価額をいいます（徴基通38－17）。

10　無償又は著しい低額の譲受人等の第二次納税義務（徴39）

徴収法39条（無償又は著しい低額の譲受人等の第二次納税義務）は、租税の徴収を免れようとする特定の行為について、詐害行為の取消しをした場合と同様の効果を行政処分によってあげるために、財産の譲受人等に対して第二次納税義務を負わせるものです。

この規定は、詐害行為取消権の行使は訴訟によることとされていますが、訴訟によって処理することは、租税の簡易、迅速な確保を期することができないことから設けられているものです。

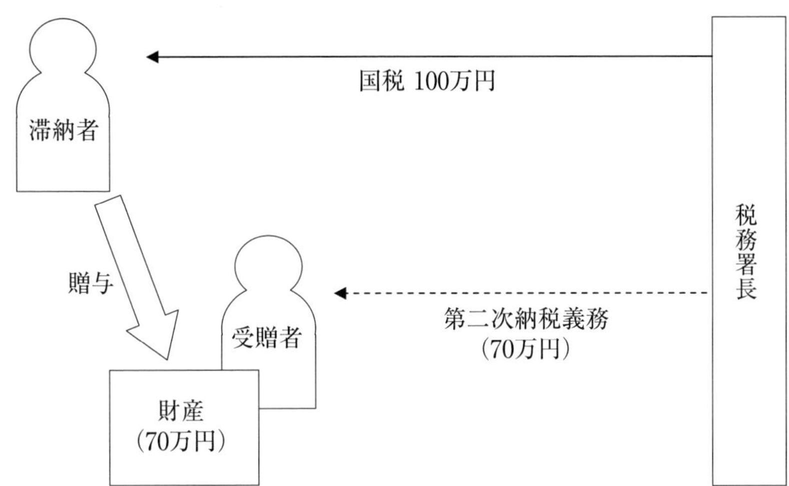

⑴　成立要件

次に掲げる要件のいずれにも該当する場合には、無償譲渡等の行為により権利を取得し又は義務を免れた者に対して第二次納税義務を課することができます（徴39）。

成立要件	
	①　納税者がその財産につき、無償又は著しく低い額の対価による譲渡（担保の目的でする譲渡を除きます。）、債務の免除、その他第三者に利益を与える処分をしたこと
	②　①の処分が滞納国税の法定納期限の１年前の日以後になされたものであること ㈱　法定納期限の１年前の応答日の当日にされた無償譲渡等の処分についても適用されます（徴基通39－２）。
	③　納税者の滞納国税につき滞納処分を執行しても、なおその徴収すべき額に不足すると認められること
	④　③の不足すると認められることが①の無償譲渡等の処分に基因すると認められること

㈱「滞納処分を執行しても、なお徴収すべき額に不足すると認められること」については、１⑴の㈱参照。

○　成立要件の適否の判定等

<table>
<tr><th>成立要件等</th><th colspan="2">具体例・判定基準等</th></tr>
<tr><td rowspan="3">無償譲渡等の処分</td><td>譲　　渡</td><td>贈与、特定遺贈、売買、交換、債権譲渡、出資、代物弁済等による財産権の移転
(注)　相続等の一般承継及び強制換価手続による所有権移転は除く
（徴基通39−3）</td></tr>
<tr><td>債務の免除</td><td>民法519条による債務の免除、契約による債務の免除
（徴基通39−4）</td></tr>
<tr><td>第三者に利益を与える処分</td><td>地上権、抵当権、賃借権等の設定処分、遺産分割協議、株主に対する剰余金の配当など、滞納者の積極財産の減少の結果、第三者に利益を与えることとなる処分
（徴基通39−5）</td></tr>
<tr><td rowspan="2">著しく低額の譲渡</td><td>対価の具体例</td><td>・売買、交換、債権譲渡については、それにより取得した金銭又は財産
・出資については、それにより取得した持分又は株式
・代物弁済については、それにより消滅した債務
・債務の免除については、それと対価関係にある反対給付
・地上権等の設定については、設定により受けた反対給付（例えば、権利金、礼金等）
（徴基通39−3、4、5）</td></tr>
<tr><td>低額の判定</td><td>・当該財産の種類、数量の多寡、時価と対価の差額の大小等を総合的に勘案して、社会通念上、通常の取引に比べ著しく低い額の対価であるかどうかによって判定（平成２.２.15広島地判、平成13.11.９福岡高判参照）
・原則として、その譲渡等の処分の基因となった契約が成立した時の現況により判定（昭50.４.22広島地判）
（徴基通39−７、８）</td></tr>
<tr><td>１年前の日以後</td><td colspan="2">・契約が成立した時とそれに基づき譲渡等の処分がされた時とが異なるときは、譲渡等の処分がされた時
・譲渡等の処分につき登記等の対抗要件又は効力発生要件の具備を必要とするときは、その要件を具備した日（平29.11.17大阪高判、処分禁止の仮処分の登記とその仮処分により保全された登記請求権に基づく登記があるときはその登記請求権に基づく登記の日）
（徴基通39−2）</td></tr>
<tr><td>基因関係</td><td colspan="2">・その無償譲渡等の処分がなかったならば、現在の徴収不足が生じなかったであろう場合に「基因すると認められるとき」に当たります。
（徴基通39−9）</td></tr>
</table>

(注)　無償譲渡等の処分には、国及び公共法人に対する処分は含まれません（徴令14①）。

○　低額の判定基準

イ　一般に時価が明確な財産（上場株式、社債等）

対価が時価より低廉な場合には、その差額が比較的僅少であっても、「著しく低い額」と判定すべき場合があります。

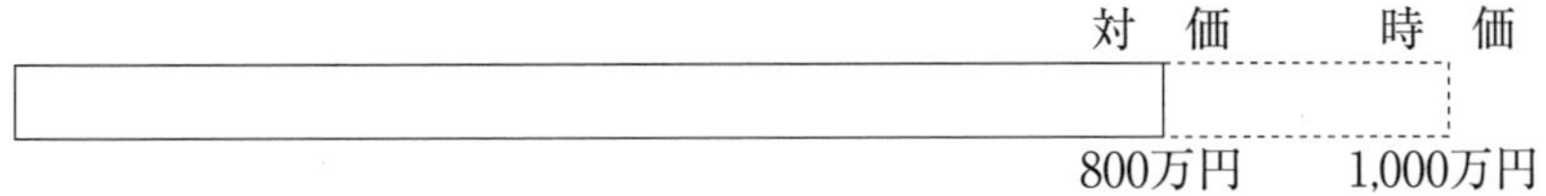

ロ　値幅のある財産（不動産等）

対価が時価のおおむね２分の１に満たない場合は、特段の事情のない限り、「著しく低い額」と判定します。

ただし、対価が時価の２分の１をある程度上回っても、諸般の事情に照らし、「著しく低い額」と判定すべき場合があります。

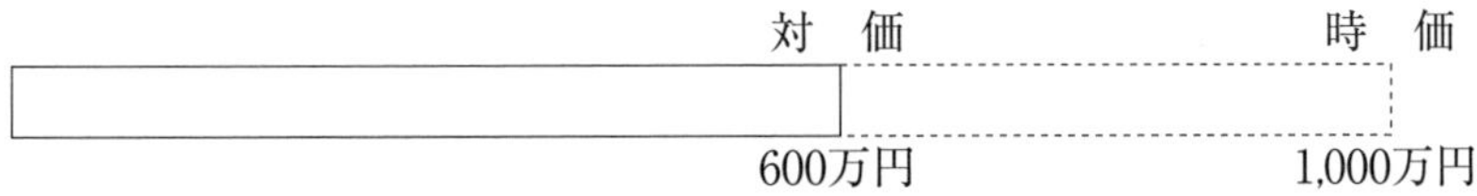

○　基因関係

【昭50. 3 .14大阪地判】
無償譲渡の当時、滞納者が他に滞納国税に十分見合う財産を有していても、その後、滞納者において生活上あるいはその他に何らかの事情によりこれを費消し、現在の徴収不足の状態に至っている以上、さかのぼって当該無償譲渡がなかったら徴収は可能であったといえるから、当該無償譲渡を受けた者は二次義務を免れない。

【平27. 6 .16福岡地判】
国税に優先する債権を被担保債権とする担保権が設定された財産について、その被担保債権が譲渡時に当該財産の価額を上回っている場合は、特段の事情がない限り、徴収不足が当該財産の譲渡に「起因すると認められるとき」には該当しない。

⑵　第二次納税義務を負う者

第二次納税義務を負う者は、無償譲渡等の処分により権利を取得し、又は義務を免れた者です。

権利を取得し、又は義務を免れた者（徴基通39−10）	無償譲渡等の処分により所有権、地上権、賃借権、無体財産権その他の財産権を取得した者
	債務の免除により債務を免れた者又は負うべき債務を免れた者

⑶　第二次納税義務の範囲

イ　納税者の親族その他の特殊関係者

第二次納税義務者が納税者の親族その他の特殊関係者である場合には、無償譲渡等の処分により受けた利益を限度として、主たる納税者の滞納国税の全額について第二次納税義務を負います。

○　徴収法39条の納税者の親族その他の特殊関係者（徴令14②）

納税者の親族	①　配偶者（事実上婚姻関係にある者を含む）、直系血族、兄弟姉妹であり、生計を一にしているか否かを問いません（徴基通39－11－２）。
	②　①を除いた納税者の六親等内の血族及び三親等内の姻族で、納税者と生計を一にし、又は納税者から受ける金銭その他の財産により生計を維持している者（徴基通39－11－３）
特殊関係者	③　①と②を除いた納税者の使用人その他の個人で、納税者から受ける特別の（対価性のない）金銭その他の財産により生計を維持しているもの
	④　①と②を除いた者で、納税者に特別の（対価性のない）金銭その他の財産を提供してその生計を維持させている個人
	⑤　納税者が同族会社（法②十）である場合に、その判定の基礎となった株主又は社員である個人及びその者と①～④のいずれかの関係がある個人 ㈱　株主又は社員の１人又は２人の有する株式又は出資が発行済み株式等の50％を超える場合は、ここでの「判定の基礎となった株主又は社員である個人」とは、その１人又は２人の株主又は社員である個人に限る。
	⑥　納税者がその会社の発行済株式又は出資の総額又は総額の50％を超える数又は額を有する場合の、その会社
	⑦　納税者が同族会社である場合、その判定の基礎となった株主又は社員（これらの者と①～④のいずれかの関係がある個人及びこれらの者を判定の基礎として同族会社に該当する他の会社を含みます）の全部又は一部を判定の基礎として同族会社に該当する他の会社 なお、「その判定の基礎となった株主又は社員」とは、１人又は２人の株式又は出資が発行済株式又は出資の総数の50％超である場合は、この１人又は２人の株主又は社員のみのことをいう。

㈱　「生計を一にする」については８⑵を、「生計の維持」、「特別の金銭その他の財産」、「財産の提供」については９⑵を（徴基通39－11－４）、「同族会社」については４⑵イを参照。

○　**徴収法39条の特殊関係者**（⑦の同族会社に該当する他の会社）

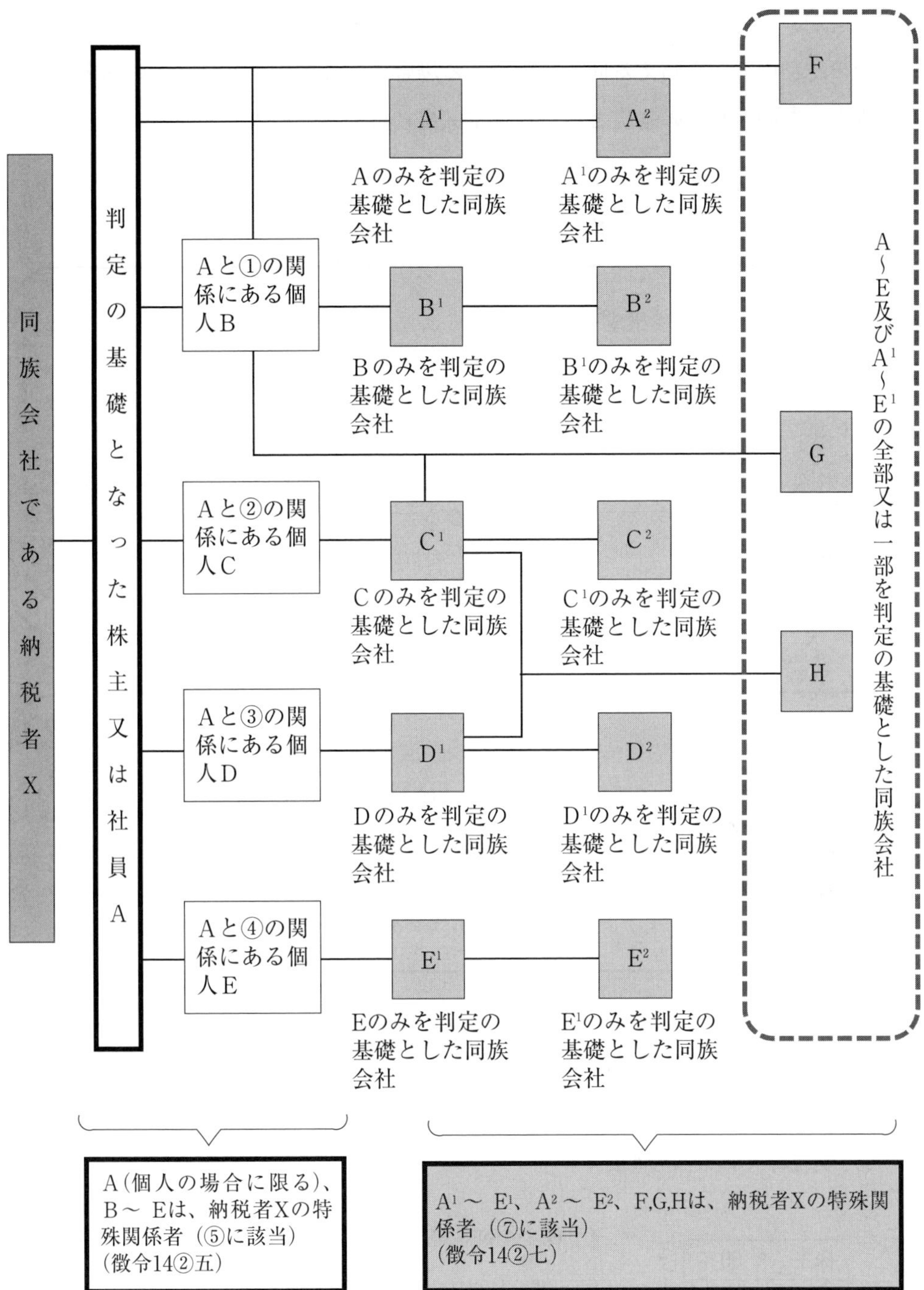

○　**株主又は社員の１人又は２人で判定された同族会社**（徴基通39－11－５）

納税者が、１人又は２人の株主又は社員の有する株式又は出資により発行済株式又は出資の総額の50％を超える同族会社である場合は、この１人又は２人の株主又は社員のみが、⑦の「判定の基礎となった株主又は社員である個人」となる。

【判定の基礎となった株主が３人の場合】

○　納税者Ｘ社の株主構成

株主Ａ	30％
株主Ｂ	20％
株主Ｃ	20％
株主Ｄ	18％
株主Ｅ	12％

Ⅰ　株主A30％＋株主B 20％＋株主C 20%=70% >50%

→　株主A,B,Cの株式数合計が50％を超えているため、株主A,B,Cが「判定の基礎となった株主である個人」となる。

○　Ｙ社の株主構成

株主Ｆ	40％
株主Ａ	40％
株主Ｂ	20％

Ⅱ　株主A40％＋株主B 20%=60% >50%

→　Ⅰで「判定の基礎となった株主である個人」である株主Ａ,Ｂの株式数合計が50％を超えているため、Ｙ社は納税者X社の特殊関係者となる。

【判定の基礎となった株主が３人未満の場合】

○　納税者Ｘ社の株主構成

株主Ａ	60％
株主Ｂ	20％
株主Ｃ	20％

Ⅰ　株主A60% >50%

→　株主Aのみの株式数で50％を超えているため、株主Aのみが「判定の基礎となった株主である個人」となる。

○　Y社の株主構成

株主 A	40％
株主 B	30％
株主 C	30％

Ⅱ　株主A 40%＜50%

→　Ⅰで判定の基礎となった株主Aの株式数が50％を超えないため、Y社はX社の特殊関係者ではない。

※　株主B及びCは①の「判定の基礎となった株主である個人」ではないので、その株式数は考慮しない。

○　**限度の算定**（徴基通39－16）

<table>
<tr><th>受けた利益</th><th>受けた利益の額</th><th>控除する額</th></tr>
<tr><td>金　銭</td><td>その額</td><td rowspan="4">①その物を譲り受けるために支払った対価の額
②その物の譲受けのために支払った費用等のうち、その物の譲受けと直接関係のあるものの額（契約費用等）</td></tr>
<tr><td>金銭以外のもの</td><td>無償譲渡等の処分がされた時の現況によるそのものの価額</td></tr>
<tr><td>債務の免除</td><td>債務が免除された時の現況によるその債権の価額</td></tr>
<tr><td>地上権の設定等</td><td>その設定等がされた時の現況による地上権等の価額</td></tr>
</table>

ロ　納税者の親族その他の特殊関係者以外の第三者

第二次納税義務者がイ以外の第三者である場合には、無償譲渡等の処分により受けた利益が現に存する限度で、主たる納税者の滞納国税の全額について第二次納税義務を負います。

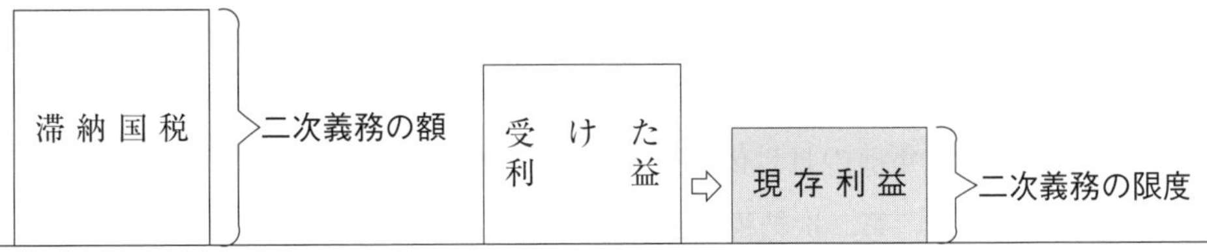

○　限度の算定

受けた利益	受けた利益の現に存する額	控除する額
金　　銭	・受けた額が現に存すると推定 ・当該金銭により財産を取得した場合には、取得財産の現に存するものの額（平24.３.８名古屋地判） （徴基通39－13）	①金銭又はそのものを譲り受けるために支払った対価の額 ②金銭又はそのものの譲受けのために支払った費用等のうち、そのものの譲受けと直接関係のあるものの額 （契約費用等） ③金銭又はそのものの譲受けを直接の理由とする特別の消費等の額 （徴基通39－12(6)、39－13(1)）
金銭以外のもの	・受けたものが現存するときは、納付通知書を発する時の現況によるそのものの価額 ・加工等により価額が増加した場合には、納付通知書を発する時の現況によるそのものの価額から加工等に要した費用を控除した額 ・受けたものについて地上権等が設定された場合には、納付通知書を発する時の現況による受けたものの価額に、地上権等の設定に伴い得た利益（権利金等）のうち現に存するものの額を加え、設定に伴い要した費用を控除した額 ・受けたものの全部又は一部が売買等により現存しない場合には、納付通知書を発する時における残存する財産の価額に、売買等による利益のうち現に存するものの額を加え、その利益を得るために要した費用（売買費用等）を控除した額 （徴基通39－12）	
債務の免除	・債務者の支払能力、弁済期等を考慮し、免除時における債権の価額を算定 ・金銭の場合に準じて現に存する額を算定 （徴基通39－14）	
地上権の設定等	金銭以外のものの場合に準じて現に存する額を算定（徴基通39－15）	

(4)　徴収共助を要請した場合の第二次納税義務

徴収共助を要請した滞納国税につき、滞納処分の執行や徴収共助の要請による徴収をしてもなお徴収不足となる場合に、その徴収不足が国外財産の無償譲渡等（滞納国税の法定納期限の１年前の日以後に行われたものに限ります。）に基因するときは、その譲受人等に対し、第二次納税義務を負わせることができます（徴39①）。

なお、この規定は、令和４年１月１日以後に滞納となった国税（同日前に行われた無償譲渡等に係るものを除きます。）について適用されます。

11　人格のない社団等に係る第二次納税義務（徴41）

徴収法41条（人格のない社団等に係る第二次納税義務）は、人格のない社団等に属する財産の登記・登録上の名義人である第三者若しくは人格のない社団等の財産の払戻し又は分配を受けた第三者に対して第二次納税義務を負わせるものです。

人格のない社団等　「人格のない社団等」とは、法人でない社団又は財団で代表者又は管理人の定めがあるものをいい、法人とみなして徴収法が適用されます（徴３）。

⑴　人格のない社団等の財産の名義人の第二次納税義務

人格のない社団等に帰属する財産のうち、登記・登録制度のあるものについては、人格のない社団等に登記・登録の能力がないため登記簿等は代表者等の名義となっているため、人格のない社団等に対する滞納処分のためにこれらの財産に対する差押え等を行う場合に支障があります。このため、徴収法41条１項（財産の名義人の第二次納税義務）は、滞納処分を受ける者とその財産所有者とが形式的にも一致するように、その財産の名義人に対して第二次納税義務を負わせることとしています。

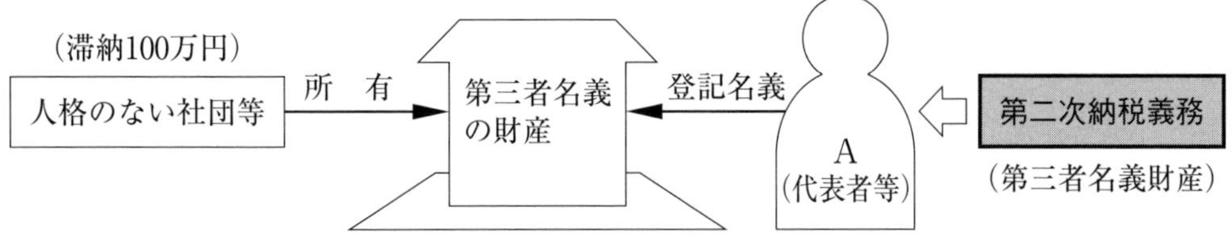

イ　成立要件

次に掲げる要件のいずれにも該当する場合には、財産の名義人に対して第二次納税義務を課することができます（徴41①）。

成立要件	
	①　人格のない社団等が国税を滞納したこと
	②　人格のない社団等に属する財産（第三者名義となっているため、その第三者に法律上帰属するとみられる財産を除きます。）につき、滞納処分を執行しても、なおその徴収すべき額に不足すると認められること

（注１）「法律上帰属するとみられる財産」とは、登記・登録を対抗要件又は効力発生要件としている財産で、第三者が名義人となっているものをいいます（徴基通41－2）。

（注２）「滞納処分を執行しても、なお徴収すべき額に不足すると認められること」については、１⑴の㈱と同様です。

ロ　第二次納税義務を負う者

第二次納税義務者は、人格のない社団等の財産の名義人となっている第三者です。

(注)「第三者」には、人格のない社団等の構成員も含まれます（徴基通41－１）。

ハ　第二次納税義務の範囲

徴収法41条の第二次納税義務者から徴収できる金額は、人格のない社団等に属する財産で第三者名義となっている財産を限度として、主たる納税者の滞納国税の全額です。

徴収法41条１項の第二次納税義務は、物的第二次納税義務です。

物的第二次納税義務者の徴収手続☞第２節４(5)参照

(2)　人格のない社団等から財産の払戻し等を受けた者の第二次納税義務

人格のない社団等は、私法上は人格を認められておらず、法人に対するような法的規制を受けないため、清算段階に至らないときであっても、その財産の払戻し・分配を行う場合があります。このような場合に対処するために、徴収法41条２項（財産の払戻し等を受けた者の第二次納税義務）は、清算人等の第二次納税義務（徴34）と同様の趣旨で、払戻し又は分配を受けた者に第二次納税義務を負わせることとしています。

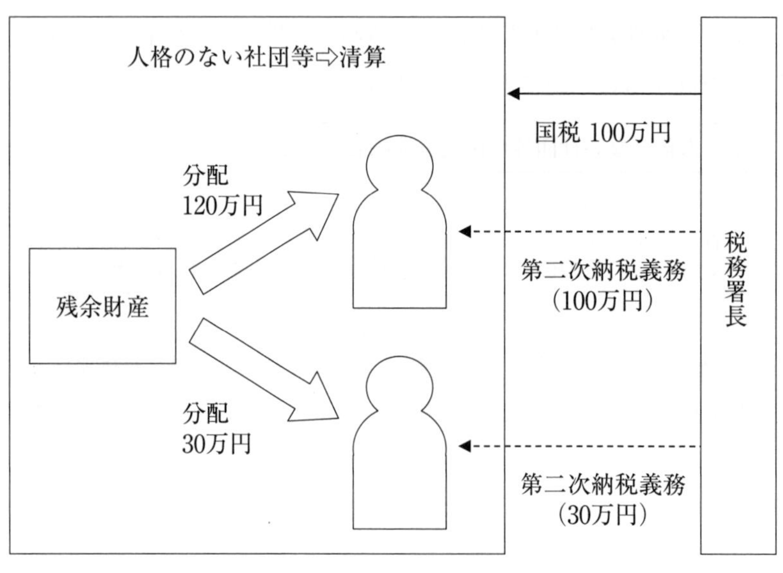

イ　成立要件

次に掲げる要件のいずれにも該当する場合には、財産の払戻し又は分配を受けた者に対して第二次納税義務を課することができます（徴41②）。

成立要件
①　滞納者である人格のない社団等がその財産の払戻し又は分配をしたこと
②　①の払戻し又は分配が滞納国税の法定納期限の１年前の日後に行われたこと
③　人格のない社団等の財産（第三者名義の財産を含みます。）につき、滞納処分を執行しても、なおその徴収すべき額に不足すると認められること

（注１）①の滞納者は、納付通知書を発する時において人格のない社団等が滞納していればよく、その財産の払戻し又は分配をした時において滞納していることを要しません（徴基通41－4）。

（注２）人格のない社団等が解散の決議をしたとき、その他社会通念上解散したとみられるときは、徴収法41条２項の適用はなく、清算人等の第二次納税義務（徴34）の規定が適用される場合があります（徴基通41－5）。

（注３）「滞納処分を執行しても、なお徴収すべき額に不足すると認められること」については、１(1)の㈱参照。

（注４）法定納期限の１年前の応答日は含まれません（徴基通41－6）。

ロ　第二次納税義務を負う者

第二次納税義務を負う者は、人格のない社団等の財産の払戻し又は分配を受けた者です。

ハ　第二次納税義務の範囲

第二次納税義務者から徴収できる金額は、払戻し又は分配を受けた財産の価額を限度として、主たる納税者の滞納国税の全額です。

この場合における「財産の価額」とは、払戻し又は分配がされた時におけるその財産の価額をいいます（徴基通41－7）。

第２節　第二次納税義務の徴収手続

徴収法33条から39条まで又は41条の各規定の要件を満たして第二次納税義務が成立する場合において、第二次納税義務者から第二次納税義務額を徴収しようとするときの手続は徴収法32条に規定されています。

（第二次納税義務の徴収手続の概要）

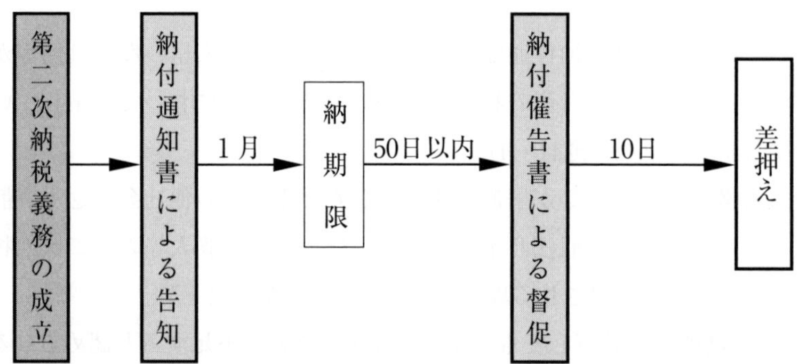

㈱　第二次納税義務が成立し、納付通知書による告知を行うことにより確定した後に、その成立要件となった事実に変更があっても、いったん確定した第二次納税義務に影響はありません（徴基通32－1）。

1　納付通知書による告知

第二次納税義務者に対し、徴収しようとする金額、納付の期限等、下記の所定の事項を記載した納付通知書により告知します（徴32①前段）。

納付通知書の　性　質	○　抽象的に成立していた第二次納税義務を具体的に確定させ、その履行を請求する性質を有します。 ○　形式的には独立の課税処分であると同時に、実質的には主たる課税処分等によって確定した主たる納税義務の徴収手続上の一処分としての性格を有します。
効力発生時期	○　納付通知書が送達された時に生じます（徴基通32－2）。

㈱　第二次納税義務は、主たる納税義務が存続する限り、いつでも課せられる可能性があるため、その義務の発生を知らしめる徴収のための処分であるこの告知の期間制限はありません。

○　納付通知書の記載事項（徴令11①）

記載事項	
	①　納税者の氏名及び住所又は居所
	②　滞納に係る国税の年度、税目、納期限及び金額
	③　第二次納税義務者から徴収しようとする金額、納付の期限及び場所
	納付の期限　納付通知書を発する日の翌日から起算して１月を経過する日（徴令11④）
	④　適用される第二次納税義務の規定

(参考)　徴収しようとする金額の記載（徴基通32－4）

第二次納税義務の区分	適　用　条　項	徴収しようとする金額
合名会社等の社員	徴33	主たる納税者の滞納国税の全額
財産等の価額を限度	徴34、35、36三、38、39、41②	財産等の価額（金額で表示）を限度として主たる納税者の滞納国税の全額
財産を限度	徴36一、二、37、41①	その財産(財産自体を表示)を限度として主たる納税者の滞納国税の全額

2　他の税務署長への通知

第二次納税義務の告知をした主たる納税者の所轄税務署長は、第二次納税義務者の住所又は居所の所在地を所轄する税務署長にその旨を通知します（徴32①後段）。

㈟　この通知により通知を受けた税務署長は第二次納税義務に係る国税の存在を把握することができ、第二次納税義務者の財産上の担保権と国税の優先権との調整が可能となります。

3　納付催告書による督促

第二次納税義務者が１の告知に係る国税をその納付の期限までに完納しないときは、繰上請求をする場合を除き、その納付の期限から50日以内に納付催告書により督促を行います（徴32②）。

納付催告書の性質	一般の納税者に対する督促状と同一の法律的性質を有します。

納付催告書を発した日から起算して10日を経過した日までに、第二次納税義務者が国税を完納しないときは、徴収職員はその財産を差し押さえることができます（徴47）。

4　その他徴収手続に関する事項

(1)　納付の手続

第二次納税義務に係る国税は、主たる納税者の国税であることを記載した納付書によって、その第二次納税義務者の名義により納付します（徴基通32－8）。

○　**納付書の記載方法**（通規別紙第１号書式備考７）

「納税者の納税地、氏名（名称）」欄	第二次納税義務者の住所、氏名（名称）を記載
「納期等の区分」欄	主たる納税者の納税地、氏名（名称）を記載

(2)　通則法の準用

第二次納税義務については、繰上請求（通38①、②）、納税の猶予（通46～49）、納付委託（通55）の規定が準用されます（徴32③）。

繰上請求☞第５章第１節３参照
納税の猶予☞ 第１章第１節３(3)参照
納付委託☞第11章第１節（参考）参照

○ **読替内容**（徴基通2－10（3）、32－12、32－13）

読替条項	読替えをする規定内容	第二次納税義務の場合の読替内容
通38①	納税者	第二次納税義務者
	納付すべき税額の確定した国税	納付通知書により告知した徴収しようとする金額
	納期限	納付通知書に記載された納付の期限
通46①、②	納税者	第二次納税義務者
	納期限	納付通知書に記載された納付の期限
	納付すべき税額が確定した国税（もの）	納付通知書により告知をした徴収しようとする金額
通令15の２①	納付すべき国税の年度、税目、納期限及び金額	納付通知書に記載された告知年月日、納付の期限及び納付すべき金額並びに主たる納税者の住所、氏名及び滞納税額の年度、税目、納期限、金額
通55	納税者	第二次納税義務者

(注)　徴収法の「滞納者」には第二次納税義務者が含まれる（徴２九、徴基通２－10(3)）ことから、換価の猶予（徴151、151－２、152）及び滞納処分の停止（徴153、154）の規定は、第二次納税義務者にも適用されます。

換価の猶予☞第11章第１節参照
滞納処分の停止☞第11章第２節参照

⑶　換価の制限

第二次納税義務者の財産の換価は、その財産の価額が著しく減少するおそれがあるときを除き、主たる納税者の財産を換価に付した後でなければ行うことができません（徴32④）。

なお、ここにいう換価は、狭義の換価（徴89①）を指し、金銭の取立ての方法による換価は含まれません。

換価の意義☞第７章第１節１参照

価額が著しく減少するおそれがあるとき	差押財産を速やかに換価しなければその価額が著しく減少するおそれがあるときをいい、保存費を多額に要する場合を含みます（徴基通32－15）。

○　**換価制限の留意事項**（徴基通32－14）

換価制限の留意事項	①　「換価に付した」とは、公売の日時（随意契約により売却する場合には、その売却をする日）に公売を実施したことをいいます（入札書の提出及び買受申込みの有無は問いません。）。
	②　第二次納税義務者の差押財産が金銭を取り立てるものであるときは、換価制限を受けません。ただし、当該差押財産につき、支払督促の申立て、納付の訴えの提起等の強制的な取立ては、時効により消滅するおそれがある場合等やむを得ない場合を除き、行わないものとされています。
	③　主たる納税者の差押財産が金銭を取り立てるもので、第二次納税義務者の差押財産が換価するものであるときは、換価制限を受けません。ただし、主たる納税者の差押財産につき取立てが困難と認められる場合を除き、第二次納税義務者の差押財産の換価は行わないものとされています。

一般的な換価の制限☞第７章第１節３参照

⑷　求償権

第二次納税義務者から徴収した場合（第二次納税義務者が納税義務を履行した場合を含みます。）は、第二次納税義務者は、主たる納税者に対して求償権を行使することができます（徴32⑤）。

第二次納税義務者の求償権☞第３節14参照

⑸　物的第二次納税義務の特質

物的第二次納税義務（徴36一・二、37、41①）は、追及財産そのものを限度とする納税義務ですので、第二次納税義務者に対する滞納処分は、その追及財産に対してのみ行うことができます。

物的第二次納税義務については、次の事項に留意する必要があります（徴基通32－16）。

物的第二次納税義務の留意事項

①　第二次納税義務の追及財産と他の財産とが一つの財産を構成している場合には、その財産について滞納処分をすることができます。
　その財産を追及財産と他の財産とに分割したときは、他の財産の部分について差押えを解除します。
　追及財産と他の財産とに分割されないまま換価された場合には、換価代金のうち他の財産の部分に相当するものは、第二次納税義務者に交付します（徴基通129－６）。

②　第二次納税義務者が納付する場合には、追及財産の価額にかかわらず、主たる納税者の滞納国税の金額に相当する第二次納税義務額について納付しなければなりません。
　ただし、徴収法37条（共同的な事業者の第二次納税義務）の物的第二次納税義務額を一時に納付した場合で、徴収上弊害がないと認められるときは、その後は、第二次納税義務額について追及しないこととして差し支えないこととされています。

③　第二次納税義務者が過誤納金及びその還付加算金の請求権を有する場合には、その請求権が追及財産であるときを除き、第二次納税義務者の意思に反する充当はしないものとされています。

第３節　主たる納税義務との関係等

第二次納税義務者は、主たる納税者の納税義務とは別個に納税義務を負いますが、①主たる納税者が納税義務を履行しない場合にはじめて二次的に履行する責任を負うこと（補充性）、②主たる納税者の納税義務なくして成立せず、主たる納税義務が消滅すれば消滅すること（付従性）から、保証債務（民446以下）に類似する性格を有しています。

１　差押えの時期

第二次納税義務者に対する滞納処分と、主たる納税者に対する滞納処分の着手順位については、最終的な処分である換価の順序の制限を除いて特別の制限はないため、第二次納税義務者の財産の差押えを主たる納税者の財産を差し押さえる前に行っても差し支えありません（徴基通32－17）。

ただし、第二次納税義務者の財産の差押えは、なるべく主たる納税者の財産を差し押さえた後に行うこととしています。

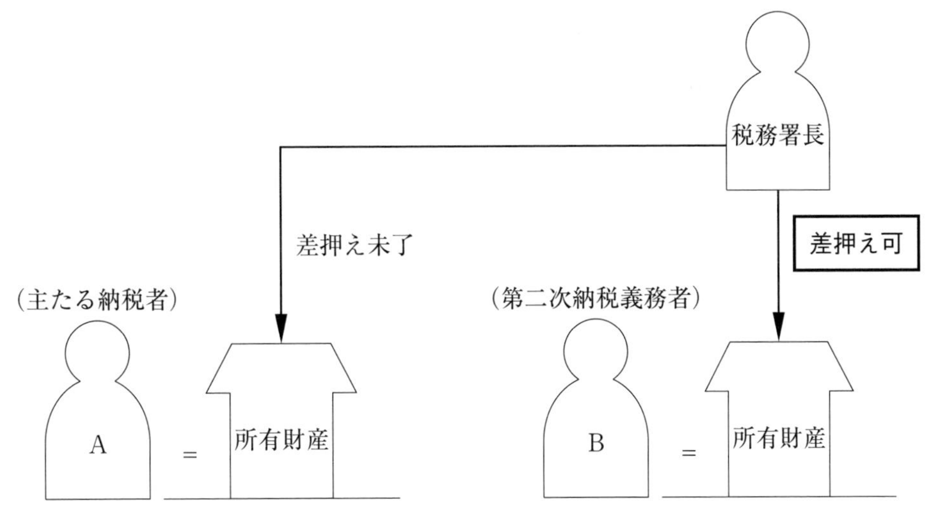

２　差押財産の換価の時期

第二次納税義務者の財産の換価は、その財産の価額が著しく減少するおそれがあるときを除き、主たる納税者の財産を換価に付した後でなければ行うことができません（徴32④）。

換価の制限☞第２節４⑶参照

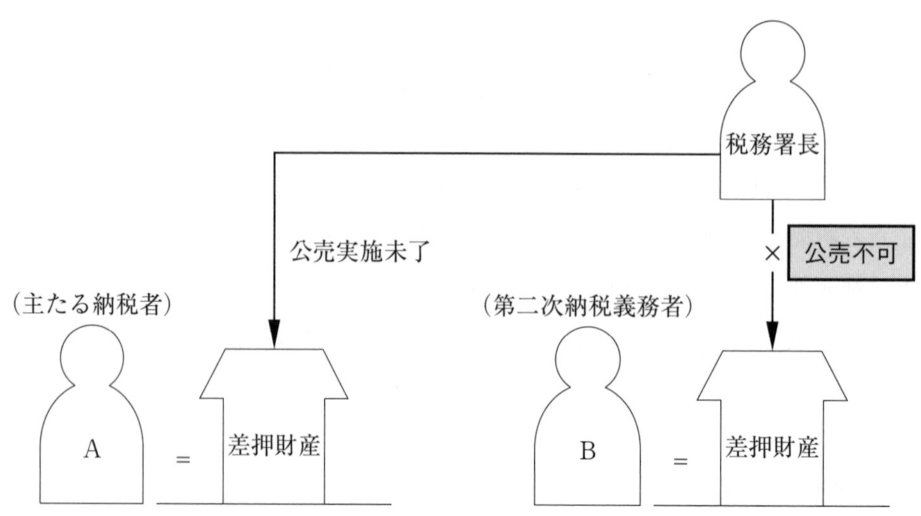

3　納税の猶予

主たる納税者の国税について納税の猶予（通46）をしている間は、第二次納税義務者に対する納付通知（徴32①）、納付催告（徴32②）及び、滞納処分（交付要求を除きます。）をすることはできません（徴基通32－18）。また、主たる納税者についての徴収の制限がある場合も同様です（通105②等）。

一方、第二次納税義務者に対して納税の猶予をしている場合であっても、主たる納税者に対する滞納処分は制限されません（徴基通32－18）。

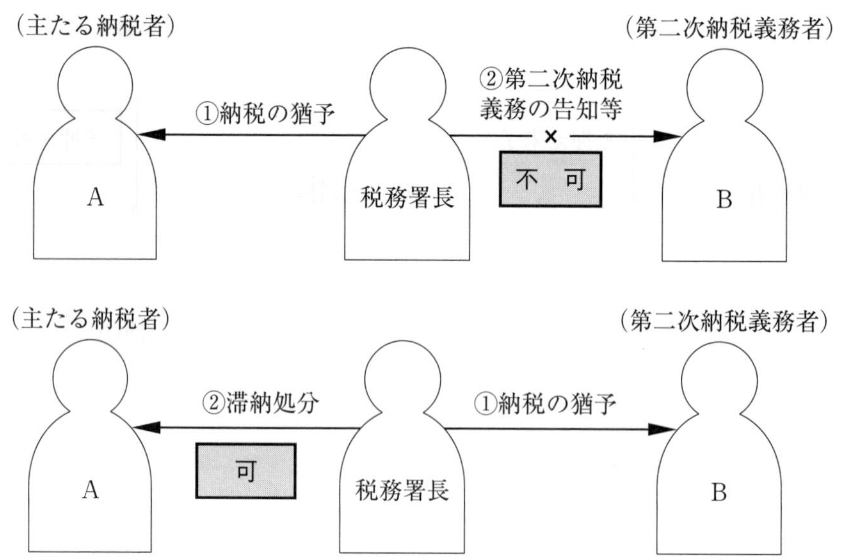

4　換価の猶予

主たる納税者の国税につき換価の猶予をしていても、第二次納税義務者に対する納付通知、納付催告及び、滞納処分をすることはできます（徴基通32－19)。ただし、差押財産の換価については制限されます（徴32④)。

換価の制限☞第２節４⑶参照

換価の猶予☞第11章第１節参照

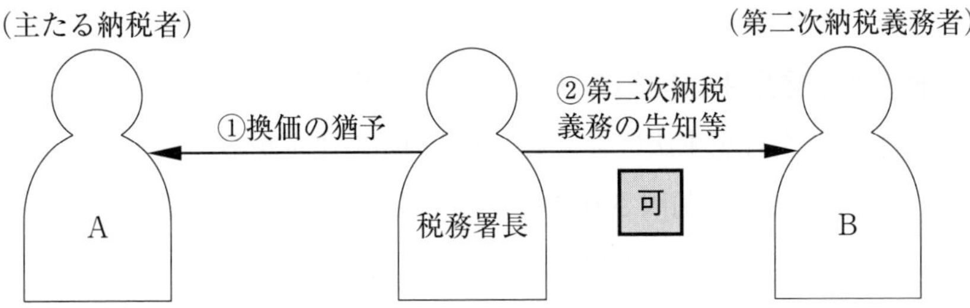

5　納付等

主たる納税者又は第二次納税義務者のいずれかの納税義務の全部又は一部について、納付若しくは過誤納金又は還付金の充当等があったことにより消滅した場合には、他方の納税義務の全部又は一部も消滅します。

ただし、第二次納税義務の限度が主たる納税者の国税の一部であるときは、主たる納税者の納税義務の一部が消滅しても、第二次納税義務の限度には影響がない場合があります（徴基通32－20)。

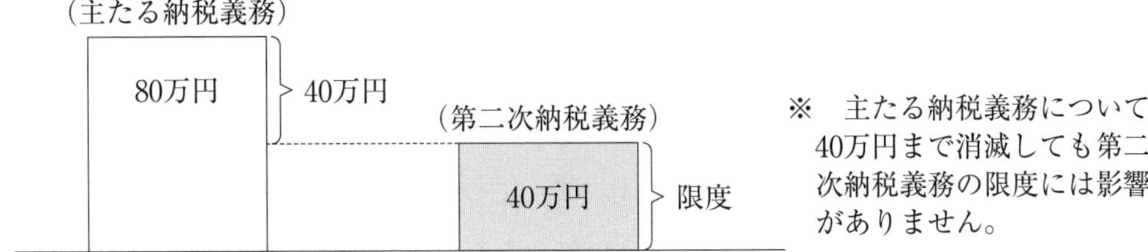

6　免　　除

主たる納税者の納税義務の全部又は一部が免除されたときは、第二次納税義務も全部又は一部が消滅します。ただし、第二次納税義務の限度が主たる納税者の国税の一部であるときは、主たる納税者の納税義務の一部が免除されても、第二次納税義務の限度には影響がない場合があります（５参照)。

なお、第二次納税義務者に対する第二次納税義務の免除の効力は、主たる納税者に対しては及びません（徴基通32－21)。

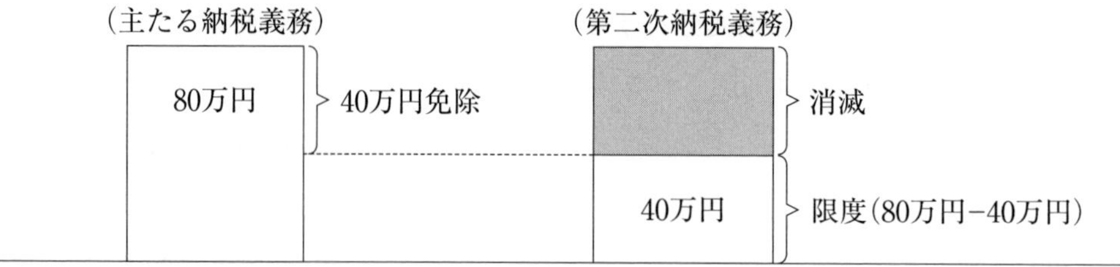

7　主たる納税者に更生手続開始の決定があった場合

主たる納税者につき会社更生法による更生手続開始の決定があった場合には、主たる納税者に対する滞納処分は制限されますが（更50②）、第二次納税義務者に対する滞納処分は制限されません（徴基通32－22）。

会社更生手続との関係☞第10章第５節参照

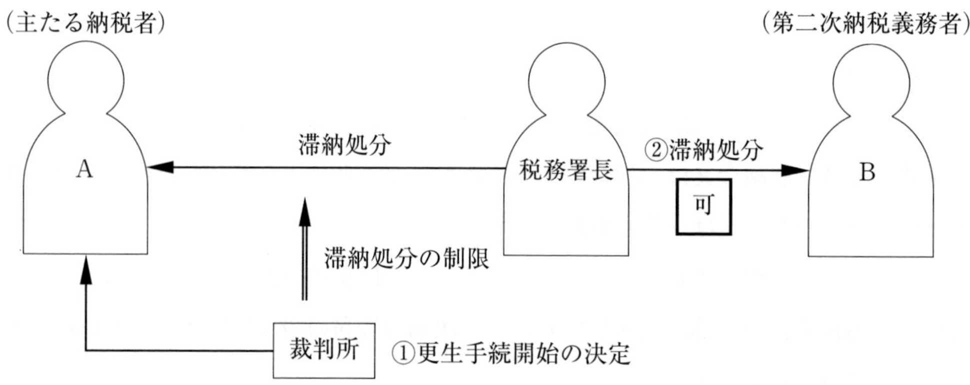

8　滞納処分の停止

第二次納税義務者の納税義務に係る滞納処分の停止の効力は主たる納税者には及びません。また、納税義務の消滅（徴153④、⑤）についても同様です（徴基通32－23）。

一方、主たる納税者について滞納処分の停止を行い、その国税の納税義務が消滅した場合には、第二次納税義務も消滅します。このため、第二次納税義務者から主たる納税者の国税の徴収ができる場合には、主たる納税者の国税については、滞納処分の停止をしないこととしています（徴基通153－７）。

滞納処分の停止☞第11章第２節参照

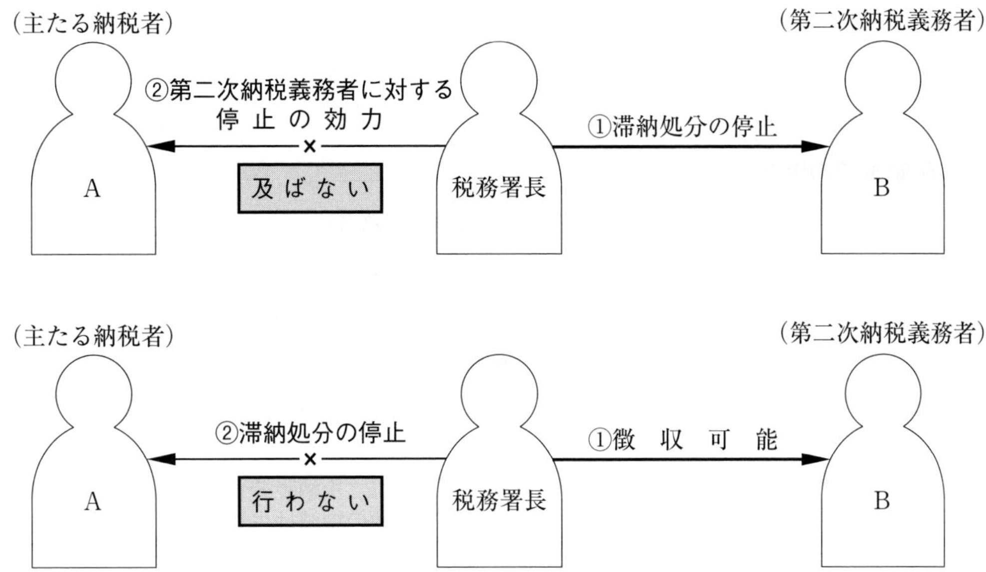

9　過誤納金の還付

主たる納税者及び第二次納税義務者の納付について過誤納が生じた場合のその過誤納金は、まず、第二次納税義務者に過誤納金が生じたものとします（通令22①）。

また、その過誤納金を第二次納税義務者に還付又は充当したときは、その旨を主たる納税者に通知しなければなりません（通令22②）。

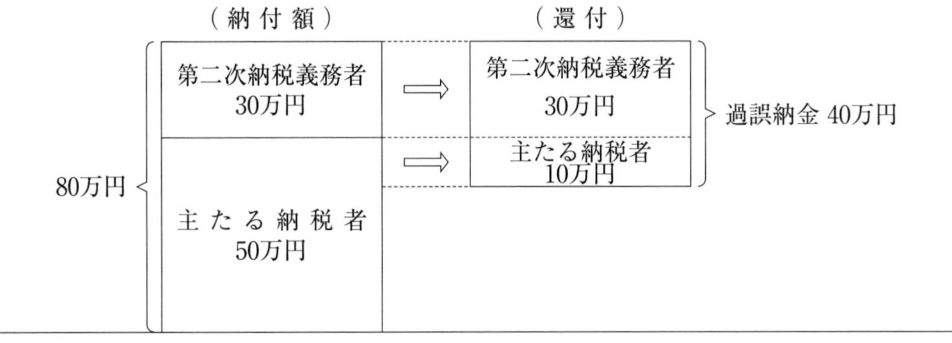

10　限定承認等

主たる納税者が死亡し、相続人が相続財産について限定承認（民922）をした場合には、債務が相続財産に限定されるのではなく、相続人の責任が相続財産に限定されるにすぎないことから（通５①後段）、第二次納税義務額には影響ありません（徴基通32－25）。

なお、相続人全員が相続を放棄した場合又は相続人が不存在の場合には、相続財産法人（民951）を主たる納税者として、被相続人が生存していたときに無償譲渡等の処分を受けた者等に対して第二次納税義務を追及することができます（徴基通32－25注）。

○　限定承認の場合

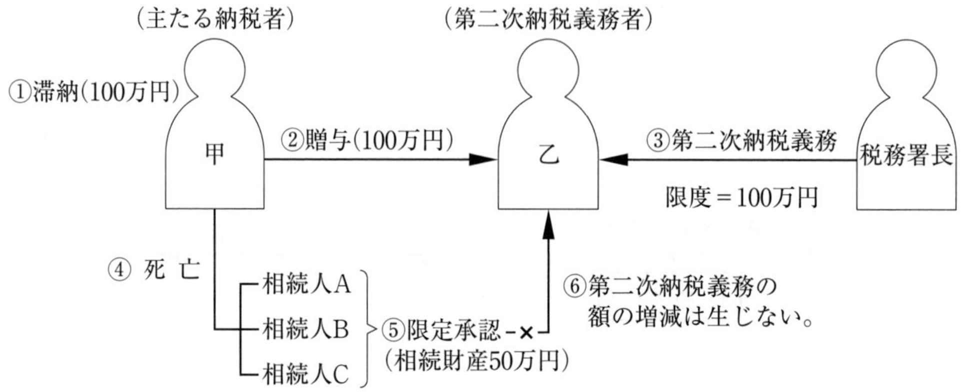

○　相続放棄の場合

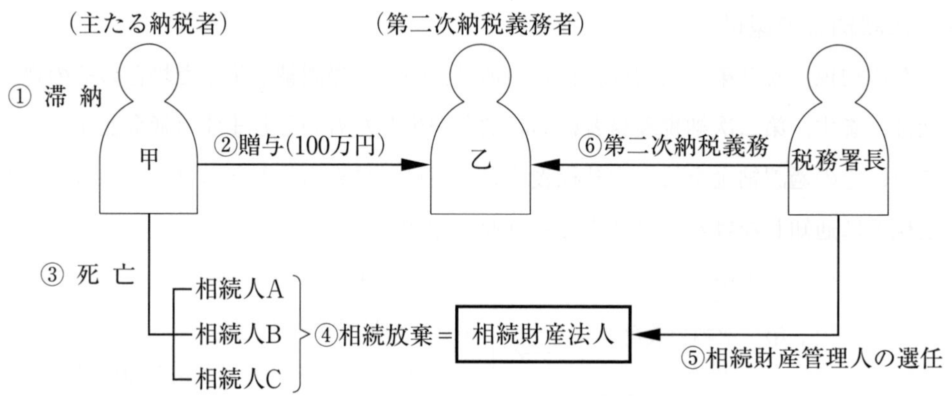

11　会社更生法による免責の効果

株式会社である主たる納税者が、会社更生法204条の規定により国税の納付義務について免責された場合でも、その効力は株式会社と共に債務を負担する者に対して有する権利には影響を及ぼしませんから（更203②）、第二次納税義務の額に影響はありません（徴基通32－26）。

会社更生手続との関係☞第10章第５節参照

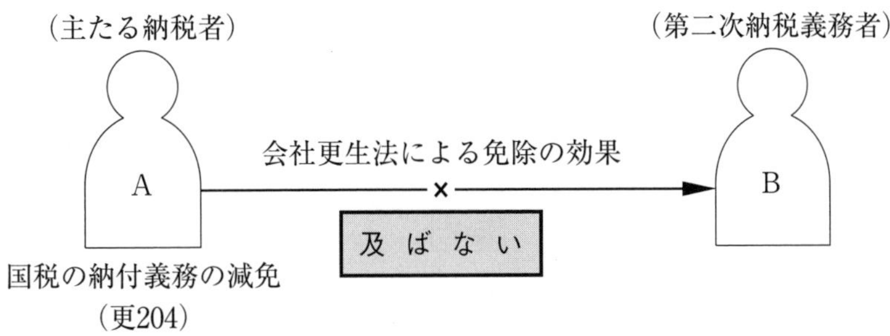

12　第二次納税義務者の破産

第二次納税義務者が破産手続開始の決定を受けた場合における破産手続開始の決定前に納付通知書による告知をした第二次納税義務に係る請求権は、その納期限（納付通知書に記載された納付の期限）から１年を経過していないものに限り、財団債権となります。また、破産手続開始の決定前に第二次納税義務の成立要件を満たしている場合には、破産手続開始の決定後に納付通知書による告知をした第二次納税義務に係る請求権も、財団債権（破148①三）になります（徴基通32－27）。

破産手続との関係☞第10章第２節参照

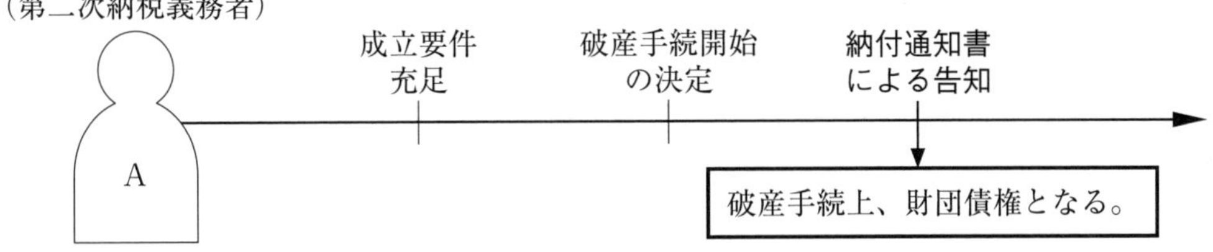

13　時効の完成猶予及び更新・消滅

第二次納税義務者について生じた消滅時効の完成猶予及び更新の効力は、主たる納税者の納税義務には及びませんが、主たる納税者について生じた時効の完成猶予及び更新の効力は、第二次納税義務に及びますので、第二次納税義務の消滅時効も完成が猶予され、更新します。

また、第二次納税義務が時効により消滅しても、主たる納税者の納税義務には影響が及びませんが、主たる納税者の納税義務が時効により消滅した場合には、第二次納税義務もその付従性により消滅します。そのため、主たる納税者の納税義務が時効により消滅するおそれがあるときは、その納税義務の存在確認の訴えの提起等により時効の完成猶予及び更新の措置をとる必要があります（平成６.６.28名古屋地判等、徴基通32－28）。

㈿　納税義務確認訴訟において国が勝訴した場合には、主たる国税の徴収権の消滅時効は通則法の規定による５年ではなく、判決確定の日から10年となります（通72③、民169①）。

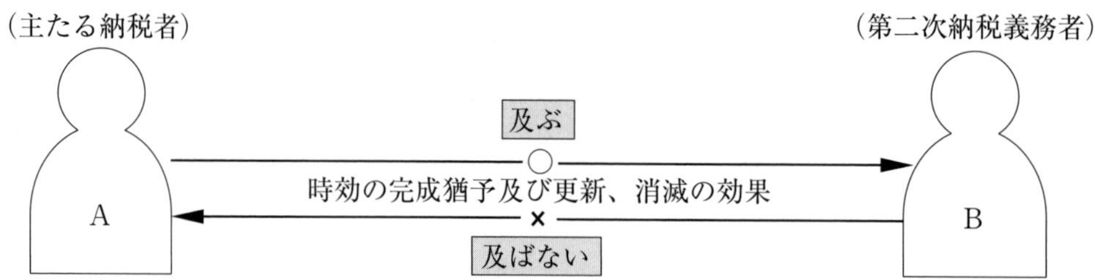

14　第二次納税義務者の求償権

第二次納税義務者から徴収した場合又は第二次納税義務者が納税義務を履行した場合には、第二次納税義務者は主たる納税者に対して求償権を行使することができます（徴32⑤）。

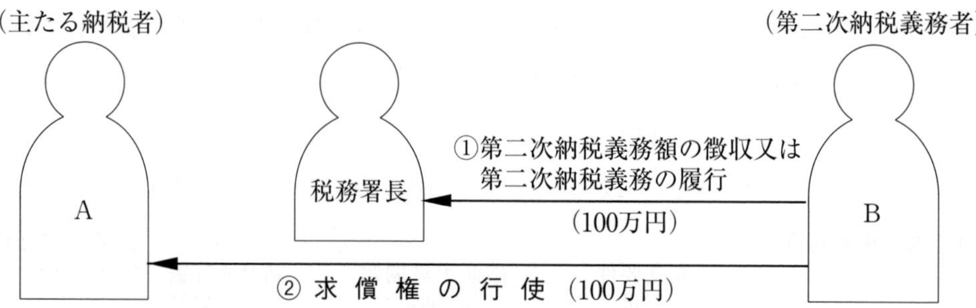

㈲　法人税の所得計算上、徴収（履行）額は損金に算入されず、求償権行使による収入額は益金に算入されません（法39参照。所得税も同処理）。

15　第二次納税義務の重複賦課

他の行政機関等が既に第二次納税義務を負わせている場合においても、同一の事由に基づき、重ねて第二次納税義務を負わせることができます（昭和45.７.29東京地判、徴基通32－29）。

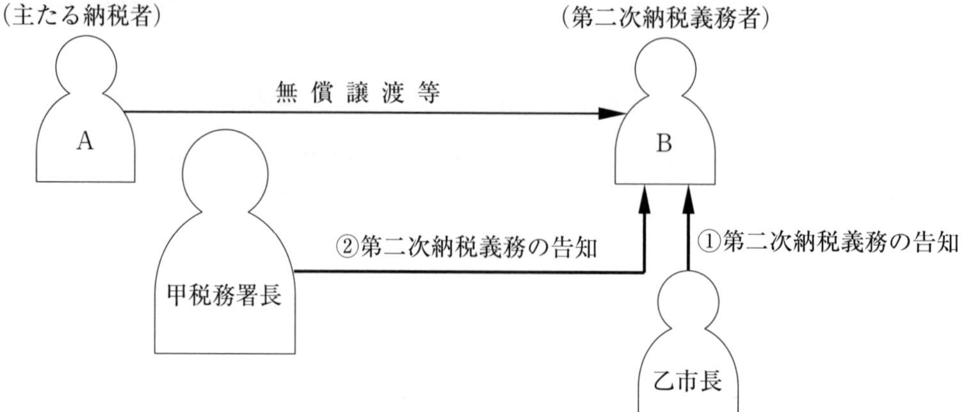

【昭45. 7 .29東京地判】
第二次納税義務につき課税の段階で国税と地方税とが競合する場合において、各課税権者は、それぞれ、第二次納税義務者が滞納者より受けた利益の現に存する限度又はその受けた利益の限度において、告知及び差押えをなし得るものというべきである。

16　第二次納税義務者を主たる納税者とする第二次納税義務

第二次納税義務者がその第二次納税義務を履行しない場合において、その納税義務について更に第二次納税義務の成立要件を満たす第三者がいるときは、第二次納税義務者を主たる納税者として、その第三者に対し、更に第二次納税義務を負わせることができます。

なお、第二次納税義務の成立要件との関係から、この更なる第二次納税義務が成立しない場合があります。例えば、実質課税額等の第二次納税義務は（徴36）、所得税法等の規定による実質課税の基因となった権利者などに対して課されるため、第二次納税義務者を主たる納税者として徴収法36条を適用することはできません（徴基通32－30）。

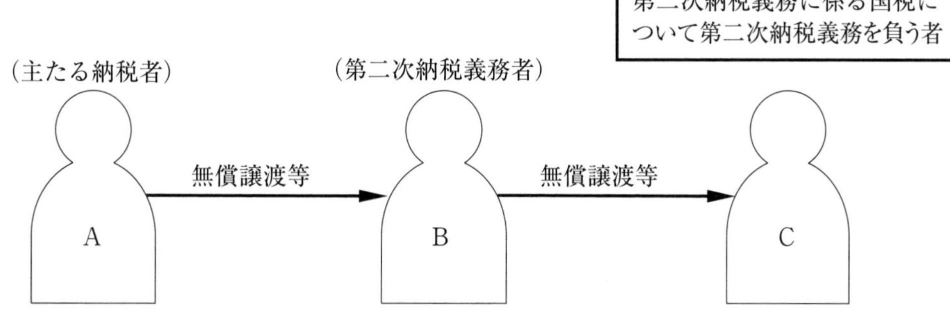

(参考)

第二次納税義務者を主たる納税者とする第二次納税義務の賦課の可否

A＼B	33	34	35	36一・二	36三	37	38	39	41①	41②
33条	×	×	○	×	×	×	×	○	×	×
34	○	○	○	×	×	×	×	○	○	○
35	○	○	○	×	×	×	×	○	×	×
36一・二	×	○	○	×	×	×	×	○	○	○
36三	○	○	○	×	×	×	×	○	○	○
37	×	○	○	×	×	×	×	○	○	○
38	×	○	○	×	×	×	×	○	○	○
39	○	○	○	×	×	×	×	○	○	○
41①	×	×	×	×	×	×	×	×	×	×
41②	○	○	○	×	×	×	×	○	○	○

A＝主たる納税者に課された第二次納税義務
B＝重複して賦課する第二次納税義務

17　第二次納税義務と詐害行為取消権との関係

滞納者がした法律行為が、第二次納税義務の成立要件と詐害行為取消権の成立要件（通42、民424等）の双方を満たす場合には、いずれによることもできます（徴基通32－31）。

○　第二次納税義務（徴39）と詐害行為取消権（民424）との対比

項目		無償譲受人等の第二次納税義務	詐害行為取消権
行使の要件等	主観的要件	（不要）	債務者が悪意であること。
		（不要）	受益者（転得者）が悪意であること。
	客観的要件	滞納者の行った財産の無償譲渡等、債務の免除その他第三者に利益を与える処分であること。	債務者の行った財産権を目的とする行為であること。
		徴収不足が滞納者の無償譲渡等に基因すると認められること。	上記の法律行為によって債権者が害されていること。
		滞納者の国税につき滞納処分を執行してもなおその徴収すべき額に不足すると認められること。 ・徴収不足は、無償譲渡等の行為の時点ではなく、納付通知書を発するときの現況によって判定します（徴基通39-1）。	債務者が上記の法律行為をした時に弁済の資力が不足していること。 ただし、取消権を行使する時点で債務者の資力が回復した場合は、取り消すことができません。
	その他	滞納に係る国税の法定納期限の１年前の日以後にされた行為（処分）であること（徴基通39－２）。	制限はありません。
		第二次納税義務者が、納税者の親族その他の特殊関係人以外の第三者の場合、処分された財産が費消された場合には、原則として適用されません（現に存する利益の限度において第二次納税義務を負います）。	処分された財産が費消された場合にも行使することができます（価額償還）。
		処分の対価として支払われたものがある場合には、その対価を控除した処分財産の価額を責任の限度とします（徴基通39－12、13）。	処分の対価として支払われたものは考慮しません。
期間制限		期間制限はありません。 ・主たる納税義務が存続している限り賦課することができます。	期間制限があります。 ・債権者が詐害行為を確知してから２年。 ・行為のときから10年。
行使の方法		納付通知書による告知という行政処分によります。	必ず訴訟によって行使しなければなりません。
効果		納付通知書による告知に係る国税だけを徴収することができます。	取消しの効果は総債権者のために生じます。
		金銭を納付する義務を負わせます。	原則として財産の返還を求めます。 返還できない場合には、価額償還として金銭の支払を請求することができます。

㈱　滞納者が無償譲渡等の処分をしている場合には、原則として、まず徴収法第39条の規定の適用の可否につき検討し、同条の適用がない場合には、詐害行為取消権の行使の可否について検討することとしています。

なお、受益者から徴収できるのは第二次納税義務の限度か又は詐害行為取消しにより徴収できる範囲に限られます。

18　第二次納税義務者が主たる納税義務の存否等を争うことの可否

第二次納税義務者は、主たる納税義務についての違法を理由に第二次納税義務の告知処分の取消しを求めることはできません。

ただし、第二次納税義務者は、主たる納税義務者の課税処分そのものにつき、直接、不服を申し立て、その取消しを求めることができます。

【昭50.８.27最判】

第二次納税義務の納付告知は、主たる課税処分等により確定した主たる納税義務の徴収手続上の一処分としての性格を有するものであるから、主たる課税処分等が不存在又は無効でない限り、右納付告知を受けた第二次納税義務者は、当該納付告知の取消訴訟において、主たる納税義務の存否又は数額を争うことはできない。

【平18.１.19最判】

第二次納税義務者は、主たる課税処分により自己の権利若しくは法律上保護された利益を侵害され又は必然的に侵害されるおそれがあり、その取消しによってこれを回復すべき法律上の利益を有するというべきである。そうすると、徴収法第39条所定の第二次納税義務者は、主たる課税処分につき通則法第75条に基づく不服申立てをすることができると解するのが相当である。この場合の不服申立期間の起算日は、第二次納税義務の納付告知がされた日の翌日であると解するのが相当である。

〔第二次納税義務一覧表〕

条文	第二次納税義務の基となる国税の納税者	第二次納税義務の成立要件	第二次納税義務者	第二次納税義務の限度
33	合名会社等	納税者の財産について滞納処分を執行しても、なお徴収すべき額に不足すると認められること（以下「徴収不足」といいます。）	無限責任社員	滞納税額

条文	第二次納税義務の基となる国税の納税者	第二次納税義務の成立要件	第二次納税義務者	第二次納税義務の限度
34	解散法人	①　法人に課されるべき、又はその法人が納付すべき国税を納付しないで、清算人が残余財産の分配又は引渡しをしたこと ②　徴収不足であること	清算人	分配又は引渡しをした財産の価額の限度
			残余財産の分配又は引渡しを受けた者（株主等）	分配又は引渡しを受けた財産の価額の限度
	信託に係る清算受託者	①　信託が終了した場合（信175）において、その信託に係る清算受託者に課されるべき、又はその清算受託者が納付すべき国税を納付しないで、信託財産に属する財産を残余財産受益者等に給付したこと ②　徴収不足であること	清算受託者（特定清算受託者）	給付をした財産の価額の限度
			残余財産受益者又は帰属権利者	給付を受けた財産の価額を限度
35	同族会社の株主又は社員（その者を判定の基礎として同族会社とされる場合に限ります。）	①　左記の同族会社に該当する株式、出資を有すること ②　その者が有している同族会社の株式又は出資を再度換価に付しても買受人がないか、その譲渡について制限があり又は株券の発行がないため譲渡に支障があること ③　徴収不足であること	同族会社（納付通知書を発する時の現況によります。）	納税者の有するその同族会社の株式又は出資の価額の限度（滞納国税の法定納期限の１年以上前に取得したものを除きます。）
36	実質所得者課税の規定（所12、158、法11）の適用を受けた個人又は法人	①　左の規定の適用を受けた国税を滞納したこと ②　徴収不足であること	実質所得者課税の原因となった収益が法律上帰属すると認められる者	その収益が生じた財産（取得財産を含みます。）の限度
	資産の譲渡等を行った者の実質判定の規定（消13）の適用を受けた者	①　左の規定の適用を受けた国税（資産の貸付けに係る部分に限ります。）を滞納したこと ②　徴収不足であること	消費税の賦課の基因となった貸付を法律上行ったとみられる者	その貸付に係る財産（取得財産を含みます。）の限度
	同族会社等の行為又は計算の否認等の規定（所157、168の２、法132、132の２、132の３、147の２、相64、地32）の適用を受けた者	①　左の規定の適用を受けた国税を滞納したこと ②　徴収不足であること	同族会社等のその否認された行為により利益を受けたものとされる者	その受けた利益の額の限度

<table>
<tr><th>条文</th><th>第二次納税義務の基となる国税の納税者</th><th>第二次納税義務の成立要件</th><th>第二次納税義務者</th><th>第二次納税義務の限度</th></tr>
<tr><td rowspan="2">37</td><td>生計を一にする配偶者その他の親族からその所有する財産の提供を受けて、事業を遂行していると認められる個人事業者</td><td>①　納税者と生計を一にする配偶者その他の親族が納税者の事業遂行に不可欠の重要財産を有していること
②　その財産に関して生ずる所得が納税者の所得となっており、それらの親族はその事業から所得を受けていること
③　納税者がその供されている事業に係る国税を滞納したこと
④　徴収不足であること</td><td>納税者と生計を一にしている配偶者その他の親族で、その納税者の経営する事業から所得を受けている者</td><td rowspan="2">第二次納税義務の原因となった事業遂行に不可欠な重要財産（取得財産を含みます。）の限度</td></tr>
<tr><td>その判定の基礎となった株主又は社員からその所有する財産の提供を受けて、事業を遂行していると認められる同族会社</td><td>①　同族会社の判定の基礎となっている株主又は社員がその事業遂行に不可欠の重要財産を有していること
②　その財産に関して生ずる所得が同族会社の所得となっていること
③　同族会社がその供されている事業に係る国税を滞納したこと
④　徴収不足であること</td><td>その判定の基礎となった同族会社の株主又は社員</td></tr>
<tr><td>38</td><td>生計を一にする親族その他の特殊関係者に事業を譲渡した者</td><td>①　納税者と生計を一にする親族その他の特殊関係者に事業を譲渡し、その譲受人が同一又は類似の事業を営んでいること（ただし、その譲渡が滞納国税の法定納期限より１年以上前にされている場合を除きます。）
②　納税者が譲渡した事業に係る国税を滞納したこと
③　徴収不足であること</td><td>事業を譲り受けた親族その他の特殊関係者（被支配会社を含む）</td><td>譲り受けた財産の価額の限度</td></tr>
<tr><td>39</td><td>無償又は著しく低い額による譲渡や債務の免除その他第三者に利益を与える処分をした者</td><td>①　無償又は著しく低い額による財産の譲渡や債務の免除その他第三者に利益を与える処分をしたこと
②　無償譲渡等の処分が、国税の法定納期限の１年前の日以後にされたものであること
③　徴収不足であること
④　徴収不足が無償譲渡等の処分に基因すると認められること</td><td>財産の譲受人その他利益を受けた者</td><td>①　親族その他の特殊関係者は、無償譲渡時における受けた利益の限度
②　①以外の第三者は、受けた利益が現に存する限度</td></tr>
</table>

条文	第二次納税義務の基となる国税の納税者	第二次納税義務の成立要件	第二次納税義務者	第二次納税義務の限度
41	人格のない社団及び財団	徴収不足であること	人格のない社団等に帰属する財産の形式的名義人	その名義となっている財産の限度
	解散類似の事態となった人格のない社団及び財団	①　財産の払戻し又は分配がされたこと（ただし、その払戻し又は分配が滞納国税の法定納期限より１年以上前にされている場合を除きます。） ②　徴収不足であること	財産の払戻し又は分配を受けた者	財産の払戻し又は分配により受けた財産の価額の限度

第４章　滞納処分―総　説―

第１節　滞納処分の意義等

1　滞納処分の意義

滞納処分は、納税者がその国税を納期限内に納付しない場合に、債権者である国が、その国税債権を強制的に実現するための手続であり、任意に履行されない納税義務の強制的な履行確保の手段です。

滞納処分は、債権者たる国の自力執行の手続によって行われ、徴収職員が直接執行する滞納処分（狭義）と、他の執行機関によって開始された執行手続に参加して配当を受ける交付要求とに大別されます。

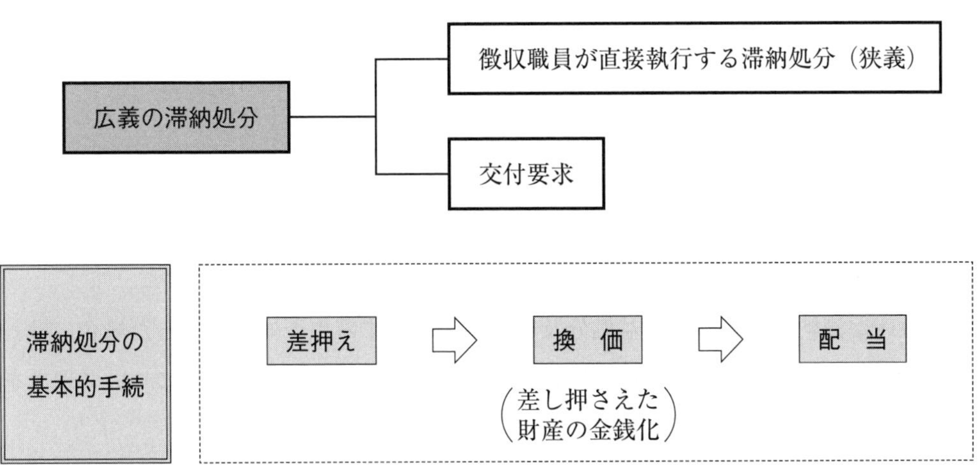

㈱　通常、「滞納処分」とは、国税債権を強制的に実現するための一切の手続をいい（徴収法第５章参照）、広義の滞納処分を意味します（本書においては、狭義の滞納処分の意味で使用している場合もあります。）。

2　滞納処分の性質

滞納処分は、財産の差押え、財産の換価、換価代金の配当という数個の行為から成る一連の手続であり、それぞれが独立した行政処分となります。

したがって、差押え、換価等の各処分は独立して不服申立て又は訴訟の対象となります。

○　昭和14年12月14日行裁判決（要旨）

滞納処分は、強制徴収の目的達成のために行う差押え、公売等各種処分の総体をさすものであり、滞納処分そのものが一個独立の行政処分ではなく、これを組成する差押え、公売等の処分がそれぞれ一個完全の行政処分である。したがって、滞納処分における訴願、訴訟の対象も、差押え、公売等各個の行政処分であって、これに対する訴願、訴訟の期間もまた各処分について計算すべきである。

行政処分　行政庁が法令に基づいて行う処分（公の意思表示）

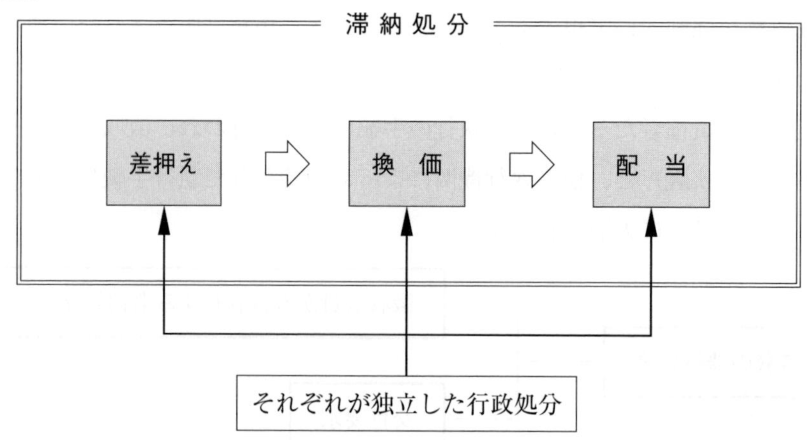

3　滞納処分等の理由附記

行政庁が滞納処分等の不利益処分及び申請等に対する拒否処分を行った場合には、処分の適正化と納税者の予見可能性の確保等の観点から、全ての処分について理由を附記しなければなりません（通74の14）。

理由附記の趣旨は、行政庁の判断の慎重を担保してその恣意を抑制するとともに、処分の理由を相手方に知らせて不服申立てに便宜を与えることとされており、その記載の程度については、その処分の性質やその根拠法規の趣旨・目的に照らして決せられるべきものであり、処分ごとに理由附記の程度は異なることになるとされています。なお、理由附記が不十分であった場合には、処分の取消事由になるとされています。

このため、差押え、交付要求、第二次納税義務の告知、納税の猶予の不許可等の処分を行う場合には、滞納者等に送付する通知書等に処分の要件事実を具体的に記載する必要があります。

㈱　これらの処分のうち、交付要求については、その行政処分性を否定する裁判例もありますが、民事執行手続においてなされた交付要求の本質は、滞納処分としての差押えと異ならないので、滞納処分においてなされた交付要求は、行政処分に当たるとする見解もあります（最判解説民事平成15年度（上）参照)。

そのため、滞納者は交付要求について不服申立てで税務当局と争うことが可能ですので、その処分の理由を滞納者に知らせることで、争点を分かりやすくし、不服申立てに便宜を与えることができます。

4　違法性の承継

行政処分が連続している場合において先行処分に違法性があったときに、その違法を理由として、後行処分の取消しを求めることができる場合があります。これを違法性の承継といいます。

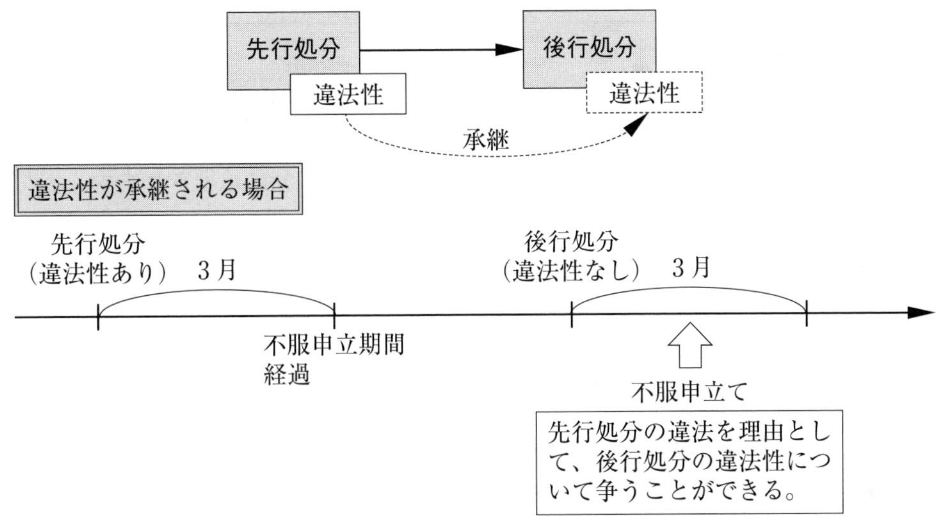

(注)　一般に、違法性が承継されるのは、先行処分と後行処分とがそれぞれ同じ目的・効果を有している場合です。

(1)　滞納処分相互間

滞納処分における差押え、換価、配当の各処分は、いずれも国税債権の強制徴収という同一目的のための一連の行為ですから、滞納処分相互間では、先行処分の違法性が承継されます。

例えば、差押処分の違法性は、その後における換価処分や配当処分に承継されるため（徴基通47－1)、換価処分や配当処分に違法性がなくても、差押処分の違法を理由として、換価処分や配当処分の違法性を争うことができます。

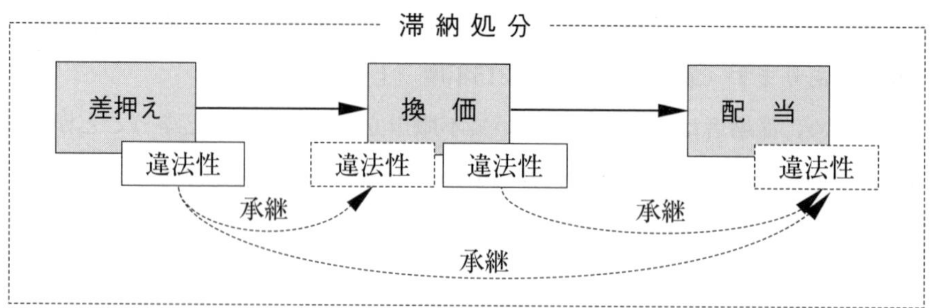

留意事項	○　不服申立ては、その目的となった処分の効力、処分の執行又は手続の続行を妨げません（執行不停止の原則）。 ○　そのため、先行の差押処分に対する不服申立てがされている場合であっても、その後の滞納処分の続行は妨げられません。 ○　ただし、その不服申立てについての決定又は裁決がされるまでの間は、原則として、差押財産の換価をすることができません（通105①）。

⑵　督促と滞納処分との関係

督促は、滞納処分の前提となる処分であり、国税債権の強制徴収という同一目的のための一環をなすものですから、督促の違法性は、滞納処分に承継されます。

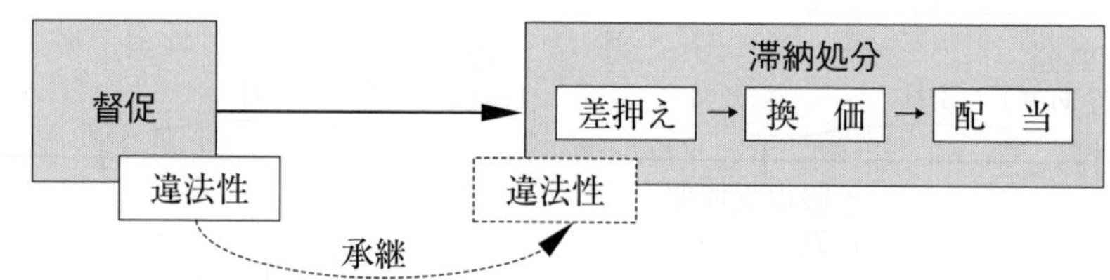

㈲　滞納処分の安定を図り、かつ、換価手続により権利を取得し、又は利益を受けた者の権利、利益の保護を図るため、督促、差押え、換価、配当に対する不服申立て等の期間が制限されています。☞第13章参照

⑶　課税処分と滞納処分との関係

国税の更正又は決定などの課税処分は、国税債権の確定を目的とする処分であり、確定した国税債権の強制的な実現を目的とする滞納処分とは、その目的及び効果が異なるため、課税処分の違法性は、滞納処分には承継されません（徴基通47－２）。

そのため、課税処分の違法を理由として、その後の滞納処分の違法性を争うことはできません。

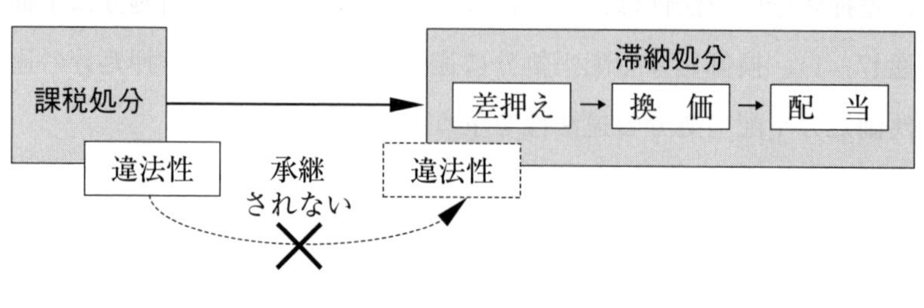

留意事項	○　課税処分に対する不服申立てがされている場合であっても、その後の滞納処分の続行は妨げられません。 ○　ただし、その不服申立てについての決定又は裁決がされるまでの間は、原則として、差押財産の換価をすることができません（通105①）。 ○　滞納処分により国税を徴収した後に課税処分が取り消されたときは、過大に徴収された額は納税者に還付されます（通56）。

(4)　第二次納税義務者等に対する告知処分と滞納処分との関係

第二次納税義務者及び保証人に対する告知処分と滞納処分とは、課税処分と滞納処分との関係と同様、それぞれの目的及び効果を異にし、それ自体で完結する別個独立の行政処分であるため、告知処分の違法性は滞納処分には承継されません（徴基通47－３）。

そのため、告知処分の違法を理由として、その後の滞納処分の違法性を争うことはできません。

留意事項	○　告知処分に対する不服申立てがされている場合であっても、その後の滞納処分の続行は妨げられません。 ○　ただし、その不服申立てについての決定又は裁決がされるまでの間は、原則として、第二次納税義務者等の財産の換価をすることができません（通105①）。 ○　第二次納税義務者又は保証人が告知処分について訴訟を提起した場合は、その訴訟が係属している間も第二次納税義務者等の財産の換価は制限されます（徴90③）。 ○　滞納処分により国税を徴収した後に告知処分が取り消されたときは、過大に徴収された額は第二次納税義務者等に還付されます（通56）。

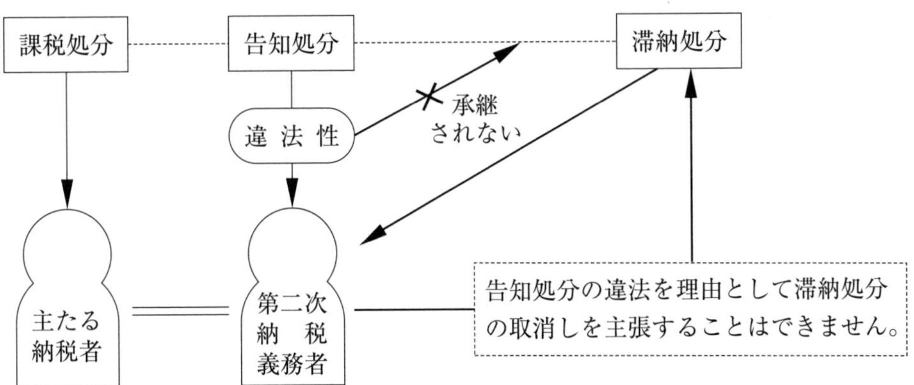

（参考）主たる納税義務と第二次納税義務との関係

主たる納税者に対する賦課処分が不存在又は無効でない限り、主たる納税者に対する課税処分が違法であることを理由として第二次納税義務の告知処分を争うことはできないとされています（昭50.８.27最高判）。この場合、第二次納税義務者は、主たる課税処分そのものに対して通則法75条による不服申立てを行うか（平18.１.19最高判）、無効確認訴訟を提起することができます（平３.１.17最高判）。

第２節　滞納処分の効力

１　一般承継があった場合の滞納処分の効力

(1)　死亡又は合併前にした滞納処分の効力

滞納者の財産について滞納処分を行った後に滞納者が死亡し、又は滞納者である法人が合併により消滅した場合でも、その財産についての滞納処分は続行することができます（徴139①）。

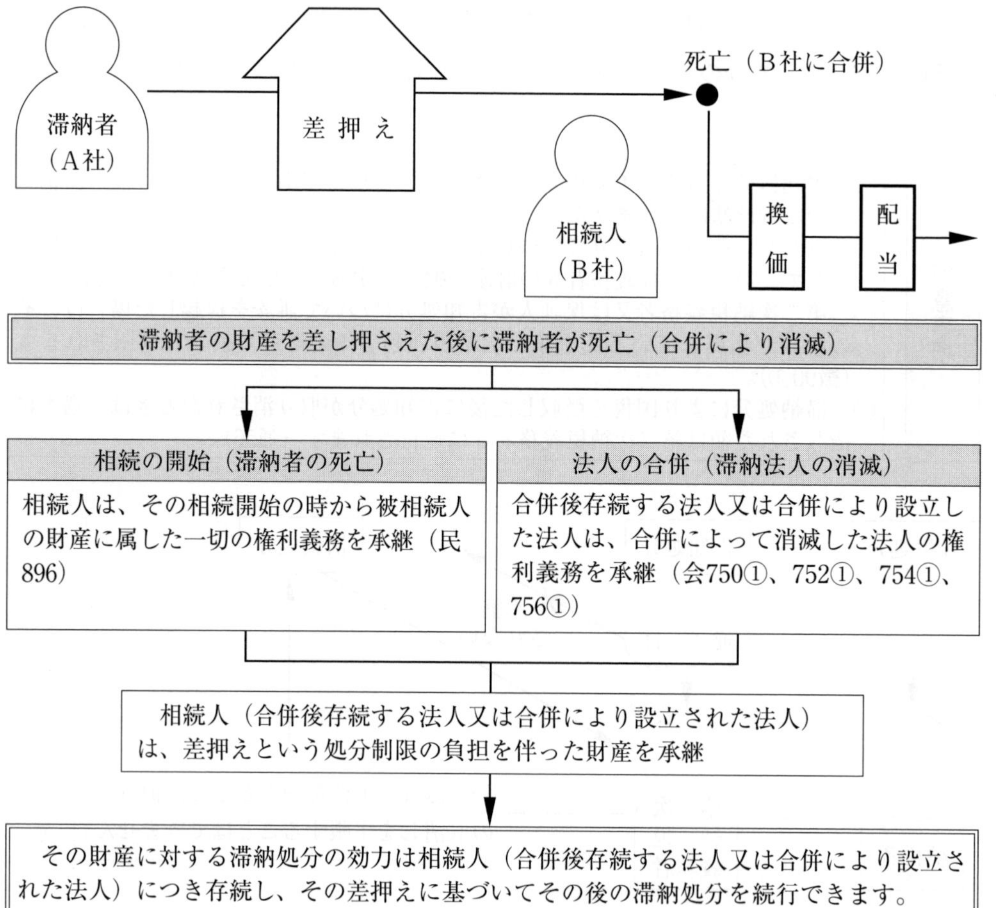

（注１）　滞納者（被相続人又は被合併法人）に対して行った滞納処分の効力は、滞納者が死亡し、又は滞納者である法人が合併により消滅したときであっても別段の手続をとることなく当然に相続人又は合併法人に及びます（徴基通139－１）。

（注２）　法人の合併又は分割が無効であった場合も滞納処分を続行することができます。

例えば、Ａ社がＢ社に吸収合併された後、Ｂ社の国税を徴収するためにＢ社の甲財産を差し押さえた場合において、Ａ社とＢ社の合併を無効とする判決が確定し、甲財産がＡ社に属することとなったときも、滞納処分を続行して甲財産を換価することができます（Ａ社は、Ｂ社の国税について連帯納付義務を負います。通則法９の２）。

⑵　死亡後にした差押えの効力

滞納者が死亡したときは、その相続人が滞納国税を承継する（通５）とともに、滞納者の財産も承継する（民896）ため、滞納者ではなく相続人に対して滞納処分を行う必要があります。

ただし、徴収職員が、滞納者の死亡を知らないで滞納者の名義のままとなっている財産を差し押さえた場合は、名宛人の表示を誤ったにすぎないものとして、その差押えは、相続人に対してされたものとみなされます（徴139②）。

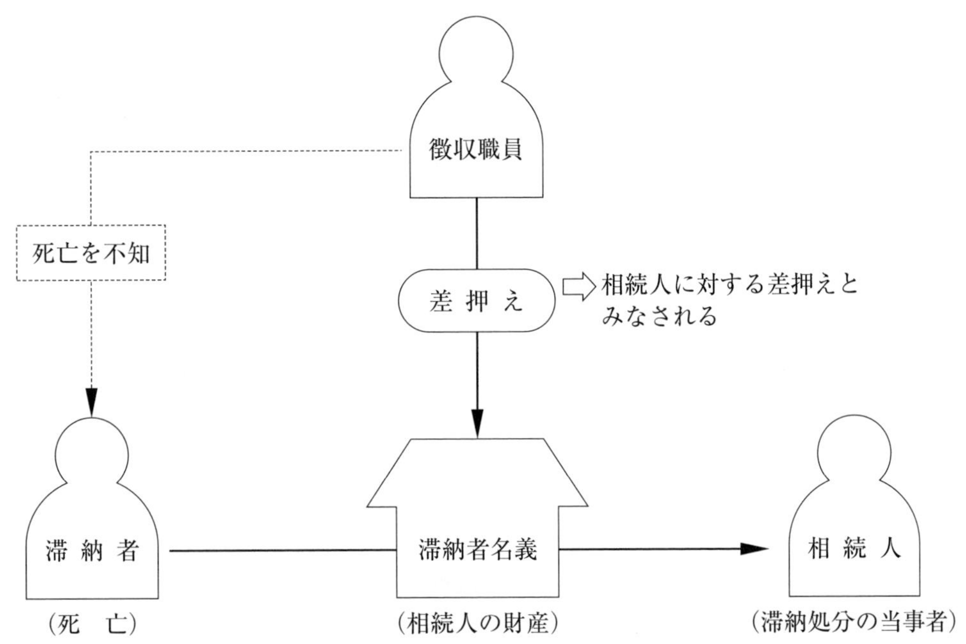

滞納者の名義の財産	財産の帰属を名義によって判断する財産（登記・登録を第三者対抗要件とする不動産、船舶、航空機、自動車や、電子記録債権、振替社債等又は各種記名式有価証券等）に限られず、預金など、社会通念上滞納者の名義の財産と認められるものをいいます（徴基通139－５）。

2　信託の受託者の変更等があった場合の滞納処分の効力

(1)　信託の受託者の任務が終了した場合

信託の受託者の任務が終了した場合において、その任務終了までに既に信託財産に属する財産について執行した滞納処分、及びその任務終了後から新たな受託者の就任までの間に信託財産に属する財産について任務の終了した受託者を名宛人として執行した滞納処分の効力は、別段の手続をとることなく、当然に新受託者に及びます（徴139③、徴基通139－７、信75⑧）。

信　託　「信託」とは、特定の者に対する財産の譲渡等により、特定の者が一定の目的に従い財産の管理又は処分及びその他の当該目的の達成のために必要な行為を行うことをいいます（信２①）。

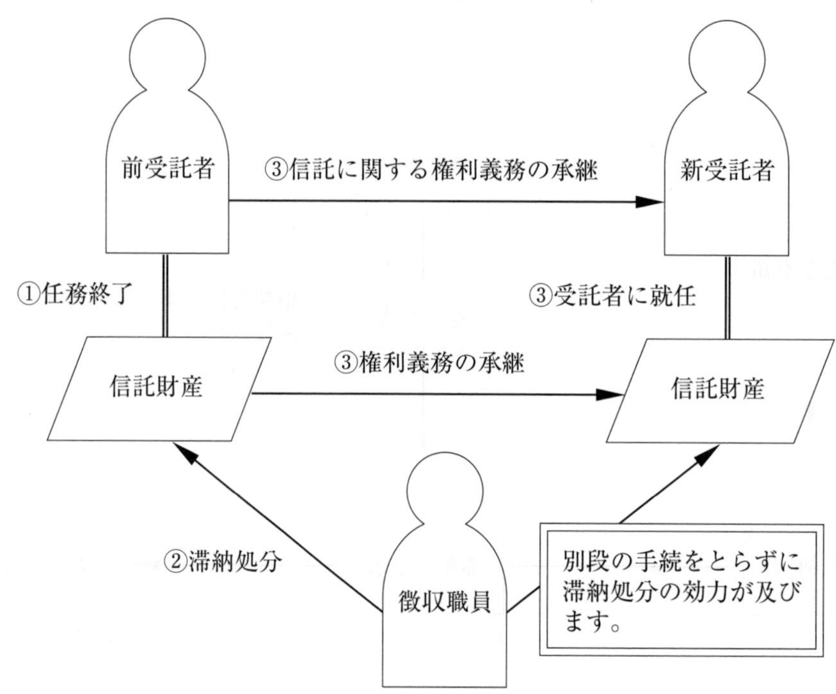

(2)　信託の受託者である法人が分割した場合

信託財産に属する財産について滞納処分を執行した後、信託の受託者である法人としての権利義務を承継する分割が行われた場合は、その分割前の受託者である法人を名宛人として執行した滞納処分の効力は、別段の手続をとることなく、当然に受託者としての権利義務を承継した分割承継法人にも及びます（徴139④、徴基通139－８）。

3　仮差押え又は仮処分がされた財産に対する滞納処分の効力

滞納者の財産について仮差押え又は仮処分がされていても、滞納処分の執行には何ら影響はなく、滞納処分を執行することができます（徴140）。

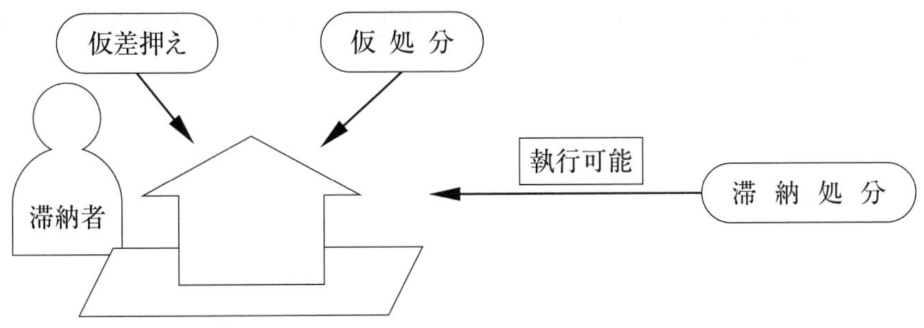

仮差押え　裁判所の決定に係る仮差押え（徴基通140－１、55－10参照）

☞　金銭債権の満足を得るために行う将来の強制執行の保全を期するため、あらかじめ債務者の財産について、債務者の処分権能を差押えにより制限しておくことを目的とする執行手続

仮 処 分　裁判所の決定に係る仮処分（徴基通140－２、55－11参照）

☞　物的状態の変更を目的とする請求権の執行保全として、その現状を維持することを目的とする執行手続

(1)　滞納処分と仮差押えとの関係

イ　仮差押えの効力

仮差押えを受けた財産に対して滞納処分による差押えがされても、仮差押えの効力は消滅しませんが、その財産が滞納処分により換価された場合には消滅します（徴基通140－３）。

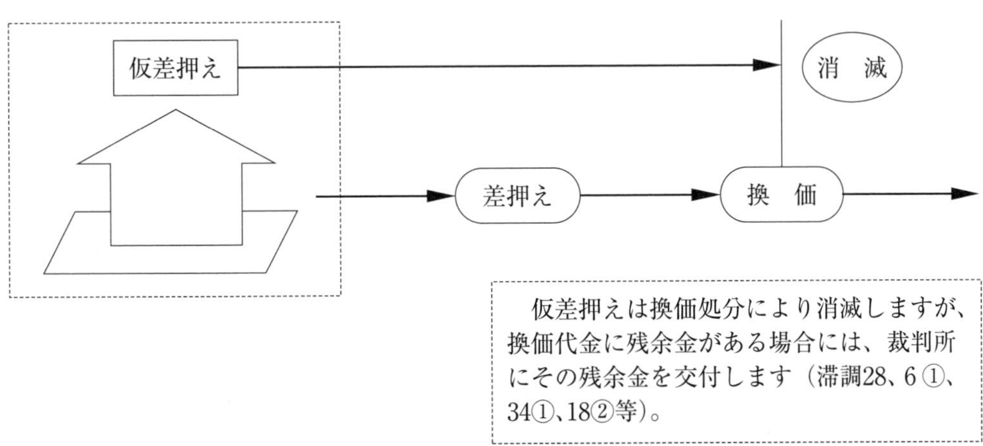

ロ　供託された金銭の差押え

仮差押えを受けた金銭等が仮差押債権者への配当のために供託されている場合は、執行官又は裁判所にその供託金の払戻しを請求し、その払戻しがされた金銭について、徴収法56条１項の規定により差し押さえることができます（徴基通140－５）。

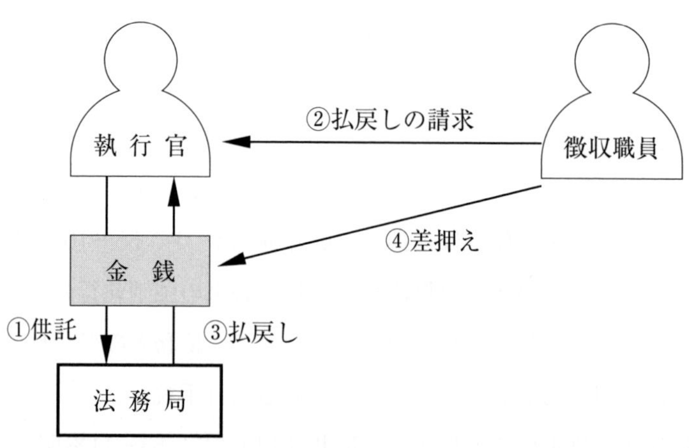

ハ　仮差押えを受けた財産の差押え

仮差押えを受けた財産に対する滞納処分による差押えの手続は、動産（金銭を含みます。）及び有価証券を除き、一般の滞納処分による差押えと異なるところはありません。

留意事項	○　仮差押えを受けた財産を差し押さえた場合には、仮差押えをした保全執行裁判所又は執行官に差押えの通知をする必要があります（徴55三、徴基通140－９）。 ○　仮差押えがされている動産又は有価証券について、執行官による仮差押えの旨の封印その他の表示がしてあるときは、それらの表示は破棄しないこととしています（徴基通140－４）。

各種財産の差押手続☞第５章第２～５節参照

ニ　仮差押解放金の差押え

仮差押解放金　仮差押債務者である滞納者が、仮差押えの執行を停止し、又は取り消すために、仮差押命令の債権の額に相当する額を供託した金銭（民保22参照）

☞　この供託があった場合には、仮差押債務者（滞納者）の有する供託金の取戻請求権に仮差押えの効力が及びます。

○　仮差押解放金に対する滞納処分（徴基通140－７）

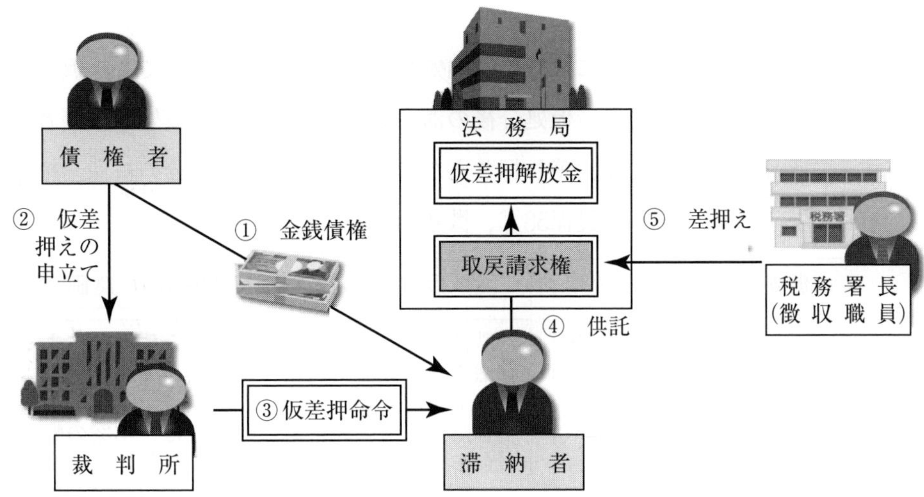

㈱　仮差押債務者である滞納者の有する供託金取戻請求権を差し押さえます。

（参考）

仮差押えがされた滞納者の債権に係る第三債務者が当該金銭債権の額に相当する金銭を供託した場合には、滞納者（仮差押債務者）が仮差押解放金を供託したものとみなされます（民保50③）ので、滞納者の有する供託金還付請求権を差し押さえます（徴基通140－７）。

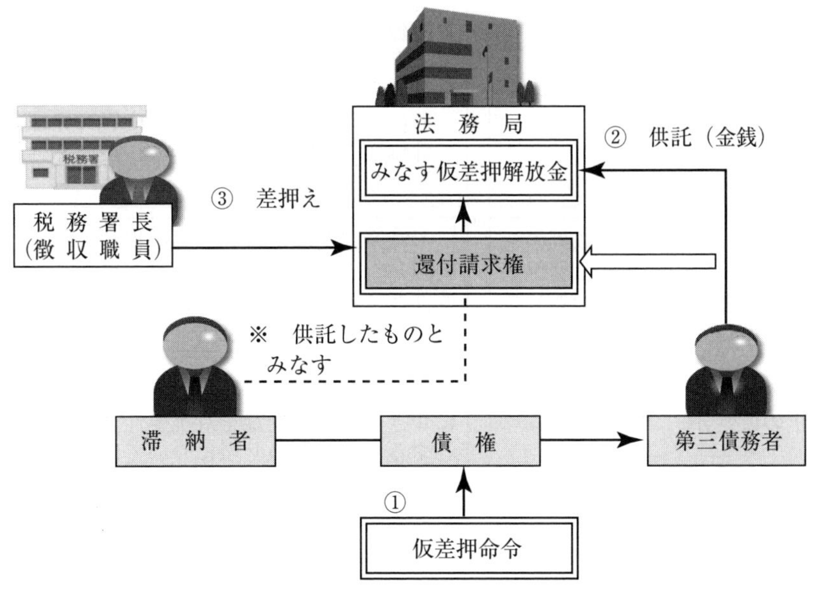

㈱　供託金取戻請求権又は供託金還付請求権を差し押さえたときは、税務署長は、直ちに供託金の払渡しの請求をすることができます（徴基通140－８）。

⑵　滞納処分と仮処分との関係

イ　仮処分の効力

仮処分がされている財産に対して滞納処分による差押えがされても、仮処分の効力は消滅しません。また、仮処分後の滞納処分の差押えは、仮処分債権者に対抗することができないため、差し押さえた財産の換価は、仮処分の被保全権利の内容等に応じて行います（民保58①、徴基通140－13～20参照）。

仮処分の内容	仮処分の効力と差押財産の換価
①不動産の所有権についての登記請求権を保全するための処分禁止の仮処分（例１参照）	滞納処分による差押えは仮処分債権者による所有権に係る登記に対抗することができません（民保58①②）。 したがって、差押財産の換価は、本案の帰すうが定まるまでの間は行わないこととしています。
②不動産の所有権以外の権利の移転又は消滅についての登記請求権を保全するための処分禁止の仮処分	仮処分債権者が登記をしても、滞納処分による差押えは効力を失いません（民保58①）。 ただし、差押財産の換価は、不動産を仮処分の負担付きで換価する場合等を除き、本案の帰すうが定まるまでの間は行わないこととしています（徴基通89－９、124－６）。
③不動産の所有権以外の権利の保存、設定又は変更についての登記請求権を保全するための処分禁止の仮処分 （担保権の場合☞例２参照）	仮処分債権者が登記をしても、滞納処分による差押えは効力を失いません（民保58①）。 この場合、 イ　仮処分が担保権の保存、設定又は変更についての処分禁止の仮処分であるときは換価を行うことができます（徴133③、徴令50④）。 ロ　仮処分が不動産の使用又は収益をする権利の保存、設定又は変更についての処分禁止の仮処分であるときは、本案の帰すうが定まるまでの間は、その権利の有無及び内容（売却条件及び評価額）が定まらないため、換価を行わないこととしています。
④不動産に関する権利以外の権利についての登記又は登録請求権を保全するための処分禁止の仮処分	不動産に関する権利以外の権利で、その処分の制限につき登記又は登録を対抗要件又は効力発生要件とするものについては、上記①から③までに掲げるところに準じます（民保54、61）。
⑤その他の財産に対する処分禁止の仮処分	不動産及び不動産以外の権利でその処分の制限につき登記又は登録を対抗要件又は効力発生要件とするもの以外の財産については、上記①から③までに掲げるところに準じて取り扱うこととしています。

⑥物の引渡し又は明渡しの請求権を保全するための占有移転禁止の仮処分	仮処分債権者が、債務名義に基づき物の引渡し又は明渡しの強制執行をしても、滞納処分による差押えは効力を失いません（民保58、62）。 ただし、仮処分債権者は、債務名義に基づき仮処分がされたことを知ってその物を占有した者（滞納処分による換価の買受人）に対し、その物の引渡し又は明渡しの強制執行をすることができるため、差押財産の換価は、本案の帰すうが定まるまでの間は行わないこととしています（民保62）。
⑦建物収去土地明渡請求権を保全するための建物の処分禁止の仮処分	仮処分債権者は、差押登記の抹消を請求することはできません（民保58）が、債務名義に基づき建物の収去及びその敷地の明渡しの強制執行を行うことができます（民保64）。 したがって、仮処分債権者は、債務名義に基づき処分禁止の登記がされた後に建物を譲り受けた者（滞納処分による換価の買受人）に対し、建物の収去及びその敷地の明渡しの強制執行を行うことができるため、差押財産の換価は、本案の帰すうが定まるまでの間は行わないこととしています（民保64）。
⑧その他係争物に係る仮処分	仮処分債権者が、債務名義に基づき強制執行をしても、滞納処分による差押えは効力を失いません。 ただし、仮処分の効力は、滞納処分による換価によって消滅しないため、差押財産の換価は、本案の帰すうが定まるまでの間は行わないこととしています。

㈱　本案（民保１）の帰すうの形態としては、仮処分債権者の勝訴判決又は敗訴判決の確定、和解及び仮処分債権者と仮処分債務者との共同申請による登記の実現等があります。

○　**民事保全法における仮処分の執行方法（不動産の登記請求権の場合）（民保53）**

仮処分の被保全権利	仮処分の執行方法（登記）
不動産の所有権の移転登記、保存登記、移転登記の抹消、移転登記の抹消回復の登記等所有権についての登記請求権	不動産登記簿の甲区に「処分禁止の登記」がされます。
抵当権の移転登記、抵当権の抹消登記等所有権以外の権利の移転又は消滅についての登記請求権	不動産登記簿の乙区に「処分禁止の登記」がされます。
先取特権の保存登記、抵当権の設定登記、その抹消回復の登記等所有権以外の権利の保存、設定又は変更についての登記請求権	不動産登記簿の甲区（処分禁止の対象となる権利が所有権以外の権利であるときは乙区）に「処分禁止の登記」が、乙区に「保全仮登記」がされます。

占有移転禁止の仮処分

「占有移転禁止の仮処分」とは、物の引渡し又は明渡しの請求権を保全するため、債務者に対し、その物の占有の移転を禁止するとともに、執行官にその物を保管させ、かつ、占有の移転の禁止及び執行官による保管を公示する仮処分をいいます（民保62）。

☞　この仮処分は、所有者が不法占拠者に目的物の返還を請求する場合、売買契約・賃貸借契約に基づき買主・賃借人が目的物の引渡しを請求する場合、賃貸借契約終了により賃貸人が目的物の返還を請求する場合等において、占有関係が転々とするのを防止するために行われます。

（例１）　仮処分の被保全権利が所有権移転登記請求権の場合

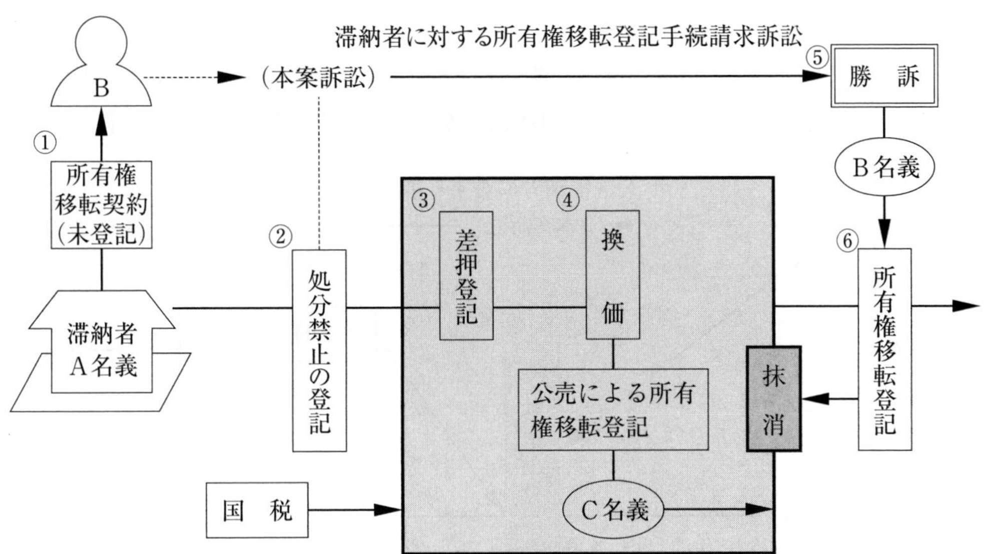

滞納処分による換価（公売）により、買受人Ｃへの所有権移転登記を行っても、仮処分債権者Ｂが、滞納者Ａに対する所有権移転登記手続請求訴訟で勝訴（確定）し、その権利の行使がされると、仮処分債権者Ｂ名義に所有権移転登記がされます。この場合、換価（公売）による買受人Ｃへの所有権移転登記が抹消されることになります。

(例２)　仮処分の被保全権利が抵当権設定登記請求権の場合

①　**換価前に本案訴訟終結の場合**　☞　抵当権の本登記をするのみで、滞納処分は何ら影響を受けません。その後に換価されると、抵当権者Ｂは配当を受け、その抵当権設定登記が抹消されます。

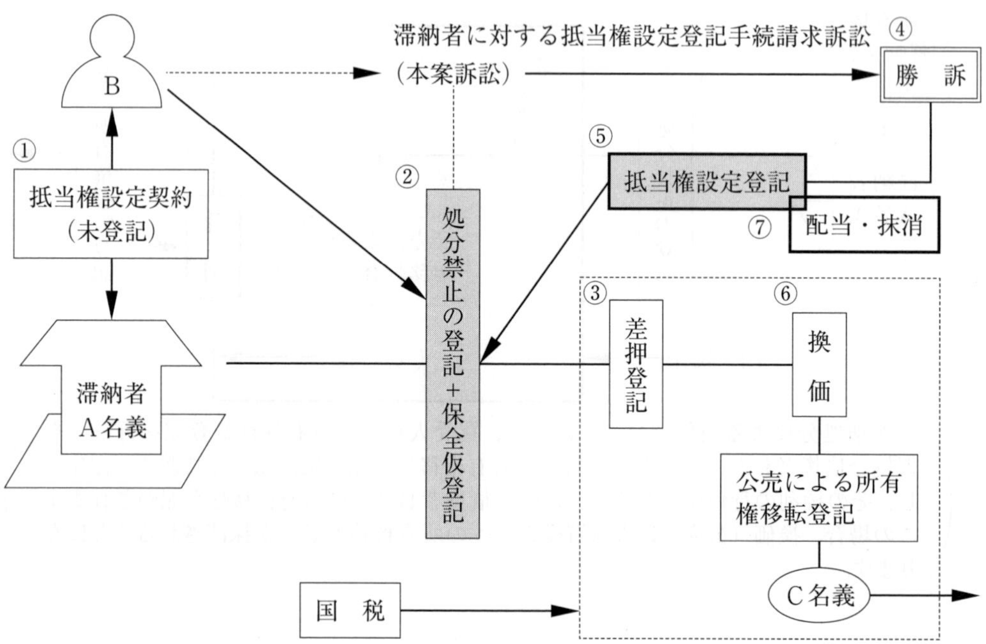

②　**換価後に本案訴訟終結の場合**　☞　滞納処分の換価により仮処分登記を抹消するとともに被保全権利が本案訴訟で実現したときに換価により配当を受けるべき金額は供託します。

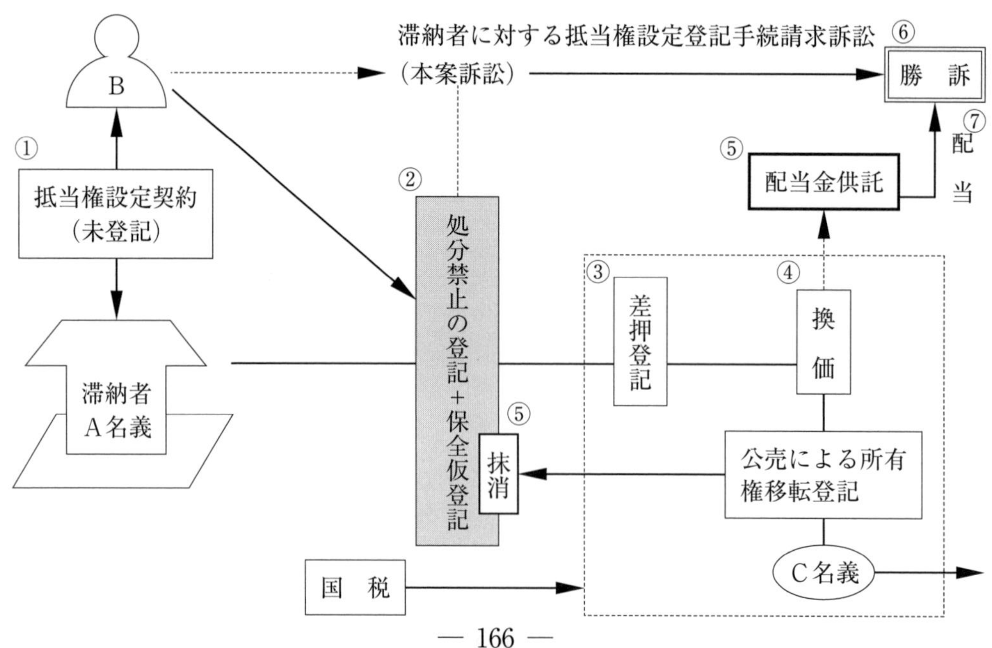

（参考）滞納処分と仮処分の関係（不動産の差押えの場合）

仮処分の被保全権利		仮処分の執行方法	仮処分債権者が本案に勝訴した場合の差押えの帰すう	差押財産の換価
所有権についての登記請求権 （民保53①）		所有権の処分禁止の登記（甲区） （例）真実の所有者による所有権移転登記請求権保全	仮処分債権者に対抗できず、差押登記は抹消されます。 （民保58①②）	本案訴訟の帰すうが定まるまでの間は、差押財産の所有者が定まらないため、換価しません。
用益権又は担保物権についての登記請求権	用益権又は担保物権の移転又は消滅についての登記請求権 （民保53①）	用益権の処分禁止の登記（乙区） （所有権の処分は禁止されません。） （例）・地上権譲受人による地上権移転登記請求権保全 ・地主による地上権抹消登記請求権保全	差押えは影響を受けません。 ただし、仮処分時に遡って、不動産上の用益権が消滅するか、用益権者が交替します。	差押え前に設定された用益権は買受人が引き受けます。 用益権の消滅の場合は、本案訴訟の帰すうが定まるまでの間は用益権の有無が定まらないため換価しません。 用益権の移転の場合は、負担付で評価及び換価が可能です。
		担保物権の処分禁止の登記（乙区） （所有権の処分は禁止されません。） （例）・債権譲受人による抵当権移転登記請求権保全 ・地主による抵当権抹消登記請求権保全	差押えは影響を受けません。 ただし、換価によっても仮処分の効力は消滅せず、仮処分時に遡って、不動産上の担保物権が消滅するか、担保権者が交替します。	換価をすれば、買受人に仮処分付の担保物件を引き受けさせることとなるなどの問題が生じるため、本案訴訟の帰すうが定まるまでの間は、換価しません。
	用益権又は担保物権の保存、設定又は変更についての登記請求権 （民保53②）	本案訴訟の相手方が土地所有権者である場合には所有権の処分禁止の登記がされ、本案訴訟の相手方が用益権者である場合には用益権の処分が禁止されます。 ①　所有権の処分禁止の登記（甲区）＋保全仮登記（乙区） （例）・地上権者による地上権設定登記請求権保全 ・地上権者による地上権（存続期間）変更登記請求権保全 ②　用益権の処分禁止の登記（乙区）＋保全仮登記（乙区） （例）・地主による地上権（地代）変更登記請求権保全	差押えは影響を受けません。 ただし、仮処分時に遡って不動産上に用益権の負担が生じるか、又は既存の用益権の内容が変更されます。 (注)　所有権の処分禁止の登記の後にされた所有権移転の登記は、仮処分債権者が本案訴訟に勝訴した場合でも抹消されません。	差押え前に設定された用益権は買受人が引き受けます。 本案訴訟の帰すうが定まるまでの間は用益権の有無及び内容が定まらないため、換価しません。
		本案訴訟の相手方が土地所有権者である場合には所有権の処分禁止の登記がされ、本案訴訟の相手方が担保権者である場合には担保	差押えは影響を受けません。 換価により仮処分の効力は消滅します。 ただし、仮処分債権者にも配当（供託）	いつでも換価が可能です。

		物権の処分が禁止されます。 ①　所有権の処分禁止の登記（甲区）＋保全仮登記（乙区） （例）・抵当権者による抵当権設定登記請求権保全 ・根抵当権者による抵当権変更（極度額増額）登記請求権保全 ②　担保物権の処分禁止の登記（乙区）＋保全仮登記（乙区） （例）・転抵当権者による転抵当登記請求権保全 ・抵当権の順位譲受人による順位譲渡登記請求権保全	します（徴133③）。 ㈵　所有権の処分禁止の登記の後にされた所有権移転の登記は、仮処分債権者が本案訴訟に勝訴した場合でも抹消されません。	

ロ　仮処分がされた財産の差押え

仮処分がされた財産に対する滞納処分による差押えの手続は、一般の滞納処分による差押えと異なるところはありません。

留意事項	○　仮処分がされている財産を差し押さえた場合には、仮処分をした保全執行裁判所又は執行官に差押えの通知をする必要があります（徴55三）。 ○　滞納処分による差押え後に仮処分（民保23①）が執行された場合は、その仮処分は差押えに対抗することができないので、滞納処分による換価によって仮処分は消滅します（民執59③参照）。 ○　ただし、仮処分債権者が、本案において実体上の所有権を主張しているときは、本案の帰すうが定まるまでの間は換価を行わないものとしています（徴基通140－21）。

各種財産の差押手続☞第５章第２～５節参照

ハ　仮処分解放金の差押え

仮処分解放金　仮処分債務者である滞納者が、仮処分の執行を停止し、又は取り消すために、仮処分命令の債権の額に相当する額を供託した金銭（民保25）

☞　被保全権利が金銭の支払を受けることを目的とするものであるときに限り定めることができます。

○　仮処分解放金の差押え（徴基通140－23）

①　一般の仮処分に基づく仮処分解放金（一般型仮処分解放金）が供託された場合

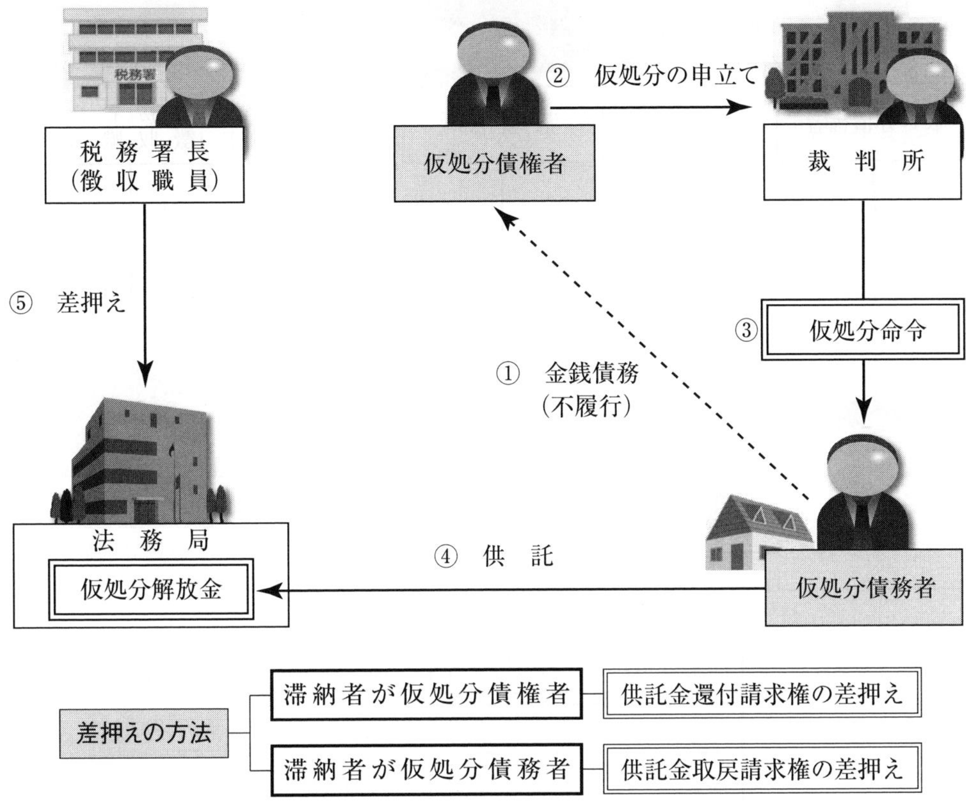

(注)　一般型仮処分解放金の供託は、目的物の引渡請求権の保全のための占有移転禁止の仮処分等に基づいて行われます。

②　詐害行為取消権（民424①）を保全するための仮処分に基づく仮処分解放金（特殊型仮処分解放金）が供託された場合

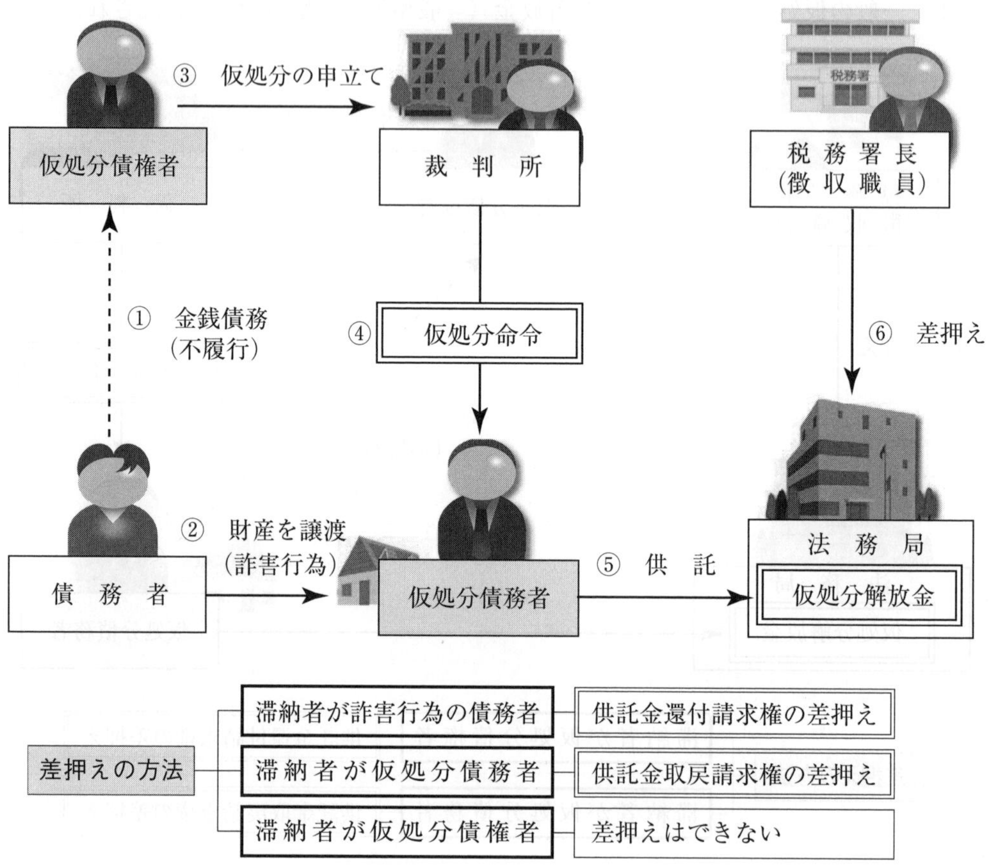

(注)　特殊型仮処分解放金が供託された場合には、仮処分債権者は供託金還付請求権を有しません（民保65参照）。

○　仮処分解放金の取立て（徴基通140−24）

<table>
<tr><th colspan="2">差押えの執行方法</th><th>供託所に対して供託金の払渡しを請求することができるとき</th><th>供託金払渡しの請求方法</th></tr>
<tr><td rowspan="2">一般型仮処分解放金</td><td>供託金還付請求権差押えの場合</td><td>①仮処分債権者の本案訴訟の勝訴が確定したとき
②勝訴判決と同一内容の和解又は調停が成立したとき</td><td>供託物払渡請求書に次の書類を添付（民訴91③、民保５参照）
①確定判決の正本及びその確定証明書（民訴規48参照）又は和解調書、調停調書
②仮処分の被保全権利と本案の訴訟物との同一性を証する書面（仮処分申立書、仮処分命令決定書等をいいます。以下同じ。）</td></tr>
<tr><td>供託金取戻請求権差押えの場合</td><td>①仮処分の本案判決の確定前に仮処分の申立てが取り下げられたとき
②仮処分債権者の本案訴訟の敗訴が確定したとき</td><td>供託物払渡請求書に次の書類を添付
①仮処分の申立てが取り下げられたことを証する書面又は本案判決の正本及びその確定証明書
②仮処分の被保全権利と本案の訴訟物との同一性を証する書面</td></tr>
<tr><td rowspan="3">特殊型仮処分解放金</td><td rowspan="2">供託金還付請求権差押えの場合</td><td>仮処分の執行が仮処分解放金の供託により取り消され（民保57①参照）、かつ、本案訴訟の判決が確定した後に仮処分債権者が詐害行為の債務者の有する供託金還付請求権に対して強制執行をしたとき</td><td>供託物払渡請求書に執行裁判所から交付を受けた支払証明書を添付</td></tr>
<tr><td>仮処分債権者が供託金還付請求権に対する強制執行の申立てを取り下げたとき</td><td>供託物払渡請求書に次の書類を添付
①本案判決の正本及びその確定証明書
②仮処分の被保全権利と本案の訴訟物との同一性を証する書面
③仮処分債権者の強制執行の申立てが取り下げられたことを証する書面</td></tr>
<tr><td>供託金取戻請求権差押えの場合</td><td>①本案の勝訴判決の確定前に仮処分の申立てが取り下げられたとき
②仮処分債権者が本案訴訟で敗訴したとき</td><td>供託物払渡請求書に次の書類を添付
①仮処分の申立てが取り下げられたことを証する書面又は本案判決の正本及びその確定証明書
②仮処分の被保全権利と本案の訴訟物との同一性を証する書面（仮処分債権者が本案訴訟で敗訴した場合）</td></tr>
</table>

⑶　担保の差押え

仮差押え又は仮処分の債務者である滞納者が、民事保全法（32③、38③、39①）等の規定により仮差押え又は仮処分の取消しのための担保として金銭又は有価証券を供託しているとき（民保４）は、滞納者の有する供託物取戻請求権を差し押さえることができます（徴基通140－25）。

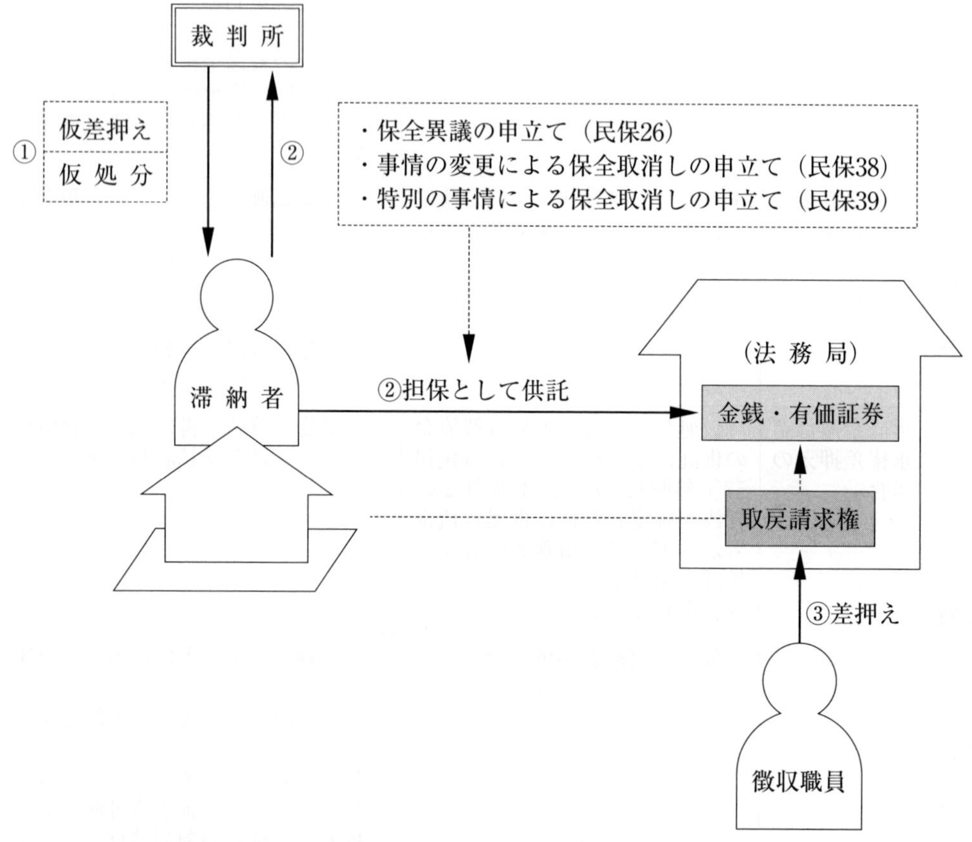

第３節　滞納処分の引継ぎ

滞納処分は、納税者の納税地を所轄する税務署長が行うこととされています（☞第１章第２節参照）が、滞納者の財産が他の税務署の管轄区域内にある等の場合には、事務効率等の観点から他の税務署長等に対して滞納処分の引継ぎをすることができます。

滞納処分の引継ぎ　「滞納処分の引継ぎ」とは、滞納処分の可能な段階にある国税について、滞納処分をすることができる権限の全部又は一部を引き継ぐことをいいます。

１　通常の滞納処分の引継ぎ

⑴　滞納処分の引継ぎができる場合

滞納者の納税地を所轄する税務署長又は国税局長（以下この節において「引継庁」といいます。）は、差し押さえるべき財産又は差押財産がその管轄区域外にあるときは、その財産の所在地を所轄する税務署長又は国税局長に滞納処分の引継ぎをすることができます（徴182②）。

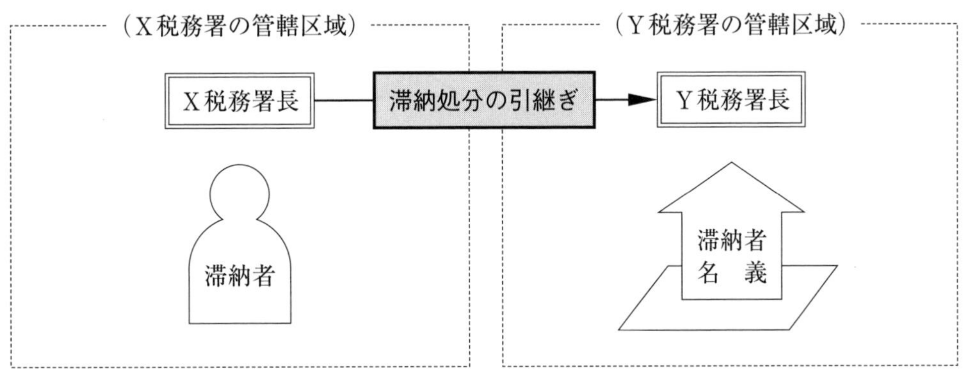

㈲　国税局長は、その管轄区域内の地域を所轄する税務署長に滞納処分の引継ぎをすることができます（徴182②かっこ書）。

⑵　滞納処分の引継ぎによって引き継がれる権限（徴基通182－１－２⑴）

引き継がれる権限	引き継がれない権限
滞納処分に関する権限の全部又は一部 （財産の差押え、交付要求、債権の取立て、公売、換価代金の配当、供託、交付要求により交付を受ける金銭の受領等）	滞納処分に関する権限以外 （納税の猶予、換価の猶予、滞納処分の停止、延滞税の免除等）

(3)　滞納処分の引継ぎの態様

滞納処分の引継ぎの態様は、次のとおりです。

なお、滞納処分の引継ぎを受けた税務署長又は国税局長（以下この節において「引受庁」といいます。）から更に他の税務署長又は国税局長への滞納処分の引継ぎはできません（徴基通182－２(1)）。

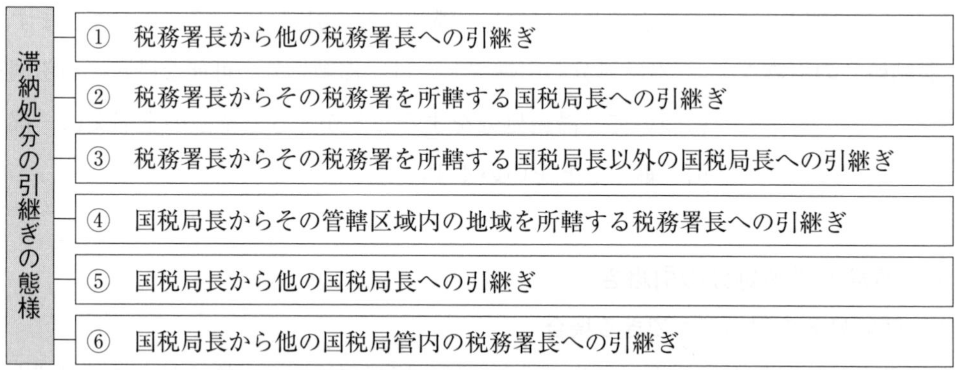

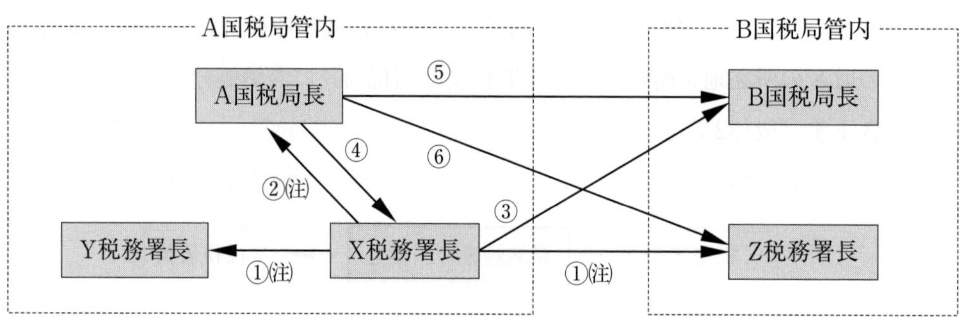

(注)　税務署長から他の税務署長への引継ぎ、及び税務署長からその税務署を所轄する国税局長への引継ぎは、徴収の引継ぎ（☞第１章第２節１(3)参照）によることもできます（通43③④、徴基通182－１－２(注)）。

2　公売事案の滞納処分の引継ぎ

(1)　滞納処分の引継ぎができる場合

滞納者の納税地を所轄する税務署長は、差押財産又は参加差押不動産を換価に付するため必要があると認めるときは、他の税務署長又は国税局長に滞納処分の引継ぎをすることができます（徴182③）。

この場合の滞納処分の引継ぎは、１の通常の滞納処分の引継ぎと異なり、その差押財産の所在地にかかわらず行うことができます。

（例１）

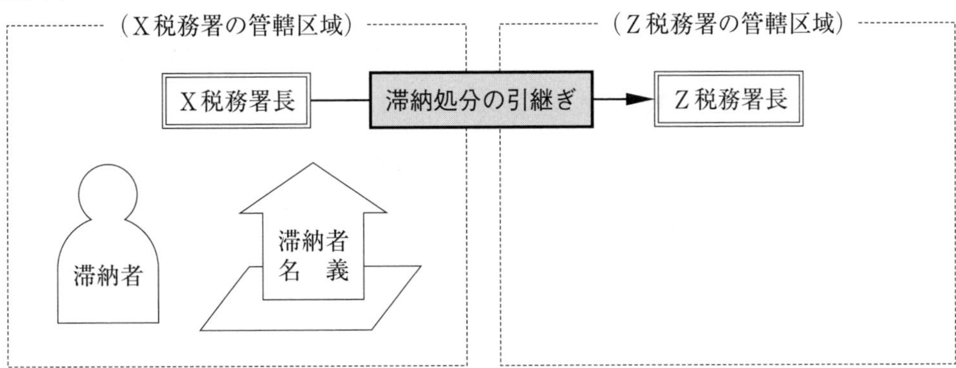

（例２）

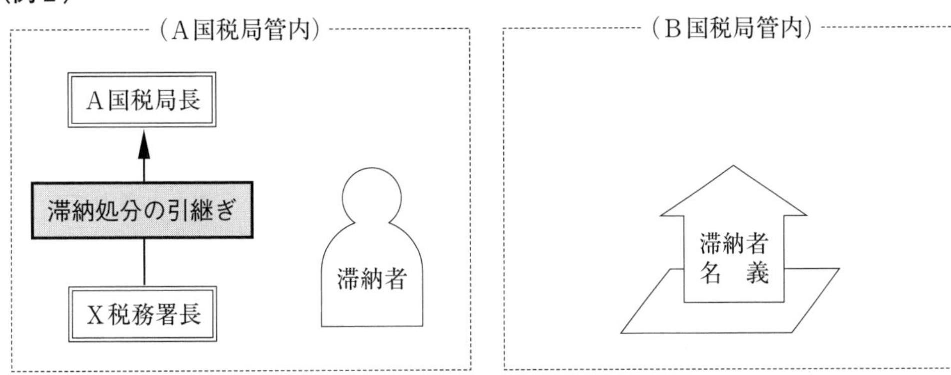

⑵　滞納処分の引継ぎによって引き継がれる権限（徴基通182－１－２⑵）

引き継がれる権限	引き継がれない権限
差押財産又は参加差押不動産を換価することができる権限の全部又は一部 （差押財産又は参加差押不動産の評価、公売、換価代金の配当、充当及び換価執行決定）	換価以外の権限 （財産の差押え、交付要求、納税の猶予、延滞税の免除等）

⑶　滞納処分の引継ぎの態様

滞納処分の引継ぎの態様は、次のとおりです。

なお、公売事案の滞納処分の引継ぎは、⑴の通常の滞納処分の引継ぎと異なり、国税局長から引継ぎをすることはできません。

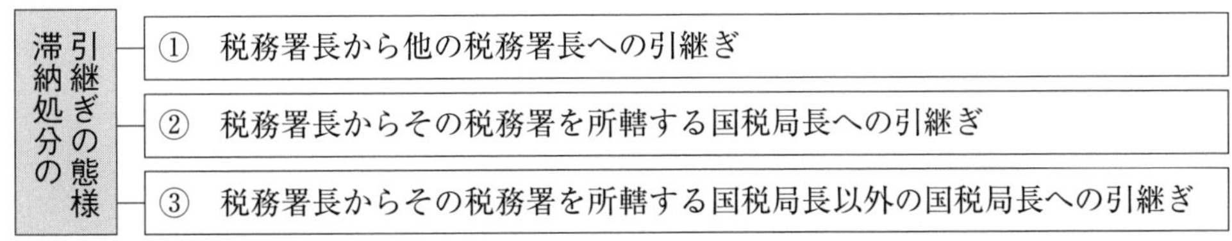

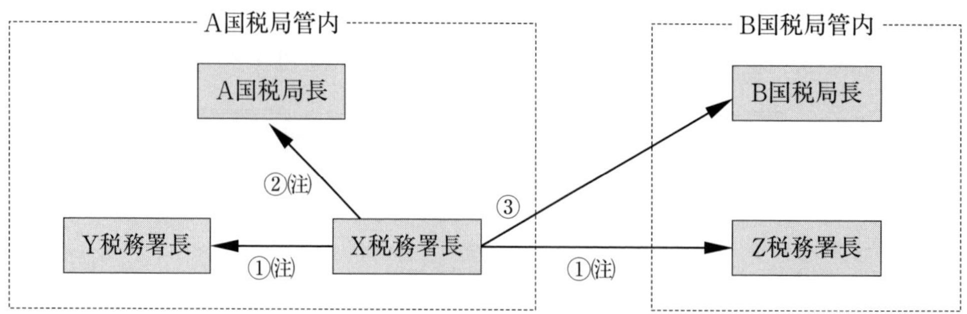

㈱　税務署長から他の税務署長への引継ぎ、及び税務署長からその税務署を所轄する国税局長への引継ぎは、徴収の引継ぎ（☞第１章第２節１⑶参照）によることもできます（通43③④、徴基通182－１－２㈱）。

3　滞納処分の引継ぎの手続

⑴　滞納者への通知

滞納処分の引継ぎを受けた引受庁は、遅滞なく、その旨を滞納者に通知するものとされており（徴182④）、この通知は、原則として書面により行うこととされています（徴基通182－３）。

⑵　滞納処分の引継ぎの効力発生の時期とその効果

効力発生の時期	原則として滞納処分の引継ぎをする旨の書面等が引受庁に到達した時です（緊急の場合には口頭による引継ぎもできます。）。
引継ぎの効果	①　滞納処分の引継ぎを受けた税務署長は、その管轄区域内にある滞納者の財産に対して、引継ぎを受けた事項に関する滞納処分又は換価をすることができます。
	②　滞納処分の引継ぎをした税務署長は、引継ぎによっても、その引継ぎに係る国税についての処分権限を失わず、滞納処分の引継ぎ後においても引き続いて滞納処分又は換価をすることができます。

（参考）　滞納処分の引継ぎと徴収の引継ぎ

項　　目	滞納処分の引継ぎ	徴収の引継ぎ
引継庁の処分権限	引継ぎに係る国税についての処分権限あり	引継ぎに係る国税についての処分権限なし
引受庁の処分権限	引継ぎに係る国税についての差押え、換価等に限られる。	徴収に関する一切の権限（督促、滞納処分、納税の猶予等）
引受庁からの再引継ぎ	引受庁は、更に他の税務署長等に滞納処分の引継ぎをすることができない（徴基通182－２）。	引受庁は、更に他の税務署長等に徴収の引継ぎをすることができる。
税務署長から他の国税局長への引継ぎ	税務署長からその税務署を所轄する国税局長以外の国税局長に引き継ぐことができる（徴基通182－２）。	税務署長からその税務署を所轄する国税局長以外の国税局長に引き継ぐことができない（通43③）。

４　税関長による滞納処分の引継ぎ

⑴　通常の滞納処分の引継ぎ

税関長は、保税地域からの引取りに係る消費税、酒税等の消費税等の徴収に当たり、差し押さえるべき財産又は差し押さえた財産がその管轄区域外にあるときは、その財産の所在地を管轄する税関長に滞納処分の引継ぎをすることができます（徴183②）。

⑵　公売事案の滞納処分の引継ぎ

税関長は、差押財産を換価に付するため必要があると認めるときは、その差押財産の所在地にかかわらず、他の税関長に滞納処分の引継ぎをすることができます（徴183④）。

⑶　税関長から税務署長等への滞納処分の引継ぎ

税関長は、保税地域からの引取りに係る消費税、酒税等の消費税等の徴収に当たり、差し押さえるべき財産又は差し押さえた財産が滞納処分を著しく困難とする地域にあるときは、これらの財産の所在地を管轄する税務署長又は国税局長に滞納処分の引継ぎをすることができます（徴183③）。

著しく困難とする地域にあるとき（徴基通183－１）	①　財産が管轄区域内にある場合において、その所在が税関官署から遠隔の地にある又は交通不便であるため、その税関所属の徴収職員による滞納処分の執行が著しく困難なとき
	②　財産が管轄区域外にある場合において、その所在地を管轄する他の税関長に滞納処分を引継ぎをしても、その財産が引継ぎを受ける税関長の属する税関官署から遠隔の地にある又は交通不便であるため、その税関所属の徴収職員による滞納処分の執行が著しく困難と認められるとき

⑷　滞納者への通知

税関長による滞納処分の引継ぎがあった場合には、引受庁である税務署長、国税局長又は税関長は、遅滞なく、その旨を原則として書面で滞納者に通知するものとされています（徴183⑤、182④、徴基通183－２）。

第４節　滞納処分の対象となる財産

差押えの対象となる財産は、次の要件を備えているものでなければなりません。

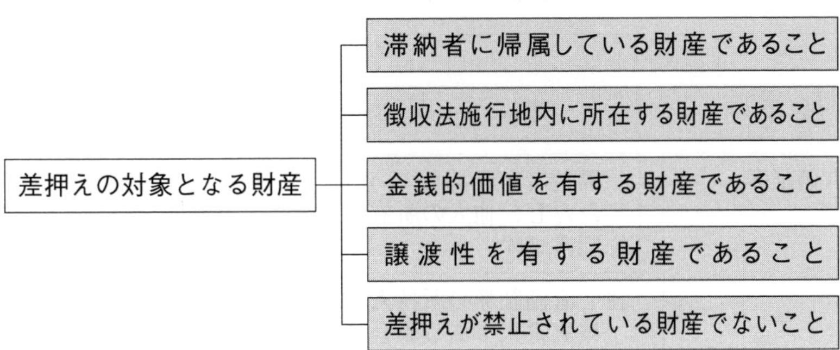

1　財産の帰属認定

差押えの対象となる財産は、差押えをする時に滞納者に帰属しているものでなければなりません（徴基通47－５）。

(1)　一般の帰属認定

財産が滞納者に帰属するかどうかの判定は、次に掲げる事項を参考として行います（徴基通47－20）。

財産の種類	事項
①　動産及び有価証券	滞納者が所持していること（民186、会131参照）。ただし、他人の所有に属することが明らかなものを除きます。 ㈾　有価証券の所持人が取立委任裏書又は質入裏書の被裏書人である場合には、その所持人の財産としてその有価証券を差し押さえることはできません。
②　登録国債、振替社債等	登録又は記載若しくは記録名義が滞納者であること（国債３、社振66、88、128等）。 ㈾　登録国債、振替社債等については、券面は発行されません。
③　登記・登録された不動産、船舶、航空機、自動車、建設機械、小型船舶及び電話加入権、地上権、鉱業権等の権利並びに特許権その他の無体財産権等	登記・登録の名義人が滞納者であること（民177、商686、船舶法５①、建設機械抵当法３①、小型船舶の登録等に関する法律４、道路運送車両法５①、航空法３の３、電気通信事業法附則９②、鉱59・60、特66①等）。
④　未登記の不動産所有権その他の不動産に関する権利及び未登録の著作権	その占有の事実、家屋補充課税台帳（又は家屋台帳）、土地補充課税台帳（又は土地台帳）その他帳簿書類の記載等により滞納者に帰属すると認められること。
⑤　持分会社の社員の持分	定款又は商業登記簿における社員の名義が滞納者であること（会576、908、912～915等参照）。
⑥　株　式	株主名簿の名義人が滞納者であること（会121、130①）。 ㈾　定款で株券を発行する定めのある株式（会214）及び社債株式等振替法による振替対象となっている株式を除きます。
⑦　債　権	借用証書、預金通帳、売掛帳その他取引関係帳簿書類等により、滞納者に帰属すると認められること。 ㈾　電子記録債権を除きます。
⑧　電子記録債権	記録原簿の記録名義が滞納者であること。

⑵　滞納者の名義でない場合の帰属認定

⑴の④及び⑦以外の財産については、その所持人又は登記・登録等の名義人が滞納者でない場合であっても、帳簿書類、当事者の陳述等に基づき、次に掲げる事実が明らかであるときは、滞納者の財産として差し押さえることができます（徴基通47－21）。

①　その財産が売買、贈与、交換、出資、代物弁済等により、滞納者に譲渡されたこと。

②　滞納者がその財産を仮装売買等無効な法律行為により、名義人等に譲渡したこと。

③　相続、包括遺贈又は合併に基づく一般承継により、財産の所有権が滞納者に移転していること。

④　上記を除くほか、権利が滞納者に帰属しているにもかかわらず、登記の名義が滞納者以外の者となっていること。

㈱　財産が⑴の②の登録国債並びに③、⑤、⑥及び⑧であるときは、その登記等の名義を滞納者に変更させる必要があります。

⑶　夫婦又は同居の親族の財産の帰属認定

滞納者の配偶者（事実上婚姻関係と同様の事情にある者を含みます。）又は同居の親族が、主として滞納者の資産又は収入によって生計を維持している場合には、その滞納者の住居にある財産で次に掲げるものを除いたものは、その滞納者に帰属する財産と認定して差し押さえることができます（徴基通47－22）。

(除かれる財産)

①　配偶者が婚姻前から有する財産及び婚姻中に自己の名において得た財産（民762①）

②　配偶者が登記された夫婦財産契約に基づき所有する財産(民756、夫婦財産契約登記規則参照)

③　①及び②に掲げる財産以外の財産で配偶者又は同居の親族が専ら使用する財産（昭12.6.17行判）

④　夫婦のいずれに属するか明らかでない財産（共有財産）についての配偶者の持分（民762②参照）

２　財産の所在

差押えの対象となる財産は、徴収法施行地内（日本国内）にあるものでなければなりません。

なお、財産の所在地の判定は、相続税法10条（財産の所在）に定めるところに準じて取り扱うこととしています（徴基通47－６）。

㈱　法施行地域外に滞納者の財産がある場合には、租税条約に基づき、その財産がある国に対する徴収の共助の要請により滞納国税を徴収することができる場合があります（実特11の２参照）。

○　**財産の所在地の判定**（相10）

財　産　の　種　類	所　在　地　の　判　定
①　動産若しくは不動産又は不動産の上に存する権利	・その動産又は不動産の所在地 　ただし、船舶又は航空機については、船籍又は航空機の登録をした機関の所在地（船籍のない船舶についてはその所在地）
②　鉱業権若しくは租鉱権又は採石権	・鉱区又は採石場の所在地
③　漁業権又は入漁権	・漁場に最も近い沿岸の属する市町村又はこれに相当する行政区画（漁51）
④　金融機関に対する預金、貯金、積金又は寄託金で次に掲げるもの イ　銀行又は無尽会社に対する預金、貯金又は積金 ロ　農業協同組合、農業協同組合連合会、水産業協同組合、信用協同組合、信用金庫、労働金庫又は商工組合中央金庫に対する預金、貯金又は積金	・その預貯金等の受入れをした営業所又は事業所の所在地
⑤　保険金（生命保険契約・損害保険契約等）	・その保険の契約に係る保険会社の本店又は主たる事務所の所在地
⑥　退職手当金、功労金その他これらに準ずる給与	・その給与を支払った者の住所又は本店若しくは主たる事務所の所在地
⑦　貸付金債権（売掛債権その他事業取引に関して発生した債権で短期間内（おおむね６月以内）に返済されるべき性質のものを除く。）	・その債務者の住所又は本店若しくは主たる事務所の所在地
⑧　社債若しくは株式、法人に対する出資又は外国預託証券	・その社債若しくは株式の発行法人、その出資のされている法人又は外国預託証券に係る株式の発行法人の本店又は主たる事務所の所在地
⑨　集合投資信託又は法人課税信託に関する権利	・これらの信託の引受けをした営業所又は事業所の所在地

⑩　次の権利で登録されているもの イ　特許権、実用新案権、意匠権又はこれらの実施権 ロ　商標権又は回路配置利用権、育成者権若しくはこれらの利用権	・その登録をした機関の所在地
⑪　著作権、出版権又は著作隣接権でこれらの権利の目的物が発行されているもの	・これを発行する営業所又は事業所の所在地
⑫　上記①から⑪までの財産以外の財産で、営業所又は事業所を有する者の当該営業所又は事業所に係る営業上又は事業上の権利（売掛金、営業権、電話加入権等）	・その営業所又は事業所の所在地
⑬　国債又は地方債	・徴収法の施行地内にあるものとします
⑭　外国又は外国の地方公共団体その他これに準ずるものの発行する公債	・その外国にあるものとします
⑮　その他の財産	・その財産の権利者の住所の所在地

㈱　財産の所在地は、徴収手続の実効性の観点から、相続税法10条に準じて判定する必要があります。

例えば、⑭の財産については、それが日本国内の金融機関等の営業所において取り扱われるものであって、その営業所に対して被差押債権の履行を禁止し、償還期において営業所から履行を受ける（取り立てる）ことができる場合は、国内にある財産として差し押さえることができます。

3　換価性のある財産

⑴　金銭的価値を有すること

差し押さえた財産から滞納国税を徴収するためには、換価により金銭に換えて滞納国税に充てることになりますので、差押えの対象となる財産は、金銭的価値を有するものでなければなりません。

したがって、次に掲げるような金銭的価値のない債権は差押えの対象とはなりません（徴基通47－７）。

①　金銭又は物の給付を目的としない行為（例えば、演奏をすること）を目的とする債権
②　不作為（例えば、競業をしないこと）を目的とする債権
③　金銭又は物を第三者へ給付することを請求する債権

(注)　これらの債権の債務不履行等によって滞納者に損害賠償請求権が生じた場合には、その請求権を差し押さえることができます。

(2)　譲渡又は取立てができるものであること

差し押さえた財産の換価は、売却（徴89①②）又は取立て（徴57①、67①、73⑤、73の２④）のいずれかの方法によって行いますから、差押えの対象となる財産は、譲渡又は取立てができるものでなければなりません。

なお、次に掲げるような財産の差押えについては、それぞれに掲げるところに留意しなければなりません（徴基通47－８）。

財産の内容	差押えの留意事項
指図禁止の手形及び小切手	その手形等に係る債権を徴収法62条の規定により差し押さえることができます。

(注)　指図禁止の手形等については、債権の譲渡に関する方式に従い、かつ、その効力をもってのみ譲渡することができ（手11②、小14②、民467、468参照）、また、取立てをすることができます。

財産の内容	差押えの留意事項
相続権、扶養請求権、慰謝料請求権、財産分与請求権等	その請求権自体を差し押さえることはできません。ただし、その権利の行使により金銭債権等の具体的債権になったときは、その債権を差し押さえることができます。

(注)　相続権等は滞納者の一身に専属する権利で譲渡することはできません。
ただし、その権利の行使により金銭債権等の具体的債権になったときは、その具体的債権は譲渡することができます。

財産の内容	差押えの留意事項
要役地の所有権に従たる地役権又は債権に従たる留置権、先取特権、質権若しくは抵当権	独立した権利として差し押さえることはできません。

（注１）　これらの権利は主たる権利とともにするのでなければ譲渡することができません。

（注２）　抵当権については、民法376条（抵当権の処分）の規定により譲渡することができ、また、根抵当権は、民法398条の12（根抵当権の譲渡）の規定により元本の確定前は根抵当権設定者の承諾を得て譲渡することができますが、これらの譲渡には、滞納処分の換価による権利の移転は含まれません。

財産の内容	差押えの留意事項
老舗権、営業権のような商慣習上の権利	営業と不可分であり、かつ、それによって価値を付加されたものであるため、独立した権利として差し押さえることはできません。

○　譲渡禁止の特約がある財産

当事者間において譲渡を禁止する旨の特約がある財産であっても、差し押さえることができます（徴基通47－９）。ただし、譲渡禁止の特約が登記されている永小作権の換価は、永小作権設定者の同意を得てその特約の登記を抹消した後でなければすることができません（民272ただし書、不登79三、徴基通68－10）。

4　差押禁止財産

差押えの対象となる財産は、法令により差押えが禁止されている財産以外の財産でなければなりません（徴75～78）。

差押禁止財産　最低生活の保障、生業の維持、精神的生活の安寧の保障、社会保障制度の維持など種々の理由から法令により差押えが禁止されている財産

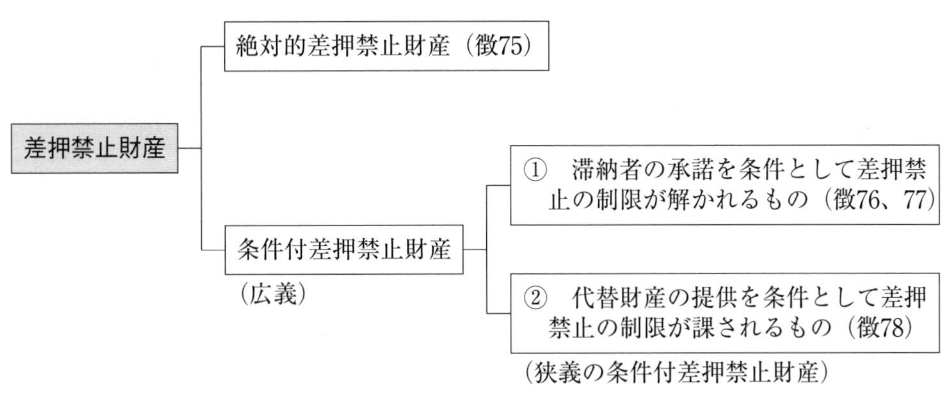

㈱「条件付差押禁止財産」とは、通常、②の財産をいいます。

⑴　絶対的差押禁止財産（一般の差押禁止財産）

次に掲げる財産は、差し押さえることができません（徴75）。これは絶対的に差押えを禁止したものであり、これに該当する財産であることが外観上明白なものを差し押さえたときは、その差押えは無効になります。なお、外観上明白でないものについては、その差押えは直ちに無効となるものではなく（徴基通75－１）、差押禁止財産であることが明らかとなったときに取り消されることになります。

一般の差押禁止財産（徴75）

① 滞納者及び滞納者と生計を一にする親族の生活に欠くことができない衣服、寝具、家具、台所用具、畳及び建具（１号）

㈲ 畳及び建具は、これが属する建物その他の工作物とともにするときは、差し押さえることができます（徴75②）。

② 滞納者及び滞納者と生計を一にする親族の生活に必要な３月間の食料及び燃料（２号）

③ 主として自己の労力により農業を営む者の農業に欠くことができない器具、肥料、労役の用に供する家畜及びその飼料並びに次の収穫まで農業を続行するために欠くことができない種子その他これに類する農産物（３号）

④ 主として自己の労力により漁業を営む者の水産物の採捕又は養殖に欠くことができない漁網その他の漁具、えさ及び稚魚その他これに類する水産物（４号）

⑤ ③の農業者及び④の漁業者を除く技術者、職人、労務者その他の主として自己の知的又は肉体的な労働により職業又は営業に従事する者のその業務に欠くことができない器具その他の物（商品は除く。）（５号）

⑥ 実印その他の印で職業又は生活に欠くことができないもの（６号）

⑦ 仏像、位牌その他礼拝又は祭祀に直接供するため欠くことができない物（７号）

⑧ 滞納者に必要な系譜、日記及びこれに類する書類（８号）

⑨ 滞納者又はその親族が受けた勲章その他名誉の章票（９号）

⑩ 滞納者又は滞納者と生計を一にする親族の学習に必要な書籍及び器具（10号）

⑪ 発明又は著作に係るもので、まだ公表していないもの（11号）

⑫ 滞納者又は滞納者と生計を一にする親族に必要な義手、義足その他の身体の補足に供する物（12号）

⑬ 建物その他の工作物について、災害の防止又は保安のため法令の規定により設備しなければならない消防用の機械又は器具、避難器具その他の備品（13号）

㈲ これらの器具等を建物その他の工作物とともにするときは、差し押さえることができます（徴75②）。

なお、徴収法に規定する財産以外の財産であっても、他の法令により差押えが禁止されているものがありますので、注意を要します。

（参考）　他の法令に規定する主な差押禁止財産

法　令　名（差押えの禁止について規定する条項）	差押えが禁止される財産（財産について規定する条項）
恩給法（11条３項）	恩給を受ける権利（増加恩給と併給するものを除いた普通恩給及び一時恩給を受ける権利を除く。）（45条から46条の２まで、60条、63条、73条、74条、74条の２、81条、82条）
介護保険法（25条）	介護給付（40条から42条の３まで、44条から49条まで、51条から51条の３まで）、予防給付（52条から54条の４まで、56条から61条の４まで）又は市町村特別給付（62条）を受ける権利
確定給付企業年金法（34条１項）	障害給付金の受給権（43条）
確定拠出年金法（32条１項、73条）	障害給付金の受給権（37条）
健康保険法（61条）	保険給付を受ける権利（63条、85条から88条まで、97条、99条から102条まで、110条から115条の２まで）
厚生年金保険法（41条１項）	障害厚生年金（47条）、障害手当金（55条）、又は遺族厚生年金（58条）に係る保険給付を受ける権利
高齢者の医療の確保に関する法律（62条）	療養の給付（64条）、又は入院時食事療養費（74条）、入院時生活療養費（75条）、保険外併用療養費（76条）、療養費（77条）、訪問看護療養費（78条）、特別療養費（82条）、移送費（83条）、高額療養費（84条）、高額介護合算療養費（85条）、又は後期高齢者医療広域連合の条例で定めるところにより行う給付（86条）を受ける権利
国民健康保険法（67条）	保険給付を受ける権利（36条、52条から54条の２まで、54条の３、54条の４、57条の２、58条）
国民年金法（24条）	障害基礎年金（30条）、遺族基礎年金（37条）、付加年金（43条）、寡婦年金（49条）又は死亡一時金（52条の２）の給付を受ける権利
雇用対策法（21条）	職業転換給付金の支給を受ける権利（18条）（事業主に係るものを除く。）
雇用保険法（11条）	失業等給付を受ける権利（10条、13条、36条、37条から38条まで、43条、56条の２、58条、59条、60条の２、61条、61条の２、61条の４、61条の６、61条の７）
災害弔慰金の支給等に関する法律（５条の２、９条）	災害弔慰金の支給を受ける権利及び支給を受けた金銭（３条） 災害障害見舞金の支給を受ける権利及び支給を受けた金銭（８条）
児童手当法（15条）	児童手当の支給を受ける権利（４条）
児童福祉法（57条の５第２項、第３項）	療育の給付（20条）、又は障害児通所給付費（21条の５の3）、特例障害児通所給付費（21条の５の4）、高額障害児通所給付費（21条の５の12）、肢体不自由児通所医療費（21条の５の28）、障害児相談支援給付費（24条の26）、特例障害児相談支援給付費（24条の27）、障害児入所給付費（24条の2）、高額障害児入所給付費（24条の6）、特定入所障害児食費等給付費（24条の7）、障害児入所医療費（24条20）の支給を受ける権利又は支給金品（既に支給を受けたものであるとないとにかかわらない。）
児童扶養手当法（24条）	児童扶養手当（４条）の支給を受ける権利

子ども・子育て支援法（17条）	子どものための教育・保育を受ける権利（施設型給付費、特例施設型給付費、地域型保育給付費及び特例地域型保育給付費の支給）（11条）
高等学校等就学支援金の支給に関する法律（12条）	高等学校等就学支援金の支給を受ける権利（３条）
独立行政法人日本学生支援機構法（17条の５）	学資支給金の支給を受ける権利（17条の２）
障害者自立支援法（13条）	自立支援給付を受ける権利（６条、28条から30条まで、34条、35条、52条、70条、71条、76条）
生活保護法（58条）	生活扶助（31条）、教育扶助（32条）、住宅扶助（33条）、医療扶助（34条）、介護扶助（34条の２）、出産扶助（35条）、生業扶助（36条）若しくは葬祭扶助（37条）により給付を受けた保護金品又はこれを受ける権利
船員法（115条）	失業手当（45条）、雇止手当（46条）、送還の費用（48条）、送還手当（49条）又は災害補償（89条から94条まで）を受ける権利 給料その他の報酬と失業手当、送還手当、傷病手当又は行方不明手当をともに支払うべき期間についての給料その他の報酬を受ける権利のうち、これらの手当の額に相当する部分に関するもの（114条）
船員保険法（51条）	保険給付を受ける権利（29条、53条、61条から65条まで、68条、69条、72条から74条まで、76条、78条から81条まで、83条から85条まで、87条、91条から93条まで、97条、101条、102条）
中小企業退職金共済法（20条）	退職金等の支給を受ける権利（10条）（被共済者の退職金等の支給を受ける権利を除く。）
労働基準法（83条２項）	療養補償（75条）、休業補償（76条）、障害補償（77条）、遺族補償（79条）、葬祭料（80条）、打切補償（81条）又は分割補償（82条）を受ける権利
労働者災害補償保険法（12条の５第２項）	療養補償給付（13条）、休業補償給付（14条）、障害補償給付（15条）、遺族補償給付（16条）、葬祭料（17条）、傷病補償年金（18条）、介護補償給付（19条の２）、療養給付（22条）、休業給付（22条の２）、障害給付（22条の３）、遺族給付（22条の４）、葬祭給付（22の５条）、傷病年金（23条）、介護給付（24条）又は二次健康診断等給付（26条）を受ける権利
自然災害義援金に係る差押禁止等に関する法律	自然災害義援金の交付を受ける権利及び交付を受けた金銭（３条１項、２項）

(2) 条件付差押禁止財産（広義）

イ　給与及び社会保険制度に基づく給付の差押禁止

給与及び社会保険制度に基づく給付の一定額については原則として差押えが禁止されています。ただし、滞納者の承諾があるときは、その承諾の範囲内で、差押禁止の限度を超えて差押えをすることができます。

差押え禁止の範囲		
	原　則	一定額は差押え禁止（徴76①、77①ほか）
	例　外 （滞納者の承諾があるとき）	滞納者の承諾の範囲内で、差押え禁止とされる一定額のうち、全部又は一部について差押え可能（徴76⑤、77①、徴基通76－16）

滞納者の承諾　徴収職員が徴収法76条１項などに定める差押禁止の規定を適用しないで給与等の差押えをすることに、滞納者が同意することをいい、この滞納者の承諾は、書面により徴します（徴基通76－15）。

(イ) 給与の差押禁止

給与については、その性質に応じて、①給料等、②賞与等、③退職手当等の３種類に区分しています（徴76）。

給与		
	給　料　等	給料、賃金、俸給、歳費、退職年金及びこれらの性質を有する債権（役員報酬、超過勤務手当、扶養家族手当、宿日直手当、通勤手当等）
	賞　与　等	賞与及びその性質を有する給与に係る債権 （公務員の期末手当、勤勉手当その他年末等一定の時期に法令、規約、慣行等により支給される給与で、給料等のように継続的に支給される給与以外のものをいいます。）
	退職手当等	退職手当及びその性質を有する給与に係る債権 （名称のいかんを問わず、退職（死亡退職を含みます。）を基因として雇用主等から支給される給与のうち、退職年金のように継続的な性質を有しないものをいいます。また、分割支給されるものを含みます。）

a　給料等の債権の差押禁止

(a) 差押禁止の限度

給料等については、次の計算式により求めた差押禁止額に相当する部分の金額は、差し押さえることができないため、差押えができる金額は、給料等の額から差押禁止額を控除した金額の範囲内に限られます（徴76①）。

給料等の差押禁止額

① 給料等から差し引かれる源泉所得税、道府県民税及び市町村民税並びに社会保険料に相当する金額（徴76①一、二、三）

＋

② 滞納者については1月ごとに100,000円、生計を一にする配偶者その他の親族については1人につき1月ごとに45,000円として計算した金額の合計額（徴76①四、徴令34）

$$\left(100{,}000\text{円} + 45{,}000\text{円} \times \begin{matrix}\text{滞納者と生計を}\\\text{一にする親族の数}\end{matrix}\right) \times \frac{\text{給料等の支給期間}}{1\text{月}}$$

＋

③ 給料等から①及び②の金額を控除した残額の100分の20に相当する金額
　ただし、この金額が②の金額の2倍を超えるときは、その2倍までの金額（徴76①五）

㈱ 道府県民税及び市町村民税については、普通徴収の方法により徴収されている場合には、その金額は差押禁止金額に該当しません（徴基通76－6）。

○ 差押可能額の計算に当たっての端数の取扱い（徴基通76－3）

差押可能額の計算の基礎となる期間	給料等の額	徴収法76①各号の額
1月未満	100円未満を切り捨て	100円未満を切り上げ
1月以上	1,000円未満を切り捨て	1,000円未満を切り上げ

（参考） 扶養親族2人の場合の差押禁止金額の計算例

	事　項	金　額
設例	① 給料等の総支給額	342,000円
	② 源泉徴収の所得税	9,200円
	③ 特別徴収の住民税	16,400円
	④ 社会保険料	42,780円
	⑤ 差引手取額（①－②－③－④）	273,620円
差押禁止金額	⑥ 1項1号の金額（②の金額）	10,000円
	⑦ 1項2号の金額（③の金額）	17,000円
	⑧ 1項3号の金額（④の金額）	43,000円
	⑨ 1項4号の金額（※1）	190,000円
	⑩ 1項5号の金額（※2）	17,000円
	⑪ 差押禁止の総額（⑥～⑩の合計）	277,000円

差引差押可能金額（①－⑪）	65,000円

※1　100,000円＋（45,000円×2人）＝190,000円

※2　（342,000円－260,000円）×0.2＝16,400円→17,000円（端数切上げ）
　　260,000円：⑥～⑨の合計

⒝　同一期間に２以上の給料等を受ける場合

滞納者が同一期間に２以上の給料等の支給を受けている場合には、その合計額で差押禁止額を計算します（徴76①後段）。

この場合、１号から３号までの金額は、所得税法その他の法令の規定による金額となりますが、４号及び５号の金額は、それぞれの給料等の手取額の合計額について適用することとなります。

（設例）

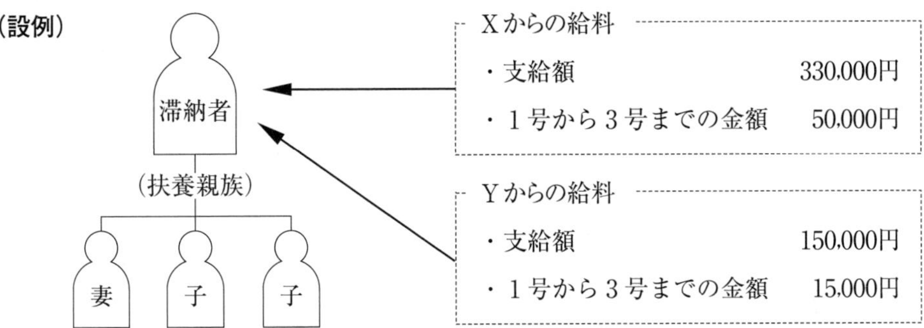

同一期間にＸとＹから給料等の支給を受ける場合において、これらの給料等について差押えをした場合の４号及び５号の金額の計算は、次のいずれかの方法により行います（徴基通76－９）。

《方法１》

①　Ｘからの給料等について４号及び５号の金額を計算します。

②　ＸとＹからの給料等の合計額について４号及び５号の金額を計算します。

③　②から①の金額を控除したものをＹの給料等の４号及び５号の金額とします。

【設例での計算】

①　Ｘからの給料の支給額　330,000円

・４号の金額　235,000円（100,000円＋45,000円×３人）

・５号の金額　9,000円（(330,000円－50,000円－235,000円)×0.2）

合　計　244,000円

②　ＸとＹからの給料の支給額の合計額　480,000円

・４号の金額　235,000円（100,000円＋45,000円×３人）

・５号の金額　36,000円（(480,000円－65,000円－235,000円)×0.2）

合　計　271,000円

③　271,000円－244,000円＝27,000円⇒Ｙの給料の４号及び５号の金額の合計額

・Ｙからの給料の４号の金額　0円（②の４号の金額－①の４号の金額）

・Ｙからの給料の５号の金額　27,000円（27,000円 －Ｙからの給料の４号の金額）

以上の結果、ＸとＹからの給料のそれぞれ４号及び５号の金額は次のとおりとなります。

・Ｘからの給料の４号の金額……………………………………………235,000円
・Ｘからの給料の５号の金額………………………………………………9,000円
・Ｙからの給料の４号の金額……………………………………………………0円
・Ｙからの給料の５号の金額……………………………………………27,000円

《方法２》

①　ＸとＹからの給料等の合計額について４号及び５号の金額を計算します。
②　①の金額をそれぞれの給料等の金額から１号から３号までの金額を控除した残額に相当する金額であん分した金額を、それぞれの給料等の４号及び５号の金額とします。

【設例での計算】

①　ＸとＹからの給料の支給額の合計額　480,000円

・４号の金額　235,000円　（100,000円＋45,000円×３人）
・５号の金額　　36,000円　（(480,000円－65,000円－235,000円)×0.2）

②　Ｘからの給料の金額から１号から３号までの金額を控除した金額　280,000円
Ｙからの給料の金額から１号から３号までの金額を控除した金額　135,000円

・①の４号の金額をＸからの給料とＹからの給料にあん分

Ｘからの給料の４号の金額　158,554円 $\left(235{,}000円\times\frac{280{,}000円}{280{,}000円+135{,}000円}\right)$

Ｙからの給料の４号の金額　76,446円 $\left(235{,}000円\times\frac{135{,}000円}{280{,}000円+135{,}000円}\right)$

・①の５号の金額をＸからの給料とＹからの給料にあん分

Ｘからの給料の５号の金額　24,289円 $\left(36{,}000円\times\frac{280{,}000円}{280{,}000円+135{,}000円}\right)$

Ｙからの給料の５号の金額　11,711円 $\left(36{,}000円\times\frac{135{,}000円}{280{,}000円+135{,}000円}\right)$

> 以上の結果、ＸとＹからの給料のそれぞれ４号及び５号の金額は次のとおりとなります（徴基通76－３参照）。
> ・Ｘからの給料の４号の金額……………………………………………159,000円
> ・Ｘからの給料の５号の金額 …………………………………………25,000円
> ・Ｙからの給料の４号の金額 …………………………………………77,000円
> ・Ｙからの給料の５号の金額 …………………………………………12,000円

㈱　方法１による場合と方法２による場合とで４号及び５号の合計額は、端数の切上げによって異なることがありますが、いずれの方法によっても構いません。

方法１による場合の４号及び５号の合計金額
……271,000円（235,000円＋9,000円＋０円＋27,000円）

方法２による場合の４号及び５号の合計金額
……273,000円（159,000円＋25,000円＋77,000円＋12,000円）

○　給料等に基づき支払を受けた金銭の差押禁止

給料等に基づき支払を受けた金銭は、徴収法76条１項４号及び５号の金額の合計額に、その給料等の支給の基礎となった期間の日数のうちに差押えの日から次の支払日までの日数の占める割合を乗じて計算した金額を限度として、差し押さえることができません（徴76②）。

（例）	
徴収法76条１項４号及び５号の金額の合計額	150,000円
給料等の支給の基礎となった期間の日数	30日
差押えの日	６月10日
次の給料等の支払日	６月30日

差押禁止額　100,000円＝ $\left(150{,}000円 \times \frac{20}{30}\right)$

（注１）「給料等」は債権として差し押さえます（徴62）が、「給料等に基づき支払を受けた金銭」は、動産として差し押さえます（徴56）。

（注２）賞与等に基づき支払を受けた金銭についても、給料等と同様に取り扱いますが、退職手当等に基づき支払を受けた金銭については、差押えが禁止されていません。

b　賞与等の債権の差押禁止

賞与等については、その支払を受けるべき時における給料等とみなして、差押禁止の規定を適用します。この場合に徴収法76条１項４号及び５号の金額については、その支給された期間は１か月とみなして計算します（徴76③）。

㈱　賞与等以外の給料等が支給されるときは、これらの給料等と併せて徴収法76条１項の差押禁止額を計算します（徴基通76－13）。

c　退職手当等の債権の差押禁止

退職手当等については、次の計算式により求めた差押禁止額に相当する部分の金額は、差し押さえることができないため、差押えができる金額は、退職手当等の額から差押禁止額を控除した金額の範囲内に限られます（徴76④）。

退職手当等の差押禁止額

①　退職手当等から差し引かれる源泉所得税、道府県民税及び市町村民税並びに社会保険料に相当する金額（徴76④一二）

＋

②　徴収法76条１項４号の金額の３倍に相当する金額（徴76④三）

$$\left(100{,}000円 + 45{,}000円 \times \frac{滞納者と生計を}{一にする親族の数}\right) \times 3$$

＋

③　退職手当等の支給の基礎となった期間が５年を超える場合には、その超える年数１年につき②の金額の100分の20に相当する金額（１年未満の端数は切り上げます。）（徴76④四、徴基通76－14）

$$② \times 0.2 \times \left(\frac{退職手当等の支給の基礎となった}{年数（１年未満の端数は切上げ）} - 5\right)$$

㈺　社会保険制度に基づく給付の差押禁止

社会保険制度に基づき支給される給付の差押禁止額は、次のとおりです（徴77）。

社会保険制度に基づき支給される給付	
退職年金、老齢年金、普通恩給、休業手当金及びこれらの性質を有する給付（確定給付企業年金法及び確定拠出年金法の規定に基づいて支給される年金を含みます。）に係る債権	退職一時金、一時恩給及びこれらの性質を有する給付（確定給付企業年金法及び確定拠出年金法の規定に基づいて支給される一時金を含みます。）に係る債権
⇩	⇩
給料等とみなして差押禁止額を計算（㈡のａ参照）	退職手当等とみなして差押禁止額を計算（㈡のｃ参照）

（参考）　確定給付企業年金制度・確定拠出年金制度による給付と滞納処分

1　確定給付企業年金制度による給付と滞納処分

⑴　確定給付企業年金制度

確定給付企業年金は、確定給付企業年金法（以下この項において「法」といいます。）の規定により事業主が従業員と給付の内容を約して、将来において確定した給付額を受け取ることができるというタイプの企業年金で、従業員の受給権を保護するための措置（積立義務、受託者責任、情報開示）が講じられています。

⑵　給　付

確定給付企業年金制度における給付の種類及び支給の方法は次のとおりです。

支給方法 給付の種類	年金給付	一時金
老齢給付金（法29一）	◎（法38①）	○（法38②）
脱退一時金（法29二）	×	◎（法42）
障害給付金（法29三）	○（法44）	○（法44）
遺族給付金（法29四）	○（法49）	○（法49）

（注１）　◎は原則、○は規約で定めれば可。

（注２）　老齢給付金及び脱退一時金は、法定給付。

障害給付金及び遺族給付金は、規約で定めた場合に給付。

⑶　受給権に対する滞納処分

受給権は、譲り渡し、担保に供し、又は差し押さえることが禁止されています。ただし、国税滞納処分（その例による処分を含みます。）による場合には、老齢給付金、脱退一時金及び遺族給付金を受ける権利を差し押さえることができます（法34①）。

○　**確定給付企業年金制度における給付の差押えの可否**

支給方法 給付の種類	年金給付	一時金
老齢給付金（法29一）	一部差押禁止（徴76①）	一部差押禁止（徴76④）
脱退一時金（法29二）		一部差押禁止（徴76④）
障害給付金（法29三）	全額差押禁止	全額差押禁止
遺族給付金（法29四）	全額差押可	全額差押可

⑷　老齢給付金等に係る差押え

老齢給付金に係る差押えについては、給付金の支払方法の違いにより、年金による場合には「給料等」とみなして、一時金による場合には「退職手当等」とみなして、それぞれを差し押さえます（徴76）。

脱退一時金に対する差押えは、「退職手当等」とみなして、これを差し押さえます（徴76）。

２　確定拠出年金制度による給付と滞納処分

⑴　確定拠出年金制度

確定拠出年金は、確定拠出年金法（以下この項において「法」といいます。）の規定により事業主又は個人が拠出した資金を個人が自己の責任において運用の指図を行い、将来においてその運用結果に応じた給付額を受け取ることができるタイプの年金です。

確定拠出年金には、企業が制度として導入し、企業が掛金を拠出する「企業型年金」と、自営業者や企業年金制度のないサラリーマンなどの個人が任意に加入し、個人で掛金を拠出する「個人型年金」とがあります。

⑵　給　付

確定拠出年金制度における給付の種類及び支給の方法は次のとおりです。

支給方法／給付の種類	年金給付	一時金
老齢給付金（法28一）	◎（法35①）	○（法35②）
障害給付金（法28二）	◎（法38①）	○（法38②）
死亡一時金（法28三）	×	◎（法40）
脱退一時金（法附則２の２①）	×	◎（法附則２の２②）

（注１）　◎は原則、○は規約で定めれば可。

（注２）　表中の根拠条文は、企業型年金に係るもの。個人型年金については法73条により企業型年金の規定を準用。また、脱退一時金については、法附則２条の２第２項により法定給付。

⑶　受給権に対する滞納処分

老齢給付金、障害給付金及び死亡一時金を受ける権利については、譲り渡し、担保に供し、又は差し押さえることが禁止されています。ただし、国税滞納処分（その例による処分を含みます。）による場合には、老齢給付金及び死亡一時金を受ける権利を差し押さえることができます（法32①、73）。

○　**確定拠出年金制度における給付の差押えの可否**

支給方法／給付の種類	年金給付	一時金
老齢給付金（法28一）	一部差押禁止（徴76①）	一部差押禁止（徴76④）
障害給付金（法28二）	全額差押禁止	全額差押禁止
死亡一時金（法28三）		全額差押可
脱退一時金（法附則３①）		全額差押可

(4)　老齢給付金に係る差押え

老齢給付金に係る差押えについては、給付金の支払方法の違いにより、年金による場合には「給料等」とみなして、一時金による場合には「退職手当等」とみなして、それぞれ差し押さえます（徴76）。

ロ　狭義の条件付差押禁止財産

次に掲げる財産は、滞納者がその国税の全額を徴収することができる財産で、換価が困難でなく、かつ、第三者の権利の目的となっていないものを提供したときは、その選択により、差押えをしないものとされています（徴78）。

条件付差押禁止財産（徴78）

① 農業に必要な機械、器具、家畜類、飼料、種子その他の農産物、肥料、農地及び採草放牧地（１号）

② 漁業に必要な魚網その他の漁具、えさ、稚魚その他の水産物及び漁船（２号）

③ ①及び②の事業以外の職業又は事業の継続に必要な機械、器具その他の備品及び原材料その他たな卸をすべき資産（３号）

（注１）「国税の全額を徴収することができる財産」とは、差押えをしようとするときにおける滞納国税を徴収することができる滞納者の財産で、その財産の処分予定価額が滞納国税の全額以上である財産をいい、「国税の全額を徴収することができる」かどうかの判定については、既に差押えをした財産があるときは、その財産の処分により徴収できると見込まれる金額を除いて判定しま

す（徴基通78－１）。

（注２）「提供」とは、徴収職員が直ちに差し押さえることができる状態におくことをいいます（昭32.6.26高松高判参照）。

したがって、権利関係が明らかではない財産や差押えのために必要な調査に日時を要するような財産の提供は、徴収法78条の「提供」には該当しません（徴基通78－２）。

（注３）「選択により」とは、滞納者の選択によることをいいます（徴基通78－３）。

(5) 差押禁止債権が預金口座に振り込まれた場合

差押えが禁止されている債権が滞納者の預金口座に振り込まれた場合は、その差押禁止債権は預金債権に転化し、差押禁止債権としての属性を承継しないため、その預金債権を差し押さえることは禁止されていません（平成10.２.10最高判参照）。

しかしながら、徴収職員が預金口座に差押禁止債権が振り込まれることを認識した上で、その振込みの直後に、その原資が差押禁止債権の振込によって形成されている預金債権を差し押さえた場合は、実質的に差押禁止財産からの徴収を意図したものとして、違法な差押えとなります（平成25.11.27広島高（松江支）判）。

第5節　財 産 の 調 査

1　総　　説

徴収職員が滞納処分を行うためには、①滞納者が差押えの対象となる財産を所有しているかどうか、②滞納者の所有している財産を差し押さえることが適当であるかなどについて調査する必要があります。

徴収法は、徴収職員が滞納処分のために行う質問及び検査、捜索並びに出入禁止について規定しています。

財産調査　滞納処分の対象となる財産の発見、第二次納税義務を課す場合の徴収不足の判定及び納税の緩和制度の適用の可否の判定のための調査など、徴収手続を進めるために行われる重要な手続

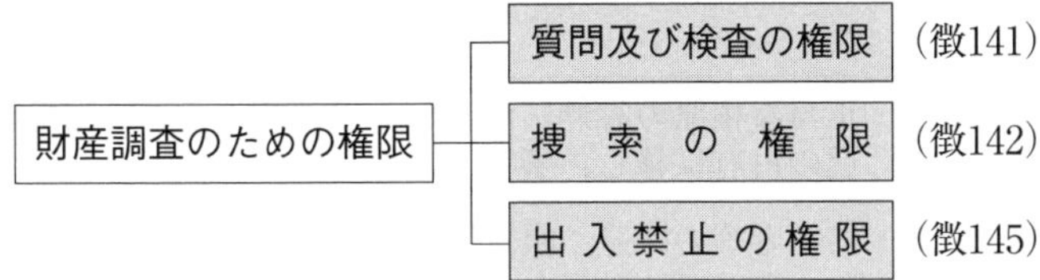

○　任意調査と強制調査の違い

任意調査は、相手方の承諾を得た上で、その承諾の範囲内において行う調査で、相手方の承諾を得られない場合には調査をすることができません。一方、強制調査は、相手方の意思に拘束されない調査です。徴収職員には、財産調査のために、任意調査としての「質問及び検査」（徴141）の権限と、強制調査としての「捜索」（徴142）及び「出入禁止」（徴145）の権限が与えられています。

○　質問・検査と捜索との関係

滞納処分のため滞納者の財産を調査する必要がある場合、徴収職員は、質問・検査又は捜索を行うことができますが、捜索の権限は、令状なく徴収職員が行うことできる強制調査ですから、質問により財産の所在・状況等が明らかになった場合や、滞納者が任意でその財産の提供に応じた場合にまで捜索を行う必要はありません。したがって、財産の調査に当たっては、まずは、質問・検査を行い、その質問に応じない場合や、質問しても財産の所在・状況等が明らかにならない場合などに、捜索を行うことが適当と考えられます。

2　質問及び検査

⑴　質問・検査をすることができる場合

徴収職員は、滞納処分のため滞納者の財産を調査する必要があるときは、その必要と認められる範囲内において、⑵に掲げる者に質問し、又はその者の財産に関する帳簿書類（電磁的記録によるものを含みます。）を検査することができます（徴141）。

滞納処分のため滞納者の財産を調査する必要があるとき	滞納処分のために、滞納者の財産の有無、所在、種類、数量、価額、利用状況、第三者の権利の有無等を明らかにする必要があるとき

⑵　質問・検査の相手方

質問・検査の相手方については、次のとおりです（徴基通141－２～４参照）。

号	質問・検査の相手方	具体的な相手方
１号	・滞納者	－
２号	・滞納者の財産を占有する第三者	・正当な権原の有無にかかわらず、滞納者の財産を自己の占有に移し、事実上支配している第三者
	・滞納者の財産を占有していると認めるに足りる相当の理由がある第三者	・滞納者等の陳述、帳簿書類の調査、伝聞調査等により、滞納者の財産を占有していると認められる第三者
３号	・滞納者に対し債権又は債務があると認めるに足りる相当の理由がある者	・滞納者等の陳述、帳簿書類の調査、伝聞調査等により、滞納者に対し、金銭、物品又は役務等の給付を目的とする債権を有し､又は債務を負うと認められる者
	・滞納者から財産を取得したと認めるに足りる相当の理由がある者	・滞納者等の陳述、帳簿書類の調査、伝聞調査等により、売買、贈与、交換、出資等により滞納者から財産を取得したと認められる者
４号	・滞納者が株主又は出資者である法人	・滞納者が株主である株式会社又は出資者である持分会社、各種協同組合、信用金庫、人格のない社団等

⑶　質問の方法

徴収職員が質問する場合には、口頭又は書面（電磁的記録を含みます。）のいずれによっても構いませんが、口頭による質問の内容が重要な事項であるときは、必ずそのてん末を記録することとし、そのてん末を記載した書類（聴取書）には答弁者の署名を求め、その者が署名をしないときは、その旨を付記しておき、後日の証拠となり得るよう措置しておくことが必要です（徴基通141－５）。

なお、質問てん末の記録に当たっては、次のことに留意します。

①　質問しようとする者を特定するため、最初に相手の住所、氏名、年齢、職業等を質問の上、記録します。なお、聴取書は、原則として質問の相手方１人ごとに作成します。

②　聴取書の真実性を確保するため、推測又は誇張による記載は行わず、相手方が略語や方言等を用いたときはそのまま記録します。

③　質問てん末の記録を終了したときは、これを相手に対してその内容を読み上げるとともに、必要に応じて提示して、内容に誤りがないか確認を受けます。なお、文字を加えたり、削ったりした場合は、その訂正箇所に相手方とともに署名する等の措置を講じます。

④　③の後、相手方からその内容に誤りがないとの確認が得られた場合には、聴取書の末尾に署名を求めます。書類が複数ページにわたる場合には、各ページについて確認を受けたことを証するため、各ページ毎に相手方の署名を求めます。
　また、相手方が質問てん末の記録について変更、訂正を申し立てたときは、その旨及びその内容をさらに記録します。

［参考］聴取書の作成例

聴　取　書

<table>
<tr><td rowspan="3">1．申述者</td><td>住　所</td><td>東京都千代田区外神田□－□－□</td></tr>
<tr><td>氏　名</td><td>国　税　太　郎　　（年齢50才）</td></tr>
<tr><td>職業　（資格）</td><td>甲株式会社　代表取締役</td></tr>
<tr><td rowspan="2">2．聴取者</td><td>所　属</td><td>△△税務署徴収部門</td></tr>
<tr><td>官職氏名　印</td><td>財務事務官　東　京　一　郎　㊞</td></tr>
<tr><td colspan="2">3．聴　取　の　日　時</td><td>午前10時10分から
令和〇〇年９月14日
午前10時30分まで</td></tr>
<tr><td colspan="2">4．聴　取　の　場　所</td><td>甲株式会社　第３応接室内</td></tr>
<tr><td colspan="2">5．聴　取　の　手　続</td><td>聴取者は、申述者の任意申述を録取し、申述者は、これに誤りのないことを確認して署名押印した。</td></tr>
<tr><td colspan="2">6．申　述　者　の　署　名</td><td>国　税　太　郎</td></tr>
<tr><td colspan="2">7．申　述　の　要　旨</td><td>別紙のとおり</td></tr>
</table>

（別　紙）

問1．　あなたの住所、氏名、年齢、職業をお聞かせください。

答　　千代田区外神田□－□－□　国税太郎　50才　甲株式会社代表取締役です。

問2．　代表取締役になったのはいつですか。

答　　令和○○年9月15日です。

問3．　その前はどんな役職でしたか。

答　　令和○○年9月から常務取締役をしていました。

問4．　あなたが代表取締役になってから工場を建てたことがありますか。

答　　令和○○年7月にA組立工場を建てました。

問5．　A工場を建てられたいきさつは。

答　　他に工場が2棟ありますが、狭いので千代田区外神田□－□の会社所有地に建てることにしました。

問6．　A工場を建てることはだれが決めましたか。

答　　令和○○年11月ころ取締役会で決めました。

問7．　建築費用はどのくらいかかりましたか。

答　　5,000万円かかりました。

問8．　その費用はだれが支払いましたか。

答　　会社が自己資金で2,000万円出しまして、残りの3,000万円は会社が○○銀行から借り入れました。

問9．　領収証がありますか。

答　　あります。これがその領収証です（ここで申述者は、令和○○年7月10日付乙会社から甲会社宛金額5,000万円内訳小切手3,000万円、現金2,000万円記載の領収証を提示した。）。

㈡　聴取者が事前に領収証写を入手している場合にその領収証を示して質問するときは、次のような記載になります。

問　（ここで聴取者は、別紙の領収証写を示して）この領収証を知っていますか。

答　知っています。建築費を支払った領収証です。

問10．　建築するに当たって、乙会社と契約書を取りかわしましたか。

答　　取りかわしました。これがそうです（ここで申述者は令和○○年12月20日付甲会社と乙会社との間の「建築工事請負契約書」を提示した。）。

問11．　領収証と契約書の写しを各1通いただけますか。

答　　承知しました。

問12．　この領収証及び契約書の写しは聴取書の末尾に添付します。

答　承知しました。

問13.　ところでＡ工場の保存登記をしましたか。

答　○○さんに依頼して登記をしましたが、○○さんが誤って私個人の名義で登記をしてしまいました。

問14.　誰の名義で登記をすればよかったのですか。

答　甲会社の名義で登記しなければならないものです。

問15.　それはどういうわけですか。

答　甲会社のものだからです。

問16.　現在は誰の名義になっていますか。

答　○○さんに表示変更を依頼してありましたが、○○さんが令和○○年10月に死亡したため、私の名義になったままです。

問17.　（ここで聴取者は別紙の不動産登記簿謄本を示して）そのＡ工場とは、この謄本の建物ですか。

答　はい、そうです。

問18.　会社の財産目録に載せていますか。

答　会社財産として財産目録に載せていますし、減価償却もしています。

問19.　Ａ工場の固定資産税はだれが納めていますか。

答　実際は、会社が納めています。

問20.　会社のものなら会社の名義にすべきではありませんか。

答　言われるとおりです。税務署でしてもらってもかまいません。

問21.　税務署でする場合は、あなたの承諾書が必要です。承諾書をいただけますか。

答　承知しました。印鑑証明書をもらって２、３日中にお届けします。

（以下余白）

⑷　検査の対象

検査の対象となるのは、検査の相手方となる者の「財産に関する帳簿書類」です。

財産に関する帳簿書類	検査の相手方となる者の有する金銭出納帳、売掛帳、買掛帳、土地家屋等の賃貸借契約書、預金台帳、売買契約書、株主名簿、出資者名簿等、これらの者の債権債務関係又は財産状況等を明らかにするために必要と認められる一切の帳簿書類。 なお、これらの帳簿等の作成又は保存に代えて電磁的記録が作成又は保存されている場合には、その電磁的記録（徴基通141－６）。

⑸　検査の方法

検査は、滞納者等に対して財産に関する帳簿書類の呈示を求めて行います。

なお、検査には、捜索の場合と異なり、その時間の制限はありませんが、特に必要のある場合を除き、捜索の場合の時間制限（３の⑷参照）に準ずる取扱いとされています（徴基通141－７）。

質問と検査とは概念的に区別されますが、実務上は不可分に結びついて行われます。例えば、質問に対する相手方の答弁が真実であるかどうかを帳簿書類の検査によって裏付けたり、帳簿書類の検査に当たって不明な事項を質問したりします。

なお、検査の結果、重要と認められる事項が記載されている帳簿書類については、コピー等により複写（その写しに相手方の署名を求めておくことが望ましい。）するなどの措置が望まれます。

⑹　質問・検査の権限の性質

質問及び検査による調査は、任意調査であり、相手方が拒否等をした場合には行うことができません。

しかしながら、①徴収職員の質問に対して答弁せず又は偽りの陳述をした場合、②徴収職員の検査を拒否、忌避又は妨害等をした場合などには、罰則（第14章参照）が適用されます。

（参考）令和５年度の税制改正において、滞納処分に関する調査に係る質問・検査について、次のとおり整備が行われています。

１　質問・検査の対象範囲等

財産に関する帳簿書類以外の物件についても、質問・検査の対象に加えられるとともに、質問・検査の相手方に対し、帳簿書類その他の物件の提示又は提出を求めることができることとされました（徴141）。

2　質問・検査の相手方

質問·検査の相手方について、滞納者に対して過去に債権又は債務があったと認めるに足りる相当の理由がある者が含まれることが法令上明確化されました（徴141三）。

3　提出された物件の留置き

徴収職員は、滞納処分に関する調査について必要があるときは、その調査において提出された物件を留め置くことができることとされました（徴141の２）。

（注１）　上記１、２の改正は、令和６年１月１日以後に新たに滞納者等に対して行う質問・検査等について適用されます。

（注２）　上記３の改正は、令和６年１月１日以後に提出される物件について適用されます。

3　捜　　索

質問及び検査は強制力がない任意調査ですが、捜索は捜索を受ける者の意思に拘束されない強制調査であり、極めて強力な権限です。

⑴　捜索ができる場合

徴収職員は、次に掲げる場合において、滞納処分のため必要があるときは、滞納者又は特定の第三者の物又は住居その他の場所について捜索することができます（徴142）。

捜索ができる場合		
	①　滞納者（徴142①）	滞納処分のため必要がある場合
	②　滞納者の財産を所持する第三者（徴142②一）	次のいずれにも該当する場合 ・滞納処分のため必要がある場合 ・滞納者の財産の引渡しをしない場合
	③　滞納者の親族その他の特殊関係者（徴142②二）	次のいずれにも該当する場合 ・滞納処分のため必要がある場合 ・滞納者の財産を所持すると認めるに足りる相当の理由がある場合 ・滞納者の財産の引渡しをしない場合

（注１）「滞納処分のため必要があるとき」とは、徴収法第５章（滞納処分）の規定による滞納処分のため必要があるときをいい、差押財産の引揚げ、見積価額の評定等のため必要があるときも含まれます（徴基通142－１）。

（注２）「所持」とは、物が外観的に直接支配されている状態をいい、時間的継続及びその主体の意思を問いません（大3.10.22大判参照、徴基通142－２）。

（注３）「引渡しをしないとき」とは、滞納者の財産を所持している者が、その財産を現実に引き渡さないときをいい、引渡命令を受けた者（徴58②）又は保管する者（徴60①）が引渡しをしないときに限られません（徴基通142－３）。

（注４）「滞納者の親族その他の特殊関係者」とは、徴収法施行令14条２項各号に掲げる者をいいます（徴39、第３章第１節10(3)イ参照）。

（注５）「滞納者の財産を所持すると認めるに足りる相当の理由があるとき」とは、滞納者等の陳述、帳簿書類等の調査、伝聞調査等により、財産を所持すると認められる場合等をいいます（徴基通142－４）。

（注６） 滞納者が滞納国税を十分充足する財産を任意に提供する場合又はその財産を任意に提供しない場合においても捜索をせずにその財産を差し押さえることができるときは、捜索を行う必要もありませんし、捜索ができる条件である滞納処分のため必要がある場合にも該当するとは認められません。

○　捜索の性質

捜索は、滞納処分という行政手続の一環として行われるものであって、国税の犯則事件の調査のための捜索、差押え等のように犯罪捜査を目的とするものではないことから、裁判所の許可状（令状）は必要ではないと解されています。

○　刑法との関係

捜索に際して、徴収職員に対して暴行又は脅迫を加えた者については、刑法95条（公務執行妨害及び職務強要）の規定の適用があります（徴基通142－12）。

刑法95条【公務執行妨害及び職務強要】

①　公務員が職務を執行するに当たり、これに対して暴行又は脅迫を加えた者は、３年以下の懲役若しくは禁錮又は50万円以下の罰金に処する。

②　公務員に、ある処分をさせ、若しくはさせないため、又はその職を辞させるために、暴行又は脅迫を加えた者も、前項と同様とする。

○　公務執行妨害等への対処　―　実務に携わる方のために　―

徴収職員は、業務の性質上、滞納者等から暴言を吐かれるようなケースや、極端な例では暴行を受ける例もあります。こうした場面に遭遇した際に留意すべき点を実務に携わる方のために紹介させていただきます。あらかじめ基本的な対処方法を知っておくことによって、いざという時に、暴行・脅迫行為を未然に防ぐとともに、自らの身を守ることにつながります。

なお、これらはあくまで基本的な事項であり、実際の対処はケース・バイ・ケースで臨機応変に対応する必要があります。

○　脅迫的な言動や暴行を受けるおそれがあると感じたときには、直ちに相手方に、そうした行為は公務執行妨害罪に該当する旨を警告する。

○　警告が無視され、脅迫的な言動を受けた場合や暴行を受けそうな場合には、自身の身体の安全を確保することを最優先に、直ちにその場から離れる。

○　警察に通報する。この際には、所轄の警察ではなく、「110番」に通報する（警察官の到着が早い、通報が確実に記録されるなどのメリットがあると言われています。）

○　上司への報告、相手方の言動や時間等の記録、受傷した場合には傷の写真撮影などを行い、その後の処理は警察の指示に従う。

⑵　捜索をすることができる物又は場所

物	滞納者又は第三者が使用し、若しくは使用していると認められる金庫、貸金庫、たんす、書箱、かばん、戸棚、衣装ケース、封筒等があります（徴基通142－５）。 ㈱　貸金庫については、滞納者が銀行等に対して有する貸金庫の内容物の一括引渡請求権を差し押さえることもできます（平11.11.29最高判参照）。 なお、貸金庫の捜索については、⑶の後に詳細を記載しています。
住居その他の場所	滞納者又は第三者が使用し、若しくは使用していると認められる住居、事務所、営業所、工場、倉庫等の建物のほか、間借り、宿泊中の旅館の部屋等があり、また、建物の敷地はもちろん、船車の類で通常人が使用し、又は物が蔵置される場所が含まれます（徴基通142－６）。 なお、解散した法人について、清算事務が執られたとみられる清算人の住居は、捜索できる「場所」に含まれます（昭45.4.14東京高判参照、徴基通142－６）。

⑶　捜索の方法

イ　戸、金庫等の開扉

徴収職員は、滞納者又は第三者の物又は住居等の捜索に当たり、閉鎖してある戸、扉、金庫等を開かせなければ捜索の目的を達することができない場合には、その滞納者又は第三者に開かせ、又は自ら開くことができます（徴142③）。

ただし、徴収職員が自ら開くのは、滞納者又は第三者が徴収職員の開扉の求めに応じないとき、不在のとき等やむを得ないときに限られます（徴基通142－７）。

なお、徴収職員が自ら開く場合には、これに伴う必要な処分（施錠の除去等）を行うことができますが、それに伴う器物の損壊等は必要最小限度に止めなければなりません（徴基通142－８）。

ロ　捜索の立会人

捜索をするときは、その執行の適正を期するため、次に掲げる者のいずれかを立ち会わせなければなりません（徴144）。

捜索の立会人

① 捜索を受ける滞納者又は第三者

㈱ 滞納者又は第三者が法人の場合には、その法人を代表する権限を有する者をいいます。

② 捜索を受ける滞納者又は第三者の同居の親族で相当のわきまえのある者

（注１）「同居の親族」とは、滞納者又は第三者と同居する親族をいい、生計を一にするかどうかを問いません（徴基通144－３）。

（注２）「相当のわきまえのある」とは、捜索の立会いの趣旨を理解することのできる相当の能力を有していることをいい、成年に達した者であることを必要としません（徴基通144－５）。

③ 捜索を受ける滞納者又は第三者の使用人その他の従業者で相当のわきまえのある者

㈱「使用人その他の従業者」とは、事務員、工員、雇人その他滞納者又は第三者との雇用契約等に基づき従業している者をいいます（徴基通144－４）。

④ ①から③までの者が不在であるとき又は立会いに応じないときは、成年に達した者２人以上又は地方公共団体の職員若しくは警察官

（注１）「成年に達した者」の「成年」とは、民法と同様、18歳をもって成年となります。

（注２）「地方公共団体」とは、捜索をする場所の所在する都道府県、市町村、特別区、地方公共団体の組合及び財産区をいいます（地方自治１条の３）（徴基通144－６）。

（注３）「警察官」は、なるべく捜索をする場所を管轄する警察署（下部機構を含みます。警53参照）の警察官（警55参照）とする取扱いとされています（徴基通144－７）。

（注４） 税務署の職員を立会人とすることについては、「成年に達した者」として立会人にすることができますが、他に立会人を求めることができない場合等真にやむを得ない事情がある場合を除いては、立会人としないものとされています（徴基通144－８）。

○　**貸金庫の捜索**

〔平成11年11月29日最高裁判決（利用者の銀行に対する貸金庫契約上の内容物引渡請求権に対して強制執行による差押えが認められた事例）の概要〕

銀行は、貸金庫の内容物について、利用者と共同して民法上の占有を有するものと言うべきである。

しかし、貸金庫の内容物に対する銀行の占有は、貸金庫に格納された個々の物品について個別的に成立するものではなく、貸金庫の内容物全体につき一個の包括的な占有と

して成立するものと解するのが相当である。

そして、利用者は、貸金庫契約に基づいて、銀行に対し、貸金庫室への立入り及び貸金庫の開扉に協力すべきことを請求することができ、銀行がこれに応じて利用者が貸金庫を開扉できる状態にすることにより、銀行は、内容物に対する事実上の支配を失い、それが全面的に利用者に移転する。

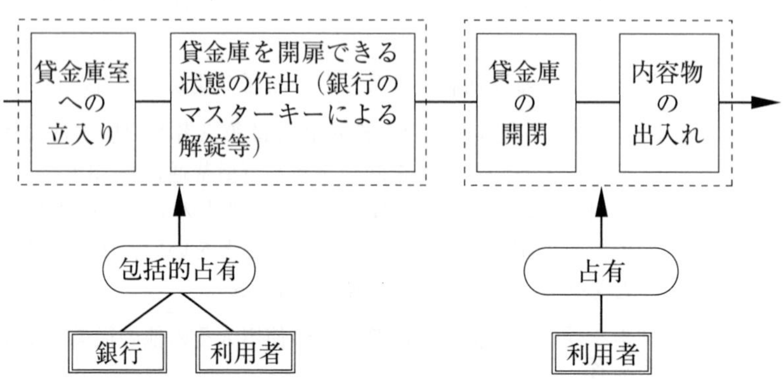

滞納者が使用している貸金庫の捜索については、どのように行うべきか議論があるところですが、銀行にも占有があることを前提とした場合の捜索は、次により行うことになると考えます。

また、実務上は、①貸金庫規定には「法令の定めるところにより貸金庫の開扉を求められたときには銀行は副鍵を使用して貸金庫を開扉する」との約定があり、この「法令」には、当然、国税徴収法も含まれると解されること、②徴収職員による貸金庫開扉の求めは捜索権の行使の一環であり（徴142③）、銀行がこれに応じても、社会的に許容される行為として違法性を欠き、利用者（滞納者）に対する債務不履行となる余地はないと解されることから、銀行は貸金庫の捜索に協力すべきであると考えます。

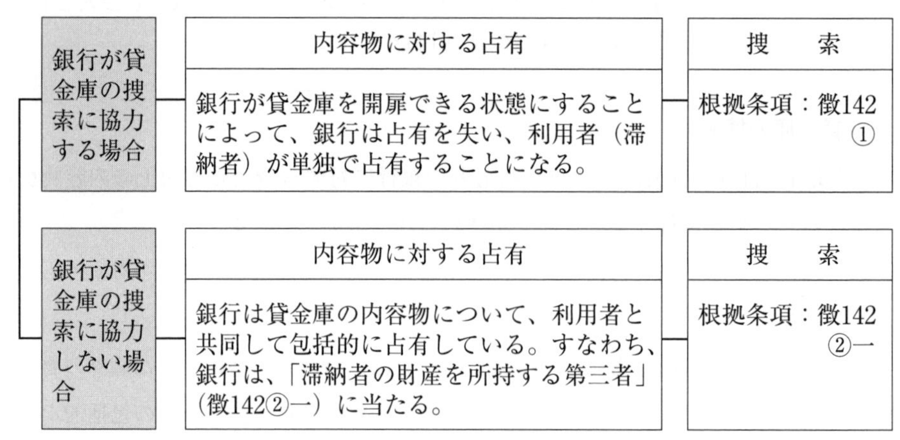

なお、銀行が貸金庫の捜索に協力しない場合における取扱いについては、捜索の前段階として、徴収法58条の規定に基づき銀行に対して引渡命令を行うべきであるという見解がありますが、次の理由により、銀行は、引渡命令の相手方となる「第三者」には当たらないと考えます。

（理由）

徴収法58条は、滞納者の動産を占有する第三者の権利保護のために設けられた規定であることから、同条に規定する第三者の「占有」とは、これを保護するに値する『直接的な』占有をいうものと解すべきです。したがって、銀行の貸金庫の内容物に対する占有が、内容物全体に対する『包括的』な占有にとどまる場合は、徴収法58条に規定する「占有」には該当せず、銀行は同条に規定する「第三者」に該当しません。

㈲　貸倉庫の内容物の捜索に関して、貸金庫の場合と同様、貸倉庫業者に、貸倉庫の内容物全体についての包括的な占有を認めた裁判例があります（平成12.11.14東京地判）。

⑷　捜索の時間制限

捜索は、日没後から日出前までの間はすることができませんが、日没前に着手した捜索は、日没以降も継続することができます（徴143①）。

日出と日没　太陽面の最上点が地平線上に見える時刻を標準とするものであって、その地方の暦の日の出入をいいます（大11. 6. 24大判参照、徴基通143－１）。

イ　捜索の時間制限の例外

次のいずれにも該当する場合には、日没後であってもその公開した時間内は、捜索することができます（徴143②）。

①　捜索をする場所が、旅館、飲食店その他夜間でも公衆が出入りすることができる場所（ナイトクラブ、バー、キャバレー、映画館、演劇場その他の興行場）であること（徴基通143－４）

②　滞納処分の執行のためやむを得ない必要があると認めるに足りる相当の理由があること（徴基通143－５） （例）　上記の理由とは、捜索の相手方が夜間だけ在宅又は営業し、あるいは、財産が夜間だけ蔵置されている等の事情が明らかである場合、滞納者が海外に出国することが前日に判明した場合等をいう。

㈲　「公開した時間内」は、営業時間内に限られません（徴基通143－６）。

ロ　休日等の捜索

休日等の捜索については、特に法律上の制限がありませんが、休日等（日曜日、国民の祝日に関する法律に定める休日その他一般の休日又は通則法施行令第２条第２項に規定する日をいいます。）において個人の住居に立ち入って行う捜索については、特に必要があると認められる場合のほかは行わないという取扱いがされています（徴基通143－３）。

(5)　捜索調書の作成

徴収職員は、捜索をしたときは、所定の事項を記載した捜索調書を作成しなければなりません（徴146①、徴令52）。ただし、捜索した結果、財産を発見して差し押さえた場合には、差押調書を作成し、これに捜索をした旨等を記載することになりますので、捜索調書を作成する必要はありません（徴146③）。

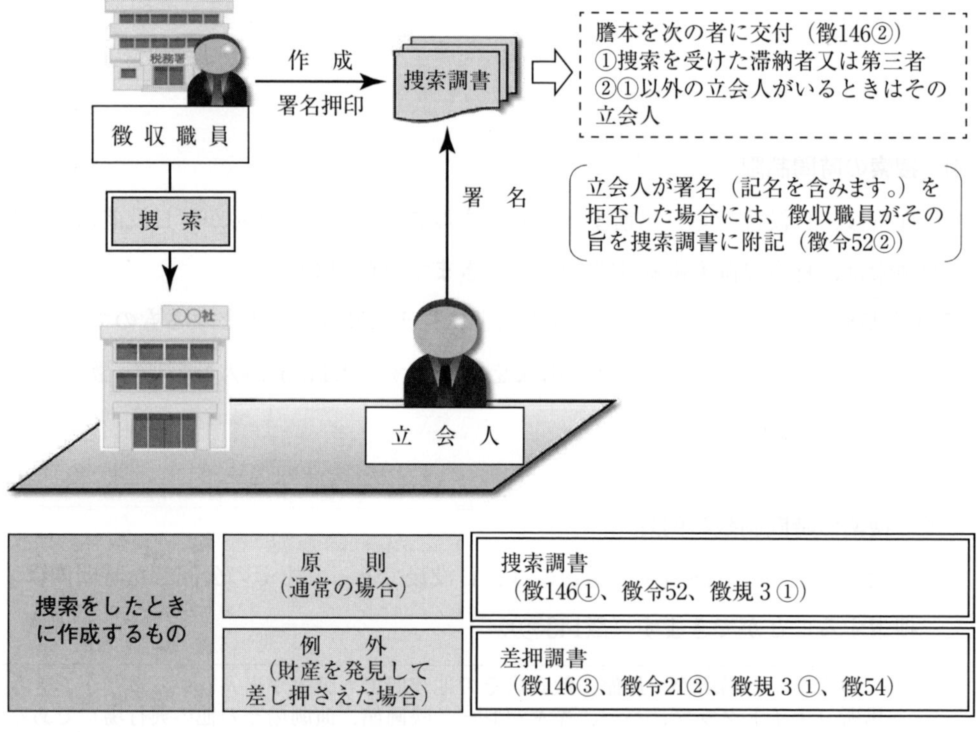

捜索をしたときに作成するもの	原　則（通常の場合）	捜索調書（徴146①、徴令52、徴規３①）
	例　外（財産を発見して差し押さえた場合）	差押調書（徴146③、徴令21②、徴規３①、徴54）

（注１）　捜索の結果、財産を差し押さえた場合に作成する差押調書には、①捜索をした旨、②捜索の日時及び場所を記載します。この場合における立会人の署名（記名を含みます。）や謄本の交付については、捜索調書を作成する場合と同様です。

（注２）　滞納者又は第三者が保管している差押財産を搬出するに当たって捜索した場合には、捜索調書に差押財産を搬出した旨を付記しなければなりません（徴令26の２②、徴基通146－５）。

(参考) 時効の完成猶予及び更新

財産を差し押さえるため捜索をしたが、差し押さえるべき財産がないために差押えができなかった場合は、その捜索が終了した時に時効の更新の効力が生じます（民148②、昭34.12.7大阪高判、昭42.1.31名古屋地判参照)。この場合において、その捜索が第三者の住居等について行ったものであるときは、捜索した旨を捜索調書の謄本等により滞納者に対して通知した時に、捜索による時効の更新の効力が生じます（民154、徴基通142－11、通基通72－５)。

4　出入禁止

(1)　出入りを禁止することができる場合

徴収職員は、捜索、差押え又は差押財産の搬出をする場合において、これらの処分の執行のため支障があると認められるときは、これらの処分をする間は、次に掲げる者を除き、その場所に出入りすることを禁止することができます（徴145)。

出入りが認められる者

- ①　滞納者（法人である場合には、その法人を代表する権限を有する者)
- ②　差押財産を保管する第三者及び捜索を受けた第三者
- ③　①及び②に掲げる者の同居の親族
- ④　滞納者の国税に関する申告、申請その他の事項につき滞納者を代理する権限を有する者㈲

㈲　課税標準等の申告、納税の猶予等の申請、不服申立て又は訴えの提起等、税務に関する事項について、契約又は法律により滞納者に代理してその行為ができる者をいい、例えば、その滞納者から委任を受けた税理士、弁護士、納税管理人等又は法律の規定により定められた親権者、後見人、破産管財人等をいいます（民820、824、857、859、破78等参照)（徴基通145－４)。

これらの処分をする間　捜索、差押処分又は差押財産の搬出をする場合において、これらの行為に必要な手続が完了するまでの間をいいます。

☞　差押財産の搬出をする場合には、差押え後直ちに財産の搬出をする場合に限らず、差押財産を滞納者又は第三者に保管させた後において、その財産を搬出する場合をも含みます（徴基通145－１)。

出入禁止の意義	「出入りすることを禁止することができる」とは、 ①　徴収職員の許可を得ないで捜索、差押処分又は差押財産の搬出を行う場所へ出入りすることを禁止すること ②　①の場所にいる者を退去させることができること をいいます（徴基通145－５)。

(2) 出入禁止の方法

出入禁止の掲示	徴収職員は、出入禁止をした場合には、掲示、口頭その他の方法により、出入りを禁止した旨を明らかにします（徴基通145－６）。
出入禁止に従わない場合	徴収職員の出入禁止に従わない者に対しては、扉を閉鎖する等必要な措置をとることができますが、身柄の拘束はできません（徴基通145－７）。

㊟　徴収職員の出入禁止命令に関連して、徴収職員に対して暴行又は脅迫を加えた者については、刑法95条（公務執行妨害及び職務強要）の規定の適用があります（徴基通145－８）。

5　官公署等への協力要請

徴収職員は、滞納処分に関する調査について必要があるときは、官公署又は政府関係機関に、当該調査に関し参考となるべき帳簿書類その他の物件の閲覧又は提供その他の協力を求めることができます（徴146の２）。

（注１）「滞納処分に関する調査について必要があるとき」とは、滞納者の所在調査等を含め滞納処分に関し調査が必要と認められるときをいい、滞納者の財産調査が必要と認められるときに限りません（徴基通146の２－１）。

（注２）「官公署」は、国、地方公共団体その他の各種の公の機関の総称であり、国及び地方公共団体の各種の機関は全て含まれます（徴基通146の２－２）。

（注３）「帳簿書類」には、その作成又は保存に代えて電磁的記録が作成又は保存されている場合における当該電磁的記録が含まれます（徴基通146の２－３）。

（参考）令和５年度の税制改正において、官公署等への協力要請について見直しが行われています。

徴収職員は、滞納処分に関する調査について必要があるときは、事業者（特別の法律により設立された法人を含みます。）に、その調査に関し参考となるべき帳簿書類その他の物件の閲覧又は提供その他の協力を求めることができることとされ、事業者への協力要請について法令上明確化されました（徴法146の２）。

（注）上記の改正は、令和６年１月１日以後に行う協力の求めについて適用されます。

6　身分証明書の呈示等

(1) 身分証明書の呈示

徴収職員は、質問、検査又は捜索をするときは、税務署長から交付を受けたその身分を示す証明書（徴収職員証票（徴規３））を携帯し、関係者の請求があったときは、これを呈示しなければなりません（徴147①）。

関係者　質問、検査又は捜索を受ける者をいいますが、出入禁止を受けた者、捜索の立会人など、上記の処分に直接の関係を有する者から請求があった場合にも身分証明書を呈示しなければなりません（徴基通147－３）。

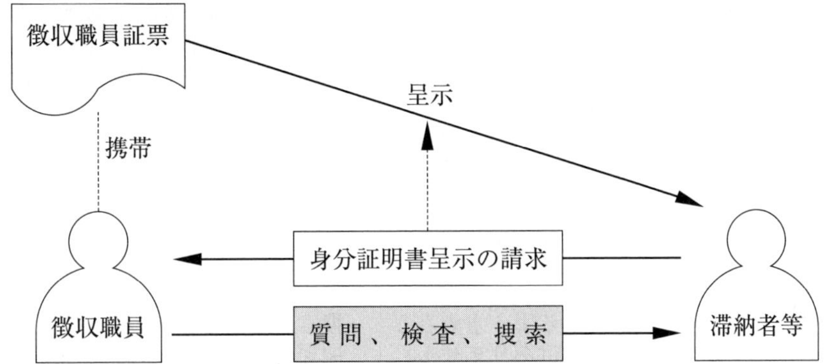

㊟　関係者が身分証明書の呈示を求めず、捜索等に応じたときは、その呈示をしなくても捜索等の処分は違法ではありませんが、関係者が身分証明書の呈示を求めたときは、それを呈示しなければ捜索等の処分を行うことができません（徴基通147－４、昭27.3.28最高判参照）。

⑵　その他

徴収職員が質問、検査又は捜索することができる権限は、滞納国税の徴収のため必要な行政手続として認められたものであり、犯罪捜査のために認められたものではありません（徴147②）。

（参考）　質問・検査と捜索との比較表

項目	質問・検査（徴141）	捜　　索（徴142）
要件	・滞納処分のため滞納者の財産を調査する必要があるとき ・その必要と認められる範囲内	・滞納処分のため必要があるとき
対象となる相手方	・滞納者 ・滞納者の財産を占有する第三者及びこれを占有していると認めるに足りる相当の理由がある第三者 ・滞納者に対し債権若しくは債務があり又は滞納者から財産を取得したと認めるに足りる相当の理由がある者 ・滞納者が株主又は出資者である法人	・滞納者 ・滞納者の財産を所持する第三者でその財産の引渡しをしない者 ・滞納者の親族その他特殊関係者で滞納者の財産を所持すると認めるに足りる相当の理由がある者で、その財産の引渡しをしない者
内容	・上記の者に対する口頭又は書面による質問 ・上記の者が所持する帳簿書類の検査	・上記の者の物又は住居その他の場所に対する捜索
方法	・戸、金庫等の開扉 任意の相手方に開扉するよう求めることができますが強制力はありません。 ・立会人 特に規定はありません。 ・聴取書 必要に応じて作成します。	・戸、金庫等の開扉 捜索に際し必要があるときは相手方に開扉させ又は自ら開扉します。 ・立会人 捜索する場合には立会人を置かなければなりません。 ・捜索調書 差押調書を作成した場合を除き、捜索調書を作成します。
時間の制限	・特に規定はありませんが、捜索の場合に準じて行います。	・日出から日没まで。ただし、日没前に着手した場合には日没以降も継続することができます。 ・上記の例外として、旅館等については必要があると認められた場合、日没以降も公開された時間内は捜索できます。
時効の更新	・質問、検査によっても時効は更新されません。	・差押えのために捜索したが、差し押さえるべき財産がなかったときは、捜索が終了した時に時効が更新されます。ただし、第三者の住居等を捜索したときは、捜索調書の謄本等により滞納者に通知しなければ時効の更新の効力は生じません。
出入禁止の措置	・任意には求められますが、強制力はありません。	・捜索に支障がある場合には、特定の者を除き、その場所への出入禁止をすることができます。
身分証明書の呈示	・捜索の場合と同じ。	・関係人の請求があった場合、呈示します。
罰則	・質問に対して答弁をせず又は偽りの答弁をし、あるいは検査を拒み、妨げた場合等には罰則の適用があります（徴188）。	・特に徴収法上に規定はありませんが、捜索に際して暴行、脅迫を加えた場合には、公務執行妨害罪の適用があります（刑95）。なお、徴187、189参照。

第６節　滞 納 処 分 費

滞納処分費は、財産の差押えや公売等の滞納処分を執行するために要した費用です。

これらの費用は、滞納者が負担すべき実費弁償金の性質を有することから、滞納者から徴収することとなります。また、滞納処分に関する共益費用たる性質を有することから、配当等に当たっては優先して徴収します。

1　滞納処分費の範囲

滞納処分費の範囲（徴基通136－1～10参照）	
⑴　財産の差押えに関する費用	①　差押財産の収集、整理等のために要した縄代、人夫賃等の費用 ②　差押えの登記をするために、登記簿上の記載事項の更正、変更若しくは抹消の登記又は新たな事項の登記を嘱託した場合に要した登記手数料、名義変更料及び登記簿の調査に要する費用等
⑵　交付要求に関する費用	①　交付要求をするために要した執行機関等の書類の閲覧に関する費用 ②　参加差押えをするために要した登記簿等の調査に関する費用等
⑶　差押財産の保管に関する費用	・差押財産の維持管理のために支出し、又は支出すべきことが確定した費用 ①　保管人に対する報酬 ②　倉敷料等の保管料 ③　①及び②に掲げるもののほか、その財産の維持管理に要した費用（例えば、動物の飼育費、船舶のけい船料、監守人の日当等）
⑷　差押財産の運搬に関する費用	・差押財産をその所在の場所から税務署、保管人の住所等の保管場所に引き揚げ、又は保管の場所を移し、若しくは保管場所から公売場に搬入するために支出し、又は支出すべきことが確定した費用 ①　荷造りに要する費用 ②　運搬に要する人夫賃 ③　運送費（例えば、自動車の借上料、運転手の日当、運賃等）
⑸　差押財産の換価に要する費用	①　公売公告（見積価額の公告を含みます。）の新聞掲載料 ②　鑑定人の鑑定料、旅費、日当等 ③　競り売り人の旅費、日当、現地案内人の謝金、測量手数料等 ④　公売の場所の使用料、整理費等
⑹　差押財産の修理等の処分（徴93）に関する費用	・差押財産の破損又は減耗部分の修理、取換え、塗装の塗替え等の費用
⑺　有価証券の取立てに関する費用	・金融機関に取立てを依頼した場合における取立手数料等の費用
⑻　債権の取立てに関する費用	・被差押債権の取立てに要した人夫賃等の費用

(9) 無体財産権等の取立てに関する費用	・徴収法73条５項又は73条の２第４項（債権に関する規定の準用)の規定による無体財産権等の取立てに要した人夫賃等の費用
(10) 配当に関する費用	・徴収法130条２項（債権額の確認方法）の規定による債権現在額の確認のための調査に要した費用等

○　滞納処分費として徴収できないもの

滞納処分費として徴収できないもの

(1) 通知書その他の書類の送達に要する費用は、滞納処分費として徴収することはできません（徴136）。

(2) 次に掲げる費用は、滞納処分費として徴収しない取扱いとされています（徴基通136－11）。
① 滞納処分に従事する徴収職員の俸給、旅費、手当等
② 滞納処分に関する書類（差押調書、公売公告等）の用紙代、税務署等の自動車によって差押財産を引き揚げた場合の燃料費等
③ 公売公告の取消しに要する費用
④ 行政上の措置として行った手続に要する費用
⑤ 滞納処分に臨場した場合において、滞納税金の完納、納税猶予の許可、差押えをすることができる財産がない等の理由によって差押えをしなかったときに要した費用

○　滞納処分費として徴収しない場合

次の事実が生じた場合のそれぞれに掲げる費用は、滞納処分費として徴収しない取扱いとされています（徴基通136－12）。

生　じ　た　事　実	滞納処分費として徴収しない費用
(1) 徴収に関する処分が取り消された場合	・その取り消された処分に要した費用
(2) 課税処分の全部又は一部の取消しに基づき、徴収に関する処分が解除又は取消しされた場合	・その解除又は取消しされた処分に要した費用
(3) 徴収法50条２項（差押換えの請求に対する措置）又は51条３項（相続に係る差押換えの請求に対する措置）の規定により差押換えをした場合	・解除に係る差押処分に要した費用

2　滞納処分費の徴収手続

(1)　納入の告知を要する場合	滞納国税が完納され、滞納処分費だけについて滞納者の財産を差し押さえようとする場合（徴138） ㊟　納入の告知をした滞納処分費について、その納期限までに完納されないときは、督促を要しないで直ちに差押えをすることができます（通36、37、徴基通47－63、138－１）。
(2)　納入の告知を要しない場合	(1)以外の場合、例えば次のようなとき（徴基通138－２） ①　完納されていない本税又は附帯税と滞納処分費について差押えをするとき ②　一つの国税について滞納処分費だけが残っており、他の国税の本税又は附帯税とともに差押えをするとき

㊟　滞納処分費については、その金額に百円未満の端数があるとき、又はその全額が百円未満であるときは、その端数金額又はその全額を切り捨てることとされています（通119）。

○　納入告知の方法

原則	所定の事項を記載した納入告知書を滞納者に送達します（徴令51本文）。
例外	滞納処分費につき直ちに滞納処分をしなければならないときは、口頭により納入の告知をすることができます（徴令51ただし書）。

㊟「滞納処分費につき直ちに滞納処分をしなければならないとき」とは、例えば、徴収職員が滞納処分のために臨戸した場合において、滞納国税が完納され、その滞納処分費だけ残っていることが判明した場合等であり、口頭により納入の告知をする場合には、徴収法施行令51条各号（納入告知書に記載すべき事項）に掲げる事項のほか、滞納処分費の納入の告知である旨を明確にして告知することとされています（徴基通138－４）。

なお、滞納者が差押えを受け、滞納国税のみを完納しても、まだ滞納処分費を納付しないときは、その差押えはなお維持されますので（徴79①一参照）、その納入の告知を要しないで、直ちに換価処分を行うことができます（大12.4.2行判参照）。

3　滞納処分費の配当等の順位

滞納処分費については、その徴収の基因となった国税に先だって配当し、又は充当します（徴137）。

（注１）「その徴収の基因となった国税」とは、滞納処分費を要する原因となった国税をいい、滞納処分費が個々のどの差押財産から生じたものであるかを問いません（徴基通137－１）。

（注２）滞納処分費は、その徴収の基因となった国税には先立ちますが、他の国税には後れることもあります（徴基通137－１）。

○　徴収法10条（直接の滞納処分費の優先）との関係

条　　　　　文	規定されている内容
徴収法137条（滞納処分費の配当等の順位） 　滞納処分費については、その徴収の基因となった国税に先だって配当し、又は充当する。	・滞納処分費とその徴収の基因となった国税との同一債権についての内部関係
徴収法10条（直接の滞納処分費の優先） 　納税者の財産を国税の滞納処分により換価したときは、その滞納処分に係る滞納処分費は、…（略）…、その換価代金につき、他の国税、地方税その他の債権に先だって徴収する。	・滞納処分による換価をした場合における、 ①　その換価の目的となった財産についての滞納処分費でその換価の基因となった差押国税に係る滞納処分費と、 ②　他の滞納処分費、国税、地方税その他の債権 とがある場合における優先関係

直接の滞納処分費の優先☞第２章第１節３参照

【設例】

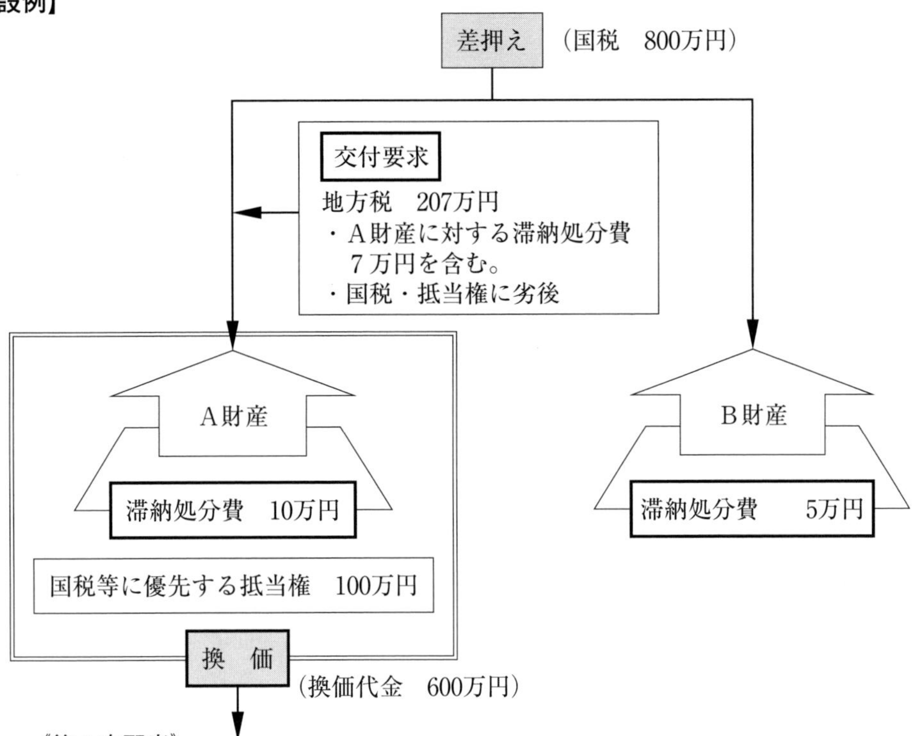

《第１次配当》

換価をした税務署長は、

⑴　まず、徴収法10条の規定により、

A財産についての滞納処分費で換価した差押国税に係る滞納処分費　10万円

を他に先だって徴収し、

⑵　残りの590万円について、徴収法12条、16条の規定により、

差押国税・交付要求地方税に優先する抵当権　100万円

差押国税　490万円

に配当します。

《第２次配当》

差押国税として490万円の配当を受けた税務署長は、徴収法137条の規定により、

①　B財産に係る滞納処分費　5万円

②　差押国税　485万円

の配当をし、それぞれの国税に充てることになります。

㈲　設例における交付要求に係る地方税の滞納処分費（７万円）は、徴収法10条（直接の滞納処分費の優先）に該当せず、かつ、国税等に優先する抵当権及び差押国税に劣後します。

第5章　滞納処分―財産差押え―

第1節　総　　　説

1　差押えの意義

差押えは、国税債権を強制的に実現する滞納処分の最初の段階の手続であって、徴収職員が滞納者の特定の財産について、法律上又は事実上の処分を禁止し、これを国が換価できる状態におく処分です。

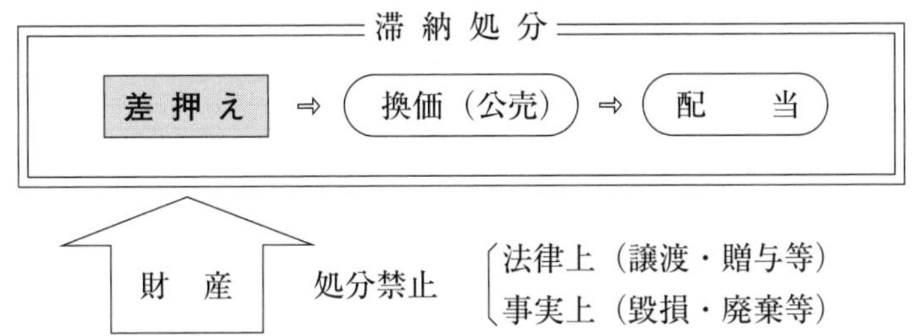

○　差押えの担保的機能

国税の徴収手続には、納税の緩和制度が設けられており、財産の差押えの後であっても、一定の要件を満たす場合には、納税の猶予（通46）や換価の猶予（徴151、151の2）がされます。猶予に当たっては、原則として、猶予税額に相当する担保が必要であり（通46⑤、徴152③、④）、既に差し押さえた財産があるときは、担保として必要な額は、猶予税額から差押財産の価額を控除した額を限度とすることとされています（通46⑥、徴152③、④）。このように、滞納処分による差押えには、猶予のための担保としての機能もあり、こうした点は、民事執行による差押えとは異なるところです。

2　差押えの性質

差押えは、次のような性質を有しています。

⑴　財産を差し押さえた場合、差押財産の処分が禁止されますが、差押えによってその財産の帰属が滞納者から国に変わるものではありません。このため、差押えをしている間に天災その他不可抗力によってその財産が滅失しても、その損害は滞納者が負担することになります。

⑵　差押えは、徴収職員が行う強制的な処分であり、滞納者の同意を必要としません。

3　差押えの要件

滞納処分による差押えができるのは、次の場合です。

<table>
<tr><td rowspan="2">納税義務の確定前の国税</td><td rowspan="3">督促を要しない国税
（通37①一、二）</td><td>繰上請求事由がある国税
（繰上保全差押え）</td><td>納税義務の成立した国税で、法定申告期限前に繰上請求事由（通則法38①各号に該当する事由）が生じ、国税の確定後においては、その徴収を確保することができないと認められる場合（通38③）</td><td>A</td></tr>
<tr><td>国税通則法第11章（犯則事件の調査及び処分）又は刑事訴訟法の適用を受けた国税（保全差押え）</td><td>納税義務のある者が、不正に国税を免れたこと等の嫌疑に基づき、国税通則法第11章（犯則事件の調査及び処分）等の適用を受け、国税の確定後においては、その徴収を確保することができないと認められる場合（徴159①）</td><td>B</td></tr>
<tr><td rowspan="3">納税義務の確定した国税</td><td>繰上請求をした国税（通38①）</td><td>繰上請求に係る国税について、滞納者がその繰上請求により指定された納期限までに完納しない場合（徴47①二、通38①）</td><td>C</td></tr>
<tr><td rowspan="2">督促を要する国税
（通37①）</td><td>繰上請求事由がある国税
（繰上差押え）</td><td>督促状を発した日から起算して10日を経過した日までに、繰上請求事由（通38①各号に該当する事由）が生じた場合（徴47②）</td><td>D</td></tr>
<tr><td>一般的な場合</td><td>督促状を発した日から起算して10日を経過した日までに、滞納者がその督促に係る国税を完納しない場合（徴47①一）
(注)　この「滞納者」には、第二次納税義務者及び保証人が含まれ（徴２九、徴基通２－10）、これらの者について差押えをする場合には、納付催告書による督促が必要です（徴32③、47③、通52③）。</td><td>E</td></tr>
</table>

（注１）　一般的な場合の差押えができる時期

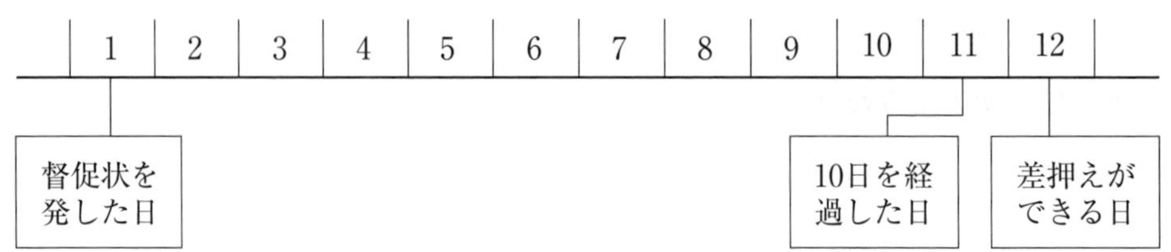

（注２）　夜間及び日曜日、国民の祝日に関する法律に規定する休日又は通則法第２条第２項に規定する日その他一般の休日において、個人の住居に立ち入って行う差押

えについては、特に必要があると認められる場合のほかは、これらの時間又は日においては行わないこととされています（徴基通47－19）。

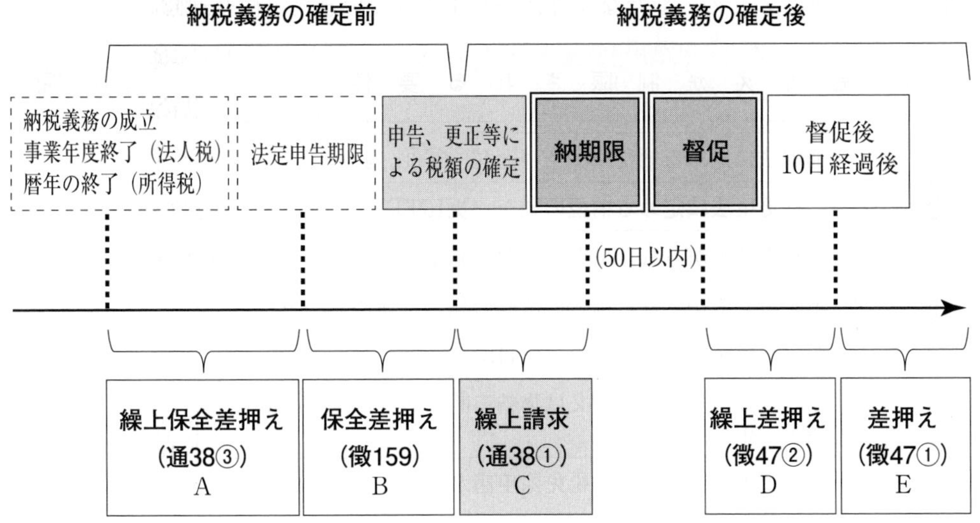

○　**繰上請求**

繰上請求は、次の主観的要件及び客観的要件のいずれも満たしている場合に行うことができます（通38①）。

<table>
<tr><td rowspan="7">繰上請求の要件</td><td>主観的要件</td><td colspan="2">納税義務の確定した国税について、その納期限までに完納されないと認められること</td><td rowspan="7"></td></tr>
<tr><td rowspan="6">客観的要件</td><td rowspan="6">納税者について、右のいずれかに該当する事由が発生していること</td><td>①　納税者の財産につき強制換価手続が開始されたとき</td></tr>
<tr><td>②　納税者が死亡した場合に、その相続人が限定承認をしたとき</td></tr>
<tr><td>③　法人である納税者が解散したとき</td></tr>
<tr><td>④　その納める義務が信託財産責任負担債務である国税に係る信託が終了したとき（信託の併合によって信託が終了したときを除きます。）</td></tr>
<tr><td>⑤　納税者が納税管理人を定めないで、国内に住所、居所、事務所又は事業所を有しないこととなるとき</td></tr>
<tr><td>⑥　納税者がほ脱行為又は免脱行為を行ない、又は行おうとしたと認められるとき</td></tr>
</table>

（右欄：繰上請求事由）

4　差押えの制限

徴収法の規定では差押えの要件が満たされている場合であっても、次の場合には、徴収手続の緩和等のため、新たな差押えが制限されています（徴基通47－16）。

	差押えが制限される要件	制限される期間
納税の猶予等がされている場合	通則法に定める納税の猶予（通46①②③、48）	猶予期間
	会社更生法に定める納税の猶予（更169①）	
	更正の請求がされた場合の徴収の猶予（通23⑤）	
	不服申立てがされた場合の徴収の猶予（通105②⑥）	
	予定納税額の徴収の猶予（所118）	
	相続税法に基づく延納又は物納申請があった場合の徴収の猶予（相40①、42㉜）	
	資力喪失による再評価税免除申請があった場合の徴収の猶予（資産再評価法87⑤）	
滞納処分の停止がされている場合	滞納処分の停止（徴153①）	停止期間
倒産処理手続が開始された場合	包括的禁止命令（更25①、破25①）	倒産処理手続の係属期間又は免責許可の申立てに係る裁判の確定までの期間
	更生手続開始の決定（更50②）	
	企業担保権の実行手続の開始決定（企担28）	
	破産手続開始の決定（破43①）	
	免責許可の申立てがされ、かつ、破産手続廃止の決定若しくは破産手続廃止の決定の確定又は破産手続終結の決定（破249①）	

5　差押財産の選択

(1)　差押財産の選択の一般的な基準

差押えの対象となる財産が複数ある場合に、どの財産を差し押さえるかは、徴収職員の裁量によることとされています。ただし、次の(2)の超過差押え（徴48①）や(3)の無益な差押え（徴48②）にならないようにするとともに、以下の点に十分留意して、差押財産を選択する必要があります。この場合において、差し押さえる財産について滞納者の申出があるときは、諸般の事情を十分考慮の上、滞納処分の執行に支障がない限り、その申出に係る財産を差し押さえるものとします（徴基通47－17）。

第三者の権利の尊重の観点	第三者の権利を害することが少ない財産であること
滞納者の生活維持等の観点	滞納者の生活の維持又は事業の継続に与える支障が少ない財産であること
行政の効率性の観点	換価が容易な財産であること
	保管又は引揚げに便利な財産であること

㈱　差押財産の選択に当たって、例えば、第三者の権利を害さないために、滞納者の全財産を調査した上で、第三者の権利の対象となっていない財産を差し押さえることまで求めるものではありません（徴基通49－４参照）。

⑵　超過差押えの禁止

イ　原則

徴収職員は、国税を徴収するために必要な財産以外の財産は、差し押さえることができません（徴48①）。

したがって、差押えができる財産は、差押えの対象となる財産のうち、差押えをしようとするときにおける価額が、差押えに係る国税の額を著しく超えないものであることが必要です。

この場合の財産の価額は、差し押さえようとする時の処分予定価額によるものとし、差押えに係る国税に優先する他の国税、地方税、公課その他の債権がある場合には、その処分予定価額からこれらの優先すると認められる債権額を控除した後の価額となります（徴基通48－２）。

この制限に違反して行われた差押えが直ちに無効となるものではありませんが、取消しの原因となることがあります。

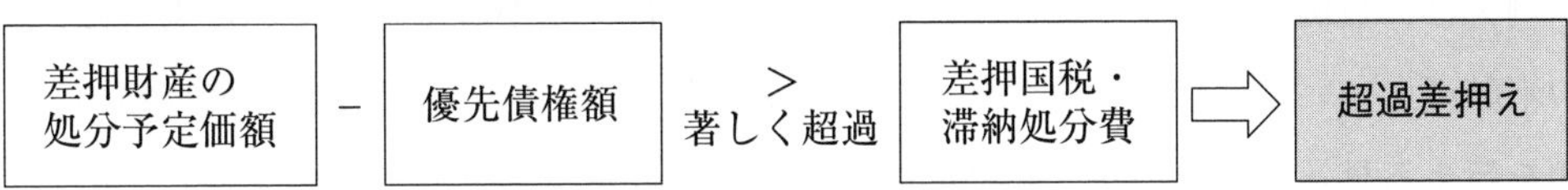

ロ　例外

差押財産が不可分物である場合には、その財産の価額が差押えに係る国税の額を超過する場合であっても、その差押えは違法とはなりません（昭46.6.25最高判参照）。

なお、不可分物とは、おおむね次に掲げるものをいいます（徴基通48－３）。

不可分物	物の性状から分割することができないもの（例えば、１つの絵画、宝石）
	分割することはできるが、分割することにより物の経済的価値を著しく害するもの（例えば、１棟の家屋）
	法律上分割して売却することができないもの（例えば、マンションの建物部分と敷地利用権）

㊟　債権については、債権の実質的な価値は第三債務者の資力によって定まりますので、名目的な債権金額によって直ちに超過差押えか否かを判定すべきものではなく、債権は、原則としてその全額を差し押さえます（徴63、徴基通63－１参照）。

⑶　無益な差押えの禁止

差押えをしようとするときにおける財産の処分予定価額が、差押えに係る国税の滞納処分費及びその国税に優先する他の国税、地方税、公課その他の債権の合計額を超える見込みがないときは、その財産は差し押さえることができません（徴48②）。

これに反して行われた無益な差押えは、超過差押えの場合と同様に、取消しの原因となることがあります。

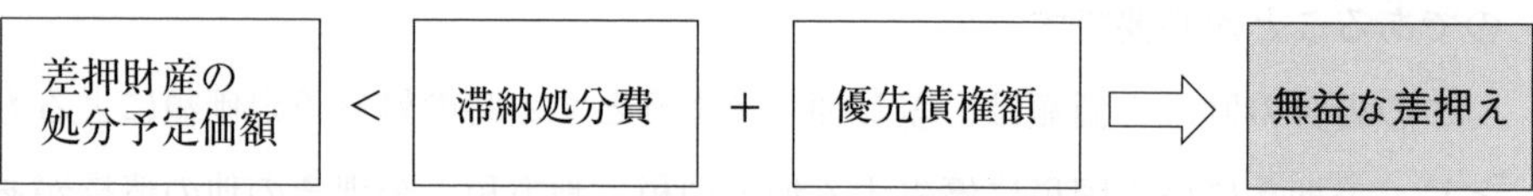

この「合計額を超える見込みがないとき」とは、差押えの対象となる財産について、それぞれ個別に判定すると滞納処分費及び優先債権額の合計額を超える見込みがない場合をいいますが、これらの財産の全部又は一部を一体として判定すると滞納処分費及び優先債権額の合計額を超える見込みがある場合は含みません。

例えば、数個の不動産上に国税に優先する共同担保権が設定されている場合に、その不動産について個別に判定すると処分予定価額が滞納処分費及び優先債権額の合計額を超える見込みはないが、不動産の全部又は一部を一体として判定すると、その合計額を超える見込みがある場合には、無益な差押えには当たりません（徴基通48－６）。

○　不動産の処分予定価額　Ａ財産　100万円
　　　　　　　　　　　　　Ｂ財産　200万円
　　　　　　　　　　　　　Ｃ財産　300万円
　差押国税に優先する債権額　　　　500万円（Ａ、Ｂ、Ｃ財産に共同して設定された抵当権）

① 個別に判定した場合　　　　　　　　　　　　（国税の配当見込）

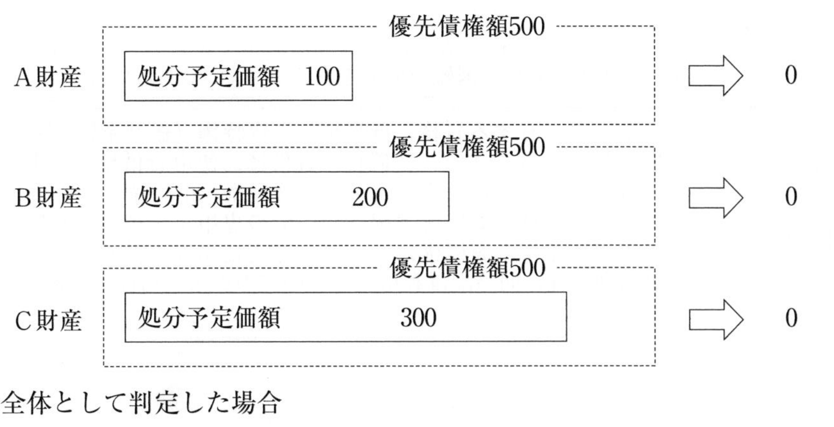

② 全体として判定した場合

処分予定価額600
A＋B＋C
優先債権額500
⇒ 100

⑷ 第三者の権利の尊重

徴収職員は、滞納者の財産を差し押さえるに当たっては、滞納処分の執行に支障がない限り、その財産について第三者が有する権利を害さないように努めなければなりません（徴49）。

どの財産を差し押さえるかは、徴収職員の裁量によることが原則ですが、第三者の権利の目的となっている財産が滞納処分により差押え・換価されると、国税債権が優先する場合は第三者の権利が消滅したり、担保権の場合は十分な満足を得られないことになるなど、差押え・換価がなされないときに比べて、第三者の権利が制約されることが考えられます。

そこで、第三者の権利がある財産以外に、差押えをすることができる適当な財産があるなど、滞納処分の執行に支障がない限り、第三者の権利を尊重し、なるべく第三者の権利への影響が少ない財産から差し押さえるよう努めるべきであることが定められています。

㈱ 「害さないように努める」とは、徴収職員が差押えをするに当たって、通常の調査によって知った第三者の権利を害さないように努めることをいい、第三者の権利を害さないための特別な調査（例えば、滞納者の有する全ての財産の調査）までも行わなければならないことが求められているものではありません（徴基通49－４）。

滞納処分の執行に支障がある場合（徴基通49－２）	第三者の権利がある財産以外に、差押えをすることができる適当な財産がない場合
	第三者の権利がある財産以外は、全て換価の著しく困難な財産（差押えが著しく困難な財産を含みます。）である場合

第三者が有する権利（徴基通49－３）	第三者が有する質権、抵当権、先取特権（総財産にある一般の先取特権を除きます。）、留置権、賃借権、使用貸借権、地上権、永小作権、地役権、租鉱権、入漁権、買戻権、出版権、特許権についての専用実施権、実用新案権についての専用実施権、意匠権についての専用実施権、商標権についての専用使用権、育成者権についての専用利用権、回路配置利用権についての専用利用権等の権利

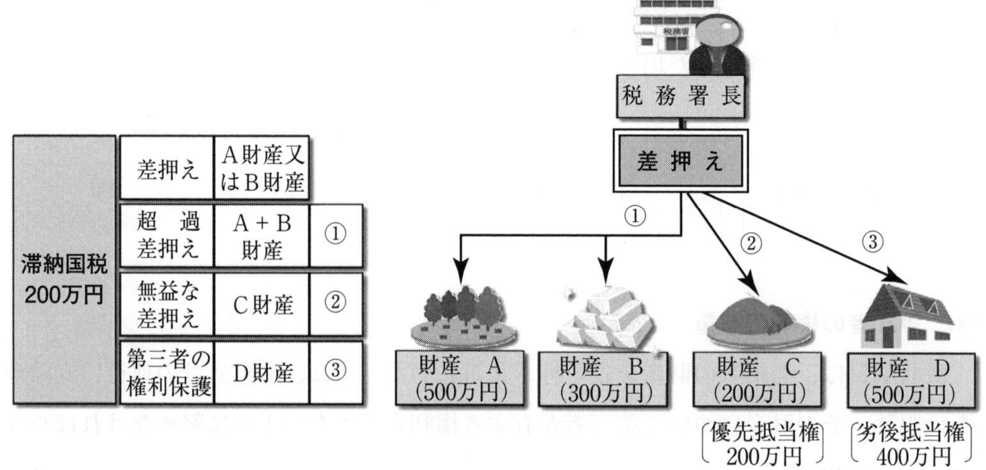

㈱　A財産とB財産のどちらを差し押さえるかは、差押財産の選択の一般的な基準（滞納者の生活維持等の観点、行政の効率性の観点等）（上記⑴参照）を考慮して行います。

⑸　第三者の権利の目的となっている財産の差押換え

差押財産の選択に当たり、第三者の権利を尊重すべきことが、徴収法49条に定められていますが、この規定の実効性を担保するため、徴収法50条において、第三者の権利の目的となっている財産が差し押さえられた場合の、第三者による差押換えの請求及びその手続が定められています。

イ　差押換えの請求

請求ができる者（徴50①）	滞納者の差押財産について、その差押え前から質権、抵当権、先取特権、留置権、賃借権その他の権利を有する第三者

（注１）　先取特権は、徴収法19条１項各号又は20条１項各号に掲げるものに限ります。
（注２）「その他の権利」とは、使用貸借権、地上権、永小作権、地役権、租鉱権、入漁権、買戻権、出版権、特許権についての専用実施権、実用新案権についての専用実施権、意匠権についての専用実施権、商標権についての専用使用権、育成者権についての専用利用権、回路配置利用権についての専用利用権等をいいます（徴基通50－３）。

請求の理由（徴50①）	①　滞納者が差押財産以外に換価の容易な財産を有していること
	②　滞納者の有する①の財産が、他の第三者の権利の目的となっていないものであること
	③　①及び②に該当する財産により、差押換えを請求するときにおける滞納者の国税の全額を徴収できること

(注)「換価が容易な財産」とは、評価が容易であり、かつ、市場性のある財産をいいますが、その財産は、換価をするための前提である差押えを直ちにすることができるものに限られます（徴基通50－５）。そのため、遠隔地にあって容易に差し押さえることができない財産は、「換価が容易な財産」には該当しません。

ロ　差押換えの請求方法及び期限

差押換えの請求は、次に掲げる事項を記載した書面により、その請求者の権利の目的となっている財産の公売公告の日（随意契約による売却をする場合には、その売却決定の時）までにしなければなりません（徴50①、徴令19①、徴基通50－９）。

記載事項	滞納者の氏名及び住所又は居所
	差押えに係る国税の年度、税目、納期限及び金額
	差し押さえた財産の名称、数量、性質及び所在
	差し押さえた財産につき差押換えを請求する者が有する権利の内容
	差押えを請求する財産の名称、数量、性質、所在及び価額

ハ　差押換えの請求があった場合の処理

税務署長は、差押換えの請求を相当と認めるときは、その差押換えをしなければなりません。また、差押換えの請求を相当と認めないときは、その旨を請求者に通知しなければなりません（徴50②）。

この通知は、原則として書面により行います（徴基通50－11）。

（注１）「請求を相当と認めるとき」とは、請求者が差し押さえるべきことを請求した財産により、滞納国税の全額を徴収することができると認められるときをいいます（徴基通50－10）。

（注２）差押換えのためにした差押えによって差押財産が増加し、一時的に超過差押えとなっても、徴収法48条１項の規定に反することにはなりません（徴基通50－15）。

二　差押換えの請求が認められなかった第三者の換価の申立て

⑴　換価の申立て

差押換えの請求が相当と認められない旨の通知を受けた者は、その通知を受けた日から起算して７日を経過した日（例えば、１日に通知を受けた場合は、８日）までに、次に掲げる事項を記載した書面により、先の差押換えの請求に係る財産（差し押さえるべきことを請求した財産）の換価をすべきことを申し立てることができます（徴50③、徴令19②）。

記載事項	換価を申し立てる財産の名称、数量、性質、所在及び価額
	差押換えを相当と認めない旨の通知を受けた年月日

⑵　差押財産の換価の制限

上記⑴の換価の申立てがあった場合には、税務署長は、次の①②に掲げる場合を除き、差し押さえるべきことを請求された財産を差し押さえ、かつ、これを換価に付した後でなければ、請求をした第三者の権利の目的となっている財産を換価することはできません（徴50③）。

㈴「換価に付した」とは、公売の日時に公売を実施したことをいい、この場合においては、入札書の提出及び買受申込みの有無を問いません（徴基通50－14）。

①　その財産が換価の著しく困難なものであるとき
②　他の第三者の権利の目的となっているものであるとき

㈴「換価の著しく困難なもの」とは、その評価、換価手続、買受人への権利移転手続等が通常の換価の場合に比べて社会通念上著しく困難である財産をいい、換価をするための前提としての差押えが著しく困難なものも含まれます（徴基通50－13）。

⑶　差押えの解除

税務署長は、第三者から換価の申立てがあり、その財産が換価の著しく困難なものでなく、かつ、他の第三者の権利の目的となっていない場合には、その申立てがあった日から２月以内にその申立てに係る財産を差し押さえ、かつ、換価に付さないときは、その申立てをした第三者の権利の目的となっている財産の差押えを解除しなければなりません（徴50④本文）。

ただし、換価の猶予（徴151）がされている場合など、国税に関する法律の規定により、換価が制限されているときは、差押えを解除する必要はありません（徴50④ただし書、徴基通50－19）。

ホ　滞納処分の制限の解除

差押換え又は換価の申立てにより新たに差押えをする場合の差押えについては、納税の猶予その他により新たな滞納処分の執行を制限されているとき（徴基通47－16参照）であっても、することができます（徴50⑤、徴基通50－21）。

ヘ　差押換えの請求手続

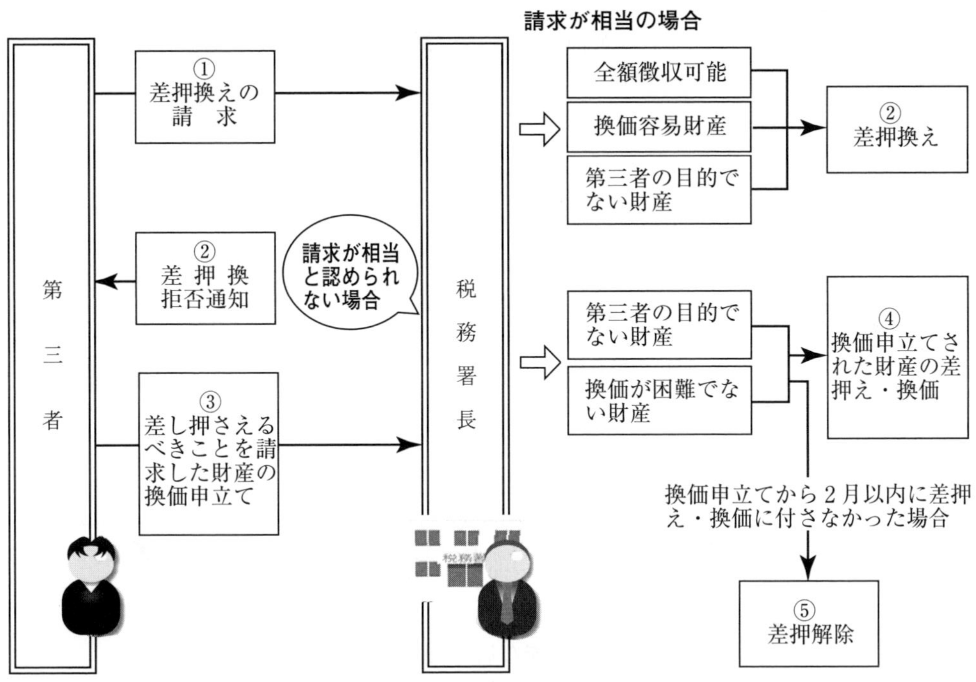

⑹　相続があった場合の差押えの順序及び差押換え

イ　差押えの順序

相続があった場合、相続人は、被相続人の国税について納税義務を承継します（通５）。納税義務を承継した被相続人の国税について、徴収職員がその相続人の固有の財産を差し押さえる場合には、滞納処分の執行に支障がない限り、まず相続財産を差し押さえるよう努めなければなりません（徴51①）。

滞納処分の執行に支障がある場合（徴基通51－２）	第三者の権利の目的となっている相続財産以外に、差押えをすることができる適当な相続財産がない場合
	第三者の権利の目的となっている相続財産以外は、全て換価の著しく困難な財産である場合

㈲　相続人の権利と第三者の権利とが競合する場合には、第三者の権利を尊重するものとします（徴基通51－１）。

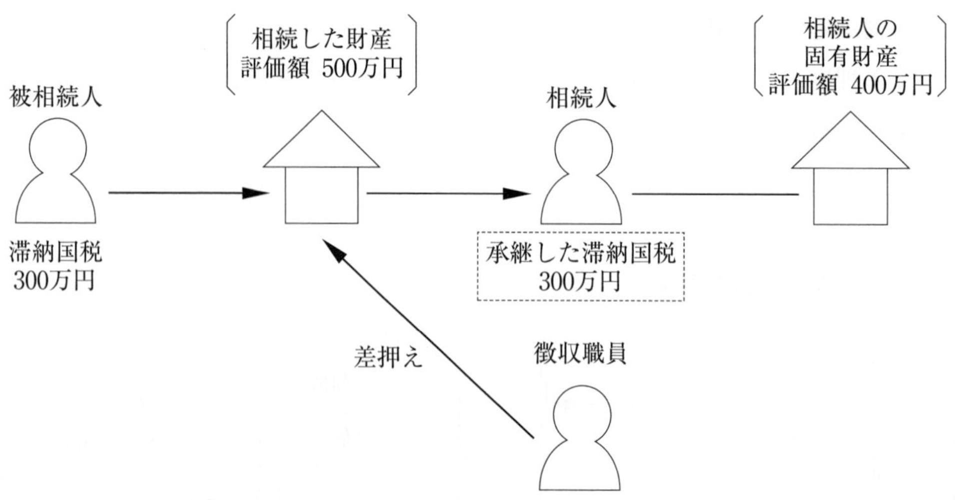

〔滞納処分の執行に支障がある場合〕

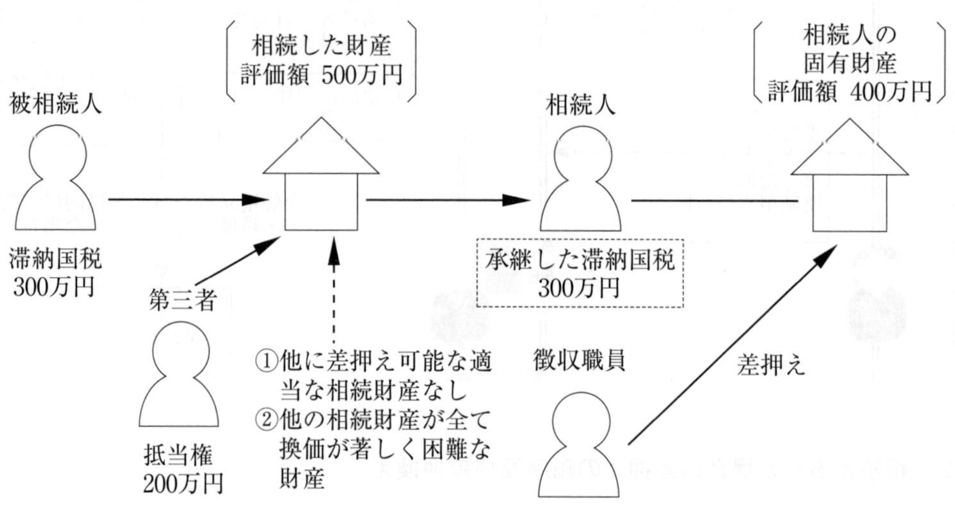

ロ　相続人の差押換えの請求

被相続人の国税を承継した相続人が、その固有財産を差し押さえられた場合において、次に掲げる要件のいずれにも該当するときは、その相続人は、所定の事項を記載した書面により差押換えを請求することができます（徴51②、徴令20）。

請求の理由	
請求の理由	①　換価が容易な相続財産で第三者の権利の目的となっていない財産があること
	②　①の財産により承継した被相続人の国税の全額を徴収することができること

(注)「第三者の権利」とは、徴収法50条１項と同じです。

この差押換えの請求は、差し押さえられた相続人の固有財産の公売公告の日までにしなければなりません（徴令20、徴基通51－7）。

記載事項	被相続人（包括遺贈者を含みます。）の氏名及び死亡時の住所又は居所
	差押えに係る国税の年度、税目、納期限及び金額
	相続人の固有財産で差し押さえられたものの名称、数量、性質及び所在
	差押えを請求する相続財産の名称、数量、性質、所在及び価額

ハ　相続人から差押換えの請求があった場合の処理

税務署長は、相続人から差押換えの請求があった場合において、その請求を相当と認めるときは、その差押換えをしなければなりません（徴51③）。

この差押換えによる新たな差押えには、納税の猶予等による滞納処分の執行の制限は適用されません（徴51③後段による徴50⑤の準用）。

また、差押換えの請求を相当と認めないときは、その旨を請求した相続人に通知しなければなりません（徴51③）。この通知は、原則として書面により行います（徴基通51－9）。

㊟「請求を相当と認めるとき」とは、相続人が差し押さえるべきことを請求した相続財産により、被相続人の国税の全額を徴収することができると認められるときをいいます（徴基通51－8）。

6　特殊な財産の差押え

(1)　共有財産の持分

差し押さえようとする財産が滞納者と他の者との共有である場合には、滞納者に属する持分について差し押さえることができます。

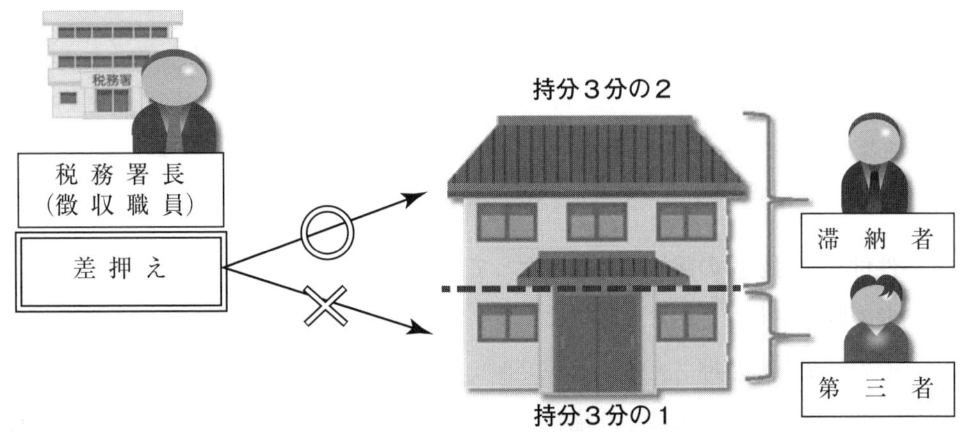

この持分については、登記によって明らかである場合を除いて、次に掲げるところによります。

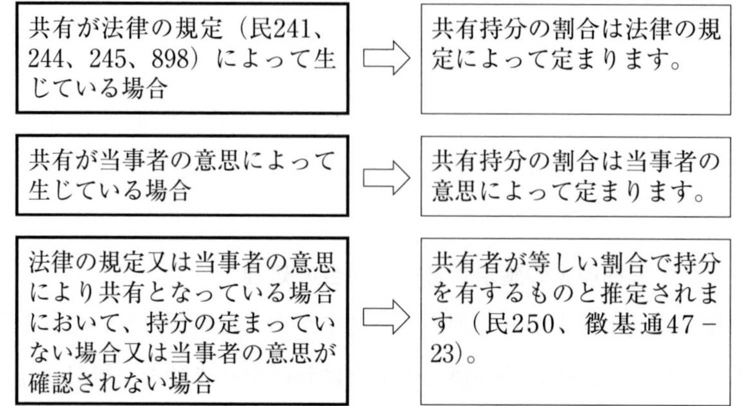

㈲　動産の共有持分の差押えは、第三債務者等がある無体財産権として行います（徴基通73－１⑼、73－32～34、73－52⑽）。

⑵　取り消し得べき法律行為又は契約の解除の目的となっている財産

滞納者がした財産の譲渡又は権利の設定等の行為が、取り消し得べき行為（民５②、９、13④、95①②、96①②等）であるとき又は契約の解除（民541、542等）ができるときは、滞納者に代位して（通42、民423）、その行為を取り消し又はその契約を解除した上で、その財産を滞納者の財産として差し押さえることができます。

ただし、その行為の取消し又は契約の解除の効果を第三者に対して、主張できない場合があります（民95④、96③、545①ただし書等、徴基通47－24）。

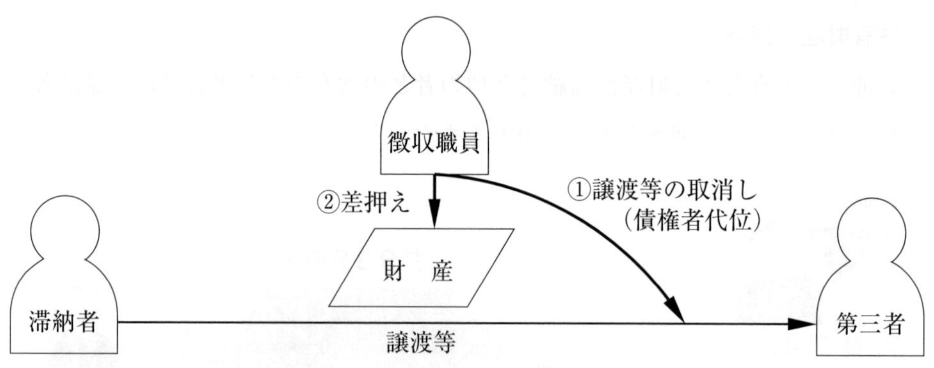

⑶　条件付又は期限付の譲渡の目的となっている財産

滞納者の財産が条件付又は期限付の売買、贈与等の目的となっているときでも（民129）、その財産を差し押さえることができます。この場合において、差押え後にその条件の成就又は期限の到来により権利を取得した者は、その権利の取得をもって差押債権者である国に対抗することができません。ただし、その権利を保全する仮登記が差押え前からあるときは、その権利の取得をもって差押債権者である国に対抗することができます（徴基通47－25。なお、仮登記が担保のための仮登記である場合には徴収法23条及び52条の２の規定が適用されます（徴基通47－30）。）。

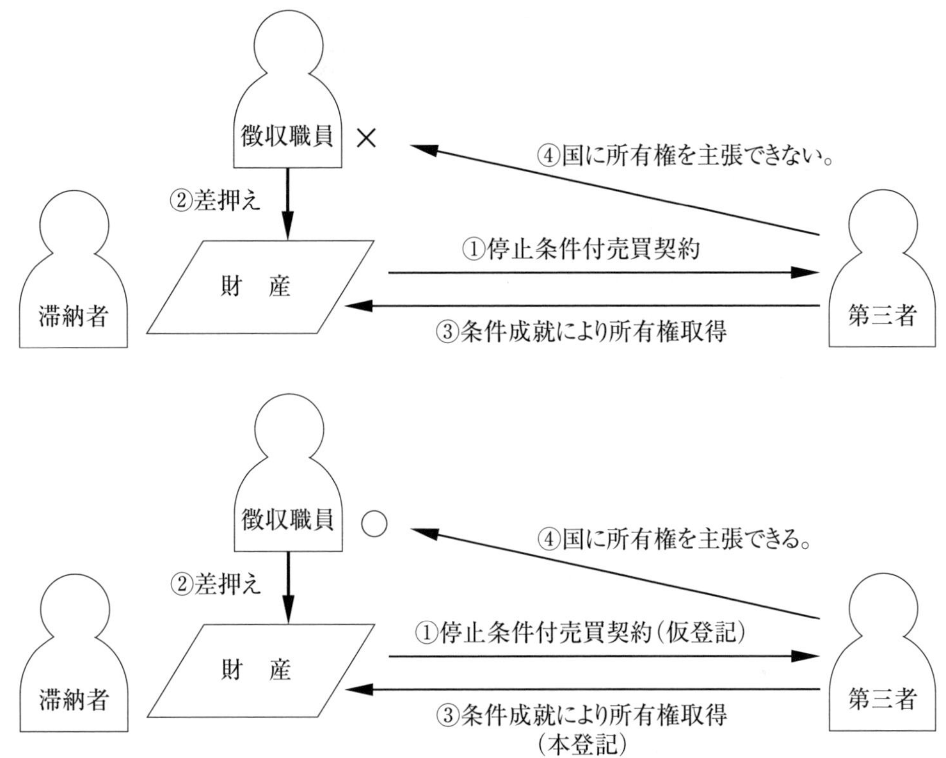

⑷　売買予約の目的となっている財産

滞納者の財産が売買予約の目的となっているときでも、その財産を差し押さえることができます。この場合において、差押え後に売買を完結する意思表示により所有権を取得した者は、その所有権をもって差押債権者である国に対抗することができません。ただし、その権利を保全する仮登記が差押え前からあるときは、その所有権の取得をもって差押債権者である国に対抗することができます（徴基通47－26。なお、仮登記が担保のための仮登記である場合には徴収法23条及び52条の２の規定が適用されます（徴基通47－30）。）。

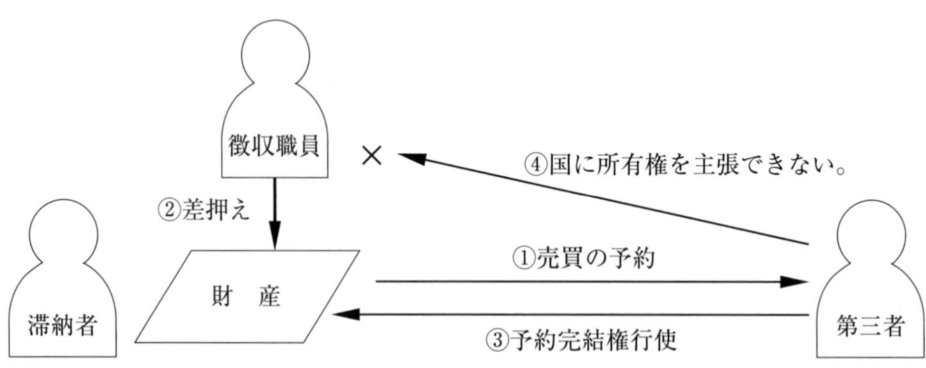

(5)　買戻しの特約等の目的となっている財産

滞納者の財産が買戻しの特約又は再売買の予約の目的となっているときでも、その財産を差し押さえることができます。この場合において、差押え後に買戻権の行使又は再売買の予約完結権の行使により所有権を取得した者は、その所有権をもって差押債権者である国に対抗することができません。ただし、買戻しの特約の登記（民581①、不登96）又は再売買の予約に係る所有権移転請求権の仮登記（不登105二）が差押え前からあるときは、その所有権の取得をもって差押債権者である国に対抗することができます（徴基通47－27。なお、仮登記が担保のための仮登記である場合には徴収法23条及び52条の２の規定が適用されます（徴基通47－30)。)。

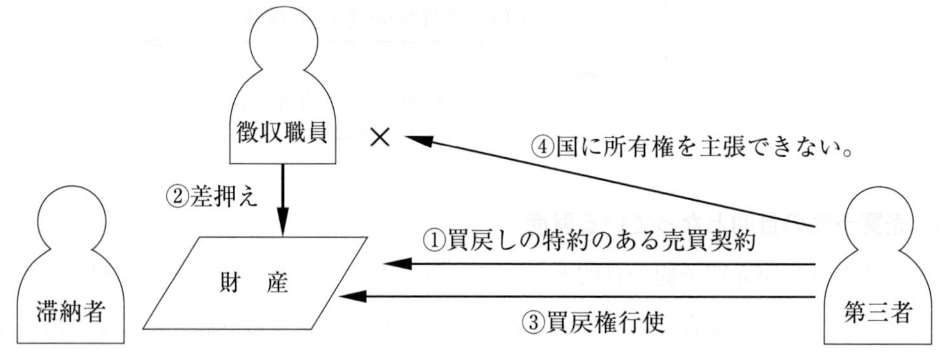

(6)　没収保全がされた財産

次に掲げる没収保全命令による処分の禁止をされた財産でも、滞納処分による差押えをすることができます。この場合において、徴収職員は検察官にその旨を通知しなければなりません（徴基通47－29)。

なお、滞納処分による換価は、没収保全が効力を失った後又は代替金が納付された後でなければすることができません。

根拠法	没収保全命令の名称
組織的な犯罪の処罰及び犯罪収益の規制等に関する法律40条	・　没収保全命令（同法22①）
	・　附帯保全命令（同法22②）
	・　国際共助手続における没収保全命令及び附帯保全命令（同法66①）
国際的な協力の下に規制薬物に係る不正行為を助長する行為等の防止を図るための麻薬及び向精神薬取締法等の特例等に関する法律19条4項	・　没収保全命令（同法19①）
	・　附帯保全命令（同法19②）
	・　国際共助手続における附帯保全命令（同法23）
国際刑事裁判所に対する協力等に関する法律47条	・　没収保全命令（同法44①）
	・　附帯保全命令（同法44②）

7　信託と滞納処分との関係

(1)　信託財産に属する財産に対する滞納処分

信託は、信託契約、遺言等の信託行為に基づき、委託者が受託者に対して自己の財産を譲渡し、受託者が受益者のためにその財産（信託財産といいます。）を管理・処分する制度です（信２①参照）。信託財産は、受託者に帰属しますが、信託財産に属する財産に対しては、一定の場合（(2)、(3)参照）を除き、委託者、受益者及び受託者のいずれの滞納国税であっても、これを徴収するために滞納処分をすることはできません（信23①、徴基通47－64）。

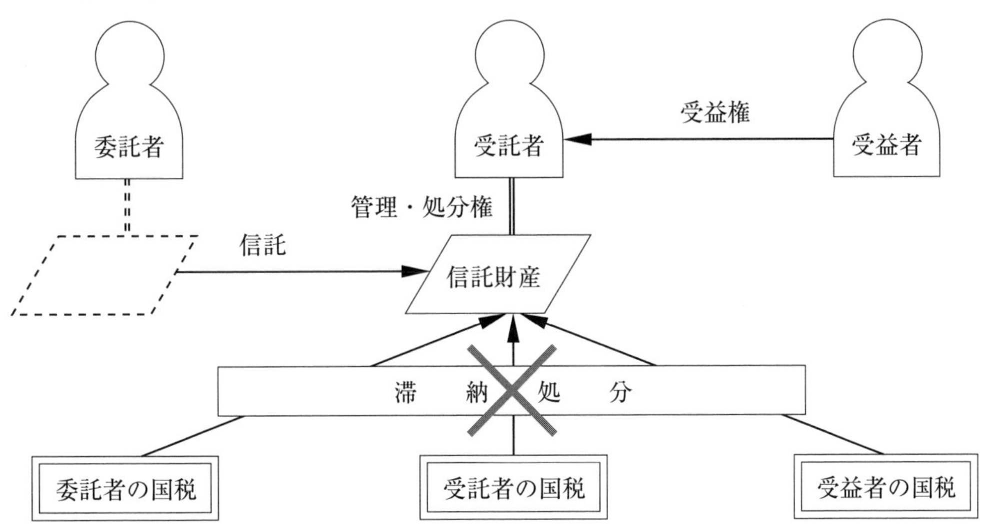

⑵　委託者に対する滞納処分

滞納者が委託者である場合において、委託者が国税債権者を含む債権者を害することを知って信託をしたときは、受託者が債権者を害することを知っていたか否かにかかわらず、受託者を被告としてその信託の取消しと目的財産の返還（目的財産の返還ができないときは、それに代わる損害賠償）を裁判所に請求することができます。

ただし、受益者が現に存する場合において、その受益者の全部又は一部が、受益者としての指定を受けたことを知った時又は受益権を譲り受けた時において債権者を害することを知らなかったときは、信託の取消しを裁判所に請求することができません（信11、徴基通47－65）。

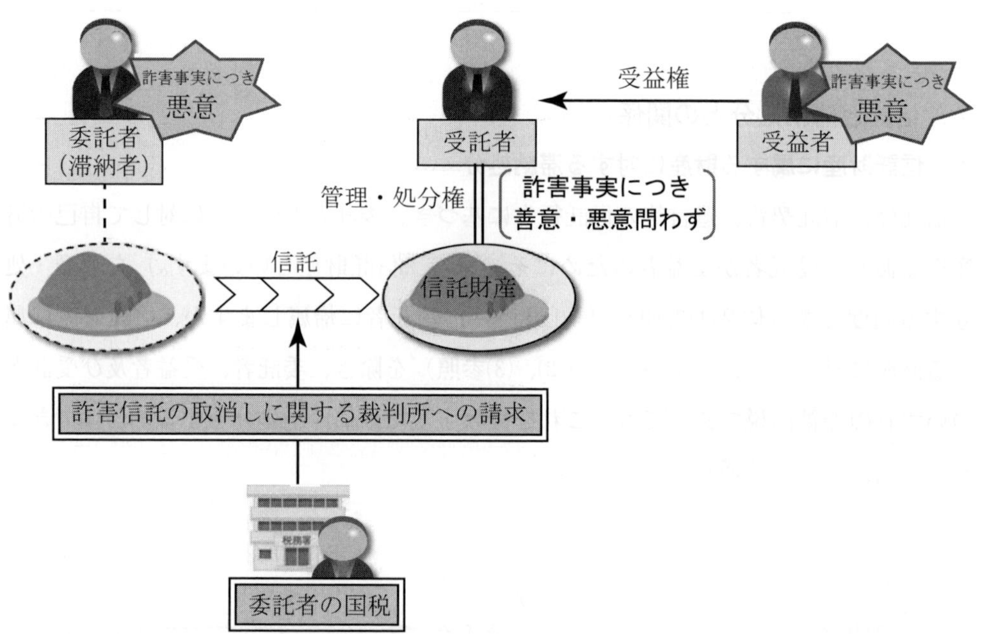

⑶　受託者に対する滞納処分

滞納者が受託者である場合において、その滞納国税が信託財産責任負担債務に該当するものであるとき（信2⑨、21①）は、信託財産に属する財産のほか、受託者の固有財産に対しても滞納処分をすることができます。ただし、滞納者が限定責任信託（信2⑫、216）の受託者である場合、又は滞納国税の納付義務の成立後に就任した新たな受託者である場合は、受託者の固有財産に対して滞納処分をすることはできません（信217①、76②、徴基通47－66）。

清算受託者等の第二次納税義務☞第3章第1節3参照

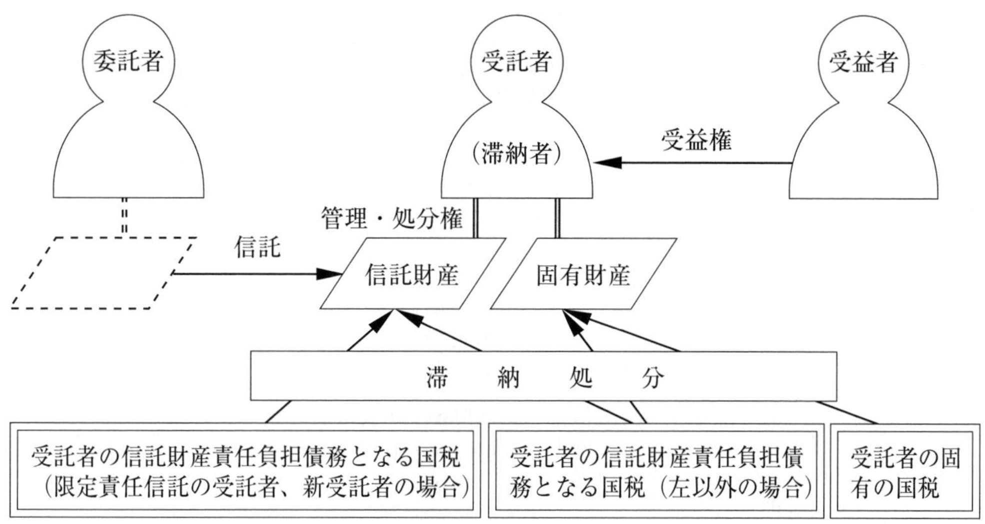

（注1）「信託財産責任負担債務」とは、受託者が信託財産に属する財産をもって履行する責任を負う債務をいいます（信2⑨）。

（注2）「限定責任信託」とは、受託者が当該信託の全ての信託財産責任負担債務について、信託財産に属する財産のみをもって履行責任を負う信託をいいます（信2⑫）。

(4)　受益者に対する滞納処分

滞納者が受益者である場合において、その滞納国税を徴収するため、受益権に対して滞納処分をすることができます。受益権とは、信託行為に基づいて受託者が受益者に対し負う債務であって、信託財産に属する財産の引渡しその他の信託財産に係る給付をすべきものに係る債権（受益債権といいます。）、及びこれを確保するために信託法の規定に基づいて受託者その他の者に対し一定の行為を求めることができる権利をいいます（信２⑦）。この場合の差押手続は、次のとおりです（徴基通47－67）。

受益権の差押手続			
	①　受益証券発行信託の受益権（受益証券を発行しない旨が定められた特定の内容の受益権を除く。）を差し押さえる場合（信185参照）	受益証券が発行されている場合	受益証券を有価証券として差し押さえます（徴56）。
		受益証券が発行されていない場合	受託者を第三債務者として受益証券の交付請求権（信207）を差し押さえ（徴62）、受益証券の交付を受けた上で、その受益証券を有価証券として差し押さえます（徴56）。
	②　受益証券発行信託以外の信託の受益権を差し押さえる場合、又は受益証券発行信託の受益権のうち信託法185条２項の規定により受益証券を発行しない旨が定められた特定の内容の受益権を差し押さえる場合		受託者を第三債務者とする無体財産権として差し押さえます（徴73）。
	③　②の受益権のうち受益債権（信託財産に属する財産の引渡しその他の信託財産に係る給付すべきものに係る債権）だけを差し押さえる場合		受託者を第三債務者とする債権として差し押さえます（徴62）。

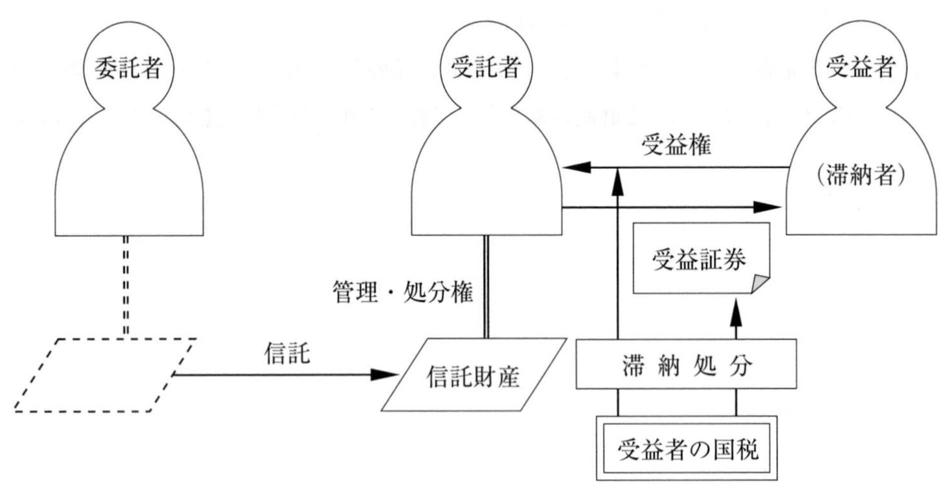

8　差押手続の共通事項

徴収法においては、差押えの対象となる財産を次の種類に区分し、それぞれに応じた差押手続を定めています。

<table>
<tr><td rowspan="19">差押対象財産</td><td colspan="2">動　　　産</td><td>民法に規定する動産（民86②）のうち、無記名債権（滞納処分上は有価証券）並びに登記（登録）された船舶、航空機、自動車、建設機械及び小型船舶を除いたもの</td></tr>
<tr><td colspan="2">有　価　証　券</td><td>財産権を表彰する証券で、その権利の行使又は移転が証券をもってされるもの</td></tr>
<tr><td colspan="2" rowspan="3">債　　　権</td><td>金銭又は換価に適する財産の給付を目的とする債権</td></tr>
<tr><td>電子記録債権以外（売掛金、銀行預金、消費貸借による債権、給料、利益配当請求権など）</td></tr>
<tr><td>電子記録債権（その発生・譲渡について電子記録を要件とする金銭債権）</td></tr>
<tr><td rowspan="10">不動産等</td><td rowspan="5">不　動　産</td><td>民法上の不動産（民86①）（土地及び土地の定着物）</td></tr>
<tr><td>不動産を目的とする物権（地上権、永小作権）</td></tr>
<tr><td>不動産とみなされる財産（立木、各種財団など）</td></tr>
<tr><td>不動産に関する規定の準用のある財産（鉱業権、漁業権など）</td></tr>
<tr><td>不動産として取り扱う財産（鉄道財団など）</td></tr>
<tr><td>船　　　舶</td><td>船舶登記簿に登記することのできる船舶</td></tr>
<tr><td>航　空　機</td><td>航空機登録原簿に登録された飛行機又は回転翼航空機</td></tr>
<tr><td>自　動　車</td><td>自動車登録ファイルに登録された自動車</td></tr>
<tr><td>建設機械</td><td>建設機械登記簿に登記された建設機械</td></tr>
<tr><td>小型船舶</td><td>小型船舶登録原簿に登録された小型船舶</td></tr>
<tr><td colspan="2" rowspan="4">無体財産権等</td><td>上記の財産以外の財産</td></tr>
<tr><td>第三債務者等のない財産（特許権、著作権など）</td></tr>
<tr><td>第三債務者等のある財産のうち振替社債等を除いたもの（ゴルフ会員権、信用金庫会員持分など）</td></tr>
<tr><td>振替社債等（社債、株式等のうちその権利の帰属が振替口座簿の記載等により定まるものとされるもの）</td></tr>
</table>

差押手続には、各種財産に共通する手続とそれぞれの財産区分に応じた手続とがあります。共通事項は次のとおりです。

(1)　差押調書の作成

徴収職員は、財産を差し押さえたときは、所定の事項を記載した差押調書を作成し、これに署名押印（記名押印を含みます。以下同じ。）をしなければなりません（徴54、徴令21①）。

㈲　「署名」とは、徴収職員が自らその氏名を記載することをいい、「記名」とは、署名に代えて印判、謄写、印刷等によってその氏名を表示することをいいます（徴基通54－６）。

記載事項	滞納者の氏名及び住所又は居所
	差押えに係る国税の年度、税目、納期限及び金額
	差押財産の名称、数量、性質及び所在
	差押調書の作成年月日

㈲　徴収法54条は、差押えの事績を記録証明するために、徴収職員は、差押財産の種類のいかんを問わず、常に差押調書を作成しなければならないことを定めています。

なお、差押調書の作成は、差押えがあったという事績を記録証明するために行うものであり、差押えの効力が発生するための要件ではありません（徴基通54－１）。

⑵　捜索を行った場合の立会人の署名

捜索を行い差押えをしたときは、差押調書に捜索をした旨、捜索の日時及びその場所を記載し、立会人の署名（記名を含みます。）を求めます（徴令21②前段）。

この場合において、立会人が署名（記名を含みます。）をしないときは、その理由を付記する必要があります（徴令21②後段）。

⑶　差押調書謄本の交付

徴収職員は、差押調書を作成した場合において、差押財産が次に掲げる財産であるときは、その謄本を作成し、滞納者に交付しなければなりません（徴54）。

差押調書の「謄本」とは、差押調書と同一の文字符号を用いて、差押調書の内容を完全に写し取った書面をいい、謄写したものであると筆写したものであるとを問いませんが、謄本である旨を記載します（徴基通54－13）。

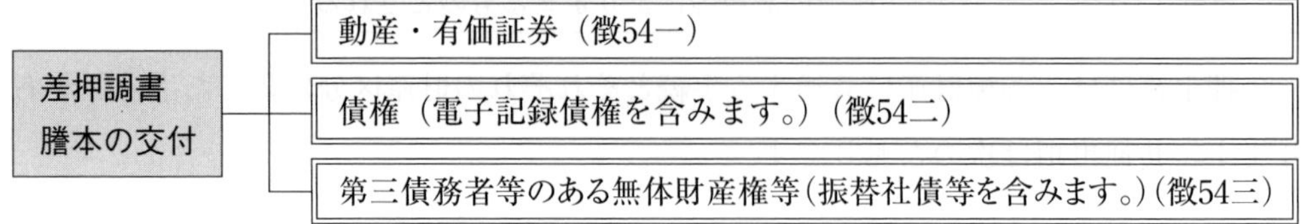

（注１）　差押調書謄本への付記事項（徴令21③）。

財産の区分	差押調書謄本への付記事項
債権	その債権の取立てその他の処分を禁ずる旨
電子記録債権	その電子記録債権の取立てその他の処分、電子記録の請求を禁ずる旨
振替社債等	その振替社債等の取立てその他の処分、振替・抹消の申請を禁ずる旨

（注２）　上記以外の財産（不動産、船舶、航空機、自動車、建設機械、小型船舶及び第三債務者等がない無体財産権等）については、滞納者に対する差押書の送達によって差押えが行われるので、差押調書謄本は滞納者に交付しません。

滞納処分のために捜索を行った結果、差押財産を発見して差押えを行った場合には、その差押調書謄本を滞納者に交付するとともに、捜索を受けた第三者及び立会人（徴144）に対しても差押調書謄本を交付しなければなりません（徴146③後段）。

㈱　捜索と同時に差押えを行った場合には、捜索調書を作成せず、差押調書に捜索した旨並びにその日時及び場所を記載します（徴令21②前段）。

⑷　質権者等の利害関係人への差押えの通知

税務署長は、次に掲げる財産を差し押さえたときは、その財産ごとに次に掲げる者のうち知れている者に対して、所定の事項を記載した書面により、財産を差し押さえたこと等を通知しなければなりません（徴55、徴令22）。

財　産　の　区　分	通　知　す　る　対　象　者
質権、抵当権、先取特権、留置権、賃借権その他の第三者の権利（担保のための仮登記に係る権利を除きます。）の目的となっている財産（徴55一）	左の権利を有する者
仮登記がある財産（徴55二）	仮登記の権利者
仮差押え又は仮処分がされている財産（徴55三）	仮差押え又は仮処分をした保全執行裁判所又は執行官

㈱「知れている者」とは、上記の者のうち、徴収職員がその差押えを行うに際して、その氏名及び住所又は居所を知ることができた者をいいます（徴基通55－１）。

<table>
<tr><td rowspan="5">記載事項</td><td>滞納者の氏名及び住所又は居所</td></tr>
<tr><td>差押えに係る国税の年度、税目、納期限及び金額</td></tr>
<tr><td>差押財産の名称、数量、性質及び所在</td></tr>
<tr><td>差押年月日</td></tr>
<tr><td>仮登記担保と認められるときは、その旨</td></tr>
</table>

○　**共通の差押手続一覧**

<table>
<tr><th rowspan="2" colspan="2">財産の区分</th><th colspan="3">共通の差押手続</th></tr>
<tr><th>差押調書の作成</th><th>差押調書謄本の滞納者への交付</th><th>利害関係人への差押えの通知</th></tr>
<tr><td colspan="2">動産・有価証券</td><td rowspan="7">いずれの財産の場合も必要です。（徴 54）</td><td>要（徴54一）</td><td rowspan="7">いずれの財産の場合も必要です。（徴 55）</td></tr>
<tr><td colspan="2">債権
（電子記録債権を含みます。）</td><td>要（徴54二）</td></tr>
<tr><td rowspan="3">不動産等</td><td>不動産</td><td rowspan="4">不要</td></tr>
<tr><td>船舶・航空機</td></tr>
<tr><td>自動車・建設機械・小型船舶</td></tr>
<tr><td rowspan="2">無体財産権等</td><td>第三債務者等のない財産</td></tr>
<tr><td>第三債務者等のある財産
（振替社債等を含みます。）</td><td>要（徴54三）</td></tr>
</table>

9　差押えの一般的効力

差押えの効力は、財産の種類、性質により異なりますが、一般的な効力には次のものがあります。

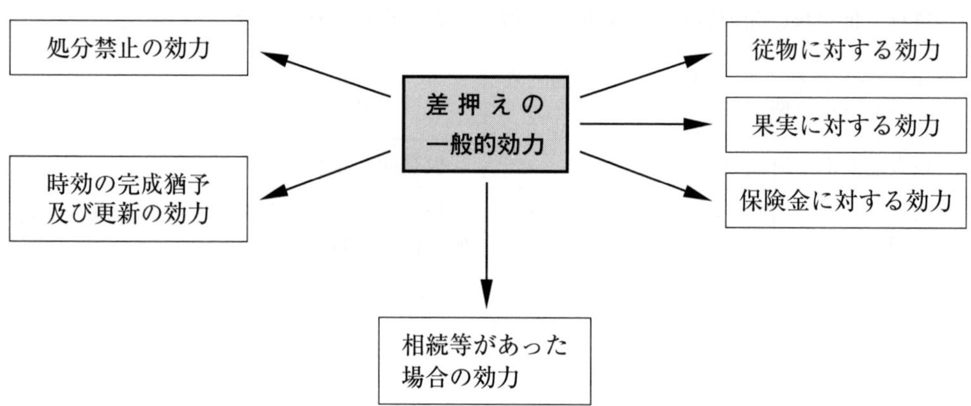

⑴　処分禁止の効力

財産を差し押さえた場合は、差押財産について、法律上の処分（例：売買、贈与）又は事実上の処分（例：毀損、廃棄）が禁止されることになり、差押え後に、その財産が第三者に譲り渡されたとしても、その譲受人は、その譲渡による財産の取得を差押債権者である国に対抗することができません。

なお、この場合において禁止されるのは、差押債権者である国に不利益となる処分に限られます（徴基通47－51）。

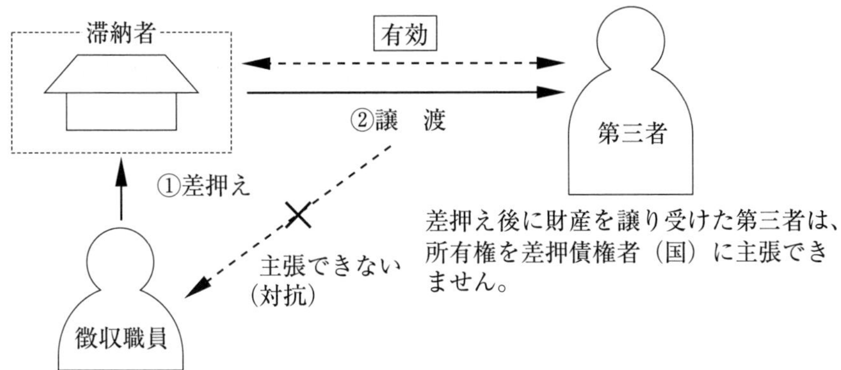

差押えの処分禁止の効力は、差押え後に行った滞納者の処分行為を絶対的に無効とする（その処分行為自体が存在しなかったことになる）ものではなく、差押債権者との関係においてのみ無効とし（上記の例では、②の譲渡行為を差押債権者である国に主張できない）、処分行為の当事者間では有効なものと解されています。

このように、差押えの効果をいわゆる「相対的」なものとしたのは、滞納処分という強制換価手続を円滑に遂行できる範囲に限って差押えの効力が及べば足りるのであって、その他の私法関係に影響を及ぼす必要はないと考えられるためです。

⑵　時効の完成猶予及び更新の効力

差押えに係る国税については、その差押えの時から差押財産の換価・差押えの解除等の時まで時効が完成せず（完成猶予）、差押財産の換価による配当・差押解除等をした時から新たに時効が進行します（時効の更新）（通72③、民148）。

ただし、差押えが不適法を理由として取り消されたときは、時効の更新の効力は生じませんが、その取消から６月を経過するまでは、引き続き時効の完成は猶予されます（民148、徴基通47－55）。

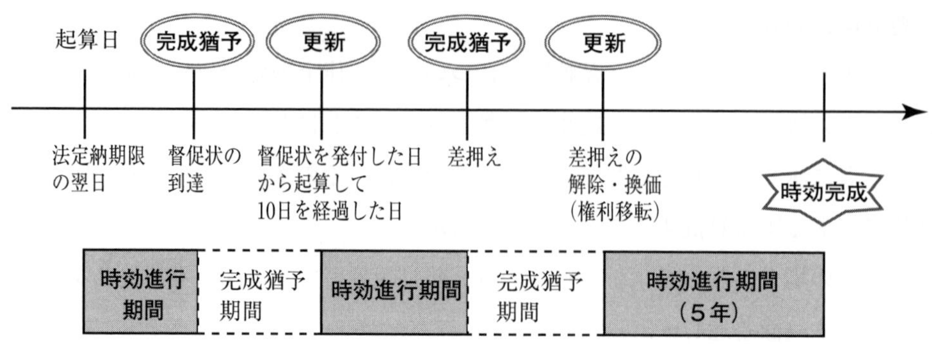

なお、次に掲げる場合には、差押えの効力が生じた時ではなく、次に掲げる時から時効の完成が猶予されます（通72③、民154、徴基通47－55)。

時効の完成猶予		
	第三者の占有する動産又は有価証券を差し押さえた場合	差押調書謄本が滞納者に交付された時
	物上保証人の財産に対して、担保物処分の差押えをした場合	差し押さえた旨が滞納者に通知された時
	徴収法24条（譲渡担保権者の物的納税責任）の規定により譲渡担保財産を差し押さえた場合	差し押さえた旨が滞納者に通知された時
	徴収法22条３項（質権等の代位実行）の規定により質権又は抵当権を実行した場合	代位実行した旨が滞納者に通知された時

また、時効は、次に掲げる時から新たに時効が進行します（徴基通47－55)。

時効の更新		
	差押財産を換価した場合（債権取立てを含む。)	差押財産の換価に基づく配当が終了した時
	差押財産が滅失した場合	差押財産が滅失した時 ㊟　徴収法53条１項（保険に付されている財産）の適用がある場合を除く。
	差押えを解除した場合	差押えを解除した時

⑶　相続等があった場合の効力

差押え後に滞納者が死亡又は滞納者である法人が合併により消滅したときは、差押えをやり直すことなく、滞納処分を続行することができます（徴139①)。

（詳細については☞第４章第２節１の⑴、⑵参照）

⑷　従物に対する効力

主物（例えば、建物）を差し押さえたときは、その差押えの効力は従物（この場合は、畳、建具等）に及びます（民87②）。したがって、このような場合には、従物について改めて差し押さえる必要はありません（徴基通47－56）。

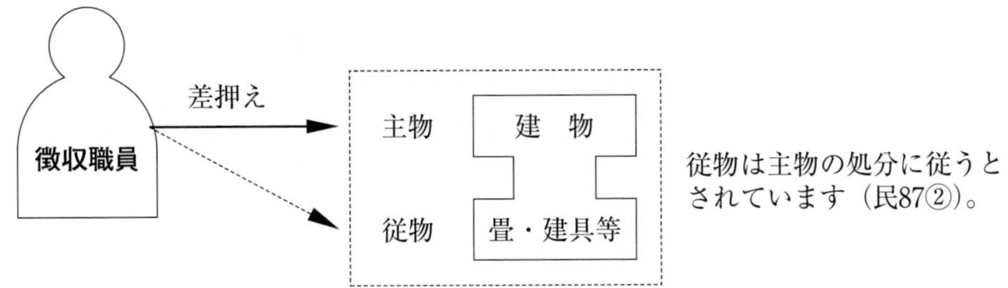

⑸　果実に対する差押えの効力

イ　天然果実に対する効力

㈠　通　　則

差押えの効力は、差押財産（例えば、果樹、家畜）から生ずる天然果実（この場合は、果物、家畜の子）に及びます（徴52①本文）。したがって、このような場合には、天然果実について改めて差し押さえる必要はありません。

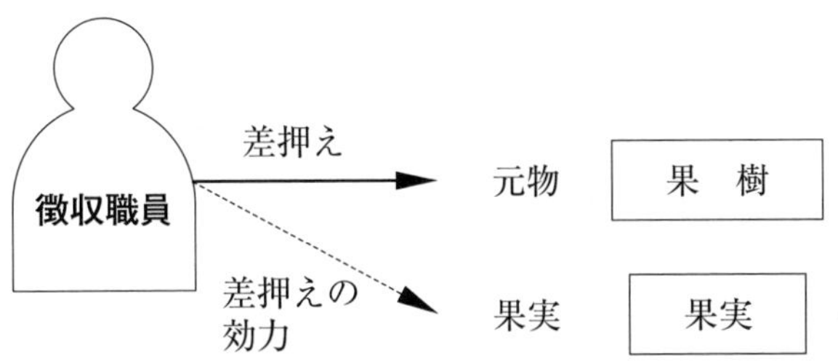

㈴「天然果実」とは、元物の用法に従い収取する産出物をいい、例えば、果実、野菜、牛乳、鶏卵、羊毛、動物の子又は石山から採取される石材等があります（民88①、徴基通52－１）。

㈡　差押財産を使用収益させた場合

滞納者又は第三者が差押財産の使用又は収益をすることができる場合には、原則として天然果実に対して差押えの効力は及びません（徴52①ただし書）。

なお、使用又は収益ができる場合とは、次に掲げる場合をいいます（徴基通52－６）。

差押財産を使用又は収益できる場合

動　　産	差押動産を保管する滞納者又は占有する第三者が、使用又は収益を許可された場合（徴61①②）
	第三者が占有する動産について、差押えをするため第三者に対して引渡命令をしたときに、一定の期間、当該第三者が差押動産につき使用又は収益をすることができる場合（徴59②）
不 動 産	滞納者又は不動産を占有する第三者が、差押不動産につき使用又は収益をすることができる場合（徴69①②）

㈱　第三者が滞納者の動産を占有する場合において、第三者が引渡しを拒まなかった場合も、第三者は当該動産を徴収職員に引き渡すまでは、使用又は収益をすることができます（徴59④）。

㈧　その他

次に掲げる場合には、差押えの効力は天然果実には及びません。

差押えの効力が及ばない場合

差押え時において既に分離された果実の場合（徴基通52－４）

法律又は契約の定めるところに従って、果実が滞納者以外の第三者に帰属する場合（徴基通52－３）

(注) 例えば、第三者が永小作権、賃借権等の正当な権原により滞納者の土地を利用して天然果実を収得する場合をいいます。

未分離の天然果実が既に動産として譲渡され、または既に他の滞納処分等により動産として差し押さえられ、明認方法によりその対抗要件を備えている場合(徴基通52－５)

(注) 明認方法による対抗要件を必要とするもの（例えば、みかん及び桑葉等）については、立札、縄張り、その他適当な方法をもって明認方法を施すものとされています（徴基通52－８）。

ロ　法定果実に対する効力

㈠　通　　則

差押えの効力は、差押財産から生ずる法定果実（例えば、建物の賃貸借から生ずる家賃債権）には及びません（徴52②）。したがって、例えば、建物を差し押さえ、さらに家賃を取り立てようとするような場合には、改めて法定果実（この場合には、家賃）の差押えをする必要があります（徴基通52－17）。

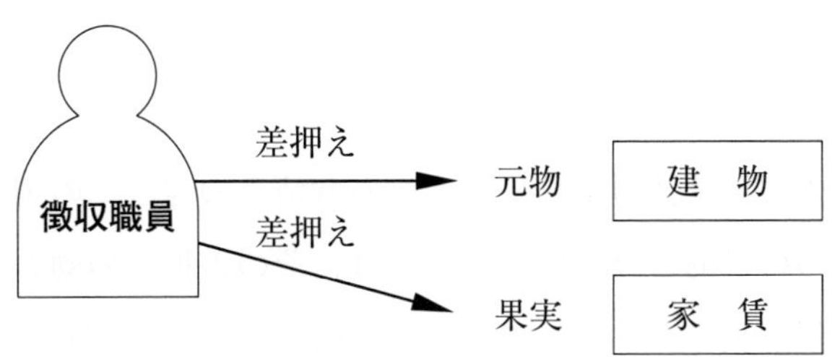

㈲　法定果実とは、元物の使用の対価として収取される金銭その他の物をいい、例えば、家賃、地代、小作料、利息等があります（民88②、徴基通52－14）。

㈺　金銭債権の利息

債権を差し押さえた場合の差押え後の利息については、差押えの効力が及びます（徴52②ただし書）。

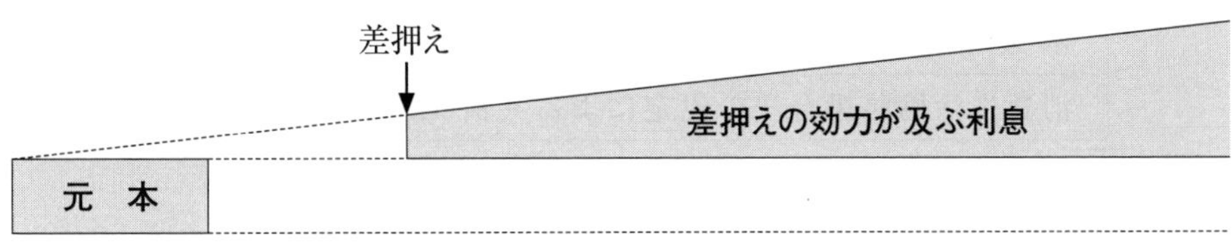

（参考）　利息付債権の差押えの効力発生前に生じた利息に対する差押えの効力

利息付債権の差押えの効力は、元本債権のほか、差押え後に生ずる利息債権に及びますが（徴52②ただし書）、差押えの効力発生前に生じた利息債権は、別に差し押さえない限り差押えの効力は及びません（大５.３.８大判参照）。したがって、利息支払時期前に差押えをした場合における利息債権に対する差押えの効力は、差押え後に生ずる部分についてだけ効力が及びます（民89②、徴基通52－16）ので、利息付債権を差し押さえる場合には、元本債権とともに差押えの効力発生前に生じた利息債権を併せて差し押さえる必要があります。

㈲　債権差押えの効力の発生時期は、債権差押通知書が第三債務者に送達された時です（徴62③）。

⑹　保険金に対する効力

抵当権等の担保物権は、担保の目的物が火災によって滅失して火災保険金の支払請求権に変わっても、これらの請求権に及んでいくことができるとされています（民304、350、372）。こうした制度を物上代位といいますが、差押えにも、抵当権等と同様に目的物の価値を把握する性質があるため、物上代位的な効力が認められています。

イ　保険金等に対する差押えの効力

差押財産が損害保険又は中小企業等協同組合法９条の７の２第１項１号（火災共済協同組合の火災共済事業）に規定する共済その他法律の規定による共済でこれに類するものの目的となっているときは、その差押えの効力は、保険金又は共済金（以下「保険金等」といいます。）の支払を受ける権利にも及びます。

ただし、財産を差し押さえた旨を保険者又は共済事業者に通知しなければ、その差押えの効力をこれらの者に対抗することができません（徴53①）。

（注１）「その他法律の規定による共済でこれに類するもの」には、次に掲げるものがあります（徴基通53－４）。

農業協同組合法による共済（同法10①十）
水産業協同組合法による共済（同法11①十一、100の２）
消費生活協同組合法の規定による共済（同法10①四）

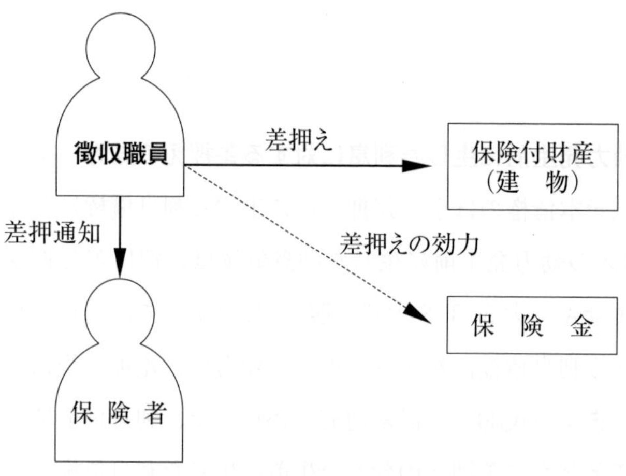

（注２）差押え後にその差押財産が保険に付され、又は共済の目的となった場合における差押えの効力も同様です（徴基通53－10）。

（注３）保険に付され、又は共済の目的となった財産を差し押さえ、その旨を保険者又は共済事業者に通知した後に、その差押財産が譲渡された場合において、特約によりその財産に付された保険又は共済契約に係る権利が譲渡されたとしても、その権利の譲渡は差押えに対抗することはできません（徴基通53－11）。

ロ　差押財産上に設定された抵当権等の物上代位に関する特則

抵当権者は、抵当権が設定されている財産から生じた保険金等に物上代位権を行使するためには、その支払前に差押えをする必要があります（民304①ただし書）が、徴収職員がその支払を受けた場合には、その抵当権者等が行うこととされている差押えは、その支払の前にされたものとみなされ（徴53②）、抵当権者等は当該保険金等に物上代位権を行使することができます（徴基通53－16）。

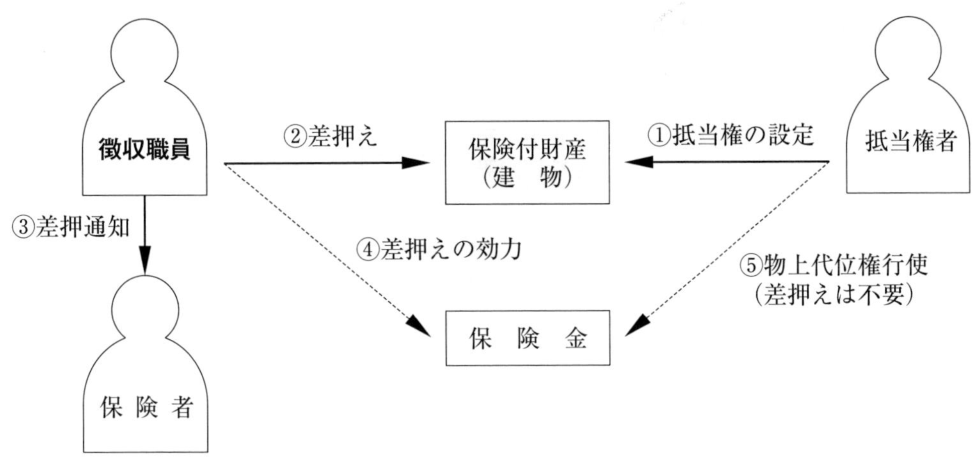

ハ　差押財産上の抵当権等と差押国税の優劣関係

徴収職員が、差押財産に係る保険金等の支払を受けた場合において、その差押財産に設定されている抵当権等の物上代位の効果が徴収法53条２項によりその保険金等に及ぶときの抵当権等の被担保債権と差押えに係る国税の優先順序は、抵当権等を設定した時と差押えに係る国税の法定納期限等との先後によって定まります（徴基通53－18）。

（次の場合は、抵当権等が優先します。）

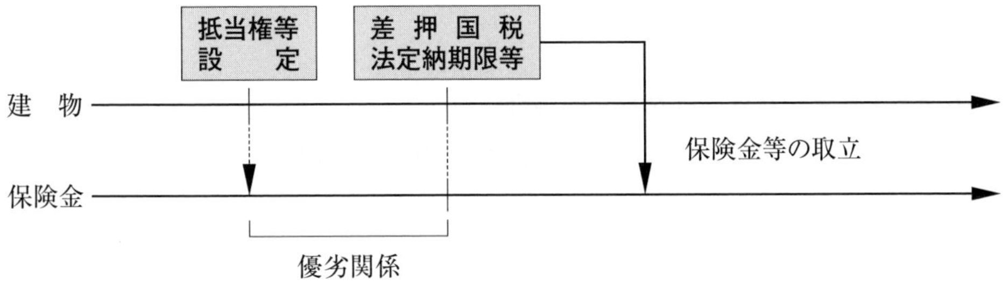

㈱　徴収法53条２項により抵当権者等が差押えをしたものとみなされた場合において、抵当権等が２以上あるときは、その抵当権等相互間の優先順位は、民法その他法律の規定により定めるところによります（徴基通53－19㈱１）。

ニ　保険金の請求権上の質権と差押財産上の抵当権等と差押国税との競合

徴収職員が、差押財産に係る保険金等の支払を受けた場合において、当該保険金等を受ける権利に質権が設定され、かつ、差押財産に設定されている抵当権等の物上代位の効果が徴収法53条２項により当該保険金等を受ける権利に及ぶときの質権の被担保債権と抵当権等の被担保債権及び差押えに係る国税の優先順序は、その質権を設定した時と抵当権等を設定した時と差押えに係る国税の法定納期限等の先後によって定まります（徴15、16、徴基通53－19）

（次の場合には、抵当権等が優先します。）

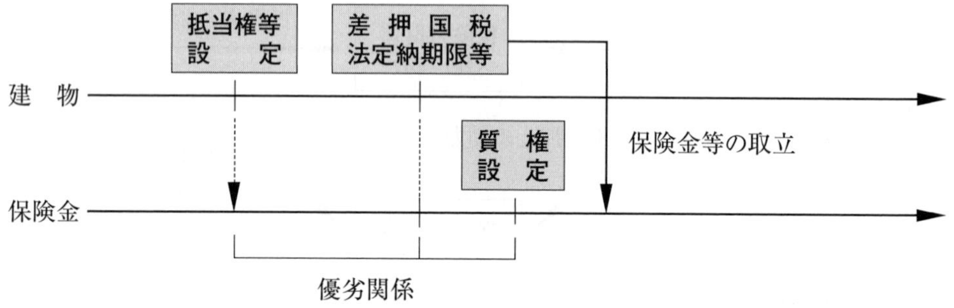

㈹　保険金等について設定された質権と差押国税との優先関係は、質権の設定日と差押国税の法定納期限等との先後で定まります（徴15）。

10　差押えの解除

差押えの解除は、滞納者が差押えに係る国税の全額を納付したときなど一定の要件に該当する場合に、差押えの効力を将来に向かって失わせるものです。このため、例えば、継続収入の債権の差押えに基づいて差押解除前に一部の取立て及び国税への配当がされていた場合には、差押えの解除は、既にされていた取立て等の処分には影響を及ぼしません（徴基通79－14）。

⑴　差押えを解除しなければならない場合

徴収職員は、次に掲げる場合には、差押えを解除しなければなりません（徴79①）。

差押国税の消滅 （徴79①一）	差押えに係る国税の全額が納付（第三者納付を含む。）、還付金等の充当、更正の取消しその他の理由により消滅したとき

(注)「その他の理由」とは、①差し押さえた金銭又は交付要求により交付を受けた金銭を差押えに係る国税の全額に充てたこと、②徴収法129条1項の規定により差押えに係る国税に配当された金銭をその国税の全額に充てたこと、③その他免除、法律の規定の変更等により差押えに係る国税の全額が消滅したことをいいます（徴基通79－4）。

無益な差押え （徴79①二）	差押財産の価額が、その差押えに係る財産についての滞納処分費及び差押国税に優先する他の国税、地方税その他の債権の合計額を超える見込みがなくなったとき
差押換えの請求 （徴50②④）	第三者の権利の目的となっている財産を差し押さえた場合において、第三者から、他に換価が容易で他の第三者の権利の目的となっておらず、かつ、その財産で滞納国税の全額が徴収できる財産について差押換えの請求がされ、その請求を相当と認めるとき
	上記の差押換えを相当と認めない場合において、その第三者から、差し押さえるべきことを請求した財産について、換価申立てがされたにもかかわらず換価に付さなかったとき
相続人からの差押換えの請求 （徴51③）	被相続人の滞納国税により相続人の固有の財産を差し押さえた場合において、相続人から、他に換価が容易な相続財産で他の第三者の権利の目的となっておらず、かつ、その財産で滞納国税の全額が徴収できる財産について差押換えの請求がされ、その請求を相当と認めるとき
滞納処分の停止 （徴153③）	徴収法153条1項2号（滞納処分を執行することによって、その生活を著しく窮迫させるおそれがあるとき）により滞納処分の執行を停止したとき
保全差押えの解除 （徴159⑤）	保全差押えを受けた者が、保全差押金額に相当する担保を提供して、保全差押えの解除を請求したとき
	保全差押金額の通知をした日から6月を経過した日までに、保全差押えに係る国税の納付すべき額が確定しないとき
審査請求に係る解除 （通105⑥）	国税に関する処分に対して審査請求がされた場合において、審査請求人が担保を提供した上で差押えの解除を求めたときに、国税不服審判所長がこれを相当と認め、徴収の所轄庁に対して差押えの解除を求めたとき

(2)　差押えを解除することができる場合

徴収職員は、次に掲げる場合には、差押財産の全部又は一部について、その差押えを解除することができます（徴79②）。

超過差押え （徴79②一）	差押えに係る国税の一部の納付、充当、更正の一部取消し、差押財産の値上がりその他の理由により、その財産の価額が差押えに係る国税及びこれに優先する他の国税、地方税その他の債権の合計額を著しく超過すると認められるに至ったとき

(注)「その他の理由」とは、①差押えに係る国税に優先する他の国税、地方税又は公課の交付要求が解除されたこと、②差押えに係る国税に優先する債権が弁済されたこと、③差押財産の改良等によりその価値が

増加したこと等をいいます（徴基通79－７）。

差押換え（徴79②二）	滞納者が差し押さえることができる適当な財産を提供した場合において、その財産を差し押さえたとき

㊟「適当な財産を提供した場合」とは、原則として、換価及び保管又は引揚げに便利な財産であって、その財産を換価した場合の換価代金から滞納国税の全額を徴収することができる財産を提供した場合をいいます（徴基通79－９）。

売却見込みのない財産（徴79②三）	差押財産について、３回公売に付しても入札等がなく、更に公売に付しても売却の見込みがなく、かつ、随意契約による売却の見込みがないと認められるとき （☞第７章第２節３⒀ハ参照）
換価の猶予（徴152②）	換価の猶予をする場合において、滞納者の事業の継続又は生活の維持のために必要があると認めたとき
保全差押えの解除（徴159⑥）	保全差押えを受けた者について、その資力その他の事情の変化により、その差押えの必要がなくなったと認められることとなったとき
納税の猶予（通48②）	納税の猶予の許可を受けた者から差押解除の申請があり、その申請を相当と認めたとき
再調査の請求に係る解除（通105③）	国税に関する処分に対して再調査の請求がされた場合において、再調査の請求人が担保を提供した上で差押えの解除を求めたときに、再調査審理庁が相当と認めるとき

㊟　２以上の滞納国税により、同一の差押調書で差し押さえている場合において、一つの国税に対応する差押えを解除する必要があるとき（例えば、不服申立てに伴う換価制限があるとき）は、税務署長は、差押えに係る国税の一部を解除することができます（徴基通79－16）。

(3) 差押解除の手続

差押解除の手続は、次の財産の区分に応じて定められています。

<table>
<tr><th colspan="2">財産の区分</th><th>解除の手続</th><th colspan="2">解除に伴う措置</th><th>利害関係人への解除の通知</th></tr>
<tr><td colspan="2">動産・有価証券</td><td>滞納者への通知（徴80①）</td><td>財産の引渡し及び封印等の除去（徴80②一）</td><td></td><td rowspan="7">いずれの財産の場合も必要です（徴81）。</td></tr>
<tr><td colspan="2">債権
（電子記録債権を含みます。）</td><td>第三債務者等への通知（徴80①ただし書）</td><td>滞納者への通知（徴80②二）</td><td rowspan="6">差押えの登記等をした財産は、登記等の抹消（徴80③）</td></tr>
<tr><td rowspan="3">不動産等</td><td>不動産</td><td rowspan="4">滞納者への通知（徴80①）</td><td rowspan="4"></td></tr>
<tr><td>船舶・航空機</td></tr>
<tr><td>自動車・建設機械・小型船舶</td></tr>
<tr><td rowspan="2">無体財産権等</td><td>第三債務者等のない財産</td></tr>
<tr><td>第三債務者等のある財産（振替社債等を含みます。）</td><td>第三債務者等への通知（徴80①ただし書）</td><td>滞納者への通知（徴80②二）</td></tr>
</table>

（注１）　動産及び有価証券の引渡しは、差押えを解除した時に存在する場所で行いますが、更正の取消しその他国の責に帰すべき理由により解除したときは、差押えの時に存在した場所で引き渡さなければなりません（徴80④）。

（注２）　差押えを解除した場合、①交付要求をしている者及び②質権者等の徴収法55条各号に掲げる者のうち知れている者であって、かつ差押債権者に対抗できる者に通知をする必要があります（徴81）。したがいまして、同条の規定により差押えの通知をした者と同一とは限りません。

○　差押えの解除と取消し

差押処分の取消しは、差押えが解除されたときと異なり、その取消しの効果は、差押処分の当初にさかのぼります。

なお、差押えの取消しは、差押えの解除の手続に準じて行います（徴基通80－13）。

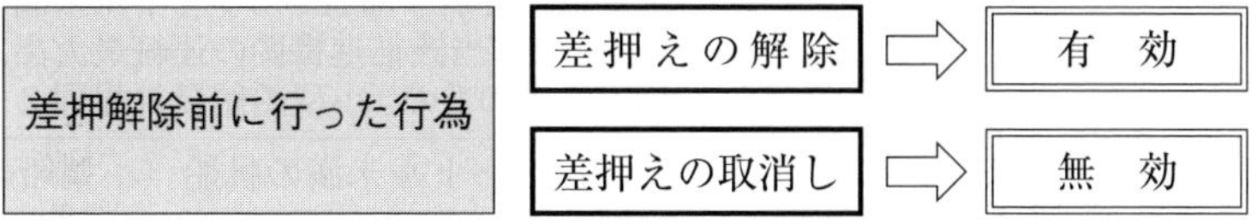

第２節　動産及び有価証券の差押え

1　動産及び有価証券の意義

(1) 動　　産

徴収法56条１項の「動産」とは、民法上の「動産」（民86②）のうち、無記名債権（滞納処分上は有価証券として取り扱われます。）並びに登記（登録）された船舶、航空機、自動車、建設機械及び小型船舶を除いたものをいいます（徴基通54－２）。

なお、動産の範囲については、次に留意する必要があります。

<table>
<tr><th>種　　類</th><th>動産として差し押さえるもの</th></tr>
<tr><td>土地に付着した物</td><td>土地の定着物は不動産ですが、仮植中の草木、小規模の工事で土地に固定されたもの、例えば、使用中の動揺を防ぐためのボルト、くぎ等で固定しただけの機械等は、単に土地に付着しているだけで定着物とはいえませんから、動産として差し押さえます（徴基通56－１）。</td></tr>
<tr><td>未完成の建物</td><td>建物は不動産ですが、その使用目的に応じて使用可能な程度までに完成していなければ建物といえませんから、その場合には、動産として差し押さえます。なお、建物が完成した場合には、改めて不動産として差押えの手続をとる必要があります（徴基通56－２）。</td></tr>
<tr><td>未分離の果実等</td><td>未分離の果実等は、土地の定着物である樹木と一体をなすものであって、本来は動産ではありませんが、動産として取引されるもの（おおむね１か月以内に収穫することが確実な場合。執行法122①参照）は、独立した動産として差し押さえます（徴基通56－３）。</td></tr>
<tr><td>登記・登録されない船舶又は未登録の船舶</td><td>徴収法70条（船舶又は航空機の差押え）又は徴収法71条（自動車、建設機械又は小型船舶の差押え）の規定の適用を受けない次に掲げる船舶は、動産として差し押さえます（徴基通56－４）。
<table>
<tr><td colspan="2">端舟その他ろ若しくはかいだけで運転し、又は主としてろ若しくはかいだけで運転する舟（商684②、船舶法20、小型船舶の登録等に関する法律２二）</td></tr>
<tr><td rowspan="6">日本船舶（船舶法１）のうち総トン数20トン未満の船舶であって、右に掲げるもの（商684②、船舶法20、小型船舶の登録等に関する法律２）</td><td>漁船（小型船舶の登録等に関する法律２一）</td></tr>
<tr><td>係留船（小型船舶の登録等に関する法律２二）</td></tr>
<tr><td>推進機関を有する長さ３メートル未満の船舶であって、当該推進機関の連続最大出力が20馬力未満のもの（小型船舶登録規則２一）</td></tr>
<tr><td>長さ12メートル未満の帆船（小型船舶登録規則２二）</td></tr>
<tr><td>推進機関及び帆装を有しない船舶（小型船舶登録規則２三）</td></tr>
<tr><td>告示で定める水域のみを航行する船舶（小型船舶登録規則２五）</td></tr>
<tr><td colspan="2"></td></tr>
</table></td></tr>
</table>

	外国船舶（日本船舶以外の船舶をいいます。）であって、登録された小型船舶以外のもの（船舶法１、小型船舶の登録等に関する法律２） 製造中の船舶（抵当権の登記がされている船舶を含みます。（船舶登記令３②）） 未登録の小型船舶
登録のない航空機等	徴収法70条（船舶又は航空機の差押え）の規定の適用を受けない次に掲げる航空機は、動産として差し押さえます（徴基通56－５）。 滑空機及び飛行船 ㈱　滑空機及び飛行船は登録はされますが、その登録が物権変動の対抗要件となっていないため（航空法３の３参照）、動産として差し押さえます。 未登録の飛行機及び回転翼航空機
登録のない自動車	徴収法71条（自動車、建設機械又は小型船舶の差押え）の規定の適用を受けない次に掲げる自動車は、動産として差し押さえます（徴基通56－６）。 軽自動車、小型特殊自動車及び二輪の小型自動車（道路運送車両法４、５） ㈱　これらは登録はされますが、その登録が物権変動の対抗要件となっていないため、動産として差し押さえます。 未登録の自動車（道路運送車両法４、15、16参照） 建設機械としての登記がない大型特殊自動車（道路運送車両法５②）
登記のない建設機械	所有権保存登記のない建設機械は、記号の打刻の有無にかかわらず、徴収法71条（自動車、建設機械又は小型船舶の差押え）の規定の適用を受けないため、動産として差し押さえます（徴基通56－７）。
外国通貨	動産として差し押さえた上で速やかに本邦通貨と両替し、金銭を差し押さえた場合と同様に処理します（徴基通56－８）。
従物である動産	従物（建物に備え付けられた畳、建具、冷暖房器、空調器等）は、独立の動産として差し押さえます。ただし、他に滞納国税に見合う適当な財産がない場合又は主物の利用関係を著しく害しない場合に限って差し押さえることとします（徴基通56－９。なお、畳、建具等の差押えが禁止される場合については徴75①一、十三、②参照）。
工場抵当の目的物	工場抵当（工場抵当法２）の目的となっている土地又は建物に備え付けられている機械、器具等の動産（以下「備付物」といいます。）は、原則として、土地又は建物と別個に差し押さえることはできませんが、工場抵当の設定契約に特に除外する旨の特約がある場合又は工場抵当法３条２項の目録に記載されていない備付物については、別個に動産として差し押さえます（徴基通56－10）。 ㈱　工場抵当は、工場財団のように工場全体を一物として担保権を設定するのではなく、工場がある土地及び建物に設定した抵当権の及ぶ範囲を備付物にまで拡大する制度です。

企業財団に属する財産	企業財団（工場財団、漁業財団等）に属する器具等の動産は、これらの財団と一体とみなされているため、独立して動産として差し押さえることはできません。ただし、滞納者が抵当権者の同意を得て財団から分離した動産については、別個に動産として差し押さえることができます（工場抵当法15等、徴基通56－11）。
貨物引換証等の発行されている動産	貨物引換証、倉庫証券又は船荷証券が発行されている動産については、これらの証券の流通性を保護するために、動産として差し押さえることができません（商573、604、776参照。徴基通56－12）。 ㈠　この場合は、これらの証券を有価証券として差し押さえます。

⑵　有価証券

徴収法56条１項の「有価証券」とは、財産権を表彰する証券であって、その権利の行使又は移転が証券をもってされるものをいいます（徴基通56－13）。

なお、有価証券には、次に掲げるものなどがあります（徴基通56－14）。

種類	留意点
手形、小切手	○　手形（為替手形及び約束手形）は、その権利と書面の結びつきが最も密接で、手形上の権利はその移転、行使に書面を要するほか、その成立に書面を必要とします。その譲渡は裏書によってされ、手形所持人は記載された文言によって権利を行使します。また、所持人は、支払又は引受けを拒絶された場合には、前の裏書人等に対し遡及することができます（手43）。 ○　小切手は、全て一覧払であり、その呈示期間が短く、引受裏書を禁止する反面、無記名式や選択無記名式のものを認め、有効期間も短期となっています。また、盗難紛失の際の危険を防止するための線引小切手があります。
国債証券、地方債証券、社債券	○　「社債券」は、社債について発行された債券（会696）だけでなく、特別の法律により設立された法人の発行する債券（例えば、放送債券、商工債券、農林債券、旧電信電話債券、旧鉄道債券等）及び会社が特別の法律により発行する債券（例えば、みずほ銀行債券、あおぞら銀行債券等）を含むものとし、これに準ずる外国の社債券についても同様とします。
株券	○　株券が発行されていない場合において、その株式会社が定款で株券を発行する旨を定めているとき（会214）は、その株式会社を第三債務者として滞納者が有する株券交付請求権を差し押さえた上で、株券の交付を受けて、その株券を差し押さえます（徴基通73－35⑵）。 ○　株券に係る株式の譲渡について、取締役会の承認を要するなどの制限は、滞納処分による株券の差押えに関して支障となりません。 ○　単元未満株については、株券が発行されている場合は、これを有価証券として差し押さえますが、株券が発行されていない場合は、その株式（差押えの対象には、株主の権利である株券発行、株券交付及び利益配当等の各請求権が含まれます。）を第三債務者等のある無体財産権等として差し押さえます。 ○　新株予約権の差押えは、有価証券の差押手続により新株予約権証券を占有して行います。

	ただし、新株予約権証券が発行されていない場合は、第三債務者等のある無体財産権等として差し押さえます。
出資証券	○　日本銀行の出資証券、独立行政法人日本原子力研究開発機構の出資証券、協同組織金融機関の優先出資証券、特定目的会社の優先出資証券等があります。 ○　持分会社の出資に関する証券は、有価証券ではなく証拠証券です。
受益証券	○　信託の受益証券、投資信託又は貸付信託の無記名受益証券、特定目的信託の受益証券があります。 ○　投資信託又は貸付信託の受益証券のうち記名式のものは、有価証券ではなく証拠証券です（投資信託及び投資法人に関する法律６②、50③、貸付信託法８①参照）。
抵当証券	○　抵当証券が発行された場合、抵当権及び債権の処分は抵当証券によらなければ行うことができず、また、抵当権と債権を分離して処分することはできない（抵当証券法14）ことから、抵当証券を有価証券として差し押さえます。
倉荷証券等	○　倉荷証券又は船荷証券は、運送業者等が依頼者にその請求に基づき交付する証券であり、これらの証券が発行されている物品については、動産として差し押さえることはできない（商573、604、776参照）ことから、これらの証券を有価証券として差し押さえます（徴基通56－12）。
無記名証券	○　商品券、劇場入場券、乗車券などがあります。

（注１）　単元未満株

現在の単元株制度（株式の一定数をまとめたものを１単元として株主の議決権を１単元に１個とする制度）では、会社は、定款によって１単元の株式数を自由に決めることができますが、１単元の株式数は「1000株及び発行済株式の総数の200分の１」を超えることができないとされています（会188、会規34）。

単元未満株とは、この１単元に満たない数の株式をいい、議決権を除き、基本的には１単元以上の株式と同様の権利が与えられ、また、単元未満の株主は、単元未満株の買取請求をすることができます（会192、193）。

（注２）　新株予約権

新株予約権は、株式会社に対して行使することにより当該株式会社の株式の交付を受けることができる権利（会２二十一）であり、新株予約権を発行した会社は、新株予約権を有する者（新株予約権者）がこれを行使した場合、あらかじめ定めた価額で新株を発行し、又はこれに代えて会社の有する自己株式を移転させる義務を負うこととなります。

新株予約権を発行したときは、株式会社は新株予約権に関する事項を管理するため、「新株予約権原簿」を作成しなければなりません（会249）が、無記名新株予約権証券については、その番号、内容及び数が記載・記録されるだけですので、株式会社はその証券の所持人を把握できないことになります。

また、新株予約権の譲渡は、記名式の新株予約権の場合、名義書換を行って新株予約権者の氏名等が原簿に記載されなければ、株式会社に対して新株予約権の譲渡を対抗することができません（会257）。

（注３）　振替社債等

国債、地方債、社債、株式、新株予約権、貸付信託の受益権等のうち権利の帰属が振替口座簿の記載又は記録により定まるとされるもの（振替社債等）については、第三債務者等のある無体財産権として差し押さえることになります（徴73の２、徴基通73の２－１）。

次に掲げるものは、有価証券には当たりません（徴基通56－13）。

①　借用証書若しくは受取証券のような「証拠証券」又は銀行預金証書のような「免責証券」 ※　この場合には、債権の差押えを行い、証拠証券又は免責証券は債権証書として取り上げます（徴基通65－３参照）。
②　郵便切手又は収入印紙のような金銭の代用となる金券 ※　金券は、動産の差押手続に従って差し押さえ、公売の方法により換価します。

(注)　ゴルフ会員権は、取引実務においては証書の引渡しにより権利移転がされており、有価証券と同様の流通性を持っていますが、権利移転に関し、必ずしも有価証券ほどの流通性がないことから（裏書だけによる権利移転を認めず、ゴルフ場会社による承認を必要とする場合があります。）、有価証券性が否定されています（昭55.12.22最高判）。

(3)　動産譲渡登記のある動産

イ　動産譲渡登記制度の概要

動産譲渡登記制度は、法人が行う動産の譲渡について、引渡し（民178）のほか、法務局に備える電子情報処理組織の動産譲渡登記等により、動産譲渡の対抗要件が具備されるとするものであり、これにより動産を活用した資金調達を円滑に行うことを目的としたものです。

☞債権譲渡登記制度については第５章第３節３(3)参照

(イ)　第三者対抗要件としての登記

法人が動産を譲渡した場合において、その動産について動産譲渡登記がされたときは、民法178条の引渡しがあったものとみなされます（特例３①）。

（注１）　動産譲渡登記に関する事務は、法務大臣の指定する法務局等が登記所として取り扱うこととされています（特例５①）。現在、東京法務局が全国の動産譲渡登記に関する事務を一括して取り扱っています。

（注２）　動産譲渡登記は、動産譲渡の譲渡人と譲受人が共同して申請することとされています（特例７②）。

（注３）　動産譲渡登記がされたときは、譲渡人の本店等所在地の法務局等に備えられた「動産譲渡登記事項概要ファイル」にも、譲受人の表示、登記番号、登記の年月日等が記載されます（特例12③）。

(ロ)　譲渡の目的物の範囲

譲渡の目的物となる動産については、個別動産であるか集合動産であるかは問いません（特例３①）が、貨物引換証、預証券及び質入証券、倉荷証券又は船荷証券が作成されている動産については対象から除外されています（同項かっこ書）。

また、船舶、自動車等について、特別法によって登録等が既にされている場合には、その登録等を行わなければ第三者に対抗できないため、民法の対抗要件に係る規定の適用はなく、動産譲渡登記の対象となりません。

(ハ)　登記の効果

動産譲渡登記は、譲渡の対象となる動産の譲渡の事実を公示するにすぎず、譲渡契約の有効性までも証明するものではありません。

したがって、滞納処分による差押えに先行して動産譲渡登記がされている場合であっても、動産譲渡契約が無効であるときには、これを差し押さえることができます（徴基通56－28）。

ロ　動産譲渡登記による動産譲渡と差押えの優劣

動産譲渡登記がされた動産の譲渡と滞納処分による差押えが競合した場合における優先関係は、動産譲渡登記がされた時と徴収職員が当該動産を占有した時の先後により判定されます（徴基通56－29）。

（注１）　動産譲渡登記ファイルには登記の年月日のほかに、登記の時刻も記録され、登記事項証明書には、登記の時刻が記載されます（動産・債権譲渡登記規則16四、23①）。

（注２）　動産譲渡と差押えの先後が不明の場合の優先関係については、債権における現行民法上の解釈と同様となります（第５章第３節３(2)イ（債権譲渡と差押えの優劣）参照）。

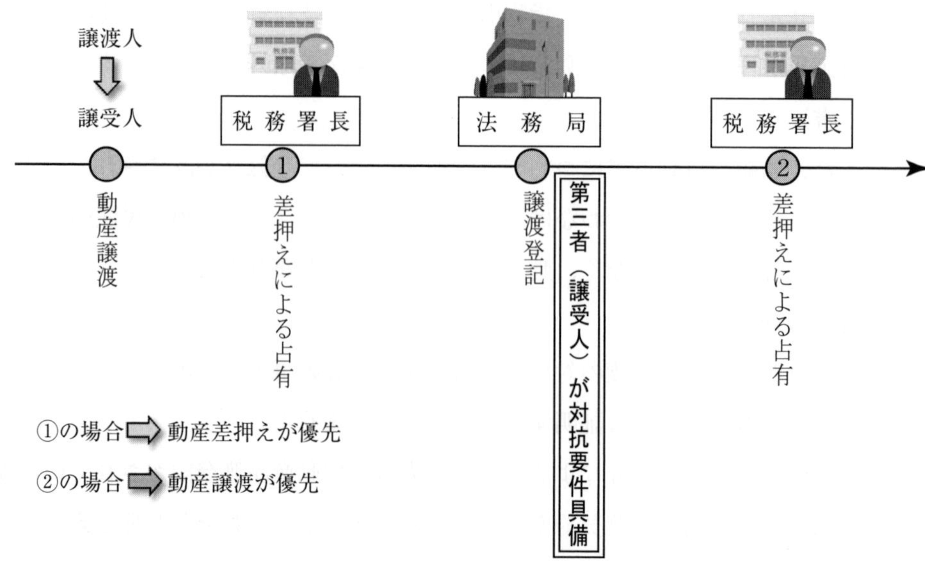

２　差押手続

⑴　通　　則

動産又は有価証券（以下「動産等」といいます。）の差押えは、徴収職員がその動産等を占有して行います（徴56①）。

㈱「占有して行う」とは、徴収職員がその財産を差押えの意思をもって客観的な事実上の支配下に置き、滞納者の処分の可能性を排除することをいいます。この場合の占有は、「公法上の占有」であり、私法上の権利関係の効力には影響を及ぼしません（徴基通56－17）。

⑵　第三者が占有する動産等の差押え

○　第三者が引渡しを拒む場合

滞納者の動産等を第三者（滞納者の親族その他の特殊関係者を除きます。以下、この段について同じ。）が占有している場合において、その第三者が引渡しを拒むときは、差し押さえることができません（徴58①）。

この場合において、滞納者が他に換価が容易であり、かつ、その滞納に係る国税の全額を徴収することができる財産を有しないと認められるときに限り、税務署長は、その第三者に対し、期限を指定して、所定の事項を記載した引渡命令書により、徴収職員にその動産等の引渡しを命ずることができます（徴58②前段、徴令24①）。

（注１）　次に掲げる第三者が占有する動産等は、引渡命令を発することなく直ちに差し押さえることができます。

滞納者の親族その他の特殊関係者（徴58①）
譲渡担保権者の物的納税責任による滞納処分として譲渡担保財産を差し押さえる場合において、その財産を占有している滞納者又はその親族その他の特殊関係者（徴令24④） (注)　徴収法24条は、譲渡担保権者を第二次納税義務者とみなしてその譲渡担保財産につき差押え等の滞納処分を行うことから、譲渡担保設定者である滞納者は、税務署長及び譲渡担保権者との関係では第三者となります。
第二次納税義務者又は保証人として納付すべき国税の滞納処分として、それらの者の財産を差し押さえる場合において、その財産を占有している滞納者（主たる納税者）又はその親族その他の特殊関係者（徴令24⑤）

（注２）「滞納者の親族その他の特殊関係者」とは、徴収法施行令14条２項各号に掲げる者をいいます（☞第３章第１節10(3)イ参照）。これに該当するかどうかの判定は、差押えをしようとする時の現況によります（徴基通58－２）。

イ　引渡命令を発することのできる要件

第三者がその占有する動産等の引渡しを拒むとき
滞納者が他に換価が容易であり、かつ、その滞納に係る国税の全額を徴収することができる財産を有しないと認められるとき

(注)　これらの要件に該当するかどうかの判定は、引渡命令を発する時の現況によります（徴基通58－７）。

ロ　引渡命令書の記載事項（徴令24①）

記載事項	
記	滞納者の氏名及び住所又は居所
載	滞納に係る国税の年度、税目、納期限及び金額
事	引渡しを命ずる動産等の名称、数量、性質及び所在
項	引き渡すべき期限及び場所

ハ　徴収職員への引渡期限（徴令24③）

原　則		引渡命令書を発する日から起算して７日を経過した日以後の日としなければなりません。
例外	引渡しを命ずる第三者について、繰上請求事由（国税通則法38条１項１号（強制換価手続等があった場合の繰上請求）の規定に該当する事実）が生じたとき	上記の期限を繰り上げることができます。
	特にやむを得ない必要があると認められるとき	

㈱「特にやむを得ない必要があると認められるとき」とは、引渡命令に係る期限後においてはその財産の差押えをすることができないと認められるとき（ただし、期限内に引渡しがあると認められるときを除きます。）をいいます（徴基通58－９参照）。

ニ　滞納者に対する通知

税務署長は、滞納者の動産等を占有する第三者に対して引渡命令を発したときは、その旨を滞納者に通知しなければなりません（徴58②後段）。

なお、滞納者への通知は、次の事項を記載した書面でしなければなりません（徴令24②）。

記載事項	
	滞納に係る国税の年度、税目、納期限及び金額
	引渡しを命じた第三者の氏名及び住所又は居所
	引渡しを命じた動産等の名称、数量、性質及び所在
	引き渡すべき期限及び場所

ホ　引渡命令に係る動産等の差押え

引渡命令に係る動産等が徴収職員に引き渡されたとき、又は引渡命令を受けた第三者が指定された期限までに徴収職員にその引渡しをしないときは、徴収職員は、その動産等を占有して差し押さえることができます（徴58③）。

○　第三者が引渡しを拒まない場合

滞納者の動産等を第三者が占有している場合において、その第三者が引渡しを拒まないときは、引渡命令を発しないで、直ちにその動産等を差し押さえることができます。

○　**第三者が占有する動産等の差押えの手続**

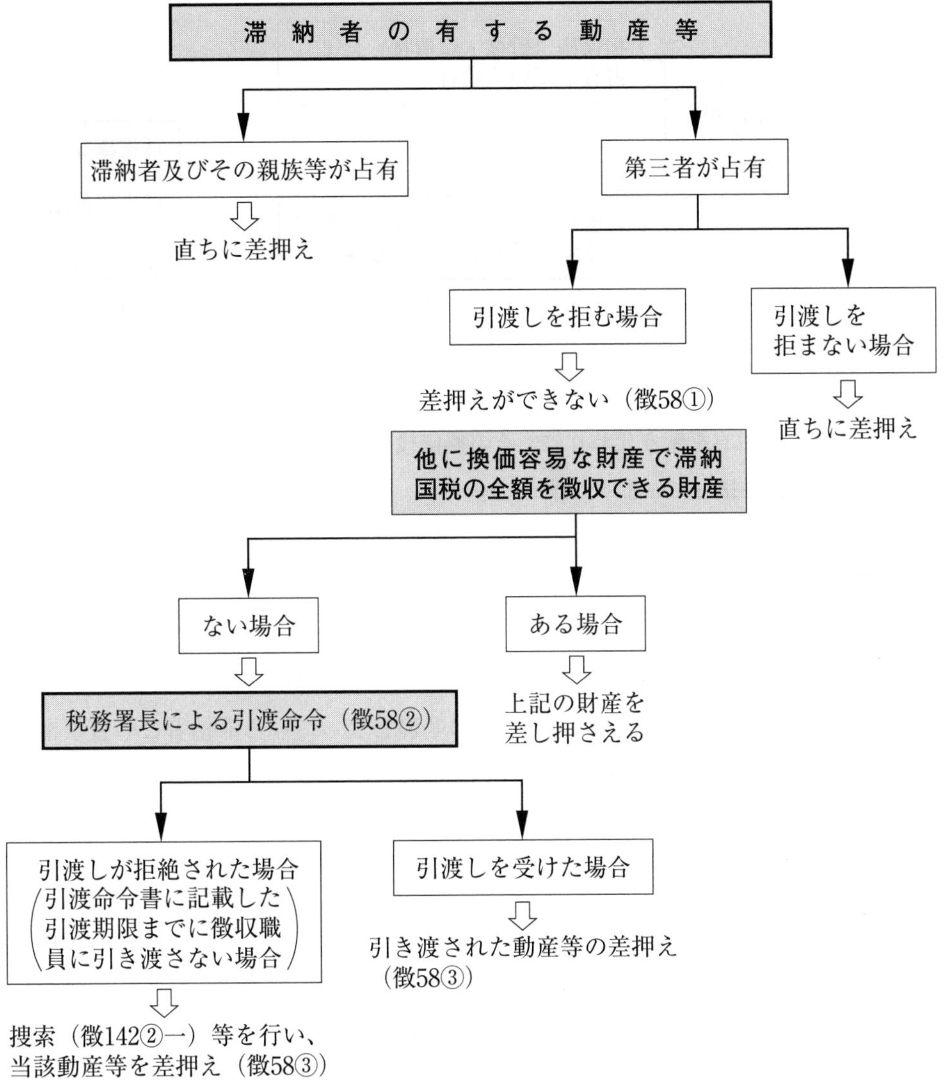

⑶　滞納者の動産を占有する第三者の権利保護

○　**引渡命令を受けた第三者の権利保護**

引渡命令を受けた第三者が、滞納者との契約に基づく賃借権、使用貸借権その他動産の使用又は収益をする権利（以下「賃借権等」といいます。）に基づいて滞納者の動産（有価証券は該当しません。）を占有している場合には、その第三者は、契約を解除して滞納者に損害賠償を求めるか、あるいは引き続き一定の期間その動産の使用収益をするかのいずれかの方法を選択することができます（徴59①②）。

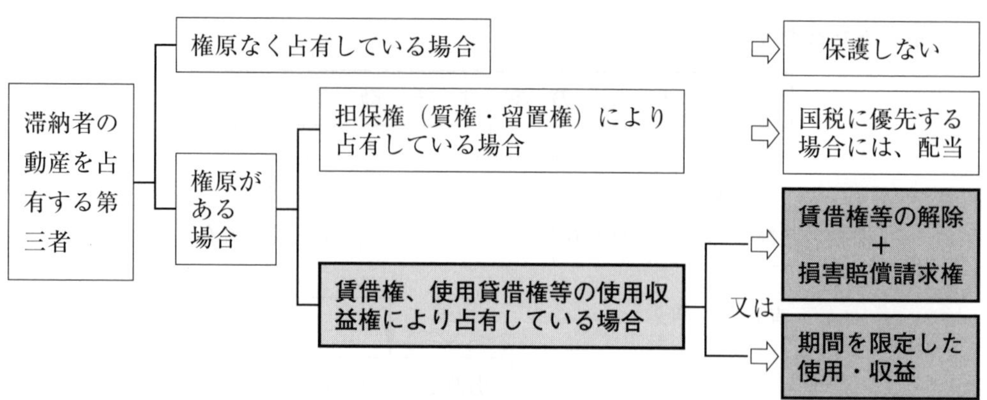

㈱　留置権者は本来、留置物について優先弁済権を主張できませんが、徴収法は留置権者の占有を奪う代わりに、その換価代金からの配当を認めることで、留置権者の保護を図っています（徴21）。

イ　契約解除を選択した場合

引渡命令を受けた第三者が、賃借権等に基づいて滞納者の動産を占有している場合において、その引渡しをすることにより占有の目的を達することができなくなるときは、その第三者は、その占有の基礎となっている滞納者との賃借権等の契約を解除することができます（徴59①前段）。

(イ)　契約を解除した旨の通知

引渡命令を受けた第三者が滞納者との契約を解除した場合には、その動産を徴収職員が差し押さえる時までに、その旨を記載した書面をもって、引渡しを命じた税務署長に契約を解除した旨の通知しなければなりません（徴令25①）。

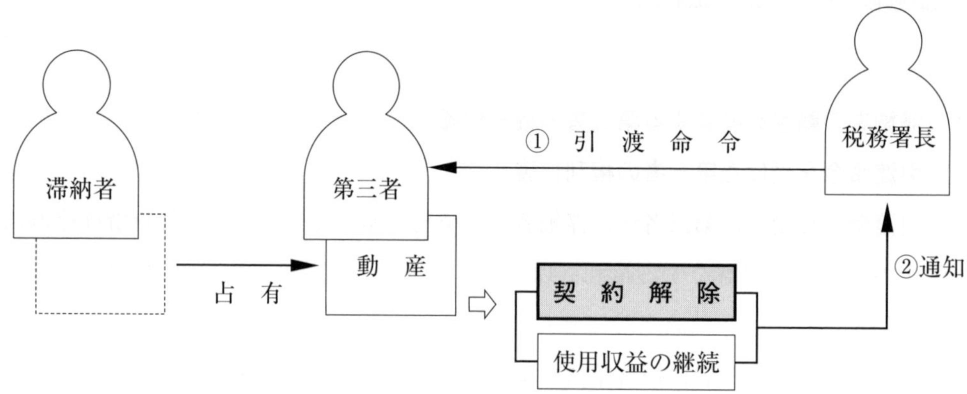

なお、この通知をしなかった場合、あるいは相当の理由なく、引渡命令に係る動産の差押えに遅れて通知をした場合には、引き続き一定の期間その動産の

使用収益をする旨の請求があったものとみなされます（徴令25②③）。

(ロ)　損害賠償請求権への配当

引渡命令を受けた第三者が滞納者との契約を解除し、滞納者に対して損害賠償請求権を取得した場合には、第三者は、その請求権について、引渡命令に係る動産の売却代金の残余のうちから配当を受けることができます（徴59①後段、129①四）。

(ハ)　前払借賃への配当

賃貸借契約に基づいて動産を占有している第三者が、引渡命令を受けたことにより契約を解除した場合において、その引渡命令があった時よりも前に、差押え後の期間に係る借賃を前払いしているときは、第三者は、その動産の売却代金のうちから前払借賃の一定額について、配当を受けることができます（徴59③前段、129①四）。

(注)　前払借賃の範囲

配当の請求ができる金額は、引渡動産の差押えの日後の期間に係るもので、３月分を限度とします（徴59③前段）。

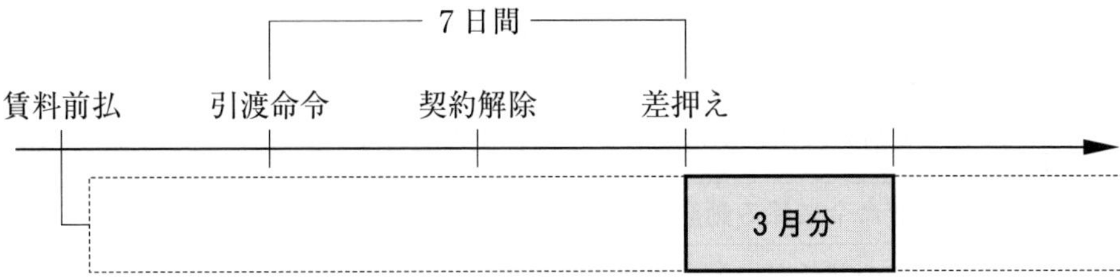

(ニ)　配当の順位

損害賠償請求権及び前払借賃の配当順位は、次のとおりです。

動産の売却代金	順位	内容
	第１順位	滞納処分費（徴10）
	第２順位	動産上の留置権（徴21）
	第３順位	**引渡し前に支払済の前払借賃（徴59③）**
	第４順位	公租、公課又は担保権により担保される債権（徴８以下）
	第５順位	**引渡命令により契約解除した場合の損害賠償請求権（徴59①）**

(ホ)　配当の手続

徴収法59条１項後段の損害賠償請求権及び徴収法59条３項前段の前払借賃の配当を受けようとする第三者は、税務署長に対して、その動産の売却決定の日の前日までに債権現在額申立書にその旨を記載して提出しなければなりません（徴130①、徴令48①、徴基通59－11）。

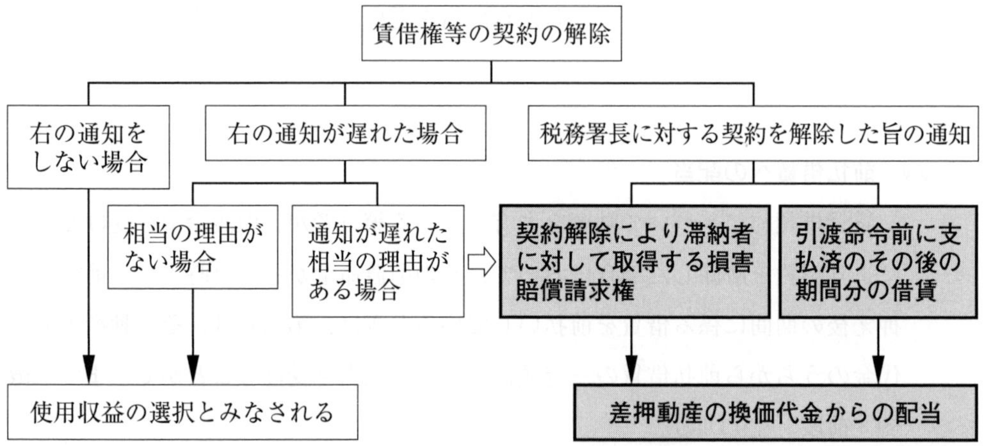

(注)　徴収職員による動産の差押え後であっても、通知が遅れたことにつき相当の理由があり、かつ売却代金の交付期日（徴132②）までに、税務署長に対して契約を解除した旨の通知があった場合には、その第三者は、契約解除に伴う損害賠償請求権及び前払借賃につき、配当を受けることができます（徴令25③、徴基通59－12）。

なお、「相当の理由がある場合」とは、次の場合をいいます（徴基通59－12(2)）。

①	引渡命令に係る動産の引渡期限を繰り上げた場合（徴令24③）
②	通知の遅延が火災・風水害等の理由による場合

ロ　使用収益を選択した場合

引渡命令を受けた第三者が、その動産の使用又は収益をする旨を記載した書面をもって請求を行った場合には、徴収職員は、一定の期間その第三者に使用又は収益をさせなければなりません（徴収法59②）。

(イ)　使用収益の請求

引渡命令を受けた第三者が、滞納者との契約を解除しない場合（引き続き使用又は収益をする場合）には、その動産の差押えの時までに、その動産の引渡しを命じた税務署長に対し、書面でその使用又は収益の請求をしなければなりません（徴令25①）。

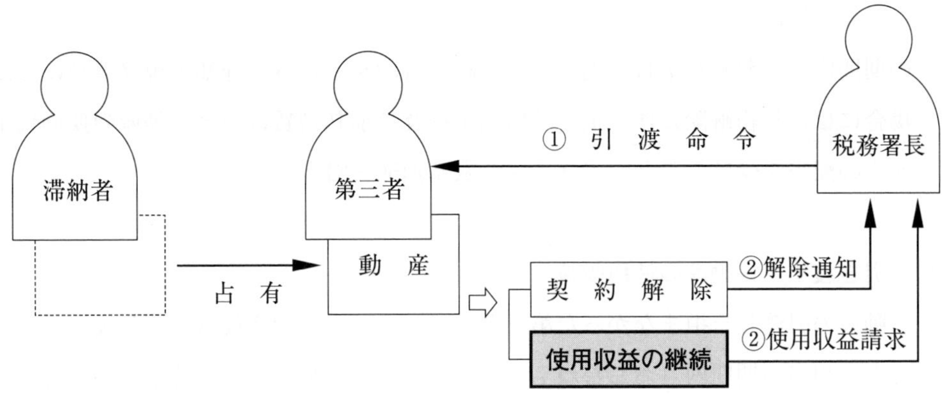

㈲　引渡命令を受けた第三者が契約を解除した場合であっても、税務署長に対する契約を解除した旨の通知をしなかった場合、あるいは相当の理由なく、引渡命令に係る動産の差押えに遅れて通知をした場合には、引き続き一定の期間その動産の使用収益をする旨の請求があったものとみなされます（徴令25②③）。

なお、この場合には、契約を解除したとしても、損害賠償請求権及び差押え後の前払借賃について、引渡動産の換価代金から配当を受けることはできません（徴基通59－12）。

㈺　使用収益の期間

引渡命令を受けた第三者が、その動産を引き続き使用又は収益をすることができる期間は、動産の占有の基礎となっている契約の期間内で、差押え後の３月を限度とします（徴59②）。

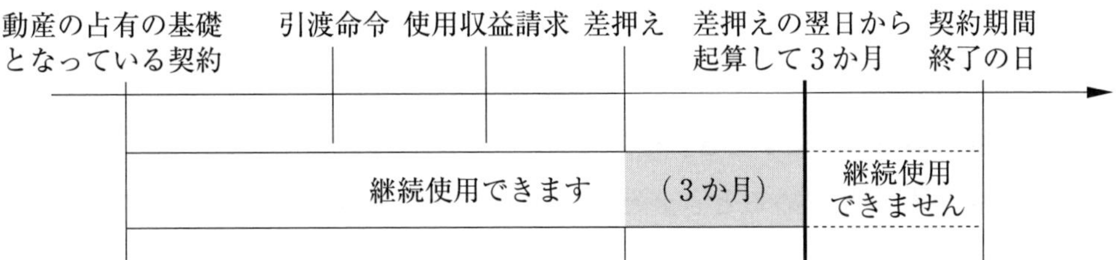

○　引渡しを拒まなかった第三者の権利保護

引渡しを拒まなかった第三者の権利についても、次のように保護されます（徴59④）。

イ　契約解除に伴う損害賠償請求権

動産の引渡しを拒まなかった第三者が、差押え後（引渡し後）であっても相当の期間内（おおむね７日以内）に、契約の解除をした旨の通知を税務署長にした場合には、契約解除に伴う損害賠償請求権及び前払借賃につき、動産の換価代金からの配当を受けることができます（徴基通59－21）。

ロ　引き渡すべき動産の使用収益

動産の引渡しを拒まなかった第三者については、差押え後（引渡し後）であっても、相当の期間内（おおむね７日以内）は、その動産につき使用又は収益を書面をもって請求することができます（徴基通59－22）。

⑷　滞納者又は第三者による差押動産等の保管

○　保管させることができる場合

徴収職員は、必要があると認める場合には、差し押さえた動産等を滞納者又はその動産等を占有している第三者（滞納者の親族その他の特殊関係者を含みます。以下、この段において同じ。）に保管させることができます（徴60①）。

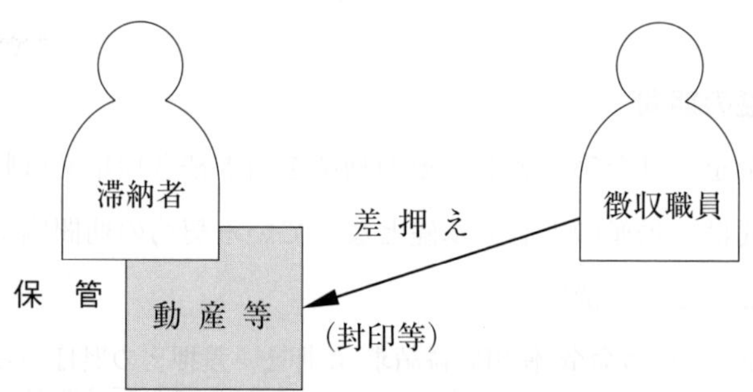

イ　「必要があると認めるとき」

「必要があると認めるとき」とは、次のような場合をいいます（徴基通60－７）。

①　引渡命令を受けた第三者の請求に基づき、その者に、差し押さえた動産の使用又は収益をさせる場合（徴59②）
②　引渡しを拒まなかった第三者の請求に基づき、その者に、差し押さえた動産の使用又は収益をさせる場合（徴59④）
③　差し押さえた動産又は有価証券の運搬が困難である場合

④　差し押さえた動産又は有価証券を滞納者又はその財産を占有する第三者に保管させることが滞納処分の執行上適当であると認める場合

ロ　保管者（第三者）の同意

徴収職員が差押動産等を滞納者又は第三者に保管させる必要がある場合には、保管者が滞納者であるときは同意は不要ですが、第三者に保管させるときは、差押動産等の運搬が困難な場合を除いて、第三者の同意が必要です（徴60①後段）。

○　滞納者又は第三者に保管させる必要がある場合

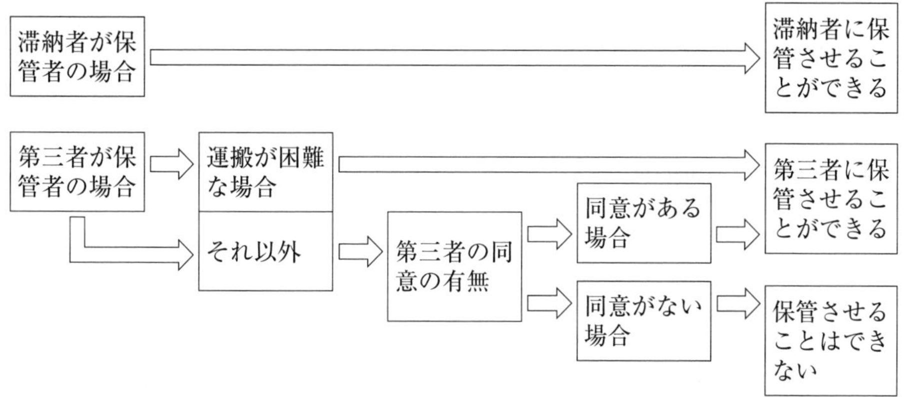

㈲　運搬が困難な場合とは、おおむね次の場合をいいます（徴基通60－10）。

①　差し押さえた動産等の量、型、据付け状態等により、その運搬が費用的又は物理的な観点から困難である場合
②　差押動産等の搬出の制限（徴172）又は執行停止の決定（行訴25②）により、搬出が法律上制限されている場合

○　保管の手続

イ　保管命令

差し押さえた動産等を滞納者に保管させる場合、又は運搬が困難である場合において、その動産等を占有する第三者に保管させるときは、徴収職員はその第三者にその財産を保管すべきことを命じなければならず、この保管命令は、差押調書にその旨を付記する方法により行います（徴基通60－８、９）。

なお、差押動産等を占有する第三者の同意を得て保管させる場合には、差押調書の余白に無償で保管する旨を記載して、その第三者に署名（記名を含みます。）させるなどして、その事実を記録しておきます（徴基通60－12）。

ロ　差押えの表示

差し押さえた動産等を滞納者又は第三者に保管させたときは、封印、公示書その他差押えを明白にする方法により、差し押さえた旨、差押年月日を表示しなければなりません（徴60②、徴令26）。

差押えを明白にする方法には、次の方法があります（徴基通60－13～15）。

封　　印	差押財産であることを表示する標識
公 示 書	差押財産であることを一般に周知させるために公示し、公衆がこれを知りうる状態におくための書面
そ の 他	縄張、立札、木札等

㈱　封印等の標識は、第三者が通常容易に認識できるようにする必要があります（徴基通60－18）。

⑸　有価証券に係る債権の取立て

徴収職員は、有価証券を差し押さえた場合において、その有価証券に係る債権が金銭の給付を目的とする債権であるときは、その金銭債権を取り立てることができます（徴57①）。有価証券に係る債権が物の給付を目的とする債権（倉庫証券等）である場合は、その有価証券を換価して金銭化することになります（徴基通57－１）。

なお、取立てをする有価証券は、その有価証券に係る金銭債権の履行期日が既に到来しているもの又は近い将来において履行期日が到来するものであって、換価するよりもその債権の取立てをする方が徴収上有利であると認められるものに限るとされています（徴基通57－３）。

㈱　差し押さえた債権の弁済期の全部又は一部が６月以内に到来しないもの、又は取立てをすることが著しく困難であると認められるものについては、取立てでなく換価をすることができるとされています（徴89②）。

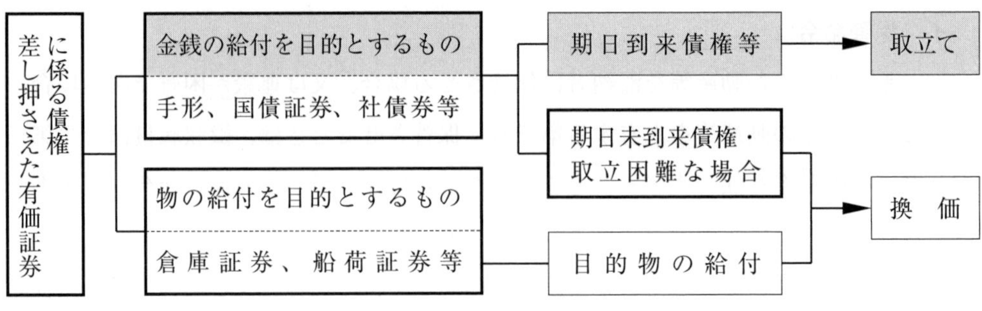

なお、上記の規定により、徴収職員が差押有価証券に係る金銭を取り立てた場合に

は、その金額の限度において、滞納者から差押えに係る国税を徴収したものとみなされます（徴57②、徴基通57－７）。

金銭の取立て ⇨ 徴収したものとみなす ⇨ その金額の限度で滞納国税の納税義務が消滅する

3　差押えの効力

⑴　差押えの効力発生時期

動産等の差押えの効力は、徴収職員がその動産等を占有した時に生じます（徴56②）。

ただし、差し押さえた動産等を滞納者等に保管させた場合には、封印等により差し押さえた旨を表示した時に、差押えの効力が生じます（徴60②）。

通　　　則	徴収職員が差し押さえた動産等を占有した時
滞納者等に保管させた場合	封印、公示書その他差押えを明白にする方法により、差し押さえた旨を表示した時

（注１）　差押えの効力を持続させるために、封印等の存続は必要ではなく、それが損壊され、自然に脱落し、又は消滅することがあっても、差押えの効力は消滅しません（明34.10.９大判）。ただし、徴収職員は、封印等の損壊、脱落又は消滅を発見したときは、速やかに修復しなければなりません（徴基通60－18）。

（注２）　滞納者等に差押動産等を保管させた場合において、差押えを明示するために表示した封印等を故意に損壊した場合には、その損壊を行った者には封印等破棄罪（３年以下の懲役又は250万円以下の罰金）が適用されます（刑96）。

⑵　差押え後の使用収益

動産は、使用により著しく価値を減耗することから、原則として滞納者等による使用収益は禁止させるべきです。しかし、差押えの効力は、財産の処分禁止を行うものであって、本来使用・収益権までも制限する必要はありませんから、徴収職員は、滞納者等に差押動産を保管させた場合において、国税の徴収上支障がないと認めるときは、差押動産の使用又は収益を許可することができます（徴61）。

この場合の「国税の徴収上支障がないと認めるとき」とは、次のような場合をいいます（徴基通61－１）。

国税の徴収上支障がないと認めるとき	その動産の使用又は収益をさせてもほとんど減耗を来さないとき
	多少の減耗はあっても国税の徴収が確実であると認めるとき

(3) 金銭差押えの効果

徴収職員が金銭（本邦通貨及び国税の納付に使用できる有価証券をいいます（外国為替及び外国貿易法６①三、証券ヲ以テスル歳入納付ニ関スル法律参照）。）を差し押さえた場合には、その金額の限度において、滞納者から差押えに係る国税を徴収したものとみなされます（徴56③、徴基通56－23）。

金銭の取立て ⇨ 徴収したものとみなす ⇨ その金額の限度で滞納国税の納税義務が消滅する

（注１）「本邦通貨」とは、日本円を単位とする通貨であって法律上強制通用力を与えられた支払手段である貨幣及び日本銀行法46条１項により日本銀行が発行する銀行券をいい（通貨の単位及び貨幣の発行等に関する法律２③）、小切手等は含みません（徴基通56－22）。なお、貨幣で、その模様の認識が困難なもの又は著しく量目が減少したものは、強制通用力を有しません（貨幣の単位及び貨幣の発行に関する法律９）。

（注２） 外国通貨は、ここでいうところの金銭には該当せず、動産として差し押さえます。この場合において、徴収職員は、速やかに、差し押さえた外国通貨を本邦通貨と両替した上で金銭を差し押さえた場合と同様に処理します。

（注３） 国税の納付に使用することができる有価証券を差し押さえた場合において、その支払がなかったときは、滞納者の国税の納税義務は消滅しません（徴基通56－23）。

第３節　債権の差押え

１　債権の意義

(1) 債　　権

徴収法62条１項の「債権」とは、金銭又は換価に適する財産の給付を目的とする請求権をいいます。売掛金、銀行預金、郵便貯金、消費貸借による債権、俸給、給料、利益配当請求権などがその例です。

なお、債権であっても、その性質から取立てに適さず、換価手続によるべきもの（電話加入権、賃借権、振替社債等）については、第三債務者等のある無体財産権等として、徴収法73条（電話加入権等の差押手続等）又は73条の２（振替社債等の差押手続等）の規定により差し押さえた上で、換価します（徴54二）。

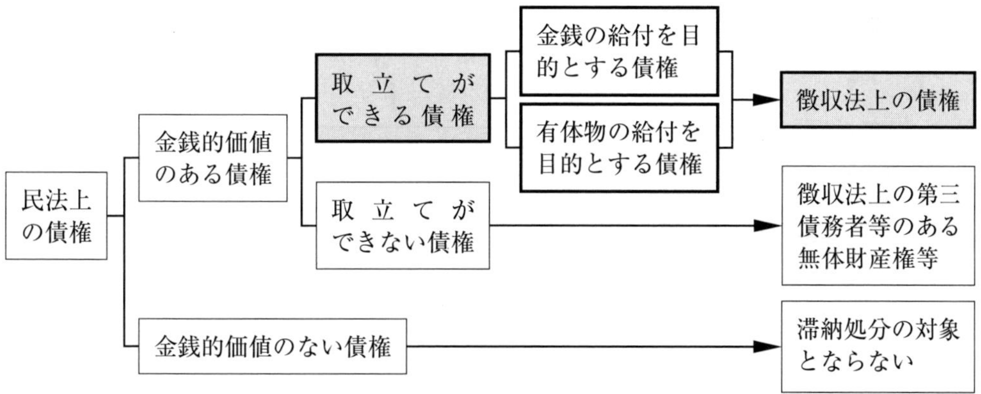

（注１）　この節（５を除く）における「債権」には、「電子記録債権」は含まれません。

（注２）　金銭的価値のない債権には、演奏する行為や特定の場所で営業しないことを求める請求権等があります。

（注３）　取立てをすることができる債権であっても、①債権の全部又は一部の弁済期限が取立てをしようとする時から６月以内に到来しないもの、②取立てをすることが著しく困難であると認められるものは、公売により換価することができます（徴89②）。

（注４）　振替社債等は、振替社債など金銭債権として取立てをすることができるものがありますが、振替株式など取立てをすることができないものも含まれているため、徴収法においては、第三債務者等のある無体財産権等に分類されています（徴73の２）。

⑵ 電子記録債権

電子記録債権とは、電子債権記録機関が作成する記録原簿に電子記録をしなければ発生又は譲渡の効力が生じない金銭債権をいいます（徴基通62の２－１）。

電子記録債権の制度は、電子記録債権法により、事業を営む者の資金調達の円滑化等を図ることを目的として創設されました。

㈲　電子記録債権は、電子記録債権を発生させる原因となった法律関係に基づく債権とは別個の金銭債権です（徴基通62－15－２参照）。

○ 電子記録債権の概要

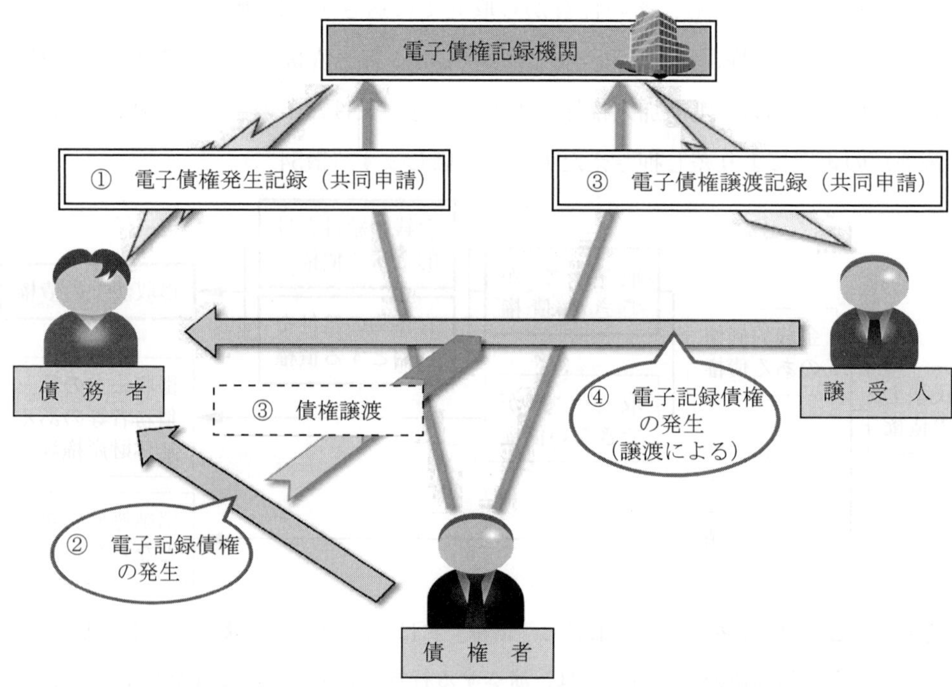

2　差押手続

⑴ 債　　権

イ　債権差押通知書の送達

債権の差押えは、徴収職員が差し押さえるべき債権を特定し、第三債務者に対して所定の事項を記載した債権差押通知書を送達することにより行います（徴62①、徴令27①）。

なお、徴収職員は、債権を差し押さえたときは、第三債務者に対して、滞納者に対する債務の履行を禁止するとともに、滞納者に対して、債権の取立てその他の処分を禁止しなければなりません（徴62②）。これらの事項は、第三債務者に送達する債権差押通知書に記載するとともに、滞納者に交付する差押調書謄本に付記します（徴令27①四、21③一）。

㈱「第三債務者」とは、滞納者に対して金銭又は換価に適する財産の給付を目的とする債務を負う者をいいます（徴基通62－23）。

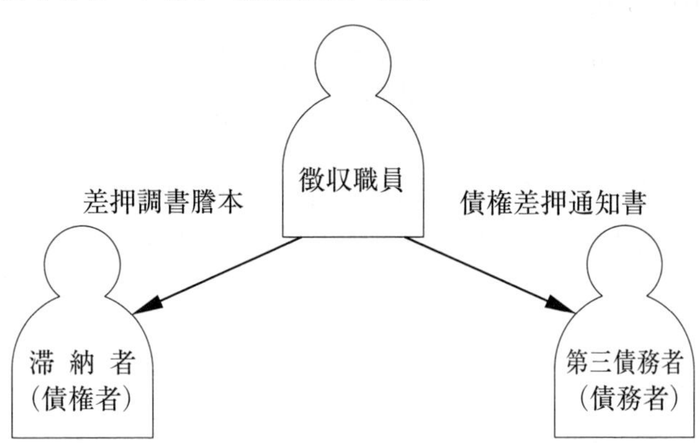

債権差押通知書には、次の事項を記載しなければなりません（徴令27①）。

①　滞納者の氏名及び住所又は居所
②　差押えに係る国税の年度、税目、納期限及び金額
③　差し押さえる債権の種類及び額 差し押さえる債権の特定は、差押えを受けた第三債務者が、どの債権が差し押さえられたのかを確知できる程度に特定することが必要とされ、債権の特定を欠いた場合には、その差押えは無効になります（昭46.11.30最高判、徴基通62－24）。 具体的には、債権の成立年月日、成立原因、債権の種類、証書等の種類、番号、債権額（現在額）等を記載します。 （例）売掛金の場合 「令和○年○月○日から令和○年○月○日までに――（滞納者）が――（債務者）に売却した――（売上品目、数量等）の売掛代金――円の支払請求権」
④　滞納者に対する債務の履行を禁ずる旨
⑤　徴収職員に対しその履行をすべき旨 ㈱　差し押さえた債権の弁済期までに履行すべき旨又は弁済期が既に到来しているものについては直ちに履行すべき旨を記載します（徴基通62－26）。

ロ　差し押さえる債権の範囲

徴収職員は、債権を差し押さえるときは、滞納国税の額に関わらず、原則としてその全額を差し押さえなければなりません。ただし、債権の全額を差し押さえる必要がないと認められるときは、債権の一部を差し押さえることができます（徴63）。

「債権の全額を差し押さえる必要がないと認められるとき」とは、具体的には次の全ての要件を満たすときをいいます（徴基通63－２）。

①　第三債務者の資力が十分で、履行が確実と認められること。
②　弁済期日が明確であること。
③　差し押さえる債権が、国税に優先する質権等の目的となっておらず、また、その支払について相殺などの抗弁事由がないこと。

㈱　債権の一部を差し押さえる場合には、債権差押通知書の「差押債権」欄に、その債権のうち一部を差し押さえる旨を明記します（徴基通63－３）。

ハ　差押えの登録等

(イ)　権利の移転につき登録を要する債権を差し押さえた場合

税務署長は、債権でその権利の移転につき登録を要するものを差し押さえたときは、差押えの登録を関係機関に嘱託しなければなりません（徴62④）。これらの債権は、権利者の請求による登録により権利の移転がされ、債券が発行されないため、有価証券の差押えとしてではなく、債権として差押えを行います。

㈱　登録国債（ただし、平成15年１月以降に発行される国債は全て振替国債となっています（徴基通73の２－４）。）を差し押さえたときは、日本銀行に対して以下の書類を送達して差押えの登録を嘱託します（徴基通62－37）。

①　第三債務者を国、その代表者を財務大臣と記載した債権差押通知書

②　日本銀行総裁あての登録国債差押登録嘱託書

(ロ)　抵当権等により担保される債権を差し押さえた場合

抵当権又は登記することができる質権若しくは先取特権（以下「抵当権等」といいます。）により担保される債権を差し押さえたときは、税務署長は、その抵当権等の被担保債権を差し押さえた旨の登記を関係機関に嘱託することができます（徴64）。

この債権差押えの登記は、債権差押えの効力発生要件ではありませんが、その登記をすることにより、その抵当権等に差押えの効力が及んでいることについて対抗要件を具備することになります（徴基通64－１）。例えば、債権差押えの登記後に、債権者（滞納者）が、差押えの対象となった被担保債権と別個に、抵当権のみの譲渡、抹消、放棄その他の抵当権の処分を行っても、これら

の処分は債権差押えの登記に劣後するため、差押権者である税務署長にその効力を主張することができません。

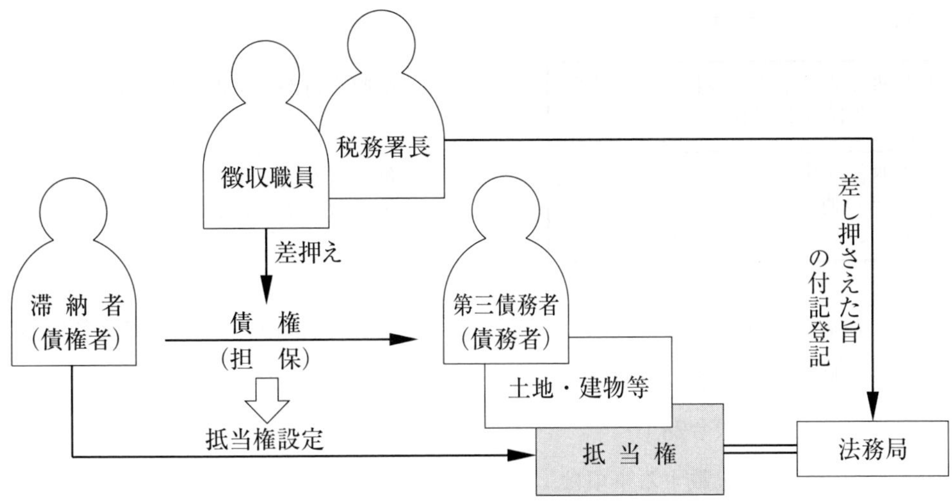

なお、債権差押えの登記を嘱託した税務署長は、その抵当権等が設定されている財産の権利者（第三債務者を除きます。）に差し押さえた旨を通知しなければなりません（徴64後段）。

二　債権証書の取上げ

徴収職員は、債権の差押えのため、必要があるときは、その債権に関する証書（債権証書）を取り上げることができます（徴65前段）。

「債権差押えのため必要があるとき」とは、次のような場合をいいます（徴基通65－１）。

債権差押えのため必要があるとき	債権の存否、債権の金額等の確認のため必要と認められるとき
	債権の差押え、取立て、換価、権利の移転及び配当等のため必要と認められるとき

(イ)　取上げの対象となる債権証書

徴収職員が取り上げることのできる債権証書には、債権の発生、変更を証する文書のほか、債権の差押え、取立て、換価、権利の移転及び配当等のため必要と認められる文書が対象になります（徴基通65－２）。

例えば、郵便貯金通帳、銀行預金通帳、供託金に係る供託書正本（官庁又は公署が保管しているもの（供託規則24、25参照））、公正証書、判決書、和解調書などがあります。

(ロ) 取上げの手続

占有者		手続
滞納者又は滞納者の親族その他の特殊関係者が占有している場合	――→	徴収職員が直接占有します。
滞納者以外の第三者（滞納者の親族その他の特殊関係者を除きます。）が占有している場合	――→	第三者が占有する動産等の差押手続（徴58①）により行います。

徴収職員が債権証書を取り上げた場合には、取上調書を作成して署名押印し、その謄本を滞納者及び処分（債権証書の取上げ）を受けた者に交付しなければなりません（徴令28①）。

取上調書に記載する事項は、次のとおりです。

記載事項	滞納者の氏名及び住所又は居所
	取り上げた証書の名称その他必要な事項

(注) 債権証書の取上げを行った際に、同時に差押調書又は捜索調書を作成する場合には、それらの調書に取り上げた債権証書の名称、数量その他その証書を特定するに足りる必要な事項を付記すれば、取上調書の作成を省略できます（徴令28②）。

(2) 電子記録債権

電子記録債権の差押えは、第三債務者及び電子債権記録機関に対して所定の事項を記載した債権差押通知書を送達することにより行います（徴62の２①、徴令27②）。

なお、徴収職員は、電子記録債権を差し押さえたときは、①第三債務者に対して、滞納者に対する債務の履行の禁止、②電子債権記録機関に対して、電子記録債権に係る電子記録の禁止、③滞納者に対して、電子記録債権の取立てその他の処分の禁止又は電子記録の請求を禁止しなければなりません（徴62の２②）。これらの事項は、第三債務者及び電子債権記録機関に対して送達する債権差押通知書に記載するとともに、滞納者に交付する差押調書謄本に付記します（徴令27②三、四、21③二）。

○　**電子記録債権の差押手続**

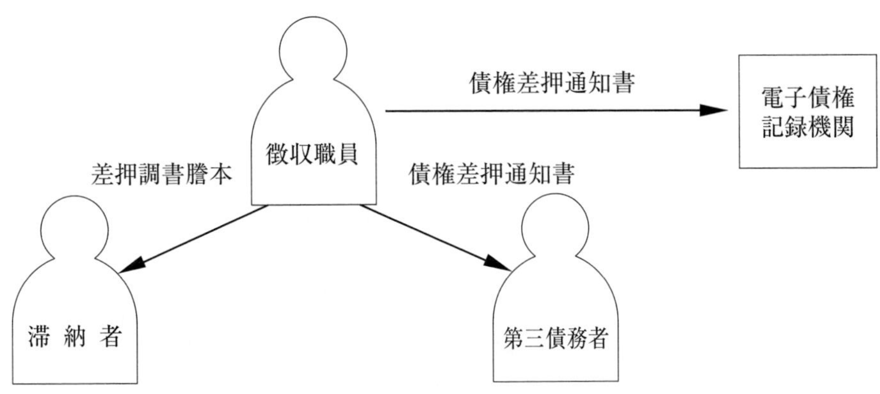

３　特殊な債権の差押え

(1)　将来生ずべき債権

差押えの時点でいまだ発生していない将来生ずべき債権であっても、差押え時において契約等により債権発生の基礎としての法律関係が存在しており、かつ、その内容が明確であると認められるものは、差し押さえることができます（徴基通62－１）。

このうち、雇用契約に基づく給料債権、賃貸借契約に基づく賃料債権、社会保険制度に基づく診療報酬債権等の継続収入の債権については、その差押えの効力は、差押えに係る国税の額を限度として差押え後の収入すべき金額に及びます（徴66、徴基通62－１、25）。

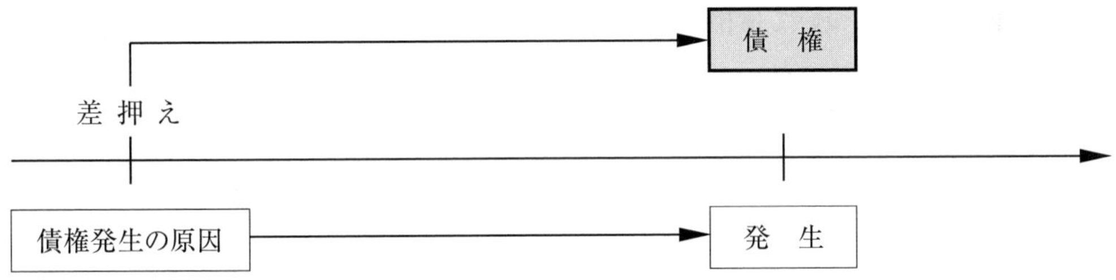

(2)　譲渡された債権

イ　債権譲渡と差押えの優劣

債権を差し押さえた場合において、その債権が差押えよりも前に譲渡されていたときは、その債権は譲受人に帰属するため、差押えの効力は生じません。ただし、債権の譲受人はその譲渡を差押債権者を含めた第三者に対抗（譲渡の効果を主張）するためには、次の要件を満たしていることが必要です（民467）。

①　譲渡人からの（第三）債務者に対する通知又は（第三）債務者の承諾
②　①の通知又は承諾に確定日付があること

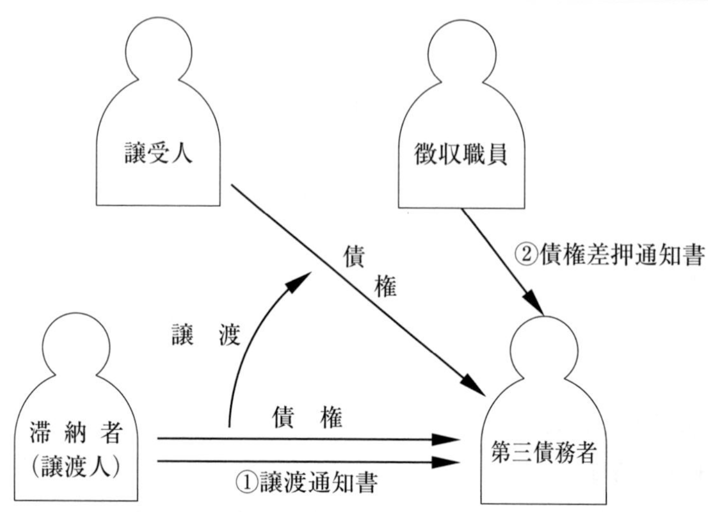

(注)　法人が債権を譲渡した場合において、当該債権について債権譲渡登記がされたときは、当該債権の債務者以外の第三者との関係では、その登記の日付をもって民法467条に定める確定日付のある証書による通知があったものとみなされます（特例４①、徴基通62－11（注２））。

☞債権譲渡登記制度については(3)参照。

同一の債権について債権譲渡と差押えが競合した場合に、いずれが優先するかについては、確定日付のある譲渡通知書が第三債務者に到達した日時又は確定日付のある第三債務者の承諾の日時と、債権差押通知書が第三債務者に到達した日時との先後により判定します（昭58.10.４最高判、徴基通62－33）。

なお、確定日付のある譲渡通知書と債権差押通知書との第三債務者への到達の先後関係が不明であるために、その相互間の優劣関係を決することができない場合には、その譲渡通知書と債権差押通知書は同時に第三債務者に到達したものとして取り扱うこととされます。この場合の債権譲受人と差押債権者とは、互いに相手方に対して自己のみが優先的な地位にある債権者であると主張することが許されない関係に立ちます。また、この場合の第三債務者は、到達の先後関係が不明であるために債権者を確知することができないことを原因として債権額に相当する金員を供託することができます。この供託がされた場合において、譲受債権額と被差押債権額との合計額がその供託金額を超過するときは、債権譲受人と差押債権者は、公平の原則に照らし、譲受債権額と被差押債権額に応じて按分した額の供託金還付請求権をそれぞれ分割取得することになります（平５.３.30最高判）。

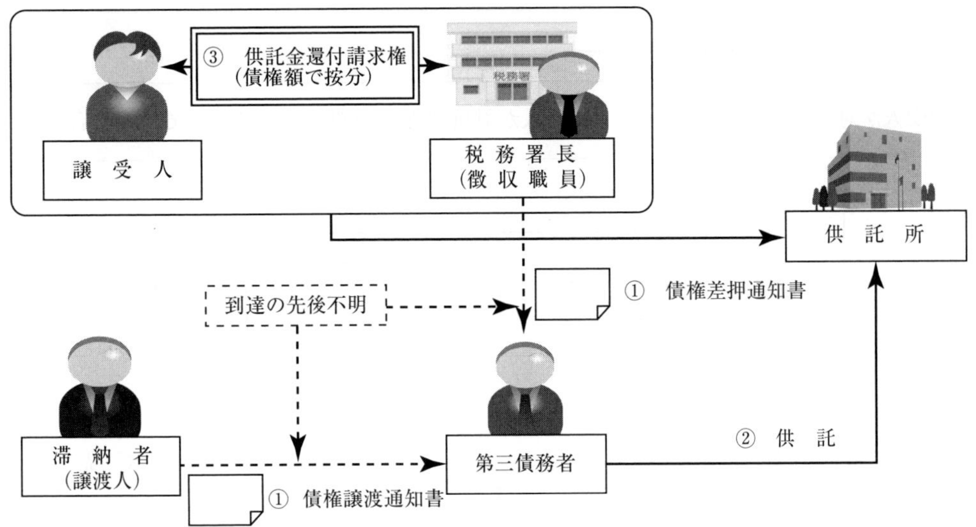

ロ　譲渡制限の意思表示がされた債権

債権について、当事者がその譲渡を禁止し、又は制限する旨の意思表示がされている場合がありますが、この場合においても、徴収職員は、滞納処分によりその債権を差し押さえることができます（民466の４①、昭45.4.10最高判、徴基通62－13）。

一方で、譲渡制限の意思表示がされた債権（預貯金債権を除きます。）が譲渡された場合において、譲受人がその意思表示をされたことを知っていたとき又はその意思表示がされたことを知らなかったことについて重大な過失があるときは、第三債務者は譲受人に対する債務の履行を拒み、譲渡人に対して弁済することができます（民466③）が、このような場合であっても債権譲渡は有効であるため（民466②）、譲渡人の債権として差し押さえることはできません（徴基通62－14）。

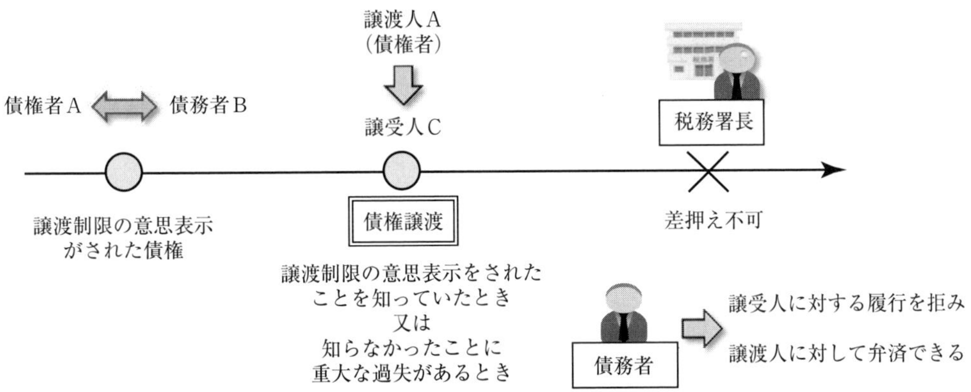

○　同一の債権に債権譲渡と差押えが競合した場合の優劣関係

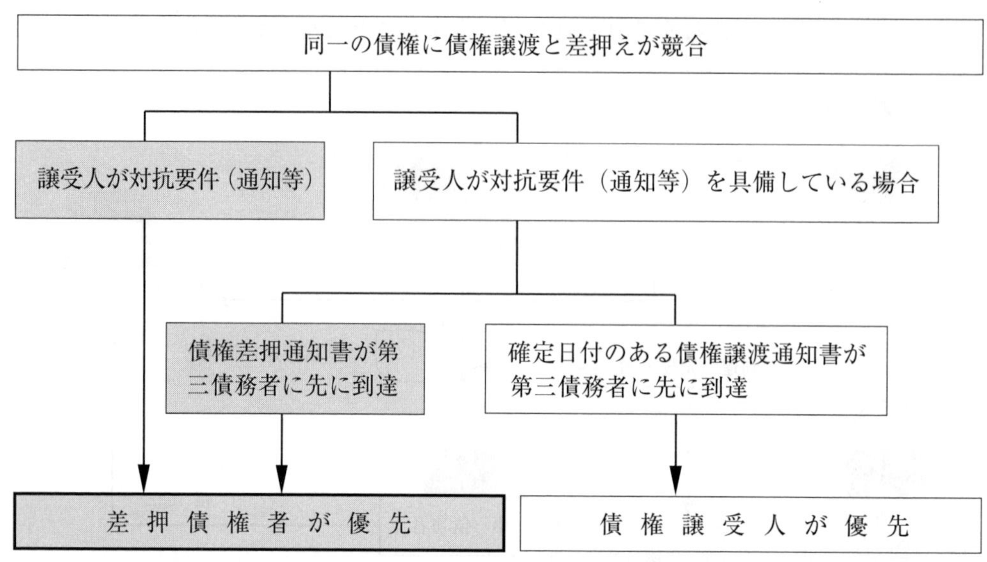

⑶　債権譲渡登記のある債権

イ　債権譲渡登記制度の概要

債権譲渡登記制度は、法人による資金調達のための債権譲渡等を円滑にすることを目的として創設されました（「動産及び債権の譲渡の対抗要件に関する民法の特例等に関する法律」）。

この債権譲渡登記制度は、法人がする金銭債権の譲渡につき、法務局に備える電子情報処理組織の債権譲渡登記をすることにより債権譲渡の対抗要件が具備されるものであり、これにより債権を活用した資金調達が円滑に行えるようになりました。

☞動産譲渡登記制度については第５章第２節１⑶参照。

⑴　第三者対抗要件としての登記

法人が債権を譲渡した場合において、その債権の譲渡について債権譲渡登記ファイルに譲渡の登記がされたときは、その債権の債務者以外の第三者については、その債権譲渡登記がされた時をもって、民法467条の規定による確定日付のある証書による通知があったものとみなされます（特例４①、徴基通62－11（注２））。

ただし、債権譲渡登記がされていたとしても、この登記は譲渡の対象となる債権の譲渡の事実を公示するにすぎず、譲渡契約の有効性までも証明するものではありません。したがって、差押えに先行して債権譲渡登記がされている場合であっても、譲渡契約が無効であるときは、その債権を差し押さえることができます（徴基通62－39）。

（注1）　債権譲渡登記に関する事務は、法務大臣の指定する法務局等が登記所として取り扱うこととされています（特例5①）。現在、東京法務局が全国の債権譲渡登記に関する事務を一括して取り扱っています。

（注2）　債権譲渡登記は、債権譲渡の譲渡人と譲受人が共同して申請することとされています（特例8②）。

（注3）　債権譲渡登記がされたときは、譲渡人の本店等所在地の法務局等において、譲渡人の債権譲渡登記事項概要ファイルにも、譲受人の表示、登記番号、登記の年月日等が記載されます（特例12③）。

（注4）　債権を目的とする質権を設定した場合の対抗要件については、民法467条の規定によることとされています（民364①）が、特例法においては、債権譲渡登記の規定を債権質にも準用することとしています（特例14①）。

（注5）　債務者が特定されていない将来債権についても、債権譲渡登記によって、第三者対抗要件を具備することができます（特例8②四参照）。

将来債権を含む債権譲渡登記の場合は、譲渡債権の総額は登記事項とはされていませんが（特例8②三）、登記の存続期間は原則として10年を超えることはできません（特例8③二）。

㈺　債務者の保護（債務者対抗要件）

債権譲渡登記においては、債務者の関与がなくても、譲渡人と譲受人の申請により登記することができるため、二重弁済等の危険から債務者を保護する必要があります。そこで、債権譲渡登記による確定日付のある通知がされたとみなされる効果を債務者に対しても及ぼすためには、債権譲渡とその債権について債権譲渡登記がされたことを、譲渡人又は譲受人が、債務者に対し「登記事項証明書」を交付して通知をするか、又は債務者が承諾することが必要とされています（特例4②）。

㈨　「登記事項証明書」は、債権譲渡登記を取り扱う法務局の登記官によって、譲渡の目的となった債権の特定のために必要な事項を含む債権譲渡登記ファイルに記録された事項を証明するものです（特例11②）。この登記事項証明書の請求ができるのは、債権譲渡登記の譲渡人、譲受人、差押債権者、譲渡された個々の債権の債務者、政令に定められた利害関係を有する者、譲渡人の使用人に限られています（特例11②一～四）。

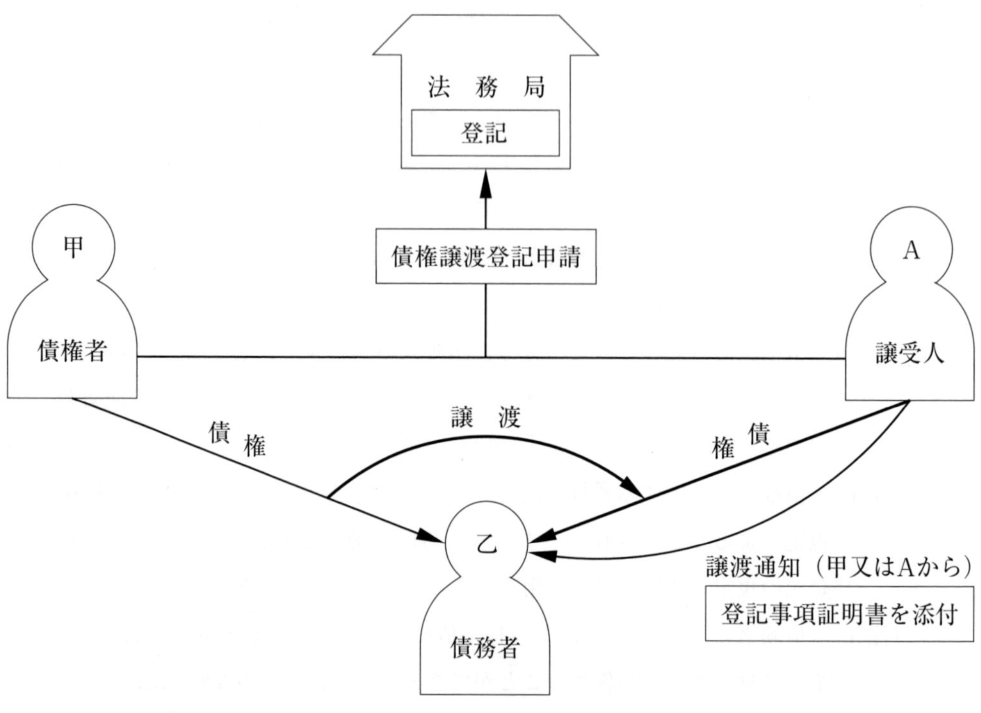

ロ　債権譲渡登記による債権譲渡と差押えの優劣

債権を差し押さえた場合において、その差押えより前に債権譲渡登記がされていたときには、その債権の譲受人に対して差押えの効力を主張することができません。この場合の債権譲渡と差押えの優劣は、債権譲渡登記がされた日時と債権差押通知書が第三債務者に到達した日時との先後により決まります（徴基通62－40)。

（注１）「債権譲渡登記がされた日時」は、登記事項証明書に記載されます。

（注２）　債権譲渡と差押えの先後関係が不明の場合の解釈は民法上の解釈と同様です((2)のイ（債権譲渡と差押えの優劣）参照)。

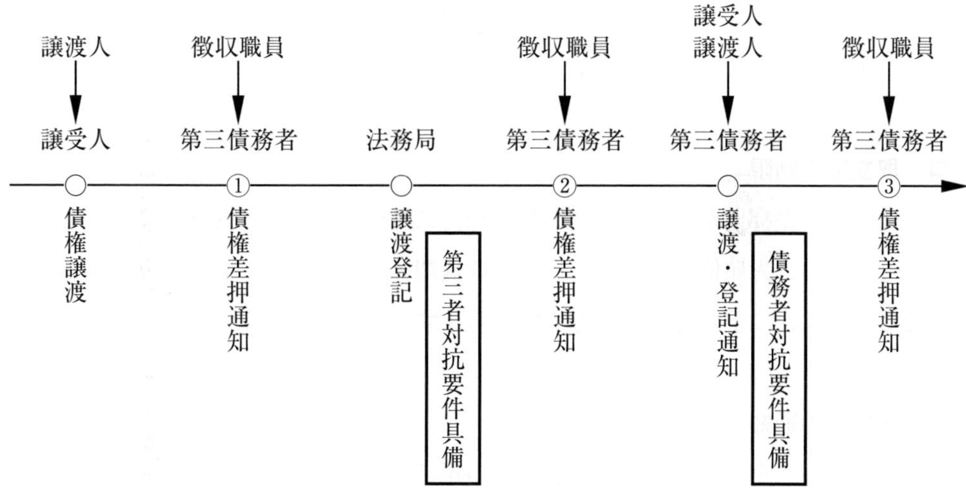

①の場合　⇨　債権差押えが優先

②の場合　⇨　債権譲渡が優先

なお、債権譲渡はまだ債務者対抗要件を具備していないため、第三債務者が差押債権者に弁済する場合があります。この場合、譲受人は、弁済受領した差押債権者に対して、受領した金員に相当する不当利得の返還を請求することができます。

③の場合　⇨　債権譲渡が優先

⑷　差押えがされている債権

強制換価手続による差押えが既にされている債権の差押えは、先行する強制換価手続が滞納処分の場合には、重ねて差押えを行います（以下「二重差押え」といいます。）。また、先行する強制換価手続が強制執行等の場合には、滞調法の規定により差押えを行います（徴基通62－７、８）。

㈱「強制執行が先行する債権に対する滞納処分」については☞第９章１節６参照。

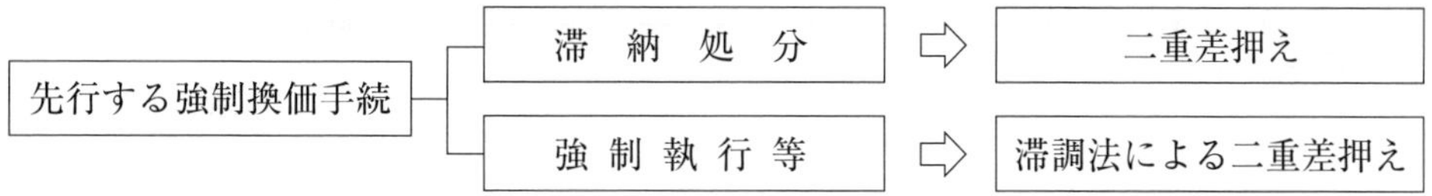

滞納処分により既に差押えがされている債権に対する二重差押えは、次に掲げるところによります（徴基通62－７）。

イ　二重差押え

既にされている差押え（以下「先順位の差押え」といいます。）が債権の全額又は一部についてされているかどうかを問わず、原則として、債権の全部について二重差押えを行います（徴基通62－７⑴）。

ロ　取立ての制限

先順位の差押えがある間は、二重差押えに基づいて取立てをすることはできません。なお、先順位の差押えに係る行政機関等に対して第三債務者が全額履行した場合には、二重差押えの効力は消滅します（徴基通62－７⑵）。

ハ　差押えの通知

二重差押えを行う場合には、徴収法の規定による債権差押えの手続によるほか、二重差押えを行った旨を先順位の差押えに係る行政機関等に対して通知します。この二重差押えを行った旨の通知は、下記ニの交付要求書に付記することにより行います（徴基通62－７⑶）。

ニ　交付要求

二重差押えを行う場合には、併せて先順位の差押えに係る行政機関等に対して交付要求を行います（徴基通62－７⑷）。

ホ　二重差押えの解除

先順位の差押えがある間に、二重差押えを解除したときは、その旨を先順位の差押えに係る行政機関等に対して通知します。なお、この通知は、交付要求解除通知書に付記することにより行います（徴基通62－７⑸）。

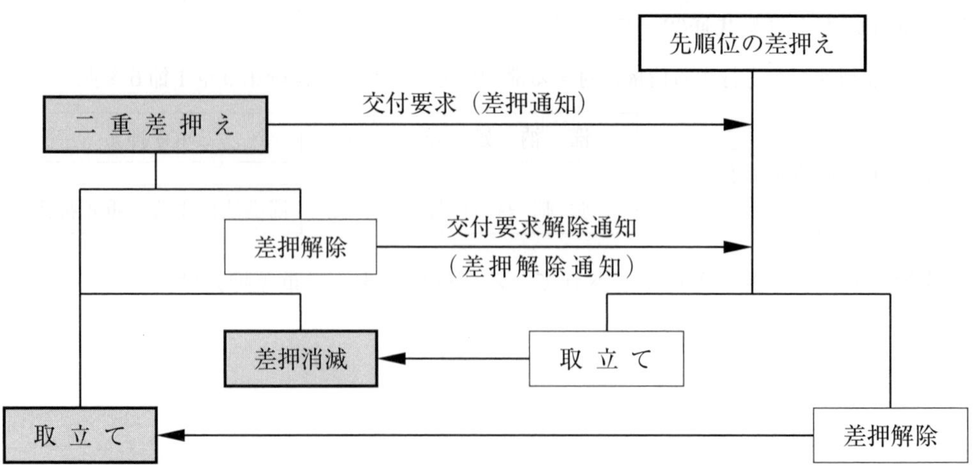

(注)　先順位の差押えに係る行政機関等が債権の取立てを行った場合、二重差押えは消滅しますが、二重差押えと同時に行った交付要求により配当を受けることになります（徴129①二）。

(5)　敷金の差押え

敷金とは、いかなる名目によるかを問わず、賃料債務その他の賃貸借に基づいて生ずる賃借人の賃貸人に対して金銭の給付を目的とする債務を担保する目的で、賃借人が賃貸人に交付する金銭です（民622の２）。

敷金の返還請求権は、賃貸借が終了し、かつ賃借人が目的物を明け渡した時に発生しますので、敷金は、将来目的物の明渡しの際に生ずべき返還請求権として差し押さえます。

なお、敷金が担保する債権は、次のとおりです（民622の２①、昭48.２.２最高判、徴基通62－16(1)）。

敷金が担保する債権	賃貸借存続中の賃料債権
	賃貸借終了後に目的物を明け渡すまでに生ずる賃料相当損害金の債権
	その他賃貸借契約により賃貸人が賃借人に対して取得することのあるべき一切の債権

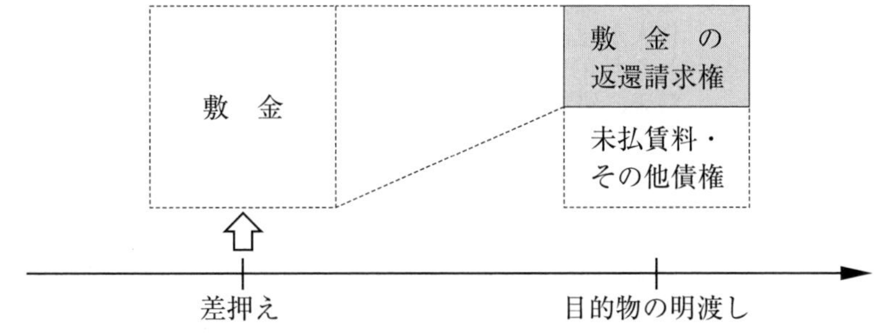

○　家屋賃借人が原状回復義務を履行しないまま退去した場合は、①賃貸人は、賃借人退去後の家屋の補修に必要な期間を経過した時点において、敷金を返還する義務を負い、②その場合、補修費用及び補修必要期間中の賃料相当損害金（補修必要期間を家屋明渡遅延期間とみなす）を敷金から控除することができるとした裁判例があります（昭53.10.26東京地判）。

○　賃貸人が賃貸借の目的物を譲渡した場合には、賃貸人の地位が譲受人に移転し（昭39.８.28最高判）、特約があるときを除き、敷金は、当事者が現実に敷金の引継ぎをしたかどうかにかかわらず、被担保債権を控除した残額について、新たな賃貸人にその権利義務関係が引き継がれます（昭44.７.17最高判、徴基通62－16(2)）。

○　賃借権が旧賃借人から新賃借人に移転した場合には、旧賃借人が新賃借人に敷金返還請求権を譲渡するなど特段の事情のない限り、敷金に関する権利義務関係は新賃借人に承継されません（昭53.12.22最高判、徴基通62－16(3)）。

(6)　入居保証金の差押え

入居保証金とは、ビル等の建物賃貸借契約に際して、建物賃借人が建物賃貸人に対し預託する金員で、一定期間据置後、一定条件の下に建物賃借人に返還されるものをいいます。なお、その返還時期は、一般的には、①約定に従った期間経過後、②賃貸借契約終了による明渡し時、又は③長期間据置後の長期分割払いとされています。

入居保証金については、原則として、その返還請求権を差し押さえることが可能ですが、入居保証金の法的性質に留意する必要があります。

入居保証金の法的性質は、個々の契約内容によって異なりますが、一般的に次のものが挙げられます。ただし、その性質は必ずしも明らかであるとはいえず、また、複数の性質を併せ持つ保証金もあることに留意しなければなりません。

入居保証金の法的性質		滞納処分上の留意点
建設協力金又は貸金の性質を有するもの	建設協力金とは、ビル等の建物の賃貸借に際し、建物賃貸人が建設資金に利用することを目的に金員を借り受け、将来、建物が完成したときに特定部分の場所の賃貸借を保証するものです。これは、金銭消費貸借と賃貸借とが結合した契約であり、したがって、貸金と同様の性質を有します。 また、本質的には建設協力金に近いものですが、もはや建設資金の借入れとするにはふさわしくない第二次入居者等の建物建築後の入居者から交付を受ける金員がある場合は、それは貸金としての性質を有するものといえます。	貸付金返還請求権の差押えと同様に処理します。 すなわち、差押え後に生じた未払賃料等があっても、保証金をもってその担保とすることはできないため、あらかじめ契約において控除する旨の定めがない限り、差押権者である国は、その全額を取り立てることができると解されます。
敷金の性質を有するもの	建物明渡し時における未払賃料、賃料相当額の損害金債権など賃貸借契約により賃貸人が賃借人に対して有する債権の担保としての性質を有します。	敷金返還請求権の差押えと同様に処理します。 すなわち、保証金は、建物明渡し時における未払賃料等の担保となっているため、差押えは、その残額について効力が及び、その取立てをする

		ことができます。
即時解約金の性質を有するもの	いわゆる制裁金で、賃貸借期間の約定に違反して早期に退室するような場合に、空室損料として支払われるものです。この場合は、保証金の一定割合の金額を控除した残金が返還されます。	制裁金を控除した残額について差押えの効力が及び、その取立てをすることができます。
権利金の性質を有するもの	権利金の性質には、 ①賃借権の譲渡を自由に認めることの謝礼として支払われるもの ②建物を賃借することによる無形の利益の取得の対価として支払われるもの ③賃料の一部前払いとして支払われるもの などがあります。	権利金は、原則として、特約がない限り、賃貸借が期間の満了により終了したときにおいても建物賃借人はその返還を請求することができないため、差押えはできません。 ただし、賃料の一部前払いの性質を有する場合には、賃貸借が途中で終了するときには、その前払いの残余部分について返還請求できると考えられているため、差押えは可能です。

○　保証金の返済について据置期間の約定がある場合、その据置特約は、原則として有効ですが、保証金が敷金的な性質を有する場合には、その据置特約にかかわらず、賃貸借契約の終了時（目的物の明渡し時）に返還時期が到来すると解すべきです（昭50.10.28東京地判）。

また、保証金が貸金的な性格を有する場合には、原則として、約定の弁済期に返還時期が到来しますが、退室後に新しい賃借人が保証金を支払ったときは、即時に返還されるべきと解されます（昭46.２.26東京地判）。

⑺　預貯金の差押え

預金（貯金を含みます。以下同じ。）の差押えについては、次のことに留意する必要があります（徴基通62－17）。

①　預金については、預金の種類、預金原資の出えん者、預入行為者、出えん者の預入行為者に対する委任内容、預金口座名義、預金通帳及び届出印の保管状況等の諸要素を総合的に勘案し、誰が自己の預金とする意思を有していたかという観点から、その帰属を判断します（昭48.３.27最高判、昭57.３.30最高判、平15.２.21最高判、平15.６.12最高判参照）。

②　他人名義又は架空名義で預金をしている場合であっても、その真の権利者に対す

る滞納処分としてその預金を差し押さえることができます。この場合においては、預金名義人の住所、氏名、預金の種類、名称、預金金額、預金証書番号等によって被差押債権を特定するとともに、真の権利者が滞納者である旨を表示します（例えば、「滞納者が○○名義で有する普通預金の払戻請求権」のように表示します。）。

【平15.６.12最高判要旨】

債務整理の委任を受けた弁護士Ａが、委任事務処理のため委任者Ｂ（滞納者）から受領した金銭を預け入れるためにＡの名義で普通預金口座を開設し、これに上記金銭を預け入れ、その後も預金通帳及び届出印を管理して、預金の出し入れを行っていた場合には、当該口座に係る預金債権はＡに帰属する。

（参考）相続預金の差押え

相続財産は、相続の開始により共同相続人の共有となり、遺産分割によって共有状態が解消されることになります。

一方、判例は、可分債権については、法律上、当然に分割され、各共同相続人が相続分に応じて権利を承継するとし、預金債権についても、分割単独債権となるとしていました。

そのため、従来は、滞納者が預金債権を相続した場合は、滞納者の（法定）相続分に相当する預金債権を差し押さえ、取り立てることができました。

しかし、判例が変更され（平28.12.19最高判）、預金債権については、相続開始と同時に当然に分割されることはなく、遺産分割の対象となることとなったため、今後は、相続預金について滞納者の有する準共有持分を差し押さえることになります（差押えの手続は、滞納者の準共有持分（法定相続分、指定相続分）を差し押さえる旨を記載するほかは、通常の預金債権の場合と同様です。）。

なお、共有物の変更は、共有者の全員の同意が必要であるため（民法251）、滞納者の準共有持分を取り立てるには、他の共同相続人の同意が必要となります。

⑻　郵便貯金の差押え

郵便貯金の差押えに当たっては、上記⑺のほか、日本郵政公社が民営・分社化されたことに伴い、次のことに留意する必要があります（徴基通62－19）。

イ　第三債務者及び差押通知書の送達先

貯金の種類	第三債務者	送達先
通常貯金又は預入年月日が平成19年10月１日以降の定額貯金・定期貯金	株式会社ゆうちょ銀行	当該郵便貯金の貯金原簿を所管する貯金事務センター又は株式会社ゆうちょ銀行沖縄エリア本部（以下「貯金事務センター等」といいます。）
預入年月日が平成19年９月30日以前の定額貯金・定期貯金	独立行政法人郵便貯金・簡易生命保険管理機構	同　上

ロ　払戻し

郵便貯金の払戻しを受けるに当たっては、債権差押通知書を送達した貯金事務センター等に払戻しの請求を行います。貯金事務センター等においては、払戻しの請求に基づき、差押金額についての払戻証書を差押債権者に送付することとなっていますので、その払戻証書により郵便局において払戻しを受けます。なお、払戻しの請求に当たっては、原則として貯金通帳又は貯金証書（以下「通帳等」といいます。）を呈示することとなっていますので（通常貯金規定７、14、通常貯蓄貯金規定６、13、定額貯金規定８、定期貯金規定13、平成17年法律第102号による廃止前の郵便貯金法第37条第１項）、徴収法65条（債権証書の取上げ）の規定により、債権に関する証書としてこれらの通帳等を取り上げます。ただし、通帳等を取り上げることが困難な場合には、通帳等の呈示をせずに払戻しの請求をすることができます。

㈱　郵便貯金を差し押さえた場合には、差押調書の「履行期限」欄には、「当税務署（又は国税局）から請求あり次第即時」と記載します（徴基通62－９参照）。

(9)　休眠預金等の差押え

イ　休眠預金等

民間公益活動を促進するための休眠預金等に係る資金の活用に関する法律（平成28年法律第101号）が平成30年１月１日から施行されており、令和元年９月以降、順次、運用が開始されています。

休眠預金等とは、預金等であって、その預金等に係る最終異動日から10年を経過したものをいいます（休眠２⑥）。

休眠預金関係の種別	休眠預金等	預金等であって、その預金等に係る最終異動日から10年を経過したもの（休眠２⑥）。
	休眠預金等移管金	納付の日において現に預金者等が有する休眠預金等に係る債権の額に相当する額の金銭（休眠４①）。
	休眠預金等代替金	消滅した休眠預金等に係る債権のうち、元本の額に相当する部分の金額に、利子に相当する金額を加えた額の金銭（休眠７②）。

金融機関は、最終異動日等から９年を経過した預金等があるときは、その預金等に係る最終異動日等から10年６月を経過する日までに、その最終異動日等に関する事項等を公告しなければなりません（休眠３①）。

なお、金融機関は、公告に先立ち、その預金者等に対して、預金等の金融機関及び店舗並びに預金等の種別、口座番号等のその預金等を特定するに足りる事項の通知を発しなければなりませんが、預金等に係る債権の元本の額が１万円に満たない場合は、通知は不要とされています（休眠３②、休眠規７）。

また、金融機関は上記の公告をした日から２月を経過した休眠預金等について、その公告をした日から１年を経過する日までに、休眠預金等移管金を預金保険機構に納付しなければなりません（休眠４①、休眠規９）。

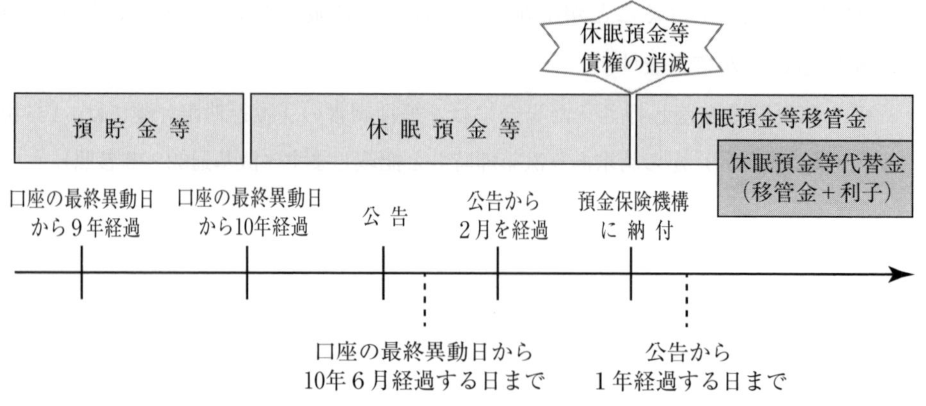

休眠預金等移管金の全額の納付があった場合には、その納付の日において現に預金者等が有するその休眠預金等に係る債権は消滅します（休眠７①）。しかしながら、消滅した休眠預金の預金者等であった者は、預金保険機構に対し、その旨を申し出ることによって、休眠預金等代替金の支払を請求することができます（休眠７②、休眠規13①）。

この申出及び支払の請求は、預金保険機構から委託を受けて支払等業務を行う金融機関（委託金融機関）がある場合、その金融機関を通じて行わなければなりません（休眠７④）。

また、預金者等であった者は、その申出を行って、金融機関の同意を得たときは、休眠預金等移管金の納付による債権の消滅がなかったとすれば、休眠預金等代替金の支払の日において有していた預金債権を取得する方法によって、休眠預金等代替金の支払を受けることができます（休眠規13②）。

ロ　休眠預金等代替金の差押え

休眠預金等代替金の支払請求権に対する滞納処分においては、預金保険機構が書類の送達を受けるべき場所は、委託金融機関の営業所又は事務所とされ、また、その委託金融機関が受取人となります（休眠47①）。

※　委託金融機関は、滞納処分に関する事項について預金保険機構を代理します（休眠47③）。

また、金融機関が休眠預金等移管金を預金保険機構に納付した時点で、預金者等が保有する金融機関に対する預金等に係る債権は消滅し、預金者等であった者は、預金保険機構に対する債権を取得することになります（休眠７①、②）。

このため、休眠預金等代替金の支払請求権を差し押さえる場合は、第三債務者は、「預金保険機構」となります。

ただし、滞納処分においては、委託金融機関が送達受取人となります（休眠47①）ので、債権差押通知書は委託金融機関に送達します。

（利息の調査）

委託金融機関が預金等を休眠預金移管金として納付した後は、預金者等と委託金融機関の債権債務関係が消滅するため、委託金融機関は預金保険機構に納付した後に生じる利息を管理しないこととしています。

休眠預金等代替金の支払請求権の差押え

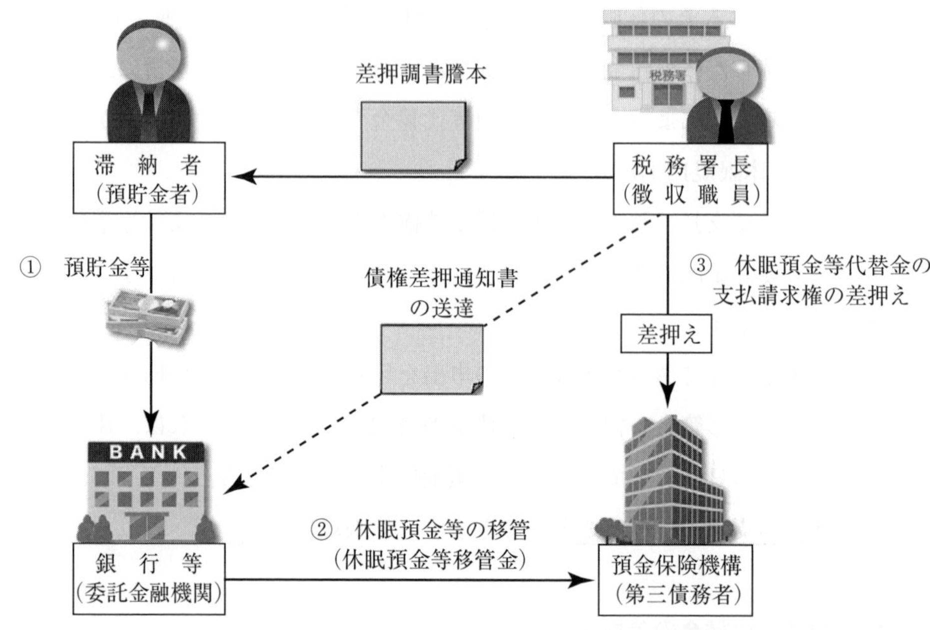

4　差押えの効力

⑴　債　　権

イ　効力発生の時期

債権の差押えは、債権差押通知書が第三債務者に送達された時にその効力を生じます（徴62③）。

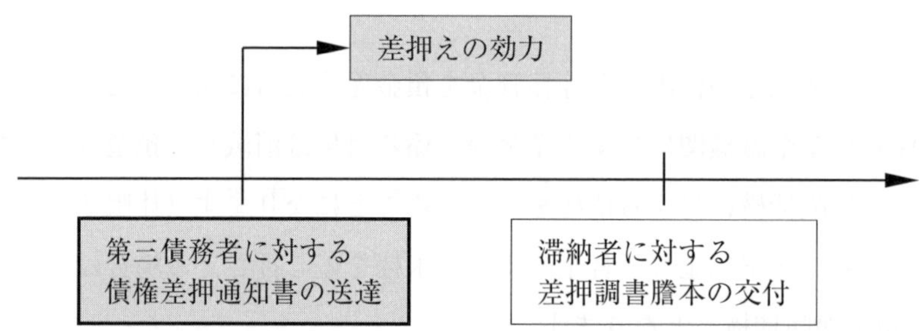

なお、滞納者に対する差押調書謄本の交付は、差押えの効力発生要件ではありませんが、滞納者に交付しなければなりません（徴54二、徴基通62－29）。

ロ　取立て等の禁止

滞納者は、差押え後においては、その債権の取立て（催告、任意弁済の受領、支払督促の申立て、給付の訴えの提起、強制執行、担保付債権についての競売の申立て等)、譲渡、免除、期限の猶予、相殺等の処分をすることはできません(徴62②)。

しかし、滞納者は、差押えによって債権の取立てを禁止されますが、債権者たる地位まで喪失するわけではありませんので、第三債務者の資力の喪失等による危険負担は滞納者に属し、また、差押えの効力を害しない限り、その権利の保存に必要な行為（例えば、第三債務者について破産手続開始の決定がされた場合の債権の届出等）をすることができます。

ハ　履行の禁止

第三債務者は、債権の差押えを受けたときは、差押えを受けた債権の範囲において、債権者（滞納者）に対する履行が禁止されます（徴62②)。したがって、債権差押通知書が送達された後に、第三債務者が滞納者に対して債務を履行しても、その履行による債務の消滅を差押債権者である国に対抗することはできず(民481①参照、徴基通62－30)、重ねて国に債務の履行をしなければなりません。

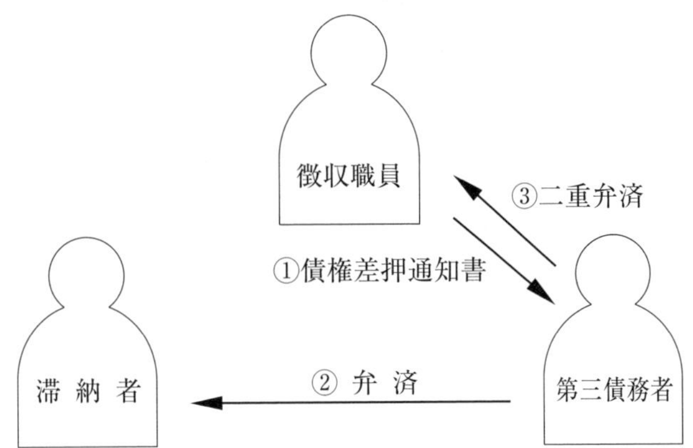

ニ　相殺の禁止

相殺は、一方当事者の意思表示によって行われ、その意思表示による相殺の効果は、相殺適状（両債権ともに弁済期が到来しているなど、相殺をすることができる状態にあることをいいます。）となったときに遡って生じます。

ただし、滞納者の有する債権（以下「被差押債権」といいます。）を差し押さえた場合において、第三債務者（以下「相殺権者」といいます。）が滞納者に対して有する債権（以下「反対債権」といいます。）が、差押え後に取得されたものであるときは、相殺権者は、反対債権による相殺を差押債権者に対抗することはできませんが、差押え前に取得した債権による相殺をもって対抗することができます（民511①）。

また、差押え後に取得した債権であっても、差押え前の原因に基づいて生じたものであるときは、相殺をもって対抗することができます（民511②）。

㈱　相殺において、相殺する側の債権を自働債権といい、相殺される側の債権を受働債権といいます。

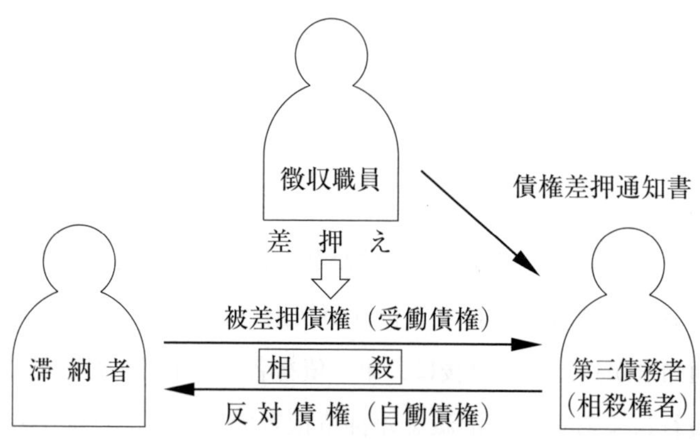

以下、差押えと相殺についての裁判例の変遷について説明します。なお、(ニ) 無制限説が、令和２年４月に施行された改正民法で条文上明確化されました。

(イ)　差押え前に相殺適状となっている場合

被差押債権及び反対債権の弁済期が差押え時以前に到来している場合（相殺適状となっている場合）は、差押え後の相殺であっても相殺適状の時に遡って相殺の効果が生じ、両債権は消滅するので（民506②）、相殺権者は相殺を差押債権者に対抗することができます（昭27.５.６最高判、徴基通62－31(1)）。

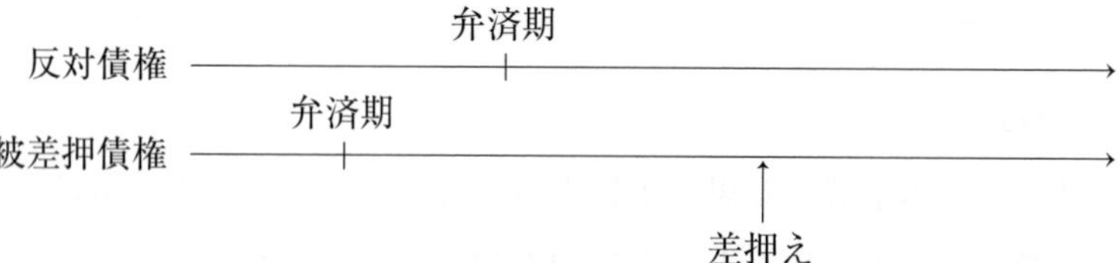

(ロ)　差押え前に相殺適状となっていない場合

差押え前に相殺適状となっていない場合であっても、反対債権の弁済期が差押え前に到来している場合には、相殺権者は被差押債権の弁済期到来時に相殺できるという合理的な期待を有しており、その期待利益は差押債権者の利益よりも保護されるべきものですから、相殺権者は、反対債権による相殺を差押債権者に対抗することができます（昭32.７.19最高判）。

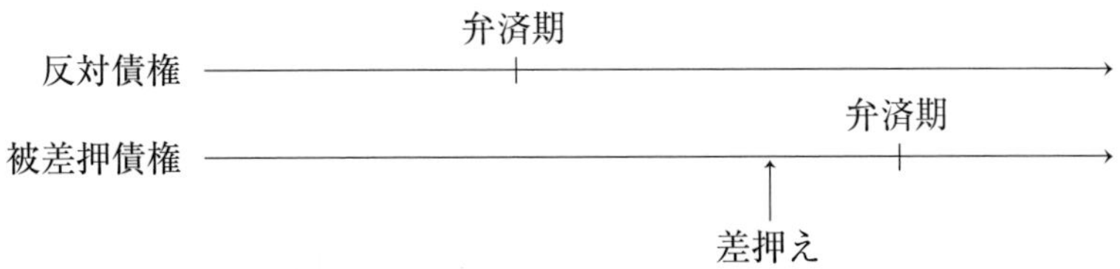

(ハ)　被差押債権の弁済期以前に反対債権の弁済期が到来している場合（制限説）

被差押債権の弁済期以前に反対債権の弁済期が到来している場合には、相殺権者は被差押債権の弁済期到来時に相殺できるという合理的な期待を有しており、その期待利益は差押債権者の利益よりも保護されるべきものですから、差押え前に双方の弁済期が到来していない場合であっても、相殺権者は、反対債権による相殺を差押債権者に対抗することができます（昭39.12.23最高判）。

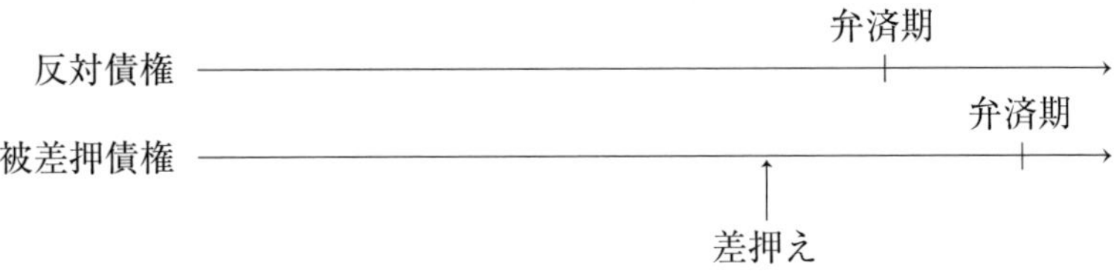

(ニ)　被差押債権の弁済期以後に反対債権の弁済期が到来する場合（無制限説）

第三債務者が差押え前に反対債権を有していた場合には、反対債権及び被差押債権の弁済期の前後を問わず、両者が相殺適状に達しさえすれば相殺することができます。すなわち、被差押債権の弁済期以後に反対債権の弁済期が到来する場合であっても、差押え前に反対債権を取得している相殺権者の相殺についての合理的な期待は保護されるべきものですから、相殺権者は、反対債権による相殺を差押債権者に対抗することができます（昭45.6.24最高判）。

ただし、先に弁済期が到来した被差押債権について、第三債務者が履行しなかったことがその期間の長さなどからみて「権利の濫用」に当たるときは、相殺をもって差押債権者に対抗することはできません（徴基通62－31(1)）。

なお、平成29年の民法改正（令和２年４月施行）における民法511条は、「差押え前に取得した債権による相殺をもって対抗することができる」との規定を追加して、無制限説を採用することを明確化しています。

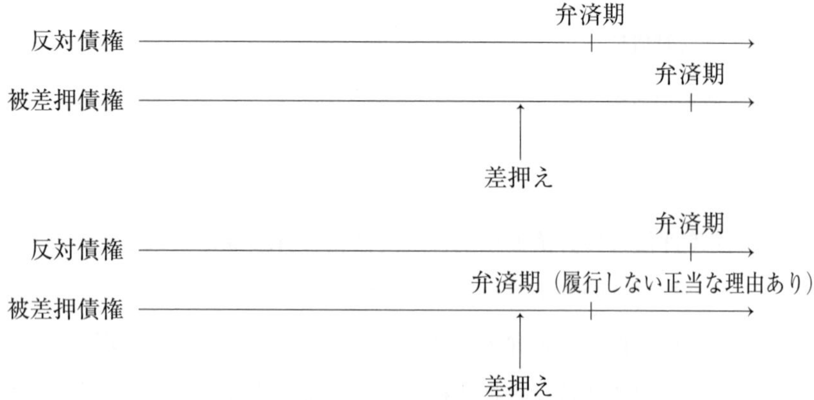

㈭　契約による相殺

滞納者と相殺権者（第三債務者）との間で、差押え前に期限の利益の喪失特約や債務不履行があった場合など一定の条件の下に相殺権者が相殺の予約完結権を行使できる旨の特約がされている場合には、反対債権が差押え後に取得されたものでない限り、相殺権者は、当該特約に基づく相殺を差押債権者に対抗することができます（徴基通62－31⑴㈲２）。

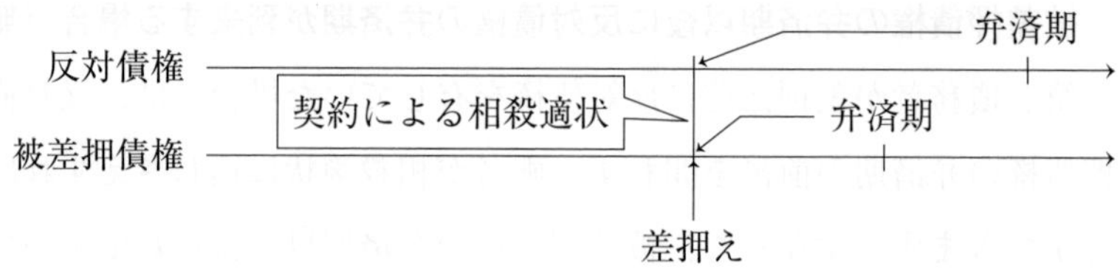

ホ　継続的な収入に対する効力

給料、年金又はこれらに類する継続収入の債権（俸給、賃金、歳費又は地代、家賃、社会保険制度に基づく診療報酬等）を差し押さえた場合には、これらの給料等は、同一の継続的関係に基づいて発生する継続収入であるので、例えば「何月分の給料」と特に制限した場合を除き、差押えに係る国税の額を限度として、差押え後に支払われるべき金額の全てに差押えの効力が及びます（徴66）。

したがって、各支払期ごとの金額について、各別に差押えをする必要はありません（徴基通66－２）。

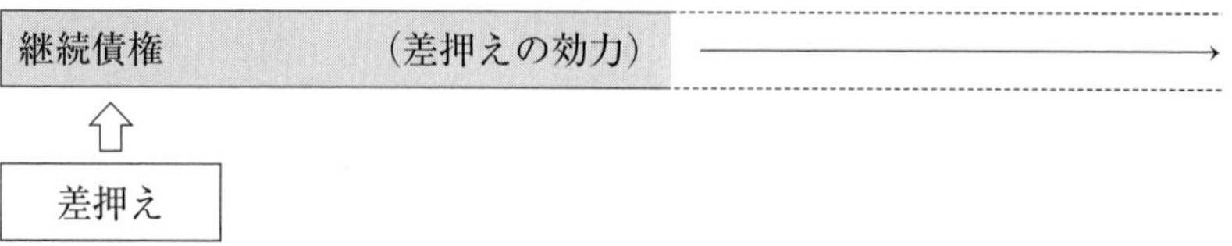

○　差押え後に継続収入が変更された場合の差押えの効力の存続

継続的な収入に対する差押えの効力は、第三債務者が同一であり、かつ、滞納者と第三債務者との間の基本の法律関係に変更がない限り、その後に変更があった収入にも及びます（徴基通66－３）。

（注１）　滞納者が退職した後に再雇用されている場合には、執行を免れるため仮装したと認められるときを除き、退職前に行われた給料に対する差押えの効力は、再雇用後の給料には及びません（昭55.１.18最高判）。

（注２）　建物の賃料債権を差し押さえた場合において、その後、建物所有者（滞納者）が建物を譲渡し賃貸人の地位が譲受人に移転したとしても、その譲受人は、建物の賃料債権を取得したことを差押債権者である国に対抗することができません（平10.３.24最高判）。

○　会社分割に伴う労働契約の承継と給与の差押えとの関係

滞納者の給与等を差し押さえている場合において、その第三債務者である雇用先の会社について会社分割があり、滞納者と雇用先会社との間における労働契約が分割承継法人に承継されたときは、新たに給与等の差押えをすることなく、会社分割後に分割継承法人から滞納者に支払われる給与等を徴収法の規定する範囲で取り立てることができます。

⑵　電子記録債権

イ　効力発生の時期

電子記録債権の差押えは、債権差押通知書が電子債権記録機関に送達された時にその効力が生じますが、第三債務者との関係においては、債権差押通知書が第三債務者に送達された時にその効力が生じます（徴62の２③）。

そのため、電子債権記録機関に債権差押通知書が送達されても、第三債務者に債権差押通知書が送付される前に被差押債権が滞納者に弁済されたときは、第三債務者に二重弁済を請求することはできません。

なお、滞納者に対する差押調書の謄本の交付は、差押えの効力発生要件ではありませんが、滞納者に交付しなければなりません（徴54、徴基通62の２－６）。

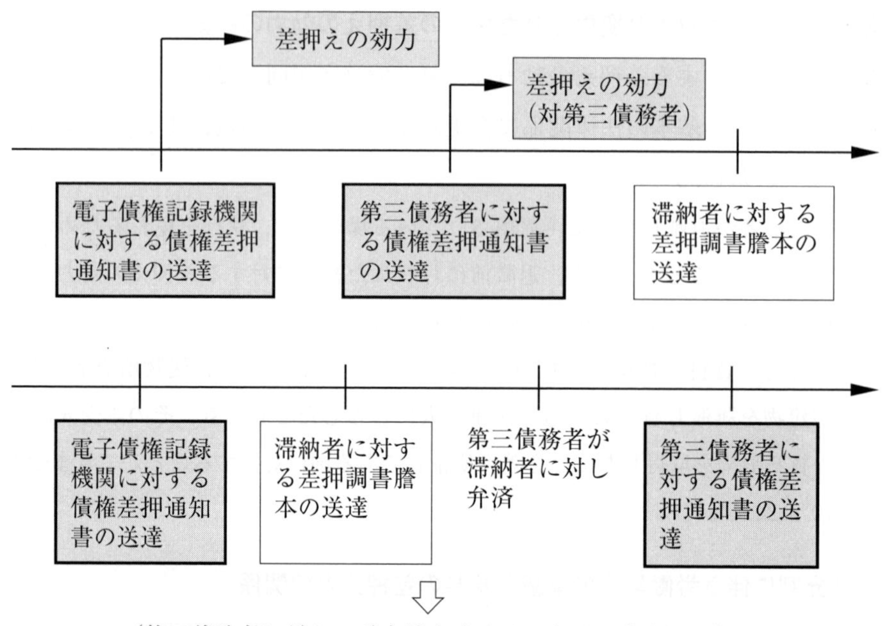

（第三債務者に対し二重弁済を求めることはできない。）

ロ　差押えの効力

電子記録債権の差押えの効力は、次のとおりです（徴62の２②、徴令27②三、四）。

滞納者に対する効力	○　電子記録債権の取立てその他の処分の禁止 ○　電子記録の請求の禁止
第三債務者に対する効力	○　電子記録債権の履行の禁止
電子債権記録機関に対する効力	○　電子記録債権に係る電子記録の禁止

５　差押債権の取立て

債権を差し押さえた場合には、徴収職員は、差し押さえた債権を取り立てることができます（徴67①）。

㈱　この「差押債権の取立て」では、「債権」に「電子記録債権」が含まれます（徴62①参照）。

取立権の行使としてできること	支払督促の申立て、給付の訴えの提起、配当要求、担保権の実行、保証人に対する請求、破産手続等（会社更生手続、民事再生手続）への参加（例えば、債権の届出、議決権の行使等）等
取立権の行使としてはできないこと	債務の免除、債権の譲渡、弁済期限の変更などの取立ての目的を越える行為

徴収職員は、債権差押えにより、その債権の取立権を取得することから、徴収職員が自己の名で被差押債権の取立てに必要な裁判上及び裁判外の行為をすることできます。ただし、滞納者が有する解除権又は取消権等の形成権については、一身専属的権利及び人格的権利並びに取立ての目的・範囲を越えるような形成権の行使はすることができません。

○　生命保険契約の解約返戻金請求権の取立て

生命保険契約の解約返戻金請求権を差し押さえた場合には、差押債権者は、その取立権に基づき滞納者（契約者）の有する解約権を行使することができます（平11.9.9最高判参照）。ただし、その解約権の行使に当たっては、解約返戻金によって満足を得ようとする差押債権者の利益と保険契約者及び保険金受取人の不利益（保険金請求権や特約に基づく入院給付金請求権等の喪失）とを比較衡量する必要があり、例えば、次のような場合には、解約権の行使により著しい不均衡を生じさせることにならないか、慎重に判断する必要があります（徴基通67－６）。

①　近々保険事故の発生により多額の保険金請求権が発生することが予測される場合
②　被保険者が現実に特約に基づく入院給付金の給付を受けており、当該金員が療養生活費に充てられている場合
③　老齢又は既病歴を有する等の理由により、他の生命保険契約に新規に加入することが困難である場合
④　差押えに係る滞納税額と比較して解約返戻金の額が著しく少額である場合

㈱　差押債権者による死亡保険契約等の解除は、保険者が解除の通知を受けた時から１か月を経過した日に、その効力が生じます（保60①、89①）。ただし、介入権者（保険契約者以外の保険金受取人であって、保険契約者若しくは被保険者の親族又は被保険者である者）が、保険契約者の同意を得て、当該期間が経過するまでの間に、解約返戻金に相当する金額を差押債権者に支払うとともに、保険者に対しその旨の通知をしたときは、解除の効力は生じません（保60②、89②）。

○　差押財産に係る保険金等の取立て

損害保険に付され、又は火災共済の目的となっている財産を差し押さえた場合、その差押えの効力は、保険金又は共済金の支払を受ける権利に及びます（徴53①）。

ただし、財産を差し押さえた旨を保険者又は共済事業者に通知しなければ、支払を受けることはできません。

⑴　取立ての範囲

債権を差し押さえたときは、差押えに係る国税の額にかかわらず被差押債権の全額を取り立てます（徴基通67－２）。

⑵　取立ての手続

イ　取立ての方法

債権を差し押さえた場合において、履行期限を過ぎているものについては、遅滞なく第三債務者に対してその履行を請求し、請求に応じないときは、債権の取立てに必要な措置（給付の訴えの提起など）を速やかに講じます（徴基通67－４）。

ロ　履行の場所

被差押債権の履行場所は、原則として、次に掲げる場所になります（商516、民484、徴基通67－９）。

<table>
<tr><th colspan="3">区　　分</th><th>履　行　の　場　所</th></tr>
<tr><td rowspan="3">商行為により生じた債務</td><td colspan="2">行為の性質又は当事者の意思表示で定まっているとき</td><td>その定められている場所</td></tr>
<tr><td rowspan="2">上記以外の場合</td><td>特定物の引渡しを目的とする債務</td><td>行為の当時その物が存在した場所</td></tr>
<tr><td>特定物の引渡し以外の給付を目的とする債務</td><td>履行する時の債権者の営業所（税務署の所在地）</td></tr>
<tr><td rowspan="3">商行為以外により生じた債務</td><td colspan="2">取引の慣行又は意思表示で定まっているとき</td><td>その定められている場所</td></tr>
<tr><td rowspan="2">上記以外の場合</td><td>特定物の引渡しを目的とする債務</td><td>債権の発生の当時その物が存在した場所</td></tr>
<tr><td>特定物の引渡し以外の給付を目的とする債務</td><td>履行する時の債権者の場所（税務署の所在地）</td></tr>
</table>

ハ　履行の時間

被差押債権の履行に当たっては、法令又は慣習により取引時間の定めがあるときは、その取引時間内に限り、履行の請求をすることができます（民484②）。

なお、取引時間外に被差押債権の履行があったときも、それが弁済期日内であれば、正当な弁済の提供があったものとして取り扱います（昭35.5.6最高判、徴基通67－９－２）。

ニ　担保権のある債権の取立手続

抵当権等により担保される債権を差し押さえた場合において、第三債務者が被差押債権の取立てに応じないときは、次に掲げるところによります（徴基通67－5）。

担保権の種類	債　権　の　取　立　方　法
抵当権、質権（権利質を除く）、先取特権、留置権	民事執行法その他の法律の規定により担保権の実行をします。
債権質の目的となっている債権	質権が設定されている債権の債務者（第四債務者）から直接取り立てます（民366）。
不動産物権の上の質権	抵当権実行の方法に準じて、その不動産について競売を申し立てます（民361）。
その他の権利質	民事執行法193条の規定により担保権の実行又は行使をします（民362②）。

ホ　取立財産の差押え

徴収職員が第三債務者から取り立てたものが、金銭以外のものである場合は、その財産の種類に応じて、徴収法56条（差押えの手続及び効力発生時期等）、徴収法68条（不動産の差押えの手続及び効力発生時期）、徴収法70条（船舶又は航空機の差押え）又は徴収法71条（自動車、建設機械又は小型船舶の差押え）の規定による差押えの手続を行います（徴67②、徴基通67－12）。

○　債権差押え後に第三債務者が弁済供託した場合の措置

滞納処分により債権を差し押さえた場合において、第三債務者が債権差押え前にされた債権譲渡の効力に疑義があるため真の債権者を確知できないことを理由に弁済供託をすることがあります。

この弁済供託がされた場合は、滞納者は、その供託金の還付請求権を取得します（民494）。

この場合、滞納者の有する原因債権と供託金還付請求権とは、法律上は別個の債権であると解されています。したがって、供託金還付請求権は、原因債権とは別個独立した権利として、差押えや債権譲渡の対象とされますので、供託金還付請求権について債権譲渡が行われた場合には、その後は、その供託金還付請求権に対して差押えができないことになります。

そこで、原因債権の差押え後に第三債務者がこれを供託した場合には、速やかに供託金還付請求権を差し押さえます。

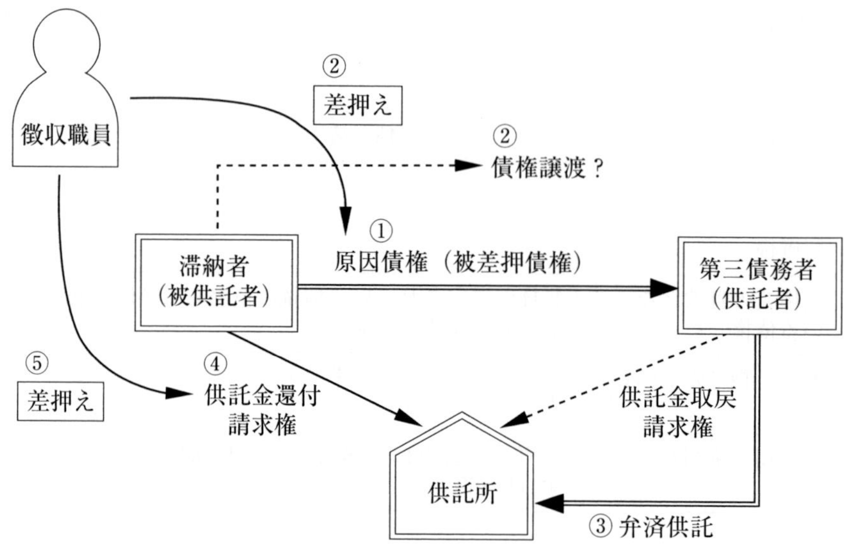

（注１）　供託金還付請求権を差し押さえた場合でも、原因債権の差押え自体は有効なので、原因債権の差押えを解除する必要はありません。

（注２）　供託金還付請求権を差し押さえた場合、その供託金の払渡しを供託所から受けるためには、供託金払渡請求書に還付を受けることを証する次のいずれかの書面を添付する必要があります（供託規則24）。

滞納者以外の他の被供託者からの「承諾書」	他の被供託者、例えば、債権譲渡に疑義があるとして供託された場合には、その譲渡人から、国に供託金還付請求権の取立権がある旨の承諾書（印鑑証明書を添付）を提出させます。
国に取立権がある旨の「確定判決」	他の被供託者が承諾書の提出に応じない場合は、供託原因を調査し、供託原因である債権譲渡等が無効であると認められたときは、他の被供託者を被告として、供託金還付請求権取立権の確認訴訟を提起します。

⑶　取立ての効果

第三債務者から金銭を取り立てたときは、その取り立てた時において、かつ、その限度において、滞納者から差押えに係る国税を徴収したものとみなされます（徴67③、徴基通67－13）。

金銭債権の取立て ⇨ 徴収したものとみなす ⇨ その金額の限度で滞納国税の納税義務が消滅する

⑷　弁済の委託

差押債権の取立てをする場合、第三債務者は、納付委託（通55）の手続に準じ、徴収職員に対しその債権の弁済を委託することができ、徴収職員はその委託を受けることができます（徴67④）。

なお、弁済委託により受領した証券は、債務の弁済に代えて受領するものではないので、弁済委託により、第三債務者の債務（被差押債権）が直ちに消滅するものではありません（徴基通67－14）。

弁済委託を受けることができるのは、最近において取立てが確実と認められる弁済委託に使用できる証券（徴基通67－17）を提供した場合で、かつ、次のいずれかに該当する場合です（徴基通67－18）。

①　第三債務者の提供した証券の支払期日が被差押債権の弁済期以前であるとき
②　第三債務者の提供した証券の支払期日が被差押債権の弁済期以後となるときは、滞納者がその証券の支払期日まで弁済期限を猶予することを承認したことを証明する書面を併せて提出したとき（徴令29）。

○　弁済委託の手続

イ　弁済受託に関する証書の交付

徴収職員は、弁済の委託を受けたときは、弁済受託に関する証書を弁済の委託をした者に交付しなければなりません（徴67④、通55②）。

ロ　再委託

弁済委託を受けた証券は、その取立てのため、徴収職員が確実と認める金融機関に再委託することができます（徴67④、通55③）。

第４節　不動産等の差押え

1　不動産の差押え

(1)　不動産の範囲

徴収法68条（不動産の差押手続等）の不動産とは、次に掲げるものをいいます（徴基通68－１）。

徴収法上の不動産	民法上の不動産
	不動産を目的とする物権（所有権を除きます。）
	不動産とみなされる財産
	不動産に関する規定の準用がある財産
	不動産として取り扱う財産

イ　民法上の不動産

民法上の不動産とは、土地及び土地の定着物をいいます（民86①）。

なお、建物は土地の定着物ですが、取引上及び登記上、土地とは別個の独立した不動産として取り扱われます（不登２一、五、民370参照）。

土地の定着物	土地に付着させられ、かつ、取引上の性質としてその土地に継続的に付着させられた状態で使用されるもの（例えば、植栽された樹木、大規模な基礎工事によって土地に固定している機械等をいいます。）（徴基通68－２(2)）

（注１）原則として、土地の一部である土地の定着物には、土地の差押えの効力が及びます。

（注２）建物及び立木法の適用を受ける立木は、取引上及び登記上、土地とは別個の不動産として取り扱われますので、土地とは別に差し押さえます。

建物	屋根及び周壁又はこれに類するものを有し、土地に定着した建造物であって、その目的とする用途に供し得る状態にあるもの（徴基通68－３、不動産登記規則111）

（注１）建築中の建物のうち、建物の使用の目的からみて使用可能な程度に完成していないものは、動産として差し押さえます（大15.２.22大判）。この場合において、その後屋根、周壁及び床を備えて建物として使用することができる

状態に完成したときは、改めて不動産として差し押さえます（動産としての差押えは、不動産として差し押さえた後に解除します。）。

(注2)　プレハブ式建物については、その土台を土地に付着せしめるような特別の付加工事を施した場合又は土地に永続的に付着した状態で一定の用途に供されるものであると取引観念上も認め得るような特段の事情がない限り、動産として差し押さえます（昭54.3.27釧路地判）。

(注3)　1棟の建物に構造上区分された数個の部分で独立して住居、店舗、事務所又は倉庫その他建物としての用途に供することができるものがあるときは、その各部分について所有権の目的とすることができます（建物の区分所有等に関する法律1条参照）ので、それぞれ独立した不動産として差し押さえます（不登2五、二十二、12参照）。

(参考) 不動産登記手続上の取扱い（徴基通68－3⑴）

建物として取り扱うもの (登記されるもの)	停車場の乗降場及び荷物積卸場（上屋を有する部分に限ります。）
	野球場、競馬場の観覧席（屋根を有する部分に限ります。）
	ガード下を利用して築造した店舗、倉庫等の建造物
	地下停車場、地下駐車場、地下街の建造物
	園芸、農耕用の温床施設（半永久的な建造物と認められるものに限ります。）
建物として取り扱わないもの (登記されないもの)	ガスタンク、石油タンク、給水タンク
	機械上に建設した建造物（地上に基脚を有し、又は支柱を施したものを除きます。）
	浮船を利用したもの（固定しているものを除きます。）
	アーケード付街路（公衆用道路上に屋根覆を施した部分）
	容易に運搬し得る切符売場、入場券売場等

ロ　不動産を目的とする物権

不動産を目的とする物権には、地上権及び永小作権があります。

(注1)　ここでいう「不動産を目的とする物権」は、所有権が除かれています（徴68①、徴基通68－1⑵）。

(注2)　担保物権は、被担保債権と別個に譲渡できませんから、独立の財産として

差し押さえることはできません。

地上権	地上権とは、工作物（建物等を含みます。）又は竹木を所有する目的のため、他人の土地を使用する権利をいい（民265）、所有すべき目的物のない土地の上にも設定することができ、また、地下又は空間について、その上下の範囲を限って設定することもできます（民269の２）。

（注１）　農地又は採草放牧地の上の地上権の移転については、原則として、農業委員会又は都道府県知事の許可を受けなければなりません（農３①）。

（注２）　地上権の処分の効力は、立木法による立木（ハ参照）には及びません（立木法２③）。

永小作権	永小作権とは、小作料を支払って他人の土地において耕作又は牧畜する権利をいいます（民270）。

㈲　農地又は採草放牧地の上の永小作権の移転については、原則として、農業委員会又は都道府県知事の許可を受けなければなりません（農地法３①）。

ハ　不動産を目的とする権利（配偶者居住権）

配偶者の一方が死亡した場合に、他方の配偶者が住み慣れた居住環境での生活を継続するために居住権を確保しつつ、その後の生活資金としてそれ以外の財産についても一定程度確保できるよう長期的な居住権として「配偶者居住権」（民1028）が、短期的な居住権として、「配偶者短期居住権」（民1037）があります。

このうち、「配偶者居住権」については、その登記によって第三者対抗力を有しますので（民1031②）、差押時等において、差押財産の選択に当たっての第三者の権利の尊重（徴49、徴基通49－３）などの配意が必要となります。

（関係条文）

配偶者居住権の関係条文	徴収法49条（差押財産の選択に当たっての第三者の権利の尊重） 徴基通49－3（第三者の権利） 89条（換価する財産の範囲） 徴基通89－9（用益物権等の存続） 96条（公売の通知） 徴基通96－1（質権者等に対する公売の通知） 106条（入札又は競り売りの終了の告知等） 徴基通106－4（通知の相手方）

ニ　不動産とみなされる財産

不動産とみなされる財産には、立木、工場財団、鉱業財団、漁業財団、道路交通事業財団、港湾運送事業財団及び観光施設財団があり、それぞれを定める法律において、不動産とみなす旨の規定があります。

立　木	立木とは、立木法１条により登記された樹木の集団をいい、独立した不動産とみなされます（立木法２①）。

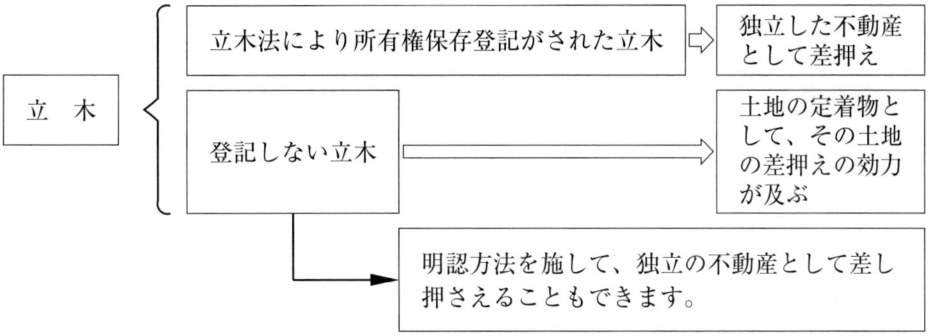

立　木
- 立木法により所有権保存登記がされた立木 ⇨ 独立した不動産として差押え
- 登記しない立木 ⇨ 土地の定着物として、その土地の差押えの効力が及ぶ
  - → 明認方法を施して、独立の不動産として差し押さえることもできます。

（注１）　登記をしない樹木の集団及び独立の取引価値がある個々の樹木は、通常の土地の定着物としてその土地の差押えの効力が及びますが、それらの樹木を土地から独立した不動産として差し押させる場合には、滞納者に代位して立木の保存登記をすることができないため、立札、縄張等の明認方法を施す必要があります（昭46.6.24最高判、徴基通68－11(2)）。

工場財団	工場抵当法９条により、工場所有者が工場財団登記簿に所有権保存の登記をした場合には、工場内の組成物は工場財団を構成し、１個の不動産とみなされます（工場抵当法14①）。

鉱　業財団等	鉱業抵当法等によって、抵当権の設定を認められる財団は、工場抵当法の規定が準用され、１個の不動産とみなされます（鉱業抵当法３、漁業財団抵当法６、道路交通事業抵当法８、19、港湾運送事業法26、観光施設財団抵当法８、11）。

ホ　不動産に関する規定の準用がある財産

不動産に関する規定の準用がある財産には、鉱業権、特定鉱業権、漁業権、入漁権、採石権及びダム使用権があり、それぞれを定める法律において、不動産に関する規定を準用する旨の規定があります。

鉱業権	鉱業権とは、登録を受けた一定の土地の区域（鉱区）において、登録を受けた鉱物及びこれと同種の鉱床中に存する鉱物を採掘し、取得する試掘権及び採掘権をいいます（鉱５、11、12）。

特　定 鉱業権	特定鉱業権とは、日本国と大韓民国との間の両国に隣接する大陸棚の南部の共同開発に関する協定２条１項に規定する大陸棚の区域（共同開発区域）内の登録を受けた一定の区域において、天然資源の探査又は採掘をし、及び採掘された天然資源を取得する権利をいいます（同協定の実施に伴う石油及び可燃性天然ガス資源の開発に関する特別措置法２③、６）。

漁業権	漁業権とは、定置漁業権、区画漁業権及び共同漁業権をいいます（漁６、23）

入漁権	入漁権とは、他人の共同漁業権又は特定の区画漁業権に属する漁場において、その漁業権の内容である漁業の全部又は一部を営む権利をいいます（漁７、43①）。

採石権	採石権とは、他人の土地において、岩石及び砂利を採取する権利をいいます（採４）。

ダ　ム 使用権	ダム使用権とは、多目的ダムによる一定量の流水の貯留を一定の地域において確保する権利をいいます（特定多目的ダム法２②、20）。

ヘ　不動産として取り扱う財産

不動産として取り扱う財産には、鉄道財団、軌道財団及び運河財団があり、権利の実行手続に不動産に準ずる規定があります。

鉄道 財団	鉄道財団とは、鉄道抵当法により、抵当権の設定を認められる財団をいいます（鉄道抵当法２）。

軌道財団 運河財団	軌道ノ抵当ニ関スル法律又は運河法により、抵当権の設定を認められる財団をいいます（軌道ノ抵当ニ関スル法律１、運河法13）。

⑵　不動産の差押手続

イ　通　則

不動産の差押えは、滞納者に対する差押書の送達により行います（徴68①）。

また、税務署長は不動産を差し押さえたときは、第三者対抗要件を備えるため、差押えの登記を関係機関に嘱託しなければなりません（徴68③）。

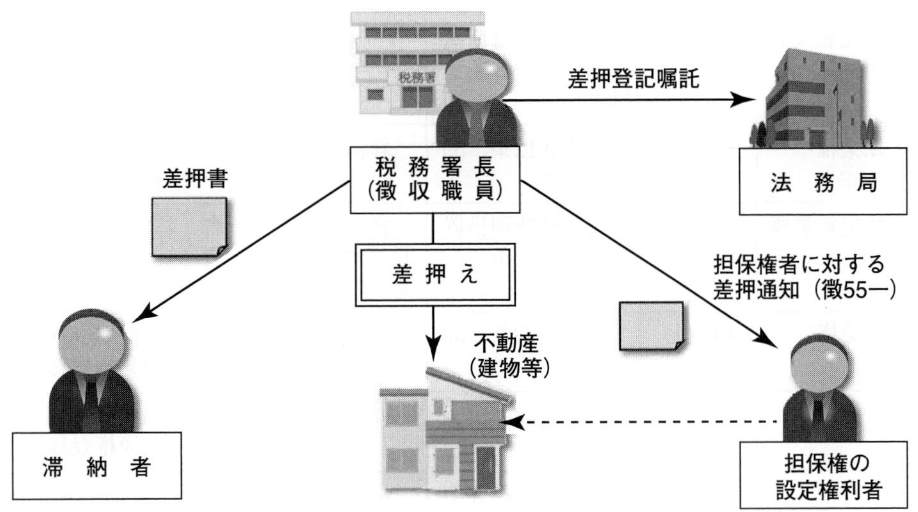

不動産を差し押さえた場合の差押書には、次に掲げる事項を記載します（徴令30①）。

記載事項	差押えに係る国税の年度、税目、納期限及び税額
	差押財産の名称、数量、性質及び所在

○　差押えの登記の関係機関は次のとおりです。

財産の種類	公示方法	根拠法令	関係機関	登記簿又は登録簿
土地又は建物	登　記	民法177条、不動産登記法３条	法務局、地方法務局又はその支局若しくは出張所	土地登記簿又は建物登記簿
地上権	同　上	同　上	同　上	土地登記簿
永小作権	同　上	同　上	同　上	同　上
立　木	同　上	立木ニ関スル法律１条、２条	同　上	立木登記簿
工場財団	同　上	工場抵当法８条、９条、14条	同　上	工場財団登記簿
鉱業財団	同　上	鉱業抵当法１条、３条	同　上	鉱業財団登記簿
漁業財団	同　上	漁業財団抵当法１条、６条	同　上	漁業財団登記簿
道路交通事業財団	同　上	道路交通事業抵当法３条、６条、８条	同　上	道路交通事業財団登記簿
港湾運送事業財団	同　上	港湾運送事業法23条、26条	同　上	港湾運送事業財団登記簿

観光施設財団	同　上	観光施設財団抵当法３条、８条、11条	同　上	観光施設財団登記簿
鉱業権	登　録	鉱業法12条、59条、60条	経済産業局	鉱業原簿
特定鉱業権	同　上	大陸棚特別措置法６条、32条	経済産業大臣（資源エネルギー庁資源・燃料部）	特定鉱業原簿
漁業権	同　上	漁業法23条、50条	都道府県知事	免許漁業原簿（漁業権登録簿）
入漁権	同　上	漁業法43条、50条	同　上	免許漁業原簿（入漁権登録簿）
採石権	登　記	採石法４条３項、民法177条、不動産登記法３条	法務局、地方法務局又はその支局若しくは出張所	土地登記簿
ダム使用権	登　録	特定多目的ダム法20条、26条	国土交通大臣（河川局）	ダム使用権登録簿
鉄道財団	同　上	鉄道抵当法２条、15条、28条	国土交通大臣（鉄道局）	鉄道抵当原簿
軌道財団	登　録	軌道ノ抵当ニ関スル法律１条	国土交通大臣（鉄道局）	軌道抵当原簿
運河財団	同　上	運河法13条	国土交通大臣（港湾局又は河川局）㈡	運河抵当原簿

㈡　運河財団の関係機関は、港湾内の運河は港湾局、それ以外の運河は河川局です。

ロ　不動産の登記簿と事実が相違する場合の措置

不動産の差押えは、通常は登記簿等の表示に基づいて行い、差押調書及び差押えの登記嘱託書の記載は、登記簿等の表示と一致しなければ、その登記の嘱託は却下されます（不登25六、七）。

しかし、実際には、様々な理由から登記簿等の表示が事実と異なっている場合があります。

そこで、不動産を差し押さえるに当たって、登記簿等の表示が真実の権利関係に一致しない場合には、更正、変更等の登記の嘱託を併せて行う必要があります（不登59七）。

登記簿等の表示が事実と異なっている場合	登記の方法
⑴　登記手続の錯誤又は遺漏によって事実と相違する場合 　登記簿等の名義人又は不動産の表示が、登記手続の錯誤又は遺漏により事実と相違する場合には、税務署長は、その表示を事実と一致させるため登記名義人（滞納者）に代位してその表示の「更正登記」を嘱託します。	更正登記（不登64、66）
⑵　登記手続後における事実上の変更によって事実と相違する場合 　既に登記されている名義人又は不動産の表示について、登記した後に事実の変更（名義人の改名、地目の変更等）が生じたために、事実と登記簿等の記載が一致しなくなったときは、税務署長は、これを一致させるため登記名義人（滞納者）に代位して登記事項の「変更登記」を嘱託します。	変更登記（不登37、64、66）
⑶　相続等の一般承継によって滞納者が権利を取得しているが、その登記がされていない場合 　相続若しくは包括遺贈又は法人の合併により、不動産の所有権が滞納者に承継されているにもかかわらず、権利移転の登記がされていない場合には、税務署長は、その承継人（滞納者）に代位して権利移転の登記を嘱託します。	一般承継による所有権移転の登記（不登63②）
⑷　売買等によって滞納者が権利を取得しているが、その登記がされていない場合 　売買等の原因により不動産の所有権が既に滞納者へ移転しているが、その移転登記がされていない場合には、税務署長は、滞納者の所有権移転の登記請求権を代位行使し、登記義務者の承諾書を添付して、権利移転の登記を嘱託します。 ㈱　登記義務者の承諾書が得られないときは、登記義務者を被告として所有権移転の登記の手続をなすべき旨の訴えを提起し、その勝訴判決の謄本を添付して登記を嘱託します（不登63①）。	売買等による所有権移転の登記
⑸　無効な法律行為によって滞納者から第三者への権利移転登記がされ、他人名義となっている場合 　滞納者の不動産が第三者に所有権移転の登記がされている場合において、登記の原因となった法律行為が民法90条、93条ただし書、94条等により無効であるときは、税務署長は、滞納者に代位してその第三者の承諾書を添付して、権利移転登記の抹消登記を嘱託します。 （注１）　第三者の承諾書が得られないときは、第三者を被告として所有権移転抹消の登記の手続をなすべき旨の訴えを提起し、その勝訴判決の謄本を添付して抹消登記を嘱託します。 （注２）　この不動産上に、他の権利者の権利（抵当権等）が設定されている場合には、第三者への権利移転登記を抹消することについて、その権利者の承諾書又は抹消登記を承諾する旨の勝訴判決の謄本を添付しなければなりません（不登68）。	無効な法律行為に基づく登記の抹消登記

⑶　差押えの効力

不動産の差押えの効力は、差押書が滞納者に送達された時に生じます（徴68②）。

ただし、差押書が滞納者に送達される前に差押えの登記がされた場合は、その登記がされた時に差押えの効力が生じます（徴68④）。

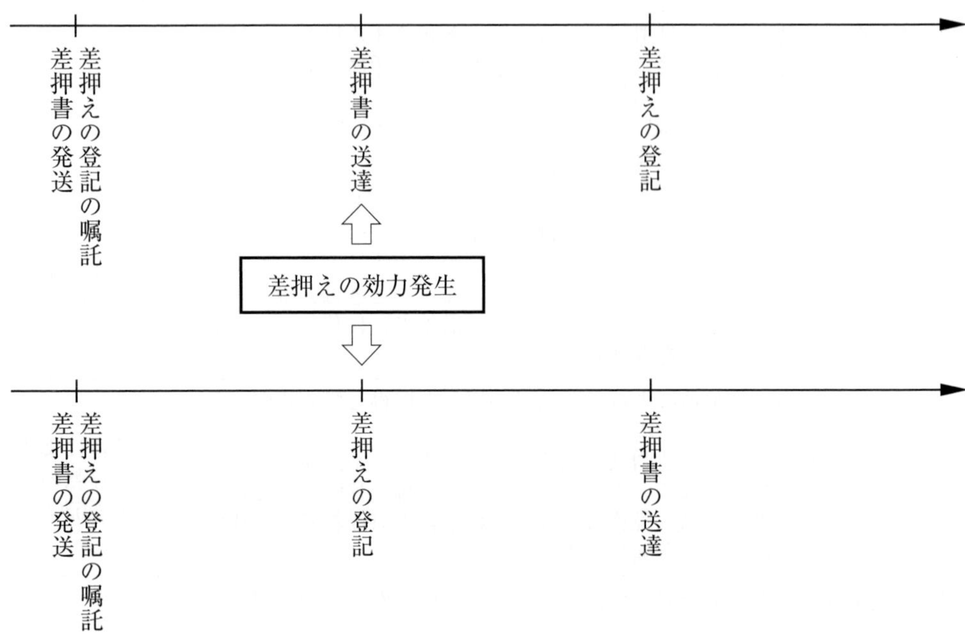

（注１）　差押えの登記が先にされても、差押えの効力を生じさせるためには差押書が滞納者に送達されることが必要であり、差押書が滞納者に送達されていない場合には、差押えの登記のみによっては差押えの効力は生じません（昭33.5.24最高判、徴基通68－38）。

（注２）　現在、不動産の登記申請は、郵便やオンラインによる方法も可能となっています。

これにより、同一の不動産に関し、２以上の登記の申請（嘱託を含む）がなされ、その前後が明らかでない場合が生じ得ますが、これらの申請は同時にされたものとみなされます（不登19②）。

同一の不動産に関し、権利に関する登記の申請が２以上あったときは、受付番号の順序に従って登記されますが（不登20）、同時に申請されたもの（同時に申請されたとみなされるものを含みます。）は、同一の受付番号が付されます（不登19③）。

この場合、両立し得る権利に関する登記申請であれば同順位となりますが、登記の目的である権利が相互に矛盾する登記申請（例えば、２以上の差押えの登記等）については、これらを登記することができませんので、いずれの申請も却下されることになります（不登25十三、不登令20六）。

このような場合においては、全ての申請が却下された後、改めて登記の申請をすることが必要です。

(4)　差押不動産の使用収益

イ　滞納者による使用収益

不動産は、通常の用法で使用している限り、その価値にそれほど変わりがありませんので、滞納者による使用又は収益は、通常の用法に従う限り禁止されません。

ただし、税務署長は、不動産の価値を著しく減耗する行為がされると認められるときは、その使用又は収益を制限することができます（徴69①）。

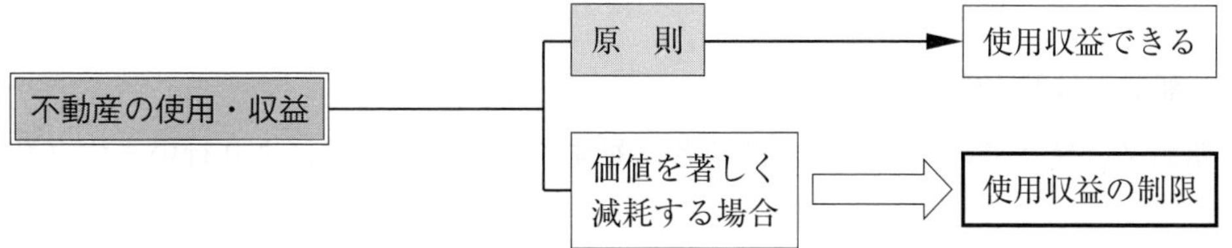

⑷　価値を著しく減耗する行為

「価値を著しく減耗する行為」とは、通常の用法に従っているが、差し押さえられた不動産の価値を著しく減耗する行為をいいます。

この減耗は、物理的な減耗に限られることなく、法律的に減耗するもの、例えば、差し押さえた更地の上に建物を新築する行為も含まれます（徴基通69－１）。

⑸　使用又は収益の制限

「使用又は収益を制限する」方法は、鍵をかけ、立入禁止を宣言する等の事実行為又は命令行為により行います（徴基通69－２）。

ロ　第三者による使用収益

差し押さえられた不動産について、賃借権、地上権、永小作権、採石権、租鉱権、入漁権等の権利を有する第三者は、滞納者と同様に、使用又は収益をすることができます（徴69②）。

2　船舶又は航空機の差押え

⑴　船舶の範囲

徴収法70条の規定の適用を受ける「登記される船舶」とは、船舶登記簿に登記することができる船舶をいいます（商686、船舶法５①参照、動産の意義☞第５章第２節の１参照）。

㈟　登記することのできない船舶は、動産として差し押さえます（徴基通56－４）。

(2) 航空機の範囲

徴収法70条の規定の適用を受ける「登録を受けた飛行機若しくは回転翼航空機」とは、国土交通大臣の所掌する航空機登録原簿に登録を受けた飛行機及び回転翼航空機をいいます（動産の意義☞第５章第２節の１参照）。

(3) 船舶又は航空機の差押手続

船舶又は航空機の差押えは、滞納者に対する差押書の送達により行います（徴70①）。

また、税務署長は、船舶又は航空機を差し押さえたときは、第三者対抗要件を備えるため、差押えの登記（登録）を関係機関に嘱託しなければなりません（徴70①）。

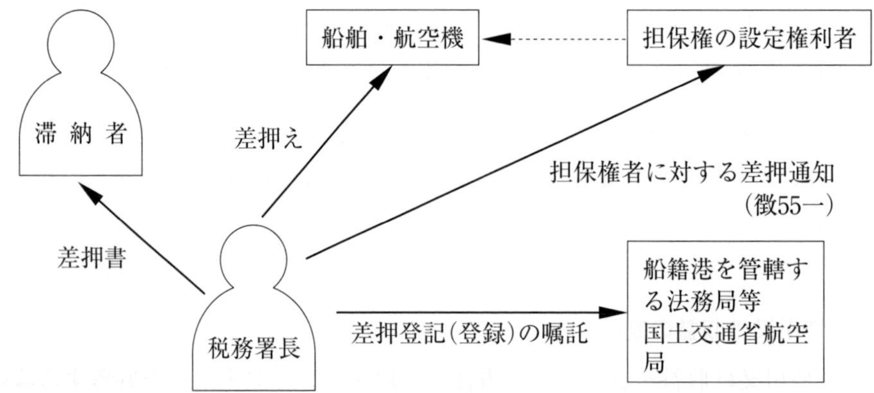

船舶又は航空機を差し押さえた場合の差押書には、次に掲げる事項を記載します（徴令30①）。

記載事項	差押えに係る国税の年度、税目、納期限及び金額
	差押財産の名称、数量、性質及び所在

(4) 差押えの効力

船舶又は航空機の差押えの効力は、差押書が滞納者に送達された時に生じます（徴70①、68②）。

ただし、差押書が滞納者に送達される前に差押えの登記（登録）がされた場合には、その差押えの登記（登録）がされた時（徴70①、68④）に、差押書の送達前に監守及び保存のため必要な処分をした場合には、その処分をした時（徴70④）に、それぞれ差押えの効力が生じます。

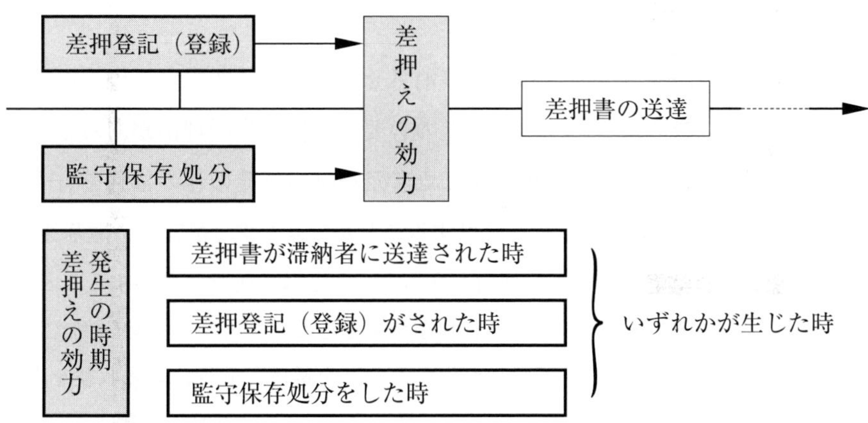

（注１）　監守及び保存のための「必要な処分」には、次の方法があります（徴基通70－16)。

直接に行う処分	所在の変更を防止するための係留、格納庫への入庫等
間接に行う処分	船舶国籍証書又は航空機登録証明書その他船舶又は航空機の航行のため必要な文書の取上げ

（注２）　船舶又は航空機について、監守及び保存のため必要な処分をした場合においても、滞納者に対する差押書の送達、関係機関への登記（登録）嘱託は遅滞なくしなければなりません（徴基通70－６)。

なお、差押えの登記（登録）又は差押財産の監守保存処分がされても、差押書が滞納者に送達されなかった場合には、差押えの効力は生じません（徴基通70－８)。

(5)　船舶・航空機の停泊又は航行の許可

イ　船舶又は航空機の停泊

税務署長は、滞納処分のため必要があるときは、船舶又は航空機を一時停泊させることができます。

ただし、航行中の船舶又は航空機については、この限りではありません（徴70②)。

（注１）「滞納処分のため必要があるとき」とは、差押えに当たり、現物の確認、航行による損壊・き滅の防止、見積価額の評定等のために必要があるときをいいます（徴基通70－11)。

（注２）「航行中」の船舶には、停泊中のものは含まれません（徴基通70－12、商689)。

なお、上記の「停泊」とは、けい留又はびょう泊の状態、すなわち、船舶が係止している状態をいいます。

おって、航行中の航空機については、船舶に準じます。

ロ　船舶又は航空機の航行の許可

税務署長は、滞納処分のため一時停泊させた船舶、航空機又は停泊中に差し押さえた船舶、航空機について、営業上の必要その他相当の理由があるときは、滞納者並びにこれらにつき交付要求をした者及び抵当権その他の権利を有する者の全員からの申立てにより、航行を許可することができます（徴70⑤、徴基通70－18）。

㈱「営業上の必要その他相当の理由があるとき」とは、航行を許可することにより、営業上の利益が見込まれ、徴収上有利な結果をもたらすときをいい、例えば、現に行っている運送契約に債務不履行が生ずることを避け、航行による収益を滞納者に得させる必要があるとき等をいいます（徴基通70－17）。なお、通常は航行の許可の申立てがあった場合には、徴収上支障のない限り、その許可をすることとされています（徴基通70－19）。

○　航行許可の申立て

航行の許可の申立ては、滞納者並びに交付要求をした者及び抵当権その他の権利を有する者が連署して、次の事項を記載した書面でしなければなりません（徴令31）。

記載事項	申立てに係る船舶又は航空機の名称、数量、性質及び所在並びに差押年月日
	航行を必要とする理由

㈱　交付要求権者等の一部の利害関係人の連署がとれないとき等には、その者の同意書又は承諾書を添付して、申し立てることができます（徴基通70－18）。

3　自動車、建設機械又は小型船舶の差押え

(1)　自動車の範囲

徴収法71条の規定の適用を受ける「登録を受けた自動車」とは、軽自動車、小型特殊自動車及び二輪の小型自動車以外の自動車で、道路運送車両法第２章（自動車の登録）の規定により、国土交通大臣が管理する自動車登録ファイルに登録を受けたもの（自動車抵当法２条ただし書に規定する大型特殊自動車で、建設機械抵当法２条に規定する建設機械であるものを除きます（道路運送車両法５②）。以下「自動車」といいます。）をいいます（徴基通71－１、動産の意義☞第５章第２節の１参照）。

(2)　建設機械の範囲

徴収法71条の適用を受ける「登記を受けた建設機械」とは、建設業法２条１項（建

設工事の定義）に規定する建設工事の用に供される機械類で建設機械抵当法施行令１条（建設機械の範囲）の規定による別表に掲げるもの（例えば、ブルドーザー、トラクター、コンクリートミキサー等）のうち、建設業者（建設業法２③）が国土交通大臣又は都道府県知事の行う記号の打刻又は既に打刻された記号の検認を受けた後、建設機械登記簿に所有権の保存登記をしたもの（以下「建設機械」といいます。）をいいます（建設機械抵当法２、４①④、徴基通71－２）。

(3)　小型船舶の範囲

徴収法71条の適用を受ける「登録を受けた小型船舶」とは、次の要件の全てを満たすもの（以下「小型船舶」といいます。）をいいます（小型船舶の登録等に関する法律２）。

登録を受けた小型船舶となる要件	①　総トン数20トン未満の船舶のうち日本船舶又は外国船舶（本邦の各港間又は湖、川若しくは港のみを航行する船舶に限ります。）であること。
	②　漁船、ろかい又は主としてろかいをもって運転する舟、係留船等以外のものであること。
	③　国土交通大臣（日本小型船舶検査機構）が管理する小型船舶登録原簿に登録を受けたものであること。

(4)　自動車、建設機械又は小型船舶の差押手続

自動車、建設機械又は小型船舶（以下「自動車等」といいます。）の差押えは、滞納者に対する差押書の送達により行います（徴71①）。

また、税務署長は、自動車等を差し押さえたときは、第三者対抗要件を備えるため、差押えの登記（登録）を関係機関に嘱託しなければなりません（徴71①）。

○　**登記嘱託先**（徴基通71－６）

自動車	自動車の使用の本拠の所在地を管轄する運輸監理部、運輸支局又は自動車検査登録事務所
建設機械	機械の打刻された記号によって表示された都道府県の区域内にある法務局又は地方法務局
小型船舶	小型船舶の船籍港を管轄する日本小型船舶検査機構の各支部

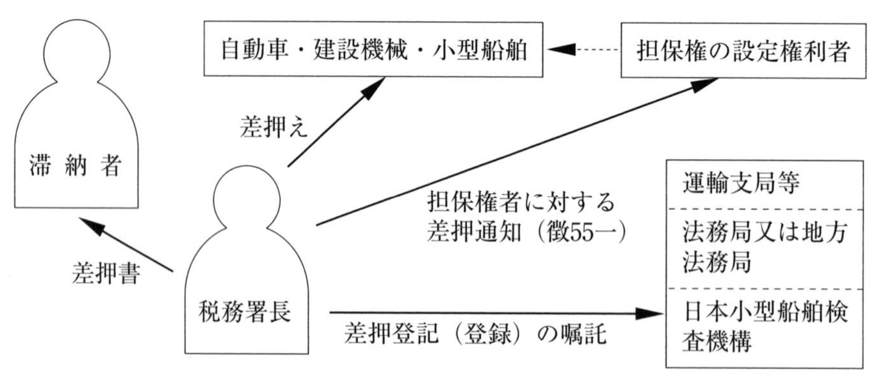

（注１）　自動車を差し押さえた場合には、換価する場合の権利移転手続に必要なため、あるいは運行又は使用を制限するために、自動車検査証を債権証書の取上げに準じて占有します（徴基通71－12）。

（注２）　小型船舶については質権の目的とすることができず（小型船舶の登録等に関する法律26）、また、抵当権の制度もないため、抵当権の目的とすることもできません（徴基通71－９㈲）。

自動車等を差し押さえた場合の差押書には、次に掲げる事項を記載します（徴令32、30①）。

記載事項	差押えに係る国税の年度、税目、納期限及び金額
	差押財産の名称、数量、性質及び所在

⑸　差押えの効力

自動車等の差押えの効力は、差押書が滞納者に送達された時に生じます（徴71①、68②）。

ただし、差押書が滞納者に送達される前に差押えの登記（登録）がされた場合には、その差押えの登記（登録）がされた時（徴71①、68④）に、差押書の送達前に監守及び保存のため必要な処分をした場合には、その処分をした時（徴71②、70④）に、それぞれ差押えの効力が生じます。

㈲　差押えの登記（登録）がされても、差押書が滞納者に送達されていない場合には、差押えの効力は生じません（徴基通71－８）。

⑹　引渡命令及び占有

税務署長は、自動車等を差し押さえた場合には、滞納者に対してこれらの引渡しを命じ、徴収職員にこれらを占有させることができます（徴71③）。

徴収職員に自動車等を占有させる場合には、動産等の差押手続（徴56①）、第三者が占有する動産等の差押手続（徴58）、動産の引渡命令を受けた第三者の権利の保護（徴59）の規定が準用されます（徴71④）。

差し押さえた自動車等を徴収職員が占有する手続については、次のとおりです（徴基通71－14参照）。

<table>
<tr><th>占有している者</th><th colspan="3">占有手続</th></tr>
<tr><td rowspan="3">①　滞納者</td><td colspan="3">税務署長は、滞納者に対して引き渡すべきことを命じた上で、次によります（徴71③④、56①）。</td></tr>
<tr><td>引渡しがされたとき</td><td colspan="2">徴収職員は、直ちに占有することができます。</td></tr>
<tr><td>引渡しがされないとき</td><td colspan="2">徴収職員は、滞納者に対して捜索その他の処分を行った（徴142）上で、占有することができます。</td></tr>
<tr><td rowspan="3">②　滞納者の親族その他の特殊関係者</td><td colspan="3">税務署長は、滞納者及び親族その他の特殊関係者に対して引き渡すべきことを命じた上で、次によります（徴71③④、56①）。</td></tr>
<tr><td>引渡しがされたとき</td><td colspan="2">徴収職員は、直ちに占有することができます。</td></tr>
<tr><td>引渡しがされないとき</td><td colspan="2">徴収職員は、滞納者の親族その他の特殊関係者に対して捜索その他の処分を行った（徴142）上で、占有することができます。</td></tr>
<tr><td rowspan="5">③　②以外の第三者</td><td colspan="3">税務署長は、滞納者に対して引き渡すべきことを命じた上で、次によります（徴71③④、56①、58②③）。</td></tr>
<tr><td>引渡しがされたとき</td><td colspan="2">徴収職員は、直ちに占有することができます。</td></tr>
<tr><td rowspan="3">滞納者がその引渡しをしないときで占有する第三者もその引渡しを拒むとき</td><td colspan="2">税務署長は、その第三者に対し引渡しを命じた上で、次によります。</td></tr>
<tr><td>引渡しがされたとき</td><td>徴収職員は、直ちに占有することができます。</td></tr>
<tr><td>その第三者が指定された期限までに徴収職員にその引渡しをしないとき</td><td>徴収職員は、捜索その他の処分を行った（徴142）上で、占有することができます。</td></tr>
</table>

(注)　②の「親族その他の特殊関係者」とは、徴収法施行令14条２項各号に掲げる者をいいます（徴基通39－11～11－７、☞ 第３章第１節10(3)イ参照）

(7) 保　　管

徴収職員による自動車等の保管は、動産等の場合に準じて行います。

滞納者又はこれらを占有する第三者に保管させたときは、封印その他の公示方法によって差押財産であることを明白にしなければなりません。

滞納者又はこれらを占有する第三者に保管させた場合には、運行等を許可した場合を除き、運行、使用又は航行をさせないための適当な措置（例えば、タイヤロック、ハンドルの封印、立札、縄張等）を講じなければなりません（徴71⑤、徴基通71－15～17）。

㈱　この場合の封印その他の公示方法は、動産等の場合と異なり、差押えの効力発生要件にはなりません（徴基通71－16）。

⑻　運行、使用又は航行の許可

自動車等を差し押さえた場合においては、滞納者又は第三者に保管させるときであっても、原則としてこれを運行等の用に供することは認められません。

しかし、営業上の必要その他相当の事由があるときは、滞納者並びにこれらにつき交付要求をした者及び抵当権その他の権利を有する者の全員からの申立てにより、運行、使用又は航行を許可することができます（徴71⑥）。なお、この場合における運行、使用又は航行の申立て及び許可については、船舶等の場合と同様です（徴基通71－18）。

第５節　無体財産権等の差押え

１　無体財産権等の意義

無体財産権等とは、動産又は有価証券の差押え、債権の差押え及び不動産等の差押えに関する規定の適用を受けない財産をいいます（徴72①）。

また、徴収法は、無体財産権等を第三債務者又はこれに準ずる者（以下「第三債務者等」といいます。）がないものと第三債務者等があるものとに区分して、差押えの手続及び効力発生時期等について定めており、更に第三債務者等があるもののうち、振替社債等について個別に規定しています。

無体財産権等の主なものは、次に掲げるとおりです（徴基通72－１、73－１）。

無　体　財　産　権　等	
第三債務者等がないもの（徴72）	特許権
	実用新案権
	意匠権
	商標権
	育成者権
	回路配置利用権
	著作権
	著作隣接権
	源泉権
第三債務者等があるもの（徴73）	電話加入権
	合名会社、合資会社及び合同会社（以下「持分会社」といいます。）の社員の持分
	中小企業等協同組合法、水産業協同組合法、農業協同組合法、森林組合法、農住組合法等による各種の組合等の組合員等の持分
	信用金庫の会員の持分
	中小漁業融資保証法に基づく漁業信用基金協会の会員の持分
	民法上の組合の組合員の持分
	有限責任事業組合の組合員の持分
	無尽講及びたのもし講の講員の持口

第三債務者等があるもの（徴73）	営業無尽の加入者の権利
	動産の共有持分
	株式
	賃借権
	買戻権
	仮登記（保全仮登記を除きます。以下同じ。）に係る権利
	著作物を利用する権利
	特許権、実用新案権及び意匠権についての専用実施権及び通常実施権、商標権についての専用使用権及び通常使用権並びに育成者権及び回路配置利用権についての専用利用権及び通常利用権並びに特許を受ける権利についての仮専用実施権及び仮通常実施権
	出版権
	引湯権
	ゴルフ会員権（預託金会員制ゴルフ会員権をいいます。以下同じ。）
	信託の受益権
	公有水面埋立権
第三債務者等があるもの（徴73の２）	振替社債等

（注）　第三債権者等があるものとして、「有限会社の社員の持分」を差し押さえていたものは、会社法（平成17年法律第81号）の制定に伴い、有限会社が株式会社（特例有限会社）として存続することから、株券不発行会社の株式を差し押さえているものとみなされます。

○ 種　類

<table>
<tr><th colspan="2">第三債務者等がないもの</th><th>存続期間</th></tr>
<tr><td rowspan="2">特許権</td><td>①物（プログラム等を含みます。）の特許発明
その物の生産、使用、譲渡等（譲渡及び貸渡しをいい、プログラム等である場合は、電気通信回線を通じた提供を含みます。）若しくは輸入又は譲渡等の申出（展示を含みます。）をする独占的排他的な権利
②方法の特許発明
その方法の使用をする独占的排他的な権利
③物を生産する方法の特許発明
②の方法の使用をするほか、その方法により生産した物を使用、譲渡等若しくは輸入又は譲渡等の申出をする独占的排他的な権利（特２、68参照）</td><td rowspan="2">特許出願の日から20年（特67①）</td></tr>
<tr><td>特許庁長官の管掌する特許原簿に設定の登録をすることによって発生します（特66①、徴基通72－２）。</td></tr>
<tr><td rowspan="2">実用新案権</td><td>実用新案登録を受けている考案に係る物品を製造し、使用し、譲渡し、貸し渡し、若しくは輸入し又はその譲渡若しくは貸渡しの申出（譲渡又は貸渡しのための展示を含みます。）をする独占的排他的な権利（実用新案法２、16参照）</td><td rowspan="2">実用新案登録出願の日から10年（実用新案法15）</td></tr>
<tr><td>特許庁長官の管掌する実用新案原簿に設定の登録をすることによって発生します（実用新案法14①、徴基通72－３）。</td></tr>
<tr><td rowspan="2">意匠権</td><td>意匠登録を受けている意匠（物品（物品の部分を含みます。）の形状、模様若しくは色彩若しくはこれらの結合、建築物（建築物の部分を含みます。）の形状等又は画像（機器の操作の用に供されるもの又は機器がその機能を発揮した結果として表示されるものに限り、画像の部分を含みます。）であり、視覚を通じて美感を起こさせるものをいいます。）の実施をする独占的排他的な権利（意匠法２、23参照）。</td><td rowspan="2">意匠登録出願の日から25年（意匠法21①）。ただし、関連意匠の意匠権の存続期間は、その基礎意匠の意匠権登録出願の日から25年（同法21②）</td></tr>
<tr><td>特許庁長官の管掌する意匠原簿に設定の登録をすることによって発生します（意匠法20①、徴基通72－４）。</td></tr>
</table>

㈨「関連意匠」とは、自己の意匠登録出願に係る意匠又は自己の登録意匠のうちから選択した１つの意匠（本意匠）に類似する意匠をいいます。

商標権	商標登録を受けている商標を使用する独占的排他的な権利（標２、25参照） ㈨ 商標とは、文字、図形、記号若しくは立体的形状若しくはこれらの結合又はこれらと色彩との結合（以下「標章」といいます。）であって、業として商品を生産し、証明し、若しくは譲渡する者がその商品について使用するもの、又は業として役務を提供し、若しくは証明する者がその役務について使用するものをいいます。	設定の登録の日から10年（標19①）

商標権	使用とは、商品又は商品の包装に標章を付する行為、商品又は商品の包装に標章を付したものを譲渡し、引き渡し、譲渡若しくは引渡しのために展示し、輸入し、又は電気通信回線を通じて提供する行為、役務の提供に当たりその提供を受ける者の利用に供する物（譲渡し、又は貸し渡す物を含みます。）に標章を付する行為、役務の提供に当たりその提供を受ける者の利用に供する物に標章を付したものを用いて役務を提供する行為等をいいます。 特許庁長官の管掌する商標原簿に設定の登録をすることによって発生します（標18①、徴基通72－５）。	設定の登録の日から10年（標19①）
育成者権	登録品種（品種登録を受けている品種をいいます。以下同じ。）及びその登録品種と特性により明確に区別されない品種を業として利用する独占的排他的な権利をいいます（種苗法２、20参照）。 農林水産省に備える品種登録簿に品種登録することによって発生します（同法19①、45、徴基通72－６）。	品種登録の日から25年（種苗法４②に規定する品種にあっては、30年）（種苗法19②）
回路配置利用権	半導体集積回路における回路素子及びこれらを接続する導線の配置に関する独占的排他的な権利をいい、その回路配置を用いて半導体集積回路を製造する権利とその製造した半導体集積回路を譲渡し、貸し渡し、譲渡若しくは貸渡しのために展示し、又は輸入する権利とからなります（半導体集積回路の回路配置に関する法律２、11）。 経済産業大臣（一般財団法人ソフトウェア情報センター）の管掌する回路配置原簿に登録することによって発生します（同法10①、徴基通72－７）。	設定登録の日から10年（同法10②）
著作権	著作者がその著作物（思想又は感情を創作的に表現したものであって、文芸、学術、美術又は音楽の範囲に属するものをいいます。）についての複製権、上演権、演奏権、公衆送信権、口述権、展示権、上映権、頒布権、譲渡権、貸与権、翻訳権、翻案権及び第二次的著作物の利用に関する原著作者の権利を専有する独占的排他的な権利をいいます（著作権法２、17①、21～28）。 著作者の著作により当然に発生し、登録を要しません。著作権の移転若しくは信託による変更又は処分の制限及び著作権を目的とする質権の設定、移転、変更若しくは消滅（混同又は著作権若しくは担保する債権の消滅によるものを除きます。）又は処分の制限は、文化庁長官の管掌する著作権登録原簿に登録をしなければ、第三者に対抗することができません（同法77、78①、徴基通72－８）。	著作者が著作物を創作した時に始まり、原則として、著作者の死後（共同著作物にあっては、最終に死亡した著作者の死後）70年を経過するまでの間、存続します（著作権法51）。

（注１）　著作権の存続期間の例外（徴基通72－８）。

○　無名又は変名の著作物の著作権は、原則として、その著作物の公表後

70年（著作者の死後70年を経過していると認められるときは、死後70年）を経過するまでの間、存続します（著作権法52）。

○　法人その他の団体が著作の名義を有する著作物の著作権は、原則として、その著作物の公表後70年（創作後70年以内に公表されなかったときは、創作後70年）を経過するまでの間、存続します（著作権法53）。

○　映画の著作物の著作権は、その著作物の公表後70年（創作後70年以内に公表されなかったときは、創作後70年）を経過するまでの間、存続します（著作権法54①）。

（注２）　未発表等公にしていない著作物の原本及びその著作権は、差し押さえることができません（徴基通72－９、徴75①十一）。

<table>
<tr><td rowspan="2">著作隣接権</td><td>実演家、レコード製作者、放送事業者及び有線放送事業者に与えられた著作権に準ずる権利をいいます（著作権法89～100の５）。</td><td rowspan="2">実演については、その実演が行われた日の属する年の翌年から起算して70年、レコードについては、その発行が行われた日の属する年の翌年から起算して70年、放送及び有線放送については、その放送及び有線放送が行われた日の属する年の翌年から起算して50年までの間、存続します（著作権法101）。</td></tr>
<tr><td>実演家人格権（氏名表示権（同法90の２①）及び同一性保持権（同法90の３①））以外の著作隣接権の移転若しくは信託による変更又は処分の制限及び著作隣接権を目的とする質権の設定、移転、変更若しくは消滅又は処分の制限は、文化庁長官の管掌する著作隣接権登録原簿に登録をしなければ、第三者に対抗することができません（著作権法104、77、78①、徴基通72－10）。</td></tr>
</table>

㈲　商業用レコードが放送又は有線放送において使用された場合には、放送事業者は、実演家及びレコード製作者に対し二次使用料を支払わなければならない（著作権法95、97）が、この使用料については債権差押えの手続により差し押さえることになります。

なお、二次使用料に関する権利行使については、文化庁長官の指定する団体（公益社団法人日本芸能実演家団体協議会（著作権法95⑤）、社団法人日本レコード協会（著作権法97③））を通じてのみ行使できることになっているので、個々の実演家等が二次使用料を受けようとする場合は、これらの団体に委任して権利行使をすることになります。

<table>
<tr><td>源泉権</td><td>源泉権は、温泉所有権、温泉専用権、湯口権、温泉権又は鉱泉権ともいいますが、地中からゆう出する温泉を利用、管理、処分する権利で、源泉地所有権とは別個独立の権利として自由に処分できるものをいいます（昭15.9.18大判、昭33.7.1最高判）。
源泉権者は、源泉権の効力として、源泉所在地及びその周辺土地のうち温泉の採取、利用、管理のために必要とする範囲において、その使用権限を有します（昭45.12.19東京地判、徴基通72－12）。</td></tr>
</table>

㈲　特許権、実用新案権、意匠権、商標権、育成者権、回路配置利用権、著作権及び著作隣接権の共有持分を換価する場合において、買受人に権利の移転を行うためには、その譲渡につき他の共有者の同意を必要とします（徴基通72－11）。

第三債務者等があるもの（振替社債等を除きます。）

電話加入権	東日本電信電話株式会社又は西日本電信電話株式会社（以下「NTT」といいます。）と加入電話契約を結んだ者が、その契約に基づいてNTTの電話通信サービスの提供を受ける権利（電話サービス契約約款第７条）をいいます（徴基通73－２）。
	電話加入権の譲渡は、NTTの承認がなければその効力は生じません（電気通信事業法附則９①、旧公衆電気通信法38①）。
持分会社の社員の持分	持分会社（合名会社、合資会社及び合同会社）の社員の持分とは、社員がその資格において会社に対して有する権利義務の総体、すなわち、社員権（会社法第三編第一、二章参照）をいいます（徴基通73－６）。
	社員の持分は、原則として、他の社員の全員（業務を執行しない有限責任社員の持分については、業務を執行する社員の全員）の承諾がなければ、譲渡することはできません（会585）。
協同組合等の組合員等の持分	中小企業等協同組合法、水産業協同組合法、農業協同組合法、森林組合法、農住組合法等による各種の組合等の組合員等の持分とは、組合員等がその資格において組合等に対して有する権利義務の総体をいいます（徴基通73－11）。
	組合員等の持分は、組合等の承諾がなければ譲渡することができず、また組合員等以外の者が譲り受けようとするときは、加入の例によらなければなりません（中小企業等協同組合法17等）。
信用金庫の会員の持分	信用金庫の会員の持分とは、会員がその地位に基づいて信用金庫に対して有する権利義務の総体をいいます（徴基通73－15）。
	会員の持分は、信用金庫の承諾がなければ、他の会員又は会員の資格を有する者にも譲渡することができません（信用金庫法15）。
漁業信用基金協会の会員の持分	中小漁業融資保証法に基づく漁業信用基金協会の会員の持分とは、会員がその地位に基づいて漁業信用基金協会に対して有する権利義務の総体をいいます（徴基通73－19）。
	会員の持分は、漁業信用基金協会の承認を得なければ譲渡することができず、会員でない者が持分を譲り受けようとするときは、加入の例によらなければなりません（中小漁業融資保証法12①②）。
民法上の組合の組合員の持分	民法上の組合の組合員の持分とは、組合員として有する財産的地位をいいます（徴基通73－22）。
	組合員の持分は、契約によって特別な定めがされているときを除いて、組合員全員の同意がなければ譲渡することができません（民667）。 民法上の組合の組合員は、存続期間を定めた場合は、やむを得ない事由があるときは脱退することができ、その他の組合はいつでも脱退できます（民678）。

有限責任事業組合の組合員の持分

有限責任事業組合の組合員の持分とは、組合員として有する財産的地位をいいます（徴基通73－25）。

組合員の持分は、契約によって特別の定めがされているときを除いて、他の組合員全員の同意がなければ譲渡することができません（有限責任事業組合契約に関する法律３参照）。

無尽講・たのもし講の講員の持口

無尽講又はたのもし講は、慣習によって成立したものですが、実質的には組合ですから、民法の組合に関する規定の適用があり、講員（加入者）は、その拠出した金銭又は物の価額に応じて持口を有します（徴基通73－28）。

講員の持口は、諸規約に特約がないときは、他の講員全員の同意がなければ、譲渡することができません。

営業無尽の加入者の権利

営業無尽の加入者の権利とは、加入者が無尽規約、物品無尽契約又は定期積金契約に基づき、無尽会社又は銀行に対して有する権利義務の総体（例えば、掛金払込義務、給付受領権利等）をいいます（徴基通73－30）。

加入者の権利の譲渡について会社の承認を要する旨の契約があるときは、会社の承認がなければ、権利を譲渡することはできません。

動産の共有持分

動産の共有持分とは、共有者がその動産に対して有する量的に制限された所有権をいい、特約がなければ各共有者の持分は相等しいものと推定されます（民250、徴基通73－32）。

共有持分は、他の共有者の同意を得ないで、自由に譲渡することができます。

株式

株式は、株式会社における出資者である社員（株主）の地位を細分化して均等な割合的地位の形式にしたものをいいます（徴基通73－35）。

株券不発行会社（株券を発行する旨を定款で定めていない会社。会社法214）の株式は、その株式会社を第三債務者等として差し押さえることになります。

また、株券不発行会社であっても、社債、株式等の振替に関する法律による振替の対象となっている株式は、振替社債等として差し押さえることになります。

なお、株券発行会社（会117⑥）の株式の差押えに当たっては、株式を差し押さえるのではなく次によります（徴基通73－35）。

① 株券を発行している場合は、株券を有価証券として差し押さえる。

② 株券が未発行の場合は、その株式会社を第三債務者として株券交付請求権を債権として差し押さえ、株券の交付を受けた上で、その株券を有価証券として差し押さえる。

㈲ 株券交付請求権を差し押さえた場合において、第三債務者である株式会社に対して株券の交付を請求しても交付がないときは、その株式会社に対して同族会社の第二次納税義務を告知することができる場合があります（徴35）。

買戻権

不動産の売主が売買契約と同時にした買戻しの特約（民579）により買主が支払った代金（別段の合意をした場合にあっては、その合意により定めた金額）及び契約の費用を償還して当初の売買を解除し、目的物を取り戻すことができる権利をいいます（徴基通73－38）。

特許権等の専用実施権及び通常実施権

特許権についての専用実施権及び通常実施権とは、特許権者以外の者が特許発明を利用することができる権利をいいます（特77、78）。

実用新案権についての専用実施権及び通常実施権とは、実用新案権者以外の者が登録実用新案を利用することができる権利をいいます（実用新案法18、19）。

意匠権についての専用実施権及び通常実施権とは、意匠権者以外の者が登録意匠又はこれに類似する意匠を利用することができる権利をいいます（意匠法27、28）。

特許権についての専用実施権及び通常実施権は差し押さえることができますが、専用実施権については、実施の事業とともにする場合、特許権者の承諾を得た場合及び相続その他の一般承継の場合を除いては、移転することはできず（特77③）、また、通常実施権についても、不実施の場合等の通常実施権の設定の裁定（特83②、92③④）になるものを除き、同様です（特94①、徴基通73－40）。

実用新案権及び意匠権についての専用実施権及び通常実施権についてもおおむね同様です（徴基通73－41、42）。

特許を受ける権利についての仮専用実施権及び仮通常実施権

特許を受ける権利についての仮専用実施権及び仮通常実施権とは、特許を受ける権利を有する者以外の者がその特許を受ける権利を利用することができる権利をいいます（特34条の２、34条の３参照）。

これらの仮専用実施権及び仮通常実施権は差し押さえることはできますが、その特許出願に係る発明の実施の事業とともにする場合、特許を受ける権利を有する者（仮専用実施権に基づいて取得すべき専用実施権についての仮通常実施権にあっては、許可を受ける権利を有する者及び仮専用実施権者）の承諾を得た場合及び相続その他の一般承継の場合を除いては移転することはできません（同法34条の２③、同34条の３④、徴基通73－45－２）。

商標権の専用使用権及び通常使用権

商標権についての専用使用権と通常使用権とは、商標権者以外の者が指定商品等について登録商標を使用することができる権利をいいます（標30、31）。

商標権についての使用権は差し押さえることができますが、商標権者の承諾を得た場合及び相続その他の一般承継の場合を除いては、移転することはできません（同法30③、31③、徴基通73－43）。

育成者権の専用利用権及び通常利用権

育成者権についての専用利用権と通常利用権とは、育成者権者以外の者が登録品種等を利用することができる権利をいいます（種苗法25、26）。

育成者権についての利用権は差し押さえることができますが、品種の利用の事業とともにする場合、育成者権者の承諾を得た場合及び相続その他の一般承継の場合を除いては、移転することはできません（同法25③、29①、徴基通73－44）。

回路配置利用権の専用利用権及び通常利用権

回路配置利用権についての専用利用権と通常利用権とは、回路配置利用権者以外の者が登録回線配置を利用することができる権利をいいます（半導体集積回路の回路配置に関する法律16、17）。

回路配置利用権についての利用権は差し押さえることができますが、回路配置の利用の事業とともにする場合、回路配置利用権者の承諾を得た場合及び相続その他の一般承継の場合を除いては、移転することはできません（同法16③、17③、徴基通73－45）。

著作物を利用する権利	著作物を利用する権利とは、著作権者の許諾に係る利用方法及び条件の範囲内において、その許諾に係る著作物を利用することができる権利をいいます。
	著作物を利用する権利は、著作権者の承諾がなければ譲渡することができません（著作権法63②③、徴基通73－46－２）。
出版権	出版権とは設定行為で定めるところにより、頒布の目的をもって、著作物を原作のまま印刷その他の機械的又は化学的方法により文書又は図画として複製する独占的排他的な権利をいいます（著作権法80①）。
	出版権の設定、移転、変更、消滅（混同又は複製権若しくは公衆送信権の消滅によるものを除く。）若しくは処分の制限又は出版権を目的とする質権の設定、移転、変更、消滅（混同又は出版権若しくは担保する債権の消滅によるものを除く。）若しくは処分の制限は、文化庁長官が管掌する出版権登録原簿に登録をしなければ、第三者に対抗することができません（著作権法88）。 なお、出版権は、著作者の承諾がなければ、譲渡することはできません（著作権法87、徴基通73－47）。
引湯権	引湯権とは、源泉権を有する者との契約に基づいて、継続的に一定量の温泉の給湯を受ける権利をいいます（徴基通73－48）。
ゴルフ会員権	ゴルフ会員権とは、ゴルフ場を経営する株式会社等に対するゴルフ場及びその付属施設の優先的利用権、年会費納付等の義務、据置期間経過後退会時の預託金返還請求権の三つの権利義務から成る契約上の地位をいいます（徴基通73－49）。
	ゴルフ会員権の差押えの効力は、預託金返還請求権にも及ぶことから、別個に債権差押えの手続をとることなく、規約等に定めるところにより、その取立てをすることができます（徴基通73－50）。
信託の受益権	信託の受益権とは、信託行為に基づいて受託者が受益者に対して負う債務であって信託財産に属する財産の引渡しその他の信託財産に係る給付をすべきものに係る債権及びこれを確保するために信託法の規定に基づいて受託者その他の者に対し一定の行為を求めることができる権利をいいます（信２⑦、徴基通73－51－２）。
公有水面埋立権	公有水面埋立権とは、都道府県知事から免許を受けて公有水面（河、海、湖、沼その他の公共の用に供する水流又は水面で国の所有に属するもの。）の埋立てを行う権利をいいます。
	公有水面埋立権は、都道府県知事の許可を受けなければ譲渡することはできません（公有水面埋立法１①、16①、徴基通73－51－３）。

	意　義	特　性
振替社債等	振替社債等とは、社債、株式等の振替に関する法律２条１項（定義）に規定する社債（新株予約権付社債を除きます。）、国債、地方債、投資信託及び投資法人に関する法律に規定する投資法人債、保険業法に規定する相互会社の社債、貸付信託法に規定する貸付信託の受益権、資産の流動化に関する法律に規定する特定目的信託の受益権、株式、新株予約権、新株予約権付社債等のうち、その権利の帰属が振替口座簿の記載又は記録により定まるものをいいます（徴基通73の２－１）。	①　その権利の帰属が振替機関等の振替口座簿の記録により定まります（振替社債につき社振66）。 ②　社債券等の発行がされません（振替社債につき社振67①）。 ③　その譲渡は、振替の申請により、譲受人が振替口座簿にその譲渡に係る金額の増額の記載又は記録を受けなければその効力を生じません（振替社債につき社振73）。

２　差押手続

第三債務者等がない無体財産権等については、不動産等の差押手続に準じて、第三債務者等のある無体財産権等については、債権の差押手続に準じて、その手続が定められています。

⑴　第三債務者等がない無体財産権等

第三債務者等がない無体財産権等の差押えは、滞納者に対する差押書の送達により行います（徴72①）。

また、税務署長は、無体財産権等でその権利の移転につき登記（登録）を要するものを差し押さえたときは、差押えの登記（登録）を関係機関に嘱託しなければなりません（徴72③）。

なお、差押えの登記（登録）の嘱託は、それぞれの無体財産権等の根拠法令に定められた手続により行います。

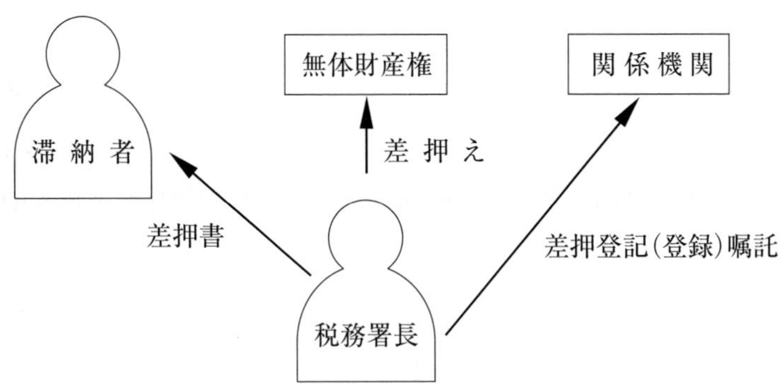

差押書には、次の事項を記載しなければなりません（徴令30①)。

記載事項	
	①　差押えに係る国税の年度、税目、納期限及び金額
	②　差押財産の名称、数量、性質及び所在

○　**登録の関係機関**

財産権の種類	公示方法	根拠法令	関係機関	登録簿
特許権	登録	特許法98条	特許庁長官 (特許庁登録課)	特許原簿
実用新案権	〃	実用新案法26条	〃	実用新案原簿
意匠権	〃	意匠法36条	〃	意匠原簿
商標権	〃	商標法35条	〃	商標原簿
育成者権	〃	種苗法32条	農林水産大臣 (知的財産課)	品種登録簿
回路配置利用権	〃	半導体集積回路の回路配置に関する法律21条	経済産業大臣 (一般財団法人ソフトウェア情報センター)	回路配置原簿
著作権	〃	著作権法77条	文化庁長官 (文化庁著作権課)	著作権登録原簿
著作隣接権	〃	著作権法104条	〃	著作隣接権登録原簿

(2)　第三債務者等がある無体財産権等（振替社債等を除きます。）

イ　通　　則

第三債務者等がある無体財産権等の差押えは、第三債務者等に対する差押通知書の送達により行います（徴73①)。

また、税務署長は、無体財産権等でその権利の移転につき登記（登録）を要するものを差し押さえたときは、差押えの登記（登録）を関係機関に嘱託しなければなりません（徴73③）。

なお、差押えの登記（登録）の嘱託は、それぞれの無体財産権等の根拠法令に定められた手続により行います。

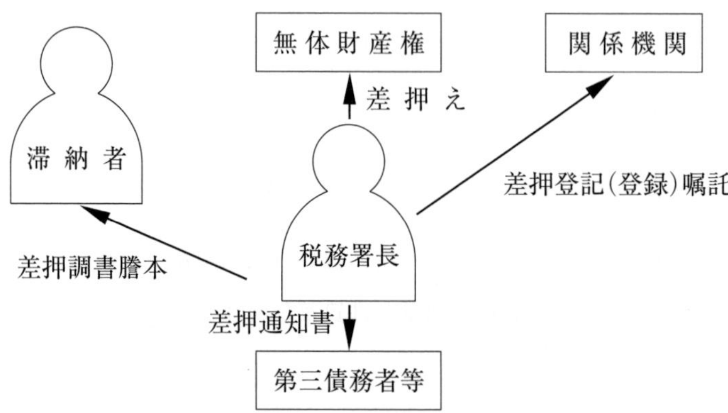

差押通知書には、次の事項を記載しなければなりません（徴令30②）。

記載事項	
記載事項	①　差押えに係る国税の年度、税目、納期限及び金額
	②　差押財産の名称、数量、性質及び所在
	③　滞納者の氏名及び住所又は居所

ロ　差押通知書の送達

第三債務者等がある無体財産権等の差押えは、差押通知書を次に掲げる第三債務者等に送達することにより行います。

無体財産権等の種類	第三債務者等
電話加入権	NTT
持分会社の社員の持分	会社
中小企業等協同組合法、水産業協同組合法、農業協同組合法、森林組合法、農住組合法等による各種の組合等の組合員等の持分	組合等
信用金庫の会員の持分	信用金庫
漁業信用基金協会の会員の持分	漁業信用基金協会
民法上の組合	組合（業務を執行する組合員があるときはその者、その定めがないときは他の組合員全員）
有限責任事業組合の組合員の持分	組合

無尽講又はたのもし講の講員の持口	講の講元（講親）
営業無尽の加入者の権利	無尽会社又は銀行
動産の共有持分	他の共有者
株式	株式会社
賃借権	貸主
買戻権	買戻権のある財産の差押え時における所有者
仮登記に係る権利	仮登記時における登記義務者
特許権、実用新案権及び意匠権についての専用実施権及び通常実施権	特許権者、実用新案権者、意匠権者又は専用実施権者
商標権についての専用使用権及び通常使用権	商標権者又は専用使用権者
育成者権についての専用利用権及び通常利用権	育成者権者又は専用利用権者
回路配置利用権についての専用利用権及び通常利用権	回路配置利用権者又は専用利用権者
特許を受ける権利についての仮専用実施権又は仮通常実施権	特許を受ける権利を有する者又は仮専用実施権者
著作物を利用する権利又は出版権	著作権者
引湯権	源泉権者
ゴルフ会員権	ゴルフ場を経営する株式会社等
信託の受益権	信託の受託者
公有水面埋立権	都道府県知事

ハ　預託証書等の取上げ

徴収職員は、第三債務者等がある無体財産権等の差押えのために必要があるときは、預託証書、会員証書等その財産権に関する証書を取り上げることができます（徴73⑤）。この場合の手続等については、債権差押えの場合の債権証書の取上手続（☞第５章第３節２⑴ニ参照）に準じます（徴令28①②、徴基通73－58）。

⑶　振替社債等

振替社債等の差押えは、振替社債等の発行者及び滞納者がその口座の開設を受けている振替機関等に差押通知書を送達することにより行います（徴73の２①、徴基通73の２－３）。

㈱　振替機関等に対する振替口座への差押えの記載又は記録を申請する必要はありません（徴基通73の２－３）。

また、振替国債の差押えにおける発行者への差押通知書の送達は、発行者を国として、その代表者を財務大臣と記載した差押通知書を日本銀行に送達します（徴基通73の２－４）。

なお、徴収職員は、振替社債等を差し押さえた場合は、発行者に対しては滞納者に対する債務の履行を禁止するとともに、振替機関等に対しては振替社債等の振替又は抹消を禁止しなければなりません（徴基通73の２－５）。これらの事項は、発行者及び振替機関等に送達する差押通知書に記載します。

併せて、滞納者に対しては、振替社債等の取立てその他の処分を禁止し、さらに、振替社債等の振替又は抹消の申請を禁止しなければなりません（徴基通73の２－６）。この事項は、滞納者に送付する差押調書謄本に付記することにより行います。

㈱「振替機関等」とは、振替機関及び口座管理機関をいいます（社振２⑤）。この「振替機関」とは、社債等の振替に関する業務を行う者として主務大臣の指定を受けた株式会社とされ（社振２②、３①）、具体的には、株式会社証券保管振替機構が指定されています。

また、「口座管理機関」とは、振替機関又は他の口座管理機関から社債等の振替を行うための口座の開設を受けた上で、加入者のために口座を開設して振替業を行う者とされ（社振２④、44①、45）、具体的には証券会社、銀行等がこれに当たります（徴基通73の２－２）。

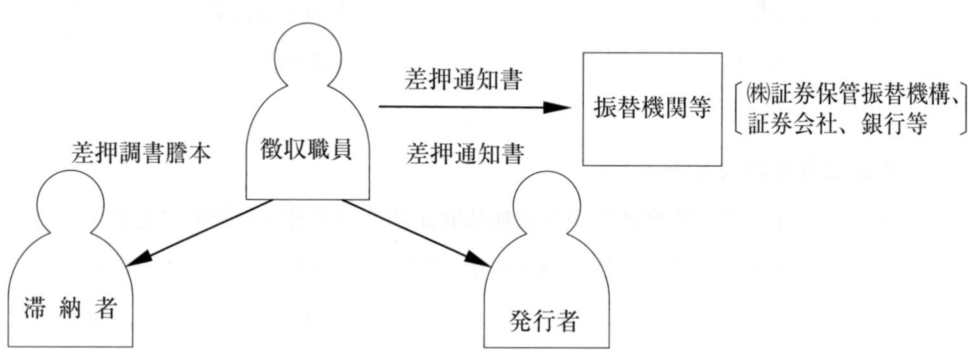

差押通知書には、次の事項を記載しなければなりません（徴令30③）。

記載事項	
	①　滞納者の氏名及び住所又は居所
	②　差押えに係る国税の年度、税目、納期限及び金額
	③　差し押さえる振替社債等の種類及び額又は数
	④　滞納者に対する債務の履行を禁ずる旨（発行者あて）
	⑤　徴収職員に対しその履行をすべき旨（発行者あて）
	⑥　振替社債等の振替又は抹消を禁ずる旨（振替機関等あて）

3　差押えの効力

(1)　効力発生時期

差押えの登記を要するものと要しないものとがあり、さらに、登記を要するもののうちには、それが対抗要件であるものと効力発生要件であるものがあり、それぞれについて差押えの効力の発生時期が異なります。

	財産の種類	効力発生時期
第三債務者等がない無体財産権等	差押えの登記を要しない財産（源泉権）	差押書が滞納者に送付された時に差押えの効力が生じます（徴72②）。
	登録が対抗要件である財産（著作権、著作隣接権）	差押書が滞納者に送達された時に差押えの効力が生じますが（徴72②）、差押書の送達前に差押えの登録がされた時は、登録の時が効力発生の時期となります（徴72④）。
	登録が効力発生要件である財産（特許権、実用新案権、意匠権、商標権、育成者権及び回路配置利用権）	差押書の送達時の先後とは関係なく、差押えの登録がされた時に差押えの効力が生じます（徴72⑤）。

㈟　差押えの登録がされても滞納者に差押書が送達されていない場合は、差押えの効力は生じません（徴基通72－17）。

	財産の種類	効力発生時期
第三債務者等がある無体財産権等	差押えの登記又は登録を要しない財産（電話加入権、持分会社の社員等の持分、動産の共有持分、株式、引湯権、ゴルフ会員権等）	差押通知書が第三債務者等に送達された時に差押えの効力が生じます（徴73②）。
	登記又は登録が対抗要件である財産（特許権、実用新案権及び意匠権についての通常実施権、商標権についての通常使用権、登記をした賃借権及び買戻権、仮登記に係る権利並びに出版権等）	差押通知書が第三債務者等に送達された時に差押えの効力が生じますが（徴73②）、差押通知書の送達前に差押えの登記がされたときは、登記の時が効力発生の時期となります（徴73③）。
	登録が効力発生要件である財産（特許権、実用新案権及び意匠権についての専用実施権、商標権についての専用使用権、育成者権及び回路配置利用権についての専用利用権、特許を受ける権利についての仮専用実施権）	差押通知書の送達時とは関係なく、差押えの登録がされた時に差押えの効力が生じます（徴73④）。

㈟　滞納者に対する差押調書の謄本の交付は、差押えの効力の発生要件ではありませんが、滞納者に交付しなければなりません（徴54三）。

振替社債等	差押通知書が振替機関等に送達された時にその効力が生じます（徴73の２③）。

(注)　滞納者に対する差押調書の謄本の交付及び振替社債等の発行者に対する差押通知書の交付は、差押えの効力発生要件ではありませんが、滞納者及び振替社債等の発行者に交付しなければなりません（徴54三、徴基通73の２－７）。

(2)　処分禁止の効力等

無体財産権を差し押さえた場合には、処分禁止の効力（☞第５章第１節９(1)参照）があるほか、次のことに留意する必要があります。

無体財産権	対象者	差押えの効力等
電話加入権 （徴基通73－４、５）	ＮＴＴ(第三債務者等)	差押えの通知を受けた後は、その電話加入権の譲渡承認の請求があっても、これを承認しないことになっています。 差押えを受けた電話加入権についても、電話サービス契約約款の規定により、加入契約を解除することができます。
振替社債等 （徴基通73の２－８）	滞納者	その振替社債等の取立てその他の処分又は振替若しくは抹消の申請が禁止されます。
	発行者	その振替社債等の履行が禁止されます。
	振替機関等	その振替社債等の振替又は抹消が禁止されます。

(3)　差押え後の利用管理、共益権の行使等

滞納者は、差押えを受けた無体財産権等について、通常の利用管理をすることができます。また、持分会社の社員等の持分の差押えは、滞納者の社員等である地位に基づく業務の執行権、議決権、会社代表権等の公益権の行使を妨げません。

なお、未納料金がある電話加入権については、その電話加入権の譲受人が未納料金の払込義務を負うこととなる（電気通信事業法附則９①、旧公衆電気通信法38③）ため、換価する際の見積価額には、差押え後に生じた電話料金についても考慮しなければならず、その分だけ差押財産の換価価値が減少します。

⑷　持分会社の社員の持分を差し押さえた場合における利益配当請求権等に対する差押えの効力及び退社告知権

持分会社の社員の持分を差し押さえた場合の効力	手　続　等
社員の持分の差押えの効力は社員の会社に対する将来の利益配当請求権、退社に伴う持分払戻請求権に及ぶ（会611⑦、621③、624③）ほか、出資の払戻請求権及び残余財産分配請求権にも及びます（会666）。	これらの債権が確定したときは、別個に債権差押えの手続をとる必要はなく、会社に対して、決算確定の場合には利益の配当を、退社の場合には持分の払戻しを、社員が出資の払戻請求をした場合には出資の払戻しを、会社解散の場合には残余財産の分配を、それぞれ請求することができます（徴基通73－７）。
社員の持分の差押債権者は、社員である滞納者を退社させることができます（会609①）。	退社請求は、事業年度の終了する６月前までに会社及び当該社員に予告します。これにより、事業年度の終了時において当然にその社員を退社させることができます。 ただし、差押えに係る国税の消滅又は相当の担保を提供したときは、予告はその効力を失いますが（609②）、滞納者の財産が担保として提供された場合には、その財産を差し押さえます（徴基通73－８）。

㈲　この退社の予告をしたときは、会社の本店所在地の地方裁判所に対して、持分払戻請求権の保全に関し必要な処分をすることを申し立てることができます（会609③、868、徴基通73－９）。

４　無体財産権等の取立て等

⑴　無体財産権等の取立て

徴収職員は、第三債務者等がある財産を差し押さえたときは、債権差押えの場合の取立手続（☞第５章第３節５参照）に準じて、その財産権に係る債権の取立てをすることができます（徴73⑤、73の２④）。

イ　第三債務者等がある無体財産権等（振替社債等を除きます。）

取立てができる債権は、差押えに起因して請求できる債権等、次のような財産に限られます（徴基通73－59）。

持分会社の社員の利益配当請求権、退社に伴う持分払戻請求権及び出資の払戻請求権
株主の剰余金配当請求権及び残余財産分配請求権
ゴルフ会員権に係る預託金返還請求権
信託の受益権に係る受益債権

ロ　振替社債等

取立てができる債権には、振替社債、振替国債、振替地方債に係る償還請求権、振替受益権に係る受益債権等があります（社振71⑦、96⑦、113、127の９⑦等）。この場合において、徴収職員は、その発行者から振替社債の償還等をするのと引換えに、当該償還に係る振替社債の金額と同額の抹消等を振替機関等に対して申請する必要があります（徴基通73の２－９）。

⑵　差押えに係る組合等の差押持分の払戻し等の請求

特定の組合その他の法人（以下「組合等」といいます。）の持分を差し押さえた場合において、一定の要件に該当するときは、税務署長は、その持分の一部の払戻し又は譲受け（以下「払戻し等」といいます。）をその組合等に請求することができます（徴74）。この制度は、持分会社の無限責任社員の持分を差し押さえた債権者による退社の予告（会609）に類似していますが、滞納者の組合員等の地位を存続させるためにその持分の一部についてだけ払戻し等の請求を行うこととしています。

イ　要件

払戻し等の請求ができるのは、次の要件に該当する場合です。

要件	①　中小企業等協同組合法に基づく企業組合、信用金庫、その他の法人で、その構成員が任意に脱退することができる法人（持分会社を除きます。）の持分を差し押さえたこと。
	②　その持分の換価が特定の理由によって困難であること。
	③　滞納者の財産につき滞納処分を執行してもなお徴収すべき国税に不足すると認められること。

（注１）「任意に脱退することができる」という要件は、脱退につき予告、その他一定の手続を要する場合は、「これをした後、任意に脱退することができる」と読み替えます。

（注２）　持分の換価が困難な特定の理由は、次のいずれかの理由に限られます。

その持分を再度換価に付してもなお買受人がないこと。
その持分の譲渡につき法律又は定款に制限があるため、譲渡することができないこと。

（注３）　持分について払戻しの制度があるものについては、払戻しの請求を行いますが、それに代わる譲受け（買取り）の制度がある信用金庫の会員又は農業協同組合（出資組合に限ります。以下同じ。）の組合員の持分については、その譲受けの請求を行うことになります（徴基通74－７参照）。

（注４）　徴収法74条は、持分会社（合名会社、合資会社及び合同会社）を除外していますが、これは会社法609条に規定する差押債権者による退社の予告が適用されるためです。 ☞３⑷参照

ロ　払戻し等の請求ができる限度

払戻し等の請求は、持分の全部についてすることができず、滞納者がその組合等の構成員としてとどまるために必要な出資の最小単位である１口の出資を除外した残りの持分について行います（徴基通74－５）。なお、信用金庫の場合には、１万円（出資の１口の金額で１万円を整除することができないときは、１万円を超え１万円に最も近い整除できる金額とします。）以下の金額について、また、農業協同組合の場合には、出資１口以下の金額については、その譲受けの請求をしないものとします（徴基通74－７）。

ハ　払戻し等の請求手続

払戻し等の請求は、一定期間前に予告した後に行います（徴74②）。この予告は、30日前に行うのが原則ですが、組合等からの脱退につき、法律又は定款の定めにより、これと異なる一定期間前に予告することを必要とするものはその期間前に予告しなければなりません（徴基通74－８）。

払戻し等の予告	次の事項を記載した書面により行います（徴令33②）
	①　滞納者の氏名及び住所又は居所 ②　差押えに係る国税の年度、税目、納期限及び金額 ③　払戻しを予告する持分の種類及び口数 ④　持分の払戻しの請求をしようとする旨

↓（原則、30日前）

払戻し等の請求	次の事項を記載した書面により行います（徴令33①）
	①　滞納者の氏名及び住所又は居所 ②　差押えに係る国税の年度、税目、納期限及び金額 ③　払戻しを請求する持分の種類及び口数 ④　持分の払戻予告の書面を発した年月日

二　払戻し等の持分の価額

持分の払戻し等によって請求できる金額は、脱退を仮定した事業年度の終わりにおける組合等の財産によって定まります（中小企業等協同組合法20②等）が、この場合における財産の評価は、帳簿価額ではなく、その組合等の事業の継続を前提として一括譲渡するときの価額が標準になります（徴基通74－６）。

第6章　滞納処分―交付要求・参加差押え―

滞納者の同一財産について強制換価手続が競合した場合に、換価手続を併行して行うことは無駄であり、また、混乱を生ずることにもなります。

このような場合に、個々の執行機関が併行して換価手続を行うのではなく、先に差押えを執行した執行機関に換価手続を担当させて、後行の執行機関はその手続に参加し、先行の執行機関に対し滞納国税への交付（配当）を求めるのが交付要求です（徴82）。

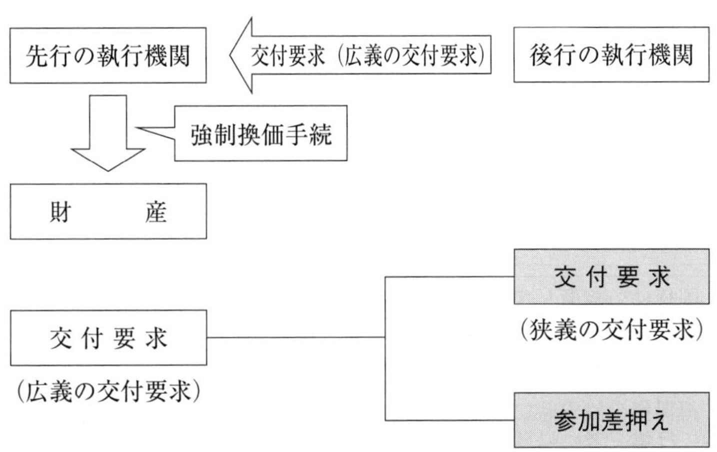

(注)　交付要求（広義）には、①強制換価手続の執行機関に対して配当を要求するだけの交付要求（狭義）と、②交付を要求することに加え、先行の滞納処分による差押えが解除されたときに差押えの効力を生じさせる参加差押えがあります。

通常、交付要求という場合には、狭義の交付要求をいいます。

第1節　交　付　要　求

1　交付要求の要件

次のいずれの要件にも該当するときは、交付要求をしなければなりません（徴82①）。

要件

① 滞納者の財産について強制換価手続が行われたこと。

② 滞納国税があること。

（注1） 強制換価手続とは、滞納処分（その例による処分を含む。）、強制執行、担保権の実行としての競売、企業担保権の実効手続及び破産手続をいいます（徴２十二）。

（注2） 交付要求をすることができる国税は、納期限を経過した国税であればよく、督促の有無、猶予期間中、滞納処分の停止中であるかどうかを問いません（徴基通82－1⑴⑵、153－10）。

留意点

① 滞納者の財産を差し押さえた後、滞納者が死亡したときは、その差押えを受けた財産を相続した相続人の固有の滞納国税について、交付要求をすることができます（徴基通82－1⑶）。

② 国税につき徴している第三者の担保財産を滞納処分の例により処分する場合には、その差押え時における第三者の国税につき交付要求をすることができます（徴基通82－1⑷）。

㈱ 担保権の設定時において納税者に帰属し、担保物処分のための差押えをする時には第三者に帰属している財産も上記の第三者の財産に含まれます。

③ 事業承継に係る非上場株式についての納税の猶予（措70の７、70の７の２、70の７の４）を受けている納税者から、承継会社の非上場株式等の全部を同族関係者以外の者に譲渡したことなどの事由による相続税等の免除の申請書が提出されている場合には、その免除申請がされた金額に相当する相続税等については、滞納に係る国税に該当しないため、交付要求をすることができません（措70の７⑬八等、徴基通82－1⑸）。

ただし、次のいずれにも該当するときは、交付要求をしないものとされています（徴83）。

交付要求の制限

① 滞納者が、他に換価の容易な財産で、かつ、第三者の権利の目的となっていないものを有していること。

② ①の財産を換価することにより、滞納国税の全額を徴収することができると認められること。

㈱ 「換価の容易な財産」とは、評価が容易であり、かつ、滞納処分との関係において市場性のある財産をいいますが、その財産は、換価をするために直ちに差押えをすることができるものに限られます。

なお、債権については、確実に取り立てることができると認められるものも、換価の容易な財産に含まれます（徴基通83－2、50－5）。

このような交付要求の制限についての規定が設けられた趣旨は、国税が交付要求をすると、国税優先の原則（徴８）により、国税に劣後する債権者の利害に重大な影響を及ぼすことになるため、一定の場合に債権者を保護することにあります。

㈱　徴収法第83条は、滞納者が他に換価容易な財産で第三者の権利の目的となっていないものを有しており、かつ、その財産によって国税の全額を徴収できると認められるときは、利害関係人の利益を害することがないよう交付要求をしないことを定めた訓示規定です（最判昭49.８.６）。

2　交付要求の終期

交付要求をすることができる期間の終期は、次のとおりです（徴基通82－２）。

交付要求ができる期間の終期		
	①　滞納処分	売却決定の日の前日（換価に付すべき財産が金銭による取立ての方法により換価するものであるときは、その取立ての時）（徴130①、徴令48②）
	②　不動産に対する強制執行又は不動産を目的とする担保権の実行としての競売	執行裁判所の定める配当要求の終期（配当要求の終期が延期された場合は、延期後の配当要求の終期）（民執49①②③、52、87①二、188）
	③　不動産に対する強制管理及び担保不動産収益執行	執行裁判所が定める期間の終期（民執107①④、188）
	④　船舶、航空機又は自動車、建設機械若しくは小型船舶に対する強制執行又はこれらの財産を目的とする担保権の実行としての競売	②に準ずる時（民執121、189、民執規84、97、98、98の２、174～177の２）
	⑤　動産に対する強制執行又は動産を目的とする担保権の実行としての競売	１）売得金については、執行官がその交付を受ける時（供託された売得金については、動産に対する強制執行又は担保権の実行としての競売が続行されることとなった時）（民執140）
		２）差押現金については、その差押えの時（民執140）
		３）手形等（民執136参照）の支払金については、執行官がその支払を受ける時（民執140）

⑥　金銭の支払又は動産の引渡しを目的とする債権に対する強制執行	1）第三債務者が民事執行法156条１項又は２項（第三債務者の供託）の規定による供託をした時（民執165一）
	2）取立訴訟の訴状が第三債務者に送達された時（民執165二）
	3）売却命令により執行官が売得金の交付を受けた時（民執165三）
	4）動産引渡請求権の差押えの場合にあっては、執行官がその動産の引渡しを受けた時（民執165四）
⑦　②～⑥までに掲げる財産権以外の財産権に対する強制執行又はこれらの財産権を目的とする担保権の実行としての競売	特別の定めがあるもののほか、⑥に準ずる時（民執167①、193②）
⑧　企業担保権の実行手続の開始	一括競売により換価をするときは競落期日の終了時、任意売却により換価をするときは裁判所が定めて公告した日（企担51の２）

㈱　破産手続における交付要求については ☞第10章第２節４参照

3　交付要求の手続

交付要求は、次の手続により行います。

手続	
	①　強制換価手続を開始した執行機関に対し、交付要求書（徴令36①、徴規３別紙第７号書式）により交付要求（徴82①）。
	②　滞納者及び交付要求に係る財産上の質権者等で判明している者に対し、交付要求通知書（徴令36②③）により通知（徴82②③）。 ㈱　強制換価手続が企業担保権の実行手続又は破産手続であるときは、質権者等に対する通知は必要ありません（徴令36④）。

㈱　破産手続において、執行裁判所等に対して送付する交付要求書（執行機関用に限ります。）の作成に当たり、本税が完納となっていないため延滞税の額が未確定である場合には、延滞税欄等の記載については、次のことに留意する必要があります（徴基通82－５）。

⑴　延滞税欄には、「法律による金額」の下部に「要す」と記載するとともに、交付要求書作成日現在において本税が完納となったと仮定して計算した延滞税の金額を記載（かっこ書き）します。

なお、破産事件における破産管財人又は破産裁判所あての交付要求書の延滞税欄は、１円単位まで記載します。

⑵　欄外又は備考欄に、「延滞税欄の「要す」の記載は、通則法所定の全延滞税額の交付を求めているものです。また、（　）内の金額は、便宜、交付要求書

作成日までの延滞税を概算したものである。」旨を記載します。

○　交付要求の手続

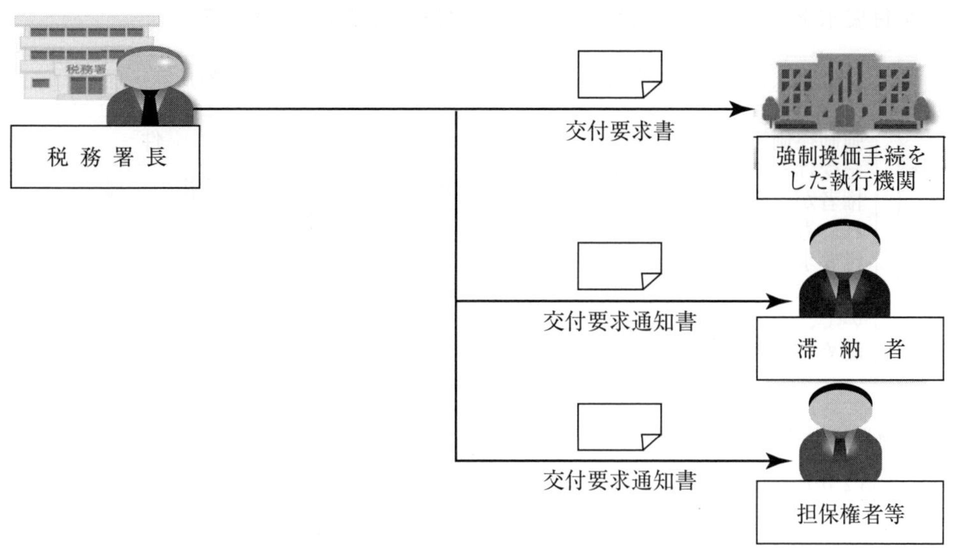

4　交付要求の効力

効力		
効力	配当を受ける効力	換価代金から配当を受けることができます。
効力	徴収権の時効の完成猶予及び更新の効力	交付要求は、徴収権の消滅時効の完成猶予及び更新の効力を有し、交付要求がされている間は時効は完成せず、その期間を経過した時から新たにその進行を始めます（通73①五）。

（注1）　交付要求を受けた執行機関の強制換価手続が解除されず、又は取り消されない限り、その処分の目的となった財産について、差押え後に権利の移転があっても、その交付要求により配当を受けることができます（徴基通82－8(2)）。

（注2）　交付要求を受けた執行機関の強制換価手続が解除又は取り消された場合には、交付要求はその効力を失いますが（徴基通82－8(1)）、過去に遡って時効の完成猶予及び更新の効力を失わせるものではありません。この場合、徴収権の消滅時効は、交付要求の効力が失われた時から新たに進行することになります（通73②）。

（注3）　交付要求による時効の完成猶予及び更新の効力は、滞納者に交付要求をした旨を通知した後でなければ生じません（通73①五）。

なお、滞納者に対して通知する前に交付要求が終了した時は、時効の完成猶予及び更新の効力は生じません。

5　交付要求の解除

交付要求に係る国税が消滅したとき、又は強制換価手続により配当を受けることができる債権者から交付要求を解除すべきことの請求があり、それを相当と認めるときは、交付要求を解除しなければなりません（徴84①、85②、徴令37）。

解除		
交付要求に係る国税の消滅（納付、充当、課税の取消し（減額）等）（徴84①）		
強制換価手続により配当を受けることができる債権者が、右の要件のいずれにも該当するとして交付要求を解除すべきことを請求してきた場合において、その請求を相当と認めるとき（徴85）	要　件	
	①　その交付要求により自己の債権の全部又は一部の弁済を受けることができないこと。	
	②　滞納者が他に換価の容易な財産で第三者の権利の目的となっていないものを有していること。	
	③　②の財産によりその交付要求に係る滞納国税の全額を徴収することができること。	

㈲　解除の請求を相当と認めないときは、その旨を請求者に通知しなければなりません（徴85②後段）。

○　交付要求の解除手続

手続
①　交付要求に係る執行機関に対し、交付要求解除通知書により通知（徴84②）。
②　滞納者及び交付要求の通知をした質権者等に対し、交付要求解除通知書により通知（徴84③）。 ㈲　強制換価手続が企業担保権の実行手続又は破産手続であるときは、質権者等に対する通知は必要ありません（徴令36④）。

なお、交付要求解除の請求は、交付要求ができる終期までにしなければなりませんが（最判昭49.８.６、徴基通85－５）、交付要求の終期が経過した後に交付要求の解除の請求があった場合においても、相当と認められるときは、交付要求を解除します（徴基通85－６）。

第2節　参　加　差　押　え

1　参加差押えの意義・要件

⑴　参加差押えの意義

参加差押えは、滞納者の財産について滞納処分の差押えが先行して行われている場合（地方税、公課等について滞納処分の例による処分として差押えが行われている場合を含みます。）において、その財産が不動産や自動車等の特定の財産であるときに、交付要求の一方法として認められる手続です。

参加差押えは、先行する滞納処分手続に参加して、その換価代金から滞納に係る国税の配当を受けることができ、先行の滞納処分手続が換価に至ることなく終結し、差押えの解除が行われた場合には、その参加差押えは、参加差押えをした時にさかのぼって差押えの効力が生じ、その後はその差押えに基づき参加差押財産の換価処分ができることになります。また、参加差押不動産について、換価執行をした場合には、その換価執行決定に基づき参加差押不動産の換価処分ができることになります（徴基通86－1）。

⑵　参加差押えの要件

次のいずれの要件にも該当するときは、参加差押えをすることができます（徴86①）。

要件	①　滞納者の次の財産について、既に滞納処分による差押えがされていること。 動産、有価証券、不動産、船舶、航空機、自動車、建設機械、小型船舶、電話加入権
	②　滞納国税が差押えの要件（徴47等）を備えていること。
	㊟　徴収法47条2項の規定により繰上差押えができる場合には、同法86条1項の規定により繰上参加差押えをすることができます（徴基通86－2）。

ただし、次のいずれにも該当するときは、参加差押えをしないものとされています（徴88①、83）。

参加差押えの制限	①　滞納者が、他に換価の容易な財産で、かつ、第三者の権利の目的となっていないものを有していること。
	②　①の財産を換価することにより、滞納国税の全額を徴収することができると認められること。

2　参加差押えの手続

参加差押えは、次の手続により行います。

<table>
<tr><td rowspan="5">手続</td><td colspan="2">①　滞納処分を執行した行政機関等に対し参加差押書（徴令38、36①、徴規３別紙第８号書式）を交付（徴86①）</td></tr>
<tr><td colspan="2">②　滞納者に対し、参加差押通知書（徴令38、36②）により通知（徴86②）</td></tr>
<tr><td rowspan="3">③　関係者への通知等</td><td>参加差押財産が電話加入権であるときは、第三債務者（東日本電信電話株式会社又は西日本電信電話株式会社）に対し参加差押通知書（徴令38、36③）により通知（徴86②）</td></tr>
<tr><td>参加差押財産が不動産、船舶、航空機、自動車、建設機械及び小型船舶であるときは、参加差押えの登記（登録）を関係機関に嘱託（徴86③）</td></tr>
<tr><td>参加差押えに係る財産上の質権者等で判明している者に対し、参加差押通知書（徴令38、36③）により通知（徴86④）</td></tr>
</table>

○　参加差押えの手続

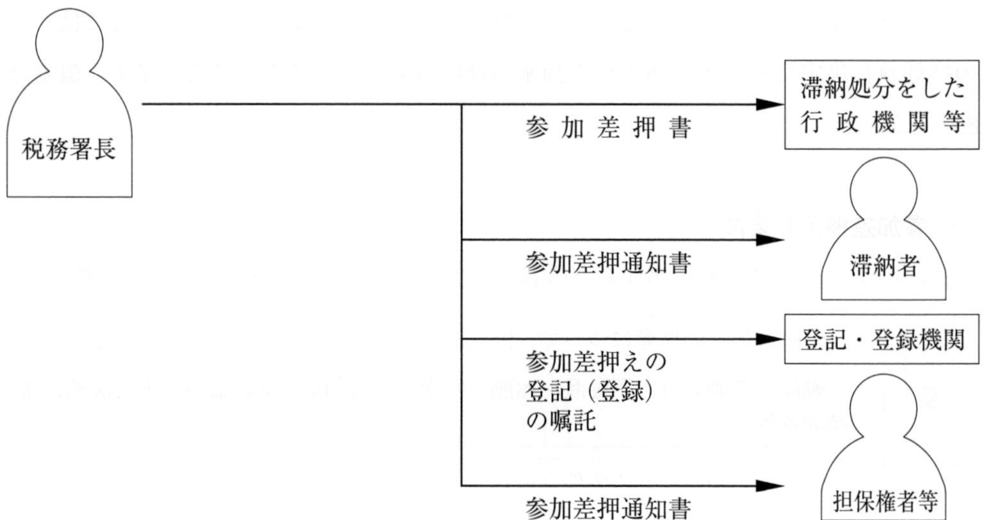

○　差押財産が譲渡された場合の参加差押え等

滞納者Ａの所有財産が、その者の滞納処分により差し押さえられ、その後その差押財産が第三者Ｂに譲渡された場合は、滞納者Ａの国税につき参加差押えをすることはできませんが、交付要求をすることはできます。

また、第三者Ｂが国税を滞納している場合は、第三者Ｂの国税を徴収するため、その財産を差し押さえることはできますが、滞納者Ａに対する滞納処分による差押えについて、参加差押え又は交付要求をすることはできません（徴基通86－６参照）。

差押えの効力（処分禁止の効力）☞第５章第１節９⑴参照

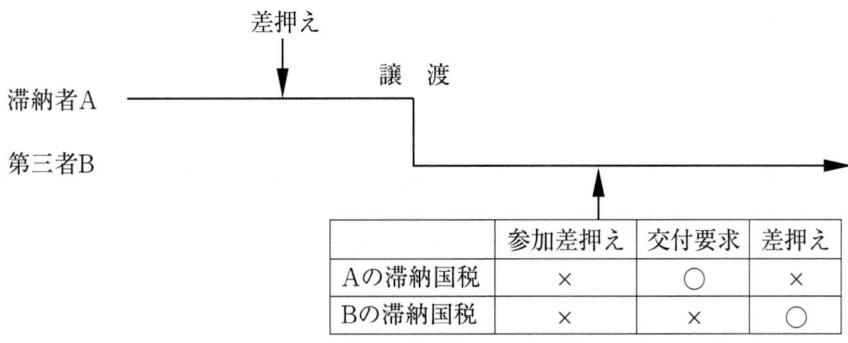

	参加差押え	交付要求	差押え
Aの滞納国税	×	○	×
Bの滞納国税	×	×	○

(注)　第三者Bを滞納者として行った差押えに基づく換価は、譲渡人Aを滞納者として行った差押えの効力が失われるまでは行わないこととしています(徴基通47－61参照)。

3　参加差押えの効力

<table>
<tr><td rowspan="9">効力</td><td>配当を受ける効力</td><td colspan="2">換価代金から配当を受けることができます（徴基通87－1(1)）。</td></tr>
<tr><td>時効の完成猶予の効力</td><td colspan="2">参加差押えは、徴収権の消滅時効の完成猶予の効力を有し、参加差押えがされている間は時効が完成しません（通73①五）。</td></tr>
<tr><td>換価遅延に対し催告ができる効力</td><td colspan="2">先行の滞納処分による差押財産が相当期間内に換価に付されないときは、速やかにその財産の換価をすべきことをその滞納処分をした行政機関等に催告することができます（徴87③）。</td></tr>
<tr><td>差押財産の引渡しを受ける効力</td><td colspan="2">参加差押えをした財産が動産、有価証券、自動車、建設機械及び小型船舶である場合に、先行の滞納処分による差押えが解除されたときは、その差押えを解除した行政機関等からその財産の引渡しを受けることができます（徴基通87－1(3)）。</td></tr>
<tr><td rowspan="4">先行の差押えが解除された場合の効力</td><td colspan="2">参加差押えをした財産について、先行の差押えが解除されたときは、次の財産の種類ごとに、それぞれに掲げる時にさかのぼって差押えの効力が生じます（徴87①）。</td></tr>
<tr><th>財産</th><th>差押えの効力が生ずる時</th></tr>
<tr><td>動産及び有価証券</td><td>参加差押書が先行の差押えをした行政機関等に交付された時</td></tr>
<tr><td>不動産（鉱業権及び特定鉱業権を除く。）、船舶、航空機、自動車、建設機械、小型船舶</td><td>参加差押通知書が滞納者に送達された時。ただし、参加差押えの登記又は登録がその送達前にされた場合は、その登記又は登録がされた時</td></tr>
<tr><td></td><td>鉱業権及び特定鉱業権</td><td>参加差押えの登録がされた時</td></tr>
<tr><td></td><td>電　話　加　入　権</td><td>参加差押通知書が第三債務者に送達された時</td></tr>
<tr><td>換価執行決定をした場合の効力</td><td colspan="2">換価執行決定に基づき、参加差押不動産の換価処分ができます（徴89①、徴基通86－1、87－1(4)）。</td></tr>
</table>

4　参加差押えの解除

参加差押えに係る国税が消滅したとき、又は強制換価手続により配当を受けることができる債権者から参加差押えを解除すべきことの請求があり、それを相当と認めるときは、参加差押えを解除しなければなりません（徴88、徴令42）。

<table>
<tr><td rowspan="5">解除</td><td colspan="2">参加差押えに係る国税の消滅（納付、充当、課税の取消（減額）等）（徴88①、84①）</td></tr>
<tr><td rowspan="4">先行の滞納処分手続により配当を受けることができる債権者が、右の要件のいずれにも該当するとして参加差押えを解除すべきことを請求してきた場合において、その請求を相当と認めるとき（徴88①、85）</td><td>要　　件</td></tr>
<tr><td>①　その参加差押えにより自己の債権の全部又は一部の弁済を受けることができないこと。</td></tr>
<tr><td>②　滞納者が他に換価の容易な財産で第三者の権利の目的となっていないものを有していること。</td></tr>
<tr><td>③　②の財産によりその参加差押えに係る滞納国税の全額を徴収することができること。</td></tr>
</table>

(注)　解除の請求を相当と認めないときは、その旨を請求者に通知しなければなりません（徴88、85②後段）。

○　**参加差押解除の手続**

<table>
<tr><td rowspan="4">手続</td><td>①　参加差押えに係る行政機関等に対し、参加差押解除通知書により通知（徴88①、84②）。</td></tr>
<tr><td>②　滞納者及び参加差押えの通知をした質権者等に対し、参加差押解除通知書により通知（徴88①、84③）。</td></tr>
<tr><td>③　参加差押えの登記又は登録をした財産の参加差押えを解除したときは、その登記又は登録の抹消を関係機関に嘱託（徴88②）。</td></tr>
<tr><td>(注)　電話加入権の参加差押えを解除したときは、第三債務者（東日本電信電話株式会社又は西日本電信電話株式会社）に参加差押解除通知書により通知します（徴88③）。</td></tr>
</table>

5　先行差押えの解除時の措置

参加差押えを受けている財産の差押えを解除する場合において、その財産が動産、有価証券、自動車、建設機械又は小型船舶（徴収職員が占有しているものに限ります。以下「動産等」といいます。）であるときは、まず、その差押えの解除によって差押えの効力が生じることになる参加差押えをしている行政機関等に、その動産等を引き渡し、その後において差押えの解除を行うこととされています（徴87②、徴基通87－4）。

(1) 動産等の引渡しの手続

滞納処分による差押えを解除するときは、その差押えの解除によって差押えの効力が生じることになる参加差押えをしている行政機関等に動産等を引き渡すため、速やかに、その旨をその行政機関等に書面で通知しなければなりません（徴令39①）。

引渡しの方法は、次の二つがあります。

方法

① 徴収職員が直接その動産等の引渡しをする方法

② その動産等を徴収職員以外の保管者に依頼して、参加差押えをしている行政機関等に引渡しをさせる方法

㊟ ②の方法によりその動産等の引渡しをするときは、参加差押えをしている行政機関等に対する通知の書面に、保管者から直接その動産等の引渡しをさせる旨を付記するとともに、その動産等の保管者に送付した、参加差押えをしている行政機関等へ動産等の引渡しをすべき旨の書面を添付しなければなりません（徴令39②）。

なお、動産等の引渡しをした場合において、その動産等に係る質権者等の権利者に対して差押解除の通知（徴81）をするときは、参加差押えをしている行政機関等にその動産等を引き渡した旨を併せて通知しなければなりません（徴令39③）。

(2) 動産等の引渡しを受けた場合の措置

参加差押えが差押えの効力を生じた場合において、(1)の差押財産引渡しの通知書又はこれに準ずる書面の送付を受けたときは、次の措置をしなければなりません（徴令40、徴基通87－10）。

措置

① 徴収職員は、遅滞なく、その通知に係る動産等の引渡しを受けます（徴令40①前段）。

㊟ 動産等を徴収職員（行政機関等の徴収職員に準ずるものを含みます。）以外の保管者から受け取るときは、その保管者に対し、差押財産引渡しの通知書に添付されたその保管者あての動産等の引渡しをすべき旨の書面を交付します（徴令40①後段）。

② 必要があると認めるときは、引渡しを受けた動産等を滞納者又はその動産等を占有する第三者に保管させることができます（徴令40②本文）。

㊟ 第三者に保管させる場合には、動産等の運搬が困難であるときを除き、その第三者の同意が必要になります（徴令40②ただし書）。

③ 引渡しを受けた動産等を滞納者又はその動産等を占有する第三者に保管させた場合には、封印、公示書その他の方法によりその動産等が差押財産であることを明白に表示しなければなりません（徴令40③）。

㊟ この場合における封印等の表示は、差押えの効力発生要件ではなく、徴収職員が差押財産を占有していることを明らかにするために行うものです（徴基通87－11）。

④　①により動産等の引渡しを受けたときは、引渡しをした行政機関等に対し、動産等の引渡しを受けた旨を通知します（徴令40④）。

○　差押えを解除した場合のその他の措置

参加差押えを受けている動産等の差押えを解除したときは、徴収法80条２項及び３項（差押解除の措置）並びに81条（質権者等への差押解除の通知）の規定による手続をするほか、次の措置をしなければなりません（徴基通87－７）。

参加差押えを受けている動産等の差押えを解除した場合の措置

①　２以上の参加差押えがされているときは、その参加差押書（当該差押解除により差押えの効力が生じることになる参加差押書を除きます。）又はその写し及び滞納処分による差押えに関し徴収法又は徴収法施行令の規定により提出されたその他の書類のうち、滞納処分に関し必要なもの（不服申立てに係るものを除きます。）を、当該差押解除により差押えの効力が生じることになる参加差押えをした行政機関等（以下「参加差押えの行政機関等」といいます。）に引き渡します（徴令41①）。
なお、滞納処分による差押え等に関する書類の引渡しについては、参加差押えが一つだけである場合においても、同様に取り扱います。

②　①により参加差押えの行政機関等に引き渡す参加差押書又はその写しには、差押えの解除をした税務署におけるそれらの参加差押書の受付順序を明白に表示します。

③　参加差押えの行政機関等以外の参加差押えをしていた行政機関等又は徴収法55条（質権者等に対する差押えの通知）に規定する質権者等に対し、参加差押えの行政機関等の名称及びその行政機関等に差押財産を引き渡した旨を通知します（徴81、徴令39③参照）。

④　徴収法59条２項（同条４項において準用する場合を含みます。）の規定により、差し押さえた財産の使用又は収益をしている者及び同法129条１項４号（配当を受ける損害賠償請求権等に係る債権）に掲げる債権を有する者に対し、③に準じて通知します。

（注１）　①により、参加差押書その他の書類が参加差押えの行政機関等に引き渡された場合には、その参加差押えをした行政機関等は、その参加差押えをした時に、参加差押えの行政機関等に対して参加差押えをしたものとみなされ、引渡しがされたその他の書類は、参加差押えの行政機関等に提出されたものとみなされます（徴令41②、徴基通87－９）。
（注２）　徴収法59条１項又は３項（引渡命令を受けた第三者の権利の保護）（同条４項又は同法71条４項において準用する場合を含みます。）の規定により配当を受けることができる権利は、参加差押えの行政機関等に対して行使することができます（徴令41③④、徴基通87－12）。

引渡命令を受けた第三者の権利の保護☞第５章第２節２⑶参照

○　**差押解除後の参加差押えの効力**

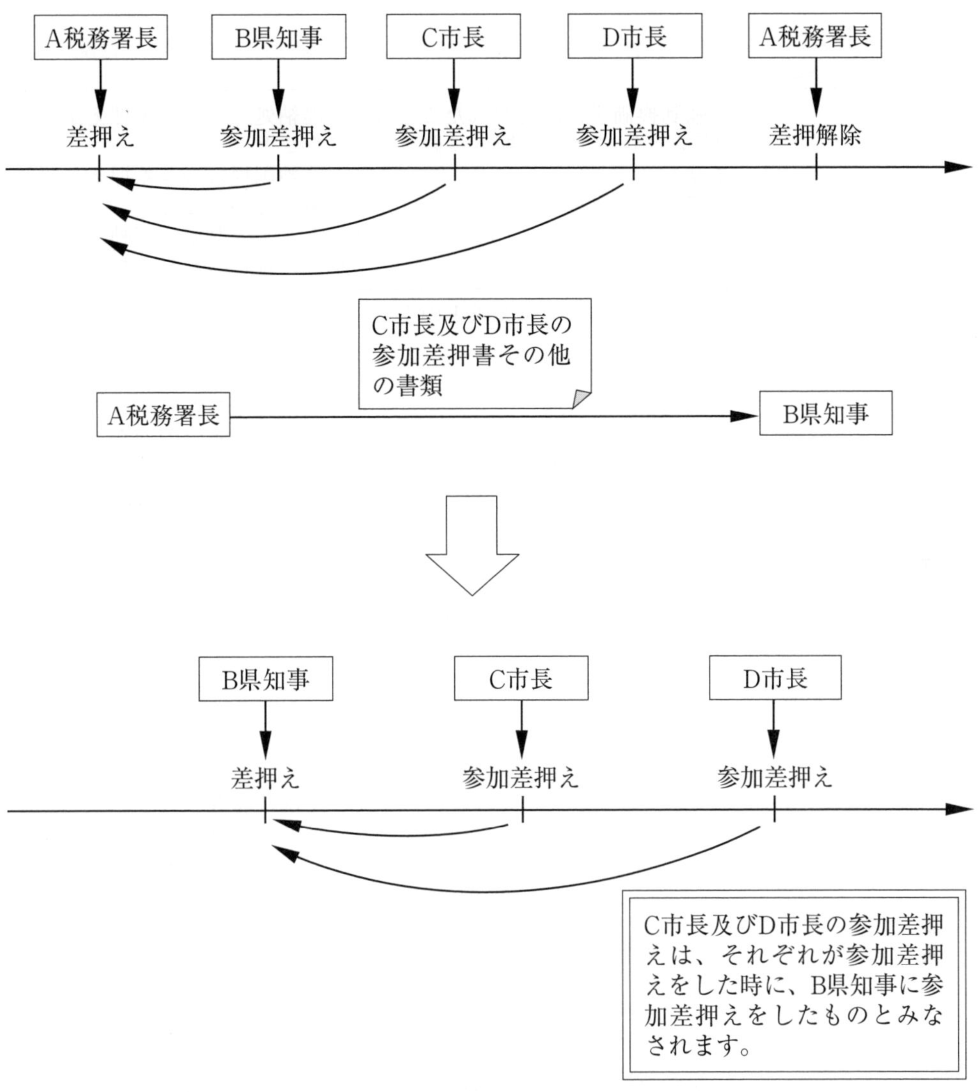

○　交付要求と参加差押えの比較

区分 要件等	交付要求（徴82）	参加差押え（徴86）
要　件	①　強制換価手続が行われたこと（滞納処分による差押えに限りません。）。 ②　滞納国税があること。	①　滞納処分による差押えが行われたこと。 ②　滞納国税につき差押えの要件を備えていること。 ③　上記①の財産が不動産、自動車等の特定のものであること。
手　続	①　執行機関への交付要求書の交付 ②　滞納者への通知 ③　質権者等への通知	①　行政機関等への参加差押書の交付 ②　滞納者への通知 ③　質権者等への通知 ④　第三債務者への通知（電話加入権の場合） ⑤　参加差押登記・登録の嘱託（不動産等の場合）
効　力	①　配当を受けられる。 ②　国税の徴収権の消滅時効の完成猶予 ③　交付要求先着手による優先 ④　先行差押えの解除又は取消しにより失効	①　配当を受けられる。 ②　国税の徴収権の消滅時効の完成猶予 ③　（交付要求）先着手による優先 ④　先行差押えの解除又は取消しにより差押えの効力を生ずる。 ⑤　換価の催告ができる。 ⑥　換価執行決定をしたときは、その参加差押不動産について換価処分ができる。
制限と解除請求	①　特定の場合には交付要求をしない。 ②　債権者は、一定の要件のもとに解除請求ができる。	①　特定の場合には参加差押えをしない。 ②　債権者は、一定の要件のもとに解除請求ができる。
解　除	国税が消滅した場合、解除請求を相当と認めた場合に解除 ①　執行機関への通知 ②　滞納者への通知 ③　質権者等への通知	国税が消滅した場合、解除請求を相当と認めた場合に解除 ①　行政機関等への通知 ②　滞納者への通知 ③　質権者等への通知 ④　第三債務者への通知（電話加入権の場合） ⑤　参加差押登記・登録の抹消の嘱託

第３節　参加差押えをした税務署長による換価執行

1　参加差押えをした税務署長による換価執行

⑴　換価執行決定の要件

次のいずれにも該当する場合は、参加差押税務署長は、その参加差押えに係る不動産（以下「参加差押不動産」といいます。）について、換価の執行をする旨の決定（以下「換価執行決定」といいます。）をすることができます（徴89の２①）。

執行決定の要件
①　参加差押不動産について、換価催告（徴87③）をしてもなお換価に付されないこと。
②　換価執行について、差押行政機関等の同意を得ていること。
③　参加差押不動産について、強制執行又は担保権の実行としての競売（以下「強制執行等」といいます。）が開始されていないこと。
④　参加差押不動産の換価が制限されていないこと（徴基通89の２－４参照）。

（注１）　先に参加差押えをした他の行政機関等がある場合であっても、当該行政機関等の同意を要することなく、換価執行決定をすることができます（徴基通89の２－１）。

（注２）　実務上、参加差押えに係る国税に配当見込みがない場合は、換価執行決定を行わない取扱いとしています（徴基通89の２－５）。

⑵　換価の執行に係る同意

次のいずれにも該当する場合は、差押行政機関等は、参加差押税務署長からの求めに応じて、換価執行に同意することができます（徴89の２②）。

同意要件
①　参加差押不動産の換価が相当と認められること。
②　参加差押不動産について、他の執行機関等に対して換価執行の同意をしていないこと。

㈱「換価が相当と認められること」とは、他の参加差押えをした行政機関等による換価の執行に同意していない場合であって、おおむね次のいずれにも該当しないときをいいます（徴基通89の２－６）。

⑴　差押えをした行政機関等において換価の見込みがある場合

⑵　差押えをした行政機関等が納税の猶予又は徴収若しくは滞納処分に関する猶予をした場合（これらが見込まれる場合を含みます。）

⑶　差押処分に対する不服申立て又は訴訟が係属中であり、その争点が差押財産の帰

属など、換価執行決定をしようとする税務署長の参加差押えの違法事由となり得るものである場合

⑶　換価執行決定の効力

換価執行決定の効力は、換価執行について同意した差押行政機関等（以下「換価同意行政機関等」といいます。）に告知した時に生じます（徴89の２③）。

⑷　滞納者等への換価執行決定の通知

換価執行決定をした税務署長（以下「換価執行税務署長」といいます。）は、速やかに、滞納者及び換価執行決定をした参加差押不動産について交付要求（参加差押えを含みます。）をした行政機関等に対して、換価執行決定をしたことを通知しなければなりません（徴89の２④）。

⑸　換価執行税務署長による換価

換価執行税務署長は、換価執行決定をした参加差押不動産（以下「特定参加差押不動産」といいます。）を換価することができます（徴89）。

この場合において、換価同意行政機関等は、改めて交付要求などの手続を行うことなく換価代金等から配当を受けることができます（徴129①二）。

また、換価執行決定の前に換価同意行政機関等に対して交付要求（参加差押えを含みます。）をした行政機関等についても、その交付要求をした時に換価執行税務署長に対して交付要求をしたものとみなされるため、換価執行税務署長から配当を受けることができます（徴令42の２②、徴基通89の２－８）。

○　参加差押えをした税務署長による換価執行

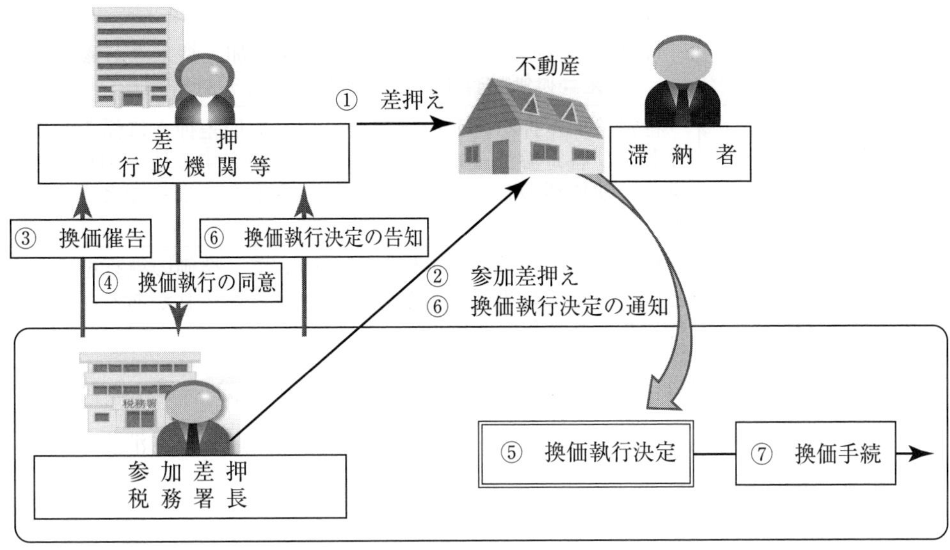

2　換価執行決定の取消し

(1)　取消事由

イ　換価執行決定を取り消さなければならない場合（義務的取消し）

換価執行税務署長は、次に掲げる場合には、換価執行決定を取り消さなければなりません（徴89の３①）。

参加差押えの解除 （徴89の３①一）	換価執行決定に係る参加差押え（以下「特定参加差押え」といいます。）を解除したとき。
先行差押えの解除 （徴89の３①二）	換価同意行政機関等による差押え（以下「特定差押え」といいます。）が解除されたとき。 （ただし、次の場合（※１）は除きます（徴令42の３①参照）。） （※１） 特定差押えが解除された場合において、換価同意行政機関等による参加差押えが差押えの効力を生ずるとき。 （ただし、特定参加差押不動産について強制執行等が開始されている場合等（※２）は除きます。） （例）Ａ差押え⇒Ａ参加差押え⇒Ｂ参加差押え⇒換価執行決定（Ａ→Ｂ）⇒Ａ差押解除 （※２） ①　特定参加差押不動産について、強制執行等が開始されている場合（徴令42の３①一）。 ②　換価同意行政機関等による参加差押えよりも先にされた交付要求がある場合（徴令42の３①二）。 （例）Ａ差押え⇒Ｃ交付要求⇒Ａ参加差押え⇒Ｂ参加差押え

	⇒換価執行決定（A → B）⇒ A 差押解除 ③　特定差押えと特定参加差押えとの間に当該不動産に設定された用益権等がある場合（徴令42の３①三）。 （例）A 差押え⇒ D 地上権設定⇒ A 参加差押え⇒ B 参加差押え⇒換価執行決定（A → B）⇒ A 差押解除
無益な差押え （徴89の３①三）	特定参加差押不動産の価額が、特定参加差押えに係る滞納処分費及び特定参加差押えに係る国税に優先する他の国税、地方税その他債権の合計額を超える見込みがなくなったとき（徴79①二参照）。
生活困窮 （徴89の３①四）	特定参加差押えに係る滞納者について、換価の執行をすることによってその生活を著しく窮迫させるおそれがあると認められるとき（徴令42の３②）。

ロ　換価執行決定を取り消すことができる場合（裁量的取消し）

換価執行税務署長は、次に掲げる場合には、換価執行決定を取り消すことができます（徴89の３②）。

超過差押え （徴89の３②一）	特定参加差押えに係る国税の一部の納付、充当、更正の一部取消し、特定参加差押不動産の価額の増加その他の理由（徴基通89の３－６参照）により、その価額が特定参加差押えに係る国税及びこれに優先する他の国税、地方税その他の債権の合計額を著しく超過すると認められるに至ったとき（徴79②一参照）。
差押換え （徴89の３②二）	滞納者が差し押さえることができる適当な財産を提供した場合おいて、その財産を差し押さえたとき（徴79②二参照）。
売却見込みのない財産 （徴89の３②三）	特定参加差押不動産について、３回公売に付しても入札等がなく、更に公売に付しても売却の見込みがないとき（徴79②三参照）。（☞ 第７章第２節３⑾ハ参照）
猶予など （徴89の３②四）	特定参加差押えに係る国税について、納税の猶予（通46①～③）又は換価の猶予（徴151①、151の２①）をしたとき、その他これに類するものとして税務署長が換価執行決定の取消しを相当と認める事由があるとき（徴令42の３③）。

㈾「その他これらに類するものとして換価執行税務署長が換価執行決定の取消しを相当と認める事由があるとき」とは、おおむね次に掲げるときをいいます（徴基通89の３－10）。

⑴　国税に関する法律の規定により換価することができない期間（徴基通89－６参照）が終了するまでに長期間を要すると認められるとき

⑵　換価執行税務署長が特定参加差押えに係る国税につき納付受託をしたとき（通55）

⑶　次に掲げる場合において、換価執行税務署長が換価執行決定を取り消すことを相当と認めるとき

イ　換価同意行政機関等が納税の猶予をしたとき

ロ　換価同意行政機関等の処分に対する不服申立て又は訴訟が提起された場合において、その争点が差押財産の帰属など、換価執行税務署長の参加差押えの違法事由となり得るものであるとき

⑵　滞納者等への換価執行決定の取消しの通知

換価執行税務署長は、換価執行決定を取り消したときは、速やかに、滞納者、換価同意執行機関等及び特定参加差押不動産について交付要求をした者（換価同意行政機関等による差押えが解除されたことによる換価執行決定の取消しにあっては、その換価同意行政機関等を除きます。）に対して、換価執行決定を取り消したことを通知しなければなりません（徴89の３③）。

なお、換価同意執行機関等は、換価執行決定が取り消された後でなければ、特定参加差押不動産について公売その他滞納処分による売却のための手続をすることはできません（徴89の３④）。

⑶　換価執行決定の取消しをした場合における書類の引渡し

換価執行税務署長は、換価執行決定を取り消す場合において、その取消し前に交付要求書又は参加差押書（以下「交付要求書等」といいます。）の交付を受けているときは、当該換価執行決定を取り消したことにより執行機関となる行政機関等に対して、交付要求書等及び差押関係書類を引き渡さなければなりません（徴令42の３④）。

なお、上記引渡しがあった場合において、その引き渡された交付要求書等に係る交付要求をした行政機関等は、その交付要求をした時に、引渡しを受けた行政機関等に対して交付要求をしたものとみなされるとともに、その行政機関等に対して当該書類を提出したものとみなされます（徴令42の３⑤）。

⑷　換価執行決定の取消しをした税務署長による換価の続行

特定差押えが解除された場合において、特定差押えの解除により特定参加差押えについて差押えの効力が生じたときは、その換価執行決定の取消しを行った税務署長は、次に掲げる場合を除いて、その換価執行決定に基づき行った換価手続をその差押えによる換価手続とみなして、 その差押えに係る不動産（以下、この項において「差押不動産」といいます。）につき換価を続行することができます（徴89の４）。

（例）Ａ差押え⇒Ｂ参加差押え⇒換価執行決定（Ａ→Ｂ）⇒Ａ差押解除

⇒Ｂ換価執行決定の取消し⇒Ｂ換価続行

イ　差押不動産について強制執行等が開始されている場合。

ロ　換価執行決定の取消しに係る参加差押えよりも先にされた交付要求がある場合。

（例）Ａ差押え⇒Ｃ交付要求⇒Ｂ参加差押え⇒換価執行決定（Ａ→Ｂ）
⇒Ａ差押解除⇒Ｂ換価執行決定の取消し

ハ　特定差押えと特定参加差押えとの間に差押不動産に設定された用益権等がある場合。

（例）Ａ差押え⇒Ｄ地上権設定⇒Ｂ参加差押え⇒換価執行決定（Ａ→Ｂ）
⇒Ａ差押解除⇒Ｂ換価執行決定の取消し

⑸　換価の続行をした場合における交付要求の効力

換価の続行があった場合には、換価執行決定を取り消した税務署長が特定参加差押不動産につき換価執行決定の取消し前に交付を受けた交付要求書等に係る交付要求（参加差押えを含みます。）をした行政機関等は、その交付要求をした時に、換価執行決定を取り消した税務署長に対し交付要求をしたものとみなされます。

なお、この場合において、換価執行決定の取消しをした税務署長は、その旨を換価執行決定の取消しの通知に係る書面に付記しなければなりません（徴令42の４）。

第7章　滞納処分―財産の換価―

第1節　総　　説

1　換価の意義

換価は、滞納国税を徴収するため、租税債権者である国が差し押さえた財産を強制的に金銭に換える処分であり、差押財産は換価しなければならないとされています。

換価処分には、動産・不動産等の売却処分と差押債権等の取立てがありますが、通常、滞納処分による差押財産の換価とは、売却処分（狭義の換価）のことをいいます(徴89)。

換価（広義の換価）	動産等の売却処分（狭義の換価）
	差押債権等の取立て

差押債権の取立て☞第5章第3節5参照

㈲　以下、この章では、「換価」とは、狭義の換価をいいます。

2　換価の対象となる財産

換価の対象となる財産は、次の「換価の対象とならない財産」を除いた差押財産(特定参加差押不動産を含みます。以下「差押財産等」といいます。）です。

換価の対象とならない財産	
	①　金銭（徴56③）
	②　債権（徴67①）
	③　有価証券に係る金銭債権の取立てをする場合（徴57①）におけるその有価証券
	④　第三債務者等がある無体財産権等に係る金銭債権の取立てをする場合（徴73⑤、67①）におけるその無体財産権等
	⑤　振替社債等に係る金銭債権の取立てをする場合（徴73の2④、67①）におけるその振替社債等

（注1）　債権については、原則として、取立ての方法によりますが、その全部又は一部の弁済期限が取立てをしようとする時から6月以内に到来しないもの及び取立てをすることが著しく困難であると認められるものは、換価することができます（徴89②)。

この場合において、「著しく困難」とは、差し押さえた債権が、不確定期限であるもの、条件の付けられたもの、反対給付に係るもの等で、かつ、取立てまでに要する期間、条件その他債権の内容により取立てをすることが社会通念上著しく困難なことをいいます。また、６月以内に取立ての見込まれないことが明白な債権は取立てが著しく困難なものとして換価することができます（徴基通89－２(2)）。

（注２）　有価証券については、金銭債権の取立てをすることができるものであっても、その金銭債権の履行期日が既に到来しているもの又は近い将来において履行期日が到来するものであって、換価をするよりもその債権の取立てをする方が徴収上有利であると認められるものに限って、取立ての方法によることとしています（徴基通57－３、89－２参照）。また、金銭債権の取立てをすることができないもの（株券等）は、換価します。

（注３）　第三債務者等がある無体財産権等及び振替社債等についても、基本的に有価証券と同様です（徴基通73－59、73の２－９参照）。

（注４）　外国通貨（本邦以外の通貨）は、動産として差し押さえます。この場合においては、徴収職員は速やかに、差し押さえた外国通貨を本邦通貨と両替した上で金銭を差し押さえた場合と同様に処理します（徴基通56－８）。

3　換価の制限

以下に掲げる場合には、差し押さえた財産の換価が制限されています（徴基通89－６、90－１）。

	区　　分	換価が制限される期間
滞納国税に関する制限	納税者の国税を保証人又は第二次納税義務者から徴収する場合におけるその保証人等が納付すべき国税	その納税者の財産を換価に付すまでの期間（徴32④、通52⑤）、又は保証人若しくは第二次納税義務者がその国税に関する滞納処分等につき訴えを提起した場合におけるその訴訟の係属する期間（徴90③）
	担保のための仮登記がされた財産を差し押さえた場合の徴収法55条２号の通知に係る国税	徴収法55条２号の通知（担保のための仮登記に係るものに限ります。）に係る差押えにつき訴えの提起があった場合におけるその訴訟の係属する期間（徴90③）
	譲渡担保権者の物的納税責任（徴24①）により譲渡担保財産から徴収する納税者の国税	その納税者の財産を換価に付すまでの期間（徴24③、32④）、又は譲渡担保権者が、その国税に関する滞納処分等につき訴えを提起した場合におけるその訴訟の係属する期間（徴24③、90③）

滞納国税に関する制限	換価の猶予（徴151①、151の2①、第10章第1節参照）がされている場合におけるその猶予された国税	その猶予期間
	更正の請求があった場合の徴収の猶予（通23⑤）又は不服申立てに係る徴収の猶予等（通105②、⑥）による徴収の猶予がされている場合におけるその猶予された国税	その猶予期間
	納税の猶予（通46①～③）がされている場合におけるその猶予された国税	その猶予期間（通48①）
	内部取引に係る課税の特例に係る納税の猶予（措40の3の4）、国外所得金額の計算の特例（措41の19の5）、国外関連者との取引に係る課税の特例に係る納税の猶予（措66の4の2）、外国法人の内部取引に係る課税の特例（措66の4の3）又は国外所得金額の計算の特例（措67の18）の規定による納税の猶予がされている場合におけるその猶予された国税	その猶予期間（通48①、措40の3の4④、41の19の5⑬、66の4の2④、66の4の3⑭、67の18⑬）
	不服申立てに係る国税	その不服申立てについての決定又は裁決があるまでの期間（通105①ただし書）
	会社更生法の規定により租税債権が猶予されている場合におけるその猶予された国税（更169①）	その猶予期間
	予定納税に係る所得税	その年分の所得税に係る確定申告期限までの期間（所117）
他の手続等による制限	第三者による換価の申立て（徴50③）があった場合（第5章第1節5(5)参照）において、その申立てに係る財産が換価の著しく困難なもの又はその申立者以外の第三者（滞納者を除きます。）の権利の目的となっているもの以外であるとき	その申立てがあった時からその申立てに係る財産を換価に付すまでの期間
	強制執行続行の決定等（滞調9）により強制執行等の続行の決定があった場合	その強制執行等の係属する期間（滞調10、22等）
	会社更生法に基づく滞納処分の中止命令（更24②）又は包括的禁止命令（更25①）により滞納処分の中止を命ぜられた場合	その中止が命じられている期間（更24③、25③）
	更生手続開始の決定（更41）があった場合	原則として、更生手続開始の決定の日から1年間（更50②）
	仮処分が執行された財産を差し押さえている場合の当該差押財産の換価	仮処分の被保全権利の内容等に応じて取り扱います（第4章第2節3(2)参照）。

財産の状態からの制限		
	果実（植物の果実をいい、いわゆる果物のほか、馬鈴しょ、落花生等の野菜類等を含みます（徴基通90－３）。）	成熟（通常の取引に適する状態となることをいいます（徴基通90－４）。）するまでの期間（徴90①）
	蚕	繭となるまでの期間（徴90①）
	生産工程中における仕掛品（栽培品その他これらに類するものを含む。）で、完成品となり又は一定の生産過程に達するのでなければ、その価額が著しく低くて通常の取引に適さないもの	完成品となるまで又は一定の生産過程に達するまでの期間（徴90②）

（注１）「生産工程中」とは、生産の作業が完成品となる前段階にあり、まだ作業が継続していることをいいますので、事業の休廃止等に係る仕掛品は換価制限がありません（徴基通90－５）。

（注２）「仕掛品」とは、一定時点において製品、半製品、部分品の生産のために現に仕掛中、加工中のものをいい、なお製造過程中にあって、製品又は半製品となる前段階にあり、まだ販売に適しないものをいいます（徴基通90－６）。

（注３）「その他これらに類するもの」とは、仕掛品に類するもの及び栽培品に類する稚魚、ひな等をいいます（徴基通90－７）。

（注４）「完成品」とは、その生産等の作業により通常の取引に適する状態に至った物をいいます。

なお、完成品とならなくても、著しく低額にならない物（例えば、塗装だけが終わっていない机等）は換価することができます（徴基通90－８）。

４　換価前の措置

差し押さえた自動車、建設機械又は小型船舶（以下、この章において「自動車等」といいます。）については、原則として換価前に占有を行う必要があります（徴91）。また、差押財産等を換価する場合には、必要に応じ修理等の処分を行うことができます（徴93）。

区　分	措置の内容
自動車等の占有	○ 自動車等の換価は、換価に支障がないと認められるときを除き、徴収職員が占有した後に行います（徴91）。 ㈲「換価に支障がないと認められるとき」とは、自動車等の評価、買受希望者の下見点検、売却決定後の引渡し等の換価に伴う手続に支障がないと認められるときをいいます（徴基通91－1）。 ○ 滞納者又は賃借人等の第三者に保管させている動産又は有価証券については、特に搬出を困難とする事情のない限り、搬出した後に換価します。 ○ 船舶、航空機については、停泊させた後に換価します。
修理等の処分	税務署長は、差押財産等を換価する場合において、必要があると認めるときは、滞納者の同意を得て、その財産につき修理その他その価額を増加する処分をすることができます（徴93）。 （注1）「必要があると認めるとき」とは、修理等の処分をしなければ買受希望者がないと認められるとき、修理等の処分をすることによって滞納国税に充てるべき額が増加すると認められるとき等をいいます（徴基通93－1）。 （注2） 滞納者の同意は、後の紛争を防止するために書面によって徴します（徴基通93－2）。 （注3）「修理その他その価額を増加する処分」とは、差押財産の破損又は減耗部分の修理、取換え、塗装の塗替え等その処分の結果、その処分に要した費用の額以上にその価額が増加するものをいいます（徴基通93－3）。

㈲ 修理等の処分の費用は、滞納処分費として滞納者から徴収します（徴136）。

滞納処分費☞第4章第6節参照

5 買受人の制限

次に掲げる者は、買受人となることができません。

滞　納　者	滞納者は、換価の目的となった自己の財産（徴収法24条3項の規定の適用を受ける譲渡担保財産を除きます。）を、直接であると間接であるとを問わず、買い受けることができません（徴92前段）。
税務職員	国税庁、国税局、税務署又は税関に所属する職員で国税に関する事務に従事する職員は、換価の目的となった財産を、直接であると間接であるとを問わず、買い受けることができません（徴92後段）。

（注1）「直接であると間接であるとを問わず」とは、自己が直接買受人となることだけではなく、実際上自己が取得する目的のもとに自己の計算において、他人を買受名義人とすることをいいます（徴基通92－4）。

（注2） 担保の処分の規定（通52）により担保の処分をする場合における物上保証人及び連帯納付義務者に滞納処分をする場合における他の連帯納付義務者は、買受人の制限を受ける「滞納者」に含まれません（徴基通92－1）。

6　換価の方法

差押財産等を換価するときは、原則として公売（入札又は競り売り）に付さなければなりません（徴94）。

公　　売	公売とは、売却決定（徴111、113）に先立ち、差押財産を買受希望者の自由競争に付した上で、最高価額により売却価額と買受人となるべき者を決定する手続をいいます。 ※　差押財産を強制的に金銭に換える一連の手続を総称していうこともあります。

公売が原則的な換価の方法とされる理由は、不特定多数の者が公売に参加できる公開の競争市場において売却することにより、手続の適正性・公正性を維持するのに適しており、しかも高価に売却することがある程度まで制度的に保障されているためです。

公売に付することが適当でないと認められるとき等	一定の要件に該当する場合は、公売に代えて、随意契約による売却（徴109）又は国による買入れ（徴110）をすることができます。

㈟　国は、公売に付しても入札がないといった場合において、必要があるときは、その直前の公売における見積価額を下回らない見積価額でその財産を買い入れることができます（徴110）。

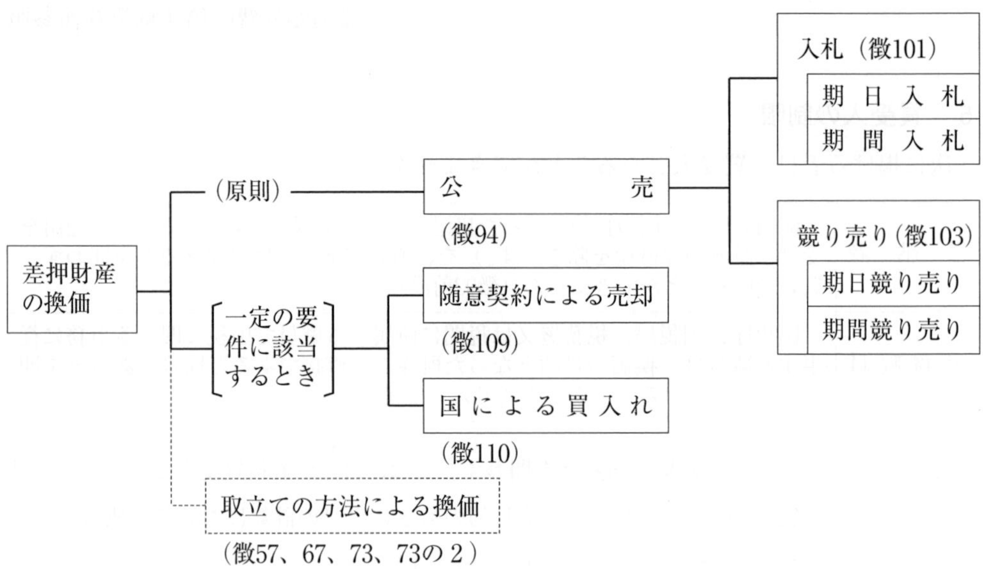

区　分			実　施　方　法
公売	入　札		他の入札者の入札価額を知りえない状況の下、買受希望者に入札書（電子情報処理組織（情報通信技術を活用した行政の推進等に関する法律第6条第1項に規定する電子情報処理組織をいう。以下同じ。）を使用する方法により入札がされる場合は、入札書に相当する当該入札の情報をいう。以下同じ。）を提出（電子情報処理組織を使用する方法により入札がされる場合は、入札書の送信。以下同じ。）させ、見積価額以上で、かつ最高価額の入札者に売却する方法（徴基通94－2）。
		期日入札	1日のうちの入札期間内において入札書を提出させた後、同日中に開札を行う方法（徴基通94－3⑴）
		期間入札	2日以上の連続した入札期間内において入札書を提出させ、あらかじめ定めた開札期日に開札を行う方法（徴基通94－3⑵）
	競り売り		他の買受申込者の買受申込価額を知り得る状況の下、買受希望者に口頭等により順次高価な買受申込みをさせ、見積価額以上で、かつ最高価額の買受申込者に売却する方法（徴基通94－4）
		期日競り売り	買受申込みをすることができる始期を定めて、1日のうちに順次買受申込みを行わせる方法（徴基通94－5⑴）
		期間競り売り	2日以上の連続した競り売り期間内において、順次買受申込みを行わせる方法（徴基通94－5⑵）

（注1）　同種類同価額の財産を一時に多量に入札の方法により公売する場合は、その財産の数量の範囲内において入札者の希望する数量及び単価を入札させ、見積価額以上の単価の入札者のうち、高額の入札者から順次その財産の数量に達するまでの入札者を最高価申込者として、その者にその財産を売却する「複数落札入札制」による方法で売却することができます（徴105①）。

（注2）　入札はインターネット上でも行うことができます。また、期間競り売りは、インターネット上の民間のオークションサイトで行われています。

7　個別換価と一括換価

⑴　個別換価

差押財産については、各財産ごとに個々に換価することを原則とします。

⑵　一括して換価すべき場合

次に掲げる財産は、原則として、一括して換価します（徴基通89－3）。

	財　産	一　括　換　価　の　要　領
1	工場抵当法2条（財団を組成しない工場の土地、建物の抵当権）の規定の適用を受ける土地又は建物に備え付けられている機械、器具等	土地又は建物とともに換価します（徴基通56－10参照）。 ただし、備え付けられている機械、器具等の大半が脱落し、工場としての機能を喪失していると認められる場合において、企業施設としての有機的価値が存在しないときは、個々の物件として各別に換価することができます。

2	工場財団その他の財団の組成物件	工場財団その他の財団として換価します（工場抵当法14①参照）。 ただし、財団として換価することが困難である場合には、抵当権者の同意を得て個々の物件として換価することができます（工場抵当法46参照）。
3	担保権の目的となっている財産の従物	主物とともに換価します。 ただし、担保権者の同意がある場合には、主物とは別個に換価することができます。
4	専有部分とその専有部分に係る敷地利用権が一体化している場合の区分所有建物及びその敷地	一括して換価します。 （建物の区分所有等に関する法律２⑥、22①参照）

(3)　一括換価をすることができる場合

次に掲げる場合は、一括して換価することができます。

	一括換価できる場合	要領
1	譲渡担保財産に、滞納者の有する買戻しの特約のある売買の登記、再売買の予約の請求権保全の仮登記その他これに類する登記があるとき	その権利と譲渡担保財産を一括して換価することができます（徴25①）。
2	複数の財産（滞納者を異にする場合を含みます。）について、相互の利用上、一括して同一の者が買い受けることが相当と認められるとき 具体的には、次のいずれにも該当するとき ①　財産が不動産の場合は、それぞれの財産が客観的かつ経済的にみて、有機的に結合された一体をなすと認められること。不動産以外の場合は、それぞれの財産が同種又は相互に関連性があること。 ②　一括換価をすることにより高価有利に売却できること。 ③　滞納者を異にする場合は、それぞれの滞納者の国税について配当があること。 ④　一括換価をすることを不当とする事由（例えば権利関係が複雑で担保権者に対する配当に支障を来すおそれがあること。）がないこと。 ⑤　売却決定が同一の日であること。 （注１）　上記⑤に該当しない場合であっても、当該複数の財産が主物、従物の関係にあり、個々に換価して買受人が別々になると、一方の財産の搬出等に多額の費用を要するときは、一括して換価することができます。 （注２）　共有に係る差押財産を一括換価する場合は、差押財産の共有者全員が滞納している場合に限られます。	これらの財産を一括して換価することができます（徴89③、徴基通89－４）。

（参考）　不動産等の換価手続（公売（入札）の場合）

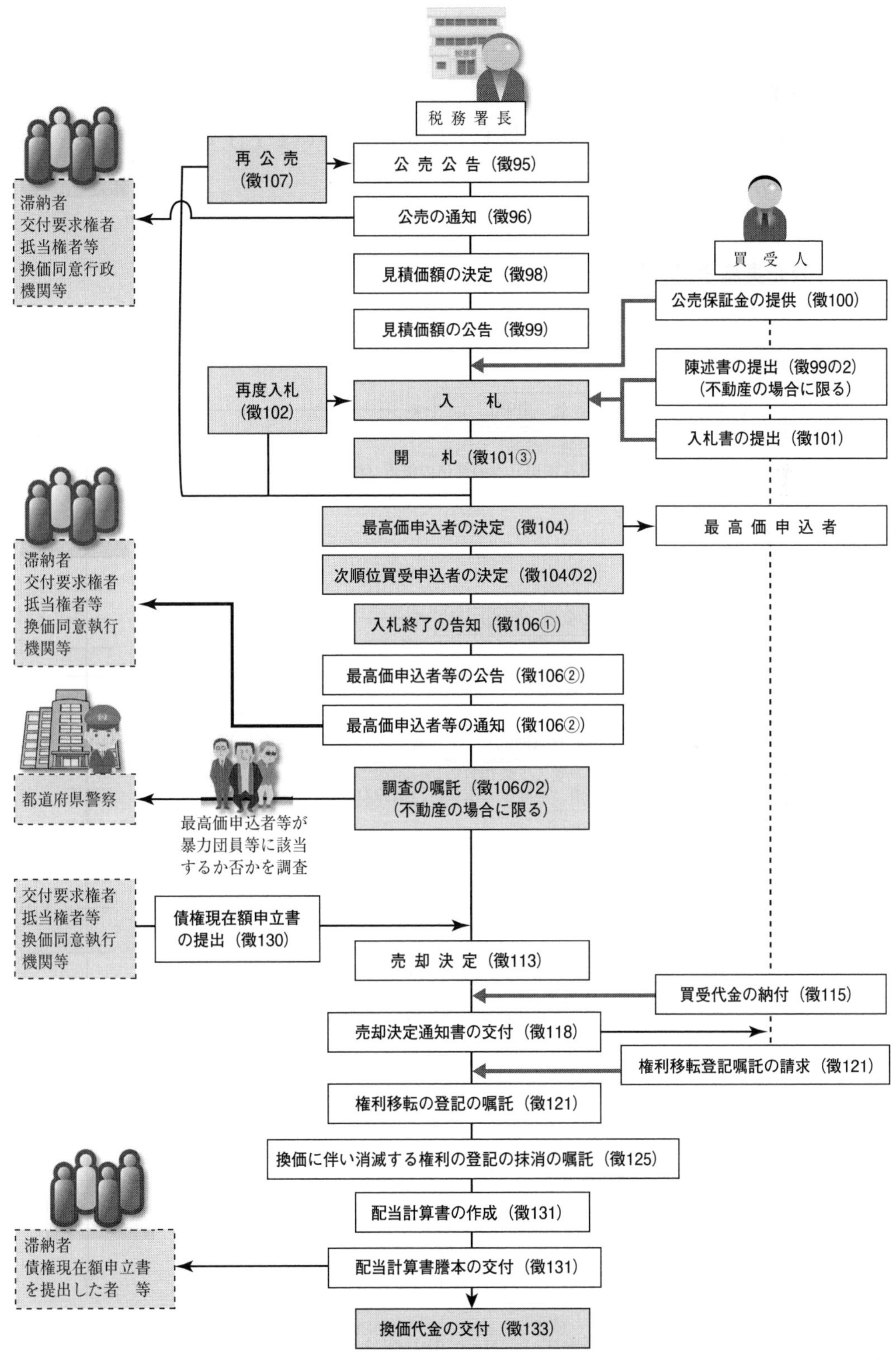

第2節　公　　　　売

1　公売の意義

公売とは、入札又は競り売り（以下「入札等」といいます。）の方法で差押財産を売却する方法です（徴94②）。

2　公売実施手続の概要

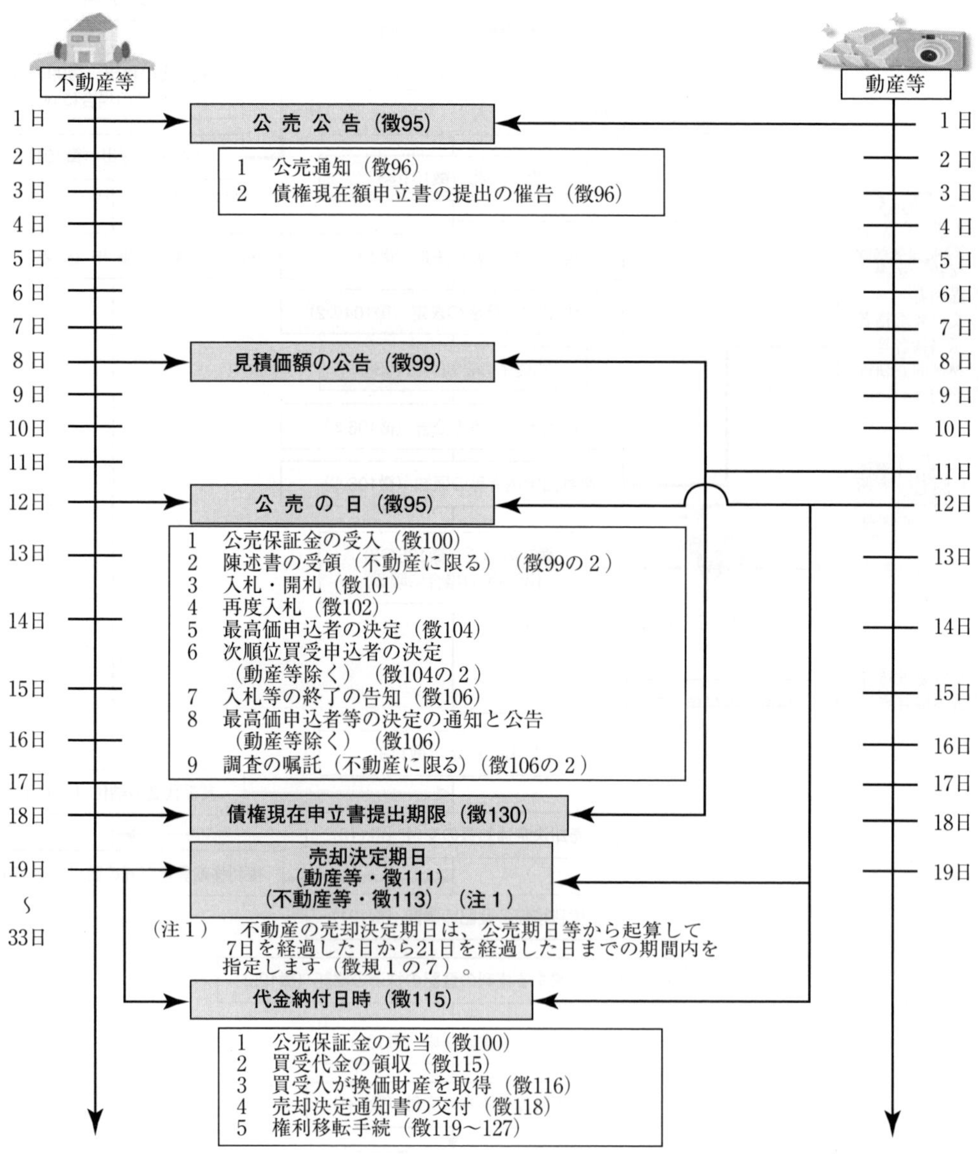

（注２）　見積価額の公告の日、債権現在額申立書提出期限、売却決定期日が休日等に当たっても延長されません（徴基通99－2、99－3、130－2、113－1）。

3　公売の方法

入札又は競り売り終了までの公売手続は、おおむね次のように進行します。

	入札による公売	競り売りによる公売
公売公告	①　原則として、公売の日の少なくとも10日前までに公告（徴95①） ②　公売を実施する国税局又は税務署の掲示場等の公衆の見やすい場所に掲示（徴95②）	
公売の通知	①　滞納者 ②　公売財産につき交付要求をした者 ③　公売財産上に質権等の権利を有する者 ④　換価同意行政機関等 に対して通知（徴96①）	
見積価額の決定	公売財産の時価に相当する価額（基準価額）から公売の特殊性を考慮した減価（公売特殊性減価）を控除して決定（徴98、徴基通98－1、3）	
見積価額の公告	不動産、船舶及び航空機 ・・・公売の日の3日前の日までに公告（徴99①一） 競り売り又は複数落札入札制の方法により公売する財産 ・・・公売の日の前日までに公告（徴99①二） ただし、公売財産が不相応の保存費を要し、又はその価額を著しく減少するおそれがあると認められるときは、公売の日 その他の財産で公告が必要と認めるもの ・・・公売の日の前日までに公告（徴99①三）	
公売保証金の提供 陳述書の提出	公売保証金の提供（入札又は競り売りに係る買受けの申込みに当たっての条件）（徴100） ※　一定の場合には提供を要しないものとすることができます（(6)イ参照）。 入札者等が暴力団員等に該当しないこと等の陳述（公売財産が不動産の場合のみ）（徴99の2）	
入札又は買受申込み	買受希望者は、入札書を徴収職員へ差し出す（徴101①）	買受希望者は、口頭等により買受けの申込みをする（徴103①、徴基通103－1）
開札	徴収職員が入札者等を立ち会わせて開札（徴101③）	↓
最高価申込者の決定	見積価額以上の入札者等のうち最高価額による入札者等を、最高価申込者として決定（徴104）	
入札又は競り売り終了の告知	最高価申込者を定めたときは、直ちにその氏名及び価額を告げた後、入札又は競り売りの終了を告知（徴106①）	

(1)　公売公告

税務署長は、差押財産等を公売に付するときは、原則として、公売の日の少なくとも10日前までに、公売公告をしなければなりません（徴95①本文、徴基通95－２）。

ただし、公売財産が不相応の保存費を要し、又はその価額を著しく減少するおそれがあると認めるときは、この期間を短縮することができます（徴95①ただし書、徴基通95－３）。

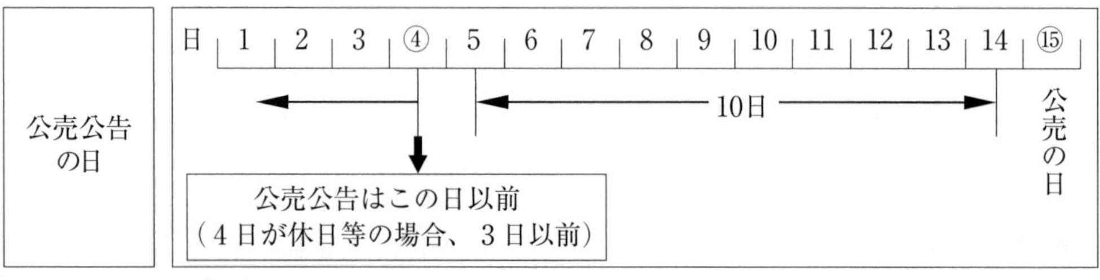

（注１）「公売の日」とは、期日入札又は期日競り売りの場合は、入札等をする日をいい、期間入札又は期間競り売りの場合は、入札期間又は競り売り期間の始期の属する日をいいます（徴基通95－２）。

（注２）徴収法99条１項の規定により見積価額の公告をしなければならないときは、その公告期間より短い公売公告期間とすることはできません（徴基通95－３）。

（注３）「不相応の保存費を要し」とは、公売財産の価額と比べ多額の保存費を要することをいい、例えば、生鮮食料品、腐敗変質するおそれがある化学薬品等で、特殊の保管設備等を要し、このため相当高額の保存費を要するような場合がこれに当たります（徴基通95－４）。

（注４）「その価額を著しく減少するおそれがある」とは、公売財産を速やかに換価しないと、その価額が著しく減少するおそれがあることをいい、例えば、鮮魚、野菜等の生鮮食料品やクリスマス用品等の季節用品のようなものを公売する場合がこれに当たります（徴基通95－５）。

○　公告する事項

公売公告は、公売財産の買受けの申込みを誘引するためのものであり、かつ、売却における契約の条件を示すものです。したがって、このような趣旨に適う必要かつ十分な範囲の事項を公告する必要があります（徴95①）。

公告する事項	備考
○　公売財産の名称、数量、性質及び所在（徴95①一）	買受希望者が公売財産を特定することができ、かつ、その現況を把握できる程度に記載（徴基通95－７）
○　公売の方法（徴95①二）	期日入札、期間入札、期日競り売り又は期間競り売りの方法（徴94②） なお、入札の場合に、最高価申込者を決

	定するに際して複数落札入札制によることとしたときは、その旨を記載（徴基通95－8）
○　公売の日時（徴95①三）	・期日入札及び期間入札の場合は入札期間 ・期日競り売りの場合は買受申込みをすることができる始期 ・期間競り売りの場合は競り売り期間 （徴基通95－９）
○　公売の場所（徴95①三）	・入札の場合は入札書を提出する場所（電子情報処理組織を使用する方法により入札がされる場合は、インターネット上のサイト） ・競り売りの場合は競り売りを行う場所（インターネットを利用する方法により買受申込みを行わせる場合は、インターネット上のサイト）　（徴基通95－10）
○　売却決定の日時及び場所（徴95①四）（売却決定には、次順位買受申込者に対する売却決定を含みます。）	・売却決定をすることができる始期 （徴基通95－11） ・売却決定を行う場所
○　公売保証金を提供させるときは、その金額（徴95①五）	
○　買受代金の納付の期限（徴95①六）	徴収法115条の規定により税務署長が定めた期限（徴基通95－12）
○　公売財産の買受人について一定の資格その他の要件を必要とするときは、その旨（徴95①七）	例えば、農地について買受けの申込みをしようとする者は、都道府県知事等の許可を受ける必要があること（徴基通95－14参照）。
○　公売財産上に質権、抵当権、先取特権、留置権その他その財産の売却代金から配当を受けることができる権利を有する者（徴129①参照）は、売却決定の日の前日までにその内容を申し出るべき旨（徴95①八）	「その内容」とは、債権の元本、利息、弁済期限その他の権利の内容をいい、おおむね、債権現在額申立書に記載すべき事項をいいます（徴基通95－16）。

○　公売に関し重要と認められる事項（徴95①九、徴基通95－17）

①　公売財産の状況を示すために必要と認める図面、地図、写真等の情報

②　①に掲げる情報の全部又は一部を別に閲覧に供する場合は、その旨及び閲覧場所

③　買受人が公売財産の所有権を取得する時期が、徴収法116条（買受代金の納付の効果）に規定するものと異なる場合は、その事項

④　公売財産の所有権の移転につき農地法その他法令の規定により関係官庁又は特定の者の許可、承認等を必要とする場合は、農業委員会、都道府県知事若しくは農林水産大臣の指定する市町村の長から交付を受けた買受適格証明書等の提出又は呈示が必要である旨

⑤　買受人に対抗することができる公売財産上の負担（買戻権の登記、担保権の負担を買受人に引き受けさせるときの負担、差押えに対抗できる地上権、永小作権、地役権、賃借権等）がある場合は、その負担（徴124②）

⑥　公売財産の権利の移転について登記を要するものについては、買受代金を納付するほか、一定の期間内に登録免許税額に相当する印紙若しくは現金の領収証書を提出すべき旨、また、自ら権利移転の手続を行う必要がある場合は、その旨
⑦　土地又は建物等(土地の上にある建物又は立木をいいます。以下同じ。)の公売によって、その土地又は建物等につき法定地上権又は法定賃借権が成立する場合は、その旨
⑧　一括換価の方法により公売する場合は、その旨
⑨　公売保証金の提供について方法を定めて行う場合は、その提供方法
⑩　入札の方法により公売する場合は、次の事項 ・入札に先立って公売保証金の提供について期限を定めて行うこととするときにおける提供の期限 ・入札書の提出方法 ・開札の日時及び場所
⑪　期間入札の方法により公売する場合は、次の事項 ・最高価申込者の決定の日時及び場所 ・開札の結果、最高価申込者となるべき者が２人以上ある場合にこれらの者に更に入札をさせるときにおける追加入札の方法、入札期間及び場所、開札の日時及び場所、最高価申込者の決定の日時及び場所、売却決定の日時及び場所並びに買受代金の納付の期限
⑫　入札の方法により不動産等を公売する場所における次順位による買受けの申込みは、開札の場所において、最高価申込者の決定後直ちに行う旨
⑬　複数落札入札制による入札により公売する場合であって、同一人が２枚以上の入札書を提出することができる方法により入札を行わせる場合は、次の事項 ・同一人が２枚以上の入札書を提出しても差し支えない旨 ・同一人に対して複数の売却決定をした場合において、買受代金の一部をその納付の期限までに納付しないときは、納付されていない買受代金に係る売却決定を取り消す旨
⑭　競り売りの方法により公売する場合は、次の事項 ・競り売りに先立って、公売保証金の提供について期限を定めて行うこととするときにおける提供の期限 ・競り売りへの参加申込みの受付を行うこととするときにおける受付期間
⑮　期間競り売りの方法により公売する場合は、最高価申込者の決定の日時及び場所
⑯　公売財産の売却決定は最高価申込者に係る入札価額又は買受申込価額をもって行う旨
⑰　①～⑯までに掲げる事項のほか、公売に関して重要と認められる事項

○　公告の方法

公告の方法	公売公告は、公売を行う税務署の掲示場その他税務署内の公衆の見やすい場所に掲示して行います。 ただし、他の適当な場所に掲示する方法、官報又は時事に関する事項を掲載する日刊新聞紙に掲げる方法その他の方法を併せて用いることができます（徴95②）。

（注１）　公売公告は、公告をした日から公売をする日まで掲示します。
なお、公告後に掲示板等から公告に係る書類等が破損又は脱落した場合には、速やかに破損の箇所を補修し、又は掲示しなければなりませんが、それによって公告の掲示が中断したような場合にも、改めて最初から公

告をやり直す必要はありません（徴基通95－６参照）。

（注２）「他の適切な場所」とは、公売財産の所在する市町村の役場の掲示場、その他公売財産につき買受希望者となることが見込まれる者が集合する場所など、公売することを公衆に知らせるのに適当と税務署長が認める場所をいいます（徴基通95－20）。

（注３）「その他の方法」とは、公売財産につき買受希望者となることが見込まれる者に知らせるのに適する新聞等に掲載すること、インターネットを利用することなど、買受希望者を募るのに適した方法をいいます（徴基通95－21）。

⑵　公売の通知

税務署長は、公売公告をしたときは、次に掲げる者に対して、次の事項を通知をしなければなりません（徴96①、徴基通96－１、６）。

公売通知を要する者	○　滞納者（譲渡担保権者及び物上保証人を含みます。） ○　公売財産につき交付要求（参加差押えを含みます。）をした者 ○　公売財産上に、質権、抵当権、先取特権、留置権、地上権、賃借権、配偶者居住権その他の権利を有する者のうち知れている者（差押債権者に対抗できない者を除く。） ○　換価同意行政機関等
通知する事項	○　徴収法95条１項各号に掲げる公売公告の事項（ただし、同項８号に掲げる事項を除きます。） ○　公売に係る国税の年度、税目、納期限及び金額

㈱　公売の通知は、税務署長が公売公告をした場合において、滞納者に対しては最後の納付の機会を与えるため、抵当権者等に対しては、公売参加の機会を与えるため、公売の日時、場所等公告すべき事項とほぼ同一の事項を滞納者等に通知するものです（昭50.6.27　最判参照）。

なお、公売通知に当たっては、次の事項に留意する必要があります。

留意事項	○　質権、抵当権、先取特権には、仮登記（保全仮登記を含みます。）がされたものを含みます（徴基通96－４）。
	○　その他の権利とは、永小作権、地役権、採石権、仮登記（担保のための仮登記を含みます。）に係る権利、徴収法59条１項後段等（第三者の損害賠償請求権等への配当）の規定の適用を受ける損害賠償請求権又は前払借賃に係る債権等をいいます（徴基通96－５）。
	○　徴収法19条及び20条（不動産保存の先取特権等の優先等）に規定する先取特権以外の先取特権者は、「その他の権利」を有する者に含まれます（徴基通96－５㈱１）。
	○　仮差押えの債権者に対しても、通知をします（徴基通96－５㈱２）。
	○　不動産の使用若しくは収益に関する権利の移転又は担保権の移転についての登記を請求する権利を保全するための処分禁止の仮処分（民保53①）がされている場合における当該仮処分の債権者に対しても通知をします。 　また、不動産に関する権利以外の権利でその権利の処分の制限について登記又は登録を効力発生要件又は対抗要件とするもの（民保54）についても同様です（徴基通96－５㈱３）。
	○　滞調法の規定による二重差押えに係る差押債権者に対しても、通知をします（徴基通96－５㈱４）。

○　債権現在額申立書の提出の催告

税務署長は、公売の通知をするときは、公売財産の売却代金から配当を受けることができる者のうち知れている者に対して、その配当を受けることができる国税、地方税その他の債権につき債権現在額申立書をその財産の売却決定をする日の前日までに提出すべき旨の催告を併せてしなければなりません（徴96②）。

⑶　公売の場所

公売は、公売財産の所在する市町村（特別区を含みます。）において行います。ただし、税務署長が必要と認めるときは、他の場所で行うことができます（徴97）。

実際には、税務署の庁舎内、常設公売場、合同公売場、借上倉庫、インターネット上のサイト等で行われます。

⑷　見積価額の決定

公売に当たっては、税務署長は、公売財産の見積価額を決定しなければなりません。

見積価額は、類似・同種の財産の取引価格、その財産から生ずる利益、その財産の原価その他の価格形成上の事情を適切に勘案した上で、その財産を公売によって強制的に売却するためのものであることを考慮して決定しなければなりません（徴98①）。

なお、見積価額の決定に当たり、必要があると認めるときは、鑑定人にその評価を委託し、その評価額を参考とすることができます（徴98②）。

イ　見積価額の意義

見積価額の意義（徴98前段、徴基通98－1）	見積価額は、著しく低廉な価額による公売を防止し、適正な価額により売却するための売却価額の最低額を保障する機能を有するものであって（徴104①参照）、財産の公売に当たって税務署長が決定するものです。

ロ　見積価額の決定

<table>
<tr><td colspan="2">見積価額の決定
（徴基通98－3）</td><td> 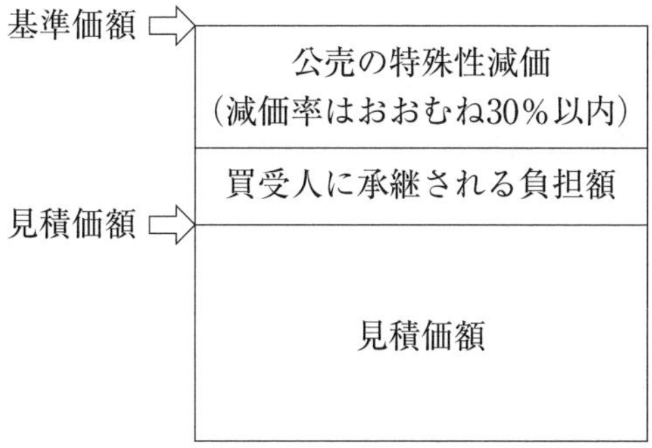基準価額 ⇨
公売の特殊性減価
（減価率はおおむね30％以内）
買受人に承継される負担額
見積価額 ⇨
見積価額</td></tr>
<tr><td></td><td>基準価額</td><td>○　公売財産の時価に相当する価額で、消費税及び地方消費税に相当する額を含んだ価額です（徴基通98－2⑵）。</td></tr>
<tr><td></td><td>公売の
特殊性減価</td><td>○　公売の特殊性を考慮した減価です。
○　公売には通常の売買と異なることによる特有の不利な要因として公売の特殊性があることから、基準価額のおおむね30％程度の範囲内で減価を行います。
○　公売の特殊性とは以下のような要因をいいます（徴基通98－3⑵）。
①　公売財産は、滞納処分のために強制的に売却されるため、いわば因縁付財産であり、買受希望者にとって心理的な抵抗感があること。
②　公売財産の買受人は、税務署長に対して公売財産の種類又は品質に関する不適合についての担保責任等を追及することができないこと（徴126、民568）。
③　原則として買受け後の解約、返品、取替えをすることができず、また、その財産の品質、機能等について買受け後の保証がないこと。
④　税務署長は公売した不動産について引渡義務を負わないこと。
⑤　公売手続に違法があった場合は一方的に売却決定が取り消されること。
⑥　公売の日時及び場所等の条件が一方的に決定されること。
⑦　所有者の協力が得にくいことなどにより、公売財産に関する情報が限定されていること。
⑧　公売の開始から買受代金の納付に至るまでの買受手続が通常の売買に比べて煩雑であり、また、買受代金は、その全額を短期間に納付する必要があること。</td></tr>
</table>

㈱「買受人に承継される負担額」は、例えば、マンションの未納管理費（建物の区分所有等に関する法律7①）などのように、買受人に対抗することができる公売財産上の負担がある場合における、当該買受人に引き継がれる債務額です。

買受人に対抗することができる公売財産上の負担があるときは、その負担に係る金額を基準価額から控除して見積価額を決定する必要があります（徴基通95－17⑸参照)。

ハ　公売財産の評価

公売財産の評価に当たっては、次のことに留意する必要があります（徴基通98－２、98－３)。

①　現況有姿による評価	例えば、不動産の地目、地積、種類、構造、床面積等について現況と登記簿上の表示が異なる場合であっても、現況のまま評価を行うこと。この場合において、公売によって消滅又は新たに成立する権利があるとき（徴125、127等参照）は、これを適切に考慮して評価を行うこと（徴基通98－２⑴参照)。
②　価格形成要因を考慮した評価	市場性、収益性、費用性その他の公売財産の価格を形成する要因を適切に考慮して評価を行うこと（徴98①前段、徴基通98－２⑵参照)。
③　強制売却であることを考慮した評価	公売によって滞納者の財産を強制的に売却するための評価であることを考慮して評価を行うこと（徴98①後段参照)。

ニ　鑑定人に評価を委託する場合

公売財産の評価は、専門的知識が必要となる場合などがあるため、税務署長が必要と認めるときは、鑑定人に評価を委託することができます（徴98②)。

「必要と認めるとき」の意義 (徴基通98－4)	公売財産が不動産、船舶、鉱業権、骨とう品、貴金属、特殊機械等である場合において、その価額が高価又は評価困難と認められるとき、公売財産の見積価額について紛争を生ずるおそれがあると認められるときなど、税務署長が鑑定人に評価させ、又は精通者の意見等を聴くことが適当であると認めるとき
評価を委託する場合の評価額 (徴基通98－5)	市場性減価を適切に反映させた基準価額
鑑定人の評価と見積価額の決定との関係 (徴基通98－6)	単純に、鑑定人の評価額をもって見積価額とすることなく、税務署長が、その評価額を参考として見積価額を決定する必要があります。

ホ　見積価額の変更

公売に付しても、公売財産に入札等をしようとする者（以下「入札者等」といいます｡）がない場合には、再度公売に付す必要があります（この場合の公売を「再公売」といいます（徴107①)。☞⒀参照）が、その際、必要がある場合には、公売財産の見積価額の変更をすることができます（徴107②、徴基通107－1－2）。

見積価額を変更する場合	直前の見積価額の決定時点から公売財産の価格を形成する要因に変化があると認められる場合、新たな要因が事後に判明した場合等、その直前の見積価額により公売することが適当でないと認められる場合

○　再公売時の見積価額の概念図

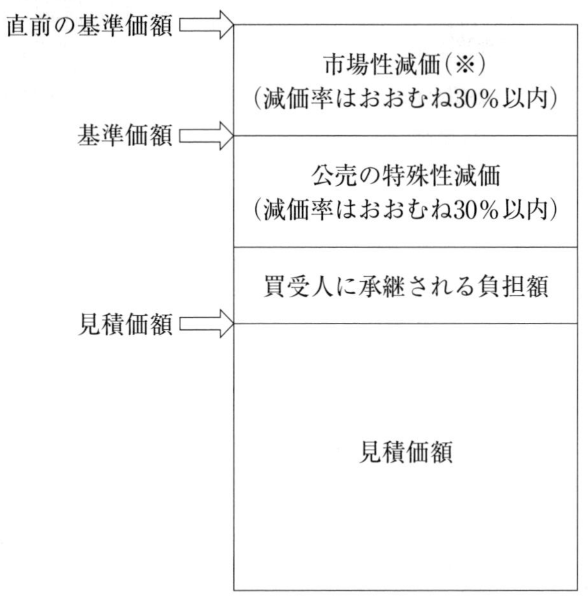

※　再公売時の市場性減価

公売に付しても入札者等がない事実は、その公売財産の市場性が劣ることを示す合理的な理由の一つになりますので、再公売を行う場合には、市場性減価を適切に見直して見積価額を変更する必要があります。

この場合の市場性減価は、直前の基準価額のおおむね30％の範囲内とします（徴基通107－１－２なお書）。

⑸　見積価額の公告等

イ　見積価額を公告する財産及びその時期

税務署長は、公売財産のうち次の財産については、それぞれに掲げる日までに見積価額を公告しなければなりません（徴99①）。

なお、公告しなければならない日が休日等に当たっても延長されません（徴基通99－２、99－３）。

財　　産	見積価額の公告の日
①　不動産、船舶及び航空機（徴99①一、徴基通99－２）	公売の日から３日前の日まで（公売の日の前日を第１日として逆算して３日目に当たる日の前日以前）（徴基通99－２） ①　2　3　4　⑤ 前日（①）―この日以前／公売の日（⑤）
②　競り売りの方法又は複数落札入札制により公売する財産（①の財産を除く。）（徴99①二、徴基通99－３）	公売の日の前日まで（徴基通99－３） 1　2　3　④　⑤ 前日（④）―この日以前／公売の日（⑤） ただし、その財産につき、不相応の保存費を要し、又はその価額を著しく減少させるおそれがあると認めるときは、公売の日まで（徴99①二、徴95①ただし書） 1　2　3　4　⑤ 公売する時前まで ⇨ 公売の日（⑤）
③　税務署長が公告を必要と認めるもの（①、②の財産を除く。）（徴99①三、徴基通99－３）	公売の日の前日まで（徴基通99－３）

㈲「公売の日」とは、期日入札又は期日競り売りの場合は、入札等をする日をいい、期間入札又は期間競り売りの場合は、入札期間又は競り売り期間の始期の属する日をいいます（徴基通95－２）。

ロ　見積価額の公告の方法

区　　分	公告の方法
原　則	公売公告の方法と同様です（徴99③）。
動産の場合	その財産に見積価額を記載した用紙を貼り付けて、この公告に代えることができます（徴99③ただし書）。

㈲　見積価額の公告は、公売公告と併せて行うことができます（徴基通99－５）。

ハ　地上権又は賃借権の公告

公売財産上に地上権又は賃借権があるとき（不動産又は船舶に限ります。）は、併せてその存続期限、借賃又は地代その他それらの権利の内容を公告しなければなりません（徴99④）。

ニ　公告しない見積価額

徴収法99条1項に掲げる財産以外の財産について見積価額を公告しないときは、税務署長は、その見積価額を記載した書面を封筒に入れ、封をして、公売をする場所に置きます（徴99②）。

見積価額を公告しないこととしているのは、その見積価額を公開しないことにより、できるだけ高価な買受申込みを期待しているためです。したがって、このような見積価額の非公開の趣旨を貫くため、開札後であっても見積価額は公開しません（徴基通99－9）。

(6)　公売保証金の提供

公売保証金は、入札者等が買受人になった場合における買受代金の納付を保証させるために、税務署長が定めた金額を入札等に先立って提供させるものです。

公売財産の入札者等は、公売保証金の提供を要しない場合を除き、公売保証金を提供した後でなければ、入札等をすることができません（徴100②）。

イ　金額等

公売保証金の額	公売財産の見積価額の100分の10以上の額（徴100①）

公売保証金を要しない場合（徴100①ただし書）	①　公売財産の見積価額が50万円以下である場合（徴令42の5）
	②　買受代金を売却決定の日に納付させる場合

ロ　提供方法

現金で納付する方法（徴100①一）	現金又は一定の小切手（国税の納付に使用することができる小切手のうち銀行の振出しに係るもの及びその支払保証のあるものに限ります。）で納付する方法（徴基通100－1～4参照）
納付保証委託契約証明書を提出する方法（徴100①二）	入札者等と保証銀行等との間において、期限を定めず当該入札者等に係る公売保証金に相当する現金を税務署長の催告により当該保証銀行等が納付する旨の契約が締結されたことを証する書面（「納付保証委託契約証明書」といいます。）を税務署長に提出する方法（徴基通100－5～7参照）

（注1）「国税の納付に使用することができる小切手」とは、証券ヲ以テスル歳入納付ニ関スル法律に基づき租税及び歳入の納付に使用できる証券のうちの小切手をいい、持参人払式又は記名式持参払いのものをいいます。ただし、呈示期間の満了までに5日以上の期間のないものは、受領を拒否することができます（歳入納付ニ使用スル証券ニ関スル件1①一、徴基通100－1参照）。

（注2）「保証銀行等」とは、銀行法2条の銀行のほか、入札者等に係る公売保証金に相当

する現金を納付するための資力が十分であると税務署長が認める者をいいます（徴基通100－５）。

（注３）「納付保証委託契約」の要件は、期限を定めず公売保証金に相当する現金を税務署長の催告により保証銀行等が納付することを約する契約であることです（徴規１の３、徴基通100－７）。

○　**納付保証を委託する方法による公売保証金の提供**（徴100①二）

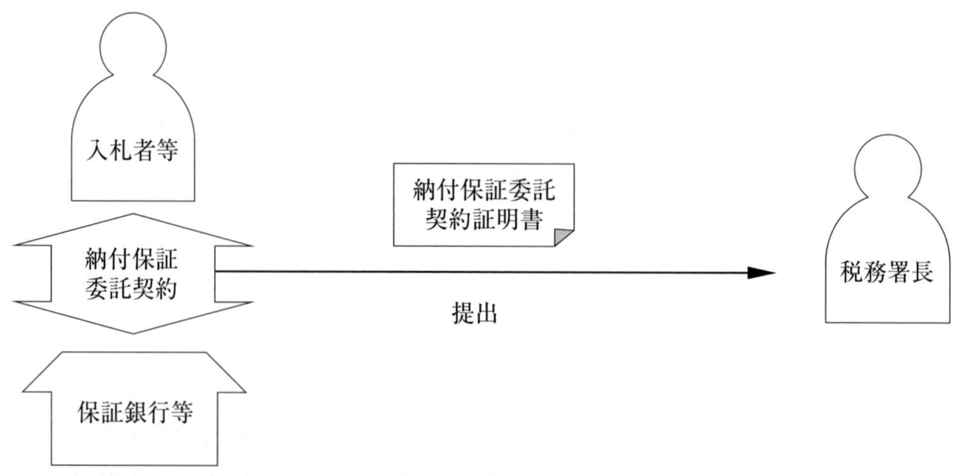

㈱　納付保証を委託する方法による公売保証金の提供は、主にインターネットを利用する方法による期間競り売りの場合に用いられます。

ハ　買受代金への充当等

①　現金で納付する方法により提供した公売保証金がある場合	イ　公売財産の買受人は、その提供した公売保証金を買受代金に充てることができます（徴100③）。
	ロ　買受人が買受代金を納付期限までに納付しないために売却決定が取り消されたときは、公売保証金はその公売に係る国税に充て、なお残余があるときはこれを滞納者に交付します（徴100③ただし書）。 　この場合には、その旨を滞納者に通知します（徴基通100－13）。
②　納付保証委託契約証明書を提出する方法により公売保証金を提供した場合	ハ　買受人が買受代金を納付期限までに納付しないために売却決定が取り消されたときは、保証銀行等に公売保証金に相当する現金を納付させます（徴100④）。
	ニ　上記ハの場合において、その保証銀行等が納付した現金は、上記①の現金で納付する方法により提供した公売保証金とみなして、その公売に係る国税に充て、なお残余があるときはこれを滞納者に交付します（徴100④、100③ただし書）。 　この場合には、その旨を滞納者に通知します（徴基通100－13）。

㈱　公売に係る国税とは、公売保証金の提供を受けた公売処分の基礎となった国税をいい、公売保証金に残余があっても、交付要求に係る国税等へは充てることができません（徴基通100－11）。

ニ 公売保証金の返還

税務署長は、次の場合には遅滞なく、それぞれの公売保証金をその提供した者に返還しなければなりません（徴100⑥）。

公売保証金を返還する場合（徴100⑥）		
	第1号	最高価申込者の決定（徴104）、次順位買受申込者の決定（徴104の2）又は複数落札入札制による最高価申込者の決定（徴105）により最高価申込者又は次順位買受申込者（以下「最高価申込者等」といいます。）を定めた場合において、他の入札者等の提供した公売保証金があるとき。
	第2号	入札等の価額の全部が見積価額に達しないことその他の理由により最高価申込者を定めることができなかった場合において、入札者等の提供した公売保証金があるとき。 ㊟ その他の理由とは、例えば、換価制限に関する規定（徴90③等）に該当して公売を取りやめた場合、災害その他やむを得ない事情により入札者等の全員について入札等がなかった場合等をいいます（徴基通100－16）。
	第3号	買受申込み等の取消し（徴114）により最高価申込者等又は買受人がその入札等又は買受けを取り消した場合において、その者の提供した公売保証金があるとき。
	第4号	最高価申込者が買受代金を納付した場合（徴115③）において、次順位買受申込者が提供した公売保証金があるとき。
	第5号	国税の完納による売却決定の取消し（徴117）により売却決定が取り消された場合において、買受人の提供した公売保証金があるとき。

㊟ 納付保証委託契約証明書を税務署長に提出する方法により公売保証金を提供した入札者等に対する公売保証金の返還は、その証明書を返還することにより行われます（徴基通100－14）。

(7) 不動産公売等における暴力団員等の買受防止措置

イ 暴力団員等の買受防止措置

不動産公売等における暴力団員等の買受防止措置は、近年の官民挙げての公共事業や企業活動等からの暴力団排除の取組や、不動産競売における暴力団員等の買受防止措置の創設を踏まえて、不動産公売等においても創設されたものです。

なお、暴力団員等の買受防止措置は、徴収法95条の規定により行う公告に係る公売又は同法109条２項において準用する同法98条１項の規定により行う見積価額の決定に係る随意契約による売却について適用され、公売等を行う財産のうち、不動産（徴基通68－１）が対象となります。

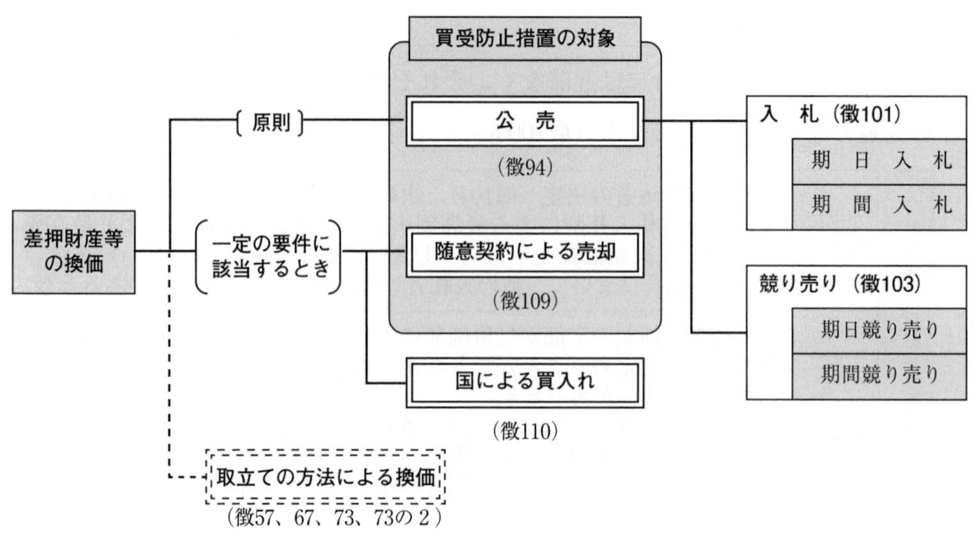

ロ　暴力団員等とは

徴収法にいう暴力団員等とは、暴力団員（暴力団員による不当な行為の防止等に関する法律２条６号に規定する暴力団員）又は暴力団員でなくなった日から５年を経過しない者をいいます（徴99の２）。

㈲「暴力団」とは、その団体の構成員が集団的に又は常習的に暴力的不法行為等を行うことを助長するおそれがある団体をいい（暴２②二）、「暴力団員」とは指定暴力団員に限られません（暴９、徴基通99の２－１㈲）。

ハ　陳述書の提出

公売財産（不動産に限る）の入札等をしようとする者（法人である場合はその代表者）は、税務署長に対し、次に掲げる者が、暴力団員等に該当しないこと等を記載した陳述書を提出しなければ、入札等をすることができません（徴99の２、徴規１の２）。

なお、虚偽の陳述をした場合は、６月以下の懲役又は50万円以下の罰金に処せられます（徴189）。

陳述の対象者	⑴　公売不動産の入札等をしようとする者
	⑵　自己の計算において公売不動産の入札等をさせようとする者がいる場合は、その者
	⑶　上記⑴又は⑵の者が法人である場合は、その役員

(注1)「自己の計算において公売不動産の入札等をさせようとする者」とは、公売不動産を取得することによる経済的利益が実質的に帰属する者のことをいいます(徴基通99の2－4)。

例えば、当初から公売不動産を取得する目的で第三者に公売不動産を取得するための資金を提供し、当該第三者がその資金を提供した者のために入札等をした場合におけるその資金を提供した者は、自己の計算において当該公売不動産の入札等をさせようとする者に該当します。

(注2)「役員」とは、法人の業務の執行又はその監査等に係る権限を有する者等をいいます(徴基通99の2－3)。例えば、株式会社であれば、取締役、監査役、会計参与及び執行役が該当します。

なお、「役員」が法人である場合は、当該法人の役員についても、陳述書に記載する必要があります。

陳述書の記載事項(徴規1の2)	
	(1) 入札等をしようとする者が個人の場合は、その者の氏名、住所又は居所、生年月日及び性別
	(2) 入札等をしようとする者が法人の場合は、その名称及び住所並びにその役員の氏名、住所又は居所、生年月日及び性別
	(3) 自己の計算において入札等をさせようとする者がある場合、その者が個人のときは、その氏名、住所又は居所、生年月日及び性別
	(4) 自己の計算において入札等をさせようとする者がある場合、その者が法人のときは、その名称及び住所並びにその役員の氏名、住所又は居所、生年月日及び性別
	(5) 入札等しようとする者(法人の場合は、その役員)及び自己の計算において入札等をさせようとする者(法人の場合は、その役員)が、暴力団員等に該当しないこと
	(6) その他参考となるべき事項

また、入札等をしようとする者又は自己の計算において入札等をさせようとする者が、指定許認可等を受けて事業を行っている場合は、その者が当該指定許認可等を受けていることを証する書類の写しを提出する必要があります(徴規1の2②)。この指定許認可等については、次のとおりです(徴規1の5、令和2年国税庁告示第19号、徴基通106の2－3)。

(注) 指定許認可等とは、行政手続法2条3号に規定する許認可等であって、当該許認可等を受けようとする者(法人である場合は、その役員)が暴力団員等に該当しないことが、同条1号に規定する法令において当該許認可等の要件とされているもののうち、国税庁長官が指定するものをいいます(徴規1の5③)。国税庁長官は、こ

の指定をしたときは、告示することとされています。

指定許認可等	
	(1)　宅地建物取引業法３条１項の免許
	(2)　債権管理回収業に関する特別措置法３条の許可

(8)　入 札 等

イ　入　　札

入札をしようとする者は、次の事項を記載した入札書に封をして、税務署長が指定した入札期間内に徴収職員に提出しなければなりません（徴101①）。

留意事項	
	○　入札者は、その提出した入札書の引換え、変更又は取消しをすることができません（徴101②）。 ○　複数入札により入札を行わせる場合を除き、入札者が一つの公売財産について複数の入札書を提出した場合には、いずれの入札書も無効となります（徴基通101－４）。

○　**入札の方法で行う公売（書面による入札の場合）**

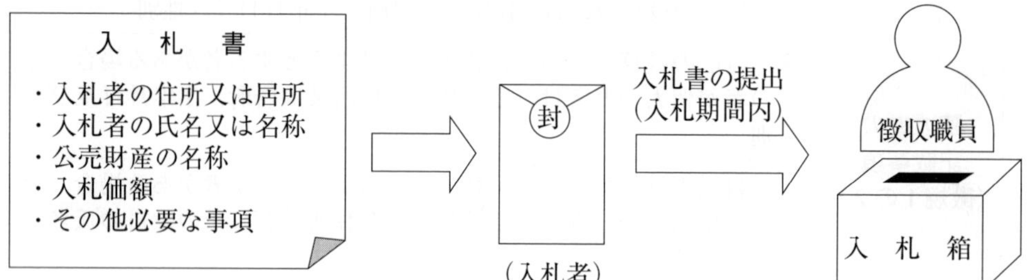

○　**入札書の提出方法**（徴基通101－2）

入札書の提出方法	入札方法の別		留意事項
	期日入札	期間入札	
徴収職員に直接手交する方法	○	○	施錠してある入札箱に入札書を投入する場合は、封を省略しても構いません。
郵便又は信書便により送達する方法	×	○	
インターネットを利用する方法	○	○	入札書に封をすることに相当する措置をした上で行う必要があります。

（注１）　期間入札による場合の入札書には、開札の日時を記載した封筒に入れて封をして、徴収職員に提出します（徴基通101－２(2)イ）。

（注２）「入札書に封をすることに相当する措置」とは、入札の情報を、電子情報処理組織を使用して送信がされたときから開札の時までの間、何人も閲覧することができないこととする措置をいいます（徴規１の４）。

○　期間入札の手続の流れ

郵便又は信書便（以下「郵便等」といいます。）により入札書を提出する場合における期間入札の公売公告から入札終了の告知までの主な手続の流れは、次のとおりです（公売保証金の提供を要する場合で、公売財産が不動産等である場合）。

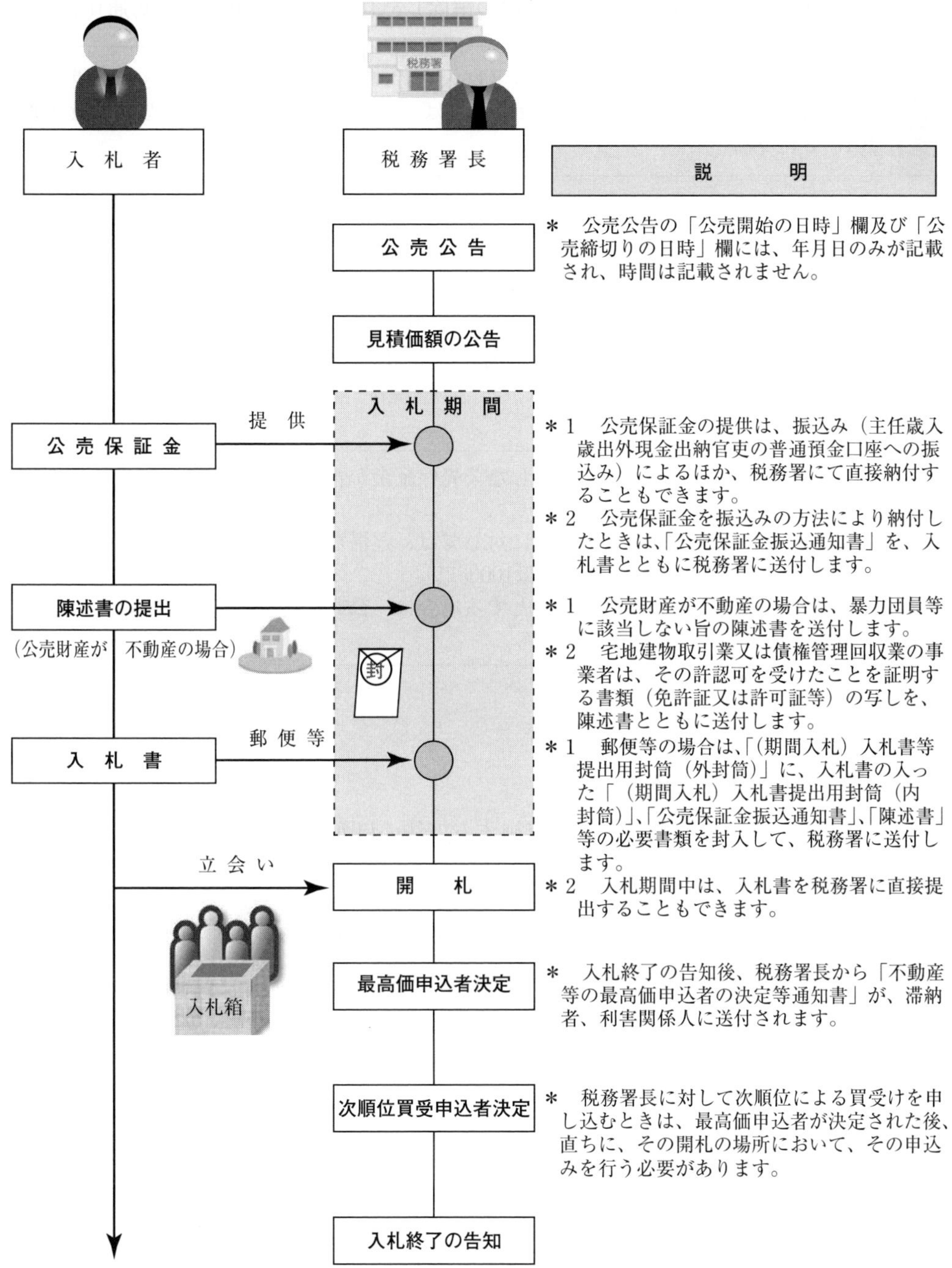

（注）「不動産等」とは、不動産、船舶、航空機、自動車、建設機械、小型船舶、債権又は電話加入権以外の無体財産権をいいます（徴104の2①参照）。

ロ　開　　札

入札書は、公売公告に公告した開札の日時に、公告した場所において入札者の面前で（入札者を立ち会わせて）開封（電子情報処理組織を使用する方法により入札がされる場合は、入札書が送信された時から開札の時までの間、何人も閲覧することができないこととする措置の解除）をします（徴101③、徴基通101－８）。

留意事項	開札の場所に入札者がいないとき又は入札者が立会いに応じないときは、税務署所属の他の職員を開札に立ち会わせなければなりません（徴101③ただし書、徴基通101－８、９）。

ハ　再度入札

開札の結果、入札者がないとき、又は入札価額が見積価額に達しないときは、直ちに再度入札をすることができます。この場合においては、見積価額を変更することはできません（徴102）。

留意事項	○　再度入札の場合は、先に提供した公売保証金が再度入札の公売保証金となります（徴基通102－２）。 ○　再度入札に参加しなかった者に対しては、遅滞なく、先に提供した公売保証金を返還しなければなりません（徴100⑥二）。 ○　新たに再度入札に参加しようとする場合は、公売公告で公告されている公売保証金を提供しなければなりません。

(9)　競り売り

イ　競り売りの実施主体

競り売りは、徴収職員が直接実施する方法のほか、競り売り人を選任して取り扱わせることもできます（徴103②）。

この場合には、次のことに留意する必要があります（徴基通103－４）。

留意事項	①　競り売り人にその競り売りの目的となった財産の競り売りに、直接であると間接であるとを問わず、参加しないことを約束させること。
	②　徴収職員は、インターネットを利用する方法により買受申込みをさせる場合を除き、必ず競り売りの場所に立ち会うこと。
	③　最高価申込者の決定は、徴収職員が行わなければならないこと（徴104①）。

ロ　買受申込み

徴収職員又は徴収職員が選任した競り売り人は、競り売りをしようとするときは、公売をしようとする財産を指定して、買受申込みを催告し、順次買受申込価額を競り上げさせるよう促すものとします（徴103①、徴基通103－2）。

なお、買受申込者は、より高額の買受申込みがあるまで、その買受申込価額に拘束されます（徴基通103－3）。

買受申込みの方法（徴基通103－1）	①　口頭、番号札等により直接行う方法
	②　インターネットを利用する方法

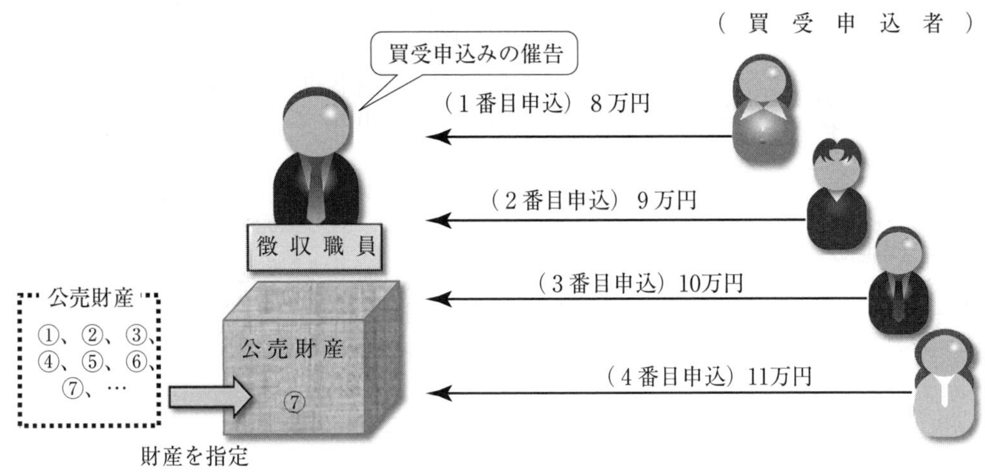

㈲　競り売りは、入札と異なり、同一人が何度でも買受申込みを行うことができます。

ハ　再度競り売り

競り売りを行った場合において、買受申込者がないとき又は申込価額が見積価額に達しないときは、再度入札の場合と同様、直ちに再度競り売りをすることができます（徴103③）。

留意事項	○　再度競り売りの場合は、先に提供した公売保証金が再度競り売りの公売保証金となります（徴基通103－6）。 ○　再度競り売りに参加しなかった者に対しては、遅滞なく、先に提供した公売保証金を返還しなければなりません（徴100⑥二）。 ○　新たに再度競り売りに参加しようとする場合には、公売公告で公告されている公売保証金を提供しなければなりません。

（参考）インターネットを利用する方法による競り売り

国税局や税務署で実施しているインターネットを利用する方法による競り売りは、民間のオークションサイトの運営業者を競り売り人として選任した上で、そのオークションサイトにおいて2日以上の連続した競り売り期間を設定する「期間競り売り」の方法によって行われています（徴94②、103②、徴基通94－5⑵）。

○　インターネットを利用する方法による競り売り（ネットオークション）と通常の競り売り（フロアオークション）との比較

		インターネットを利用する方法による競り売り	通常の競り売り
公売参加申込み	（場所）	インターネット上のオークションサイト	国税局・税務署の庁舎内などの公売会場
	（期間）	買受申込開始前の数日間（期間内は24時間申込可能）	買受申込当日の一定時間
公売保証金の提供	（方法）	現金等で納付する方法又は納付保証委託契約証明書を提出する方法	現金等で納付する方法のみ
買受申込み	（場所）	インターネット上のオークションサイト	国税局・税務署の庁舎内などの公売会場
	（期間）	あらかじめ定められた数日間（期間内は24時間申込可能）	あらかじめ定められた時間に買受申込みを開始し、より高価な買受申込みがない時点で終了

㈡　公売参加申込みは、法令に規定されている手続ではありませんが、公売を円滑に実施するため、特に競り売りの方法による場合において、競り売りに先立って、買受申込者に事前に公売への参加申込みをさせるものです。

⑽　最高価申込者等の決定

イ　最高価申込者の決定

徴収職員は、見積価額以上の入札者等のうち最高の価額による入札者等を最高価申込者として決定します（徴104）。

競り売りの場合において、買受申込価額が最高であるかどうかの決定は、インターネットを利用する方法により買受申込みをさせる場合を除き、順次買受申込価額を競り上げ、最後の最高価額を３回呼び上げて、それ以上の高価の買受申込みのない場合に、その価額を最高の価額とします（徴基通104－１）。

最高価申込者の条件（徴基通104－2）	
	○　最高価申込者とする決定をしようとする者の入札価額又は買受申込価額が見積価額以上であり、かつ、最高の価額であること
	○　公売保証金を提供させる場合においては、所定の公売保証金を提供していること
	○　徴収法92条（買受人の制限）又は108条（公売実施の適正化のための措置）等法令の規定により買受人等としてはならない者でないこと
	○　徴収法95条１項７号（公売公告の記載事項）の一定の資格その他の要件を必要とする場合は、これらの資格等を有すること

ロ　追加入札等

開札又は競り売りの結果、最高の価額による入札者等が2人以上あるときは、更に追加で入札等をさせて最高価申込者を決め、それでもなおその入札等の価額が同じであるときは、くじで決めます（徴104②）。

なお、追加入札等の申込価額は、その追加入札等の基因となった入札等の価額以上でなければなりません（徴基通104－3後段）。

（注1）　期日入札の方法による公売における開札の結果、追加入札を行うこととなった場合には、開札の日に期日入札の方法により行います（徴基通104－3なお書）。

（注2）　追加入札等をすべき者が追加入札等をしなかった場合、又はその追加入札等の基因となった入札等の価額に満たない価額で追加入札等をした場合は、徴収法108条（公売実施の適正化のための措置）の規定が適用されることがあります（徴基通104－4）。

ハ　次順位買受申込者の決定

徴収職員は、入札の方法（複数落札制による場合を除きます。）により不動産、船舶、航空機、自動車、建設機械、小型船舶、債権又は電話加入権以外の無体財産権等（以下「不動産等」といいます。）を公売した場合において、次に掲げる全ての条件に該当する者から次順位による買受けの申込があるときは、その者を次順位買受申込者として定めなければなりません（徴104の2①）。

次順位買受申込者の条件（徴基通104の2－4）	
	○　入札価額が最高価申込者の入札価額に次ぐ高い価額（見積価額以上で、かつ、最高入札価額から公売保証金の額を控除した金額以上であるものに限ります。）であること。
	○　公売保証金を提供させる場合においては、所定の公売保証金を提供していること。
	○　徴収法92条（買受人の制限）又は108条（公売実施の適正化のための措置）等法令の規定により買受人等としてはならない者でないこと。
	○　徴収法95条1項7号（公売公告の記載事項）の一定の資格その他の要件を必要とする場合は、これらの資格等を有すること。

留意事項	競り売りの方法により公売する場合には、次順位買受申込者制度の適用がありません。

（例）

見積価額　100万円　　公売保証金　15万円

最高価申込者の入札価額　　　　　200万円

次順位者の入札価額　　　　　　　190万円

200万円　－　15万円　≦　190万円……次順位買受申込者になることができます。

㈲　公売保証金の提供を要しないこととして公売をする場合（徴100①ただし書）には、原則として、次順位買受申込者制度の適用はありません。ただし、最高の価額の入札者が２人以上あり、くじで最高価申込者を定めた場合には、次順位買受申込者制度が適用されます（徴基通104の２－１）。

ニ　次順位による買受けの申込み

最高価申込者の決定をした場合には、徴収職員は、直ちに、開札の場所において、最高入札価額に次ぐ高い価額による入札者に対し、次順位による買受けの申込みの催告をします（徴基通104の２－２）。

次順位による買受けの申込みは、既に徴収職員に提出している入札書の余白にその旨を記載させる等、その意思を明らかにする方法により行わせます（徴基通104の２－３）。

ホ　複数落札入札制による最高価申込者の決定

複数落札入札制の場合は、以下により最高価申込者の決定を行います。

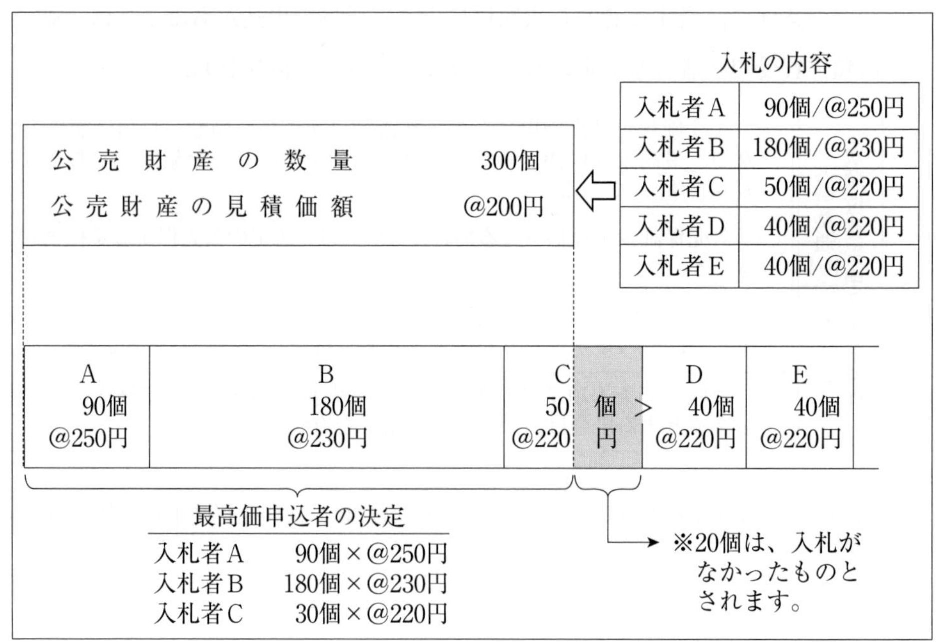

（注１）　入札は、公売財産の数量の範囲内において入札者の希望する買受数量及び単価を入札書に記載します（徴基通105－２⑴）。

（注２）　見積価額は単価について定めます（徴基通105－２⑵）。

複数落札入札制による最高価申込者の決定方法（徴基通105－2）	(1)　見積価額以上の単価の入札者のうち、高額の入札者から順次にその財産の数量に達するまでの入札者を最高価申込者とします（徴105①前段）。 ⇒　A、Bはそれぞれ90個、180個の買受人となります。
	(2)　最後の順位の入札者が２人以上あったときは、入札数量の多い者を先順位の入札者として、入札数量が同量であったときは、くじにより先順位の入札者を定めます（徴105①後段）。 ⇒　C、D、Eは同価格ですが、Cの方が数量が多いのでCが買受人となります。
	(3)　最後の順位の最高価申込者の入札数量が他の最高価申込者の入札数量と合計して公売財産の数量を超えるときは、その超える入札数量については入札がなかったものとします（徴105②）。 ⇒　Cの入札数量は50個ですが、A及びBの入札数量とあわせると320個となりますので、300個を超える20個（※）については、Cの入札がなかったものとします。
	(4)　売却決定をした最高価申込者のうち、買受代金を納付期限までに納付しない者があるときは、その者に売却決定をした数量の範囲内で、まず(3)により入札がなかったものとされた入札数量について入札があったものとすることができます（徴105③前段）。 ⇒　Aが買受代金を納付しない場合、Aに対して売却決定をした90個の範囲内で、(3)で入札がなかったものとしたCの20個（※）について、入札があったものとします。 (注)　この取扱いは、開札に引き続き売却決定を行い、かつ、直ちに代金を納付させるときに限られます。
	(5)　(4)によって最高価申込者を決定しても、なお公売財産に残余があるときは、(2)により最高価申込者とならなかった者を最高価申込者とすることができます（徴105③後段）。
	(6)　(5)の場合において、(2)により最高価申込者とならなかった者が２人以上あるときは、(2)に準じてその順位を決定します（徴105③後段）。 ⇒　D及びEは数量及び価格が同じのため、くじで先順位の入札者を定めることになります。
	(7)　(6)の場合において、最後の順位の最高価申込者の入札数量が他の最高価申込者の入札数量と合計して公売財産の数量を超えるときは、その超える入札数量については入札がなかったものとし、残余の入札数量についてだけ入札があったものとします（徴105③後段）。 ⇒　くじでDが先順位の入札者となった場合、B～Eの数量は合計で310個となるため、300個を超える10個についてはEの入札がなかったものとします。

(11)　入札又は競り売りの終了の告知等

徴収職員は、最高価申込者等を定めたときは、直ちにその氏名及び価額（複数落札入札制による場合には、数量及び単価）を告げた後、入札又は競り売りの終了を告知しなければなりません（徴106①）。

○　滞納者等への通知

公売した財産が不動産等であるとき	最高価申込者等の氏名、その価額並びに売却決定をする日時及び場所を滞納者及び公売の通知をすべき利害関係人に通知するとともに、これらの事項を公売公告の方法に準じて公告しなければなりません（徴106②③）。

（注１）　徴収法106条２項の通知は、滞納者、公売財産につき交付要求をした者、公売財産上に質権、抵当権、先取特権、留置権、地上権、賃借権、配偶者居住権その他の権利を有する者のうち知れている者（差押債権者に対抗できない者を除く。）、換価同意行政機関等に対してしなければなりません（徴基通106－４）。

（注２）　この公告の期間は、徴収法113条（不動産等の売却決定）に規定する売却決定期日までとされています（徴基通106－５）。

⑿　調査の嘱託

イ　調査の嘱託

税務署長は、公売不動産の最高価申込者等の決定後、その税務署の所在地を管轄する都道府県警察に対し、最高価申込者等が提出した陳述書記載の者が暴力団員等に該当するか否かについて調査の嘱託を行います（徴106の２、徴基通106の２－２）。

ただし、公売不動産の最高価申込者等（法人の場合は、その役員）又は自己の計算において最高価申込者等に入札等をさせた者（法人の場合は、その役員）のうち、指定許認可等を受けていることを証する書面の写しを提出している者については、調査の嘱託を行う必要はありません（徴106の２、徴規１の５、徴基通106の２－３）。

㈱　指定許認可等については、⑺ハ㈱参照。

調査の嘱託の対象者	⑴　公売不動産の最高価申込者（法人の場合は、その役員）
	⑵　公売不動産の次順位買受申込者（法人の場合は、その役員）
	⑶　自己の計算において上記⑴又は⑵の者に公売不動産の入札等をさせた者があると認める場合には、当該公売不動産の入札等をさせた者（法人の場合は、その役員）

ロ　暴力団員等に該当すると認められる場合の処理

税務署長は、公売不動産の最高価申込者等又は自己の計算において最高価申込者等に公売不動産の入札等をさせた者が、暴力団員等又は法人でその役員のうちに暴力団員等に該当する者であると認める場合には、これらの最高価申込者等を最高価申込者等とする決定を取り消すことができます（徴108⑤）。

なお、暴力団員等の判定の時期については、公売不動産の入札等がされた時又は徴収法113条１項に規定する売却決定期日の現況によります（徴基通108－27）。

また、最高価申込者等を最高価申込者等とする決定を取り消した場合において、最高価申込者等から提供された公売保証金は、これらの最高価申込者等に返還します（徴基通108－28）。

⒀ 再公売

イ　再公売ができる場合

税務署長は、次のいずれか一つに該当する場合には、同一の財産を更に公売に付することができます。（徴107①、徴基通107－１）。

留意事項	
	○　公売に付しても入札者等がないとき。
	○　入札等の価額のうち見積価額に達するものがないとき。
	○　次順位買受申込者が定められていない場合において、徴収法108条２項又は５項（公売実施の適正化のための措置）の規定により、入札等がなかったものとされ、又は最高価申込者とする決定を取り消されたことによって、売却決定を取り消したとき。
	○　次順位買受申込者が定められていない場合において、徴収法115条４項（売却決定の取消し）の規定により、売却決定を取り消したとき。
	○　次順位買受申込者に対して売却決定をした場合において、徴収法115条４項（売却決定の取消し）の規定により、売却決定を取り消したとき。

ロ　再公売の手続

再公売に付する場合において、必要があると認めるときは、次の事項の変更をすることができます（徴107②）。

変更できる事項	
	○　直前の公売における公売財産の見積価額の変更 ☞⑷ホ参照
	○　公売公告の期間（徴95①）の短縮
	○　その他公売の条件（公売の場所、公売の方法、売却区分、公売保証金の額等）の変更（徴基通107－２）

留意事項
○　再公売が直前の公売期日から10日以内に行われるときは、公売の通知及び債権現在額申立書の提出の催告をする必要はありません（徴107③）。 ○　不動産、船舶又は航空機を再公売に付する場合には、再公売の日の前日までに見積価額を公告しなければなりません（徴107④）。

ハ　更に公売に付しても売却見込みがない場合の差押解除

差押財産について、３回公売に付しても入札又は競り売りに係る買受けの申込み（以下「入札等」といいます。）がなく、その財産の形状、用途、法令による利用規制その他の事情を考慮して、更に公売に付しても売却の見込みがないときは、その財産の差押えを解除することができます（徴79②三）。

㈱　この回数には、換価執行行政機関等が公売に付した回数も含まれます（徴基通79－10）。

留意事項	
	①　３回公売に付しても入札等がなかった場合であっても、その財産の種類、性質、見積価額の多寡等を考慮して直ちに差押えを解除することが適当でないと認められるときは、更に公売に付すことを検討する必要があります。
	②「入札又は競り売りに係る買受けの申込みがなかった場合」には、見積価額に達しない入札等や買受けが制限される者からの入札等、徴収法99条の２の規定により陳述すべき事項を陳述せずにした入札等などの不適法な入札等しかなかった場合も含まれます（徴基通79－11）。
	③「その他の事情」とは、境界争い等の係争がある財産や、事件・事故等の現場となった不動産など、財産の価値が著しく損なわれていると認められる事情をいいます（徴基通79－12）。
	④「更に公売に付しても買受人がないと認められ、かつ、随意契約による売却の見込みがないと認められるとき」とは、直前の見積価額の決定時点からその財産の価格を形成する要因の変化等がなく、見積価額を変更する必要がないと認められる場合において、財産の形状、用途、法令による利用規制その他の事情を考慮して、更に公売に付しても入札等がないと認められ、かつ、随意契約による売却の見込みがないと認められるときをいいます（徴基通79－13）。

4　公売参加者の制限

(1)　公売参加が制限される者

税務署長は、次のいずれかに該当すると認められる事実がある者については、その事実があった後２年間は、公売を実施する場所に入ることを制限し、若しくはその場所から退場させ、又は入札等をさせないことができます。

その事実があった後２年を経過しない者を使用人その他の従業者として使用する者及びこれらの者を入札等の代理人とする者についても、同様に制限されます（徴108①）。

公売参加が制限される者（徴108①）		
	第1号	入札等への公売への参加又は入札等を妨げた者（徴基通108－2、3参照）
		最高価申込者等への決定を妨げた者（徴基通108－4参照）
		買受人の買受代金の納付を妨げた者（徴基通108－5参照）
	第2号	公売に際して不当に価額を引き下げる目的をもって連合した者（徴基通108－6参照）
	第3号	偽りの名義で買受申込みをした者（徴基通108－7参照）
	第4号	正当な理由がなく、買受代金の納付の期限までにその代金を納付しない買受人（徴基通108－8参照）
	第5号	故意に公売財産を損傷し、その価額を減少させた者（徴基通108－9参照）
	第6号	上記に掲げる者のほか、公売又は随意契約による売却の実施を妨げる行為をした者（徴基通108－10参照）

⑵　制限該当者を対象とする処分の取消し

税務署長は、公売への参加を制限された者の入札等又はその者を最高価申込者等とする決定については、その入札等がなかったものとし、又はその決定を取り消すことができます（徴108②）。

㊟　徴収法108条2項の規定の適用を受ける者は、税務署長が公売への参加を制限することができる者であり、その公売への参加を実際に制限したかどうかは関係ありません（徴基通108－16）。

⑶　制限該当者の納付した公売保証金の国庫帰属

⑵により取消処分等を受けた者が納付した公売保証金があるときは、これを返還せず、その公売保証金は国庫に帰属します（徴108③、徴基通108－23）。

⑷　入札者等の身分に関する証明の要求

税務署長は、公売への参加の制限に関し必要があると認めるときは、入札者等の身分に関する証明を求めることができます（徴108④）。

⑸　刑罰法規との関係

公売参加が制限される者については、強制執行行為妨害等（刑96の3）、強制執行関係売却妨害（刑96の4）等の刑罰法規による処罰の有無にかかわらず、公売への参加を制限することができます（徴基通108－15）。

第３節　随意契約による売却

１　随意契約の意義

随意契約とは、差押財産等を換価するに当たり、入札や競り売りの方法によって行う公売に代えて、税務署長が、買受人及び価額を決定して売却する契約をいいます（徴基通109－１）。

２　随意契約による売却の要件

差押財産等を随意契約により売却できるのは、次のいずれかに該当する場合に限られています（徴109）。

区　分	要　件
法令の規制を受ける財産等	○　法令の規定により、公売財産を買い受けることができる者が１人であるとき ○　法令の規定により、その財産の最高価額が定められている場合において、その価額により売却するとき ○　その他公売に付することが公益上適当でないと認められるとき
取引所の相場がある財産	○　その日の相場で売却するとき
買受希望者のない財産等	○　公売に付しても入札等がないとき ○　入札等の価額が見積価額に達しないとき ○　買受人が買受代金をその納付の期限までに納付しないため税務署長が売却決定を取り消したとき

（注１）　法令の規定により買受人が１人であるときとは、例えば「あへん」があへん法７条１項の規定により国以外の者に譲渡することが禁止されているといった場合が該当します（徴基通109－２）。

（注２）　法令の規定により最高価額が定められている財産とは、物価統制令（同令３条、４条、７条）等により最高価額が制限されている財産をいいます（徴基通109－３）。

（注３）「公益上適当でないと認められるとき」とは、例えば、麻薬及び向精神薬取締法、毒物及び劇物取締法、覚せい剤取締法、火薬類取締法、銃砲刀剣類所持等取締法等の法令の規定により譲渡の相手方が制限されている場合において、その法令の規定により、譲受けが認められている者に対してその財産を売却しようとするとき、土地収用法、都市計画法等の規定に基づいて土地を収用できる者から、差し押さえた土地を買い受けたい旨の申出があったときなどをいいます（徴基通109－４）。

3　随意契約による売却の方法

随意契約による売却の手続は、公売の場合に準じて行います。

見積価額の決定	最高価額が定められている財産をその価額で売却するとき及び取引所の相場がある財産をその日の相場で売却するときを除き、その財産の見積価額を決定します（徴109②）（公告は不要（徴基通109－11））。

売却の通知	随意契約による売却をする日の７日前までに、 ①　滞納者 ②　利害関係人のうち知れている者 に対して随意契約によって売却する旨を通知しなければなりません（徴109④）。

買受人となるべき者の決定の通知等	売却財産が不動産等の場合は、買受人となるべき者の決定の通知を滞納者及び利害関係人のうち知れている者に対して行うとともに公告しなければなりません（徴109④）。

㈱　随意契約による売却する財産が不動産の場合、暴力団員等の買受防止措置（陳述書の提出、調査の嘱託等）が準用されます（徴109④、99の２、106の２、113①、徴規１の６、徴基通109－13－２、14）。

⑴　見積価額の決定

差押財産等を随意契約で売却する場合には、次に掲げる場合を除き、公売の場合と同様に売却財産の見積価額を定めなければなりません（徴基通109－9）。

見積価額を決定する必要がない場合	①　最高価額が定められている財産をその価額で売却するとき
	②　取引所の相場がある財産をその日の相場で売却するとき

見積価額を決定する場合において、その財産が次に掲げる事由（徴109①三）のいずれかに該当することにより随意契約で売却するときは、直前の公売における見積価額と同額以上で決定しなければなりません（徴基通109－10）。

事由	①　公売に付しても入札等がないとき
	②　入札等の価額が見積価額に達しないとき
	③　公売財産の買受人が買受代金をその納付の期限までに納付しないため売却決定を取り消したとき

なお、随意契約により売却する場合には、見積価額を公告する必要はありませんが、徴収法109条１項３号（公売に付しても入札等がなかった場合等）に該当するとして動産を随意契約により売却するときは、その見積価額をあらかじめ公告し、その価額で売却することができます（徴基通109－13）。

⑵　売却の通知等

イ　売却の通知

随意契約により差押財産等を売却する場合は、その売却をする日の７日前までに滞納者及び利害関係人（換価代金等から配当を受けることができる債権を有する者）で知れている者に対し、公売の通知に準じた通知書を発しなければなりません（徴109④、徴基通109－６）。

ただし、随意契約による売却の期日が直前の公売期日又は直前の随意契約による売却の期日から10日以内であるときは、この売却の通知は不要です（徴109④前段、107③、徴基通109－７）。

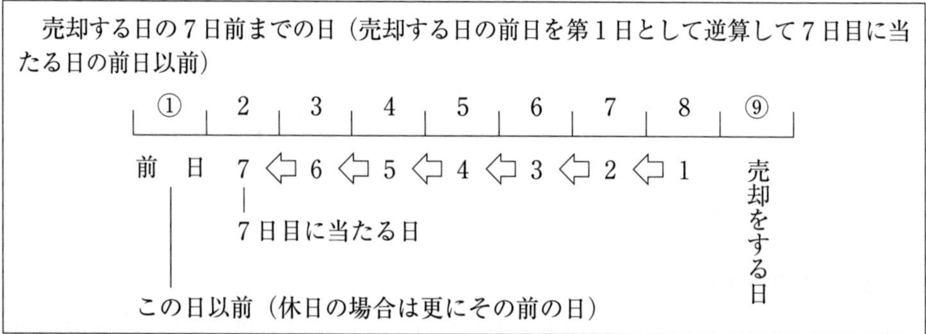

ロ　債権現在額申立書の提出の催告

随意契約により売却する旨の通知をするときは、売却代金から配当を受けることができる者のうち知れている者に対して、その配当を受けることができる国税、地方税その他の債権につき債権現在額申立書をその財産の売却決定をする日の前日までに提出すべき旨の催告を併せてしなければなりません（徴109④前段、96②）。

ハ　買受人の通知及び公告

随意契約により買受人となるべき者を決定した場合において、売却する財産が不動産等であるときは、買受人の氏名、その価額等必要な事項を滞納者及び利害関係人のうち知れている者に通知するとともに、これらの事項を公売公告の方法に準じて公告しなければなりません（徴109④前段、106②③）。

㈱　随意契約により売却する財産が不動産の場合、買受人となるべき者を決定した後、その税務署の所在地を管轄する都道府県警察に対し、買受人となるべき者が提出した陳述書記載の者が暴力団員等に該当するか否かについて、不動産公売に準じて、調査の嘱託を行います（徴109④、106の２）。

4　広告によって行う随意契約による売却

広告によって行う随意契約（以下「広告随契」といいます。）による売却とは、随意契約による売却の一方法として、直前の公売における見積価額以上の価額で、一定の期間内に、差押財産等を随意契約により売却する旨を広告し、最初の買受申込者に売却する方法です。

この広告随契による売却は、差押財産等を再公売に付しても売却できない場合に、それを補完する目的で行うものです。

公売と広告随契による売却を対比すると次のとおりです。

項　　目	公　　　　　売	広告随契による売却
当該売却方法によるための要件	特になし	差押財産等を再公売に付しても売却できないとき
公 売 公 告 等	・公売公告（公売の日の少なくとも10日前までに、公売を実施する国税局又は税務署の掲示場等に掲示。日刊新聞紙に掲げる方法等をあわせて用いてもよい。） ・見積価額の公告（不動産等の場合は公売の日から３日前の日までに公告）	随意契約による売却をする旨の広告（見積価額（売却価額）等を示し、売却実施期間の始期までに、広告随契による売却を実施する国税局又は税務署の掲示場等に掲示。）
売 却 価 額	見積価額以上で、かつ、入札等の価額の中で最も高い価額	直前の公売における見積価額以上の価額
買受人の決定方法	入札又は競り売りの方法により決定	売却実施期間内における、最初の買受申込者に決定
公売保証金の要否	原則として必要	不要
売却決定の日	不動産等（不動産を除く。） ：公売期日等から起算して７日を経過した日 不動産：公売期日等から起算して７日を経過した日から21日を経過した日までの期間内で税務署長が指定する日 動産等：公売をする日	不動産等（不動産を除く。） ：買受人となるべき者を決定した日から起算して７日を経過した日 不動産：買受人となるべき者を決定した日から起算して７日を経過した日から21日を経過した日までの期間内で税務署長が指定する日 動産等：買受人となるべき者を決定した日
買受代金の納付	売却決定の日（30日間の範囲内で延長が可能）	同左
所有権の移転	原則として買受代金の納付の時	同左

㊟　広告随契により売却する財産が不動産の場合、暴力団員等の買受防止措置（陳述書の提出、調査の嘱託等）が準用されます（徴109④、99の２、106の２、113①、徴規１の６、徴基通109－13－２、14）。

5　上場された振替株式等の委託売却

⑴　上場された振替株式等の随意契約による換価方法

差押財産が上場された有価証券等である場合において、これを随意契約により売却するときは、金融商品取引業者である証券会社等に委託して金融商品取引所において売却する方法（以下「委託売却」といいます。）により行います（徴基通109－５）。

（注１）「上場された振替株式等」とは、金融商品取引所の開設する金融市場において、売買の対象とされている振替株式、有価証券等をいいます。

（注２）「金融商品取引業者」とは、金融商品取引業を行うことにつき、内閣総理大臣の登録を受けた者をいいます（金融商品取引法２⑨）。

⑵　委託売却による売却手続

上場された振替株式等の委託売却は、「取引所の相場がある財産をその日の相場で売却する」（徴109①二）ための方法です。具体的には、上場された振替株式等を、売却するために金融商品取引業者である証券会社等に委託（以下、売却を委託する金融商品取引業者である証券会社等を「委託先証券会社」といいます。）し、金融商品取引所において売却することになります（このほかの売却手続は、随意契約と同じです。）。

○　委託売却による手続の流れ

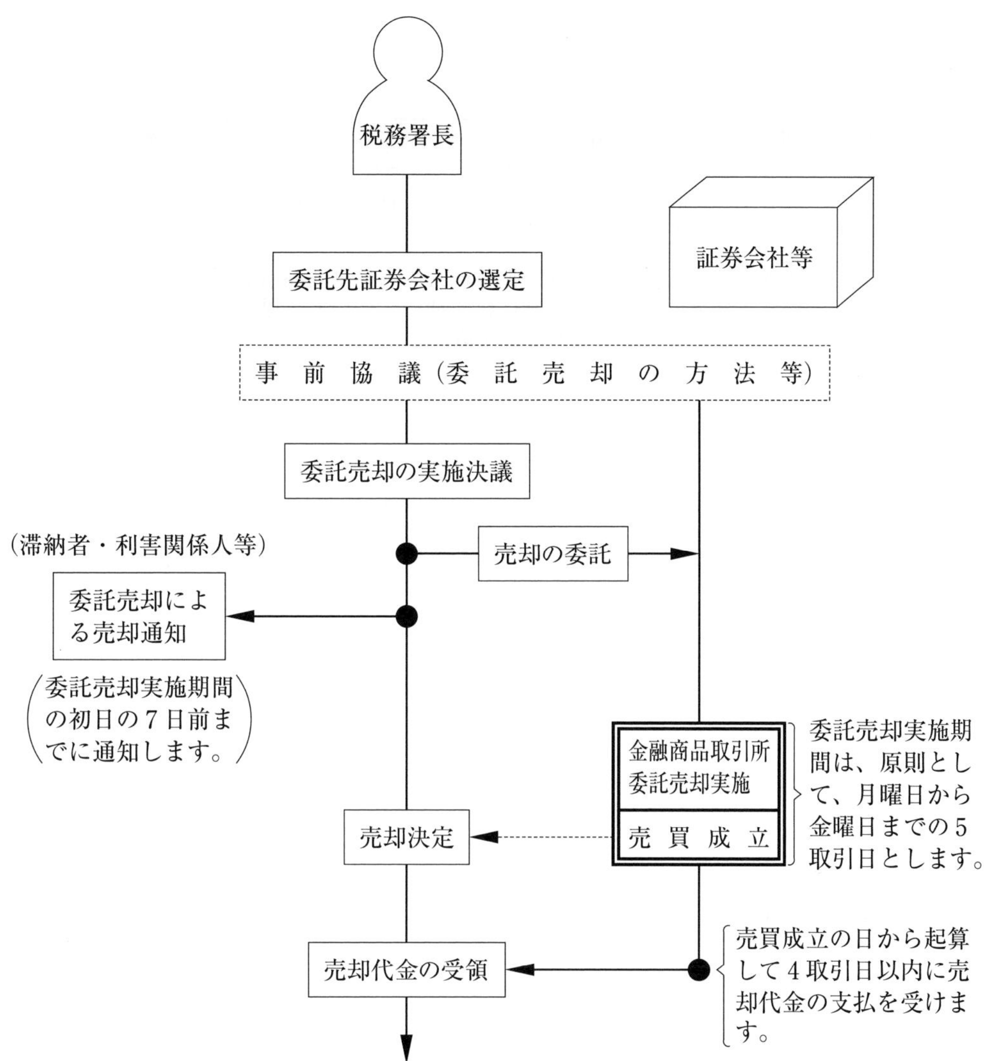

○　**事前協議**

委託売却を実施する際の委託先証券会社との事前協議においては、次の事項を協議します。

協　議　事　項	内　　　　　　　　容
売却する財産の内容	委託売却をする振替株式等を特定するための滞納者の振替口座の口座番号、銘柄及び数
委託売却実施期間	委託先証券会社が振替株式等を金融商品取引所の開設する金融商品市場において売却に付す期間について、原則として月曜日から金曜日までの５取引日とすること。
売　却　価　格	売却価格は、原則として、成行き注文（売却価額を指定せず、その時の相場で売却する注文をいいます。）によること。
売却代金の受領	売却代金として支払を受ける金額、方法及び期限（委託先証券会社から支払を受ける売却代金の額は、委託手数料（消費税相当額を含みます。）を差し引いた額とすること。 また、売却代金の支払を受ける日は、金融商品取引所において委託証券の売買が成立した日から起算して４取引日以内とすること。）
そ　の　他	売却代金の受領方法等の必要な事項

第４節　売却決定等

1　売却決定

売却決定は、入札等に係る買受申込みに対する承諾の手続であり、税務署長が差押えに基づく財産の処分権の行使として、滞納者の意思にかかわらず強制的に換価に付した財産の売買の意思表示をする処分です。ただし、税務署長は、差押財産等の所有権を取得しておらず、売却決定の効果は滞納者に帰属することになりますので、売却決定により換価に付した財産について、滞納者（徴収法24条の譲渡担保権者、物上保証人等を含みます。）と最高価申込者等との間において、私法上の売買契約が成立したのと同様の効果が生じます（徴基通111－４）。

(1)　動産等の売却決定

売却決定をする対象者	売却決定の日
最高価申込者（随意契約により売却する場合の買受人となるべき者を含みます。）	公売をする日（徴111）

（注１）「動産等」とは、動産、有価証券及び電話加入権をいいます。

（注２）「公売をする日」とは、公売により売却する場合には最高価申込者の決定の日を、随意契約により売却する場合にはその売却する日をいいます（以下これらを「公売期日等」といいます。徴111、徴基通111－１）。

(2)　不動産等の売却決定

売却決定をする対象者と要件	売却決定の日
○　最高価申込者	不動産等（不動産を除く。）：公売期日等から起算して７日を経過した日（徴113①） 不動産：公売期日等から起算して７日を経過した日から21日を経過した日までの期間内で税務署長が指定する日（徴113①、徴規１の７）
○　次順位買受申込者	
・　税務署長が徴収法108条２項又は５項（公売実施の適正化のための措置）の規定により最高価申込者に係る決定の取消しをした場合	その最高価申込者に係る売却決定期日（徴113②一）

	・　最高価申込者が徴収法114条（買受申込み等の取消し）の規定により入札の取消しをした場合	その入札に係る売却決定期日（徴113②二）
	・　最高価申込者である買受人が徴収法114条の規定により買受けの取消しをした場合	その取消しをした日（徴113②三）
	・　税務署長が徴収法115条４項（買受代金の納付の期限等）の規定により最高価申込者である買受人に係る売却決定の取消しをした場合	その取消しをした日（徴113②四）

㈡　売却決定期日が休日等に当たっても、延長されません（徴基通113－１）。

２　買受申込み等の取消し

公売に付した財産について最高価申込者等の決定又は売却決定をした場合において、通則法105条１項ただし書（不服申立てがあった場合の処分の制限）その他の法律の規定に基づき滞納処分の続行の停止があったときは、その停止している間は、その最高価申込者等又は買受人は、その入札等又は買受けを取り消すことができます（徴114）。

留意事項

この入札等又は買受けの取消しがあった後に滞納処分の続行の停止が解除されても徴収法107条（再公売）の規定の適用はないため、その財産については、新たな公売に付さなければなりません（徴基通114－５）。

㈡　徴収法114条の「滞納処分の続行の停止」とは、一定の事実の発生により、最高価申込者等の決定又は売却決定に続く後行の処分の執行が差し止められることをいいます（徴基通114－１）。

第５節　代金納付及び権利移転

1　買受代金の納付の手続

(1)　買受代金の納付の方法

買受人は、買受代金をその納付の期限までに、所定の事項を記載した書面を添えて、徴収職員に現金（国税の納付に使用することができる小切手のうち銀行の振出しに係るもの及びその支払保証のあるものを含みます。）で納付しなければなりません（徴115③、徴令42の６）。

㈱　買受人は、現金で納付する方法により提供した公売保証金がある場合には、買受人の意思表示により、買受代金に充てることができます（徴100③）。

(2)　買受代金の納付の期限

買受代金の納付の期限	売却決定の日（徴115①） 〔買受人が次順位買受申込者の場合は、売却決定の日から起算して７日を経過した日〕
納付の期限の延長	税務署長が必要があると認めるときは、30日を超えない期間内でこの期限を延長することができます（徴115②）。 ㈱　期限を延長するときは、必ず公売公告に記載します（徴基通115－４。徴95①六、徴基通95－12参照）。

㈱「必要があると認められるとき」とは、公売財産の価額が相当高額で、かつ、買受代金の納付の期限を延長することにより高価有利に公売することができると見込まれる場合など、税務署長において特に買受代金の納付の期限を延長する必要があると認められる場合をいいます。

(3)　売却決定通知書の交付

売却決定通知書の交付	税務署長は、換価財産の買受人がその買受代金を納付したときは、売却決定通知書を買受人に交付します（徴118）。
交付を要しない場合	（換価財産が動産の場合） その動産を公売の場所に引き揚げているとき、買受人が占有しているとき、その他直接買受人に引渡しができるときなどは、売却決定通知書の交付は不要です（徴基通118－２）。
	（換価財産が有価証券の場合） 換価前に徴収職員が直接占有し、引渡しを行うため、売却決定通知書の交付は不要です（徴基通118－３）。

(注)　譲渡制限のある株券を換価した場合には、売却決定通知書を買受人に交付することとなります。

○　売却決定通知書の記載事項（徴令44）

記載事項	買受人の氏名及び住所又は居所
	滞納者の氏名及び住所又は居所
	売却した財産の名称、数量、性質及び所在
	買受代金の額及びこれを納付した年月日

(4)　期限までに買受代金の納付がなかった場合の措置

イ　売却決定の取消し

税務署長は、買受人が買受代金をその納付の期限までにその全額を納付しないときは、売却決定を取り消すことができます（徴115④）。

ただし、次のいずれにも該当する場合には相当と認められる期間（おおむね７日以内）については、売却決定の取消しを行わないこととして差し支えないものとされています（徴基通115－７）。

売却決定の取消しを行わないことができる場合	①　次順位買受申込者が定められていないこと
	②　期限までに納付できないことの理由が、交通事故、急病など、税務署長が真にやむを得ないと認めるものであること
	③　相当と認められる期間内に買受代金の全額を納付することが確実であって、取消しをしないでいることが徴収上有利であると認められること

売却決定を取り消したときは、買受人及び利害関係人（滞納者を含みます。）に対して、原則として書面でその旨を通知します（徴基通115－８）。

ロ　公売保証金の国税への充当等

買受代金の納付の期限までにその全額を納付しないために売却決定が取り消された場合の公売保証金は、次のとおり取り扱います。

現金で納付した公売保証金があるとき	その保証金を、その公売に係る国税に充て、なお残余があるときは、その残余金を滞納者に交付します（徴100③ただし書）。
保証銀行等の納付保証委託契約証明書を提供する方法により公売保証金の提供がされているとき	当該保証銀行等から保証した公売保証金に相当する現金の納付を受けた上で、現金で公売保証金が提供された場合と同様に取り扱うことになります（徴100④）。

2　買受代金の納付の効果

⑴　換価財産の権利取得

公売は、滞納者と買受人との間に売買契約を強制的に成立させるものであり、買受人の換価財産に係る権利の取得は、原始取得ではなく、滞納者からの承継取得です（徴基通111－４、89－７）。

⑵　換価財産の権利移転・危険負担移転の時期

イ　権利の移転の時期

買受人は、買受代金の全額を納付した時に換価財産を取得します（徴116①）。

ただし、財産によっては、登録・承認・許可を権利移転の効力の発生要件とするものがあります（徴基通116－２）。　☞第５節３参照

ロ　危険負担の移転の時期

買受人が買受代金の全額を納付した場合は、その時に換価財産の権利が移転するため、換価財産の換価に伴う危険負担もその時に買受人に移転します（徴基通116－３）。

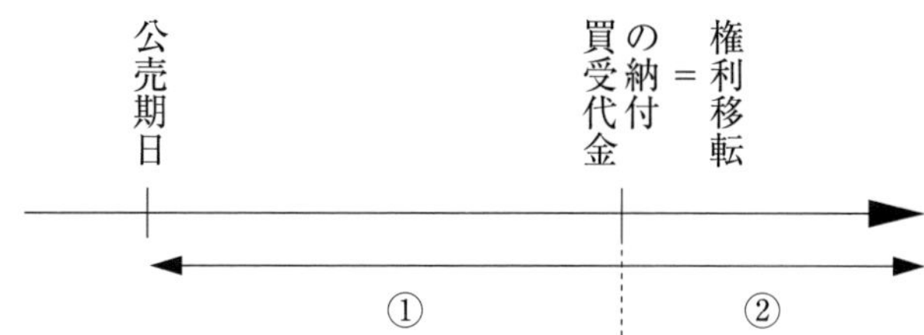

買受代金の納付前（①の期間）	財産上に生じた危険（例えば、焼失、盗難等）は、滞納者が負担します。
買受代金の納付後（②の期間）	財産上に生じた危険は、その財産の登記の手続の既未済又は現実の引渡しの有無にかかわらず、買受人が負担します。

㈱　第５節３に掲げる一定の要件を満たさなければ権利移転の効力が生じない財産については、当該要件が満たされ、その権利が移転した時に換価財産に伴う危険負担が買受人に移転します（徴基通116－３）。

⑶　換価に係る国税の納税義務の消滅

徴収職員が買受代金を受領したときは、その代金のうち国税に充てられる額について、滞納者から換価に係る国税を徴収したものとみなされます（徴116②）。

「徴収したものとみなされる」とは、徴収職員が買受代金を受領したときは、その

限度において、滞納者の換価に係る国税の納税義務が消滅することをいいます（徴基通116－４）。

(4)　権利移転に伴う財産上の権利の消滅等

イ　担保権等の消滅

次に掲げる換価財産上の権利（買受人が引き受ける担保権を除きます（徴124②)。）は、その買受人が買受代金を納付し、換価に係る権利を取得した時に消滅します（徴124①)。

消滅する権利
○　質権、抵当権、先取特権及び留置権
○　担保のための仮登記に係る権利及び担保のための仮登記に基づく本登記でその財産の差押え後にされたものに係る権利
○　譲渡担保権者の物的納税責任により譲渡担保財産が滞納処分により換価された場合における滞納者がした再売買予約の仮登記により保全される請求権
○　差押え後に取得した権利（所有権、担保権、用益物権等）

ロ　担保権の引受け

税務署長は、不動産、船舶、航空機、自動車又は建設機械を換価する場合において、次のいずれにも該当するときは、その財産上の質権、抵当権又は先取特権（登記・登録がされているものに限ります。）に関する負担を買受人に引き受けさせることができます。

この場合において、その引受けがあった質権、抵当権又は先取特権については、買受代金の納付があっても消滅しません（徴124②)。

引受けの要件
○　差押えに係る国税がその質権、抵当権又は先取特権（登記されているものに限ります。）により担保される債権に劣後して徴収するものであること
○　その質権、抵当権又は先取特権により担保される債権の弁済期限がその財産の売却決定期日から６月以内に到来しないこと
○　その質権、抵当権又は先取特権を有する者から申出があること

（注１）　担保権の引受けによる換価を申し出ようとする者は、公売公告の日（随意契約による売却の場合には、その売却の日）の前日までに、所定の事項を記載した書面を税務署長に提出しなければなりません（徴令47）。

（注２）「負担を買受人に引き受けさせる」とは、換価に当たって、その担保権を消滅させず、その担保権の負担のある財産として買受人に売却することをいいます（徴基通124－６）。

ハ　用益物権等の存続

換価財産が不動産その他の登記・登録を権利移転の対抗要件又は効力発生要件とする財産であって、その財産上に差押えの登記・登録前に第三者に対抗できる地上権その他の用益物権、買戻権、賃借権、仮登記（担保のための仮登記を除きます。）等（以下「用益物権等」といいます。）がある場合には、その用益物権等は、換価によっても消滅しません（徴基通89－９）。

「換価財産が不動産のとき」

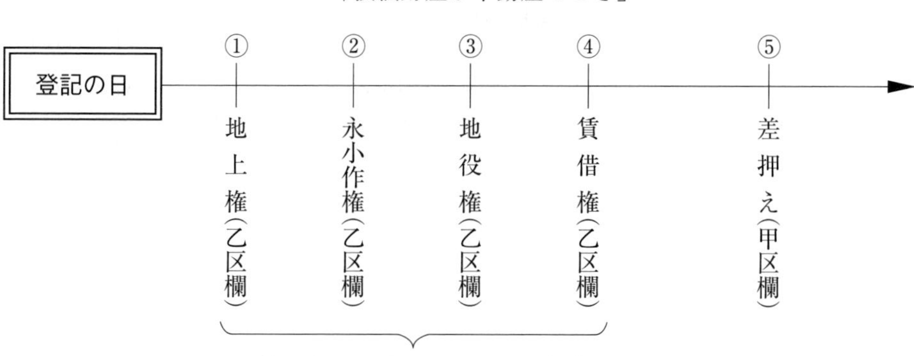

留意事項

○　第三者に対抗できる用益物権等であっても、それらの権利の設定前に換価によって消滅する質権、抵当権、先取特権、留置権、買戻権又は担保のための仮登記がある場合には、その用益物権等も消滅します（徴基通89－９ただし書）。

○　換価によって消滅する担保権等の後に設定された用益物権等が消滅するのは、これらの用益物権等が担保権等に対抗できないことによるものですが、その賃借権が平成16年４月１日に存在（その後、差押え前に更新されたものを含みます。）し、民法602条（短期賃貸借）に定める期間を超えないものである場合は、担保権等に対抗することができるため、そのような短期賃借権は、換価によっても消滅しません（徴基通89－９（注））。

「換価財産が不動産のとき」

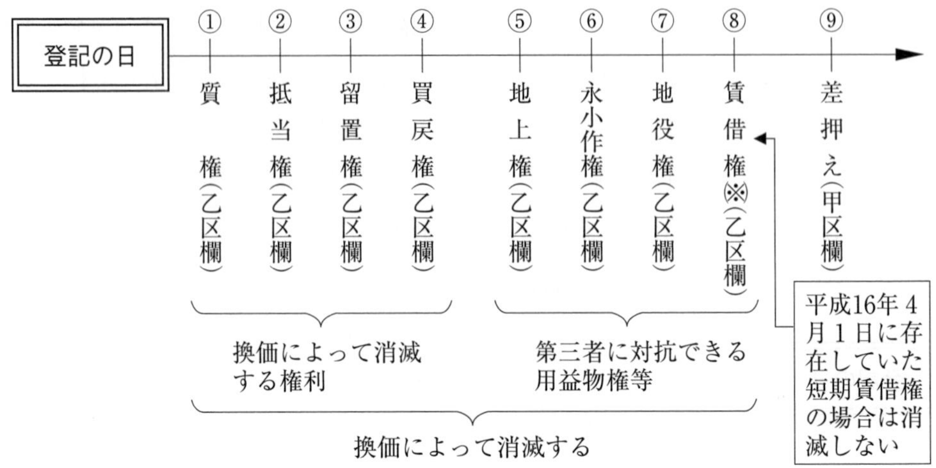

（※）賃借人の保護

担保物権及び民事執行制度の改善のための民法等の一部を改正する法律により、改正前の民法395条の短期賃貸借制度について、執行妨害に濫用されにくい制度としつつ、保護すべき賃借人に合理的な範囲で確実に保護を与えるという観点から改正がなされました。

この法律の施行（平成16年４月１日）により、従来の短期賃貸借制度は廃止され、抵当権に後れる賃貸借は、その期間の長短にかかわらず、抵当権者及び競売における買受人に対抗することができないこととなりました。その一方、抵当権者に対抗することができない賃貸借により建物を占有する者であっても、競売手続開始前から使用・収益をする者に対して買受人の買受けの時から６か月間の明渡し猶予を与える制度が創設されました（民395①）。また、抵当権に後れる賃貸借であっても、その設定についての登記がされ、その登記前に登記された全ての抵当権者が当該賃貸借に対して同意し、その同意についての登記がされたときは、当該抵当権者及び買受人に対抗することができることとされました（民387）。

二　法定地上権又は法定賃借権の成立

○　法定地上権の成立

滞納者が所有する土地とその上にある建物又は立木（以下「建物等」といいます。）について、その土地のみ、若しくは建物等のみ、又はその両方の差押えがあり、これらが滞納処分によって換価されて土地と建物等の所有者が異なることとなったときは、その建物等のために地上権が設定されたものとみなされます（徴127①）。

「地上権が設定されたものとみなされる」とは、設定契約を締結しなくても、法律上、当然に地上権が成立することをいい（徴基通127－１）、この地上権を法定地上権といいます。

法定地上権の成立要件	① 差押えの当時、土地の上に建物等が存在していること
	② 差押えの当時、土地及びその上にある建物等の両方が滞納者の所有に属していること
	③ 換価により、土地と建物等の所有者が異なることとなったこと（換価により、買受人が土地又は建物等の一方のみを取得したこと）

なお、地上権が設定されたものとみなされた建物所有者である滞納者又は買受人はその地上権を第三者に対抗するためには地上権の登記又は建物等の取得の登記をする必要があります（民177、借地借家法10①）。

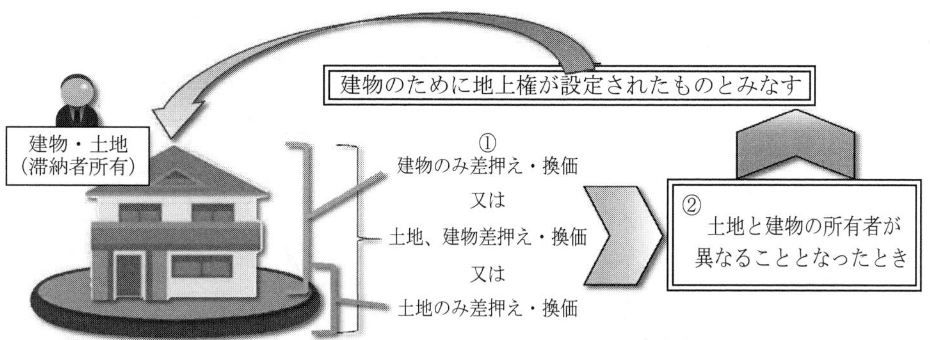

○　地上権の及ぶ範囲	建物等の利用に必要かつ十分な程度の広さに及びます（徴基通127－２）。
○　存続期間及び地代	①　当事者の協議により決定します。 ②　協議が整わない場合、当事者の請求により裁判所が決定します（徴127③）（この場合、建物の地上権の存続期間については、借地借家法の適用があります（徴基通127－４、借地借家法３参照）。）。

㈲　徴収法上の法定地上権は、建物のための土地に対する潜在的利用関係の保護のため、民法上の法定地上権（民388）が成立しない場合にもその成立を認めようとするものであり、民法上の法定地上権を補充するものであるといえます。したがって、民法上の法定地上権が成立するときは、徴収法上の法定地上権は成立しません（徴基通127－１⑴、民執81参照。）。

○　法定賃借権の成立

地上権とその地上権の設定されている土地の上にある建物等の両方が滞納者の所有に属する場合において、その土地のみ、若しくは建物等のみ、又はその両方の差押えがあり、これらが滞納処分によって換価されて地上権の権利者と建物等の所有者が異なることとなったときは、その建物等のために、その地上権の存続期間内において土地の賃貸借をしたものとみなされます（徴127②）。

「土地の賃貸借をしたものとみなされる」とは、設定契約を締結しなくても、法律上、当然に賃借権が成立することをいい（徴基通127－７）、この賃借権を法定賃借権といいます。

なお、法定賃借権の対抗力、その及ぶ範囲、存続期間及び借賃等については、法定地上権の場合と同様です。

法定賃借権の成立要件	
	①　差押えの当時、地上権の目的となる土地の上に建物等が存在していること
	②　差押えの当時、地上権及びその目的となる土地の上にある建物等の両方が滞納者に属していること
	③　換価により、地上権の権利者と建物等の所有者が異なることとなったこと（換価により、買受人が地上権又は建物等の一方のみを取得したこと）

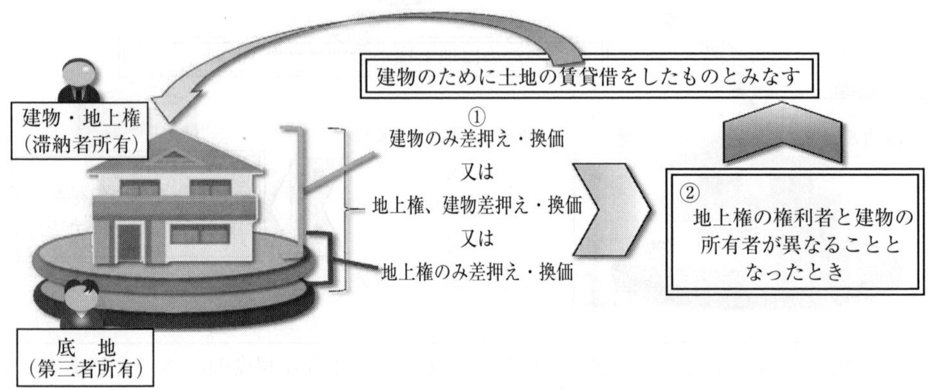

3　換価財産の権利移転手続

税務署長は、買受人が買受代金を全額納付したときは、次により換価した財産の権利を移転しなければなりません。

財　　　産	権　利　の　移　転　手　続
動産、有価証券又は自動車、建設機械若しくは小型船舶（徴収職員が占有したものに限る）	買受人への引渡し（徴119、120） （現実の引渡し又は指図による引渡し（民184、徴令45①）） （裏書、名義変更又は流通回復の手続を要するものは、その手続）
債権又は第三債務者等がある無体財産権等若しくは振替社債等	売却決定通知書を第三債務者等へ交付（徴122①）
不動産等権利の移転に登記を要する財産	買受人の請求による所有権移転及び換価に伴い消滅する権利の抹消等の登記嘱託（徴121、125）

㈲　有価証券の裏書きなどの代位の手続に関する費用及び権利移転手続の登記の嘱託に

要する登録免許税その他の費用は、買受人の負担となります（徴123）。

⑴　動産等の引渡し

イ　徴収職員が占有している場合

税務署長は、換価した「動産、有価証券」又は「自動車、建設機械若しくは小型船舶（徴収職員が占有したものに限ります。）」の買受人が買受代金の全額を納付したときは、その財産を買受人に引き渡さなければなりません（徴119①）。

㈱　自動車、建設機械又は小型船舶について徴収法119条が適用されるのは、徴収職員が占有した場合に限られますので、徴収職員が占有しないで換価した場合には、買受人は、適宜の方法により、滞納者等から引渡しを受けることになります。

ロ　滞納者等に保管させている場合

換価した動産等を滞納者又は第三者に保管させているときは、その引渡しをする旨並びにその引渡しに係る動産等を保管する者の氏名及び住所又は居所を付記した売却決定通知書を買受人に交付する方法によりその財産の引渡しをすることができます（徴119②前段、徴基通119－２）。

引渡しの通知	税務署長は、滞納者又は第三者に対して、売却決定通知書を交付する方法により買受人に換価財産を引き渡した旨を通知しなければなりません（徴119②後段）。

⑵　有価証券の裏書等

税務署長は、換価した有価証券を買受人に引き渡す場合において、その証券に係る権利の移転につき滞納者に裏書、名義変更又は流通回復の手続をさせる必要があるときは、期限を指定してこれらの手続をさせなければなりません（徴120①）。

滞納者が指定の期限内にこれらの手続を行わないとき	税務署長は、滞納者に代わって自らその手続をすることができます（徴120②、徴基通120－２）。

㈱　株券を換価した場合の権利移転の手続は、株券の交付のみで足りますので（会128①）、裏書等の手続は必要ありません（徴基通120－１）。

⑶　債権等の権利移転のための第三債務者等に対する売却決定通知書の交付

税務署長は、換価した債権又は電話加入権その他第三債務者等がある無体財産権等若しくは振替社債等の買受人が、その買受代金の全額を納付したときは、売却決定通知書を第三債務者等に交付しなければなりません（徴122①）。

差押えに際して取り上げた債権証書又は権利証書があるとき	税務署長は、これを買受人に引き渡さなければなりません（徴122②）。 その後の移転手続は、売却決定通知書により買受人が行うことになります。

⑷　権利移転の登記及び換価に伴い消滅する権利の登記の抹消の嘱託

税務署長は、換価財産で権利の移転につき登記・登録を要するものについては、不動産登記法その他の法令に別段の定めがある場合を除き、買受代金を納付した買受人の請求により、その権利の移転の登記・登録を関係機関に嘱託をしなければなりません（徴121）。

財産	根拠法令	換価による権利移転等の手続	
		登記の内容	嘱託書の添付書類
不動産 船舶 建設機械等	不動産登記法115条等	①　権利移転	税務署長が作成した登記原因証明書
		②　差押えの登記の抹消	同上
		③　消滅した権利の登記の抹消	配当計算書の謄本（徴令46）
鉄道財団 軌道財団 運河財団	鉄道抵当法77条の２、68条等	上記に準じて取り扱う	
上記以外	徴収法121条	不動産、船舶、建設機械等の場合と同じ	

（注１）「上記以外」の財産には、鉱業権、漁業権、航空機、自動車、特許権、実用新案権等があります（徴基通121－１）。

（注２）自動車については、買受人から提出があった売却決定通知書又はその謄本を嘱託書に添付するほかに、自動車検査証の呈示（道路運送車両法13③）、自動車保管場所証明書の添付（自動車の保管場所の確保等に関する法律４）が必要になります（徴基通121－２⑴）。

（注３）電子記録債権については、電子債権記録機関に対し、譲渡記録を嘱託する必要があります（電債４、17）。

（注４）振替社債等については、振替機関等に対し、滞納者の口座から買受人の口座への振替を申請する必要があります（社振70、132等）。

⑸　権利移転に伴う費用の負担

買受人は、次に掲げる換価財産の権利移転の費用を負担しなければならず、これを税務署長に事前に支払わなければなりません（徴123、徴基通123－１～４）。

権利移転に伴う費用	
	①　有価証券の裏書等の代位に関する費用（名義変更手数料等）
	②　権利移転の登記又は登録の嘱託に係る登録免許税
	③　その他の費用（上記②の嘱託書を郵送する場合の郵送料等）

（注１）　抹消の登記については、登録免許税は課されません（登５十一）。

（注２）　買受人は登録免許税を国に納付し、当該納付に係る領収証書を税務署長に提出することになります。なお、登録免許税の額が３万円以下の場合は、その税額に相当する金額の印紙を提出して国に納付することもできます（登23）。

第６節　売却決定の取消し

1　売却決定の取消しの事由等

⑴　売却決定の取消しの事由

税務署長は、次に掲げる事由が生じた場合には、売却決定を取り消します。

事　　　由	内　　　容
国税の完納等	換価財産に係る国税の完納の事実が買受人の買受代金の納付前に、国税の領収証書その他その完納の事実を証する書面（収納機関がその完納の事実を証する書面）を税務署長に呈示することにより証明されたときは、売却決定を取り消さなければなりません（徴117、徴令43、徴基通117－１、２）。
買受代金の不納付	買受人が買受代金をその納付の期限までに納付しないときは、売却決定を取り消すことができます（徴115④）。
公売実施の適正化のための措置	公売実施の妨害等があり、売却決定後において最高価申込者等とする決定を取り消すときは、売却決定も取り消します（徴基通108－19、徴108②参照）。

なお、換価財産について売却決定をした場合において、不服申立てがあった場合の処分の制限等により滞納処分の続行の停止があったとき（通105）は、その停止している間は、買受人は、その買受けを取り消すことができます（徴114）。

⑵　売却決定の取消しの通知

売却決定を取り消したときは、買受人、滞納者及び利害関係人に対して、原則として書面でその旨を通知します（徴基通108－19、114－３、115－８、117－３）。

2　売却決定の取消しの効果及び取消しに伴う措置

売却決定が取り消されたときは、滞納者と買受人との間の換価財産の売買契約は、売却決定の時にさかのぼって消滅します（徴基通117－４）。

この場合、税務署長は、買受人の納付した公売保証金があるときは、買受代金の不納付又は徴収法108条（公売実施の適正化のための措置）による場合を除き、遅滞なくこれを買受人に返還しなければなりません（徴基通117－４）。

○　**売却決定の取消しが換価財産の権利移転前である場合**

取消事由	取消しの効果等	取消しに伴う措置
国税の完納等	その差押えを解除します。	公売保証金を買受人に返還します。
買受代金の不納付	売却決定前の状態に戻ります。	・再公売又は随意契約による売却をすることとなります。 ・現金等で納付した公売保証金は、公売に係る国税に充て、なお残余があるときは、滞納者に交付します。
不服申立て等	差押えが適法であり、公売公告から売却決定までの処分が取り消されたときは、差押えの状態に戻ります。	改めて換価に付します。
	差押えが違法で取り消されたときは、差押えの登記の抹消等その他所要の措置を行います。	

○　**売却決定の取消しが換価財産の権利移転後である場合**

事由	取消しの効果	取消しに伴う措置
換価財産が動産又は有価証券で、買受人が善意である場合	・その売却決定の取消しをもって、買受代金を納付した善意の第三者に対抗することができません（徴112①）。 ・これにより損害が生じた者がある場合は、その生じたことについてその者に故意又は過失があるときを除き、国は（国に故意又は過失がない場合においても）、その通常生ずべき損失の額を賠償する責めを負います（徴112②前段）。 ・他に損害の原因について責めに任ずべき者があるときは、国は、その者に対し求償権を行使することができます（徴112②後段、徴基通112－６）。	
上記以外の場合	・買受人又は買受人からその財産を取得した第三者は、その権利を失います（換価財産の権利は、換価前の権利者に復帰します。）。 ・換価代金等から配当を受けた担保権者がその金額を返還しない場合は、その金額を限度として、税務署長はその担保権者に代位することができます（徴135②）。	・徴収職員が受領した買受代金等を買受人に返還します（徴135①一） ・換価財産に係る権利移転の登記の抹消を嘱託します（徴135①二） ・換価に伴い消滅したため抹消された質権等の登記・登録の回復の登記・登録を嘱託します（徴135①三）。

第８章　滞納処分―換価代金等の配当―

第１節　総　　　説

１　配当の意義及び配当すべき金銭

⑴　配当の意義

滞納処分は、差押えと交付要求（参加差押えを含みます。）に大別することができ、その後の手続において次のように金銭の処理がされます。

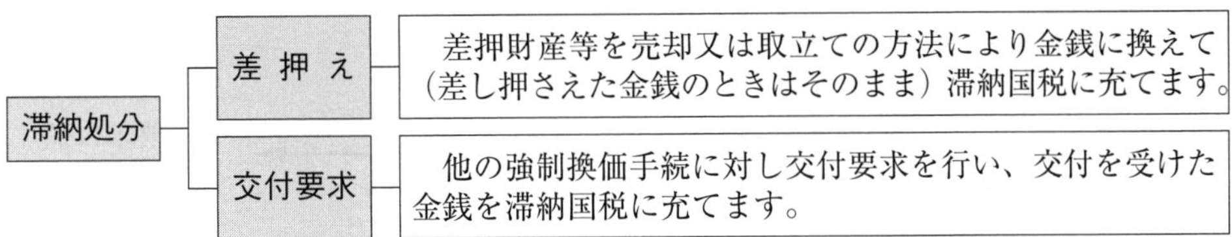

一般に、このように滞納処分に基づいて得られた金銭を、その差押えに係る国税（滞納処分費（☞第４章第６節１参照）を含む。）、交付要求を受けた国税、地方税及び公課その他の一定の債権者に配分し、なお残余があればこれを滞納者に交付する手続を「配当」といいます。

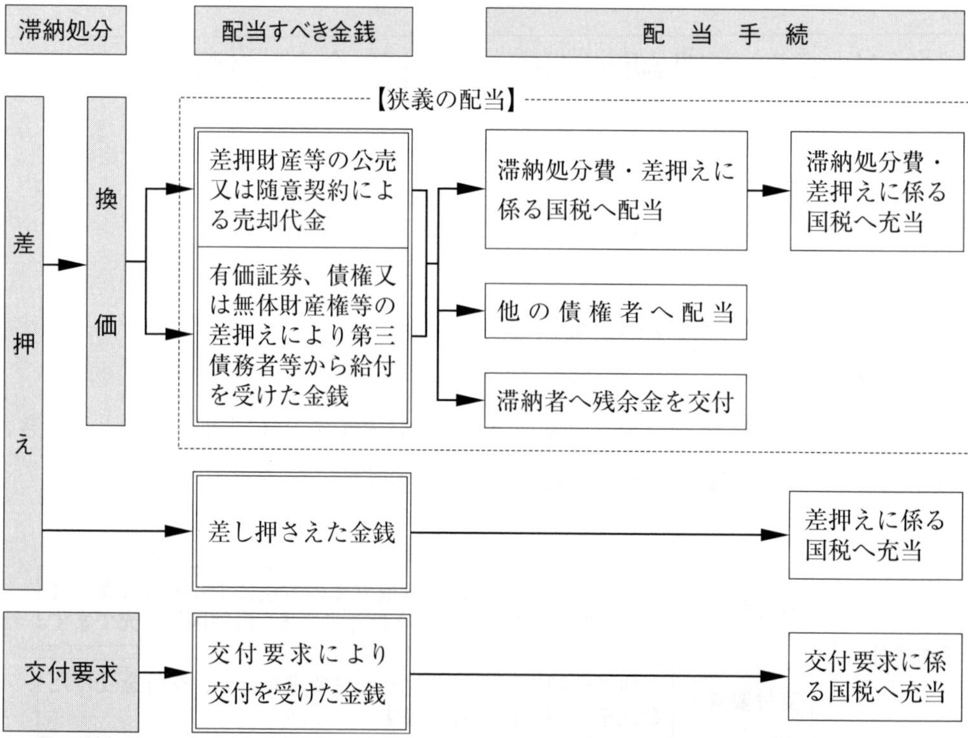

滞納処分 / 配当すべき金銭 / 配当手続

差押え → 換価 → 【狭義の配当】

配当すべき金銭	配当手続
差押財産等の公売又は随意契約による売却代金	滞納処分費・差押えに係る国税へ配当 → 滞納処分費・差押えに係る国税へ充当
有価証券、債権又は無体財産権等の差押えにより第三債務者等から給付を受けた金銭	他の債権者へ配当
	滞納者へ残余金を交付

差押え → 差し押さえた金銭 → 差押えに係る国税へ充当

交付要求 → 交付要求により交付を受けた金銭 → 交付要求に係る国税へ充当

(注)　差し押さえた金銭や交付要求により交付を受けた金銭は、他の債権者への配当は予定されていないため、配当計算書の作成等の手続は不要であり、直ちに差押え又は交付要求に係る国税に充てられます（徴129②）。この手続も配当（広義）に含まれますが、通常、「配当」という場合には、これを除いた狭義の配当をいいます。

(2)　配当すべき金銭

税務署長が配当するのは、次の金銭です（徴128）。

配当すべき金銭

１号	差押財産等の公売又は随意契約による売却代金

（注１）「差押財産」には、徴収法67条２項（取り立てたものが金銭以外のものである場合の差押え）の規定により、差し押さえて取り立てた金銭以外の財産を含みます。

（注２）「売却代金」には、土地収用法96条１項（差押えがある場合の補償金の払渡し）の規定に基づき、払渡しを受けた金銭を含みます（同法96②）。

２号	有価証券、債権又は無体財産権等の差押えにより、第三債務者等から給付を受けた金銭

（注１）「有価証券」とは、徴収法57条１項（有価証券に係る債権の取立て）の規定により、金銭債権の取立てをしたものをいいます。

（注２）「債権」とは、徴収法67条１項（差し押さえた債権の取立て）の規定に

配当すべき金銭

より、取立てをした金銭債権をいいます（徴基通128－３）。

（注３）「無体財産権等」とは、無体財産権等で、徴収法73条５項又は73条の２第４項において準用する同法67条１項（差し押さえた債権の取立て）の規定により、取立てをした金銭債権をいいます（徴基通128－４）。

（注４）「第三債務者等から給付を受けた金銭」には、次に掲げる金銭が含まれます（徴基通128－５）。

１　徴収法53条１項（保険に付されている財産の差押え）の規定の適用を受ける差押えに基づき、給付を受けた金銭（保険金、共済金として給付を受けた金銭）

２　徴収法74条１項（差し押さえた持分の払戻し等の請求）の規定に基づき、給付を受けた金銭

３号	差し押さえた金銭

４号	交付要求（参加差押えを含みます。）により交付を受けた金銭

㈲「交付要求により交付を受けた金銭」には、次に掲げる金銭が含まれます（徴基通128－６）

１　国税につき担保を徴した財産が、強制換価手続（徴２①十二）により換価され、交付を受けた金銭

２　徴収法22条３項（担保権の代位実行）の規定により、税務署長が担保権者に代位実行することによって、交付を受けた金銭

３　税務署長が換価同意行政機関等である場合において、特定参加差押不動産の売却代金につき、換価執行行政機関等から交付を受けた金銭（徴令42の２⑥）

○　一括換価した場合の売却代金の額

徴収法89条３項の規定により複数の財産を一括換価した場合において、換価した各財産ごとに売却代金の額を定める必要があるときは、その額は、売却代金の総額を各財産の見積価額に応じて按分して得た額とします（徴128②）。

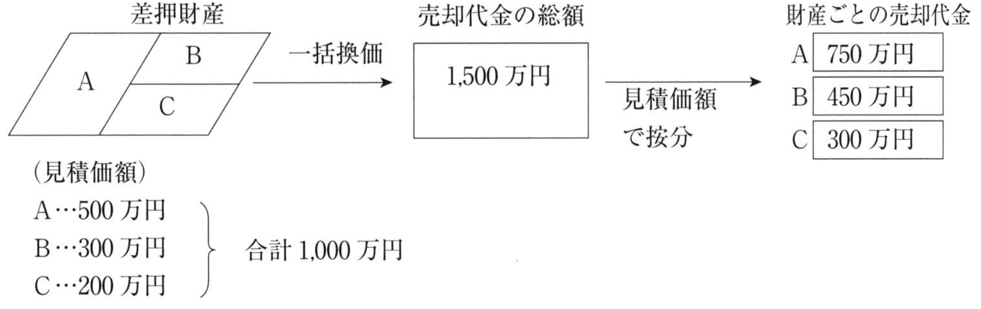

㈲　一括換価した各財産にかかった滞納処分費の負担についても同様に按分計算します（徴128②後段）。

2　配当の原則

(1)　換価代金等の配当

配当すべき金銭のうち、差押財産等の売却代金及び有価証券、債権、無体財産権等の差押えにより第三債務者等から給付を受けた金銭（以下「換価代金等」といいます。）は、差押えに係る国税その他の債権に配当します（徴129①）。

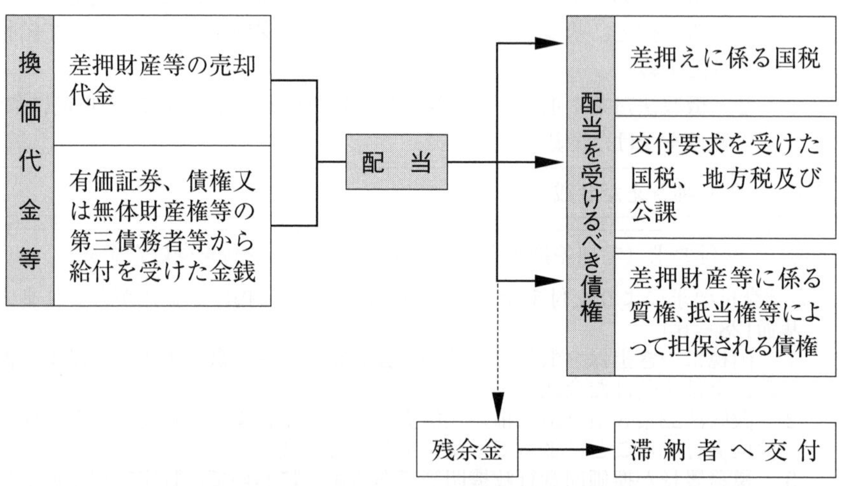

○ 配当を受けるべき債権（徴収法129条１項各号に限定列挙）

配当を受けるべき債権

１号	差押えに係る国税（特定参加差押不動産の売却代金を配当する場合は、特定参加差押えに係る国税）
２号	交付要求を受けた国税、地方税及び公課（特定参加差押不動産の売却代金を配当する場合は、差押えに係る国税、地方税及び公課を含む。）
３号	差押財産等に係る質権、抵当権、先取特権、留置権又は担保のための仮登記、仮登録により担保される債権

先取特権の内容	①　徴収法19条１項各号（不動産保存の先取特権） ②　徴収法20条１号各号（不動産賃貸の先取特権） に限られます（徴基通129－１）。
仮登記・仮登録の取扱い	○「質権、抵当権、先取特権」には、仮登記・仮登録（保全仮登記・保全仮登録を含みます。）がされた質権、抵当権、先取特権が含まれます（徴基通129－１）。 ○「担保のための仮登記、仮登録により担保される債権」に対する配当については、担保のための仮登記等に係る権利を抵当権とみなし、その仮登記等がされた時に抵当権が設定されたものとみなして、配当を受けるべき債権との順位を決定します（徴129④）。
配当を受けられない場合	○　登記・登録することができる「質権、抵当権」について、その登記・登録がされていない場合（民177）。 ○　差押え後に登記された場合（徴基通129－14）。 ○　質権、抵当権又は先取特権に関する負担を買受人に引き受けさせた場合（徴収法124②、徴基通129－２）。 ○　担保のための仮登記のうち消滅すべき金銭債務が契約の時に特定されていない場合（根担保仮登記、徴23④）。

４号	換価財産が滞納者との契約による賃借権等に基づき第三者の占有していた動産、自動車、建設機械又は小型船舶であった場合において、その財産の引渡命令を受けた第三者等が契約を解除し、これにより取得した損害賠償請求権、又は引渡命令前に借賃を支払済であるときの前払借賃に係る債権（徴59①後段③④、71④）

配当を受けられない場合	徴収法58条２項（第三者が占有する動産等の引渡命令）の規定により動産の引渡しを命ぜられた第三者は、その動産の差押えの時までに、税務署長に対して、同法59条１項（引渡命令を受けた第三者の権利の保護）の規定による契約の解除をした旨の通知をしないときは、契約の解除により滞納者に対して取得する損害賠償請求権について配当を受けることができません。ただし、その差押え後にその通知をした場合において、相当の理由があると認められるときは、この限りでありません（徴令25）。
参加差押えをした行政機関等が先行差押えの解除により財産の引渡しを受けた場合	上記の配当を受けることができる権利は、徴収法87条２項（参加差押えに係る動産等の引渡し）の規定により、差押えを解除した税務署長が参加差押えをした行政機関等にその財産を引き渡した場合には、その行政機関等に対して行使することができます（徴令41③④）。

○　無担保債権に配当しない主な理由

配当しない主な理由	
	①　徴税機関は、滞納処分を行う機関であって、裁判所のように債権一般の配当の機関ではないこと。
	②　滞納処分手続においては、租税債権の迅速な確保を図る必要性があること。
	③　滞納処分により差し押さえた財産については、滞調法の規定により二重差押えをすれば、滞納処分による差押財産の売却代金の残余金は、執行官又は裁判所を通じて、無担保債権者に対しても実質的に配当される途があること。

㈷　配当を受けるべき債権は、徴収法129条１項各号に列挙されるものに限られており、それ以外のいわゆる無担保債権は、仮に執行力ある正本を付与されているものであっても配当されません。

⑵　差し押さえた金銭及び交付要求により交付を受けた金銭の配当

差し押さえた金銭又は交付要求により交付を受けた金銭は、それぞれ差押えに係る国税又は交付要求に係る国税に充てなければなりません（徴129②）。

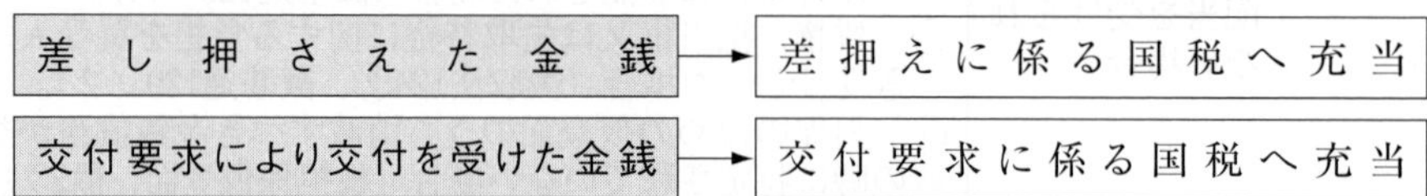

この場合には配当計算書が作成されませんので、滞納者に対しては、その充てた旨を充当通知書により通知することとしています（徴基通129－4）。

⑶　国税への充当

イ　充当の意義

配当手続の最終段階において、配当された金銭を国税に充てる手続を行います。これを「充当」といい、次の２種類のものがあります。

充当	
	①　差し押さえた金銭又は交付要求により交付を受けた金銭は、それぞれ差押え又は交付要求に係る国税に充当します（徴129②）。
	②　差押財産等の売却代金又は有価証券、債権、無体財産権等の差押えにより第三債務者等から給付を受けた金銭は、狭義の配当手続により差押えに係る国税に配当し、その金銭を差押えに係る国税に充当します（徴129①）。

ロ　本税と利子税、延滞税との充当順位

差押えに係る国税又は交付要求に係る国税に配当された金銭を、その国税に充てる場合において、その充当すべき金銭がその国税の全額（本税の額及びその延滞税、利子税又は加算税の額）に不足する場合は、次の順位で充当します。

滞納処分費の優先充当	滞納処分費については、その徴収の基因となった国税に先立って配当し、又は充当します（徴137）。

㈱　滞納処分費の優先充当は、その徴収の基因となった国税との関係におけるものであって、他の国税との関係は一般の優先順位に従います。

滞納処分費の配当等の順位 ☞ 第4章第6節3参照

本税の優先充当	国税に配当された金銭を本税及び延滞税又は利子税に充てるべきときは、まず本税から充当しなければなりません（徴129⑥）。

㈱　本税と各種加算税の充当の順位については、このような規定はありませんが、実務上、本税から充当する取扱いがされています（徴基通129－19本文）。

なお、徴収の基因となった国税が複数ある場合は、順次に本税、附帯税に充て（徴129⑥、民489①）、本税と本税の相互間、又は附帯税と附帯税の相互間は、民法488条4項2号及び3号（同種の給付を目的とする数個の債務がある場合の充当）の規定に準じて処理するものとされています（昭62.12.18　最判参照、徴基通129－19なお書）。

ハ　充当の時期と効果

充当の時期については、それぞれ次に掲げる時とし（徴基通129－5）、国税に充当されたときは、滞納者の納税義務は、その充てられた範囲で消滅します（徴基通129－4）。この場合、配当計算書が作成されませんので、滞納者に対してその充てた旨の通知をします。

国税に充てるもの	国税に充てるべき時期
差押財産等の売却代金	売却代金を受領した時（徴116②）
第三債務者等から給付を受けた金銭	給付を受けた時（徴57②、67③、73⑤）
差し押さえた金銭	差押えの時（徴56③）
交付要求により交付を受けた金銭	交付を受けた時

㈱　交付要求により交付を受けた金銭を国税に充てた場合には、交付要求を受けた執行機関が、強制換価手続において受領した日の翌日からその充てた日までの期間に対応する部分の延滞税は免除します（徴基通129－5⑷(注)）。

(4) 残余金の処理

換価代金等の配当すべき金銭を配当すべき各債権者に配当した場合又は差し押さえた金銭等を国税に充てた場合において、その配当すべき金銭に残余があるときは、その残余金は滞納者に交付します（徴129③）。

イ　特別な場合の残余金の交付先

次の場合は、それぞれに掲げる者に残余金を交付します（徴基通129－６、７）。

特別な場合	残余金の交付先
①　換価した財産が譲渡担保財産である場合	譲渡担保権者
②　換価した財産が物上保証に係るものである場合	差押え時における担保物の所有者
③　差押財産等について差押え後に譲渡があった場合	滞納者（差押え時の所有者）
④　介入権者から保険契約に係る解約返戻金に相当する金額の支払を受けた場合（保険法60②、89②）	滞納者（保険法60③、89③）
⑤　滞納者につき破産手続開始の決定がされている場合	破産管財人（破78①）
⑥　滞納者である株式会社につき更生手続開始の決定があった場合	管財人（更72①）
⑦　滞納者につき民事再生手続開始の申立てがあり、保全管理人による管理を命ずる処分があった場合	保全管理人（再81①）
⑧　滞納者につき民事再生手続が開始され、管財人による管理を命ずる処分があった場合	管財人（再66）
⑨　滞納者を債務者とする外国倒産処理手続の承認の申立てがあり、保全管理人による管理を命ずる処分があった場合	保全管理人（外国倒産53①）
⑩　滞納者を債務者とする外国倒産処理手続の承認がされ、承認管財人による管理を命ずる処分があった場合	承認管財人（外国倒産34）
⑪　滞納者が死亡し、相続人があることが明らかでない場合	相続財産管理人（民953）
⑫　滞納者である株式会社につき企業担保権の実行手続の開始決定があった場合	管財人（企担32①）
⑬　滞調法の規定の適用がある場合	執行官又は執行裁判所（滞調６①、17等）
⑭　滞納者が不在者（民25参照）に該当する場合	管理人（民25、28）

ロ　残余金について差押え等があった場合

滞納者に交付すべき残余金に対して差押え等があった場合は、次に定めるところにより処理することになります（徴基通129－8）。

差押え等の内容	残余金の処理
①　民事執行法の規定による差押命令又は民事保全法の規定による仮差押命令が送達された場合	滞納者には交付しません（民執145、民保50参照）。 この場合には、差押え又は仮差押えに係る金銭債権の全額に相当する金銭を供託することができます（民執156①、民保50⑤参照）。 また、債務者（滞納者）に対して差押命令が送達されたされた日から１週間を経過したときは、他に競合する債権者がいない場合に限り（③参照）、その差押債権者に対して交付することになります（民執155参照）。 （注１）　供託したときは、その事情を執行裁判所又は保全執行裁判所に届け出なければなりません（民執156③、民保50⑤）。 （注２）　交付又は供託をするまでの間は、その金銭は、保管金として処理します（出納官吏事務規程61参照）。 （注３）　差押命令が債務者（滞納者）及び第三債務者に送達されたときは、裁判所書記官から差押債権者に対し、その旨及び送達の年月日が通知されます（民執規134）ので、債務者（滞納者）に対して差押命令が送達された日から１週間を経過したか否かはその送達通知書により確認します。
②　民事執行法の規定による差押命令及び転付命令の送達があった場合	転付命令の確定（民執159⑤）及び他の差押命令若しくは仮差押命令の送達又は配当要求がないこと（民執159③）を確認した上で、この命令を得た債権者に交付します（民執160参照）。 ㈱「転付命令」は、金銭債権が被差押債権である場合に、差押債権者の請求債権の弁済に代えて「券面額」で差押債権者に移転することにより、被差押債権でもって代物弁済することとする制度です。また、転付命令の確定は、その発令裁判所が証明する転付命令の「確定証明書」により確定します。
③　差押え若しくは仮差押えが競合し（仮差押えと仮差押えが競合した場合を除きます。）、又は配当要求があった場合	その金額の全部又は一部を供託し、その事情を差押命令を発した執行裁判所に届け出なければなりません（民執156②③、民保50⑤参照）。
④　滞納処分による債権差押えの通知書の送達を受けた場合	差押えをした行政機関等へ交付します（徴62、67等）。

⑤　滞納者から債権譲渡の通知があった場合	その債権の譲受人に交付します(民467参照)。

ハ　**換価財産について強制執行による差押え等がされている場合**

換価財産について、強制執行による差押え等がされている場合の残余金は、次に定めるところにより処理することになります（徴基通129－９）。

強制執行による差押え等の内容	残　余　金　の　処　理
①　換価財産について、滞納処分による差押え後に強制執行による差押え又は担保権の実行としての競売が開始されている場合	滞納者に交付すべき残余金は、執行官又は執行裁判所に交付しなければなりません（滞調６①、11の２、17、19、20、20の８①、20の10、20の11①、滞調令12の２、12の３①）。
②　換価財産について、仮差押えの執行がされている場合	滞納者に交付すべき残余金は、執行官又は執行裁判所に交付しなければなりません（滞調11①、18②、19、20の９①、20の11①、滞調令12の２、12の４）。

第2節　配　当　手　続

1　配当手続の概要

「差押財産等の売却代金」又は「有価証券、債権、無体財産権等の差押えにより第三債務者等から給付を受けた金銭」は、差押えに係る国税その他の配当を受けるべき債権の存否及び額等についての調査・確認を行い、その結果に基づき、それぞれの配当額を決定した上で、配当を受けるべき債権者に交付されます。

配当手続の流れは、次のとおりです。

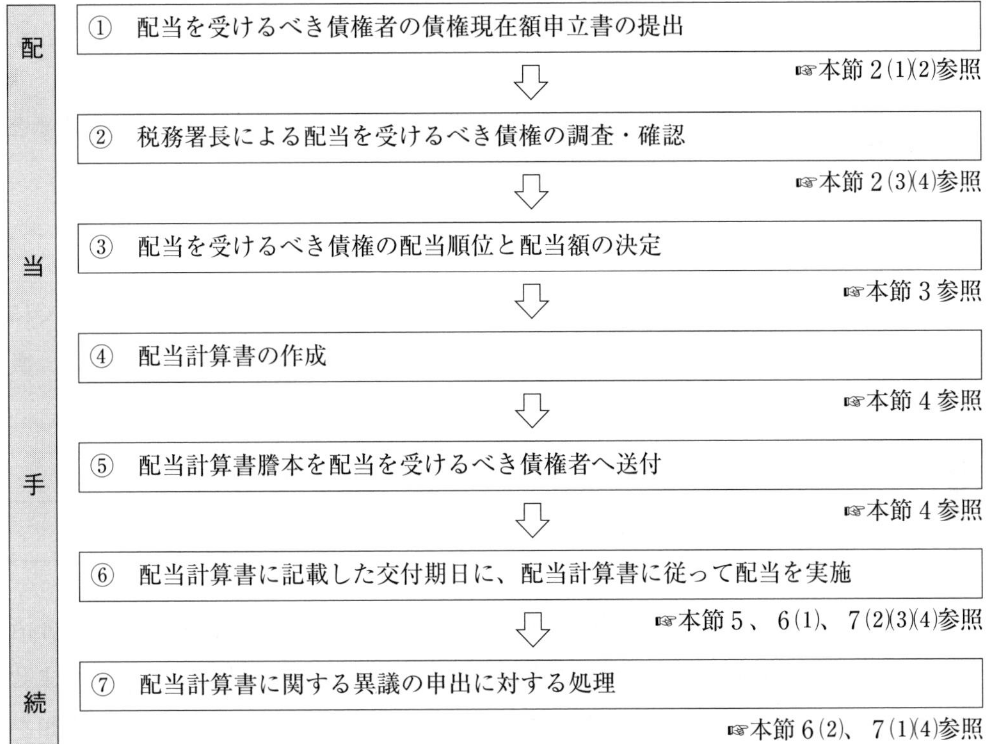

2　債権現在額申立書の提出と債権額の調査・確認方法

税務署長は、配当に当たって、次のとおり配当を受けるべき債権者及び金額等の確認を行います（徴130）。

(1)　配当を受けるべき債権者に対する債権現在額申立書の提出の催告

催告の方法	相手方	催告の内容
公売公告に記載して催告する方法（徴95①八）	公売財産上に、質権、抵当権、先取特権、留置権その他売却代金から配当を受けることができる権利を有する者	売却決定の日の前日までに、配当を受けることができる権利の内容を申し出るべき旨
公売の通知等に併せて催告する方法（徴96②）	公売財産の売却代金から配当を受けることができる者のうち、知れている者	売却決定の日の前日までに、債権現在額申立書を提出すべき旨

債権現在額申立書

徴収法129条１項２号（配当の原則）に規定する国税、地方税又は公課を徴収する者及び同項３号又は４号に掲げる債権を有する者が、配当を受けるために、差押財産等を換価した税務署長に提出する書面をいいます（徴基通130－1）。

☞　実務上は、公売の通知をする際に、債権現在額申立書の用紙を同封する取扱いがされています。

(2)　債権現在額申立書の提出期限

配当を受けることができる債権（徴129①）を有する者は、次に掲げる期限までに債権現在額申立書を税務署長に提出しなければなりません（徴130①、徴令48②、徴基通130－２）。

提出期限

①	売却の方法による換価のときは、その売却決定の日の前日まで
②	取立ての方法による換価のときは、その取立ての時まで

この債権現在額申立書には、債権の元本及び利息その他の附帯債権の現在額、弁済期限その他の内容を記載し、これらの事項を証明する書類を添付しなければなりません。ただし、これを添付をすることができないときは、税務署長に対し、その書類を呈示するとともに、その写しを提出する方法によることができます（徴令48①）。

○　**債権現在額申立書に記載する債権現在額**（徴基通130－3）

配当を受けるべき債権	債権現在額申立書に記載する債権現在額
①　国税、地方税又は公課	換価代金等の受領した日現在における債権現在額
②　①以外の債権	換価代金等の交付期日現在における債権現在額

（注１）「債権現在額」とは、その債権の元本、利息、損害金、費用その他附帯債権の額の総額をいいます。

（注２）　国税、地方税又は公課について、換価代金等の受領した日を基準にしているのは、受領した日の翌日から充当の日までの利子税、延滞税が免除の対象となるからです。

☞後述（参考１㈱）参照

⑶　税務署長による債権額の調査・確認

<table>
<tr><th></th><th colspan="2">債権の内容</th><th>確認方法</th></tr>
<tr><td rowspan="3">債権現在額申立書が提出された場合〔徴基通130−4〕</td><td colspan="2">①　交付要求を受けた国税、地方税及び公課（徴129①二）</td><td rowspan="2">提出された債権現在額申立書を審査して行います。</td></tr>
<tr><td rowspan="2">②　差押財産等に係る質権、抵当権、先取特権、留置権又は担保のための仮登記により担保される債権（徴129①三）
③　滞納者との賃貸借契約等に基づき占有していた動産、自動車、建設機械又は小型船舶の引渡命令を受けた第三者等が契約を解除し、これにより取得した損害賠償請求権又は引渡命令前に借賃を支払済であるときの前払借賃に係る債権（徴129①四）</td><td>国税に優先しないもの</td></tr>
<tr><td>国税に優先するもの</td><td>債権の内容及び現在額を証する書面等により、その債権の存否、金額、順位等について確認します。</td></tr>
<tr><td rowspan="4">債権現在額申立書が提出されない場合〔徴基通130−5〕</td><td rowspan="2">④　登記された質権、抵当権若しくは先取特権により担保される債権又は担保のための仮登記により担保される債権（徴130②一）</td><td>国税に優先しないもの</td><td>債権の内容及び現在額を証する書面等により、その債権の存否、金額、順位等について確認します（ただし、登記事項によりこれを確認しても構いません。）。</td></tr>
<tr><td>国税に優先するもの</td><td rowspan="3">債権の内容及び現在額を証する書面等により、その債権の存否、金額、順位等について確認します。</td></tr>
<tr><td colspan="2">⑤　登記することができない質権若しくは先取特権又は留置権により担保される債権で配当計算書の謄本を発送する時までに知ることができたもの（徴130②二、徴基通130−６）</td></tr>
<tr><td colspan="2">⑥　③の債権で配当計算書の謄本を発送する時までに知ることができたもの（徴130②三、徴基通130−６）</td></tr>
</table>

（注）　税務署長は、債権の確認のため必要があるときは、その必要と認められる範囲において、滞納者又は債権者に質問し、又はその者の財産に関する帳簿書類（電磁的記録を含みます。）を検査することができます（徴141）。

⑷　債権現在額申立書の提出がない場合の配当からの除外

登記・登録をすることができない質権、先取特権又は留置権によって担保される債権で税務署長に知れていないものについて、次に掲げる時までに税務署長に債権現在額申立書を提出しないときは、これらの債権者は配当を受けることができません（徴130③、徴令48②、徴基通130－７）。

①　差押財産等を公売又は随意契約による売却の方法により換価する場合	その財産の売却決定の時
②　差押財産を取立ての方法により換価する場合	その取立ての時

㊟　債権現在額申立書の提出期限は、その期限が日曜日、国民の祝日その他一般の休日に当たるときでも延期されません。これは、徴収法130条１項及び徴収法施行令48条２項に定める債権現在額申立書の提出の期限については、通則法10条２項（期限の特例）の規定は適用されないからです（通令２六、七）。

○　配当において参考とすべき事項

（参考１）延滞税の計算の終期

配当すべき金銭	延滞税の計算の終期
①　差し押さえた金銭の場合	その差押えの日
②　第三債務者から給付を受けた金銭	その給付を受けた日
③　売却代金	その売却代金が納付された日
④　交付要求により交付を受けた金銭	その交付を受けた日

配当手続における利子税又は延滞税の計算の終期は、配当すべき金銭を国税に充てるべき日です（徴基通129－5参照）。

㊟　交付要求により交付を受けた金銭を国税に充てた場合には、交付要求を受けた執行機関が強制換価手続において換価代金を受領した日の翌日からその交付を受けた日までの期間に対応する部分の延滞税は、免除の対象となります（通63⑥四、64③、通令26の２一、徴基通129－５⑷(注))。

（参考２）質権の被担保債権額（徴基通15－21）

被担保債権額	質権の被担保債権額には、設定行為に別段の定めのない限り、元本の債権額のほか、利息、違約金、質権実行の費用、質物保存の費用及び債務不履行又は質物が契約の内容に適合しないこと（契約不適合）によって生じた損害の賠償金の一切が含まれます（民346参照）。 ただし、質権のうち、不動産質権については、違約金又は損害賠償金は被担保債権額に含まれますが、利息は被担保債権額に含まれません。なお、違約金又は損害賠償金については登記を要し、利息についても、設定行為に別段の定めがあるときは被担保債権額に含まれますが、その登記を要します（民358、359、不登95）。

（参考３）抵当権の被担保債権額（徴基通16－７、16－８）

被担保債権額	①　抵当権者が利息その他の定期金を請求する権利を有するときは、その満期となった最後の２年分についてだけその抵当権を行使することができます。 ただし、それ以前の定期金であっても、満期後特別の登記をしたときは、その登記の時からこれを行使することができます（民375①）。
	②　民法375条１項（被担保債権の範囲）の規定は、抵当権者が債務の不履行により生じた損害の賠償を請求する権利（遅延利息等）を有する場合において、その最後の２年分についても適用されます。ただし、利息その他の定期金と併せて２年分を超えることはできません（民375②）。
	③　根抵当権により担保される債権額の範囲は、確定した元本並びに利息その他の定期金及び債務の不履行によって生じた損害の賠償の全部について、極度額を限度となります（民398の３①）。

㈟　差押えに係る国税等に優先する根抵当権の被担保債権の元本の金額は、差押えの通知等を受けた時における債権額を限度となります（徴18①）。

☞ 第２章第３節３参照

（参考４）転質又は転抵当の設定がある場合の配当（徴基通129－10）

配当	転質（民348）又は転抵当（民376①）の設定があった場合には、原質又は原抵当により担保される債権額の範囲内で、その転質又は転抵当により担保される債権額について、まず転質権者又は転抵当権者へ配当し、なお残余があるときは、原質権者又は原抵当権者へ配当します。

㈟　転質権者又は転抵当権者には、転質又は転抵当について保全仮登記をした仮処分の債権者が含まれます（徴133③、徴令50④）。

（参考５）共同抵当物件の売却代金の配当金額

同一債権の担保として数個の財産上に抵当権の設定（共同抵当）がある場合において、その財産を換価して配当するときは、次のことに留意します（徴基通129－11）。

共同抵当物件を換価した場合の留意事項	①　共同抵当の目的となっている財産の一部について後順位の抵当権がある場合で、その財産の全部を換価したときにおける抵当権者に交付すべき金額は、各財産の売却価額（その財産を一括して換価したときは各財産の見積価額によって按分した価額）に応じて、共同抵当によって担保される債権額を按分した金額になります（民392①）。
	②　共同抵当の目的となっている財産の一部を換価した場合においては、抵当権者に交付すべき金額は、担保される債権額の全額になります（民392②）。

（参考６）抵当権の譲渡等があった場合の配当金額

抵当権の譲渡等があった場合においては、被担保債権の範囲は、その譲渡等の目的となった抵当権の被担保債権を超えることはできないため、次のように配当します（徴基通129－12、民376参照）。

〔事　例〕

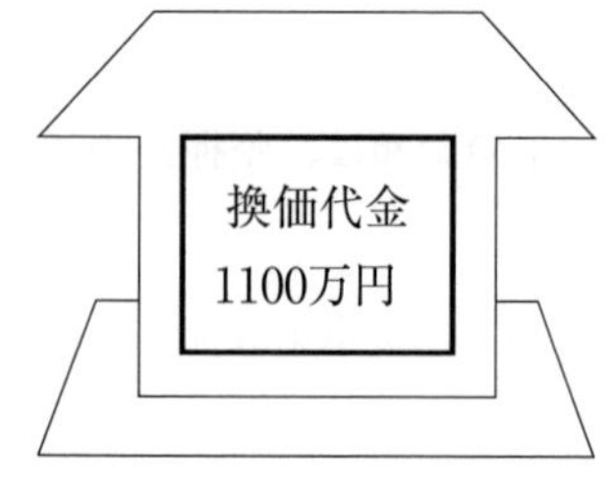

第１順位抵当権者（甲）の債権の額	400万円
第２順位抵当権者（乙）の債権の額	500万円
第３順位抵当権者（丙）の債権の額	800万円
無　担　保　権　者（丁）の債権の額	600万円

留意事項	○　抵当権の譲渡等を受けた者がその譲渡等を第三者に対抗するためには、その旨の付記登記がされていることが必要ですので、付記登記のない場合は、これらの処分はなかったものとして配当します。 ○　抵当権の順位の譲渡又は抵当権の順位の放棄についての保全仮登記がされている場合には、保全仮登記がされた抵当権により担保される債権に対して配当を行います（徴133③、徴令50④参照）。

(1)　甲が丁のために抵当権の譲渡をした場合

丁は甲の債権額（400万円）の範囲内で甲の抵当権者としての地位を取得することになり、丁の債権額（600万円）の範囲内で甲が受けるべき債権額が配当され、乙、丙の配当額には影響がありません。

配当	
	①　丁　400万円（丁は無担保権者なので、甲から譲渡を受けた400万円のみの配当となります。）
	②　乙　500万円
	③　丙　200万円　（1100万円－400万円－500万円）

仮に、丁の債権額が甲の債権額を下回る場合、例えば、丁の債権額が300万円のときには、丁は甲の債権額のうち300万円について優先配当を受け、残100万円（400万円－300万円）は甲に配当されます。

(2) 甲が丙のために抵当権の順位の譲渡をした場合

抵当権の順位の譲渡は、先順位の抵当権者から後順位の抵当権者に対して行われます。

仮に、抵当権の順位の譲渡がなければ、丙が受けるべき債権額は200万円（1100万円－甲の400万円－乙の500万円）となるので、甲の債権額400万円と丙の200万円の合計額600万円の範囲内で丙の債権額に先に配当され、乙の配当額には影響はありません。

配当	
	①　丙　600万円
	②　乙　500万円

(3) 甲から丁のために抵当権の放棄があった場合

抵当権の放棄は、抵当権者から、自己の債権が抵当権により担保されていない債権者に対して行われます。

甲は丁に対して優先権を持たなくなるので、甲と丁は、抵当権の放棄がないとした場合に甲が受けるべき債権額400万円について、甲・丁それぞれの債権額によってあん分して配当され、乙、丙の配当額には影響はありません。

配当	
	①　甲　160万円　$\left(400万円\times\dfrac{400万円}{400万円+600万円}\right)$
	②　丁　240万円　$\left(400万円\times\dfrac{600万円}{400万円+600万円}\right)$
	③　乙　500万円
	④　丙　200万円（1100万円－400万円（160万円＋240万円）－500万円）

(4) 甲から丙のために抵当権の順位の放棄があった場合

抵当権の順位の放棄は、先順位の抵当権者が後順位の抵当権者のために行うものです。

甲は丙に対して優先権を持たなくなるので、抵当権の順位の譲渡がないとした場合の甲と丙が配当を受けるべき債権額600万円（甲の400万円と丙の200万円（1100万円－甲の

400万円－乙の500万円））について、甲・丙それぞれの債権額によってあん分して配当され、乙には影響はありません。

配当	
	①　甲　　200万円　$\left(600万円 \times \frac{400万円}{400万円+800万円}\right)$
	②　乙　　500万円
	③　丙　　400万円　$\left(600万円 \times \frac{800万円}{400万円+800万円}\right)$

（参考７）仮差押えの執行後に担保権が設定された財産を換価した場合の配当

配当	仮差押えの執行後に担保権が設定された財産を差し押さえ、換価した場合において、その配当時に仮差押えに係る本案訴訟の確定判決がない等のため配当額が定まらないときは、その定まらない部分に相当する金銭は供託しなければなりません（滞調34②、民執87②・91①六・92、徴基通129－13）。

（参考８）差押え後に担保権が設定された財産を換価した場合の配当

配当	滞納処分又は強制執行による差押え後に設定された担保権の被担保債権については、配当しないものとしています（徴基通129－14）。

（参考９）担保権の目的となっている財産と、なっていない財産とを共に換価した場合の配当

配当	担保権の目的となっている財産と、なっていない財産とを共に換価した場合において、その担保権の被担保債権が国税に優先しないときは、その担保権の目的となっていない財産の売却代金から順次国税に配当するものとしています（徴基通129－15）。

（参考10）不動産の共有特分を換価した場合の配当

配当	担保権の設定後に共有となった不動産の共有持分を換価した場合には、担保権者に対しては、担保権の被担保債権に対する共有持分の割合に相当する金額を配当します。 この場合における担保権の登記の抹消は、嘱託書に抹消すべき登記として「平成○年○月○日受付第○号担保権設定登記のうち共有者○の持分に対する担保権」等と記載します（徴基通129－16）。

（参考11）利息等の範囲

配当	利息、違約金、損害賠償金等が質権又は抵当権によって担保される場合であっても、これらが利息制限法の制限を超過するときは、その超過額は配当すべき債権額に含まれません。

○　利息の最高限

金銭を目的とする消費貸借における利息の契約は、その利息が次の利率により計算した金額を超えるときは、その超過部分は無効となります（利息制限法１①）。

元本の金額	利　率
10万円未満	年２割
10万円以上100万円未満	年１割８分
100万円以上	年１割５分

（注１）　利息を天引きした場合は、その天引き額が上表の利率で計算した額を超える部分の額は元本の支払に充てたものとみなされます（利息制限法２）。

（注２）　債務不履行による賠償額の予定は、その賠償額の元本に対する割合が上記利率の1.46倍を超えるときは、その超過部分は無効となります（利息制限法４①）。

3　配当の順位及び配当額の決定

税務署長は、差押えに係る国税その他の配当を受けるべき債権についての調査・確認の結果に基づき、それぞれの配当額を決定します。

換価代金等が、差押えに係る国税その他の配当を受けるべき債権の総額に不足するときは、税務署長は、次に掲げる規定に基づき、配当すべき順位及び金額を定めて配当しなければなりません（徴129⑤）。

配当すべき順位及び金額を定める規定

①　徴収法８条～26条（国税と他の債権との調整に関する規定）

国税の優先権と他の債権との調整☞第２章参照

②　徴収法59条１項後段、３項、４項（滞納者の動産を占有していた第三者の損害賠償請求権又は借賃に係る債権の保護に関する規定）
　徴収法71条４項（滞納者の自動車、建設機械、小型船舶を占有していた第三者の損害賠償請求権又は借賃に係る債権の保護に関する規定）

③　徴収法129条４項（担保のための仮登記の権利者の優先弁済請求権（仮担13））

④　民法、商法その他の法律の規定

㈱　民法373条（抵当権の順位）、商法848条（船舶抵当権と船舶先取特権等との競合）、地方税法14条等（地方税その他の公課の優先順位に関する規定）、健康保険法182条、国民健康保険法80条４項、労働保険の保険料の徴収等に関する法律29条（労働者災害補償保険、雇用保険等の徴収金の先取特権の順位）等

(1) 国税と他の債権との調整

配当しようとする換価代金等が配当を受けるべき債権の総額に不足する場合は、次により配当の順位及び金額を定めることになります。

イ　国税優先の原則

国税は、納税者の総財産について、ロ以下に掲げる場合を除き、すべての公課その他の債権に先立って徴収します（徴８）。

「先立って徴収する」とは、納税者の財産が強制換価手続によって換価された場合において、国税と公課及びその他の債権とが競合するときは、その換価代金から国税を優先して徴収することをいいます（徴基通８－４）。

国税と公課との関係	国税と私債権との関係
強制換価手続において国税と公課が競合する場合には、常に国税が優先して配当を受けることができます（徴８）。	強制換価手続において国税と私債権が競合する場合には、私債権者が執行裁判所に強制執行の申立てを行った場合であっても、交付要求をした国税は常に私債権に優先して配当を受けることができます（徴８）。

(注)　私債権が質権等により担保される債権である場合には、別に調整規定（☞ハ参照）があります。

ロ　国税と地方税との調整

国税と他の国税又は国税と地方税との優先順位は、滞納処分による差押え又は交付要求（参加差押えを含みます。）の時期を基準として定めます。

①　差押先着手による国税又は地方税の優先	国税と他の国税又は国税と地方税との関係においては、先に差押えをした国税又は地方税が優先して配当を受けることができます（徴12）。 なお、強制換価の場合の消費税等の優先（徴11）、担保を徴した国税の優先（徴14）の規定の適用がある場合には、差押先着手による国税の優先の規定は適用されません。
②　交付要求先着手による国税又は地方税の優先	納税者の財産について強制換価手続が行われた場合において、国税及び地方税の交付要求が競合したときは、先に交付要求をした国税又は地方税が後から交付要求をした国税又は地方税に優先して配当を受けることができます（徴13）。

（注１）　破産手続においては、交付要求の先後による優先順位はありません。

（注２）　交付要求書の送達が同時であった場合は、債権現在額申立書に記載されている税額によりあん分計算します（徴基通13－２）。

ハ　国税優先の原則が制限される場合

国税の優先権は、次のとおり制限又は調整されています。

①　強制換価手続の費用の優先	納税者の財産について強制換価手続が行われた場合において、国税の交付要求をしたときは、その国税は、その強制換価手続に係る費用に次いで徴収します（徴９）。
②　直接の滞納処分費の優先	納税者の財産について滞納処分により換価したときは、その滞納処分に要した滞納処分費は、その換価代金につき他の国税、地方税その他の債権に優先します（徴10）。
③　法定納期限等以前に設定された質権、抵当権等の優先	納税者がその財産上に質権、抵当権等を設定している場合において、その質権等が国税の法定納期限等以前に設定されているものであるときは、その国税は、その換価代金につきその質権等により担保される債権に劣後します（徴15①、16、23①）。

法定納期限等　国税と質権等で担保されている債権との調整において、その優先劣後を定める基準となる時期

☞　優先劣後の基準は、原則として、法定納期限（徴2十）ですが、この法定納期限だけでは、国税の存在が具体的・客観的に明らかな時期という公示の見地から適当でない場合がありますので、例えば、次のように定められています（徴15①、徴基通15－１）。

納付すべき税額の確定事由	法定納期限等
①　期限後申告、修正申告により納付すべき税額が確定した場合	その申告があった日
②　更正・決定により納付すべき税額が確定した場合	その更正・決定通知書を発した日

※附帯税及び滞納処分費の法定納期限等はその基因となった国税の法定納期限等と同じです。

法定納期限等☞第２章第３節１参照

〔配当順位の原則〕

債権のグループ	債権の配当順位
第一グループ （このグループでは、付番の順序に従って優先）	1　配当の基因となった滞納処分に係る直接の滞納処分費（徴10） 2　滞納処分による換価に際して発生し、かつ、徴収職員に通知があった酒税等（通39、徴11）、及び道府県たばこ税若しくは市町村たばこ税又は軽油取引税その他総務大臣が定める法定外普通税（地13条の３、14条の４） 3　滞納処分により換価した場合の留置権によって担保される債権（徴21） 4　滞納者との賃貸借契約等に基づき占有していた動産、自動車、建設機械又は小型船舶の財産の引渡命令を受けた第三者等が契約を解除し、かつ、引渡命令前に借賃を支払済であるときの前払借賃に係る債権（最高３か月分、徴59③、71④） 5　不動産保存の先取特権、不動産工事の先取特権、立木の先取特権、救助者の先取特権、船舶債権者の先取特権及び船舶先取特権並びに国税に優先する債権のため又は国税のために動産を保存した者の先取特権によって担保される債権（徴19①各号） 6　換価財産の譲受前に設定された質権、抵当権、不動産賃貸の先取特権等又は担保のための仮登記によって担保される債権（譲受人の国税との関係に限られます。徴17①、20①、23③）
第二グループ （このグループ内の順位は別途定まる。）	1　国税の法定納期限等（徴15①）以前に設定又は成立した次に掲げる担保権により担保される債権 ①　質権、抵当権又は担保のための仮登記（徴15①・16・23①） ②　不動産賃貸の先取特権その他質権と同一の順位又はこれらに優先する順位の動産に関する特別の先取特権等（徴20①各号） 2　担保権付の国税、地方税（徴14）
第三グループ	差押えに係る国税（徴12①）
第四グループ （このグループ内の順位は別途定まる。）	1　国税の法定納期限等後に設定又は成立した担保権（第二グループ１の①・②に掲げるもの以外の担保権）により担保される債権 2　交付要求を受けた国税、地方税 3　交付要求を受けた公課
第五グループ	○　滞納者との賃貸借契約等に基づき占有していた動産、自動車、建設機械又は小型船舶の財産の引渡命令を受けた第三者等が契約解除により取得した損害賠償請求権（徴59①後段④、71④）

国税の優先権と他の債権との調整 ☞ 第２章参照

(注)　配当した後に残余があるときは、滞納者に交付します。

この場合の「滞納者」には、破産管財人等を含み、滞調法の適用がある場合は、執行官又は裁判所になります（第１節２(4)参照）。

(2)　国税及び地方税等と私債権との競合の調整

強制換価手続における配当についての優先順位は、租税（国税、地方税）相互間は差押え（徴12)、交付要求（徴13）の先後によって定まり、租税と質権等により担保される私債権との間は法定納期限等と質権等の担保権設定時期との先後によって定まります。

このように配当順位の優劣の基準が異なるため、配当手続において、①国税は地方税等に優先する、②地方税等は質権等により担保される債権に優先する、③質権等により担保される債権は国税に優先するという三者の優先関係が三つどもえとなる場合があります。

このいわゆる「ぐるぐる回り」が生じた場合については、徴収法26条において調整されています。

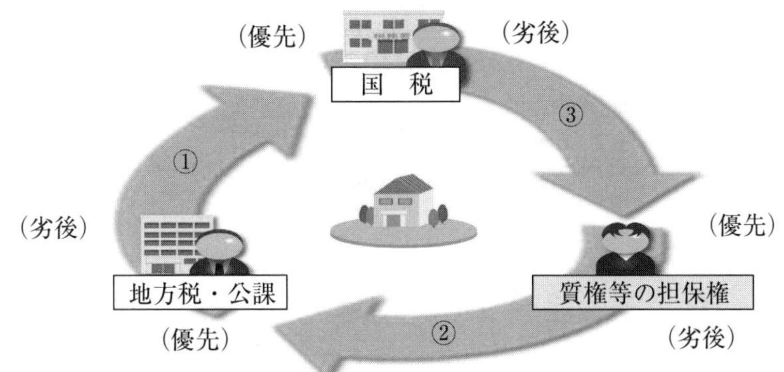

国税及び地方税等と私債権との競合の調整 ☞ 第２章第５節参照

4　配当計算書

税務署長は、配当すべき金銭を配当しようとするときは、所定の事項を記載した配当計算書を作成し、換価財産の買受代金の納付の日から３日以内（換価財産が金銭による取立ての方法により換価したものであるときは、その取立ての日から３日以内）に、次に掲げる者に対してその謄本を発送しなければなりません（徴131、徴令49)。

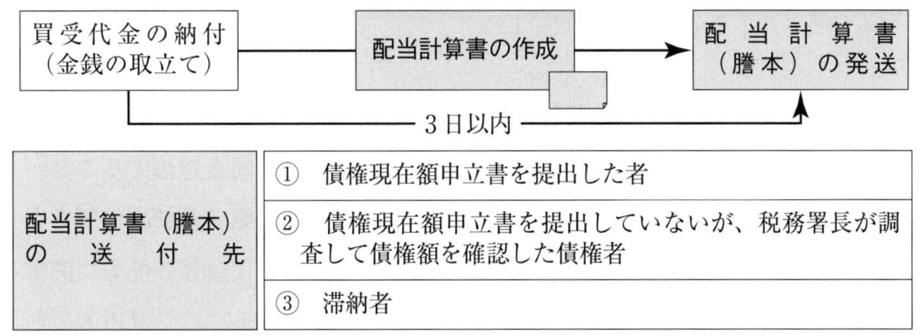

配当計算書（謄本）の　送　付　先	①　債権現在額申立書を提出した者
	②　債権現在額申立書を提出していないが、税務署長が調査して債権額を確認した債権者
	③　滞納者

（注１）「納付の日から３日以内」及び「取立ての日から３日以内」の「３日」の期間計

算に当たっては、初日（買受代金の納付の日又は取立ての日）は算入しません（徴基通131－４）。

（注２）　配当計算書の謄本の発送期間の末日（買受代金の納付の日又は取立ての日から３日目）が、日曜日又は休日等に当たるときは、これらの日の翌日を発送期限とみなします（通則法10②、徴基通131－４）。

5　換価代金等の交付期日

税務署長は、配当計算書の謄本を発送した日から起算して７日を経過した日を換価代金等の交付期日と定め、配当計算書の謄本にこの日を附記して告知しなければなりません（徴132①、②）。

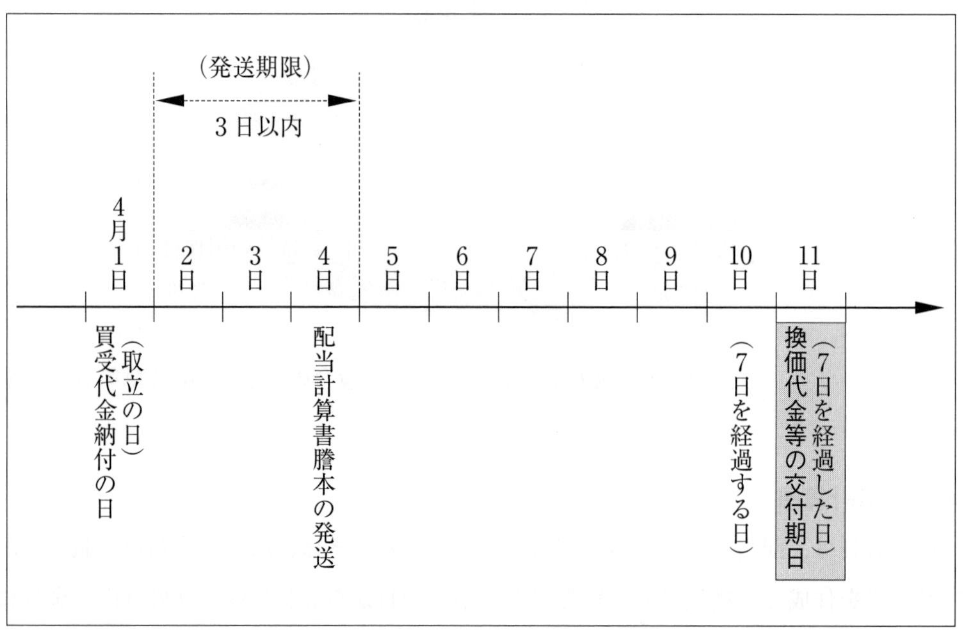

(注)「換価代金等の交付期日」については、その日が、日曜日、国民の祝日に関する法律に規定する休日その他一般の休日又は通則法施行令で定める日（通令２②）に当たっても延長されません（徴基通132－１）。

○　債権者がいない場合の交付期日の短縮

配当手続に参加している債権者がいない場合は、７日の期間を短縮することができます（徴132②ただし書）。この場合における交付期日は、滞納者及び交付要求をしている行政機関等が配当計算書に関する異議（徴133②）、換価代金等の配当に関する不服申立て（徴171）をすることができるだけの期間をおくようにして定めることとしています（徴基通132－２）。

6　換価代金等の交付

(1)　配当計算書に関する異議の申出がない場合

税務署長は、換価代金等の交付期日に配当計算書に従って換価代金等を交付します（徴133①）。

(2)　配当計算書に関する異議の申出がある場合

換価代金等の交付期日までに配当計算書に関する異議の申出があった場合は、次により換価代金等の交付を行います（徴133②）。

異議の内容	異議に対する処理	換価代金等の交付
①　配当計算書に記載された国税、地方税又は公課の配当金額に対するもの（金額の存否又は多少に関するもの）である場合（徴133②一）	その異議を認容するとき	その異議に対する行政機関等からの通知に従い、配当計算書を更正して交付します。
	その異議の理由がないとするとき	配当計算書に従って直ちに交付します。
	(注)　配当を実施しようとする税務署長は、これらの異議を直接処理する機能を有しませんから、国税、地方税又は公課の徴収機関にその旨を連絡し、それぞれの徴収機関からその異議に対する認否の通知を受けます。	
②　配当計算書に記載された国税、地方税又は公課の配当金額を変更させないものである場合（徴133②二）	その異議に関係するすべての債権者及び滞納者がその異議を正当と認めたとき又はその他の方法で合意したとき	配当計算書を更正して交付します。
	(注)　これらの異議は、専ら私債権者相互間又は私債権者と滞納者相互間のもので、税務署長はこれらの異議を直接処理する機能を有しません。	
③　配当計算書に記載された国税、地方税又は公課の配当金額を変更させるその他の債権の配当金額に関するものである場合（徴133②三）	その異議に関係するすべての債権者及び滞納者がその異議を正当と認めたとき又はその他の方法で合意したとき	配当計算書を更正して交付します。
	その異議に関係するすべての債権者及び滞納者の合意がなかった場合において、税務署長が相当と認めるとき	その異議を参酌し、配当計算書を更正して交付します。
	その異議に関係するすべての債権者及び滞納者の合意がなかった場合において、税務署長が相当と認めないとき	国税、地方税又は公課の金額は直ちに交付し、他の債権者に係る金額は、供託します。

7　換価代金等の供託

⑴　配当計算書に関する異議に係る換価代金等の供託

イ　供　　託

次の場合には、税務署長は換価代金等を所轄供託所（供託法１）に供託しなければなりません（徴133③、徴令50①、供規13、徴基通133－19等）。

供託する場合	措　置
①　配当計算書に関する異議の申出があり、換価代金等を交付することができない場合	税務署長は、換価代金等を供託し、供託した旨を次の者に通知します。 なお、滞納者に対しては、異議に関係ないときであっても通知します。 ①　異議に関係を有する者 ②　停止条件付債権を有する者 ③　仮登記の権利者等
②　配当すべき債権が停止条件付である場合（条件が成就しないと債権の支払義務が確定しません。）	
③　配当すべき債権が仮登記（保全仮登記を含む。）がされた質権、抵当権又は先取特権により担保される債権である場合	

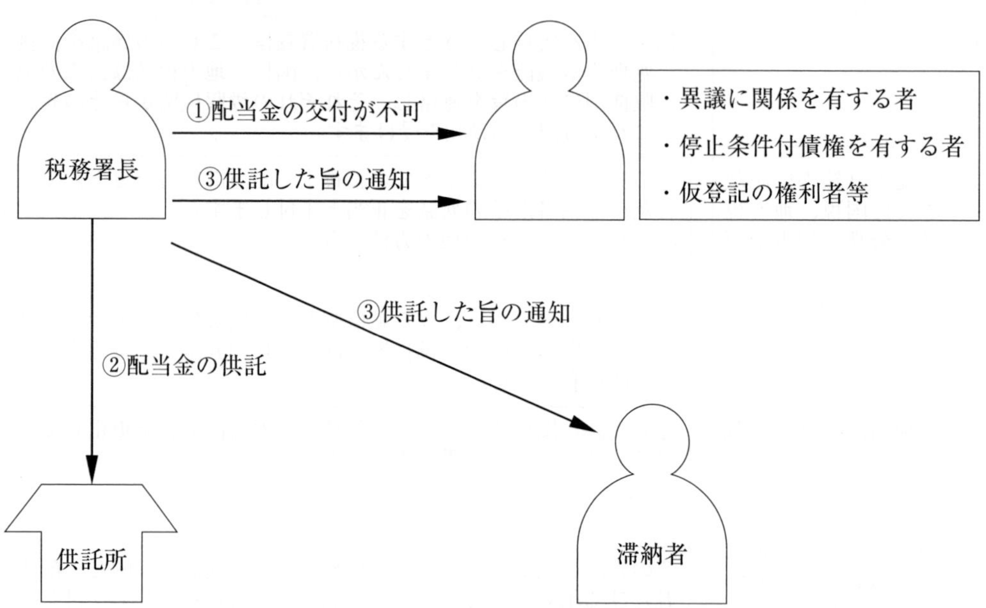

㈲　配当すべき債権が、仮差押え又は執行停止に係る強制執行による差押えの後に登記された質権、抵当権又は先取特権により担保される債権である場合にも供託します（滞調33②、34②、民執91①六、徴基通129－13）。

ロ　供託後の配当

イの供託をした場合において、次に掲げる場合は、これに従って配当しなければなりません。

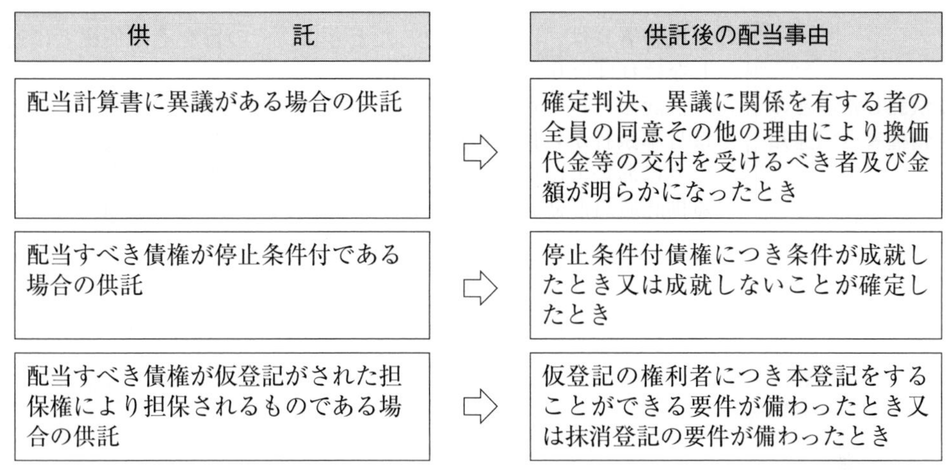

供　　　託		供託後の配当事由
配当計算書に異議がある場合の供託	⇨	確定判決、異議に関係を有する者の全員の同意その他の理由により換価代金等の交付を受けるべき者及び金額が明らかになったとき
配当すべき債権が停止条件付である場合の供託	⇨	停止条件付債権につき条件が成就したとき又は成就しないことが確定したとき
配当すべき債権が仮登記がされた担保権により担保されるものである場合の供託	⇨	仮登記の権利者につき本登記をすることができる要件が備わったとき又は抹消登記の要件が備わったとき

この場合において、税務署長は、その配当を受けるべき者に配当額支払証を交付するとともに、その供託をした供託所に支払委託書を送付しなければなりません。配当を受けるべき者が払渡請求をする際には、供託物払渡請求書に税務署長から送付を受けた配当額支払証を添付しなければなりません（徴令50③④、供託規則30）。

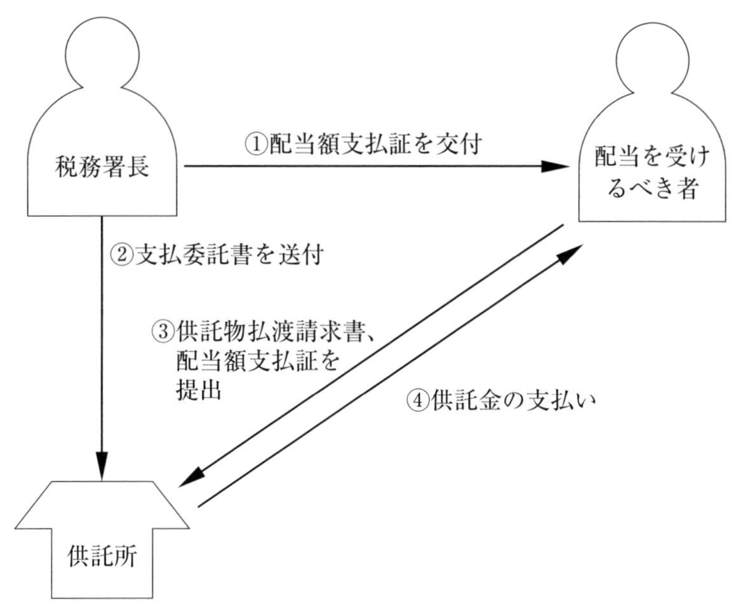

(2)　弁済期未到来の債権者に交付すべき金銭の供託

換価代金等を配当すべき債権の弁済期が到来していないときは、その債権者に交付すべき金額は、供託しなければなりません（徴134①）。この供託により弁済の効力が生じ、供託に係る部分についての配当手続は終了します（通121、民494、徴基通134－4）。

供託した場合の債権者への通知	○　税務署長は、この供託をしたときは、その旨をその債権者に通知しなければなりません（徴134②）。 ○　供託した旨の通知は、供託官が供託に係る金銭を受領したとき又は日本銀行から供託に係る金銭を受領した旨の証書の交付を受けたときにおいて、供託官が、あらかじめ税務署長から提出を受けている供託通知書を送付することによって行われます（徴基通134－7）。

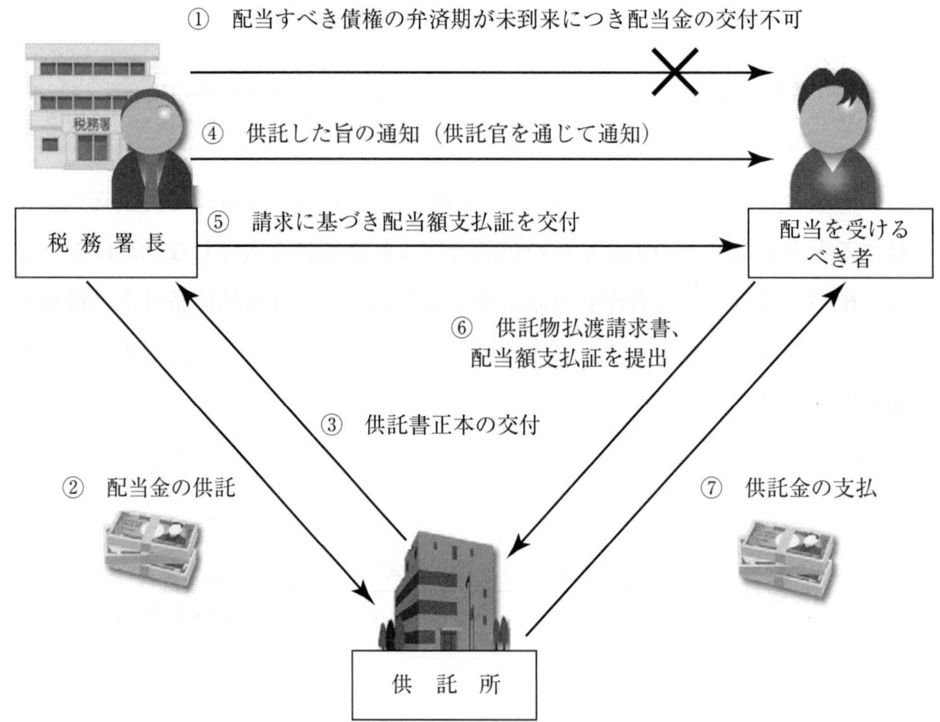

配当を受ける者は、供託物払渡請求書に還付を受ける権利を有することを証する書面を添付して、供託所に提出しなければなりません（供託規則22、24）。

(3)　債権者又は滞納者に交付すべき金銭の供託

次に掲げる場合には、税務署長は通則法で準用する弁済供託に関する民法の規定に従い、その交付すべき金銭を供託することができます（通121、民494）。

<table>
<tr><td rowspan="5">供託することができる場合</td><td>債権者の受領拒否</td><td>配当を受ける債権者又は滞納者に対して配当金を受領すべき旨の通知をしたにもかかわらず、受領の申出がない場合</td></tr>
<tr><td colspan="2">㈽　受領拒否を原因とする供託に当たっては、履行期限後速やかに適宜書面により期限を指定（書面を発する日からおおむね10日を経過する日）し、これらの金銭等を受領すべき旨及び指定期限までに受領しないときは供託する旨の予告をします。</td></tr>
<tr><td>債権者の受領不能</td><td>配当を受ける債権者又は滞納者の所在が不明であるため、配当金を受領すべき通知ができない場合</td></tr>
<tr><td colspan="2">㈽　所在不明等のため、供託する場合においては、郵便物の返戻の一事のみで判断することなく、通常必要と認められる調査をしてその所在を確認します。</td></tr>
<tr><td>債権者の確知不能</td><td>相続又は債権譲渡の有無などが明確でなく、税務署長の過失なくして債権者を確知できない場合</td></tr>
</table>

⑷　供託手続

換価代金等の供託手続等に関しては、実務上、次のとおり取り扱われています。

イ　金銭の供託

<table>
<tr><td>供託する場所</td><td colspan="2">通則法121条による供託の場合には債務履行地の供託所であり、その他の場合には税務署の所在地を管轄する供託所に供託します（民495①、供１）。</td></tr>
<tr><td>供託所への提出物</td><td colspan="2">①供託書正本、②供託書副本、③供託通知書及び④封筒（被供託者の住所氏名を記載し裏面に税務署の所在名称を記載します。）に簡易書留郵便料金相当額の郵券等を付してこれらを供託所に提出します（供規13、16）。</td></tr>
<tr><td rowspan="2">金銭の提出方法</td><td>供託金の受入れを取り扱う供託所の場合</td><td>供託所の窓口に供託金を提出します（供規20）。</td></tr>
<tr><td>供託金の受入れを取り扱わない供託所の場合</td><td>供託官に供託書正本等が受理されたときは、供託書正本及び供託官作成の保管金払込書の交付を受け、これを金銭とともに日本銀行に提出し供託書正本に金銭の受入れ記載を受けます（供規18）。</td></tr>
<tr><td>供託した旨の通知</td><td colspan="2">通則法121条及び徴収法134条２項の場合には、供託官が、税務署長から先に提出を受けた供託通知書を送付することにより行い（供託規則16、20②、18③）、徴収法施行令50条１項及び４項の場合には、税務署長が直接権利者等及び滞納者に通知します。</td></tr>
</table>

ロ　還付請求の手続

換価代金等の交付を受けるべき者等から配当額支払証の交付を求められた場合には、供託通知書、印鑑証明書等の提出を求め、本人であることを確認した上で、受領証を徴して交付します。この場合、供託金は、当該配当額支払証の交付を受けた者が、配当額支払証を供託物払渡請求書に添付して供託所に提出して受領することになります。

ハ　取戻しの手続

取戻しは、供託の目的が錯誤、その他の理由によって最初から存在しなかった場合、供託後に供託原因が消滅した場合等においてすることができます。

また、取戻しの手続は、供託物払渡請求書に供託書正本、取戻しをする権利を有することを証する書面など取戻しをする権利を有することを証する書面を添付する必要があります（供託規則25）。

〔換価代金の配当手続の概要〕

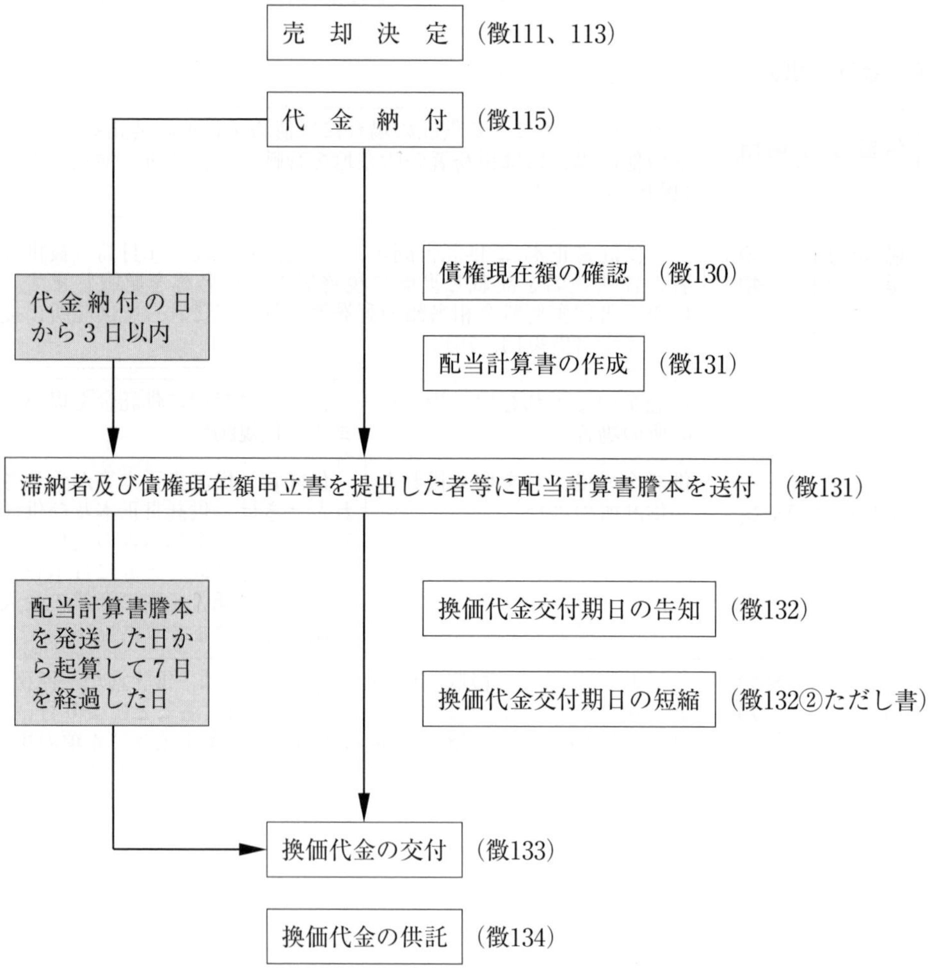

売　却　決　定　（徴111、113）

代　金　納　付　（徴115）

代金納付の日から３日以内

債権現在額の確認　（徴130）

配当計算書の作成　（徴131）

滞納者及び債権現在額申立書を提出した者等に配当計算書謄本を送付　（徴131）

配当計算書謄本を発送した日から起算して７日を経過した日

換価代金交付期日の告知　（徴132）

換価代金交付期日の短縮　（徴132②ただし書）

換価代金の交付　（徴133）

換価代金の供託　（徴134）

第９章　滞納処分―他の強制換価手続との関係―

第１節　強制執行等との関係

１　滞納処分と強制執行等との調整

滞納処分の手続に関する規定は徴収法に、強制執行、仮差押えの執行又は担保権実行としての競売（以下「強制執行等」といいます。）の手続に関する規定は民事執行法等に、それぞれ定められていますが、滞納処分と強制執行等とが競合する場合には、その手続の調整を図るため、滞調法にこれらの手続に関する規定の特例が定められています（滞調１）。

滞調法の基本的な仕組み		
	滞納処分と強制執行等との二重差押え	同一の財産について、滞納処分と強制執行等との強制換価手続間の二重差押えを認めること
	後行差押えに基づく換価の制限	後行差押えに基づき換価することは、原則としてできないこと
	後行差押えのための換価の促進措置	一定の事由がある場合、例外的に後行差押えに基づく換価をすることができること
	先行差押えの解除時の措置の合理化	先行差押えの執行機関は、差押解除時に、後行差押えの執行機関に差押動産等を引き渡すこと
	配当の合理化	滞納処分による換価代金等の残余金は、強制執行等の執行機関に交付すること

○　二重差押え

滞納者（債務者）の同一の財産について、滞納処分の差押えと強制執行等の差押えとを二重にすることが認められています（滞調３、21等）。

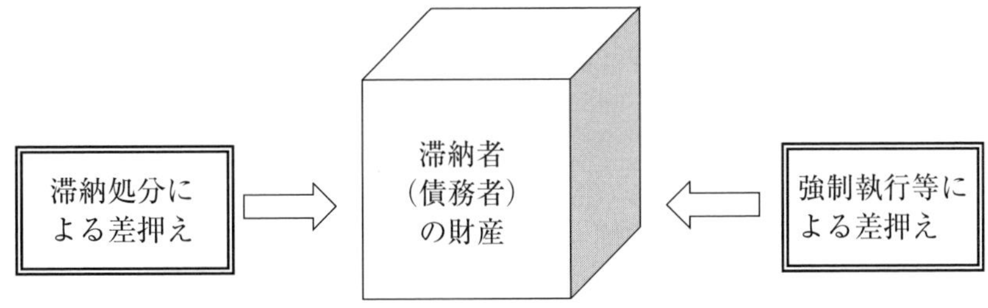

○　滞調法の概要

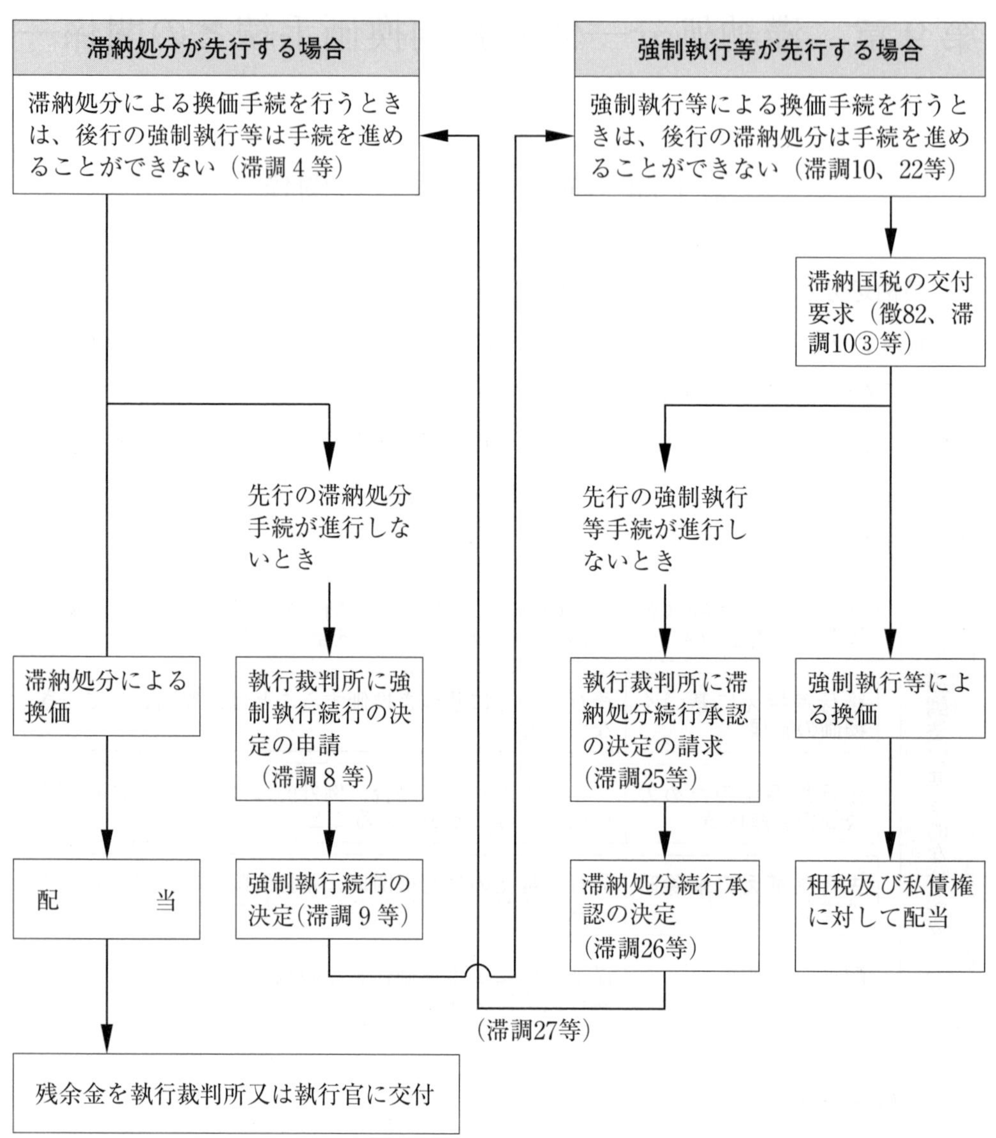

○　配当の対象の差異

滞納処分による差押えと強制執行等による差押えがされた財産について、いずれの手続で換価するかによって、次のとおり配当の対象が異なります。

区　分	配当の対象	備　考
滞納処分による換価	①　差押えに係る国税（徴129①一） ②　交付要求を受けた国税等（徴129①二） ③　滞納処分の差押えの前に差押財産に登記された抵当権等の被担保債権（徴129①三） ④　徴収法59条１項後段に規定する損害賠償請求権等	強制執行の差押債権者及び仮差押債権者は、滞納者に交付すべき残余金が生じた場合に限り、裁判所を通じて配当を受けることになります（滞調６①ほか）。

強制執行等による換価	①　強制執行の差押債権者の債権（民執87①一） ②　配当要求をした債権者の債権（民執87①二） ③　強制執行の差押えの前に登記された仮差押えに係る債権（民執87①三） ④　強制執行の差押えの前に差押財産に登記された抵当権等の被担保債権（民執87①四） ⑤　交付要求をした国税（徴82、滞調10③等）	国税が配当を受けるためには、配当要求の終期までに交付要求をする必要があります（徴基通82－２(2)）。

(注)　①～⑤は配当順位を表すものではありません。

2　滞調法による調整の対象

(1)　調整の対象となる手続

強制執行等の手続と滞調法との関係については、次のとおりです。

執行手続		概　　要	滞調法の対象手続
強制執行	強制競売等	私法上の権利を強制的に実現するため、個別の財産を換価する手続（不動産の強制競売、動産の差押え、債権の差押命令など）	○
	強制管理	私法上の権利を強制的に実現するため、不動産を管理してその収益を得る手続	×
担保権の実行としての競売	担保不動産競売等	担保権の被担保債権を強制的に実現するため、担保権に基づき担保物を換価する手続（担保不動産競売など）	○
	担保不動産収益執行	担保権の被担保債権を強制的に実現するため、担保権に基づき不動産を管理してその収益を得る手続	×
仮差押え（☞第４章第２節３参照）		金銭債権を保全するため、将来の強制執行ができるよう、債務者の財産を仮に差し押さえる手続	○
仮処分（☞第４章第２節３参照）		金銭債権以外の権利を保全するための手続	×

（注１）　滞納処分により差し押さえられている賃料債権については、強制管理又は担保不動産収益執行により差し押さえることはできません。

一方、強制管理又は担保不動産収益執行の対象となっている賃料債権から国税を徴収する場合は、執行裁判所に対し交付要求をすることになります。

この場合は、交付要求に係る国税は、強制管理を申し立てた債権者の債権に優先して配当を受けることができます。

また、交付要求に係る国税と担保不動産収益執行に係る抵当権の被担保債権の優劣は、賃料債権について滞納処分の差押えと抵当権に基づく物上代位権の行使による差押えが競合した場合と同様に、国税の法定納期限等と抵当権設定の登記の日の前後によることになります（徴基通16－４、15－19、平11.３.26東京地判参照）。

（注２）　強制管理又は担保不動産収益執行の対象となっている不動産は、滞納処分によ

り差し押さえることができます。その不動産が公売により売却された場合は、強制管理又は担保不動産収益執行の手続は取り消されることになります（民執53、111）。

⑵　調整の対象となる財産

滞調法による調整の対象となる財産は、基本的には全ての財産が対象となりますが、民事執行法と徴収法の財産区分が異なる財産（滞調法における財産区分は民事執行法上の区分によります（滞調２③）。）など、例外的に調整の対象とならない財産があります。

滞調法による調整の対象とならない財産には、おおむね次のものがあります。

<table>
<tr><th colspan="2">財産</th><th>滞調法による調整の対象とならない理由等</th></tr>
<tr><td colspan="2">鉄道財団・軌道財団・運河財団</td><td>鉄道財団、軌道財団及び運河財団に係る抵当権の実行には、民事執行法が適用されません（鉄道抵当法等の規定が適用されます。）ので、滞調法による調整の対象になりません。</td></tr>
<tr><td rowspan="2">第三者が占有する特定物とその引渡請求権</td><td>動産</td><td>第三者が占有する動産については、強制執行にあっては、その動産が第三者から執行官に任意に提出された場合には動産として差し押さえることができますが、その動産が任意に提出されない場合には差し押さえることができず（民執124）、その動産の特定物引渡請求権を差し押さえ、第三者に対する執行官への引渡請求（民執163）に基づく引渡しを受けることになります。
一方、滞納処分にあっては、滞納者の財産を占有する第三者に引渡命令を発したうえ、直接（動産として）これを差し押さえることができます（徴58）。
したがって、第三者が占有する同一の動産を目的として、強制執行による引渡請求権（債権）の差押えと滞納処分による動産の差押えとがあった場合には、差押えの対象とする財産の種類が異なることとなるので、滞調法による調整の対象になりません。ただし、滞納処分による動産の引渡請求権の差押えと強制執行による動産の引渡請求権の差押えとが競合した場合（差押え競合債権）には、滞調法による調整の対象となります（滞調20の８、36条の11参照）。</td></tr>
<tr><td>船舶等</td><td>第三者が占有する船舶については、強制執行にあっては、その船舶国籍証書等が第三者から執行官に任意に提出された場合には船舶として差し押さえることができますが、その船舶国籍証書等が任意に提出されない場合には差し押さえることができず（民執120参照）、その船舶の引渡請求権を差し押さえ、第三者に対する保管人への引渡請求に基づく引渡しを受けることになります。
しかし、船舶の引渡請求権に対する強制執行（債権執行）は、第三債務者から保管人への船舶の引渡しによって終了し、船舶執行に移行することとなるので、船舶として滞納処分との間が調整され、船舶の引渡請求権という債権として滞調法による調整の対象となることはありません（民執162、滞調逐通２－７）。
また、航空機、自動車、建設機械又は小型船舶の引渡請求権に対する強制執行についても、船舶の引渡請求権の場合と同様です（民執規142、143）。</td></tr>
<tr><td colspan="2">外国船舶</td><td>外国船舶は、滞納処分にあっては動産として差し押さえますが、強制執行にあっては船舶として差し押さえることとされているため、滞調法による調整の対象とはなりません。</td></tr>
</table>

○　**滞調法（民事執行法）及び国税徴収法における財産の区分と相違点**

区分	滞調法（民事執行法）	国　税　徴　収　法	相　違　点
動産	（民執122①） ①　民法上の動産（有体物のうち土地及びその定着物以外のもの（民86②） ②　登記することができない土地の定着物 ③　土地から分離する前の天然果実で１月以内に収穫することが確実であるもの ④　裏書の禁止されている有価証券以外の有価証券	（徴56） 動産、有価証券	基本的に同じ（土地の定着物は、徴収法においては不動産に該当します。ただし、徴収法、民事執行法ともに、土地の差押えの効力は定着物に及びます。）
不動産	（民執43） ①　不動産（民法86①の不動産：土地及び建物その他の土地の定着物（登記することができない土地の定着物を除きます。）） ②　不動産の共有持分、登記された地上権及び永小作権並びにこれらの権利の共有持分 ③　不動産とみなされる財産（立木法による立木、工場財団、鉱業財団、漁業財団）	（徴68） 不動産（地上権その他不動産を目的とする物権（所有権を除きます。）、工場財団、鉱業権その他不動産とみなされ、又は不動産に関する規定が準用される財産並びに鉄道財団、軌道財団及び運河財団を含みます。）	鉄道財団、軌道財団及び運河財団のほかは、基本的に同じ
債権	（民執143） ①　金銭の支払いを目的とする債権 ②　動産の引渡しを目的とする債権 ③　船舶の引渡しを目的とする債権 ④　裏書の禁止されている有価証券に化体している債権	（徴62） 債権	なし
電子記録債権	（民執規150の９） 電子記録債権法第２条第１項に規定する電子記録債権	（徴62の２） 電子記録債権法第２条第１項に規定する電子記録債権	なし
船舶	（民執112） 総トン数20トン以上の船舶	（徴70） 登記される船舶	外国船舶のほかは基本的に同じ
航空機	（民執規84） 航空機登録原簿に登録を受けた飛行機及び回転翼航空機（航５参照）	（徴70） 航空法の規定により登録を受けた飛行機若しくは回転翼航空機	なし

区分	滞調法（民事執行法）	国税徴収法	相違点
自動車	（民執規86） 自動車のうち、軽自動車、小型特殊自動車、二輪の小型自動車及び建設機械となりうる大型特殊自動車以外の自動車で、自動車登録ファイルに登録されたもの（道路運送車両法４及び自動車抵当法２参照）	（徴71） 道路運送車両法の規定により登録を受けた自動車	なし
建設機械	（民執規98） 建設機械登記簿に登記された建設機械（建設機械抵当法３①参照）	（徴71） 建設機械抵当法の規定により登記を受けた建設機械	なし
小型船舶	（民執規98の２） 小型船舶登録原簿に登録された小型船舶（小型船舶の登録等に関する法律３参照）	（徴71） 小型船舶の登録等に関する法律の規定により登録を受けた小型船舶	なし
その他の財産権	（民執167①） 動産、不動産、船舶、航空機、自動車、建設機械、小型船舶及び債権以外の財産権	（徴72、73） 徴収法第５章第１節第２款から第４款までの規定の適用を受けない無体財産権等（特許権、著作権、電話加入権、持分会社の社員の持分等）	なし
振替社債等	（民執規150の２） 社債、株式等の振替に関する法律２条１項に規定する社債等であつて振替機関が取り扱うもの	（徴73の２） 社債、株式等の振替に関する法律２条１項に規定する社債等のうちその権利の帰属が振替口座簿の記載又は記録により定まるものとされるもの	なし

3　滞納処分が先行する不動産に対して強制執行がされた場合

(1)　滞納処分が先行する不動産に対する強制執行

強制執行による差押え（強制競売の開始決定）は、滞納処分による差押えがされている不動産に対してもすることができます（滞調12①）。

滞納処分による差押不動産に強制執行がされた場合	裁判所書記官は、強制競売の開始決定があった旨を徴収職員、徴税吏員その他滞納処分を執行する権限を有する者（以下「徴収職員等」といいます。滞調２②）に通知しなければなりません（滞調12②）。

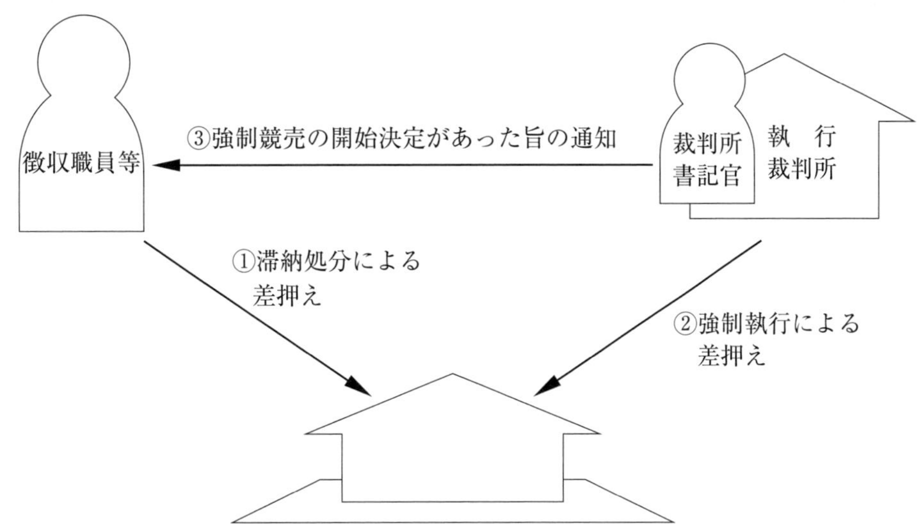

(2)　強制執行による換価の制限

滞納処分による差押え後に強制競売の開始決定がされた不動産に係る強制執行による売却のための手続は、強制執行続行の決定があったときを除き、滞納処分による差押えが解除された後でなければすることができません（滞調13）。

したがって、滞納処分による差押えをしている不動産に対して強制執行による差押えがあった場合においても、原則として、その不動産に対する滞納処分手続を続行して公売を実施することができます（滞調逐通13－1）。

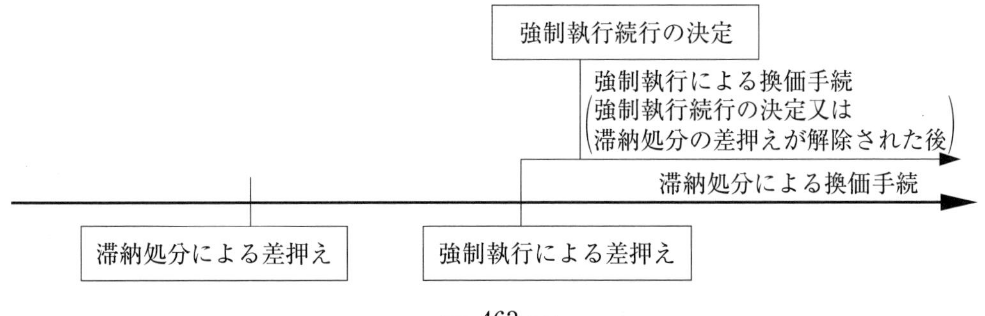

(3)　換価代金の残余の交付

滞納処分により換価した場合において滞納者に交付すべき残余が生じたときは、徴収職員等は、これを後行の強制執行における執行裁判所に交付しなければなりません（滞調17→6①：滞調法17条で準用する同法６条１項という意味です。以下同じです。）。

(4)　強制執行の続行

イ　強制執行続行の決定の申請

強制執行の差押債権者等は、次の場合、執行裁判所に強制執行続行の決定を申請をすることができます（滞調17→８）。

続行の決定の申請ができる場合

- ①　法令の規定により滞納処分の手続が進行しないとき（例えば、不服申立てに係る国税については、その不服申立ての係属する期間は、換価が制限されます（通105①）。）
- ②　法令の規定に基づく処分により滞納処分の手続が進行しないとき（例えば、納税の猶予に係る国税については、その猶予期間は、換価が制限されます（通48①。）
- ③　保全差押え（徴159①）又は繰上保全差押え（通38③）がされている場合において、その差押えに係る国税の納付すべき額が確定していないとき
- ④　①～③の場合を除き、相当期間内に公売その他滞納処分による売却がされないとき

ロ　強制執行続行の決定

執行裁判所は、強制執行続行の決定の申請があったときは、徴収職員等の意見を聴き、相当と認めるときは、強制執行を続行する旨の決定をしなければなりません（滞調17→９①②）。

留意事項

- ○　徴収職員等に対する意見の聴取は、回答期限を付した書面（以下「求意見書」といいます。）で行うものとされています（滞調規19→12）。
- ○　この求意見書は、徴収職員等に対する競売開始決定の通知とともに送付することができます（滞調規19②）。
- ○　強制執行続行の決定に対しては、不服を申し立てることができません（滞調17→９④）。

㈲　債権者等は、続行決定申請の棄却の決定に対して執行異議を申し立てることができます（民執11）。

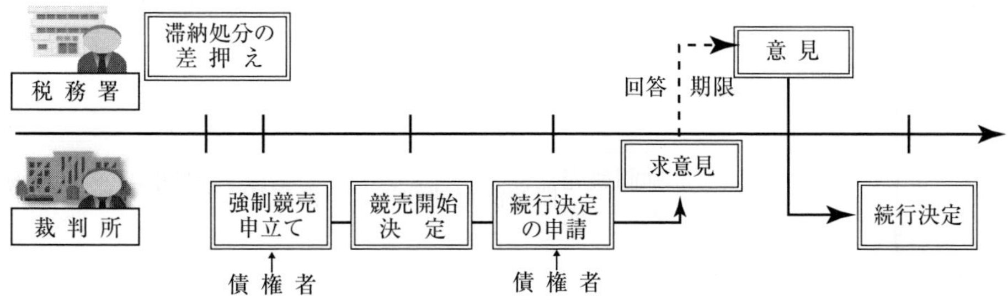

ハ　強制執行続行の決定の効果

強制執行続行の決定があったときは、滞納処分による差押えは、強制執行による差押えの後にされたものとみなされ、強制執行の手続によりその後の換価手続が進行することになります（滞調17→10①）。

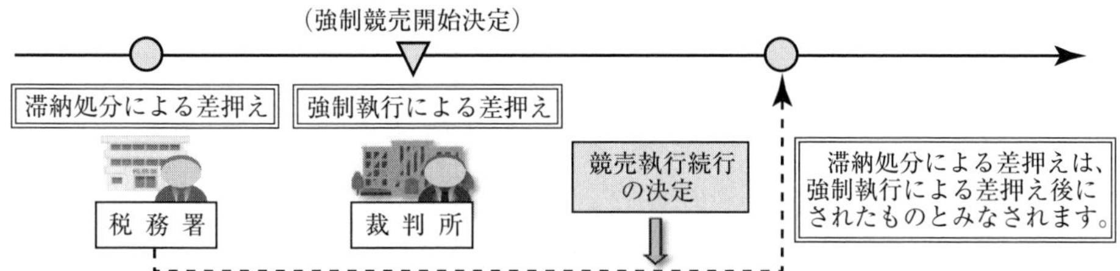

ニ　交付要求

強制執行続行の決定があったときは、徴収職員等は、執行裁判所に交付要求をしなければなりません（滞調17→10③）。この交付要求をした租税については、差押先着手による優先の規定（徴12）が適用されます（滞調17→10④）。

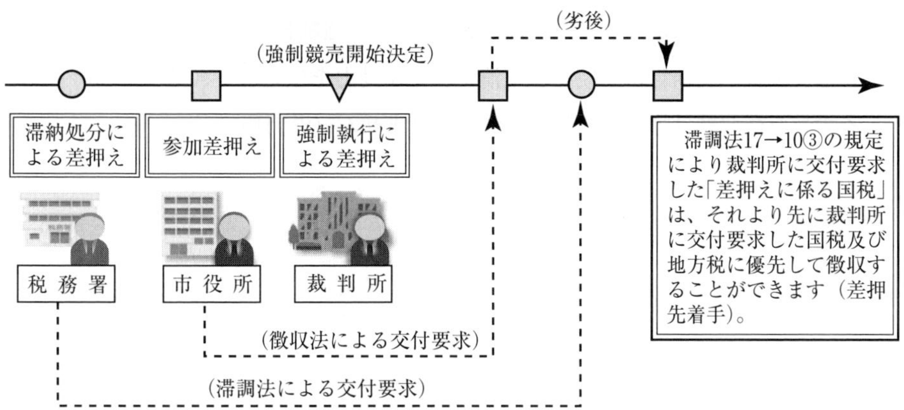

○　**滞納処分が先行する不動産に対して強制執行がされた場合の手続の流れ**

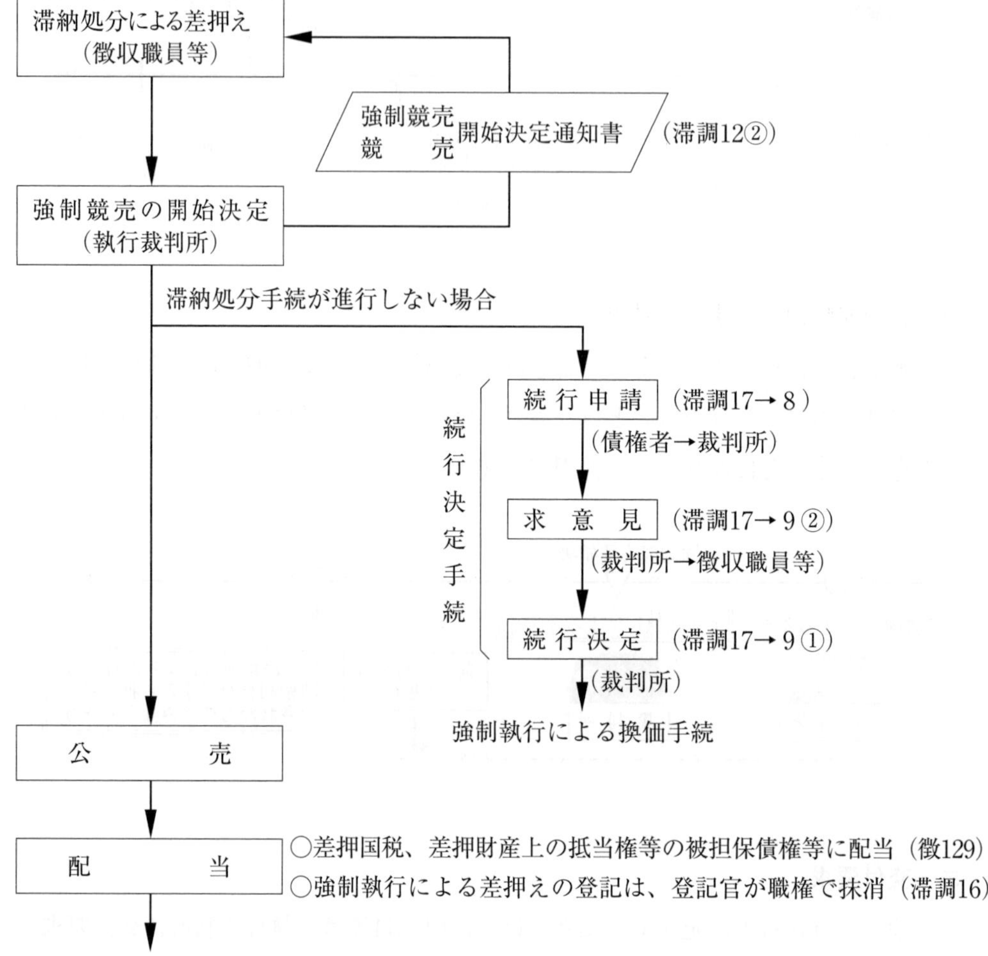

㈱　滞納処分による差押えを解除したときには、徴収職員等は、その旨を執行裁判所に通知しなければなりません（滞調14）。また、強制執行の申立てが取り下げられたとき、又は強制執行の手続を取り消す決定が効力を生じたときは、裁判所書記官は、その旨を徴収職員等に通知しなければなりません（滞調15）。

○　**準用規定等**

①　滞納処分による差押えがされた不動産に対する強制執行に関する規定は、担保権の実行としての競売についても準用されます（滞調20）。

②　滞納処分による差押えがされている不動産に対しても仮差押えをすることができます。この場合、滞納処分による換価代金の残余金は、その不動産に対する強制執行について管轄権を有する裁判所に交付することとされています（滞調18①②）。

4　強制執行が先行する不動産に対して滞納処分がされた場合

(1)　強制執行が先行する不動産に対する滞納処分

滞納処分による差押えは、強制執行による差押え（強制競売の開始決定）がされている不動産に対してもすることができます（滞調29①）。

㈱　裁判所書記官は、配当要求の終期を定めたときは、税務署長に対して、「債権届出の催告書」により、債権の存否・金額等を配当要求の終期までに届け出るよう催告することとされています（民執49）。

滞納者の不動産につき、強制執行による差押えがされた場合	○　徴収職員等は、「差押通知書及び交付要求書」により、執行裁判所に対して通知及び交付要求をしなければなりません（滞調29②、徴82）。 ○　滞納処分による差押えに係る国税は強制執行による換価代金から配当を受けることになります。

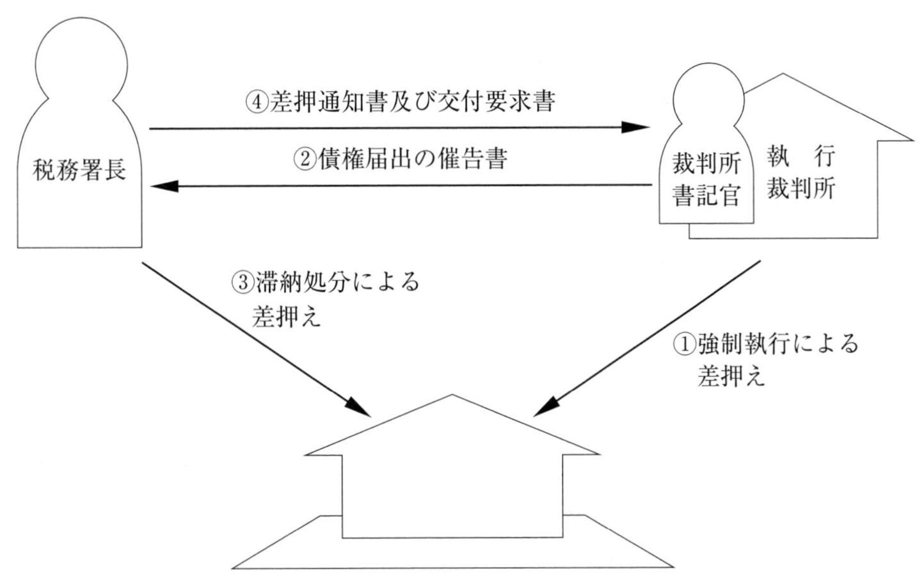

(2)　滞納処分による換価の制限

強制競売の開始決定後に滞納処分により差し押さえた不動産に係る滞納処分による売却のための手続は、先行する強制競売の申立てが取り下げられた後又はその手続を取り消す決定が効力を生じた後でなければすることができません。ただし、執行裁判所による滞納処分の続行承認の決定があったときは、滞納処分による売却のための手続をすることができます（滞調30）。

㈱　徴収職員等が二重差押えをした不動産について、更に強制競売の開始決定がされた場合において、先にされた強制競売の申立てが取り下げられたとき又は先にされた強制競売の手続が取り消されたときは、後にされた強制執行による売却のための手続が続行されますので、上記の場合と同様、その不動産に対する滞納処分手続を続行して公売を実施することができません（滞調逐通30）。

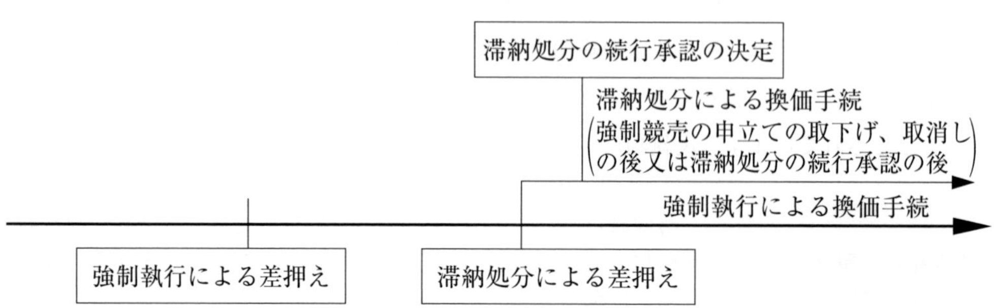

⑶　滞納処分の続行

イ　滞納処分続行承認の決定の請求

徴収職員等は、先行の強制執行が中止（更24①、50①、会512、再26①、39①等）又は停止（民執39）がされたときは、執行裁判所に対し、滞納処分続行承認の決定を請求することができます（滞調33→25）。

ロ　滞納処分続行承認の決定

執行裁判所は、滞納処分続行承認の決定の請求があった場合において、相当と認めるときは、滞納処分の続行を承認する旨の決定をしなければなりません（滞調33→26①）。

この決定に対しては、不服を申し立てることはできません（滞調33→26③）。

㈲　徴収職員等は、続行承認申請を認容しない旨の決定に対して執行異議を申し立てることができます（民執11）。

ハ　滞納処分続行承認の決定の効果

滞納処分続行承認の決定があったときは、強制執行による差押えは、滞納処分による差押えの後にされたものとみなされ、滞納処分による換価手続を進行することができます（滞調33→27）。

○　強制執行が先行する不動産に対して滞納処分がされた場合の手続の流れ

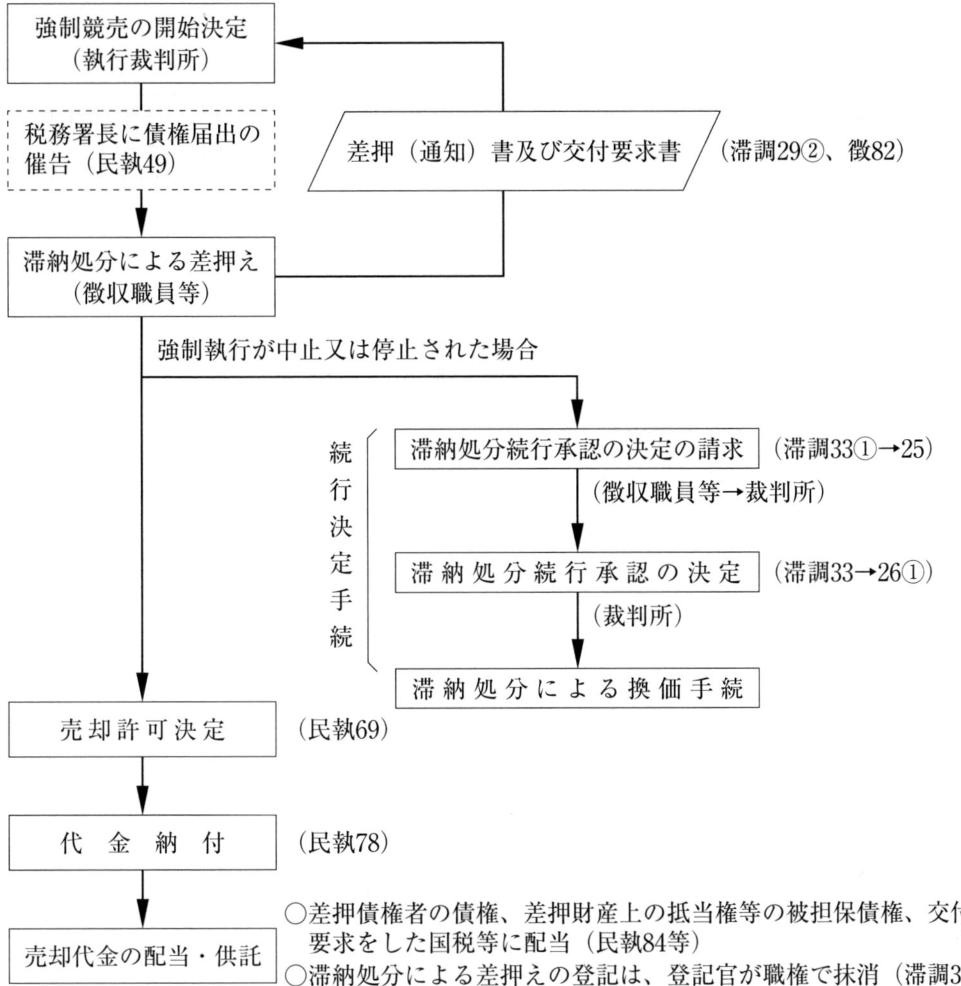

㈲　滞納処分による差押えを解除したときには、徴収職員等は、その旨を執行裁判所に通知しなければなりません（滞調令21）。また、強制執行の申立てが取り下げられたとき、又は強制執行の手続を取り消す決定が効力を生じたときは、裁判所書記官は、その旨を徴収職員等に通知しなければなりません（滞調31）。

○　**準用規定等**

①　強制執行による差押えがされた不動産に対する滞納処分に関する規定は、担保権の実行としての競売についても準用されます（滞調36）。

②　滞納処分は仮差押えによってその執行を妨げられないこととされています（徴140）。仮差押えがされた不動産に対する滞納処分による換価代金の残余金は、その不動産に対する強制執行について管轄権を有する裁判所に交付することとされています（滞調34）。

5　滞納処分が先行する債権に対して強制執行がされた場合

(1)　滞納処分が先行する債権に対する強制執行

強制執行による差押え（差押命令）は、滞納処分による差押えがされている債権に対してもすることができます（滞調20の３①）。

執行裁判所が滞納処分による差押えがされていることを知ったとき	○　執行裁判所は、差押命令が発せられた旨を徴収職員等に通知しなければなりません。 ○　ただし、徴収職員等から、第三債務者から供託した事情の届出があった旨の通知（滞調20の６③）があったときには、この通知は必要ありません（滞調20の３②）。

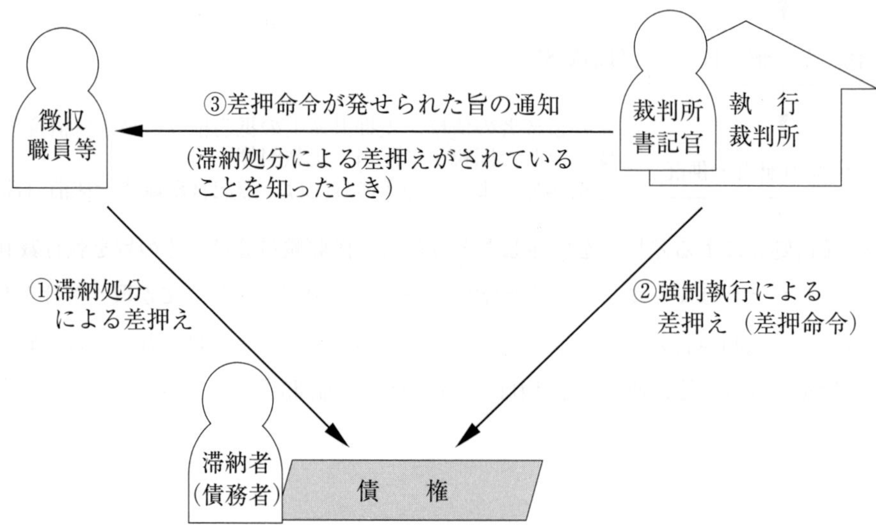

○　**執行裁判所が、徴収職員等から事情届を受けた旨の通知を受けたとき**（滞調20の３②ただし書、20の６②③）⇨差押命令が発せられた旨の通知不要

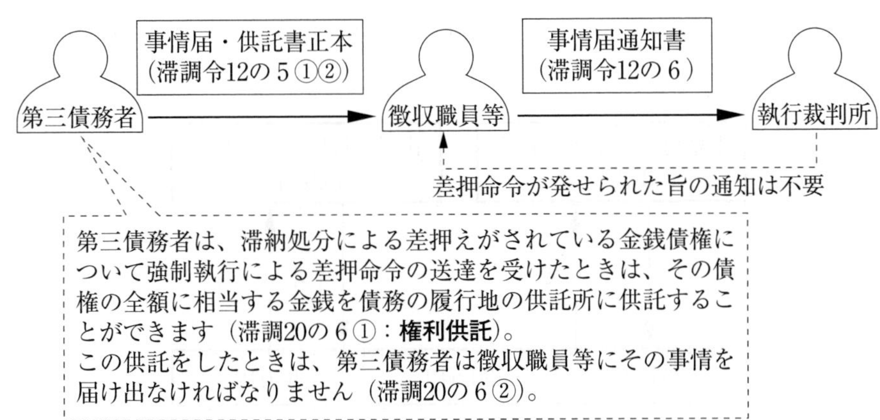

⑵　差押えの効力の拡張

債権の全部又は一部について滞納処分による差押えがされている場合において、強制執行による差押命令が発せられたことにより差押えが一部競合することとなるときは、強制執行による差押えの効力は、その債権の全部に及びます（滞調20の４）。

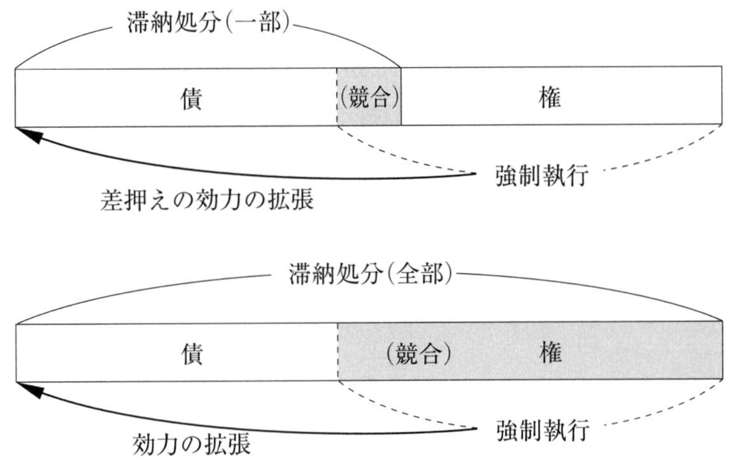

⑶　強制執行による取立て等の制限

滞納処分による差押えがされている債権に対して強制執行による差押命令が発せられたときは、強制執行による差押えをした債権者は、差押えに係る債権のうち滞納処分による差押えがされている部分については、滞納処分による差押えが解除された後でなければ、取立てをすることはできません（滞調20の５）。

㊟　一般的に金銭債権は分割することができるため、例えば、100万円の金銭債権について40万円の強制執行による債権差押えと30万円の滞納処分による債権差押えとがされた場合には、この債権差押えは競合せず、二重差押えにはなりません。

したがって、この場合には、その差押えの順序を問わず、相互に独立して手続を進めることとなります。

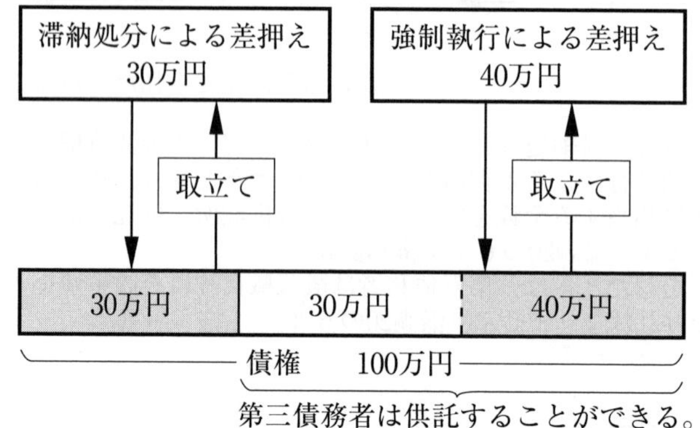

この例では、徴収職員等は滞納処分による差押え部分の30万円について、差押命令の差押債権者は強制執行による差押え部分の40万円について、それぞれ第三債務者から直接取り立てることができます。

この場合、第三債務者は、滞納処分による差押え部分の30万円については、徴収職員等の取立てに応じなければなりませんが、滞納処分による差押えが及んでいない70万円については、その全額又は強制執行による差押え部分の40万円を供託することができます（民執156①、昭55.９.６民四5333号法務省民事局長通達参照）。

○　滞納処分が先行する債権に対して強制執行がされた場合の手続の流れ

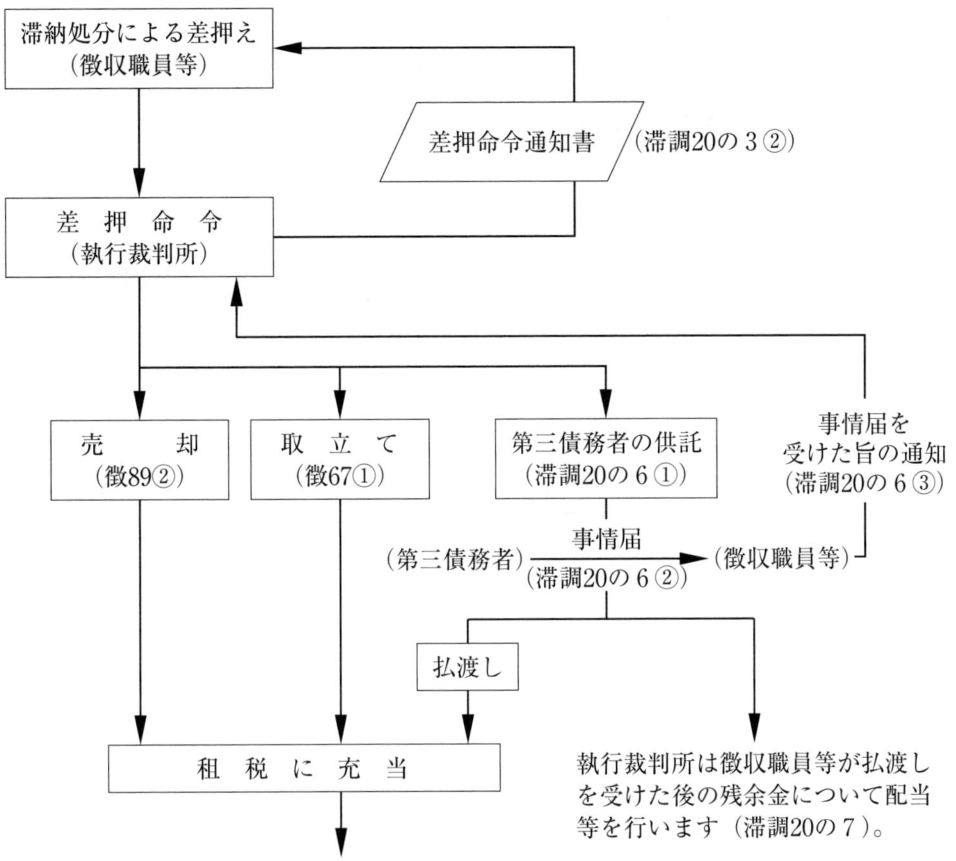

(注)　滞納処分による差押えを解除したときには、徴収職員等は、その旨を執行裁判所に通知しなければなりません（滞調20の８→14）。また、強制執行の申立てが取り下げられたとき、又は強制執行の手続を取り消す決定が効力を生じたときは、裁判所書記官は、その旨を徴収職員等に通知しなければなりません（滞調20の８→15）。

○　準用規定等

①　滞納処分による差押えがされた債権に対する強制執行に関する規定は、担保権の実行についても準用されます（滞調20の10）。

②　滞納処分による差押えがされた債権に対して仮差押えがされた場合において、売却代金、第三債務者からの取立金又は払渡しを受けた供託金について滞納者に交付すべき残余を生じたときは、これをその債権に対する強制執行について管轄権を有する裁判所に交付することとされています（滞調20の９→18）。

③　強制執行続行の申請及び決定、滞納処分による換価代金等の交付については、不動産に対する強制執行の場合とおおむね同様です（滞調20の８）。

6　強制執行が先行する債権に対して滞納処分がされた場合

(1)　強制執行が先行する債権に対する滞納処分

滞納処分による差押えは、強制執行による差押え（差押命令）がされている債権に対してもすることができます（滞調36の３①）。

徴収職員等が強制執行による差押えがされていることを知ったとき	○　徴収職員等は、滞納処分による差押えをした旨を執行裁判所に通知しなければなりません。 ○　ただし、裁判所書記官から事情届（供託した旨の第三債務者からの届出）を受けた旨の通知（滞調36の６③）があったときには、この通知は必要ありません（滞調36の３②）。

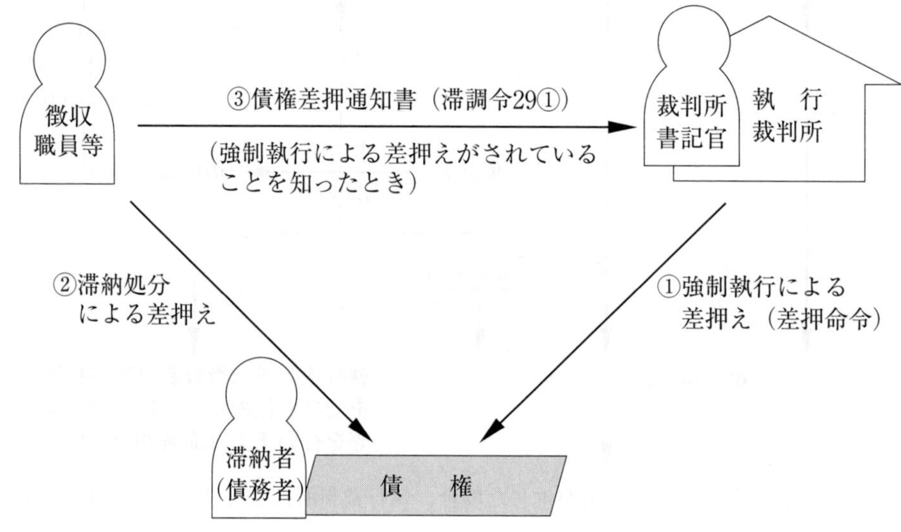

○　**徴収職員等が、裁判所書記官から事情届を受けた旨の通知を受けたとき**（滞調36の３②ただし書、36の６②③）⇨滞納処分による差押えをした旨の通知不要

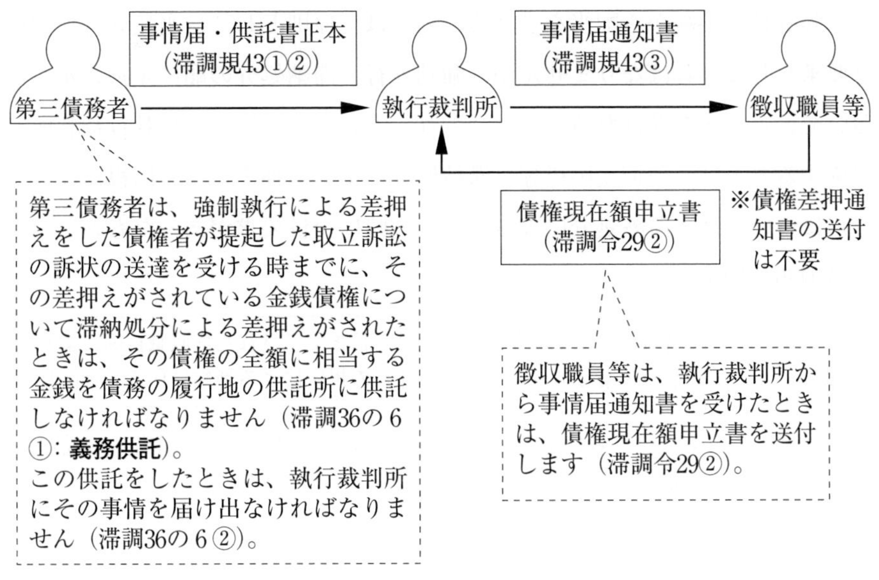

⑵　差押えの効力の拡張

債権の一部について強制執行による差押命令が発せられている場合において、その残余の部分を超えて滞納処分による差押えがされたときは、強制執行による差押えの効力は、その債権の全部に及びます（滞調36の４）。

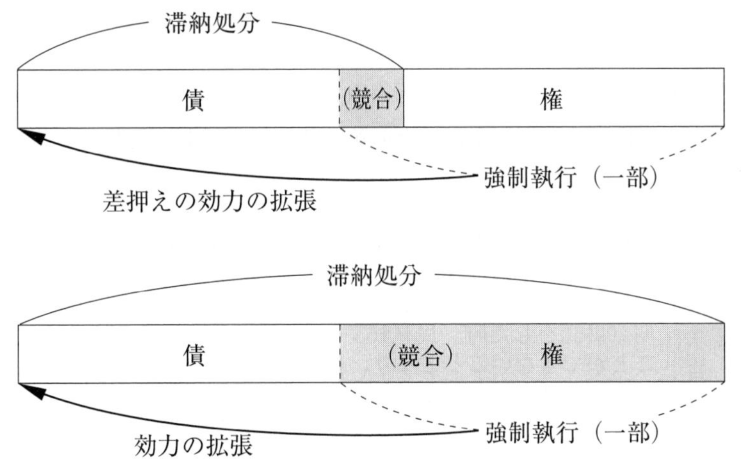

⑶　供託金の取立ての制限とみなし交付要求

供託された金銭については、徴収職員等は、強制執行による差押命令の申立てが取

り下げられた後、又は差押命令を取り消す決定が効力を生じた後でなければ、払渡しを受けることはできません（滞調36の６④）。

また、強制執行手続から配当を受けるためには、原則として、当該執行機関に対して交付要求をしなければなりませんが、強制執行、滞納処分の順に差押えがされた場合において、差押えを受けた債権が供託され、その供託金について執行裁判所が配当等を実施するときは、差押え国税等（滞納処分による差押えに係る国税及びその滞納処分費）については、滞納処分による差押えの時に交付要求があったものとみなされます（滞調36の10①）。

差押えの時に交付要求があったものとみなされる国税等	①　配当期日若しくは弁済金の交付の日までにされた徴収職員等による滞調法36条の３第２項（差押えの通知）の規定による通知に係る差押国税等
	②　第三債務者による滞調法36条の６第２項（事情の届出）の規定による事情の届出に係る差押国税等

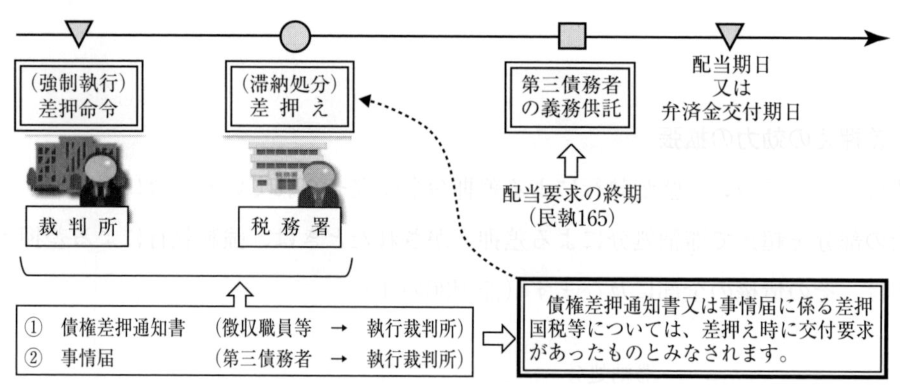

㈟　上記の債権差押通知書は、滞調法36条の３第２項の規定に基づくもので、徴収法62条に規定する債権を差し押さえる場合の第三債務者に対して送付する債権差押通知書とは異なります。

みなし交付要求の趣旨	債権には、差押えがされたことを公示する制度がなく、徴収職員等が執行裁判所から供託に係る事情届があった旨の通知（滞調36の６③）を受けて先行する差押えがあったことを知った時には、既に配当要求の終期（供託をした時。民執165一）を経過しているため、交付要求をすることができないこととなり、債権を差し押さえているにもかかわらず、配当を受けられないという不合理な結果となります。 そこで、配当期日等までに債権差押通知書又は事情届がされていれば、滞納処分による差押えの時に交付要求があったものとみなすこととされています。

⑷　供託された金銭の払渡し

供託された金銭については、執行裁判所の配当手続において配当を行います（滞調36の９、民執166①）。この場合には、執行裁判所から徴収職員等に対し「証明書」（供託規則29号書式）が交付されますので、徴収職員等は、これを供託物払渡請求書に添付して供託所から配当額の払渡しを受けることになります（供託規則30）。

○　強制執行が先行する債権に対して滞納処分がされた場合の手続の流れ

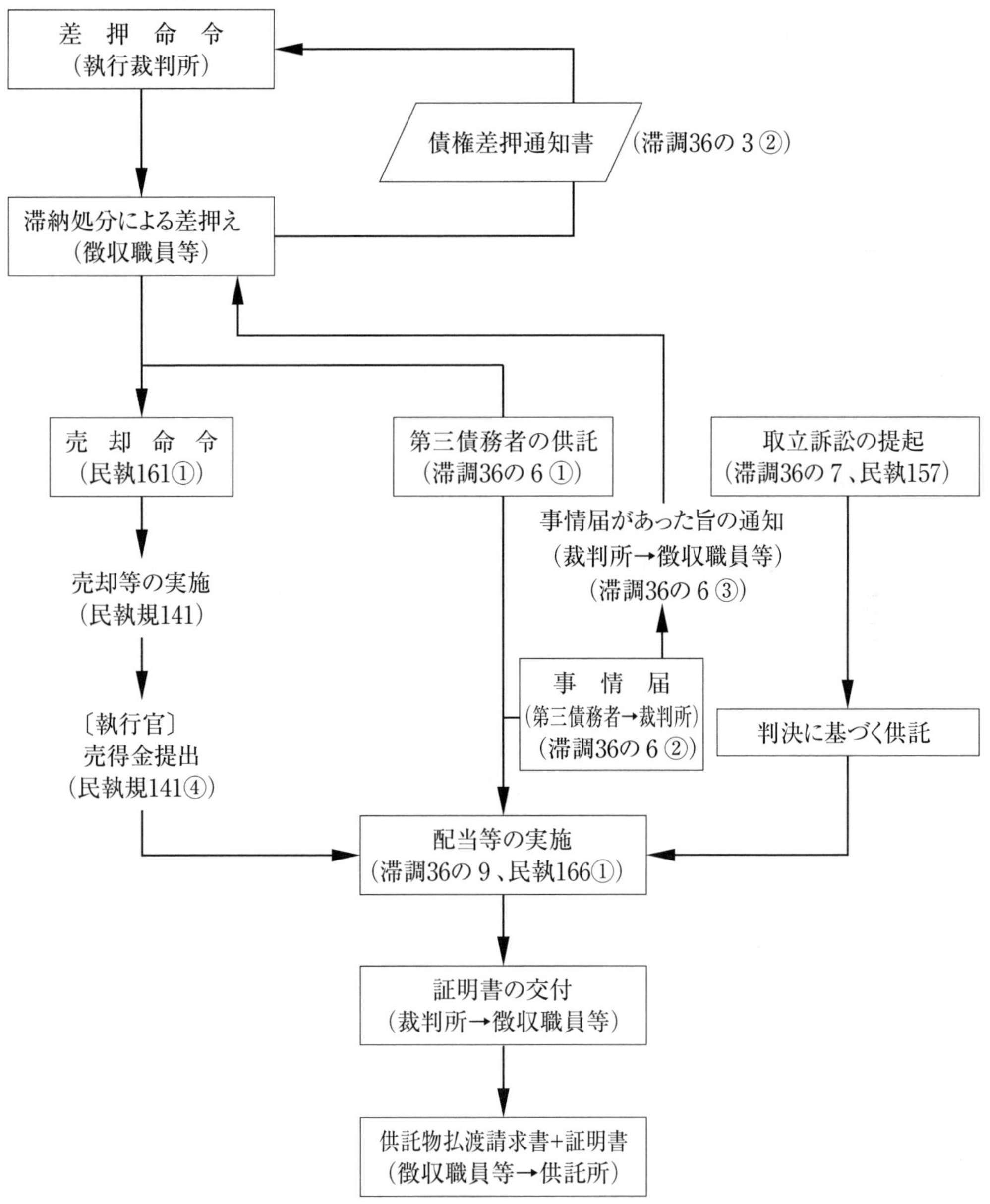

（注１）　滞納処分による差押えを解除したときには、徴収職員等は、その旨を執行裁判所に通知しなければなりません（滞調36の10②）。また、強制執行の申立てが取り下げられたとき、又は強制執行の手続を取り消す決定が効力を生じたときは、裁判所書記官は、その旨を徴収職員等に通知しなければなりません（滞調36の11→31）。

（注２）　強制執行による転付命令（民執159①）又は譲渡命令（民執161①）が第三債務者に送達される時までに、その転付命令等に係る債権について滞納処分による差押えがされたときは、転付命令等は、その効力を生じません（滞調36の５）。

（注３）　差し押さえた債権が、条件付若しくは期限付であるとき、又は反対給付に係ることその他の事情によりその取立てが困難であるときは、執行裁判所は、差押債権者の申立てにより、取立てに代えて、執行裁判所の定める方法によりその債権の売却を執行官に命ずる命令（売却命令）を発することができます（民執161①）。

（注４）　第三債務者が供託しないときには、差押命令により差し押さえた差押債権者又は徴収職員等は取立訴訟を提起することができます。この差押債権者又は徴収職員等がその訴訟において勝訴したときは、第三債務者に対して供託の方法による支払が命じられます（滞調36の７、民執157）。

○　準用規定等

①　担保権の実行による差押えがされている債権に対する滞納処分については、強制執行による差押えがされた債権に対する滞納処分に関する規定が準用されます（滞調36の13）。

②　滞納処分による差押えは、仮差押えがされている債権についてもすることができ（徴140）、通常の滞納処分による債権差押えの手続によるほか、滞納処分が先行する場合と同様です（滞調36の12）。

③　滞納処分続行承認の決定の請求及び決定については、強制執行がされている不動産に対する滞納処分の場合とおおむね同様です（滞調36の11）。

第2節　企業担保権の実行手続との関係

1　企業担保権

企業担保権は、株式会社が発行する社債を担保するために、その会社の総財産の上に設定される担保物権であり（企担1）、企業担保権者は、現に会社に属する総財産について、他の債権者に優先して弁済を受けることができます（企担2①）。

しかし、企業担保権は、一般の先取特権に劣後し（企担7）、また、個別の執行手続においては適用されない（企担2②）など、優先権が他の担保権より弱いため、会社の主要な不動産に抵当権を設定する等の方法が併用されることが多いようです。

2　企業担保権の実行手続と租税債権の関係

○　企業担保権の実行と租税債権の関係

滞納処分の失効	企業担保権の実行手続の開始の決定があった場合には、滞納処分は企業担保権の実行手続に対する関係において失効します（企担28）。 この失効は、企業担保権の実行手続に対する関係における相対的な失効ですから、実行の申立ての取下げ又は決定の取消しにより実行手続が終結したときは、滞納処分を続行することができます。
会社財産の所持の届出	企業担保権の実行手続の開始決定があった場合において、会社の財産（差押財産、担保財産、納付受託証券等）を所持しているときは、一定の期間内に管財人に届け出なければなりません（企担22①三）。
交付要求と租税債権の届出	企業担保権の実行手続から配当を受けるためには、一定の期間内に裁判所に対して租税債権の届出をしなければなりません（企担22①四）。 徴収手続上は、交付要求をしなければならないこととされており（徴82①）、この交付要求をしたときは、改めてその債権届出の手続をする必要はないと解されます。 ㈱　企業担保権の実行手続が開始された場合には、一括競売により換価をするときは競落期日の終了時、任意売却により換価をするときは裁判所が定めて公告した日までに交付要求をする必要があります（徴基通82－2(8)、企担51の2）。
租税債権との優先関係	租税債権は、会社の総財産について企業担保権に優先します（徴8、企担7①）。

○　企業担保権の実行手続

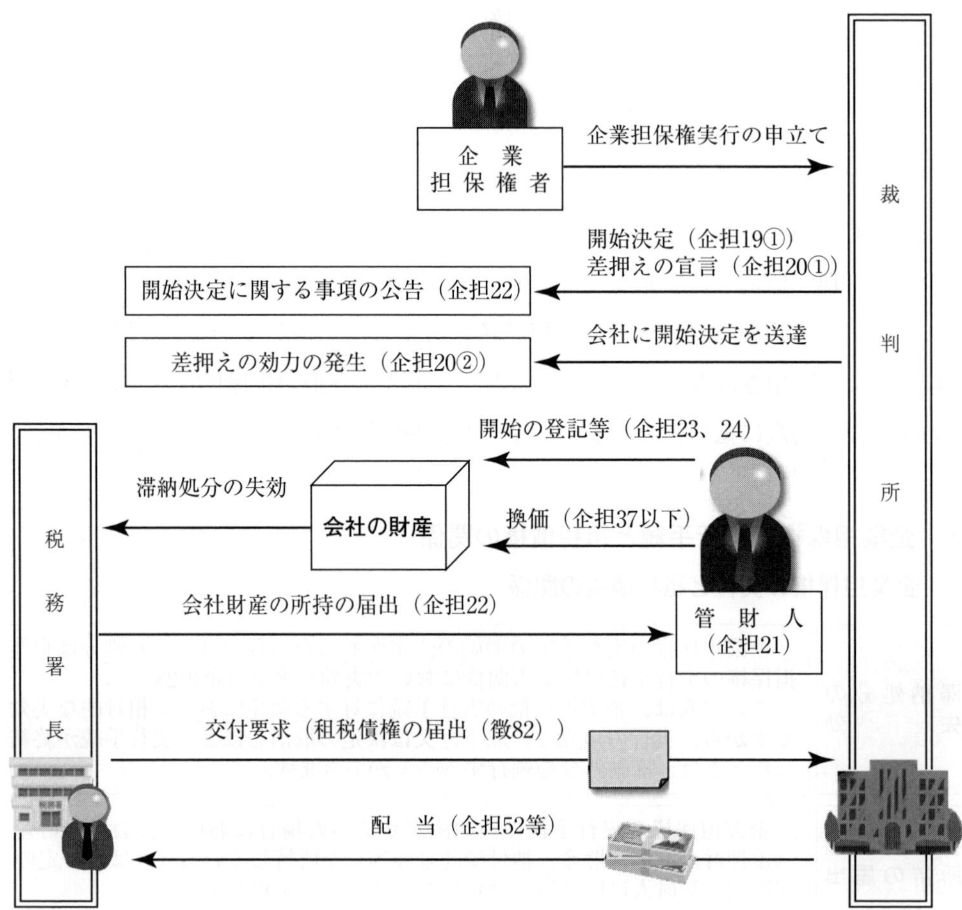
企　業
担 保 権 者
企業担保権実行の申立て
裁
判
所
開始決定（企担19①）
差押えの宣言（企担20①）
開始決定に関する事項の公告（企担22）
会社に開始決定を送達
差押えの効力の発生（企担20②）
開始の登記等（企担23、24）
滞納処分の失効
会社の財産
換価（企担37以下）
税
務
署
長
会社財産の所持の届出（企担22）
管　財　人
（企担21）
交付要求（租税債権の届出（徴82））
配　当（企担52等）

第10章　滞納処分—倒産処理手続との関係—

第1節　総　　　　説

1　倒産処理手続

⑴　倒産

倒産は、法令上の用語ではなく、明確な定義はありませんが、一般的には、債務者が支払不能や債務超過の状態にあって、経済的に破綻した状態を指します。

支払不能 (破２⑪、会517①二、再93①二、更49①二)	債務者が、支払能力を欠くために、その債務のうち弁済期にあるものにつき、一般的かつ継続的に弁済することができない状態
債務超過 (破16①、会510二)	債務者が、その債務につき、その財産をもって完済することができない状態

具体的には、次のような状態になった時点で「倒産した」ということができますが、このような場合でも必ずしも法的な倒産処理（いわゆる「法的整理」）が開始された状態にあるとは限りません。

倒産状態	
	①　破産などの法的な倒産処理について裁判所にその開始の申立てがされた場合
	②　６か月以内に２回目の不渡りを出して銀行取引停止処分を受けた場合
	③　債務を弁済しないで休廃業や法人を解散した場合

⑵　倒産処理手続

倒産処理手続とは、一定の資格を有する全ての債権者の債権を強制的に実現するため、債務者の総財産を対象として執行する手続をいい、その手続には個別執行と包括執行があります。

個別執行	債務者の個別の財産に対する強制執行
包括執行	破産や会社更生などの法的整理

現在、我が国では、裁判所の関与の下で行われる法的整理として、手続の目的（清算型・再生型）、適用対象となる債務者の性格（株式会社か、自然人を含むか等）などによって、次の４種類の手続が設けられています。

なお、実際には、多くの場合、債権者、債務者などの利害関係人の合意の下に行われる「私的整理」といわれる方法がとられており、私的整理は、法的整理に比して経済性（手続費用）や迅速性の面で優れていますが、適正性や公平性の面では限界があります。

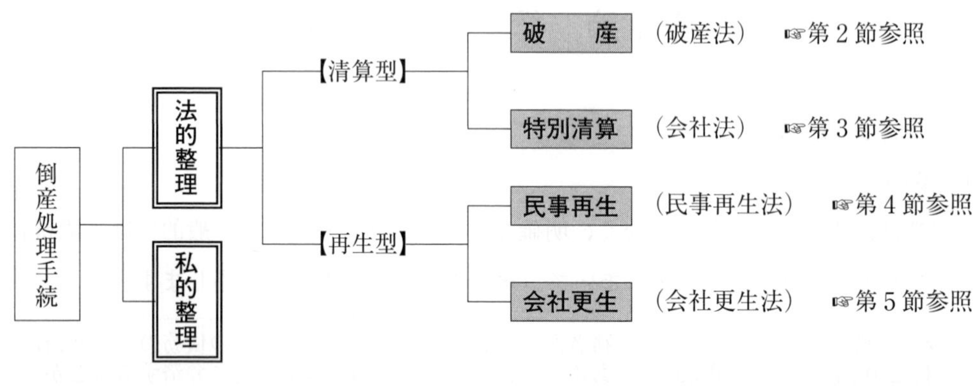

清算型手続	債務者の総財産を換価して総債務を弁済して債務を清算する倒産処理手続
再生型手続	債務者の財産を基礎に経済活動を継続して収益をあげて、権利の内容を変更した債務を弁済しつつ、債務者の経済的な再生を図る倒産処理手続

2　滞納処分と法的整理手続との関係

滞納者が倒産状態になった場合における滞納処分は、私的整理との関係にあっては、何ら制限を受けませんが、法的整理手続との関係では制限される場合があります。

区　分	滞納処分と法的整理手続との関係
破産	破産手続開始の決定前の包括的禁止命令（破25①）、破産手続開始の決定後の新たな滞納処分の禁止（破43①）などによって、滞納処分が制限されることがあります。
特別清算	滞納処分は制限されません。
民事再生	滞納処分は制限されません。
会社更生	更生手続開始の決定前の包括的禁止命令（更25①）、更生手続開始の決定後の新たな滞納処分の禁止及び既に行っている滞納処分の中止（更50②）などによって、滞納処分が制限されることがあります。

○　法的整理手続の制定目的

倒産状態になった法人や個人事業者には、通常、債権者が複数存在し、かつ、それぞれの債権の実体法上の性格（担保の有無、優先性等）が異なる場合が少なくありません。このため、倒産処理に当たっては、債権者、債務者などの利害関係人の利害を適切に調整しつつ、債務者の財産を基礎にして公平に清算していく必要があります。

また、個人の消費者が「倒産」することはありませんが、消費者を含む個人（自然人）が経済的破綻状態に陥ることがありますので、そのような場合の経済的な再生の可能性についても考慮する必要があります。

こうした要請の下、それぞれの法的整理手続には、各根拠法に制定目的などが定められています。

区　分	適用対象	根拠法の規定内容	根拠法の制定目的
破産（破１）	支払不能又は債務超過にある債務者（自然人・法人）	債務者の財産等の清算に関する手続等を規定	・　債権者その他の利害関係人の利害及び債務者と債権者との間の権利関係を適切に調整する。 ・　債務者の財産等の適正かつ公平な清算を図る。 ・　債務者について経済生活の再生の機会の確保を図る。
特別清算（会510、511、523ほか）	債務超過の疑い等がある清算株式会社	債権者の多数の同意を得て、裁判所の認可を受ける協定に関する手続等を規定	・　債権者、株主その他の利害関係人の利害を適切に調整する。 ・　債務者の財産等の適正かつ公平な清算を図る。
民事再生（再１）	経済的に窮境にある債務者（自然人・法人）	債権者の多数の同意を得て、裁判所の認可を受ける再生計画に関する手続等を規定	・　債務者とその債権者との間の民事上の権利関係を適切に調整する。 ・　債務者の事業又は経済生活の再生を図る。
会社更生（更１）	経済的に窮境にある株式会社	更生計画の策定及びその遂行に関する手続等を規定	・　債権者、株主その他の利害関係人の利害を適切に調整する。 ・　債務者（株式会社）の事業の維持更生を図る。

○　法的整理手続の開始・関係機関

法的整理手続においては、手続の開始を申し立てることができる者、手続開始の原因、手続の関係機関などが、それぞれの関係法令に定められています。

区分	開始申立権者	開始原因	手続の関係機関
破産	［債務者が自然人の場合］ 債権者、債務者 ［債務者が法人の場合］ 債権者、債務者、理事、取締役、業務を執行する社員、清算人 （破18、19）	［債務者が自然人、合名会社、合資会社の場合］ ・　支払不能、支払停止にある場合 ［債務者が合名会社、合資会社以外の法人の場合］ ・　支払不能、支払停止、債務超過にある場合 （破15、16）	破産管財人（破74以下） 保全管理人（破91以下） 債権者集会（破135以下） 債権者委員会（破144以下）
特別清算	債権者、清算人、監査役、株主 （会511）	・　清算の遂行に著しい支障を来すべき事情がある場合 ・　債務超過の疑いがある場合 （会510）	清算人（会523以下） 債権者集会（会546以下） 監督委員（会527以下）
民事再生	債務者、債権者、外国管財人 （再21、209）	・　破産手続開始の原因となる事実の生ずるおそれがある場合 ・　事業の継続に著しい支障を来すことなく弁済期にある債務を弁済することができない場合（この場合、申立権者は債務者のみ） （再21）	監督委員（再54） 調査委員（再62） 管財人（再64） 保全管理人（再79） 債権者集会（再114以下） 債権者委員会（再117以下）
会社更生	債務者（株式会社）、一定額以上の債権者、一定株数以上の株主 （更17）	・　破産手続開始の原因となる事実が生ずるおそれがある場合 ・　弁済期にある債務を弁済することとすれば、その事業の継続に著しい支障を来すおそれがある場合 （更17）	保全管理人（更30） 監督委員（更35） 調査委員（更125） 管財人（更67） 関係人集会（更114以下） 更生債権者委員会（更117以下） 更生担保権者委員会（同） 株主委員会（同） 代理委員（更122以下）

第２節　破産手続との関係

1　破産

破産は、支払不能又は債務超過にある債務者（自然人・法人）について、利害関係人の利害及び債権者・債務者間の権利関係を適切に調整しつつ、債務者の財産の適正・公平な清算及びその経済生活の再生の機会を図ることを目的とした清算型の倒産処理手続で、破産管財人の管理処分権の下で債務者（破産者）の財産を換価し配当するもので、滞納処分が制限されることがあります。

2　破産手続の流れ

1 破産手続開始の申立て（破18①）	①開始の申立て（破15、16） ・　適用対象債務者：自然人、法人 ・　開始申立権者：債務者、債権者等 ・　開始原因：支払不能、債務超過等
	②開始決定前の保全処分等──►以下の処分が行われることがあります。 ・　既にされている強制執行等の中止命令（破24①）──►滞納処分は制限されません。 ・　包括的禁止命令（破25①）──►上記中止命令では十分でないときに、強制執行等及び滞納処分（交付要求を除きます。）が禁止されます。 ・　処分禁止の仮処分等の保全処分（破28①）

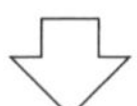

2 破産手続開始の決定（破30）	①破産管財人の選任（破31①、74①） ・　破産管財人による破産財団に属する財産の管理・処分権の専属（破78①）
	②破産手続開始の公告等 ・　破産手続開始の官報公告（破32①） ・　破産者・知れている債権者への通知（破32③） ・　破産手続の登記（破257、258）
	③強制執行等の禁止 ・　強制執行等の禁止、既にされている強制執行等の失効（破42①②） ・　新たな滞納処分の禁止（破43①）──►既にされている滞納処分は続行することができます（破43②）。
	④破産手続開始の実質的な効果──►破産財団、破産債権の範囲の確定 ・　破産財団──►破産者の手続開始時点で有する一切の財産（破34） ・　破産債権──►原則として破産手続開始前の原因に基づいて生じた財産上の請求権であって財団債権に該当しないもの（破２⑤）

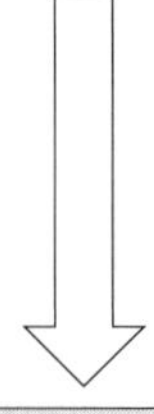

(注) 1　「財団債権」とは、破産手続によらないで破産財団から随時弁済を受けることができる債権（破２⑦）であり、破産債権者の共同の利益のためにする裁判上の費用の請求権、破産財団の管理、換価及び配当に関する費用等（破148）をいいます。
2　破産財団が破産手続費用の支弁に不足する場合は、破産開始決定と同時に破産手続廃止の決定（同時廃止）がされます（破216①）。

3 債権の届出・調査・確定（破111以下）	○債権の届出（破111） ・　破産債権に係る租税は破産裁判所に交付要求（徴82、破114） ・　財団債権に係る租税は破産管財人に交付要求（徴82、破規50）

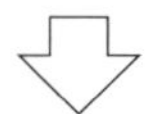

4 破産財団の管理・換価（破153以下）	○担保権消滅の許可の申立て（破186）→担保権が設定されている財産を任意に売却して当該担保権を消滅させるための裁判所に対する許可の申立て。破産財団に属する財産に国税を担保するための担保権の設定を受けている場合には、この申立ての対象となります。

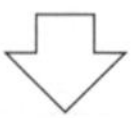

5 配当等	①別除権の行使（破65①、２⑨）→破産財団に属する財産について担保権を設定している者は、破産手続によらずに別除権の行使をすることができます。国税を担保するための担保権を設定している場合にも、破産手続によらずに別除権の行使として滞納処分の例による差押えをすることができます（通52①）。
	②財団債権への弁済（破151、２⑦）→破産債権に先立って、破産手続によらないで随時弁済
	③配当（破193①）→破産法等の優先順位に従って破産債権について配当

6　破産手続終結の決定（破220①）

(注)　個人（自然人）の破産事件においては、破産管財人による調査、免責審尋、債権者等の意見聴取を経て、免責決定がなされます（破252）。

3　破産手続における租税債権の地位

破産手続開始の決定がされると、開始の時において破産者が有する一切の財産は、破産財団に属する財産として構成される（破34、２⑭）とともに、破産手続開始前の原因に基づいて生じた財産上の請求権は、破産債権としての地位が付与されます（破２⑤）。こうして、破産財団に属する財産を基礎として破産債権の清算が行われていきます。

破産債権		
①優先的破産債権（破 98①）	⇨	これらの破産債権は、原則として、破産手続によらなければ行使することができません(破 100①)。
②劣後的破産債権（破 99①）		
③約定劣後破産債権（破 99②）		
④上記以外の破産債権（一般の破産債権）		

破産財団から債権の満足を受けられるもの		
破産債権	⇨	破産手続によって配当を受けます。
財団債権	⇨	破産債権者が共同で負担する必要がある費用に係る請求権などの財団債権（破 148）は、破産債権に先立って弁済され（破 151）、かつ、破産手続によらないで随時弁済を受けられます（破２⑦）。

租税債権		
破産手続開始前の原因に基づいて生じたもののうち、破産手続開始当時、まだ納期限から１年を経過していない本税など	⇨	財団債権（破 148①三）
納期限から１年を経過している本税など	⇨	破産債権（破 98①一）

財団債権、破産債権のいずれにも該当しない一般債権

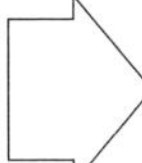

破産財団から弁済・配当を受けることができず、自由財産（破産者が破産手続開始後の原因に基づいて取得した財産等）から弁済等を受けることになります。

○　破産債権等の取扱い

債権の区分		取　扱　い
破産手続によらずに弁済を受ける債権	財団債権	破産債権に先立って、破産財団から随時弁済を受けることができます（破151、２⑦）。
破産手続において配当を受ける債権	優先的破産債権	破産財団から破産債権の中で優先的に配当を受けることができます（破194①一）。
	一般の破産債権	優先的破産債権に次いで配当を受けます（破194①二）。
	劣後的破産債権	破産債権の中で他の破産債権（約定劣後破産債権を除く。）に劣後して配当を受けます（破194①三）。
	約定劣後破産債権	破産債権の中で劣後的破産債権に劣後して配当を受けます（破194①四）。
弁済・配当を受けられない債権	一般債権	破産財団からの弁済・配当は受けられません。

○　破産手続における租税債権の地位（徴基通47－40）

<table>
<tr><th>原因発生時期</th><th colspan="3">租税債権</th><th>破産手続における地位</th></tr>
<tr><td rowspan="5">破産手続開始前の原因に基づくもの</td><td colspan="3">破産手続開始当時、まだ納期限が到来していないもの及び納期限から１年を経過していないもの（本税、利子税、延滞税）（破148①三）</td><td>財団債権</td></tr>
<tr><td rowspan="3">破産手続開始当時、既に納期限から１年を経過しているもの</td><td colspan="2">本税（破98①一）</td><td rowspan="2">優先的破産債権</td></tr>
<tr><td rowspan="2">利子税、延滞税</td><td>破産手続開始までの期間に対応するもの（破98①一）</td></tr>
<tr><td>破産手続開始後の期間に対応するもの（破99①一、97三）</td><td rowspan="2">劣後的破産債権</td></tr>
<tr><td colspan="3">加算税（破99①一、97五）</td></tr>
<tr><td rowspan="3">破産手続開始後の原因に基づくもの</td><td colspan="3">破産財団の管理、換価及び配当に関して生ずる租税（源泉徴収に係る所得税、消費税、間接諸税等の本税、利子税、延滞税）（破148①二）</td><td>財団債権</td></tr>
<tr><td colspan="3">上記以外の破産財団に関して生ずる租税（予納法人税等）（破99①一、97四）</td><td rowspan="2">劣後的破産債権</td></tr>
<tr><td colspan="3">加算税（破99①一、97五）</td></tr>
</table>

（注１）　納期限から１年を経過しているかどうかの判定に当たっては、その期間中に包括的禁止命令（破25①）が発せられたことにより、国税滞納処分をすることができない期間がある場合には、当該期間を除いて計算します（破148①三）。

（注２）　包括的禁止命令とは、破産手続開始決定があるまでの間、全ての債権者に対し、債権者の財産に対する強制執行、先取特権の実行、国税滞納処分を禁止するために裁判所が発する命令（破25①）をいいます。

☞６(1)参照

○　破産債権に対する配当の順位等

破産手続における破産債権に対する配当は、次の順序により行われます（破194①）。

配当順位	破産債権の種類	破産債権の例
第１順位	優先的破産債権	破産財団に属する財産について、一般の先取特権その他一般の優先権がある破産債権（劣後的破産債権及び約定劣後破産債権を除く。）（破98）
第２順位	一般の破産債権	優先的破産債権、劣後的破産債権及び約定劣後破産債権以外の破産債権（破194）
第３順位	劣後的破産債権	破産手続開始後の「利息の請求権」、「不履行による損害賠償又は違約金の請求権」など（財団債権に係るものを除く。）（破99①）

第４順位	約定劣後破産債権	破産債権者と破産者との間で、破産手続開始前に、破産手続における配当順位が劣後的破産債権に後れる旨の合意がされた債権（破99②）

また、優先的破産債権相互間の優先順位は、民法、商法その他の法律の定めるところによることとなり（破98②)、同一順位で配当を受ける破産債権については、それぞれの債権の額の割合に応じて配当を受けることになります（破194②)。

○　破産債権（国税）の地位の具体例

具体例１（財団債権となる本税及び利子税・延滞税）

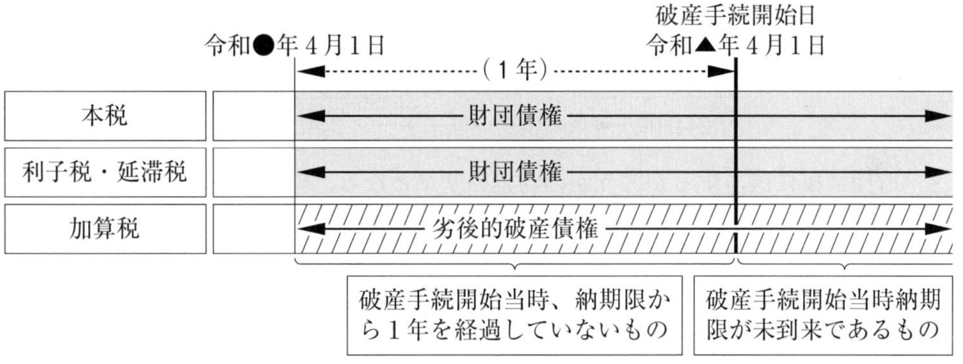

・　破産手続開始前の原因に基づくもので、令和●年４月１日以降に納期限の到来する国税（本税）及びこれに係る利子税・延滞税は財団債権となります。

・　加算税は、常に劣後的破産債権になります。

具体例２（優先的破産債権となる本税と、これに係る利子税・延滞税の破産手続上の地位）

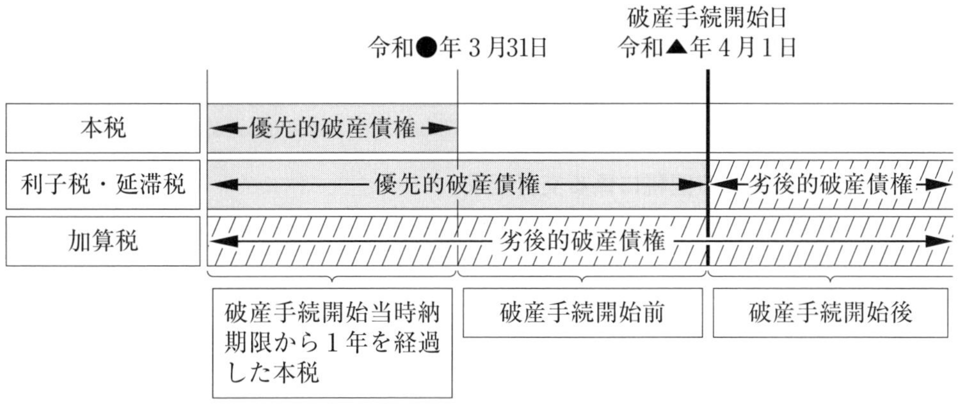

・　破産手続開始当時、既に納期限から１年を経過している国税（本税）と、これに対する破産手続開始までの利子税・延滞税は優先的破産債権となります。

・　上記の本税に係る破産手続開始後の利子税・延滞税は劣後的破産債権になります。

・　加算税は、常に劣後的破産債権になります。

具体例３（包括的禁止命令があった場合の「１年」経過の日）

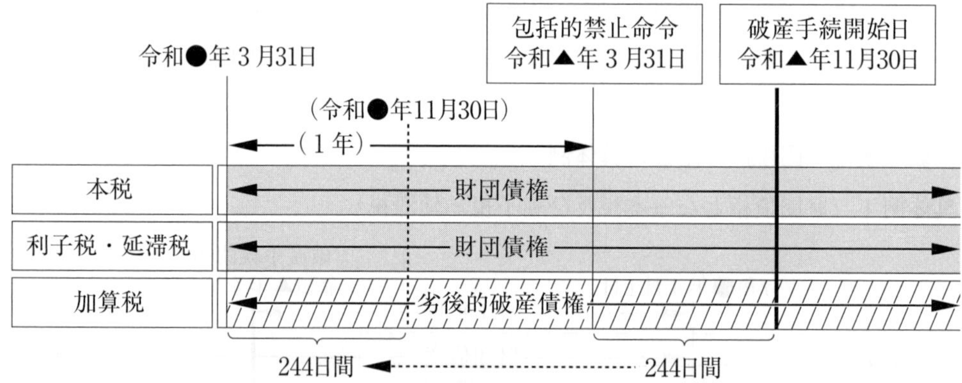

・　財団債権に該当するかどうかの判定の基準となる、納期限から「１年」を経過しているかどうかの「１年」については、包括的禁止命令により滞納処分ができない期間は除かれます。したがって、上記事例においては、令和▲年11月30日の１年前の日である令和●年11月30日から、さらに244日さかのぼった令和●年３月31日が「１年」を経過したかどうかの判定の日となります。

4　交付要求

(1)　交付要求の手続

イ　交付要求先

債権の区分	交付要求先
財団債権に属する国税	破産管財人
破産債権に属する国税	破産裁判所

ロ　財団債権に属する国税に係る交付要求

破産手続開始の決定がされた場合、税務署長は、財団債権である国税債権について、速やかに、破産管財人に対して交付要求書により交付要求しなければなりません（徴82、２十三）。　交付要求☞第６章第１節参照

交付要求をした財団債権に属する租税債権については、破産管財人から随時弁済を受けることができます（徴82①、破151）。

また、財団債権については、破産債権とは異なり、債権届出を要する旨の規定

がないことから、破産手続終結の決定（破220）、又は破産廃止の決定（破217）があるまでは交付要求をすることができると解されますが、最後配当の手続に参加することができる破産債権者に対する配当額の定めがなされ、この通知がされた時（破201）に破産管財人に知れていない財団債権は、最後配当をすることができる金額から弁済を受けることができなくなることから（破203）、速やかに交付要求をする必要があります（徴基通82－３(1)、破規50①）。

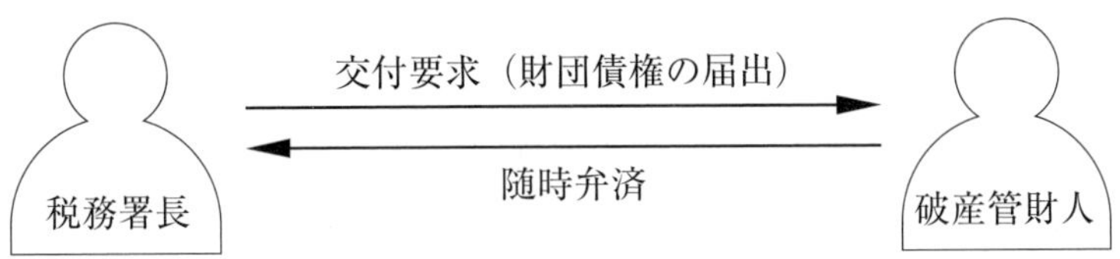

ハ　破産債権に属する国税に係る交付要求

税務署長は、破産債権である国税債権について、遅滞なく、破産裁判所に対して交付要求書により交付要求をしなければなりません（徴82、破114、徴基通82－３(2)）。

交付要求をした破産債権に属する国税債権については、破産手続から配当を受けることになります（破193①）。

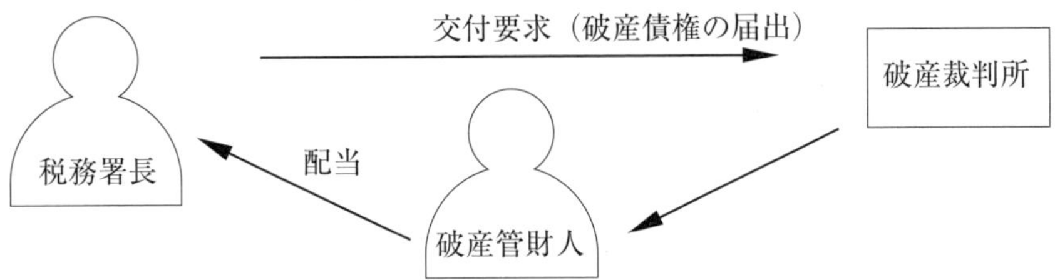

（参考）裁判所に提出する交付要求書に記載する事項（破114、111②、破規36）

交付要求書には、滞納者の氏名、住所、交付要求に係る国税、交付要求に係る財産の内容など、徴収法施行令36条に規定する事項に加え、次の事項を記載することが必要です。

交付要求書への記載事項（徴令36以外の事項）	
	①届出に係る請求権を有する者の名称及び住所並びに代理人の氏名及び住所
	②破産手続開始当時、届出に係る請求権に関する訴訟又は行政庁に係属する事件があるときは、その訴訟又は事件が係属する裁判所又は行政庁、当事者の氏名又は名称及び事件の表示
	③優先的破産債権であるときは、その旨
	④劣後的破産債権であるとき又は約定劣後破産債権であるときは、その旨
	⑤別除権により担保される租税債権がある場合は、別除権の目的である財産及び別除権の行使によって弁済を受けることができないと見込まれる債権の額

㊟　破産債権について配当を受けるためには、交付要求書により債権届出を行いますが、租税債権については、他の債権に関する破産債権の調査・確定の規定は適用されず、調査を経ないで破産債権者表に記載されます（破115、134①）。

破産管財人は、届出のあった租税債権について、その届出があったことを知った日から１月以内に国税通則法に定める不服申立ての方法で異議を主張することができ、破産手続開始当時に訴訟が係属するときは、訴訟手続を受け継がなければなりません（破134②、③、④）。

破産管財人は、配当を行う場合、租税債権について審査請求又は訴訟等の不服申立ての手続が終了していないときは、配当額を供託・寄託します（破202、214①二、215②）。

⑵　財産不足になった場合の財団債権の取扱い

破産財団が財団債権の総額を弁済するに足りないことが明らかになったときは、まだ弁済を受けていない財団債権の債権額の割合に応じて弁済を受けることになります（破152①）。したがって、この場合には、租税の優先権の規定の適用はありません。

留意事項	破産債権者の共同の利益のためにする裁判上の費用の請求権並びに破産財団の管理、換価及び配当に関する費用の請求権は、他の債権に先立って弁済されます（破152②）ので、これに該当する租税債権は、破産管財人の報酬等とともに他の債権に先立って弁済されることになります（徴基通47－40、昭62.4.21最高判参照）。

○　他の債権に先立って弁済される費用の請求権及び租税債権

費用の請求権	破産申立てにかかった費用、破産管財人の報酬など
租　税　債　権	破産手続開始の決定後の原因に基づく源泉所得税、消費税、間接諸税等

5　破産手続開始の決定後の滞納処分

破産手続開始の決定があった場合には、滞納処分が制限されることがあります。

制限される滞納処分	破産手続開始の決定後の破産財団に対する新たな滞納処分
制限されない滞納処分	破産手続開始の決定前に着手している滞納処分に続く処分
	破産者が破産手続開始の決定後に取得した財産に対する滞納処分
	破産手続開始の決定前に担保提供を受けていた財産に対する担保物処分のための差押えなどの処分

⑴　破産手続開始の決定後の新たな滞納処分の禁止

破産手続開始の決定があった場合には、破産財団に属する財産に対する新たな滞納処分（交付要求は除きます。）はすることができません（破43①、徴基通47－40）。

㈱　破産手続開始の決定後であっても強制換価手続に対して交付要求をすることができますが、強制換価手続における配当金については、破産手続開始の決定前にその財産に対する差押え又は参加差押えをしていない限り、破産管財人に交付されることになります（徴基通47－42）。

⑵　滞納処分の続行

破産財団に属する財産について破産手続開始の決定前に既に滞納処分（差押え及びこれに続く処分）に着手しているときは、破産手続開始の決定後もその滞納処分を続行することができます（破43②）。

留意事項	○　この場合の滞納処分には、破産手続開始の決定前に行った参加差押え、債権の二重差押え（徴基通62－７）、滞調法の規定による二重差押えが含まれます（徴基通47－41）。 ○　破産手続開始の決定前に原債権を差し押さえた後、原債権が供託された場合における供託金還付請求権の差押えは、原債権の差押えの続行手続であり、破産手続開始の決定後であってもすることができます（徴基通47－41（注））。

㈱　破産手続中であっても、還付金等を滞納国税に充当することはできます（破100②二、通基通57－４）。

⑶　破産手続開始後に取得した財産に対する滞納処分

破産者が破産手続開始の決定後に取得した財産については、破産手続中であっても、財団債権に係る国税を徴収するために滞納処分をすることができます。

留意事項	破産者は、免責許可の決定が確定したときであっても、国税については免責されません（徴基通47－44）。

⑷　別除権の行使

国税の担保として提供されている財産については、破産手続開始の決定後においても、破産手続によらないで別除権の行使として通則法52条１項の規定による滞納処分の例による差押えをすることができます（徴基通47－43）。

6　その他

⑴　包括的禁止命令

裁判所は、破産手続開始の申立てがあった場合において、個別の強制執行等に対する中止命令（破24①一）によっては破産手続の目的を十分に達成することができないと認めるときは、破産手続開始の決定があるまでの間、全ての債権者に対し、強制執行等及び滞納処分（交付要求を除きます。）の禁止を命ずることができます（破25①）。

留意事項	○　包括的禁止命令が発せられた場合は、既にされている滞納処分を除き、その間は、新たな滞納処分をすることができません。 　なお、包括的禁止命令によって、既にされている強制執行、仮差押え、仮処分等の手続は中止されますが、既にされている滞納処分は中止されません（破25③）。 ○　裁判所は、滞納処分を包括的禁止命令の対象から除外することができます（破25②）。

⑵　否認権行使との関係

破産管財人は、既存の債務についてされた担保の供与又は債務の消滅に関する行為を否認することにより、供与された財産等を破産財団に復帰させることができます（破162、167）。

○　否認することができる担保の供与等とその要件

否認される行為	要　　件
破産者が支払不能となった後にされた担保の供与等	破産者が支払不能であったこと又は支払の停止があったことを債権者が知っていたこと
破産手続開始の申立てがあった後にされた担保の供与等	破産者について破産手続開始の申立てがあったことを債権者が知っていたこと

一方、租税債権との関係では、徴収権限を有する者に対してした担保の供与又は債務の消滅に関する行為（租税の納付）については、否認権を行使することができないこととされています（破163③）。

（参考）

否認権とは、破産者が破産手続開始前にした債権者を害すべき行為の効力を破産財団との関係で失わせ、破産財団の状態を原状に回復させる権利であり（破160～176）、上記の例は否認権の一つである偏頗（へんぱ）行為否認と呼ばれるものです。

⑶　破産管財人による任意売却と担保権の消滅制度

破産財団に属する財産に担保権が設定されている場合において、その財産を任意に売却して担保権を消滅させることが破産債権者の一般の利益に適合するときは、破産管財人は、裁判所に対し、当該財産を任意に売却し、当該財産上の全ての担保権を消滅させることの許可を申し立てることができます（破186①）。

留意事項	○　この申立てが許可された場合の売却代金の配当は、民法、商法その他の法律の定めるところにより弁済、配当されます（破191）。 ○　滞納国税につき、破産者の財産上に抵当権を設定している場合も、この制度の適用の対象となります。

⑷　免責手続中の個別執行の禁止

個人破産の場合、本人から破産手続開始の申立てがあったときは、そのときに免責の申立てがあったものとみなされ（破248④）、免責についての裁判が確定するまでの間は、強制執行等及び滞納処分が禁止されます（破249①）。

留意事項	租税債権は免責されない（破253①一）ため、免責についての裁判が確定すれば滞納処分が可能となります。

㊟　法人については免責の制度はありません（破248①）。

第３節　特別清算手続との関係

1　特別清算

株式会社が解散した場合などには、清算人を選任して清算することとされています（会475、476）が、その清算の遂行に著しい支障を来す事情がある場合や債務超過の疑いがある場合には、債権者等は、特別清算開始の申立てをすることができます（会511）。

特別清算は、このような事情がある清算株式会社について、利害関係人の利害を適切に調整しつつ、債務者（清算株式会社）の財産の適正・公平な清算を図ることを目的とした清算型の倒産処理手続で、裁判所の関与の下、債務者と債権者との協定により、簡易・迅速に債務の整理を行うことができるという利点があります。

留意事項	○　特別清算開始後に破産手続開始の原因となる事実があり、協定の成立又は実行の見込みがないときは、破産手続開始の決定がされます（会574）。 ○　清算会社に特別清算開始命令（会514）があった場合でも、滞納処分は制限されません（会515①ただし書、徴基通47－35）。

2　特別清算手続の流れ

1 清算の開始（会475以下）	①開始──►株式会社は、解散した場合等においては清算しなければなりません（会475）。
	②清算人──►清算株式会社には清算人が選任され（会478）、清算人は、現務の結了、債権の取立て及び債務の弁済 、残余財産の分配を行います（会481）。
	③債権申出の催告についての官報公告及び知れている債権者への通知（会499）

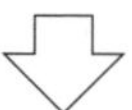

2 特別清算の申立て（会511）	①開始の申立て（会510、511） ・　適用対象債務者：清算株式会社 ・　開始申立権者：債権者、清算人等 ・　開始原因：債務超過の疑いがある場合等
	②開始命令前の保全処分等──►以下の処分が行われることがあります。 ・　既にされている強制執行等の中止命令（会512）──►滞納処分は制限されません。 ・　破産手続における包括的禁止命令のような手続はありません。

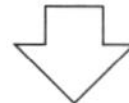

3 特別清算開始の命令(会514)	①清算株式会社の行為の制限──►財産処分等の一定の行為について裁判所の許可又は監督委員の同意が必要（会535)。
	②強制執行等の中止命令──►滞納処分は制限されません（会515、516、徴基通47－35)。
	③処分禁止の仮処分等の保全処分（会540)

4　協定の作成・認可（会563以下)

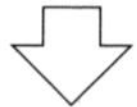

5　特別清算終結の決定（会573)

第４節　民事再生手続との関係

1　民事再生

民事再生は、経済的に窮境にある債務者（自然人・法人）について、債権者の多数の同意を得て定めた再生計画につき、裁判所の認可を受けて、債権者・債務者間の権利関係を適切に調整しつつ、債務者の事業又は経済生活の再生を図ることを目的とした再生型の倒産処理手続で、滞納処分は制限されません。

2　再生手続の流れ

1 再生手続開始の申立て(再21、208)	①開始の申立て（再21、208） ・　適用対象債務者：自然人、法人 ・　開始申立権者：債務者、債権者等 ・　開始原因：破産手続開始の原因事実の生ずるおそれ等
	②開始決定前の保全処分等──►以下の処分が行われることがあります。 ・　既にされている再生債権に基づく強制執行等の中止命令（再26①）──►滞納処分は制限されません。 ・　再生債権に基づく包括的禁止命令（再27①）──►上記の中止命令では十分でないときに、全ての強制執行等が禁止されます（滞納処分は制限されません。）。 ・　処分禁止の仮処分等の保全処分（再30）

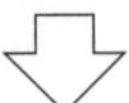

2 再生手続開始の決定(再33)	①再生債務者の地位（再38①）──►例外的に制限される場合を除き、手続開始後も、再生債務者が業務の遂行、財産の管理・処分をすることができます。 ・　再生債務者の行為の制限──►裁判所は、財産処分等の一定の行為を裁判所の許可を得なければならないものとすることができます（再41）。 ・　管理命令──►管理命令があった場合は、管財人に財産の管理・処分権が専属します（再64、66）。
	②再生手続開始の公告等 ・　再生手続開始の官報公告（再35①） ・　再生債務者・知れている債権者への通知（再35③） ・　再生手続の登記（再11）
	③強制執行等の中止命令──►滞納処分は制限されません（徴基通47－34）。 ・　再生債権に基づく強制執行等の中止命令（再39） ・　一般優先権・共益債権に基づく強制執行等の中止命令（再122④、121③）

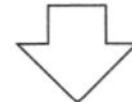

3 債権の届出・調査・確定（再94以下）	○担保権消滅の許可の申立て（再148）→担保権が設定されている財産について、その価額相当額を裁判所に納付して当該担保権を消滅させるための裁判所に対する許可の申立て。国税を担保するために担保権の設定を受けている場合は、この申立ての対象となります。

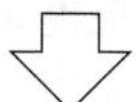

4 再生計画の作成・認可・遂行（再154以下）	①一般優先債権への弁済（再122②）→再生手続によらないで随時に弁済
	②再生計画に定めのない債権の免責（再178）

3　再生手続における租税債権の地位

租税債権は、一般優先債権又は共益債権（徴８、再122①、119）に当たりますので、再生手続によらないで随時弁済を受けることができます（再122②、121①）。滞納者について再生手続開始の決定がされても、財産の管理・処分権は、原則として、引き続き滞納者が有しており（再38）、また、滞納処分を制限する法令の定めがない（再122④、121③参照）ことから、滞納者に対して納付の請求をするとともに、滞納者の財産に対して滞納処分をすることができます（徴基通47－34）。

留意事項	再生計画には、共益債権及び一般優先債権の弁済に関する条項を定めることとされています（再154①）が、共益債権者及び一般優先債権者は、再生計画に拘束されないと解されることから、租税債権については、弁済に関する条項があってもそれに拘束されることはありません。 なお、滞納者が納税の猶予又は換価の猶予の要件に該当する場合は、これらの猶予に基づき、分割納付をすることができます。

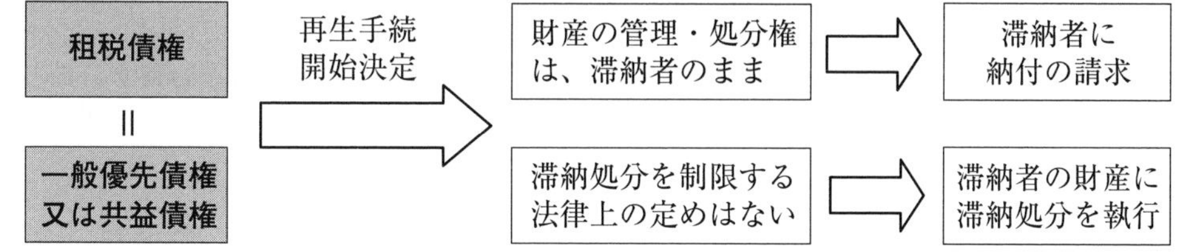

租税債権に、このような優先権が認められている理由としては、主として中小企業の再生を念頭において、簡易迅速な手続として創設された再生手続を複雑なものとしないためといわれています。

具体的には、一般優先債権は、通常の再生債権に優先して支払を受けることができる実体法上の地位にあることから、このような債権についても再生手続の効力が及び、再生計画による権利変更がされることとすると、再生計画案の決議に際して、一般優先債権者を通常の再生債権者と別の集団とした上で、別個に多数決決議を行う必要が生じ、手続が複雑化することが考えられます。

○　再生手続における債権

債権の種類	内　　容	再生手続上の取扱い
再生債権	・再生債務者に対し再生手続開始前の原因に基づいて生じた財産上の請求権 ・再生手続開始後の利息の請求権 ・再生手続開始後の不履行による損害賠償及び違約金の請求権 ・再生手続参加費用の請求権　（再84）	再生手続開始後は、民事再生法に特別の定めがある場合を除き、再生計画の定めるところによらなければ、弁済をし、弁済を受け、その他債務を消滅させる行為（免除を除きます。）をすることができません。　（再85）
共益債権	再生債権者全体の利益に資する請求権 ・再生債権者の共同の利益のためにする裁判上の費用の請求権 ・再生手続開始後の再生債務者の業務、生活並びに財産の管理及び処分に関する費用の請求権 ・再生計画の遂行に関する費用の請求権 ・租税債権　（注１）等　（再119）	再生手続によらないで、随時弁済されます。 また、共益債権は、再生債権に先だって弁済されます。　（再121）
一般優先債権	一般の優先権がある債権（共益債権であるものを除きます。） ・一般の先取特権がある債権 ・租税債権　（注２）等　（再122）	再生手続によらないで、随時弁済されます。　（再122）
別除権 （注３）	再生債務者の財産の上に存する次の担保権等を有する者の権利 ・特別の先取特権 ・質権 ・抵当権 ・商事留置権 ・仮登記担保権　（再53、仮担19③）	原則として、再生手続の制約を受けないで自由に担保権を行使することができます。　（再53）

(注) 1　「共益債権」となる租税債権としては、再生手続開始後の再生債務者の業務、生活並びに財産の管理及び処分に関する費用の請求権に該当する国税（例えば、再生手続開始後の原因に基づいて生じた申告所得税、法人税等）などがあります（再119二、昭62.4.21最高判参照）。

2 「一般優先債権」となる租税債権は、共益債権となる租税債権以外の租税債権です（再119①、徴８）。

3 「別除権者」は、別除権の行使によって弁済を受けることができないと見込まれる被担保債権の額を再生債権として行使することができます（再94②）。

4　滞納処分と再生手続との関係

(1)　再生手続に参加する場合

次の場合には、再生債権者（再生債務者に対し再生手続開始前の原因に基づいて生じた財産上の請求権を有している者）として再生手続に参加しなければならず、債権届出期間内に債権の内容等を裁判所に届け出る必要があります（再94）。

再生手続に参加する場合		債　権　の　種　類
滞納処分により滞納者の債権を差し押さえた場合において、第三債務者が再生債務者になったとき		差し押さえた債権は、滞納者の再生債務者に対する債権であることから、その債権が共益債権又は一般優先債権である場合を除き、再生債権となります。
納税の猶予等の担保として滞納者以外の第三者の財産を徴した場合において、その第三者（物上保証人）が再生債務者になったとき		被担保債権である国税債権は、国税の優先権を主張できないため、一般優先債権ではなく、別除権を有する再生債権となります。

(注)　納税者が納付すべき国税について保証した納税保証人は、徴収法上の「納税者」に当たることから（徴基通２－10）、納税保証人が再生債務者になった場合は、その納税保証人が保証債務の履行として納付すべき国税には、一般優先債権（徴８）が認められるため、滞納者が再生債務者であるときと同様の扱いになります。

(2)　再生手続開始の申立てに伴う手続の中止命令等と滞納処分との関係

裁判所は、再生手続開始の申立てがあった場合において、必要があると認めるときは、一定の期間、次に掲げる手続の中止又は禁止を命ずることができます（再26①、27、31）。滞納者が再生債務者である場合において、これら中止命令等があったときの滞納処分との関係は次のとおりです。

他の手続の中止命令等	中止等の期間	滞納処分との関係
再生債務者（滞納者）についての破産手続又は特別清算手続の中止	再生手続開始の申立てにつき決定がなされるまでの間	破産手続が中止されている間は破産手続の効力が及ばないこととなるため、滞納者の財産について、新たな滞納処分を行うことができます（特別清算手続については、滞納処分はもともとこれらの手続の制限を受けていません。）。
再生債権に基づく強制執行等（強制執行、仮差押え若しくは仮処分又は再生債権を被担保債権とする民事留置権による競売）の手続で、再生債務者（滞納者）の財産に対して既にされている処分の中止又は禁止	再生手続開始の申立てにつき決定がなされるまでの間	滞納処分による差押え前に、強制執行等の手続がなされている財産について、中止命令又は禁止命令がなされたときは、滞納処分続行承認の決定の請求（滞調法25等）ができます。
再生債務者（滞納者）の財産上に存する担保権の実行としての競売手続の中止又は禁止	相当の期間	中止命令又は禁止命令がなされたときは、滞納処分続行承認の決定の請求ができます。 納税の猶予等の担保として滞納者の財産を徴している場合の担保物処分の手続は、その被担保債権である国税が一般優先債権であるとともに、滞納処分の例（通52①）によって換価することから、中止命令又は禁止命令によって制限されることはありません。

(3)　再生手続開始の決定に伴う手続の中止と滞納処分との関係

再生手続開始の決定があったときは、破産手続開始の申立て及び再生債務者の財産に対する再生債権に基づく強制執行等はすることができず、既にされている破産手続及び強制執行等は中止します（再39①）。この場合の滞納処分との関係は、再生手続開始の申立てに伴う手続の中止命令等と滞納処分との関係（上記(2)）と同じです。

(4)　管財人・保全管理人の権限等と滞納処分との関係

イ　管財人

裁判所は、再生債務者（法人に限る。）の財産の管理処分が失当であるときその他再生債務者の事業の再生のために特に必要があると認めるときは、再生手続の開始の決定と同時に又はその決定の後、再生債務者の業務及び財産に関し、管財人による管理を命ずる処分（管理命令）をすることができます（再64①）。

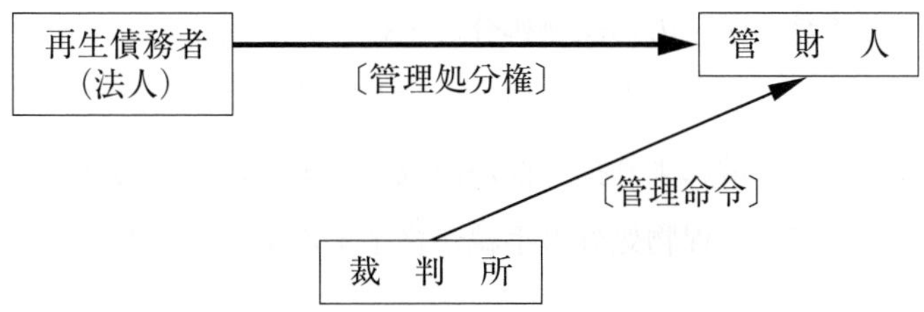

○　**滞納処分等と管財人との関係**

納付の請求	管理命令が発せられた場合において、納付資金が再生債務者の財産から支出されるときには、その支出権限は管財人にあるので、納付の請求は管財人に対してすることになります。
担保の提供 差押換えの請求　等	これらの行為は再生債務者の財産の管理処分に当たることから、管財人の専権に属します。
再生債務者に 弁済すべき金銭	再生債務者に還付すべき国税還付金や差押財産を換価した場合に再生債務者に交付すべき配当金、残余金など、再生債務者に弁済すべき金銭は、管財人に交付します。
書類の送達	滞納処分に関する書類は管財人の住所等に送達します（通基通12－４、再74①）。

ロ　保全管理人

裁判所は、再生手続開始の申立てがあった場合において、再生債務者（法人に限る。）の財産の管理処分が失当であるときその他再生債務者の事業の継続のために特に必要があると認めるときは、再生債務者の業務及び財産に関し、保全管理人による管理を命ずる処分（保全管理命令）をすることができます（再79①）。

滞納処分等との関係は、管財人の場合と同じです（再81①、83）。

⑸　担保権の消滅制度と国税の担保等との関係

再生手続開始当時、再生債務者の財産上に担保権が存在する場合において、その財産が再生債務者の事業の継続に欠くことのできないものであるときは、再生債務者等は、裁判所の許可を得て、担保権の目的である財産の価額に相当する金銭を裁判所に納付して、その財産上に存する全ての担保権を消滅させることができます（再148～153）。

なお、滞納国税につき、再生債務者の財産上に抵当権を設定している場合も、この制度の適用の対象となります。

○　担保権の消滅手続と国税の担保物処分の手続との関係

担保権の消滅手続と国税の担保物処分の手続とは併存すると解されています。したがって、担保権の消滅手続により抵当権が消滅するまで担保物処分の手続を進めることができ、その一方で、担保物処分の手続が終了するまでは担保権の消滅手続をすることができます。

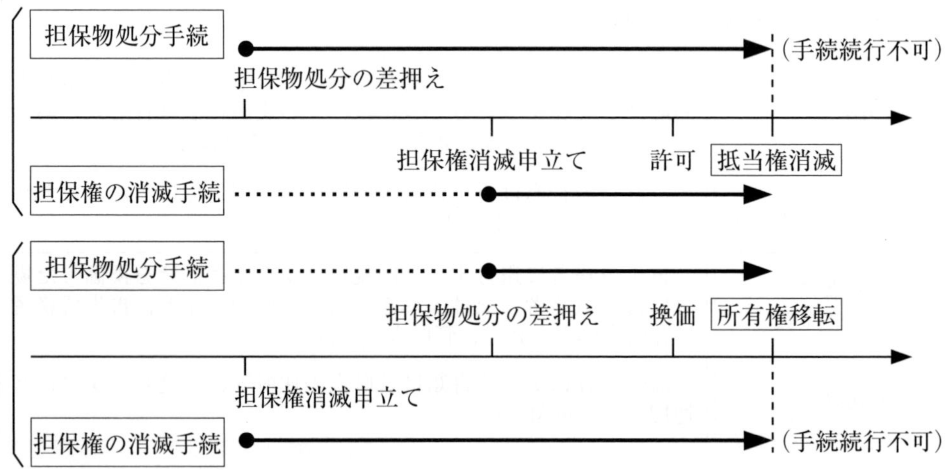

○　担保権消滅後の被担保国税

納税の猶予等の担保として滞納者の財産に抵当権を設定していた場合において、その後、滞納者が再生債務者となり、担保権消滅制度により抵当権が消滅する一方で、担保権の消滅に伴う配当によっても国税が完納しなかったときは、その国税を徴収するために滞納処分を執行することができます。

ただし、その国税をもって、担保権消滅制度の対象となった財産を差し押さえることについては、同制度の趣旨にかんがみ、まず他の財産からの徴収を検討することになります。

㈱　担保権の目的である財産の価額が定まり、再生債務者がその価額に相当する金銭を裁判所に納付した場合、裁判所は、この金額について配当表に基づく配当又は弁済金の交付を行います（再153①②）。

国税を担保するための抵当権を設定している場合は、その配当金等の受領に関して、交付要求を行う必要はなく、裁判所からの計算書提出の催告に対して「滞納現在額計算書」を送付すれば足ります（民事再生規則82、民執規60参照）。

○　滞納処分による差押えがされた財産についての担保権消滅制度の適用

滞納処分による差押えは、法令の定める要件に該当しない限り解除することができません。担保権の消滅手続によって差押えを解除することができる旨の規定はないため、担保権の消滅手続の目的となる財産について滞納処分による差押えがされている場合には、担保権の消滅手続が適用されることはないと解されています。ただし、担保物処分により担保財産を差し押さえている場合には、担保権の消滅手続が適用されます（上記「担保権の消滅手続と国税の担保物処分の手続との関係」参照）。

第５節　会社更生手続との関係

1　会社更生

会社更生は、経済的に窮境にある株式会社について、利害関係人の利害を適切に調整しつつ、債務者（株式会社）の事業の維持更生を図ることを目的とした再生型の倒産処理手続で、滞納処分が制限されることがあります。

2　更生手続の流れ

1 更生手続開始の申立て（更17）	①開始の申立て（更17） ・　適用対象債務者：株式会社 ・　開始申立権者：債務者（当該株式会社）、一定額以上の債権者等 ・　開始原因：破産手続開始の原因事実の生ずるおそれ等
	②開始決定前の保全処分等──►以下の処分が行われることがあります。 ・　既にされている強制執行等及び滞納処分の中止命令（更24①②） ・　包括的禁止命令（更25①）──►上記の中止命令では十分でないときに、全ての強制執行等及び滞納処分（交付要求を含みます。）が禁止されます。 ・　処分禁止の仮処分等の保全処分（更28①）

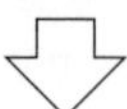

2 更生手続開始の決定(更41)	①管財人の選任（更42①、67①） ・　管財人による更生会社の事業の経営、財産の管理・処分（更72①）
	②更生手続開始の公告等 ・　更生手続開始の官報公告（更43①） ・　更生会社・知れている債権者・税務署長への通知（更43③、更規７①） ・　更生手続の登記（更258①）
	③強制執行等の中止等 ・　強制執行等の申立ての禁止及び既にされている強制執行等の中止（更50①） ・　更生手続開始の決定の日から１年間の新たな滞納処分の禁止及び既にされている滞納処分の中止（更50②）

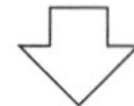

3 債権の届出・調査・確定（更138以下）	①債権の届出（更138） ・　租税債権（更生債権・更生担保権となる租税）の裁判所への届出（更142一） ・　届出を怠った場合の租税債権の失権（更204）
	②担保権消滅の許可の申立て（更104①）──►担保権が設定されている財産についてその価額相当額を裁判所に納付して当該担保権を消滅させるための裁判所に対する許可の申立て。国税を担保するために担保権の設定を受けている場合には、この申立ての対象となります。

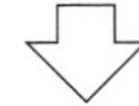

4 更生計画の作成・認可（更167以下）	①更生計画の同意等──►更生計画における租税債権に影響を及ぼす定めについて税務署長の同意等が必要（更169、徴基通47－48）
	②共益債権への随時弁済（更132） ・　共益債権となる租税──►更生債権等に先立って、更生手続によらないで随時に弁済（更132） ・　管財人が弁済に応じないときの滞納処分の実施（徴基通47－50）
	③更生計画の遂行 ・　更生計画に従った更生債権、更生担保権への配当（更47）
	④更生計画に定めのない債権の免責（更204）

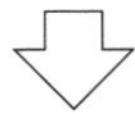

5　更生手続終結の決定（更239）

3 更生手続における租税債権の地位

原因発生時期	私債権	租税債権	更生手続における地位	更生手続上の取扱い
更生手続開始前の原因に基づくもの	更生手続開始前の原因に基づいて生じた財産上の請求権又は手続開始後の利息請求権等であって、更生担保権又は共益債権に該当しないもの（更2⑧）	更生手続開始前の原因に基づいて生じた租税債権又はその本税に係る開始後の期間に対応する延滞税又は利子税であって、更生担保権又は共益債権に該当しないもの（例えば、手続開始の決定に伴い、その開始時に終了する事業年度までの事業年度に対応する法人税）（更2⑧、232②）	更生債権	原則として、更生手続によって弁済を受けることになります（更47）。
	更生手続開始当時、更生会社の財産につき存する抵当権等の担保権の被担保債権であって、更生手続開始前の原因に基づいて生じたもの（共益債権に該当しないものに限ります。）のうち、当該財産の価額を手続開始当時の時価とした場合に担保される範囲のもの（利息請求権等は、手続開始後1年間又は更生計画認可決定時のいずれか早い時期までの期間までのもの）（更2⑩）	国税通則法等により、更生手続開始当時、更生会社の財産に設定している担保権によって担保される租税債権のうち、当該財産の価額を手続開始当時の時価とした場合に担保される範囲のもの（更2⑩）	更生担保権	同上
	更生手続開始前の原因に基づいて生じた使用人の手続開始前6月間の給料の請求権等（更130）	更生手続開始前の原因に基づいて生じた源泉所得税、消費税、酒税等の請求権で、更生手続開始当時まだ納期限の到来していないもの（更129）	共益債権	更生手続によらず、更生債権及び更生担保権に先立って、随時、弁済を受けることができます（更132①②）。
更生手続開始後の原因に基づくもの	更生手続開始後の事業の経営及び財産の管理･処分に関する費用の請求権（更127、128、50⑨）	更生手続開始後の事業の経営及び財産の管理･処分に関する費用に該当する租税債権（例えば、手続開始の決定に伴い、開始時に終了する事業年度の次の事業年度に対応する法人税）（更127二、232②）		

４　共益債権となる国税の徴収

共益債権となる国税については、更生手続によらないで更生債権及び更生担保権に先立って、随時、弁済されます（更132）が、更生管財人がこの弁済に応じないときは、更生手続中であっても滞納処分をすることができます。

留意事項	更生会社の財産が共益債権の総額を弁済するに足りないことが明らかになったときは、担保権によって担保される共益債権を除き、まだ弁済されていない共益債権の債権額の割合に応じて弁済されることになりますので（更133①）、滞納処分をすることはできません（徴基通47－50、昭54.2.16大阪地判）。

５　共益債権とならない国税の徴収

⑴　更生手続開始の申立て

更生手続開始の申立てに伴う手続は次のとおりです（徴基通47－45、46）。

税務署長に対する通知	更生手続開始の申立てがあった場合には、裁判所は、会社の本店所在地を所轄する税務署長にその旨を通知しなければなりません（更規７①）。
開始決定前の滞納処分の中止命令等（徴基通47－45）	更生手続開始の申立てがあっても、それによって直ちに滞納処分が制限されることはありません。しかし、裁判所が必要と認めるときは、あらかじめ税務署長の意見を聴いた上で、滞納処分（滞納処分又は担保のために提供された物件の処分）の中止を命ずることができます（更24②）。 この中止命令は、更生手続開始の申立てについて決定があったとき、又は中止を命ずる決定があった日から２か月を経過したときは効力を失い（更24③）、この中止命令が失効した後は、更生手続の開始決定があるまで滞納処分をすることができます。 さらに、裁判所は、会社の事業の継続のために特に必要があると認めるときは、あらかじめ税務署長の意見を聴いた上で、担保を立てさせて、中止した滞納処分の取消しを命ずることができます（更24⑤）。
開始決定前の包括的禁止命令（徴基通47－46）	裁判所は、更生手続開始の申立てがあった場合において、滞納処分の中止命令によっては更生手続の目的を十分に達成することができないおそれがあると認めるべき特別の事情があるときは、更生手続開始の申立てにつき決定があるまでの間、滞納処分のほか、全ての更生債権者等に対して強制執行等の禁止を命ずることができます（更25①）。 この包括的禁止命令が発せられた場合には、既にされている滞納処分も、更生手続開始の申立てについての決定があった時又は包括的禁止命令の日から２か月が経過した時のいずれか早い時まで中止します（更25③）。 さらに、裁判所は、会社の事業の継続のために特に必要があると認めるときは、あらかじめ税務署長に意見を聴いた上で担保を立てさせて、中止された滞納処分の取消しを命ずることができます（更25⑤）。

(2) 更生手続開始の決定

更生手続開始の決定に伴う手続は次のとおりです（徴基通47－47）。

租税債権の届出	租税債権は遅滞なく裁判所に届け出なければならず（更142一）、届け出を怠った結果、更生計画に組み入れられなかった更生債権及び更生担保権となる租税債権は失権することになります（更204①。ただし、租税を免れ、又は、免れようとしたこと等により更生手続開始後に懲役又は罰金に処された場合など、同条①四に該当する租税債権は、届け出ない場合にも失権しません。）。
開始決定による滞納処分の中止	更生手続開始の決定があったときは、その決定の日から１年間（１年経過前に更生計画が認可されることなく更生手続が終了し、又は更生計画が認可されたときは、その終了又は認可の時までの間）は、更生会社の財産に対する更生債権又は更生担保権となる国税に基づく滞納処分をすることはできず、更生会社の財産に対して既にされているこれらの処分は中止されます（更50②）。
滞納処分の中止期間の伸長	上記の「１年間」については、裁判所は、必要があると認めるときは、あらかじめ税務署長の同意を得て、管財人の申立てにより又は職権で伸長の決定をすることができます（更50③④）。
滞納処分の続行又は取消し	裁判所は、会社の更生に支障を来さないと認めるときは、管財人若しくは税務署長の申立てにより又は職権で、中止した滞納処分の続行を命ずることができ（更50⑤）、また、更生のため必要があると認めるときは、管財人の申立てにより又は職権で、担保を立てさせて、又は担保を立てさせないで、中止した滞納処分の取消しを命ずることができます（更50⑥）。

(3) 担保権の消滅制度と国税の担保等との関係

更生手続開始当時、更生会社の財産上に担保権が存在する場合において、その財産が更生会社の事業の更生のために必要であると認めるときは、管財人の申立てにより、その財産の価額に相当する金銭を裁判所に納付して、その財産上に存する全ての担保権を消滅させることができます（更104①）。

（参考）担保権消滅制度の利用

○　会社更生法においては、更生会社の「事業の更生のために必要であると認める」ことを要件としていますので、その財産を使用、収益することが事業の更生のために必要である場合のほか、これを処分することが事業の更生のために必要である場合にも、この制度を利用することができます。

㈱　更生手続においては、更生計画によらない更生担保権の弁済は禁止されていますから（更47①）、裁判所に納付された金銭は、再生手続の場合と異なり、直ちに配当等の手続は行われず、更生計画認可の決定があった場合に裁判所から管財人に交付され、更生計画の定めに従った処理がされます（更109、167①六ロ）。

○　民事再生法（再148～153）においては、再生債務者の「事業の継続に欠くことのできないものであるとき」に限り、この制度を利用することができます。

⑷　更生計画の認可

更生計画において、更生債権又は更生担保権となる租税債権につき、猶予、減免その他権利に影響を及ぼす定めをする場合には、税務署長の同意を得る（又は意見を聴く）必要があります（更169①、徴基通47－48）。

イ　税務署長の同意を必要とするもの

①　３年を超える期間の納税の猶予又は換価の猶予の定めをする場合

㈱　会社更生法における猶予は、納税の猶予（通46）及び換価の猶予（徴151、徴151の２）と同様の性質を有するものですが、その内容、効果は、会社更生法の規定によるものであって、通則法や徴収法上のものとは異なります（徴基通151－13）。

②　減免の定めをする場合（ロ②の利子税及び延滞税の減免に係るものを除きます。）

③　租税債務の承継その他租税債権に影響を及ぼす事項に関する定めをする場合

ロ　税務署長の意見を聴かなければならない場合

①　３年以下の期間の納税の猶予又は換価の猶予の定めをする場合

②　更生手続開始決定の日から１年を経過する日（その日までに更生計画認可の決定があったときは、その決定の日）までの期間に対応する利子税又は延滞税の減免の定めをする場合

③　納税の猶予又は換価の猶予の定めをする場合におけるその猶予期間に対応する延滞税の減免の定めをする場合

（参考）　会社更生手続と滞納処分等との関係

手続の流れ	滞納処分の可否		更生計画における税務署長の同意・意見	
	共益債権に基づく滞納処分	更生債権に基づく滞納処分	納税の猶予等の定め	延滞税の減免の定め
更生手続開始の申立て →	可	可 中止命令による中止（更24②)、包括的禁止命令による禁止（更25①）あり		同　意
更生手続開始決定 →	可	禁　止 （更50②）		意　見
開始決定から１年を経過する日 → ⇩ 税務署長の同意を得て延長可（更50③④）	財産不足が明らかとなった場合は、滞納処分はできません。	可		同　意
更生計画認可 →		納税の猶予期間中は禁止	意　見	意　見
更生計画認可後３年 →			同　意	
		猶予期間経過後は可		

第11章　滞納処分に関する猶予及び停止

国税がその納期限までに完納されない場合には、滞納処分を執行してその国税を強制的に徴収することが原則です。その一方で、滞納者の個別事情によっては、強制的な手続によって徴収することが適当でない場合があります。国税徴収法には、こうした場合に納税を緩和する制度が定められており、滞納処分の緩和に重点がある制度として「換価の猶予」（徴151、151の２）と「滞納処分の停止」（徴153）の規定があります。

㈱　納税の緩和制度には、このほか、納税者側からみて履行の緩和に重点がある制度として「納期限等の延長」（通11）など、徴収手続全体の緩和に重点がある制度として「納税の猶予」（通46）などがあります（☞ 第１章第１節３⑶参照）。

第１節　換価の猶予

換価の猶予は、滞納者に一定の事由がある場合に、滞納者に事業を継続させ又は生活を維持させながら、国税を円滑に徴収することを目的として、一定の期間、滞納者の財産の換価を猶予する制度です。

換価の猶予は、税務署長の職権によるもの（徴151）と滞納者の申請によるもの（徴151の２）があります。

㈱　換価の猶予には、差し押さえた滞納者の財産の公売処分を猶予するという、文字どおりの「換価の猶予」だけでなく、滞納者の財産の差押えをしないで差押処分を猶予する「差押えの猶予」という側面もありますので、その意味では、一連の手続から成る滞納処分において次の段階に移行しないという「滞納処分の執行を猶予」する制度であるといえます。

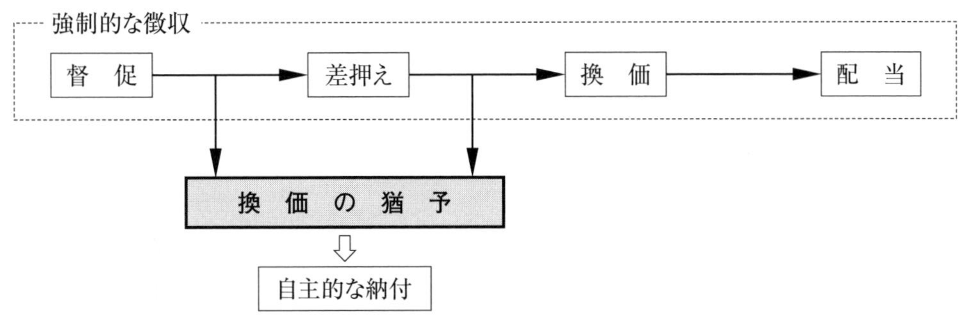

1　職権による換価の猶予

(1)　換価の猶予の要件

税務署長の職権による換価の猶予は、次の事由のいずれかに該当すると認められる場合で、滞納者が納税について誠実な意思を有すると認められる場合にすることができます（徴151①）。

財産の換価を直ちにすることにより、その事業の継続又は生活の維持を困難にするおそれがあるとき（徴151①一） 又は 財産の換価を猶予することが、直ちに換価することと比べて、滞納国税及び最近において納付すべきこととなる国税を徴収する上で有利であるとき（徴151①二）	＋	納税について誠実な意思を有していること

納税についての誠実な意思	「納税についての誠実な意思を有している」とは、滞納者が、その滞納に係る国税を優先的に納付する意思を有していることをいいます（徴基通151-2）。
事業継続又は生活維持の困難	①「事業の継続を困難にするおそれがあるとき」とは、事業に不要不急の資産を処分する等事業経営の合理化を行った後においても、なお差押財産を換価するとその滞納者の事業の継続を困難にするおそれがあると認められる場合をいいます（徴基通151－3）。 ②「生活の維持を困難にするおそれがあるとき」とは、必要最低限の生活費程度の収入が期待できなくなる場合をいいます（徴基通151－4）。
国税の徴収上有利	「国税の徴収上有利であるとき」とは、次のいずれかに該当する場合をいいます（徴基通151－5）。 ①　滞納者の財産のうち滞納処分ができる全ての財産について滞納処分を執行したとしても、その徴収することができる金額が徴収しようとする国税に不足すると認められる場合であって、換価処分を執行しないこととした場合には、その猶予期間内に新たな滞納を生ずることなく、その猶予すべき国税の全額を徴収できると認められるとき。 ②　換価すべき財産の性質、形状、用途、所在等の関係で換価できるまでには相当の期間を要すると認められる場合で、換価処分を執行しないこととした場合には、その猶予すべき国税及びその猶予すべき期間内において納付すべきこととなる国税をより多く徴収することができると認められるとき。 ③　滞納国税について直ちに徴収できる場合であっても、最近において納付すべきこととなる国税と既に滞納となっている国税との総額について、換価処分を執行しないこととした場合には、より多くの国税を徴収することができると認められるとき。

⑵　猶予に伴う担保

換価の猶予をする場合は、原則として、猶予金額に相当する担保の提供を受けることが必要です（徴152③、通46⑤）。

○　担保の種類

国税に関する法律の規定により提供することができる担保の種類は、次のとおりです（通50）。

担保	①　国債及び地方債 ②　社債（特別の法律により設立された法人が発行する債券を含みます。）その他の有価証券で、税務署長等が確実と認めるもの ③　土地 ④　建物、立木及び登記・登録される船舶、飛行機、回転翼航空機、自動車、建設機械で、保険に付したもの ⑤　鉄道財団、工場財団、鉱業財団、軌道財団、運河財団、漁業財団、港湾運送事業財団、道路交通事業財団及び観光施設財団 ⑥　税務署長等が確実と認める保証人の保証 ⑦　金銭

○　担保についての留意点

担保の選定	担保の選定に当たっては、次の点に留意する必要があります（通基通50－8、50－9）。 ①　担保は、可能な限り処分が容易で、かつ、価額の変動のおそれが少ないものから、提供を受けること。 ②　担保は、その担保に係る国税が完納されるまでの延滞税及び担保の処分に要する費用をも十分に担保できる価額のものであること。
担保と差押えとの関係	担保を徴する場合において、その猶予に係る国税について差し押さえた財産があるときは、その担保の額は、その猶予する金額から差押財産の価額（差押国税に優先する債権の額を控除した価額）を控除した額を担保するのに必要な範囲に限られます（徴152③、通46⑥）。 ㈴　「差押財産の価額」については、租税条約等に基づく徴収共助により相手国等が差し押さえた財産又は担保提供を受けた財産の額を含めて判定することになります（徴152③、通46⑥）。
納付委託との関係	滞納者が通則法55条１項の規定に基づき納付委託したことにより、担保を提供する必要がないと認められるに至ったときは、その認められる限度において、担保の提供があったものとすることができます（通55④）。 ㈴　「必要がないと認められるに至ったとき」とは、納付委託を受けた証券の取立てが最近において特に確実であって、不渡りとなるおそれが全くないため、委託に係る国税が確実に徴収できると認められるとき等をいいます（通基通55－９）。

（参考）納付委託

納付委託は、納税者が次に掲げる国税を納付するため、一定の要件を満たす約束手形等を徴収職員に提供して、その取立てと取り立てた金額による納付を委託する制度です。徴収職員は、その約束手形等が最近において確実に取り立てることが可能であると認められるときに限り、その委託を受けることができます（通55）。

納付委託の対象となる国税	納税の猶予又は滞納処分に関する猶予に係る国税
	納付の委託をしようとする約束手形等の支払期日以後に納期限の到来する国税
	上記のほか、滞納に係る国税で、その納付につき納税者が誠実な意思を有し、かつ、その納付の委託を受けることが国税の徴収上有利と認められるもの

○　**担保を徴しないことができる場合**

次のいずれかに該当する場合は、担保の提供を受ける必要はありません（徴152③、通46⑤ただし書）。

担保不徴取	猶予に係る税額が100万円以下である場合	
	猶予の期間が３月以内である場合	
	担保を徴することができない特別な事情がある場合	担保として適格な財産（通50）がない場合（通基通46－14(1)）
		その財産の見積価額が猶予に係る国税及びこれに先立つ抵当権等の被担保債権等の額を超える見込みがない場合（通基通46－14(2)）
		担保を徴することにより、事業の継続又は生活の維持に著しい支障を与えると認められる場合（通基通46－14(3)）

(3)　換価の猶予の対象となる金額

税務署長は、その納付すべき国税のうち、納付を困難とする金額を限度として換価の猶予を許可することができます（徴152①）。

○　納付を困難とする金額

「納付を困難とする金額」は、納付すべき国税の額から、現在納付できる額（手持資金から当面必要な運転資金及び生活費を控除した残額）を控除した残額です（徴令

53③)。

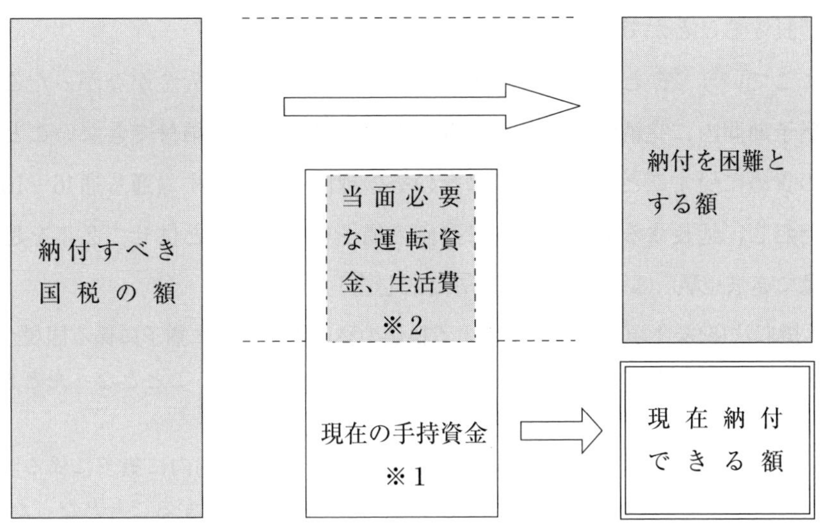

※1　現在の手持資金

税務署長が換価の猶予をしようとする日の前日において滞納者が有する現金、預貯金その他換価の容易な財産の価額に相当する金額

※2　当面必要な運転資金、生活費

①　法人の場合

その事業の継続のために当面必要な運転資金の額

②　個人の場合

次のⅰとⅱの合計額

ⅰ　滞納者及び生計を一にする配偶者その他の親族等の生活の維持のために通常必要とされる費用に相当する金額（滞納者が負担すべきものに限ります。）

ⅱ　滞納者の事業の継続のために当面必要な運転資金の額

⑷　換価の猶予をする期間

イ　猶予期間

猶予期間は、1年を限度として、滞納者の財産の状況その他の事情からみて合理的かつ妥当な金額で分割して納付した場合において、その猶予に係る国税を完納することができる最短期間です（徴152①、徴基通151－5－2）。

ロ　猶予期間の延長

換価の猶予をした場合において、その猶予した期間内にその猶予をした金額を納付することができないやむを得ない理由があると認めるときは、その猶予期間を延長することができます（徴152③、通46⑦）。

ここでいう「やむを得ない理由」とは、予定していた入金がなかったことにより猶予期間内に完納することができなかった場合など、納付できないことが納税者の責めに帰すことができない場合のその理由をいいます（通基通46－16）。

ただし、延長する期間は、既に換価の猶予をした期間と併せて２年を超えることはできません（徴152③、通46⑦ただし書）。

㈲　徴収法151条１項１号の規定による換価の猶予の期間内に猶予に係る国税が完納に至らなかった場合において、その後、同項２号に該当することとなったときは、同号の規定を適用して換価の猶予をすることができます。

また、同様に、同項２号の規定による換価の猶予の期間内に猶予に係る国税が完納に至らなかった場合において、その後、同項１号に該当することとなったときは、同号の規定を適用して換価の猶予をすることができます（徴基通151－６－２）。

⑸　分割納付

イ　納付方法の原則

税務署長は、換価の猶予をする場合には、その猶予に係る金額をその猶予期間内の各月に分割して納付させることになります（徴152①）。

なお、税務署長がやむを得ない事情があると認めるときは、その猶予をする期間内の税務署長が指定する月に納付させることができます。

○　原則＝毎月納付

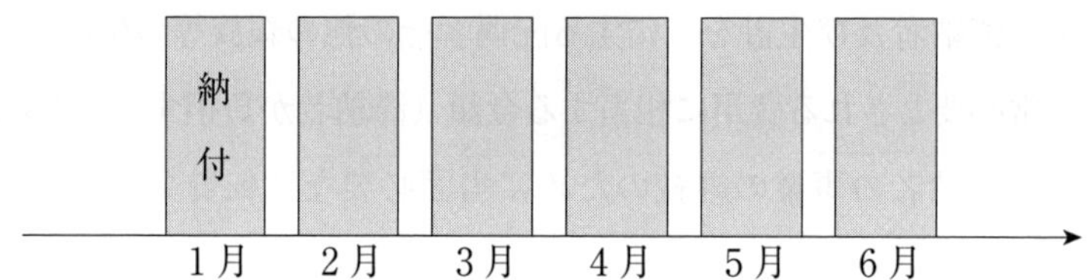

○　例外＝指定する月に納付

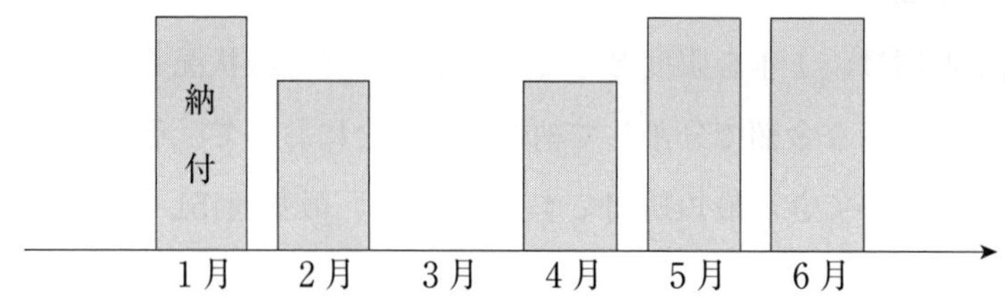

ロ　各月の納付額

各月の分割納付の金額は、滞納者の財産の状況その他の事情からみて、合理的かつ妥当なものとなるようにしなければなりません（徴152①）。

⑹　分割納付計画の変更

税務署長は、納税者が分割納付計画に従って納付することができないことにつきやむを得ない理由があると認めるとき、又は猶予期間を短縮したときは、その分割納付計画を変更することができます（徴152③、通46⑨）。

なお、分割納付計画の変更は、当初の猶予期間の範囲内に限られるため、変更後の分割納付計画によって猶予期間内に完納できないときは、猶予期間を延長する必要があります（徴152③、通46⑦、通基通46－19）。

○　当初の分割納付計画

（猶予額60）

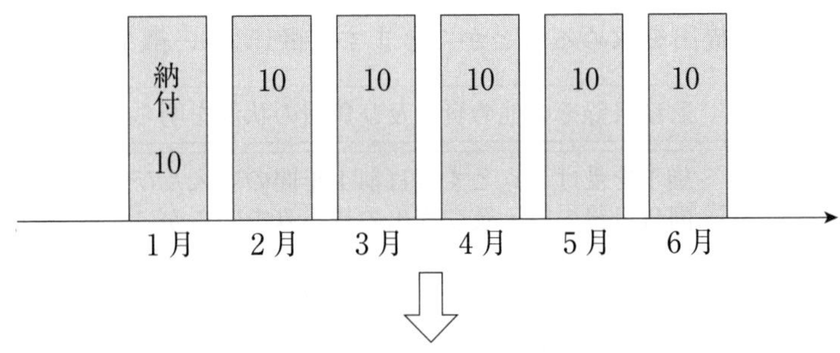

○　変更後の分割納付計画⑴

（猶予額60）

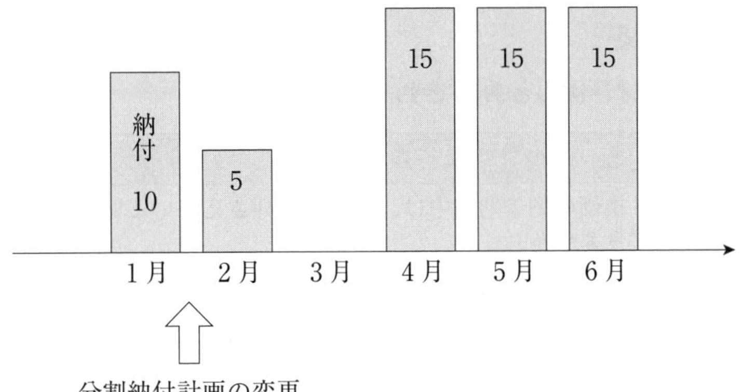

○　変更後の分割納付計画(2)

（猶予額60）

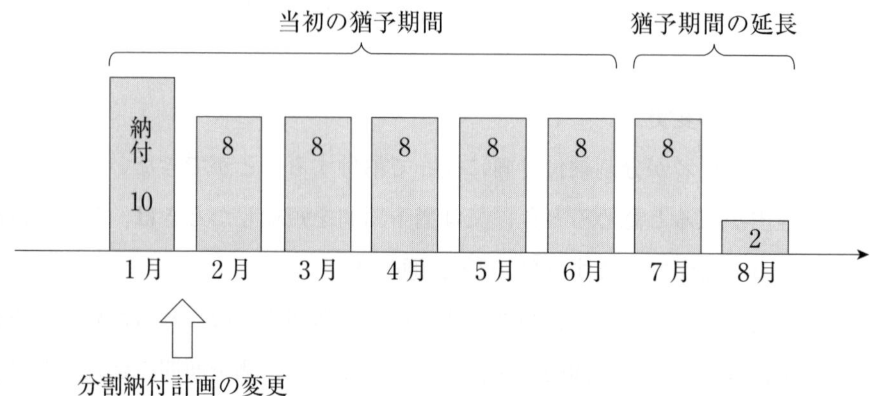

(7)　財産目録等の提出

税務署長は、換価の猶予をする場合において、必要があると認めるときは、滞納者に対し、次の書類の提出を求めることができます（徴151②、徴令53①）。

財産目録	財産目録その他の資産及び負債の状況を明らかにする書類
収支明細書	・猶予を受けようとする日前１年間の収入及び支出の実績 ・同日以後の収入及び支出の見込みを明らかにする書類
担保に関する書類	抵当権を設定するために必要な書類（通令16）その他担保の提供に関し必要となる書類 (注)　担保を提供しなければならない場合に限ります。
分割納付の計画書	分割して納付させるために必要となる書類

(8)　換価の猶予の効果

換価の猶予の効果は、次のとおりです。

猶予の効果	内　　容
換価の制限	換価の猶予期間中は、既に差し押さえている財産を換価することはできません。 ただし、差押えを猶予するものではありませんから、新たな差押えをすることができます（徴基通151－９）。また、交付要求、参加差押え、差押換え、還付金等の充当をすることもできます（徴基通151－10）。

差押えの猶予又は解除	換価の猶予をした場合において、税務署長が差押えにより滞納者の事業の継続又は生活の維持を困難にするおそれがあると認めるときは、財産の差押えを猶予し、又は解除することができます（徴152②）。
差押財産の果実等の換価及び充当	換価の猶予期間中であっても、次の財産については滞納処分を執行し、その換価代金等を徴収法129条（配当の原則）の規定に従って、猶予に係る国税に充当することができます（徴152③、通48③）。 ○　差押財産から生じた天然果実 ○　差押財産が有価証券、債権又は第三債務者等のある無体財産権等である場合において第三債務者等から給付を受けた財産（金銭を除く。） ㈟　第三債務者等からの給付が「金銭」である場合は、その金銭を徴収法129条の規定に従い、猶予に係る国税に充当することができます（徴152③、通48④）。
時効の停止	換価の猶予期間中は、徴収権の消滅時効は進行しません（通73④）。
延滞税の免除	換価の猶予をした場合には、その猶予した国税に係る延滞税のうち、次に相当する金額が免除されます（通63①）。 ［猶予に係る国税の納期限の翌日から２月を経過する日後の猶予期間に対応する延滞税額］ $\times \frac{1}{2}$ なお、延滞税を免除する期間に猶予特例基準割合が年7.3％に満たない期間がある場合、その期間は猶予特例基準割合により計算した延滞税の額を超える部分の金額が免除されます（措94②）。 ㈟「猶予特例基準割合」とは、国内銀行の貸出約定平均金利に0.5％を加算した割合をいいます。

（参考）換価の猶予に基づく延滞税免除

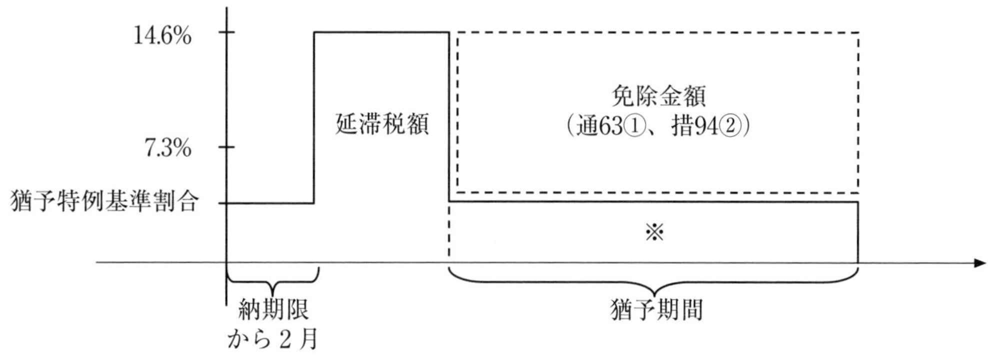

㈟　税務署長は、一定の場合に、換価の猶予をした期間に対応する延滞税（※部分）でその納付が困難と認められるものを限度として免除することができます（通63③）。

⑼　換価の猶予の取消し

換価の猶予期間中において、猶予を受けた者に次の事由が生じたときは、税務署長は、その猶予を取り消し、又は猶予期間を短縮することができます（徴152③、通49

①)。

換価の猶予を取り消した場合は、猶予の効果が将来に向かってなくなるため、直ちに猶予した金額の徴収を行い、又は停止していた滞納処分を続行し、担保を徴しているときはその担保の処分を行います。

なお、税務署長は、換価の猶予の取消し、又は猶予期間の短縮をしたときは、滞納者にその旨を通知しなければなりません（徴152③、通49③)。

換価の猶予の取消し等の事由	
	①　繰上請求事由（通38）が生じた場合において、滞納者が猶予に係る国税を猶予期間内に完納することができないと認められるとき
	②　分割納付による猶予（徴152①、通46④）の場合に、その分納額を納付期限までに納付しないとき
	③　税務署長による増担保の提供、担保の変更などの求め（通51①）に応じないとき
	④　新たにその猶予に係る国税以外の国税を滞納したとき
	⑤　偽りその他不正な手段によりその猶予がされたことが判明したとき
	⑥　上記①～⑤の場合のほか、その者の財産の状況その他の事情の変化によりその猶予を継続することが適当でないと認められるとき ㈲　例えば、猶予した金額を納付する見込みがなくなる程度に資力を喪失したり、逆に業況の好転により納付困難と認められる金額がなくなる程度に資力が回復するなど、猶予を継続することが適当でないと認められる場合をいいます（通基通49－5）。

㈲　上記②、④は、税務署長がやむを得ない理由があると認めるときを除きます。

（参考）換価の猶予と納税の猶予の比較

<table>
<tr><th colspan="2"></th><th>根拠条文</th><th>要　件</th><th>申 請 手 続</th><th>効 果 等</th></tr>
<tr><td colspan="2" rowspan="3">納税の猶予</td><td>通46①</td><td>①　災害により相当の損失を受けたとき</td><td>≪申請期限≫
災害がやんだ日から2月以内

≪添付書類≫
相当な損失を受けたことを証する書類

≪担保≫
不要</td><td>・猶予期間は1年以内

・新たな督促、滞納処分の禁止

・延滞税の全部免除

・猶予期間中は、徴収権の時効は進行しない（通73④）</td></tr>
<tr><td>通46②</td><td>②　災害、盗難、病気等により、一時に納付することができないとき

③　事業の休廃止、事業上の損失等により、一時に納付することができないとき</td><td>≪申請期限≫
特に期限なし

≪添付書類≫
財産、収支の資料
（②は困難な場合を除く）
②、③の事実を証する書類

≪担保≫
必要</td><td rowspan="2">・猶予期間は1年以内（最長2年以内の延長）

・原則として分割納付

・新たな督促、滞納処分の禁止

・差押えの解除

・延滞税の一部免除（②は全部免除）

・猶予期間中は、徴収権の時効は進行しない（通73④）</td></tr>
<tr><td>通46③</td><td>④　一定期間後に税額が確定した場合等で、一時に納付することができないとき</td><td>≪申請期限≫
その国税の納期限

≪添付書類≫
財産、収支の資料

≪担保≫
必要</td></tr>
<tr><td rowspan="2">換価の猶予</td><td>職権</td><td>徴151</td><td>納税について誠実な意思を有する場合において、

①　財産の換価を直ちにすることにより、事業継続・生活維持を困難にするおそれがあるとき

②　財産の換価を猶予することが、直ちにその換価をすることに比べて、徴収上有利であるとき</td><td>≪申請期限≫
申請不要（税務署長の職権）

≪提出書類≫
財産、収支の資料
分割納付計画書

≪担保≫
必要</td><td rowspan="2">・猶予期間は1年以内（最長2年以内の延長）

・分割納付

・財産の換価の猶予

・一定の場合は差押えの解除、猶予

・延滞税の一部免除

・猶予期間中は、徴収権の時効は進行しない（通73④）</td></tr>
<tr><td>申請</td><td>徴151の2</td><td>納税について誠実な意思を有する場合において、一時に納付することにより事業継続や生活維持が困難となるおそれがあるとき（他に滞納がある場合を除く）</td><td>≪申請期限≫
納期限から6月以内

≪添付書類≫
財産、収支の資料

≪担保≫
必要</td></tr>
</table>

2　申請による換価の猶予

(1)　要件

次のいずれにも該当する場合は、税務署長は、滞納処分による財産の換価を猶予することができます（徴151の２①）。

事業継続又は生活維持の困難	滞納者がその国税を一時に納付することによりその事業の継続又はその生活の維持を困難にするおそれがあると認められること。
納税の誠意	滞納者が納税について誠実な意思を有すると認められること。
６月以内の申請	猶予を受けようとする国税の納期限から６月以内に滞納者から換価の猶予の申請がされていること。

(2)　他に滞納がある場合

滞納者は、換価の猶予を受けようとする国税以外の国税の滞納がある場合は、原則として、換価の猶予を受けることはできません（徴151の２②）。

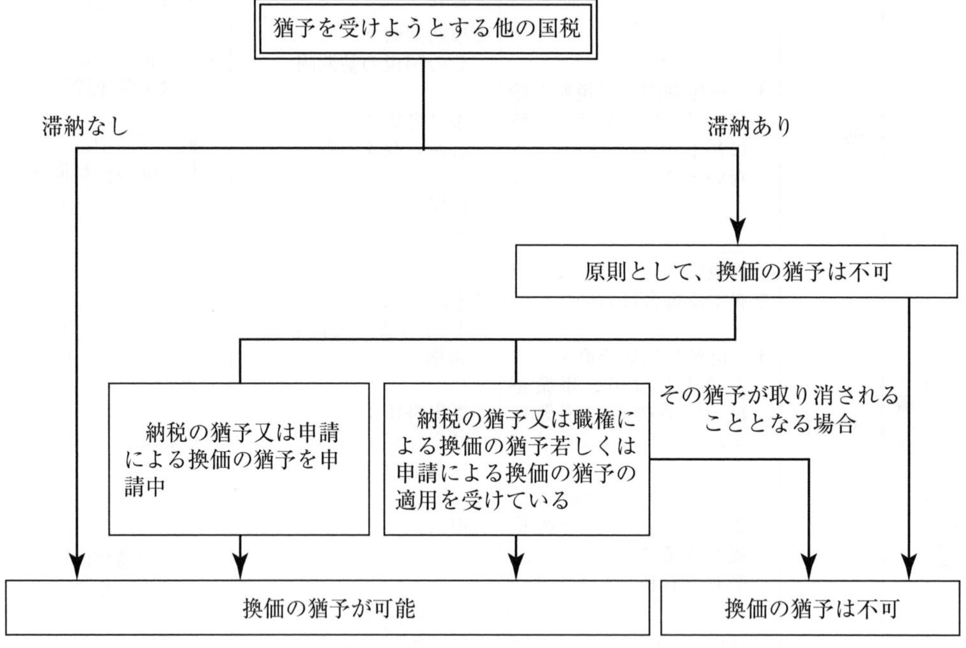

(3)　申請書の記載事項

換価の猶予の申請書には、次の事項を記載する必要があります（徴151の２③、徴令53②）。

記載事項	
	①　国税を一時に納付することにより事業の継続又は生活の維持が困難となる事情の詳細 ②　納付すべき国税の年度、税目、納期限及び金額 ③　上記②の金額のうち、納付を困難とする金額 ④　猶予を受けようとする期間 ⑤　猶予に係る金額を分割して納付する場合の分割納付計画（各納付期限及び各納付期限ごとの金額） ⑥　提供しようとする担保の種類、数量、価額及び所在その他担保に関し参考となる事項（担保を提供することができない特別の事情があるときは、その事情）

(4)　申請書の添付書類

換価の猶予の申請書には、次の書類を添付する必要があります（徴151の2③、徴令53①）。

添付書類	
	①　財産目録その他の資産及び負債の状況を明らかにする書類 ②　猶予を受けようとする日の前1年間の収支の実績及び同日以後の収支の見込みを明らかにする書類 ③　担保の提供に関し必要となる書類（担保を提供しなければならない場合に限ります。）

(5)　申請書の補正

税務署長は、申請者に対して換価の猶予の申請書等の補正を求めることができます（徴152④、通46の2⑦）。

補正を求める場合	補正の内容
申請書の記載に不備があるとき	申請書の訂正
添付書類の記載に不備があるとき	添付書類の訂正
添付書類の提出がないとき	添付書類の提出

税務署長が補正を求める場合は、補正を求める理由等を記載した補正通知書により、申請者に通知します（徴152④、通46の2⑧）。

(6)　みなし取下げ

申請書等の補正を求められた申請者は、補正通知書を受けた日の翌日から起算して20日以内に申請書等の補完をしなかったときは、その期間を経過した日において、申請を取り下げたものとみなされます（徴152④、通46の2⑨）。

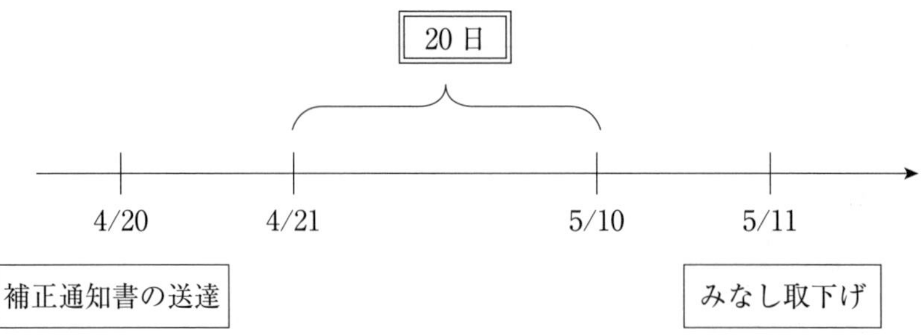

(7) 分割納付、担保の提供

猶予に係る国税の納付は、原則として分割納付によること、また、分割納付の変更、担保の提供については、職権による換価の猶予と同様です（徴152①④、通46⑤⑨）。

(8) 猶予の不許可

税務署長は、換価の猶予の申請者が猶予の要件に該当していると認められるときであっても、次のいずれかに該当するときは、換価の猶予を認めないことができます（徴152④、通46の２⑩）。

繰上請求事由	納税者の財産につき強制換価手続が開始されているなど、繰上請求の事由（通38）に該当する事実があり、猶予期間内に完納することができないと認められるとき。
不答弁、検査忌避	申請者が猶予の調査に係る質問に対して答弁せず、又は検査を拒み、妨げ、若しくは忌避したとき。
濫用的な申請	不当な目的で納税の猶予の申請がされたとき、その他その申請が誠実にされたものでないとき。

(9) 猶予の取消し

申請による換価の猶予期間中において、猶予を受けた者につき、職権による換価の猶予における取消しの事由のほか、次の事由が生じたときは、税務署長は、その猶予を取り消し、又は猶予期間を短縮することができます（徴152④、通49①）。

不正な申請	偽りその他不正な手段により猶予の申請がされていたことが判明したとき。

第２節　滞納処分の停止

滞納処分の停止は、一定の要件に該当する場合に、滞納処分の執行を停止する制度であり、最終的には、国税の納税義務の消滅につながる手続です。

1　滞納処分の停止の要件

滞納者が次の事実のいずれかに該当するときに、滞納処分の執行を停止することができます（徴153①）。

滞納処分の停止の要件

1号	滞納処分の執行及び租税条約等の相手国等に対する共助対象国税の徴収の共助の要請による徴収（以下「滞納処分の執行等といいます。）をすることができる財産がないとき

㊟1　「滞納処分の執行をすることができる財産がないとき」とは、停止をするかどうかの判定時において、次に掲げる場合のいずれかに該当するときをいいます（徴基通153－２）。
① 既に差し押さえた財産及び差押えの対象となり得る財産の処分予定価額が、滞納処分費及び国税に優先する債権の合計額を超える見込みがない場合
② 差押えの対象となり得る全ての財産を差し押さえ、換価（債権の取立てを含みます。）をした後に、なお徴収できない国税がある場合

㊟2　「徴収の共助の要請による徴収をすることができる財産がないとき」とは、停止をするかどうかの判定時において、法施行地域外に滞納者の財産がないと認められるとき、又は法施行地域外に滞納者の財産があると認められる場合であっても、その国と租税条約等が締結されていない場合や条約が締結されていても税目、対象課税期間に該当しないため、徴収共助を要請することができないといったときをいいます（徴基通153－２－２）。

2号	滞納処分の執行等をすることによって滞納者の生活を著しく窮迫させるおそれがあるとき

㊟　「生活を著しく窮迫させるおそれがあるとき」とは、滞納者（個人に限ります。）の財産につき滞納処分の執行等をすることにより、滞納者が、生活保護法の適用を受けなければ生活を維持することができない程度の状態（徴収法76条１項４号に規定する金額で営まれる生活の程度）になるおそれのある場合をいいます（徴基通153－３）。

3号	滞納者の所在及び滞納処分の執行等をすることのできる財産がともに不明であるとき

㊟　滞納者の住所又は居所及び財産がともに不明な場合に限り適用されます（徴基通153－４）。
したがって、滞納者の所在が不明でも、差押え又は徴収の共助の要請による徴収の対象となる財産があれば、その財産について滞納処分又は徴収の共助の要請による徴収をすることができるので、滞納処分の停止の事由にはなりません。

租税条約に基づく徴収共助 ☞(参考)

2　滞納処分の停止の手続

滞納処分の停止は、税務署長の職権で行うもので、滞納者の申請は認められていま

せん（徴153、徴基通153－５）。

滞納処分の停止をした場合には、その旨を滞納者に通知しなければなりません（徴153②）。

(注)　滞納処分の停止は、原則として、滞納者の有する滞納国税の全部について行います。

ただし、次のいずれかに該当する場合において、徴収可能と認められる金額に相当する金銭の配当が見込まれる滞納国税以外の滞納国税については、滞納処分の停止をして差し支えないとされています（徴基通153－８）。

一部停止ができる場合	①　滞納処分により差し押さえた債権について、その全部又は一部の取立てに長期間を要すると認められる場合
	②　強制換価手続の執行機関に交付要求をしているが、その執行機関からの配当を受けるまでに長期間を要すると認められる場合
	③　滞納処分により差し押さえた不動産について、その不動産を再公売に付しても売却できないなど換価に長期間を要すると認められる場合

3　滞納処分の停止の効果

(1)　差押えの解除等

徴収法153条１項２号の規定により滞納処分の停止をした場合において、既に差し押さえている財産があるときは、その差押えを解除しなければなりません（徴153③）。

また、滞納処分の停止期間中に新たな差押えをすることはできません（徴基通153－10）。

ただし、滞納者が自発的に納付した金銭を収納し、又は還付金や交付要求の受入金を滞納国税に充当することはできます（徴基通153－11）。

(注)　滞納処分の停止をした場合においても、交付要求又は参加差押えをすることはできますが、参加差押えが差押えの効力を生じた場合には、徴収法153条３項の規定によりその差押えを解除することになります。

(2)　納税義務の消滅

滞納処分の停止が取り消されることなく３年間継続したときには、停止した国税の納税義務は消滅します（徴153④）。

なお、徴収法153条１項１号の規定により滞納処分の停止をした場合において、その国税が限定承認に係るものであるとき、その他その国税を徴収することができないことが明らかであるときは、停止した国税の納税義務を直ちに消滅させることができます（徴153⑤）。

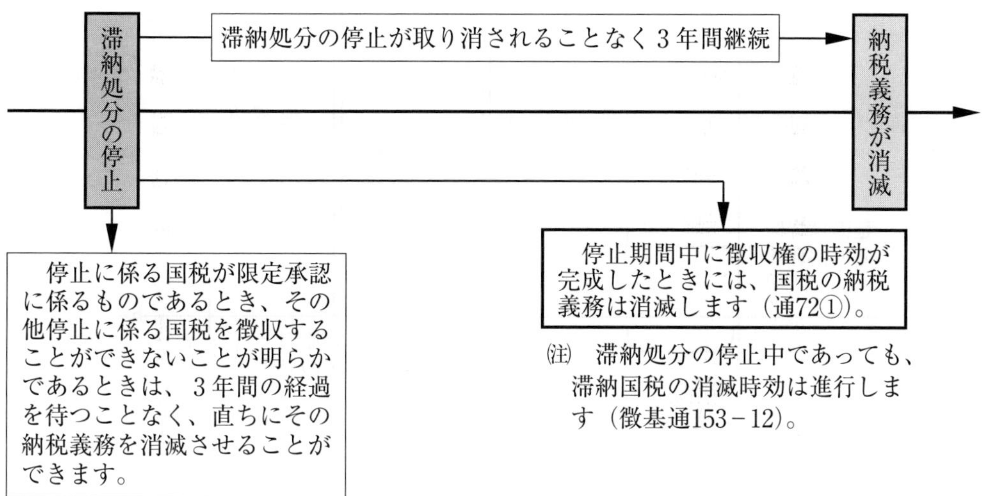

㈲「その国税を徴収することができないことが明らかであるとき」とは、おおむね次のいずれかに該当する場合をいいます（徴基通153－16）。

⑴　限定承認をした相続人が相続によって承継した国税を有する場合において、その相続による相続財産について徴収法153条１項１号の規定に該当する理由があるとき。
⑵　相続人が不存在の場合又は全ての相続人が相続を放棄した場合において、相続財産法人について徴収法153条１項１号の規定に該当する理由があるとき。
⑶　解散した法人又は解散の登記はないが廃業して将来事業再開の見込みが全くない法人について、徴収法153条１項１号又は３号の規定に該当する理由があるとき。
⑷　株式会社又は協同組織金融機関等について会社更生法又は金融機関等の更生手続の特例等に関する法律による更生計画が認可決定された場合において、更正又は決定の遅延等により未納の国税及び滞納処分費を更生債権として期日までに届け出なかったために更生計画により認められず、会社更生法204条（更生債権等の免責等）又は金融機関等の更生手続の特例等に関する法律125条（更生債権等の免責等）等の規定によりその会社が免責されたとき。

⑶　延滞税の免除

滞納処分の停止をした国税に係る延滞税のうち、停止をした期間に対応する部分の金額は免除されます（通63①本文）。ただし、滞納処分の停止の取消しの原因となる事実が生じた場合には、その事実が生じた日以後の期間に対応する部分の金額については免除しないことができます（通63①ただし書）。

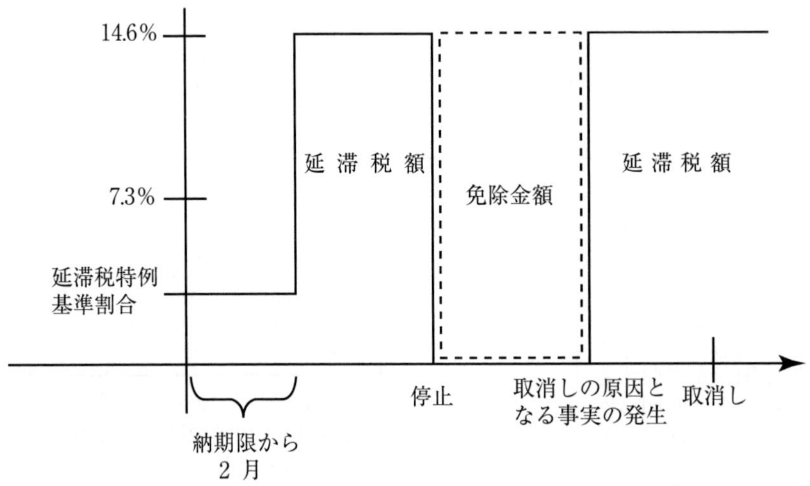

○　延滞税の割合

☞ 第１章第３節（参考）国税の滞納と延滞税参照

4　滞納処分の停止の取消し

滞納処分の停止後３年以内において、停止をした滞納者について、停止の理由に該当する事実がないと認められるときには、滞納処分の停止を取り消さなければなりません（徴154①）。

そして、滞納処分の停止を取り消した場合には、その旨を滞納者に通知しなければなりません（徴154②）。

第12章　保全担保及び保全差押え

第1節　保　全　担　保

納税者が酒税等を滞納した場合において、その後、その納税者に課されるべき酒税等を徴収することができないと認められるときは、金額及び期限を指定してあらかじめ担保の提供を命ずることができます。この場合において、納税者が任意に担保を提供しないときは、酒税等の担保として、納税者の意思にかかわらず、その金額を限度とする根抵当権を納税者の財産の上に設定することができます（徴158）。

（注1）酒税等とは、酒税、たばこ税、揮発油税、地方揮発油税、石油ガス税及び石油石炭税をいいます（徴2三、158①）。

（注2）消費税については、①課税資産の譲渡等があっても仕入税額控除により納付すべき税額がないことがあること、②課税期間が1年と長いことから保全担保の適用がありません。

1　保全担保徴取の要件

税務署長は、次の場合に、あらかじめ担保の提供を命じることができます（徴158①）。

納税者が酒税等を滞納していること	＋	その滞納後、その納税者に課されるべき消費税等の徴収を確保することができないと認められること

2　保全担保の提供命令及びその提供

(1)　保全担保の提供命令

税務署長は、次の事項を記載した書面により保全担保の提供を命令します（徴158①、徴令55①）。

記載事項	
	①　担保されるべき国税の税目及び金額
	②　提供すべき担保の種類
	③　担保提供期限

(2)　被担保金額の指定

担保提供命令の書面に記載する担保されるべき指定金額は、次の①又は②のいずれか大きい金額を限度とします（徴158②）。

①　その提供を命じる月の前月分のその国税の３倍に相当する金額

②　前年におけるその提供を命ずる月に対応する月分及びその後の２月分のその国税の合計金額

(3)　担保提供の期限

担保提供の期限	○　担保の提供を命令する書面を発した日から起算して７日を経過した日以後の日を指定します。 ○　ただし、納税者に繰上請求事由（通38①）が生じたときは、この期限を繰り上げることができます（徴令55②）。

㈲　上記の「７日を経過した日」が休日等に当たるときは、その日の翌日がその期限とみなされます（通10②）。

(4)　担保の種類、提供手続等

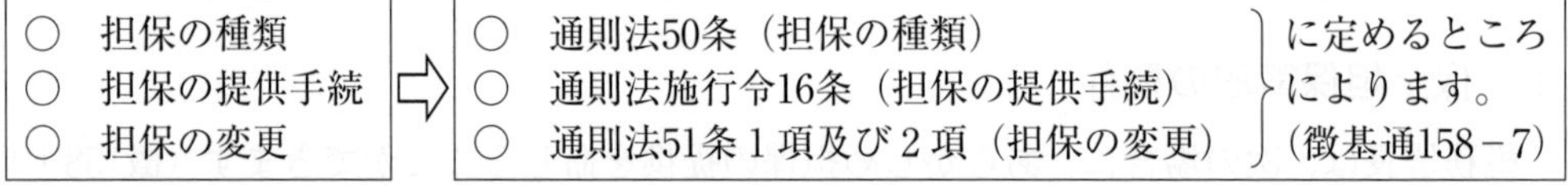

○　担保の種類 ○　担保の提供手続 ○　担保の変更	⇨	○　通則法50条（担保の種類） ○　通則法施行令16条（担保の提供手続） ○　通則法51条１項及び２項（担保の変更） に定めるところによります。（徴基通158－7）

㈲　担保権の設定は、担保の設定の形式により、指定した金額を限度額として行います（根抵当権等、徴基通158－６）。

3　担保の提供に応じない場合の根抵当権の設定

担保の提供を命じられた納税者がその指定された期限までに、その命じられた担保を提供しないときは、納税者の財産について、納税者の意思にかかわらず、強制的に根抵当権を設定することができます（徴158③）。

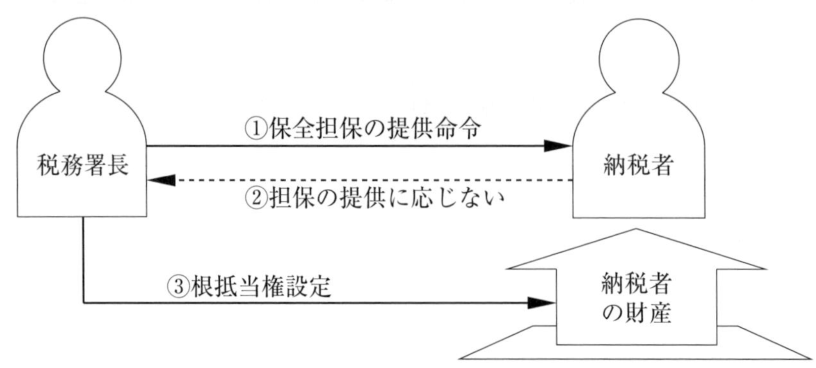

(注)　酒税については、酒類製造免許の取消し（酒12五）という間接強制の手段が設けられているため強制的に根抵当権の設定をすることができません（徴基通158－8）。

(1)　根抵当権設定の通知

徴収法158条3項の規定により根抵当権を強制的に設定するときは、次の事項を記載した書面によりその旨を納税者に通知します。

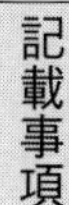

記載事項
①　根抵当権を設定する国税の税目及び金額
②　根抵当権を設定する財産の名称、数量、性質及び所在

(2)　根抵当権の設定

イ　根抵当権のみなす設定

徴収法158条3項の通知があったときは、納税者はその通知書に記載された債権につき、根抵当権を設定したものとみなされます（徴158④前段）。

ロ　根抵当権設定の登記の嘱託

税務署長は、徴収法158条3項の通知をしたときは、根抵当権の設定の登記を関係機関に嘱託しなければなりません（徴158④後段）。

登記嘱託書の添付書類等	○　徴収法158条3項の通知が納税者に到達したことを証する書面を添付します。 ※　登記義務者の承諾書（不登116①参照）は不要です（徴158⑥）。
納税者に到達したことを証する書面	配達証明書（郵便法47）、民間事業者による信書の送達に関する法律に規定する信書便の役務のうち配達証明郵便に準ずるもの（通12）、交付送達の交付の事績が記載された書面（通規1）、その他送達を証明することができる書面（徴基通158－12）

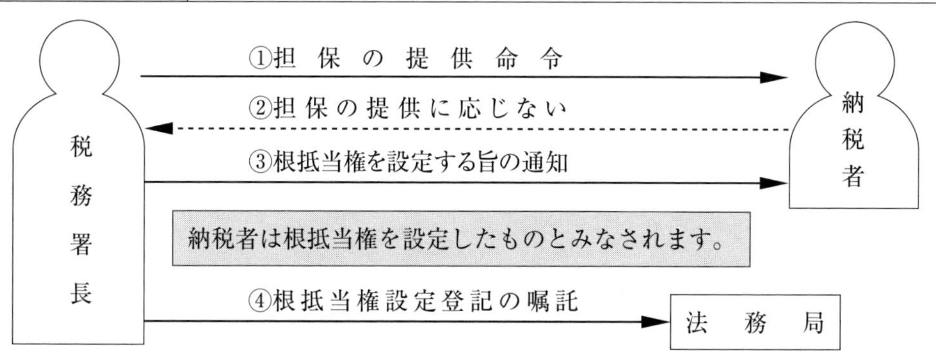

4　担保の解除

(1)　解除しなければならない場合

担保提供命令に係る国税の滞納がない期間が3か月継続したとき	⇨	担保を解除しなければなりません（徴158⑦）

(注)「国税の滞納がない」とは、担保提供命令の時点で滞納していた国税とその後に課された国税をいいます（徴基通158－13）。

(2)　解除できる場合

担保の提供等があった納税者の資力やその他の事情の変化によって、担保の提供等の必要がなくなったと認められるとき	⇨	担保を解除することができます（徴158⑧）

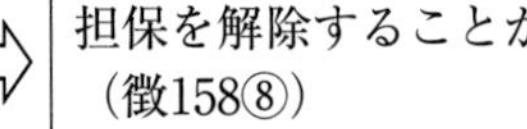

（具体例）

○　納税者の資金繰り等が好転し、国税の徴収が完全に確保できると認められるとき
○　納税者の滞納額の発生が少額であり、あるいは極めて短期間で納付が可能な場合などで、納税者に納税への誠意があり、担保の提供を命じた時と比べて、担保の提供等が必要なくなったと認められるとき

第2節　保全差押え

納税義務があると認められる者が脱税の嫌疑により通則法第11章（犯罪事件の調査及び処分）又は刑事訴訟法に基づく処分を受けた場合など、国税の徴収を免れようとするおそれがある場合には、その国税が修正申告、更正、決定等により確定する前であっても、あらかじめ滞納処分を執行することを要する金額（保全差押金額）を決定し、その金額を限度として、その者の財産を直ちに差し押さえることができます。

1　保全差押えの要件

保全差押の要件は、次のいずれにも該当する場合です（徴159①）。

<table>
<tr><td rowspan="2">保全差押えの要件</td><td>納税義務があると認められる者が</td><td>○不正に国税を免れ
又は
○不正に還付を受け</td><td>たことの嫌疑に基づき</td><td>○通則法の差押え、領置など
又は
○刑事訴訟法の押収、領置、逮捕など</td><td>を受けたこと</td></tr>
<tr><td colspan="5">その処分に係る国税の納付すべき額の確定後では、その国税の徴収を確保することができないと認められること</td></tr>
</table>

2　保全差押えの手続

(1)　保全差押金額の範囲

保全差押金額の範囲は、「税務署長が徴収を確保するため、あらかじめ滞納処分を執行することが必要であると認める金額」の範囲に限られます（徴159①）。

通則法の規定による差押え等又は刑事訴訟法の規定による押収等の処分に係る国税
具体的に確定すると見込まれる国税の金額
税務署長が徴収を確保するため、あらかじめ滞納処分を執行することが必要であると認める金額

(2)　国税局長の承認

税務署長が保全差押金額の決定をしようとするときには、あらかじめ国税局長の承認を受けなければなりません（徴159②）。

これは、保全差押えが納税義務の確定前に差押処分を行うものであり、また、この差押えにより納税者が損害を受けたときには、国は無過失賠償責任を負う（徴159⑪

参照）とされていることから、特に慎重を期すこととしたものです。

⑶　保全差押金額の通知

税務署長が保全差押金額を決定するときは、納税義務があると認められる者に対して、次の事項を記載した書面で通知しなければなりません（徴159③、徴令56）。

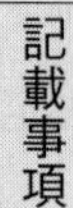
記載事項

① 決定した保全差押金額

② 保全差押金額の決定の基因となった国税の年度及び税目

⑷　保全差押え

保全差押金額の決定の通知をしたときは、その金額を限度として直ちに財産を差し押さえることができます。この差押えは、国税の額が確定したときには、その国税を徴収するためにされたものとみなされます（徴159⑦）。

㈲1　「直ちに差し押さえることができる」とは、通常の差押えの要件である督促とその後の10日間の経過を待つことなく差押えができることをいいます（徴基通159－8）。

2　納税義務があると認められる者が、保全差押金額に相当する担保を提供して差押えをしないことを求めたときは、保全差押えをすることはできません（徴159④）。

3　納税義務があると認められる者が、保全差押金額に相当する額について予納（通59）をした場合には、担保の提供があった場合と同様に差押えをしないこととしています（徴基通159－15）。

⑸　担保の提供と差押えの解除

保全差押えを受けた者が保全差押金額に相当する担保を提供して、その差押えの解除を請求したときは、差押えを解除しなければなりません（徴159⑤一）。この担保の提供（上記⑷㈲2の担保提供を含みます。）は、国税の額が確定したときには、その国税を徴収するためにされたものとみなされます（徴159⑦）。

⑹　差押え又は担保の解除

イ　解除しなければならない場合

保全差押金額の通知をした日から6月を経過した日までに、保全差押え又は担保の提供に係る国税につき納付すべき額の確定がないときには、その保全差押え又は担保を解除しなければなりません（徴159⑤二、三）。

ロ　解除できる場合

保全差押え又は担保の提供をした者の資力その他の事情の変化により、その差押え又は担保の徴取の必要がなくなったと認められるときは、差押え又は担保の全部又は一部を解除することができます（徴159⑥）。

㈲「その他の事情の変化」には、差押（担保）財産の価額の騰貴などが該当します（徴基通159－19）。

⑺　換価の制限

保全差押えをした財産は、その差押えに係る国税につき納付すべき額が確定した後でなければ、換価することはできません（徴159⑧）。

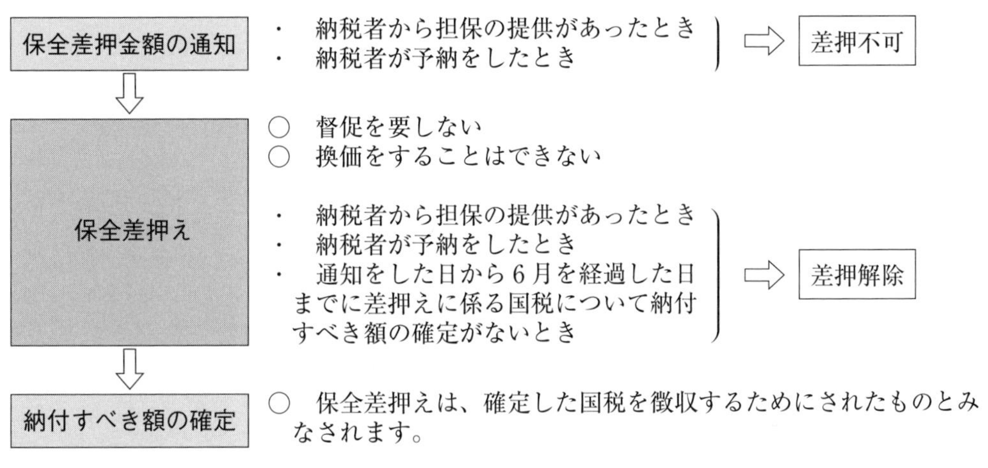

⑻　損害賠償

保全差押え後に国税の納付すべき額として確定した金額が、その保全差押金額に満たない場合において、その差押えを受けた者がその差押えにより損害を受けたときは、国は、無過失であってもその損害を賠償しなければなりません（徴159⑪）。

第13章　不服審査及び訴訟の特例

通則法は、国税に関する法律に基づく処分を受けた者がその処分に不服がある場合の処分庁への再調査の請求や国税不服審判所への審査請求をすることができる不服申立ての制度と訴訟提起に当たっての不服申立ての前置などを定めています（通75〜116）。

○不服申立ての流れ

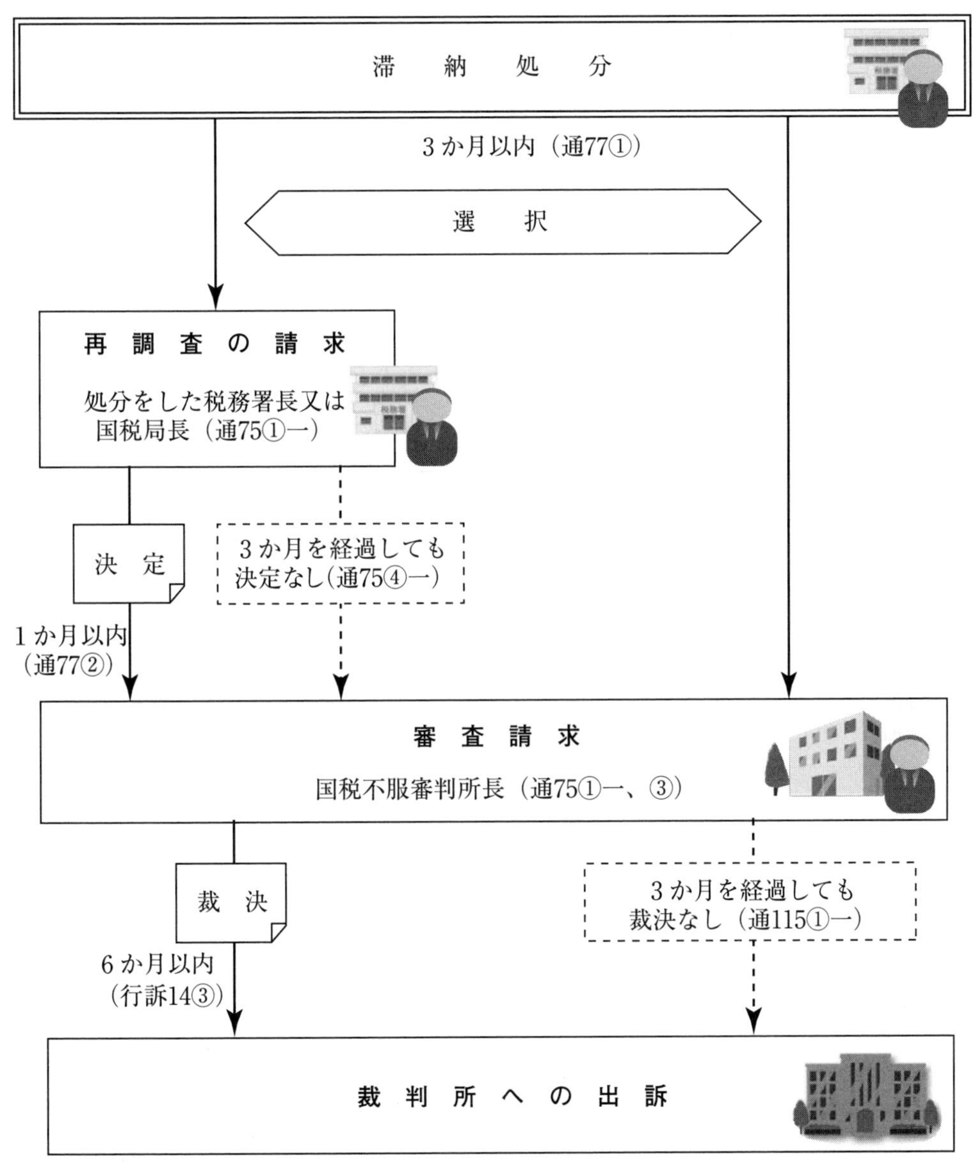

1　不服申立てについての特例

(1)　不服申立ての期限の特例

徴収法には、滞納処分の安定を図るとともに、公売財産の買受人の権利、利益の保護を図るため、不服申立ての期間を制限する特例が定められています。

具体的には、次に掲げる処分に欠陥があることを理由とする不服申立ては、それぞれに掲げる期限まででなければすることができません。ただし、一般的な不服申立ての期限（通77）が次の特例の期限よりも先に到来するときは、その先に到来する期限までに不服申立てをしなければなりません（徴171①）。

欠陥があるとする処分	不服申立ての期限
①　督促	差押えに係る通知を受けた日（その通知がないときは、その差押えがあったことを知った日）から3月を経過した日
②　不動産等（不動産、船舶、航空機、自動車、建設機械、小型船舶、債権、電話加入権以外の無体財産権）についての差押え	その公売期日等
③　不動産等についての公売公告（随意契約における公売通知を含む。）から売却決定までの処分	換価財産の買受代金の納付の期限（この期限までに代金が納付されたかどうかは問いません。）
④　換価代金等の配当	換価代金等の交付期日

（不服申立て期限の特例）

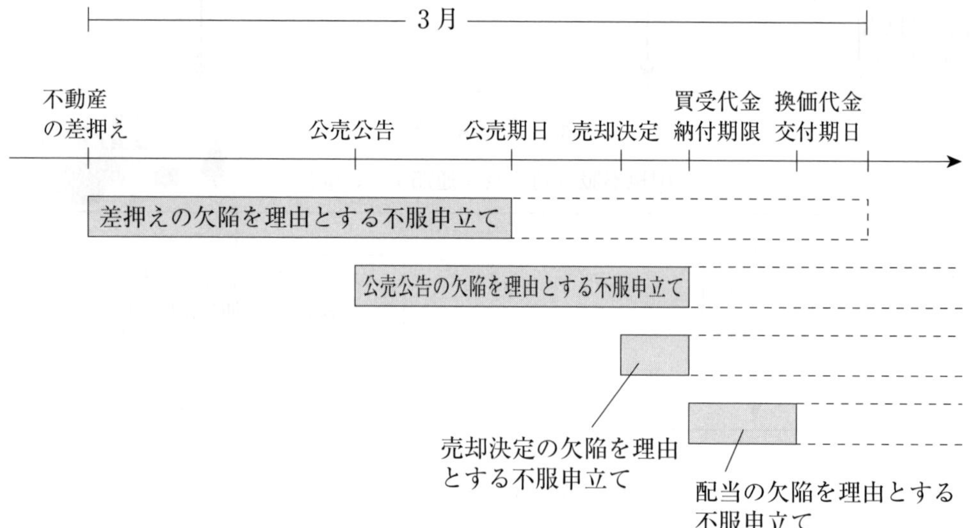

（参考）一般的な不服申立ての期限

再調査の請求及び第一審としての審査請求（始審的審査請求）		処分に係る通知を受けた日又は処分があったことを知った日の翌日から起算して３月以内（通77①）
第二審としての審査請求（既に再調査の請求を経ている場合）		再調査決定書の謄本の送達があった日の翌日から起算して１月以内（通77②）

○　**発信主義の適用除外**

○　郵便又は信書便により提出された再調査の請求書又は審査請求書は、原則として、その郵便物等の通信日付印により表示された日に提出されたものとみなされます（発信主義、通22、77④）
○　ただし、不動産等の公売公告から売却決定までの処分及び換価代金等の配当に係る再調査の請求書又は審査請求書が郵便又は信書便により提出された場合には、不服申立て先に到達した時にその提出がされたこととなります（到達主義、徴171③、徴基通171－９）。

(2)　差押動産の搬出の制限

引渡命令（徴58②）を受けた第三者が、その財産が滞納者の所有財産ではないとして、その命令に対して不服申立てをしたときは、その不服申立てが係属する間は、徴収職員はその財産の搬出をすることはできません（徴172）。

(3)　不動産等の売却決定等の取消しの制限

不動産等の公売公告から売却決定までの処分に欠陥があることを理由とする不服申立てがあった場合において、その処分は違法であっても、次の場合に該当するときは、税務署長又は国税不服審判所長は、その不服申立てを棄却することができます（徴173①）。この場合、不服申立てについての棄却の決定又は裁決には、処分が違法であること及び不服申立てを棄却する理由を明示しなければなりません（徴173②）。

不動産等の売却決定等の取消しの制限	
	①　不服申立てに係る処分に続いて行われる処分（後行処分）が既に行われている場合において、その不服申立てに係る処分の違法が軽微なものであり、その後行処分に影響を及ぼさせることが適当でないと認められるとき。
	②　換価した財産が公共の用に供されている場合や処分を取り消すことにより公の利益に著しい障害を生じ公共の福祉に適合しないと認められるとき。

2　訴訟についての特例

不服申立てをすることができる処分の取消訴訟は、原則として審査請求についての裁決を経た後でなければ、提起することはできません（不服申立ての前置主義。通115①、行訴８）。

ただし、次のいずれかに該当するときは、裁決を経ないで処分の取消しの訴えを提起することができます（通115①）。

審査請求の裁決を経ないで訴訟を提起することができる場合	①　審査請求がされた日の翌日から起算して３月を経過しても裁決がないとき
	②　裁決を経ることにより生ずる著しい損害を避けるため緊急の必要があるとき
	③　裁決を経ないことにつき正当な理由があるとき

この滞納処分の取消しの訴えが上記の②又は③により裁決を経ないで提起するものであって、処分に欠陥があることを理由とするもの（上記１(1)）であるときは、行政事件訴訟法14条１項又は２項の規定による期限と特例の期限（上記１(1)）との、いずれか早い期限までにしなければなりません（徴171②）。

【行政事件訴訟法14条の期限】

取消訴訟は、処分があったことを知った日から６か月以内に提起しなければならず（行訴14①）、処分の日から１年を経過したときは、提起することができないこととされています（行訴14②）。

ただし、処分又は裁決につき審査請求をすることができる場合において、審査請求があったときは、処分又は裁決に係る取消訴訟は、その審査請求をした者については、これに対する裁決があったことを知った日から６か月以内に提起することができます（行訴14③）。

第14章　罰　　　則

徴収法は、国税徴収の確保を侵害する危険を防止するため、滞納処分免脱罪（徴187）、質問及び検査拒否の罪（徴188）等の罰則規定を設けています。

1　滞納処分免脱罪（徴187）

(1)　成立要件

犯罪の主体	○　行為者（納税者又は納税者の財産を占有する第三者）（徴187①②） (注)「納税者の財産を占有する第三者」は、財産の保管者、財産の引渡命令を受けた者、質権者、賃借人等がこれに当たります。
	○　行為の相手方となった者（徴187③） (注)「行為の相手方」は、行為者が滞納処分を免れる目的で行為を行ったことを知っている行為の相手方です（徴基通187－11）。
行為	○　財産の隠蔽（仮装売買、仮装贈与、財産の隠匿等によって財産の発見を困難にする行為）（徴基通187－４）
	○　財産の損壊（財産に損傷を与えて性質、形状を変えるなど財産的価値を害する行為）（徴基通187－５）
	○　国に不利益な処分（贈与、不当に低額な売買、換価困難な財産との交換、賃借権の設定、債務免除など）（徴基通187－６）
	○　財産の負担を偽って増加する行為（虚偽の権利設定など財産の価値の減少を仮装する行為）（徴基通187－７） (注)「財産」は、差押えの対象となり得る納税者に帰属する一切の財産です。
行為の目的	○　滞納処分の執行を免れること（免れさせること） 又は、 ○　租税条約等の相手国等に対する共助対象国税の徴収の共助の要請による徴収を免れること（免れさせること） (注)　日本国外において行った者にも適用されます（徴187④）。

(注)「国税徴収の例」などにより滞納処分を執行する公課については、上記の成立要件に該当する場合であっても徴収法の罰則規定は準用されません。ただし、刑法の強制執行妨害目的財産損壊等罪（刑96の２）による罰則が適用されます。

(2)　刑罰

行為者	○　３年以下の懲役若しくは250万円以下の罰金 ○　又は懲役刑と罰金刑を併科する	徴187①②
行為の相手方	○　２年以下の懲役若しくは150万円以下の罰金 ○　又は懲役刑と罰金刑を併科する	徴187③

（参考）令和５年度の税制改正において、滞納処分免脱罪の適用対象について見直しが行われています。

滞納処分免脱罪の適用対象に、納税者等が滞納処分の執行又は徴収の共助の要請による徴収を免れる目的で、その現状を改変して、その財産の価額を減損し、又はその滞納処分に係る滞納処分費を増大させる行為をした場合が加えられました。

㈡　上記の改正は、令和６年１月１日以後にした違反行為について適用されます。

2　検査拒否等の罪（徴188）

徴収法141条各号に掲げる者（滞納者、滞納者の財産を占有する第三者等）が

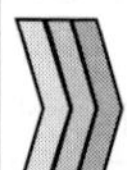

○　徴収職員の質問に対して答弁せず又は偽りの陳述をした場合
○　帳簿書類の検査を拒み、妨げ、忌避し、又は検査に関し偽りの記載、記録をした帳簿書類を提示した場合

○　１年以下の懲役
又は
○　50万円以下の罰金

に処されます。

3　虚偽の陳述の罪（徴189、徴基通189－1）

暴力団員等に該当しないこと等を陳述する入札者等が

陳述すべき事項（入札等をしようとする者等が、暴力団員等に該当しないこと）について虚偽の陳述をした場合

○　６月以下の懲役
又は
○　50万円以下の罰金

に処されます。

4　両罰規定（徴190）

法人の代表者、法人又は人の代理人、使用人その他の従業員が

法人・人の業務又は財産に関して滞納処分免脱罪（上記１）又は検査拒否等（上記２）の違反をした場合

○　行為者を罰するほか、
○　法人・人に対し上記１又は２の罰金刑が科されます。

その法人若しくは人の業務
又は
財産に関する滞納処分免脱罪
又は
検査拒否等の行為

滞納処分免脱罪又は
検査拒否等の罰金

法人又は人

滞納処分免脱罪又は
検査拒否等の刑罰

行　為　者

法人の代表者（人格のない社団等の管理人を含みます。）

その法人又は人の代理人、使用人、その他の従業員

5　その他の罪

国税の滞納処分に関係する罰則として、次のとおり、刑法の規定が適用される場合があります。

犯罪行為の態様		法定刑
公務執行妨害	職務を執行している徴収職員に対する暴行、脅迫（刑95）	①　3年以下の懲役又は禁錮 ②　50万円以下の罰金
封印等破棄	徴収職員が動産や自動車などを差し押さえるために施した封印や公示書など（徴60②、70③）を損壊する、又はその他の方法によりその封印等の処分を無効にする行為（刑96）	①　3年以下の懲役 ②　250万円以下の罰金 ③　①、②を併科
強制執行行為妨害	自宅の敷地に猛犬を放つなど、偽計又は威力を用いて徴収職員の立入り、占有者の確認などを妨害する行為（刑96の3①）	同　上
強制執行関係売却妨害	偽計又は威力を用いて公売を妨害する行為、談合により公売の公正を害する行為（刑96の4）	同　上

（参考）　徴収職員の守秘義務と罰則

国税の徴収に関する事務に従事している者又は従事していた者が、これらの事務に関して知ることができた秘密を漏らし、又は盗用したときは、2年以下の懲役又は100万円以下の罰金に処されます（通127）。

徴収職員は、滞納整理の過程で納税者の財産上及び一身上の秘密を知り得る立場にあるので、その秘密を漏らした場合には、納税者と税務当局との信頼関係が損なわれ、税務行政の運営に重大な支障を来たすことにもなりかねないことから、国家公務員法100条の守秘義務違反に対する罰則（1年以下の懲役又は50万円以下の罰金）よりも加重された罰則が設けられています。

〔参考〕 租税条約に基づく徴収共助

近年、経済活動のグローバル化や情報通信技術の発達などを背景として、国境を越えた人や財産の移動が活発化する中で、世界の国々では、各国の税制の違いを巧みに利用した国際的な租税回避が大きな問題となっています。

国税の徴収の分野においても、財産の差押えや公売などの滞納処分は、執行管轄権の制約によって海外にある財産に対して行うことができないため、滞納者が財産を海外に移転させるなどの徴収回避行為が問題となります。このような国際的な徴収回避に対しては、徴収共助の仕組みで対処することとなります。

徴収共助 租税債権を徴収するための差押えなどの公権力の行使は自国内に限られる（執行管轄権の制約）中で、租税条約等の枠組みに基づき、相互主義の下、各国の税務当局が互いに相手国の租税債権を相手国の納税者から徴収する仕組み

（徴収共助の仕組み）

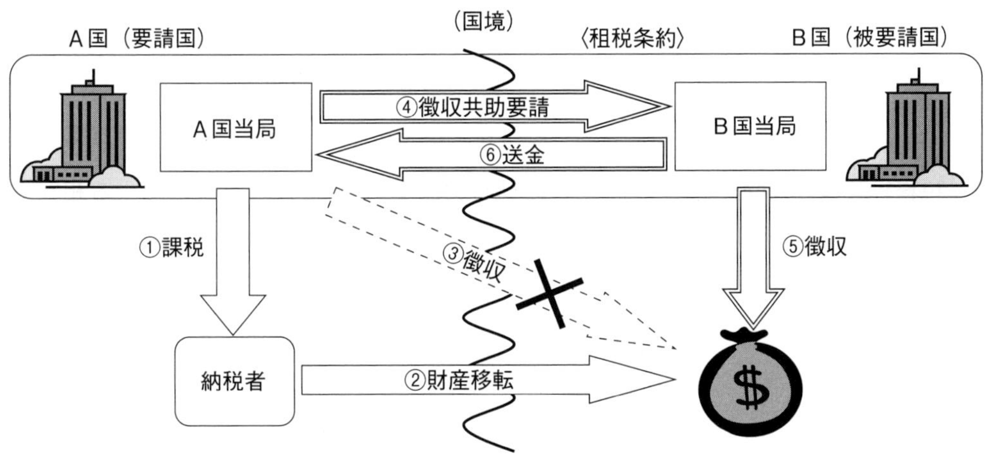

① A国で課税した租税債権が納付されず滞納となる。
② 納税者がB国へ全財産を移転する。
③ A国は、執行管轄権の制約によりB国にある財産を差し押さえることはできない。
④ A国当局からB国当局へ徴収共助を要請する。
⑤ B国当局は、（原則、B国の国税を徴収するときと同様に）A国の国税を徴収する。
⑥ B国当局は、徴収した金銭をA国当局へ送金し、A国は国税に充当する。

○ **徴収共助ネットワークの拡大**

徴収共助は、その規定を含む租税条約等に基づいて行われますが、我が国においては、多国間条約である税務行政執行共助条約が平成25年10月に発効しているほか、特定の国との二国間条約についても、徴収共助の規定を設ける条約改正等が順次行われています。

㊟ 「租税条約等」とは、所得に対する租税に関する二重課税の回避又は脱税の防止のための「租税条約」及び国際約束である「租税相互行政支援協定」をいいます。

○ **徴収共助の規定がある租税条約等相手国**

税務行政執行共助条約	多国間条約	イギリス、イタリア、フランス、韓国、オーストラリアなど73の国と地域（令和５年４月１日現在） ㊟ このほか、徴収共助を行わない権利を留保している締約国がある。
所得に対する租税に関する二重課税の回避又は脱税の防止のための条約、租税相互行政支援協定	二国間条約	アメリカ、ドイツ、スウェーデン、インド、ニュージーランドなどの23か国（令和５年４月１日現在） ㊟ このほか、一般的な滞納事案を対象としたものではなく、租税条約の特典（租税の減免等）を濫用した場合の限定的な徴収共助の規定を含む締約国がある。

税務行政執行共助条約　「税務行政執行共助条約」とは、「租税に関する相互行政支援に関する条約」をいい、徴収共助のほか情報交換、送達共助を締約国間で相互に支援するための多国間の租税条約。本条約には欧州評議会及び経済協力開発機構（OECD）の加盟国などを中心に多くの国が署名

情報交換	締約国間において、租税に関する情報を相互に交換することができます。
徴収共助	租税の滞納者の資産が他の締約国にある場合、他の締約国にその租税の徴収を依頼することができます。
送達共助	租税に関する文書の名宛人が他の締約国にいる場合、他の締約国にその文書の送達を依頼することができます。

㊟ 税務行政執行共助条約に基づく徴収共助の適用対象の租税は、我が国については次の国税であり、それ以外の国税、住民税を含む地方税及び社会保険料は対象外（支援を行わない権利を留保）とされています（同条約２条２、付属書Ａ）。

・所得税、法人税、復興特別所得税、復興特別法人税、地方法人税
・相続税、贈与税
・消費税（地方消費税を除く）

○ 徴収共助の要件

徴収共助を要請する場合の条約上の主な要件は、次のとおりです。

相手国	徴収共助の規定がある租税条約等の締約国であること（税務行政執行共助条約の締約国の場合は、徴収共助の実施をしない権利を留保していない国であること。）。
共助対象国税	・国税が条約の適用対象となっている税目であること。 ・国税が条約の適用対象となっている課税期間に係るものであること。 ・国税が執行可能なもの（督促が行われているなど）であること。
争訟	共助対象国税の課税が争われていないこと。
自国における徴収措置	自国内においてとり得る合理的な徴収措置を全てとっていること（ただし、当該措置をとることが、過重な困難を生じさせる場合を除きます。）。

㈱ 徴収共助の要件は、租税条約ごとに異なる場合があります。

○ 徴収共助の実施

我が国における徴収共助は、租税条約等実施特例法の規定に基づいて実施します。

要請を受ける場合	徴収法等の準用	租税条約等実施特例法は、共助要請を受けた外国租税を我が国の国税と同様に徴収するため、通則法及び徴収法の一定の規定を準用しています。
	外国租税の優先権の否定	外国租税には徴収法に定める国税の優先権が与えられないため、他の債権と競合した場合の配当は、一般の私債権と同順位となります。
要請をする場合	相手国が徴収した場合の換算方法	相手国が我が国の国税を徴収した場合は、相手国が徴収した時に（徴収した時の相手国の為替相場で日本円に換算した）国税を徴収したものとみなされます。
	時効の完成猶予及び更新	時効の完成猶予及び更新について、条約によっては相手国の法令の下における制度をみなし適用する場合があります。

㈱ 「租税条約等実施特例法」とは、租税条約等の実施に伴う所得税法、法人税法及び地方税法の特例等に関する法律（昭和44年法律第46号）をいいます。

○ 徴収共助の相互主義

徴収共助は相互主義の下で行われるため、徴収共助を要請する国では可能な滞納処分であっても、要請を受ける国の法令や行政上の慣行により許されない滞納処分の要請や、要請する国の利益と要請を受ける国の行政上の負担が明らかに不均衡な要請に

ついては、要請を受ける国は、条約上支援する義務を負いません。

> 徴収共助の制度を活用することで、これまでできなかった海外にある財産からの徴収が可能となります。徴収共助の規定がある租税条約等相手国は年々増加しておりますので、海外への財産移転などの国際的な徴収回避に幅広く対処することができます。

索　　引

く

け

こ

さ

し

す

せ

ち

て

と

な

に

ね

の

は

ひ

ふ

ゆ

よ

り

れ

(編　著　者)
西　本　博　史（にしもと　ひろふみ）
(共同執筆者)
内　山　俊　彦
久木崎　　　崇
森　口　祥　司

令和５年版
図解　国税徴収法

令和５年６月21日　初版印刷
令和５年７月６日　初版発行

編著者　西　本　博　史
一般財団法人大蔵財務協会 理事長
発行者　木　村　幸　俊

発行所　一般財団法人　大　蔵　財　務　協　会
〔郵便番号　130-8585〕
東京都墨田区東駒形１丁目14番１号
(販　売　部)TEL03(3829)4141・FAX03(3829)4001
(出版編集部)TEL03(3829)4142・FAX03(3829)4005
http://www.zaikyo.or.jp

乱丁、落丁の場合は、お取替えいたします。　印刷・恵　友　社
ISBN978－4－7547－3137－3